东阳年鉴

DONGYANG YEARBOOK 2020

东阳市人民政府地方志编纂室　　编

方志出版社
Publishing House of Local Records

图书在版编目(CIP)数据

东阳年鉴. 2020 / 东阳市人民政府地方志编纂室编
. — 北京：方志出版社，2020. 12
ISBN 978-7-5144-4688-3

Ⅰ. ①东… Ⅱ. ①东… Ⅲ. ①东阳-2020-年鉴
Ⅳ. ①Z525.54

中国版本图书馆CIP数据核字（2021）第127846号

东阳年鉴(2020)

编　　者: 东阳市人民政府地方志编纂室
责任编辑: 李　静

出 版 者: 方志出版社
地址　北京市朝阳区潘家园东里9号（国家方志馆4层）
邮编　100021
网址　http://www.zgfzcb.cn
发　　行: 方志出版社图书经销中心
电话（010）67110500
经　　销: 各地新华书店
印　　刷: 金华市曙光印务有限公司

开　　本: 889×1194　1/16
印　　张: 25.25
字　　数: 1101千字
版　　次: 2020年12月第1版　　2020年12月第1次印刷
印　　数: 0001～1240册

ISBN　978-7-5144-4688-3　　定价:280.00元

东阳市地方志编纂委员会

顾　　问：傅显明

主　　任：楼琅坚

副 主 任：胡勇春　许克宁　龚杭娟　金德良

成员单位：市纪委（监委）　市委办　人大办　市府办

政协办　人武部　法　院　检察院　组织部

宣传部　统战部　政法委　市委党史研究室

发改局　经信局　教育局　科技局　公安局

民政局　司法局　财政局　人力社保局

自然资源与规划局　住建局　交通局

水务局　农业农村局　商务局　文广旅体局

卫健局　市场监管局　统计局　综合行政执法局

横店影管委

《东阳年鉴（2020）》编辑部

主　　编：张忠鸣

副 主 编：张　敬　郭晓笛　包向阳

执行主编：张　勤

编　　辑：许慧扬　徐丽萍　卢　焕　张煊煊

严研虹　楼亚迪　厉晓君　虞小英

类目英译：唐艳芳

编辑说明

一、《东阳年鉴》坚持以马克思列宁主义、毛泽东思想、邓小平理论、“三个代表”重要思想、科学发展观、习近平新时代中国特色社会主义思想为指导，坚持辩证唯物主义和历史唯物主义的立场、观点和方法，旨在全面、客观、真实、系统地记述东阳市的发展情况。

二、《东阳年鉴（2020）》是1997年出版以来的第17卷，记述时限为2019年1月1日至12月31日（作为背景资料，部分条目内容和数据酌情上溯或下延），记述全市人民在市委、市政府的领导下所取得的新成就、新经验以及遇到的新情况和新问题，着重反映各行各业年度大事、要事、新事、特事，着力体现年度特点和东阳特色。

三、本卷年鉴采用分类编辑法，分类目、分目、条目三个层次，部分分目下设次分目。本卷设特载、专文、大事记、东阳概览、中国共产党东阳市委员会、东阳市人民代表大会、东阳市人民政府、中国人民政治协商会议东阳市委员会、纪检监察、民主党派、群众团体、法治、军事、经济管理、农业 农村 水务、工业、木雕 红木家具、建筑业 房地产业、商贸、旅游、影视、金融、城乡建设与管理、生态环境、交通、邮政 通信、科学技术、教育、文化 传媒、卫生与健康、体育、社会事务、街道镇乡、人物和荣誉、附录、索引36个类目。

四、本卷年鉴正文中除“民主党派”类目外，“党”均指“中国共产党”，“市委”均指“中共东阳市委”，“党员”均指“中共党员”，“党建”均指“中国共产党建设”。年鉴中的“省”“市”分别指“浙江省”“东阳市”，其他省、市则冠以地名。

五、本卷年鉴的稿件均由各部门、各镇乡街道提供，并经各单位主要领导审定和档案、保密部门审核。所刊载的综合性数据均由市统计局提供，条目中酌用各单位提供的数据。

东阳市政区图

图　例

- 市（县）政府　驻地
- 乡（镇）政府 / 街道办事处　驻地
- 社区　村委会
- 市（县、区）界
- 镇（乡、街道）界
- 河流、湖泊、水库
- 高速公路及互通、服务区
- S218 省道及编号
- 县道
- 乡道
- 山峰
- 景区

比例尺　1:100000

地图审核：浙S[2016]83号

东阳市城区图

王山坞
冰塘坑溪
浪
浪坑口水库
坞青山
王户口
陈家塘畔
西楼
塘下
青山头
光耀
周店
仙山
黄门里
东山楼
后溪
杨溪
石宅
朱村
东阳互通
麻车塘
破缺口
芽蓬
塘下前
东阳收费站
湖海塘
湖塘
鹿
望
西
街
骆店
石门堂
上王
江
莲
新杨武
杨武
北
鹿
东
街
哈比塘
桑园
上徐施
迎
新东湖村
东阳市江北上卢小学
上卢
望北公寓
东阳市江北下范小学
江北卫生院
门诊部
东阳市江北第二小学
叶头沿
王家岸
周官
东阳市江北初级中学
月亮湾花园
洋塘水库
东阳市江北上卢初级中学
北秀苑
上葛城
黄金海岸公寓
广厦建设职业技术学院
童家
王峰小区
合益轩
东阳市江北中心小学
中央商业广场
东富
猴塘下
百合新村
北河头新村
黄金水岸
任畈
新联新村
杨大路
光芒新村
金色港湾
人民检察院
东阳市
东阳剧院
公安局
东阳市家具市场
华店
渔陂新村
金店新村
211省道
中山大桥
音乐广场
艺海雅轩
东阳市市场管理局江北所
碧水名府
茗田花园
江北街道
世纪花城
欧景花园
渔店
望江小区
滨江豪园
中江花园
金鑫花园
东阳江大桥
世纪花园
瞻院小区
堰店
金店
金鼎名苑
江南小区
新兴一品
浙江省东阳中学
东阳市外国语学校
望江阁
鼎鑫豪庭
东阳人家大酒店
江滨星城
艺海大桥
教师进修学校
东阳公路大厦
兴平公寓
江南名都
下陈
东阳城管白云大队
气象局
兴宁小区
华山综合门诊
江东大桥
博大世纪公园
新万家灯火大酒店
晨光名都
汉宁雅枫轩
东景小区
白云街道
汽车北站
红十字会医院
嘉华大酒店
卢宅社区
名都华庭
学士华府
兴平社区
西河
九龙公馆
技监大楼
人民医院
浙江省东阳市第二高级中学
众联锦苑
广诚瑞园
蔡家
东阳市江北
明珠广场
东阳广电大厦
金沙滩酒店
东阳市吴宁第四小学
卢宅明清古建筑群
下洋新村
塘里庄
丁家
下庄
桂花公园
少年文化宫
东阳市吴宁第二小学
桂城花园
天工锦苑
310省道
金宅
柿洋
东阳商城
东阳大厦
东阳市吴宁第一小学
农贸大厦
儿童公园
东阳市实验幼儿园
黄门广场
荷塘店
一都岸
西岘花苑
和平年代酒店
五文化大厦
妇幼保健院
城东街道
吴宁街道
汽车东站
东岘雅苑
东阳市吴宁第三初级中学
中医院
东阳市房产管理局
林业大厦
东阳市中医院
农行新村
荷塘社区
东方小区
新上屋新村
东阳市实验小学
电力大厦
老年活动中心
佐店新村
野毛墩
藕荷塘
万苑新村
朝阳新村
迎晖新村
东阳市吴宁第五小学
东岘新村
豪庭世家
金钩塘
孙村
红十字医院分院
南岘新村
华夏建设集团
吴宁第二初级中学
东阳市外国语小学
新310省道
218省道
南市街道
博物馆
汽车南站
塔脚新村
皇家别墅
南山文化产业园
竹园
塘下庄
东阳市顺风高级中学
大山口水库
南寺塔
217省道
东岘峰

2019年9月30日，东阳市在市行政中心前广场举行升国旗仪式，庆祝新中国成立70周年　（包康轩/摄）

孩子们和国旗合影　（市委办提供）

2019年9月16日，市公安局举办决战决胜新中国成立70周年大庆安保誓师大会 （胡扬辉/摄）

市博物馆举办“时光印记——1949年以来东阳经济社会发展变迁物证展” （包康轩/摄）

东阳江大桥上的国旗迎风飘扬 （市委办提供）

统一着装的数十名晨练者在东岘峰上站成“70”字样，庆祝新中国成立70周年　　　　（市委办提供）

2019年9月27日，市江北小学教育集团月亮湾校区的学生，在操场上列出“1949-2019”的字样，庆祝新中国成立70周年　　　　（包康轩/摄）

2019年9月27日，由横店影视文化产业实验区、市委“两新”工委联合主办的“不忘初心、牢记使命”庆祝新中国成立70周年横漂文艺晚会在雅堂“横漂”广场举行　　　　（市委办提供）

2019年8月27日，晨光中的东阳城区

（卢红雷/摄）

2019年8月6日，东白山云海

（黄　强/摄）

2019年4月2日，东阳江——城区段

（陈新阳/摄）

2019年7月15日，南江——湖溪段

（陈新阳/摄）

2019年1月2日，省委常委、宣传部部长朱国贤（前排左二）带领省有关部门负责人到东阳市开展“三服务”活动　　（市委办提供）

2019年3月13日，副省长彭佳学（前排中）到东阳市调研　　（市委办提供）

2019年7月1日，省委常委、组织部部长黄建发（前排左三）到东阳市调研　　（市委办提供）

2019年1月16日，东阳市召开全市机构改革动员大会　（市委办提供）

2019年8月30日，东阳市招商项目推介会在浙江省人民大会堂举行　（市委办提供）

2019年9月17日，市四套班子领导到横店镇金佛庄烈士陵园参加“不忘初心、牢记使命”主题教育集体活动——初心之行　（市委办提供）

2019年9月19日，东阳市第六届道德模范颁奖典礼举行　（市委办提供）

2019年2月8日，横店影视城秦王宫景区迎来春节旅游高峰 （包康轩/摄）

2019年5月3日，横店影视城举办“致敬经典”明星见面会 （胡扬辉/摄）

2019年5月19日，横店影视城秦王宫景区举办秦汉周制集体婚礼 （包　涵/摄）

2019年8月7日，横店影视城广州街景区举办“爱在广州街”活动 （包　涵/摄）

2019年8月17日，剧组在六石街道红树林外景基地拍摄 （包　涵提供）

2019年10月26日，横店影视大巡游活动现场
（市委办提供）

2019年10月27日，第六届“文荣奖”颁奖典礼举行
（市委办提供）

2019年11月2日，横店影视城梦外滩酒店举行沉浸式话剧表演 （胡扬辉/摄）

2019年11月25日，横店影视城明清宫苑景区举办大型活动
（包康轩/摄）

2019年12月17日，剧组在横店影视城春秋唐园景区拍摄
（包康轩/摄）

2019年4月16日，冠名“东阳红木”的高铁列车自杭州东站首发　（杜　倩/摄）

2019年4月26日，在首届中国红木家具展览会开幕式上举行“红木家具产业国家创新联盟秘书处”授牌仪式

（市委办提供）

2019年5月17日，木雕小镇举办主题为“不忘初心、不负匠心”的第二届毅行活动　（包康轩/摄）

2019年7月22日，东阳籍海外华裔及港澳台地区青少年参观中国木雕博物馆　（胡扬辉/摄）

2019年11月2日，市委书记傅显明（前排右三）陪同嘉宾参观第十四届中国木雕竹编工艺美术博览会

（胡扬辉/摄）

2019年2月13日，全市干部大会暨省美丽乡村示范县（市）创建动员大会上为“2018年度最美村”颁奖（市委办提供）

2019年4月13日，佐村镇第五届乡村休闲旅游节暨佐村挖笋节在佐村镇罗峰村新立自然村举行（胡扬辉/摄）

2019年5月5日，东白山茶场全貌（胡扬辉/摄）

2019年10月21日，城东街道寀卢稻田风光（胡扬辉/摄）

2019年11月4日，花园村第八届金秋魅力菊花节在南马镇花园村天香湾景区举行（包　涵/摄）

2019年1月2日，通往巍山镇寺后坪村的雪中公路
（孙振华/摄）

2019年3月11日，城区通往横店镇的40省道
（包　涵/摄）

2019年3月27日，歌山镇和巍山镇交界段的怀万线　　（包　涵/摄）

2019年10月23日，建设中的金义东轻轨高架（成家里段）
（孙振华/摄）

2019年12月25日，建设中的“四好”农村路　（胡扬辉/摄）

2019年1月2日，市妇女儿童医院发出该院第一张第六版《出生医学证明》 （包康轩/摄）

2019年1月29日，市市场监管局工作人员在城东街道李宅菜场内举办“你点我检”食品快检活动 （包康轩/摄）

2019年3月15日，由市市场监管局、市消保委主办，以“信用让消费更放心”为主题的市“3·15国际消费者权益日”宣传咨询活动在新光太平洋广场二期举行 （包康轩/摄）

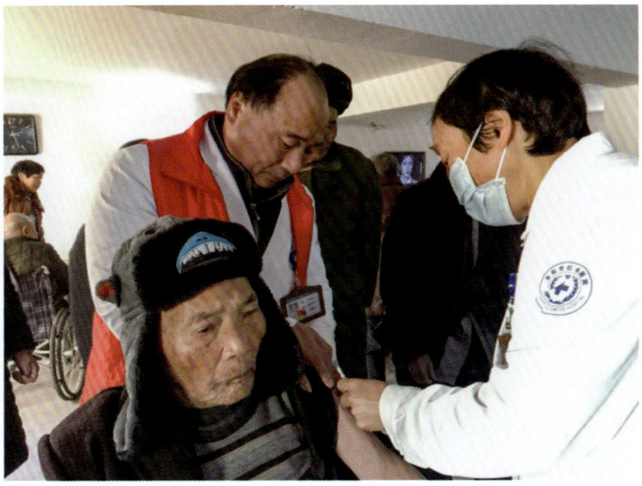

2019年11月28日，市红十字会医院医生到东阳康乐山庄养老院，为65周岁以上老人免费接种流感疫苗（包康轩/摄）

2019年10月20日，浙中地区首次航空应急救援演练在东阳市横店通用机场举行 （包康轩/摄）

内文总目

目　录

特　载

专　文

大事记

东阳概览

中国共产党东阳市委员会

东阳市人民代表大会

东阳市人民政府

中国人民政治协商会议东阳市委员会

纪检监察

民主党派

群众团体

法　治

军 事

经济管理

农业 农村 水务

工　业

木雕　红木家具

建筑业　房地产业

商　贸

旅　游

影 视

金 融

城乡建设与管理

生态环境

交 通

邮政 通信

科学技术

教 育

文化　传媒

卫生与健康

体　育

社会事务

街道镇乡

人物和荣誉

附 录

索 引

Contents

把握关键时期 践行初心使命 奋力谱写东阳高质量发展新篇章

——在市委十五届七次全体(扩大)会议暨市政府十五届七次全体会议上的报告(摘要)

傅显明

2020年1月10日

一、难中求进、砥砺前行,基本完成2019年工作目标

一年来,市委常委会全面贯彻落实中央、省委、金华市委决策部署,以“三服务”活动开局,奋力打好促发展、惠民生、保稳定、优作风组合拳,保持了全市经济社会平稳健康发展。主要做了八个方面工作:

第一,坚持把政治建设放在首位,始终做到思想对标对表、行动看齐追随,推动“两个维护”一贯到底、落地生根。坚持把学习习近平新时代中国特色社会主义思想和党的十九大、十九届历次全会精神作为首要政治任务,周密部署、精心组织,在学懂弄通做实上下功夫。每当习总书记发表重要讲话、作出重要指示,都及时传达学习、宣传贯彻,对标对表、校准偏差。全年市委理论学习中心组召开学习会22次,市委常委会25次学习习总书记重要讲话精神和中央、省委、金华市委重要决策部署,并研究贯彻落实意见,以实际行动做到“两个维护”。

第二,坚持问题导向、目标导向、效果导向,做到“四个贯穿始终”,确保“不忘初心、牢记使命”主题教育全程高质量、全面高质量。市委常委会坚持“五个始终”“六个带头”,扎实开展“初心之行”“清廉之行”“实干之行”,做到先学一步、学深一点,先改起来、改实一点,为全市党员干部当示范、作表率。镇乡街道和部门全领域动员,实现支部一个不少、党员一名不缺。市委巡回指导组深入联系单位开展全过程指导。主题教育过程中,检视、解决问题1100余个,落实率达99.4%,化解重点信访件62件和历史遗留问题35个。

第三,坚持优化精简高效,完善机构设置和职能配置,如期顺利完成全市党政机构改革。市级涉改单位全部按时完成“四个到位”,党政机构设置37个,核定领导职数154名,领导职数比改革前精简15%。开展机构改革后权力清单、责任清单梳理调整,理顺了部门间的权责交叉事项,工作效能进一步提升。统筹推进人大、政协及群团组织改革,优化市人大和市政协专门委员会设置,健全了党委统一领导下的群团工作制度。按照“2+5+X”模式推动镇乡街道自主优化内设机构设置。

第四,坚持补短板、扬优势、固根基、谋长远,作出东阳发展“五个关键时期”的重大判断。全面总结近年来全市经济社会发展的特点、经验和机遇,坚持一张蓝图绘到底,优化调整工作重点、工作规划,作出了未来3-5年东阳发展正处在“五个关键时期”的重大战略判断,统一了干部群众的思想,凝聚了社会各界的智慧和力量。

第五,坚持新发展理念,打好促发展、优环境、惠民生组合拳,夯实高质量发展的基础。全面打响低效工业用地清理整治攻坚战,加快推进工业经济转型升级和影视、建筑、木雕红木三大特色产业优势再造。深化“最多跑一次”改革,基本实现政务服务事项网上办、“一证通办”全覆盖,大力推进“无证明城市”改革,成功跻身全国县域营商环境百强县。深入实施乡村振兴战略,全力推进全国文明城市创建、小城镇环境综合整治、

“十美村”创建等活动,城乡环境、城镇基础设施不断提升。优先发展教育、卫生健康事业,着力提升就业、居家养老等社会保障水平,民生福祉持续改善。

第六,坚持发展为要,成功举办第二届世界东阳人发展大会等一批重要节会,展现了东阳形象,扩大了知名度和美誉度,为高质量发展注入了活力。成功召开以“和合东阳”为主题的第二届世界东阳人发展大会,480名乡贤齐聚横店、畅叙乡情、畅想未来,凝聚了助推家乡发展的共识,汇聚了助推家乡发展的合力,签约了一批有潜力、能落地的项目,得到社会各界广泛好评。召开2019中国(横店)影视文化产业发展大会和横店影视节,共谋影视文化产业规范发展、高质量发展之路,提振了行业信心。成功举办首届中国红木家具展览会和第十四届中国工艺美术博览会,展会的规模、效应和影响都有了显著提升。

第七,坚持平安为基,全面深化社会综合治理,实现了社会大局稳定。按照“有黑扫黑、无黑除恶、无恶治乱”总要求,打掉涉黑涉恶团伙15个,打击涉黑涉恶犯罪嫌疑人133人,对湖沧、雅溪等信访矛盾集中村派驻专班蹲点整治。全面开展“村干部整治立规创优年”行动,调整处置不履职、不守规矩的村社干部103人,劝退曾受刑事处罚村社干部8人。全力打好信访治理“百日攻坚”战,实现了国庆大庆期间信访对象零进京赴省。通过打好系列组合拳,全面夯实基层治理基础,有望实现平安建设十四连冠。

第八,坚持全面从严治党,促进党员干部思想、作风同步转变,重树干部形象,加快修复东阳政治生态。全面压实管党治党主体责任,召开全市警示教育大会、廉政教育大会,教育全市党员领导干部筑牢理想信念、守牢纪律底线。深入开展“以案促改”“三清理一规范”“烟票”专项整治,贯通运用监督执纪“四种形态”,共处置问题线索806件,其中党纪政务处分151件次,移送司法机关处理12人,留置15人,形成了反腐败斗争的高压态势。以新时期好干部标准,评选表彰“拼争抢创好团队”和“担当作为好干部”。开展干部“四不”专项整治,大力实施年轻干部培养“青蓝工程”,加快锻造忠诚干净担当的高素质专业化干部队伍。

在看到成绩的同时,我们也要清醒看到发展中存在的问题和不足。经济发展方面,还存在发展质量不高,项目招引氛围仍不浓,项目储备少,发展后劲不足的问题。社会稳定方面,风险点多,安全生产和消防事故多发,企业“两链”风险依然存在;涉众面广,尤其是非法集资案件涉案金额大、人数多,社会影响大;基础还不够牢固,部分农村干部处事不公、侵害群众利益现象突出,信访总量居高难下。公共服务方面,基础设施欠账较多,城市有机更新推进不快、建设品质不高;优质的教育、医疗、养老等资源供给不足、不平衡,民生保障不充分。党的建设方面,管党治党失之于宽松软,党内政治生活不认真、不严肃,质量不高,部分基层党组织党风廉政建设“两个责任”落实流于形式;一些党员干部作风不实,精气神、执行力、担当力不够,“选择性服务”、中梗阻等问题还比较突出。这些问题,需要我们在今后的工作中着力加以破解。

二、明确目标任务,准确把握“五个关键时期”的工作重点

2020年是经济下行的压力之年,是实现第一个百年目标的小康之年,是推动国家治理体系和治理能力现代化的治理之年。从东阳实际看,2020年是推进“五个关键时期”各项工作落地的基础之年,是推进高质量发展,让广大干部群众看到希望、增强信心的希望之年,是高水平全面建成小康社会的奋进之年,做好今年工作至关重要。

做好今年工作的指导思想是:始终坚持以习近平新时代中国特色社会主义思想为指导,全面贯彻党的十九大和十九届历次全会、中央经济工作会议和省委、金华市委全会精神,自觉践行习总书记赋予浙江的新期望,按照省委推进“‘八八战略’再深化、改革开放再出发”和金华市委“打造增长极、共建都市区、当好答卷人”的要求,坚持高质量发展总目标,坚持稳中求进工作总基调,坚持新发展理念,牢牢把握“五个关键时期”的目标、原则和重点任务,全面开展“关键时期我担当、不忘初心加油干”主题活动,以上率下、奋勇争先、狠抓落实,实现经济发展稳定增长,乡村振兴全面推进,生态质量全面提升,小康社会高标建成,政治生态风清气正,奋力谱写东阳高质量发展新篇章。

在这个关键年份,我们要实现的工作目标是:

经济发展稳定增长。GDP增长在6%~6.5%,其他主要经济指标要争先进位,增速列全省平均以上、金华前三;加快项目落地和建设推进,确保固定资产投资及四个结构性指标均增长10%以上;招商引资在项目数量和质量上均要实现重大突破;工业、建筑业、影视文化产业要加快转型步伐,以经济之稳实现社会之稳。

乡村振兴全面推进。以“三强六无五美”村创建为抓手,推动美丽环境转化为美丽经济、乡村治理能力转化为生产力,努力打造“农业兴旺发达、农村人人向往、农民安居乐业”的乡村振兴东阳样板。

生态质量全面提升。深入践行习近平新时代生态文明建设思想,持续打好蓝天、碧水、清废净土持久战,打赢第二轮中央环保督察攻坚战,让青山常在、清水长流、空气常新,争创省级生态文明建设示范县。走绿色发展之路,把生态优势转化为发展优势,积极创建国家“两山”理论实践创新基地,拓展“两山”实践路径和载体。

小康社会高标建成。始终坚持以人民为中心的发展思想,对标高水平全面建成小康社会的指标体系,加大投入,回应群众关切,把短板补得再扎实一些,把基础打得再牢靠一些,实现经济发展更高质量、生态环境更加优美、文化发展更加繁荣、城乡区域更加协调、社会治理更加完善,让人民群众的获得感、幸福感、安全感更加充实、更有保障、更可持续。

政治生态风清气正。坚持新时代党的建设总要求，纵深推进全面从严治党，推动干部政治意识、规矩意识全面增强；树立正确用人导向，坚持凭实绩论英雄，凭德才用干部，真正让德才兼备的干部脱颖而出；全面优化政商关系和营商环境，让“办事不求人、办事不送礼，能办的事不求人也能办、不能办的事求人也办不了”成为社会共识和风尚，形成干群关系更单纯、政商关系更“亲”“清”、办事服务更规矩的政治生态。

在这些工作目标中，特别是在干部作风、政治生态上要有明显改变，特别是在招商引资、项目推进上要有明显突破，特别是在乡村治理、筑牢基层上要有扎实成效。

要实现这五个方面的目标，我们必须牢牢把握五个方面的工作重点：

1.围绕经济稳中有进，抓好实体经济这个核心，三管齐下推动工业、建筑业和影视文化产业高质量发展。以扎实的举措推进工业强市战略，大力拓展工业发展新平台，积极培育数字经济、磁性材料、机电电子产业集群，做长做全产业链，进一步做强做优生物医药等优势特色产业，加快传统产业改造提升，全面优化营商环境，服务工业企业行稳致远、稳中求进。大力推进建筑业向工业化转型，提高建筑业科技水平，确保建筑行业干在实处，走在前列；继续抓好建筑业招商和营改增工作。坚持把横店建成国际一流影视产业集聚区目标，加快推进横店影视文化产业集聚区落地建设，对标国际先进影视产业集聚区，扬长避短、顺应趋势、发挥优势，推动横店影视文化产业实体化、国际化、科技化发展，成为中国影视文化产业发展潮流的示范引领者。

2.围绕乡村振兴目标，实施双轮驱动，建设新时代美丽乡村。以美丽乡村建设和社会治理双轮驱动，推动乡村振兴的全面实施，突出“两江两镇”示范引领，用好“十佳村十差村”考核评选载体，深化乡村产业植入，推动美丽环境、美丽产业同步提升。坚持党建引领，抓好基层组织力提升工程，全面夯实基层基础，积极创新“基层党建+社会治理”，推动乡风文明、治理有序，争当乡村治理排头兵。

3.围绕高水平全面建成小康社会目标，扎实推进富民惠民安民。抢抓机遇加快发展高等教育，强化基础教育优质均衡，打造人人向往的教育品牌。深化医共体建设，提升公共卫生服务水平，高水平建设“健康东阳”。促进充分就业，完善社会救助渠道，增强养老服务供给，巩固“扶贫消薄”成果，全面提升社会保障水平。全力防范化解各类风险，确保全市社会大局和谐稳定。

4.围绕打好生态保护攻坚战，创建省级生态文明建设示范县。持续打好蓝天、碧水、清废净土持久战，补齐污水处理等基础配套的短板。加快完成第一轮中央、省级生态环保督察反馈问题整改，坚决做好第二轮中央生态环保督察迎检和整改工作。大力推进绿色发展，推动形成绿色生产生活方式，拓宽“两山”理论转化的通道。

5.围绕从严管党治党目标，全面加强党的建设。扎实推动全面从严治党主体责任落地生根，一体化推进不敢腐不能腐不想腐，切实推动管党治党从宽松软走向严紧硬。抓住领导干部这个关键，示范带动中层干部，推动党员干部转作风、优服务，有力破解中梗阻问题。聚焦“能人村官”管理，强化村干部队伍建设，规范村级组织运行，着力建强基层党组织。

三、遵循原则，紧紧抓住“五个关键时期”的工作抓手

“五个关键时期”是东阳当前发展方位的重大判断，实现五方面工作目标，做好五方面工作重点，必须遵循“五条原则”。

一是坚持新发展理念，推动高质量发展。发展理念是发展行动的先导，是发展思路、发展方向、发展着力点的集中体现。当前东阳的发展，正处在转变发展方式、优化经济结构、转换增长动力的攻关期。我们必须始终坚持质量第一、效益优先，把创新、协调、绿色、开放、共享作为一个体系整体推进，更加注重发展的全面性、协调性和可持续性，更有针对性地抓重点、攻难点、补短板，努力实现更高质量、更有效率、更加公平、更可持续的发展。

二是坚持改革创新，不断优化发展环境。唯改革者进，唯创新者强，唯改革创新者胜。改革创新是推动发展的关键一招。这些年，我们以“最多跑一次”改革为引领，撬动各领域改革，全面优化发展环境，取得了一些实效。随着改革创新进入新阶段，改革创新的复杂性、艰巨性更加凸显，我们要始终保持改革创新的锐意，坚决破除墨守成规的惯性思维，摒弃安于现状的落后观念，不破法规破常规，打破条条框框的束缚，全面深化改革、大胆创新，争取在关键领域和重要环节上取得新突破，全面激发发展活力。

三是坚持目标导向、问题导向，锲而不舍抓落实促发展。要坚持目标导向和问题导向相统一。坚持目标导向，就是要做到“不达目的誓不罢休”，以总体目标为着眼点，在统筹谋划、顶层设计上下功夫，细化具体目标任务，推行“项目化+清单式”模式，以节点目标、分项目标的完成确保总体目标的实现。坚持问题导向，就是要做到“不破楼兰终不还”，以问题为着力点，把发现问题、剖析问题、解决问题贯穿工作始终，精准发力、精准施策，以问题的解决推动工作。在实现目标、破解问题的过程中，我们还要有迎难而上的勇气，攻坚克难的锐气，以钉钉子的精神，一锤接着一锤敲、一任接着一任干，让目标定一个成一个，事业干一项成一项。

四是坚持担当作为，有效激发干部干事创业的工作热情，推动加快发展。“树活风雨土，人活精气神。”“桥的价值在承载，人的价值在担当。”党员干部都要有点境界和精气神。“五个关键时期”的各项工作任务，不是轻轻松松就可以实现的。特别是在这样一个经济下行的压力之年、高水平全面建成小康社会的奋进之年，只有干部担当作为，才能实现东阳加快发展。我们要把主题教育滋养的初心，激发的热情转化为“东阳发展我必尽责”的担当作为，积极主动多做一点，精益求精做好一点，在干事创

业中强化奉献意识、实现自我价值,推动“五个关键时期”各项工作落地见效。

五是坚持关键少数以上率下,带出一支敢打必胜的干部队伍。东阳的发展,首先是我们各级领导干部的责任,也是全体干部、所有东阳人的事。我们要立足全局,抓关键、带中层、强基础,以身先士卒、冲锋在前的实际行动发挥好领导干部这一关键少数的表率作用,以上下联动、政令畅通的实际成效激活中层干部中坚力量,以能干事、不出事的鲜明导向夯实村社干部基层基础,通过“关键少数”示范带动“最大多数”,形成“一级做给一级看、一级带着一级干、一级撑着一级干”的良好干事创业氛围。

“五个关键时期”、五方面目标、五方面工作重点、“五条原则”构成了当前和今后一个时期东阳发展的路线图。我们要以有效、管用的工作抓手,抓好工作、推动落实,把发展的路线图转化为发展的丰硕成果。

1.以开展“关键时期我担当,不忘初心加油干”主题活动为抓手,全力营造担当尽责、干事创业的良好氛围。全面开展“关键时期我担当,不忘初心加油干”主题活动,深化主题教育。要深化思想认识,引导全市党员干部把思想统一到“五个关键时期”发展的目标定位上来,形成强大的思想自觉。要激发行动落实,通过开展大抓学习、大抓项目、大抓服务、大抓落实等活动,全面激发干事创业的热情,全面形成实干大干加油干的奋勇争先局面。要营造浓厚氛围,通过选树典型、开展“对标赶超晒拼创”等活动,全面营造攻坚克难、比学赶超的工作氛围,以思想大解放、行动大担当,推动“五个关键时期”各项工作大发展。

2.以“三大平台、低效用地处置”为抓手,大力拓展发展空间。推动经济开发区扩容提质。利用金甬铁路站场优势,进一步完善园区总体规划和产业规划,重点在六怀工业区块规划建设一个10平方千米的工业发展新平台。推动横店电子产业园区转型提升。以列入省级高新园区创建培育名单为契机,发挥磁性电子产业优势,带动形成新的产业链,做强做优数字经济。推动高铁新城规划建设。进一步完善高铁新城总规和控规,加快高铁站房、博士路隧道等基础设施和爱奇艺、亿和影视等产业项目落地建设,打造旅游为表、影视为里、社区为体、文化为魂的“未来社区”,推进城区与横店一体化发展。继续强力推动低效工业用地处置。年内腾出空间266.67公顷(4000亩),推动重点区域亩均税收5万元以下企业全面出清。

3.以“三强三定促招商”为抓手,不断增强发展动力。通过强责任、定目标,强队伍、定人员,强举措、定奖惩,全力抓好招商引资“一号工程”。配强招商力量,充实招商专员,围绕上海、深圳等重点城市开展驻点招商。强化招商举措,发挥政府和企业双轮驱动作用,围绕特色优势产业开展产业链招商;精准绘制招商地图,围绕经济开发区、横店影视文化产业集聚区、高铁新城等主平台开展招商。做好招商服务,认真总结千芝雅项目招引的经验,不断完善项目从考察洽谈到评审签约的专人专班负责、全流程服务、一抓到底的招商工作机制,确保项目引得进、落得下、建得快。全年新招引亿元以上项目30个,其中10亿元以上项目10个,20亿元以上项目3个,力争引进内资100亿元、浙商回归到位资金60亿元。

4.以建筑产业链培育和建设建筑科技产业园为抓手,推动建筑业转型升级。要把建筑业的转型升级作为产业提升的突破性重点来抓,制定建筑产业发展规划(2020—2025年),推动产业向上下游产业链延伸、房建以外领域扩大、现代建造方式转变、国内国际两个市场拓展。依托东阳建筑产业基础和全国建筑高校中的东阳籍人才优势,高起点、高标准、高质量建设建筑科技产业园,招引一批知名建筑专家、建筑回归企业、建筑工业化项目和建筑相关配套产业入园,并成立建筑科技研究院,打造产学研一体化基地,实现产业向科技型、现代化转型升级。全年完成税收30亿元以上。

5.以“三铁一机一高”项目建设为抓手,大力改善东阳交通格局。着力推进高铁(铁路)、高速公路、机场项目建设,构建“10-20-45”交通时空圈。对标对表提速,确保金义东轨交、杭温高铁、金甬铁路等三条铁路在东阳境内“零耽搁保障、无障碍施工”;加快义东高速城区段建设,争取南市至南马段年内动工建设;按照“航空+旅游”的特色标准,推进横店通用机场改造提升,推动陆空公铁齐备、内畅外联互通的交通体系早日形成。

6.以“三本一专”高校建设为抓手,建设县级高等教育高地。依托现有高校资源,顺应建筑、影视文化、医药三大产业发展趋势,上半年要完成广厦建设职业技术学院本科层次职业教育试点,确保年内顺利实现大学挂牌;推进温州医科大学东阳校区筹建,全面完成项目用地区块征迁,争取早日获批并动工建设;全力支持横店创办电影学院,推动横店集团与国际影视艺术知名高校合作办学;提高横店影视职业学院办学水平。

7.以“双城同创”为抓手,建设生态宜居东阳。坚持干部群众一起发动、城乡一起推进、软件硬件一起提升、荣誉实效一起争取,开展省级生态文明建设示范县、全国文明城市创建。持续打好蓝天、碧水、清废净土持久战,坚决打赢第二轮中央环保督察攻坚战,持续改善提升生态质量,确保两江全流域水质保持Ⅲ类水,空气优良天数比例达90%以上,$PM_{2.5}$平均浓度在32微克/立方米以下。加快补齐生态环境保护基础设施建设短板,加快城镇污水处理设施、污水管网建设和排污口整治,全面推进“污水零直排区”建设。加快补齐城市建设管理短板,深化城市建设管理体制改革,建立统一投入、统一标准、统一建设、统一管理的体制机制,提升城市精细化管理水平。推动市民中心、江滨文化中心(文化馆)、新时代文明实践中心等公共设施建设,新建一批示范文明实践所、示范站,全面提升市民文明素质。

8.以“智汇东阳·回报家乡”载体为抓手,汇聚推动东阳发展的磅礴力量。以第二届世界东阳人发展大会成功召开为契机，以开展“智汇东阳·回报家乡”活动为抓手，形成“家乡发展我发展、我和家乡共发展”的共识，推动一批人才及项目回归，实现“东阳帮、帮东阳”，营造“美好东阳、合力共创”的良好氛围。持续做好在外东阳人后续跟踪对接，建立东阳籍人才信息库，做到底数清、情况明、联系畅，提高精准对接水平。常态化开展乡贤服务，特别是对东阳籍人才在家乡建房、关心其父母健康等工作，要大胆创新，以真诚的态度和务实的举措，增强东阳籍人才的归属感、成就感和自豪感。

9.以“三强六无五美”村创建为抓手，推进乡村振兴。制定“三强六无五美”村创建活动方案，全力推动乡村振兴和基层治理水平提升，力争创建“三强六无五美”达标村（行政村）100个、示范村（行政村）50个。建设全域美丽大花园。以“十佳村”创建为载体，深化“千万工程”，突出抓好“两江两镇”示范引领，推动美丽庭院、美丽村庄、美丽田园、美丽风景线、美丽廊道等建设。全面振兴乡村产业。实施“两进两回”行动，积极搭建“乡建”“乡筹”平台，吸引人才、资金、技术等要素向乡村回流，全面激发乡村发展活力。依托丰富的影视旅游和山水资源，做大做优现代特色农业，创新发展农旅、康养、民宿等新产业新业态。争当乡村治理排头兵。创新“基层党建+社会治理”，推广应用“花园经验”，建立镇乡街道“老娘舅”调解队伍和市镇两级人大代表听取民意、接访制度。提升市镇两级综治中心和“基层治理四平台”运行效能，建强用好全科网格员队伍，健全乡村治理体系，推动乡村“三治融合”。加快“和美邻舍”社区服务综合体建设，分类推进星级田园社区建设，深化“三社联动”，确保完成首批全国农村社区治理实验区建设任务。

10.以深化“最多跑一次”改革为抓手，全面实施“最多访一次”制度，建立和谐有序的信访生态。深化社会治理领域“最多跑一次”改革，探索建立“最多访一次”工作机制，依法规范信访秩序，严格落实“一次受理、及时办理、限时反馈”，扎实做好初信初访的解决，加强源头治理，努力做到“一次都不用访”。按照“诉求合理的解决到位、诉求无理的教育到位、生活困难的救助到位、行为违法的处理到位”的原则，全面落实下访约访、领导包案、挂牌督办等制度，加大依法终结、依法处置力度，全面推进信访积案清零。

四、加强党的建设，以优良作风凝聚“五个关键时期”决战决胜的磅礴力量

好作风，是干事创业的保障、善作善成的法宝。良好的作风不仅能凝聚起强大正能量，而且能为经济社会发展提供坚实的基础和有力的支撑。面对“五个关键时期”重大机遇，面对繁重的改革发展任务，我们要切实加强党的全面领导，抓住关键少数，扭住作风建设，坚决清除一切影响党的先进性和纯洁性的消极因素，以好的作风带动党风政风和社会风气持续好转，凝聚起决战决胜“五个关键时期”和高水平全面建成小康社会的磅礴力量。

1.领导带头、以上率下，开展“关键时期我担当、不忘初心加油干”主题活动，巩固拓展主题教育成果。习总书记强调，“党的作风和形象关系党的创造力、凝聚力、战斗力，决定党和国家事业成败”。全市领导干部要把“不忘初心、牢记使命”作为党的建设永恒课题和党员干部的终身课题，把作风建设摆在更加突出重要位置，全面开展“关键时期我担当、不忘初心加油干”主题活动，组织引导广大党员干部“时刻不忘初心、忠诚履职尽责、切实转变作风、汇聚实干动力”。开展大学习。建立市级领导“1+1+3”领学制度，加强和改进机关部门、乡镇党委（党组）中心组理论学习，带动全市党员通过周一夜学、主题党日等形式，学党章党规，悟习近平新时代中国特色社会主义思想，促使党员干部“四个意识”愈发坚定、“四个自信”不断增强、“两个维护”更加自觉。开展大调研。坚持问题导向，总结深化“三服务”、调研解难题、常态落实“包乡走村”等好做法，破解当前社会发展和群众最关心最直接最现实的问题。开展大比拼。持续开展“对标赶超晒拼创”活动，选树先进典型，全面营造攻坚克难、比学赶超的工作氛围。

2.带好队伍、上下联动，以干部的担当有为破解中梗阻问题。习总书记强调，“全面从严治党要注重正上梁，各级领导干部要身体力行、以上率下。在这方面，没有局外人，任何人都不能当旁观者”。关键时期的东阳，既需要领导干部以身作则、以上率下，更需要上下同欲、上下联动，特别是中层这个群体，就像是人体的腰，只有腰杆子硬了，腰杆子灵活了，才能上下联动，东阳发展才能迈开大步、奔跑追赶。我们要把中层队伍建设作为管党治党的重要内容，严格落实党委（党组）主体责任，建立健全科学的中层岗位综合评价机制，启动中层干部跨部门交流，深入开展中层干部选拔培养，做到人岗相适。加大优秀中层干部评选表彰力度，用先进典型的事例，激发干部担当作为。深化“四不”专项整治，用好督查问责这把利剑，多管齐下破解中梗阻，切实扭转干部慵懒散作风。

3.夯实基础、筑强堡垒，以村干部的规范公正促进组织力提升。习总书记强调，“要注重防范化解脱离群众、动摇根基的风险，始终保持党同人民群众的血肉联系”。基层党组织是党的全部工作和战斗力的基础，是党密切联系群众的桥梁和纽带，是最贴近人民群众的基层党组织。我们要牢固树立大抓基层导向，高标准落实“浙江二十条”，深入实施组织力提升工程，巩固扩大农村、机关、城市和企业等各领域基层党的组织覆盖和工作覆盖，推动基层党建全面进步、全面过硬。要结合扫黑除恶专项斗争，不断深化“村干部整治立规创优年”行动，彻底整治村干部侵害群众利益突出问题和处事不公现象，持续净化基层政治生态；着力规范农村“三资”管理，全面推行村级财务代理和无现金报账制度，严格落实“五议两公开”等制度，规范农村基层组织运行；深化村党组织书记县级管理具体办法，加强优秀“红领青年”培育，

为新一届村社换届全面储备“一肩挑”人选；坚持从严从紧，用好农村发展党员违规违纪问题排查解决试点工作成果，严把党员队伍入口关，从根本上提升党员队伍整体素质。

4.公平公正、实干为要、以德为先，树立选人用人重实干重实绩的鲜明导向。习总书记强调，“用人上的不正之风和腐败现象对政治生活危害最烈，各级党委要从查处的大量腐败案件中反思选人用人的得失，下大决心治理吏治腐败”“要坚决纠正‘劣币驱逐良币’的逆淘汰现象，以用人环境的风清气正促进政治生态的山清水秀”。我们要严格落实新时期好干部标准，坚持“德才兼备、以德为先”的原则，深入开展“一线考察”和政治考察，大力选拔政治过硬、敢于负责、善于作为、实绩突出的干部。认真落实“三个区分开来”要求，运用干部容错纠错机制，完善不实信访澄清保护机制，形成“干部为事业担当，组织为干部担当”的良性互动机制。加强干部历练培养，科学制定并落实干部教育培训规划，深入实施“青蓝工程”，加大优秀年轻干部培养和选拔使用力度，有计划地选派干部到招商引资、项目建设、产业发展、社会治理等一线实践锻炼，帮助提升“八种本领”。

5.严明纪律、守牢底线，加快构建风清气正的政治生态。风清则气正，气正则心齐，心齐则事成。习总书记强调，“一个地方要实现政通人和、安定有序，必须有良好政治生态。政治生态污浊，就会滋生权欲熏心、阳奉阴违、结党营私、团团伙伙、拉帮结派等一系列问题，侵蚀党的思想道德基础”。我们要全面压紧压实党风廉政建设“两个责任”，以责任到位推动工作到位。持续开展“以案为鉴”“以案促改”警示教育，深刻吸取东阳籍干部违纪违法案件惨痛教训，筑牢不想腐的思想防线。加快补齐招投标、项目建设等重要领域和关键环节的制度漏洞，切实扎紧不能腐的制度笼子。健全完善“四个全覆盖”监督网络，贯通运用监督执纪“四种形态”，深化“三清理一规范”“烟票”专项行动，重拳整治政商关系不清、选择性服务、侵害群众利益等突出问题，严管微权力、严查微腐败，强化不敢腐的震慑，切实把制度优势转化为治理效能。

政府工作报告

——在东阳市第十五届人民代表大会第四次会议上(摘要)

东阳市人民政府代市长　楼琅坚

2020年1月19日

一、2019年主要工作回顾

过去一年，面对各种风险挑战和经济下行压力，我们高举习近平新时代中国特色社会主义思想伟大旗帜，全面贯彻上级党委、政府和市委的决策部署，认真执行市人大及其常委会的决议，紧扣“五个关键时期”重大判断，紧盯“稳增长、促转型、强改革、优环境、惠民生、保平安”重点任务，对标对表、聚焦聚力，一心一意谋发展、一心一意抓落实，全市经济社会总体保持平稳健康发展。全年地区生产总值预计增长6%左右；完成财政总收入118.4亿元，一般公共预算收入69.9亿元，分别增长5.4%和6.3%；城乡居民人均可支配收入分别达56245元和31727元，增长6.8%和7.4%。

(一)坚持抓项目、调结构，经济运行总体平稳

项目平台攻坚有力。建立“周督查、月通报、双月研判、季度晒拼”的项目推进机制，省、金华市集中开工项目和重点项目进度居金华首位，政府及国企重大投资项目完成率显著好于往年，新增省重大产业项目2个、省重点项目10个。经济开发区总体规划、产业规划加快编制，启动“万亩千亿”平台计划，木材交易中心保税仓开仓运营。以横店电子产业园区为重点的磁性材料省级高新园区经省政府同意挂牌创建，高铁新城建设有序推进。木雕小镇、花园红木家居小镇两个省级特色小镇考核分获良好、合格等次。新开工建设小微园10个共80万平方米，改造老旧工业区块12个。深化“亩均论英雄”改革，加大低效工业用地清理整治，淘汰21家企业落后产能，整治提升“低散乱”企业3088家，腾出空间233.1公顷，亩均税收3万元以下企业基本出清。引进内资57亿元、外资2600余万美元，浙商回归到位资金35亿元，新签约亿元以上项目16个、10亿元以上项目10个，县市长工程项目落地3个。

实体经济稳中有进。制定出台推动工业高质量发展“八项措施”，预计实现规上工业增加值110亿元，增长5.5%左右。全面实施数字经济“一号工程”，新增数字化车间4个、上云企业700家，数字经济核心产业增加值预计增长6%左右。大力实施制造业品质提升工程，新增省级商标品牌示范企业2家、“品字标”企业10家、“浙江制造”标准12个。出台磁性行业培育方案和扶持医药产业发展若干政策，强化重点细分行业培育。实施市级“两化”融合重点项目107个、重点技改项目60个，争取省工信重点领域提升发展实施试点3个。引导企业晋星升级，预计新增亿元企业4家、规上企业70家，新增挂牌企业23家，横店东磁入选全省首

批“雄鹰行动”培育企业试点。抓好促消费稳增长工作，花园雷迪森大世界酒店、瑞洲超市等项目建成营业，预计实现社会消费品零售总额302.6亿元，增长8%左右。会展经济拉动有力，全年举办各类展会29个，总成交额31.2亿元，增长16.5%。网络零售发展迅猛，全年预计实现网络零售额108亿元，增长20%左右。农业“两区”建设稳步推进，新增规模化流转土地543.33公顷，提标改造粮食生产功能区381.47公顷，新建高标准农田1200公顷，主要农作物机械化率达85%，全省领先。成功引进年出栏10万头现代化生猪养殖项目。建成东白农产品展示展销中心2家，林业总场获评“浙江省现代国有林场”，供销总社获评全国百强县级社。

特色产业加快转型。横店影视文化产业集聚区获省政府批复，梦上海一期正式运营，横店影视产业园等重点工程顺利推进，爱奇艺创意文娱中心等项目签约落地，开心麻花、复星影视、博纳院线等影视企业入驻，全年实现营业收入281.1亿元、税费27.7亿元。横店旅游品质不断提升，“卢宅故里”“夜游东阳”品牌逐步打响，全市接待游客2953.7万人次，增长15.2%，实现旅游收入274.7亿元，增长18.9%。建筑科技产业园规划全面展开，建材采购联盟有效运行，交易额超15亿元。完成建筑企业资质晋升和扩容55家，新增鲁班奖3只。新招引建筑企业140家，完成建筑业总税收29.8亿元。按照做强做优做长久的目标，持续抓好木雕红木产业规范提升，查处环保违法案件217起，7天无理由退货承诺红木企业达到323家，由东阳市制定的《深色名贵硬木家具》“浙江制造”团体标准发布实施。千祥镇被中国林学会授予“中国竹编工艺之乡”称号。

资源要素保障有力。深入推进全域土地综合整治，完成垦造耕地、建设用地复垦共计257.47公顷，佐村镇山合村千亩连片整治项目通过验收。完成低效用地开发、批而未供土地消化、存量建设用地盘活、闲置土地处置共计1083.4公顷，完成土地报批512.87公顷，增长112.4%。与横店集团、复星集团、深创投等合作成立产业基金3支，总规模达33亿元。引导金融机构扩大信贷规模、优化信贷结构，全年新增贷款99.4亿元，中长期、民营经济贷款分别新增76.7亿元、53亿元。市供电公司获批省增量配电试点，110千伏湖溪变、屏岩变顺利投运。

服务企业扎实有效。深入开展“三服务”活动，帮助企业解决各类问题682个。认真落实降本减负措施，全年减税降费16.5亿元，全面完成拖欠民营企业中小企业账款清理工作。推行财政奖补资金“即奖即补”，成立企业金融服务中心，累计为各类企业提供融资担保贷款7.3亿元、提供转贷资金18亿元。支持重点企业参与债券融资计划和股权质押纾困计划，实现债券到期兑付110.3亿元，化解不良贷款13.3亿元，不良贷款率为0.74%。市场主体信心有效提振，全年新增市场主体2.5万户，增长26.8%。

（二）坚持抓改革、促创新，内生动力有效激发

改革活力不断释放。顺利完成政府机构、经营性事业单位和五大领域综合行政执法改革，市融媒体中心等9家正科级事业单位挂牌运行。“最多跑一次”改革不断深化，完成市行政服务中心标准化建设，基本实现政务服务事项网上办、“一证通办”全覆盖，个人和企业全生命周期“一件事”办理事项达46项，实现一般企业投资项目竣工验收前审批“最多90天”、企业开办一日办结，成功跻身全国县域营商环境百强县。大力推进“无证明城市”改革，清理证明事项425项，少开证明15.2万件。实施信用建设“531X”工程，全国县级城市信用监测排名第14位，列全省第二。深化“标准地”改革，新批工业用地实现“标准地”出让全覆盖，推出农业“标准地”39宗共610.47公顷。花园村乡村振兴综合改革试点总体方案获省政府批复。

创新效力不断提升。新增国家高新技术企业44家、省科技型中小企业99家、金华市级以上众创空间和企业研发机构22家。上海临港科创中心东阳分中心成功签约。科技成果转化成效明显，横店东磁软磁铁氧体关键技术及其产业化项目获国家科技进步二等奖，列入省重点研发项目5项，完成发明专利产业化36项，完成技术交易额5.8亿元、增长97.3%，发放创新券884.5万元、增长178.5%。出台人才新政实施细则，成立天使梦想基金，引进顶尖人才、领军人才共16人，创建博士后科研工作站1家、金华市级院士专家工作站3家。实施“智汇东阳”十百行动，举办各类人才沙龙58场，为企业破解难题185个。

内外合力不断汇聚。第二届世界东阳人发展大会成功召开，现场签约项目26个、计划投资339.7亿元，取得了良好的社会效果。成功举办红博会、东博会等国家级展会。高规格召开中国（横店）影视文化产业发展大会和横店影视节，成立全国首个影视产业文联。做好稳外贸稳外经工作，预计实现外贸出口194亿元，增长2%；积极引导建筑、影视等特色产业“走出去”，入选省文化出口重点企业3家，实现境外承包工程营业额3.25亿美元。

（三）坚持抓联动、优环境，城乡面貌不断改观

城镇建设统筹推进。全面启动国土空间规划编制，城区、集镇基本实现控规全覆盖。全国文明城市创建扎实推进，成功创建国家森林城市和国家园林城市。新建街心公园22个，改造城市道路4条，新建、改造停车场5个，新增机动车停车泊位约2.7万个。西岘、金店、槐堂棚改项目进展顺利，市公租房一期项目交付使用，135户困难家庭顺利入住。完成拆违176.9万平方米、“三改”235.3万平方米。四个农房集聚区一期项目全面结顶，集聚区二期项目启动建设，上卢农房集聚区二期完成选房。城东街道获评省小城镇环境综合整治突出贡献集体。

乡村振兴初显成效。南马瑶仪、城东李宅等首批11个产业特色精品村完成基础项目建设，新增A级以上景区村庄119个、民宿集聚村2个、电商专业村6个，乡村旅游人次增长

30%。所有行政村年经营性收入达到7万元以上,低收入农户人均可支配收入增长13.1%。持续深化"十美村十差村"评比,加速推进红木长廊等美丽乡村风景线建设,虎鹿下东、三单庙后等10个村获评年度"最美村",画水许宅、佐村岱溪获评省级美丽宜居示范村,横店、东阳江镇获评省级美丽乡村示范镇,花园村渼陂下田园获评省级"最美田园"。启动拆后重建示范村建设47个,累计完成宅基地安置20703户,拆后重建安置率达92.6%,危旧房治理改造工作持续走在全省前列。

生态环境持续好转。统筹推进治水治气治土治废,完成6个镇街、4个工业园区和180个生活小区"污水零直排区"建设,市污水处理二厂一期二阶段、南马镇西污水处理厂二期试运行,白溪江六石段成功创建省级"美丽河湖",两江交接断面水质保持在Ⅲ类水以上。强化采矿、制砂、运输、工地"四位一体"治理,完成营运柴油车、高污染燃煤锅炉整治淘汰年度任务。倡导"绿色出行",新建汽车充电桩298个,投放新能源公交车85辆,全年空气质量优良率达92.6%。完成11处废弃矿山生态修复。建筑垃圾资源化利用中心高效运行,生活垃圾综合利用处置项目开工建设,全市生活垃圾分类覆盖面达80%,危险废物规范化管理抽查达标率100%。新增平原绿化160余公顷、彩色林约2000公顷,完成松材线虫病防治1066.67公顷,创建省级"一村万树"示范村5个,获评省公益林建设成绩突出集体。新建绿道100千米,两江绿道基本贯通,白溪江绿道入选"浙江省最美绿道",湖溪镇入选"美丽浙江魅力示范点"。提前一年完成省级节水型社会创建。

基础设施加快完善。金义东轻轨东阳段工程建设加速推进,金甬铁路、杭温高铁顺利开工。横店通用机场改扩建项目正式获批,列入国家"十三五"支持项目清单。S217改建节点工程西岘峰隧道开挖贯通,义东高速、S315南市至画水段改建、G351兴平路口平改立等重点工程进展顺利,国道省道的路况跃居全省第一。完成农村公路大中修118千米,巍山、湖溪成功创建金华市"四好农村路"示范乡镇。完成中小河流治理14.6千米。完成第二自来水厂扩容和23个单村供水改造提升工程,新增农村饮用水达标提标人口16.1万人,达标人口覆盖率提高到96.5%,列金华第一。完成3座综合供能服务站主体建设,金丽温天然气管道东磐支线超额完成年度任务。

(四)坚持抓保障、惠民生,公共事业协调发展

社会保障提质扩面。落实就业创业、援企稳岗政策,新增城镇就业2.67万人,失业人员再就业6500人,城镇登记失业率1.72%。基本养老保险、医疗保险参保率分别达98%、99.9%,基本实现全覆盖。各项社会救助标准稳步提高,最低生活保障年标准提前三年达到省定9000元以上的目标,建成20个"残疾人之家"。创建乡镇示范型居家养老服务中心4家、星级居家养老照料中心54家,居家养老照料中心运行率保持在80%以上。完成市镇村三级退役军人服务中心(站)建设,成功创建省级"双拥模范城"。

社会事业稳步提升。召开全市教育发展大会,出台推进教育现代化的若干意见。中小学教育质量综合监测指标保持全省领先,高考一段上线率再创新高。深化教育综合改革,列入省整体推进智慧教育综合试点,学后托管惠及3.6万余户家庭。捐资助学再掀高潮,东阳中学、巍山高中等募集教育基金3.7亿余元。新建(改扩建)学校、幼儿园32所,新增中小学学位4320个、幼儿园学位2190个。广厦学院升格为本科层次职业学校。深化医共体建设,县域就诊率、基层就诊率分别达90.3%和65.2%,公立医院综合改革、县域医共体建设工作分别获国务院、省政府正向激励。市中医院迁建、妇保院扩建工程稳步推进,健康东阳建设成效显著。文体设施不断完善,新建农村文化礼堂95个、基层综合性文化服务中心20个,新增全国重点文保单位3处,人均公共体育场地面积超过省定标准,通过省基本公共文化服务标准化达标验收。文化惠民活动深入开展,送戏下乡220场,送书下乡8.4万余册,送电影下乡7800余场。《东阳年鉴(2019)》获评全国精品年鉴。统计局荣获全国第四次经济普查先进集体。

社会大局安定有序。加快推进全国农村社区治理实验区创建,顺利承办首届全国农村社区治理讲习班。全面开展历史遗留问题、信访矛盾等风险隐患排查化解,清理历史遗留问题35件,化解矛盾纠纷3162起、重点信访件62件,化解率分别达99.2%、86%。深入推进扫黑除恶专项斗争,打掉黑恶团伙15个,查办的"2·28"案件得到省委车俊书记、袁家军省长批示肯定。"雪亮工程"建设如期完成,盗窃、黄赌等警情大幅度下降,社会治安面持续向好,圆满完成新中国成立70周年大庆安保。全力做好超强台风"利奇马"防御和灾后重建工作,地质灾害隐患全面核销清零。扎实推进六大领域安全治理,安全生产事故起数和死亡人数分别下降56%、24%,交通亡人事故同比下降25%,为获得"平安县市"十四连冠打下坚实基础。

一年来,我们切实加强政府自身建设。高标准推进"不忘初心、牢记使命"主题教育,不断增强"四个意识",坚定"四个自信",做到"两个维护"。自觉接受市人大及其常委会的法律监督、工作监督和市政协的民主监督,"两会"期间对代表、委员提出的意见建议实行即提即办,共办理市人大代表建议意见337件、政协提案335件。牢固树立以人民为中心的发展思想,民生支出占一般公共预算支出的78.6%,年度十大民生实事总体完成。不断强化依法行政,坚持市政府常务会议学法制度,制订实施市政府重大行政决策目录清单。推进效能建设,部门间办事"最多一星期"按时办结率达98%,政府执行力明显提升。全面落实党风廉政建设责任制,持续深化作风建设,不断强化审计监督,切实抓好重点领域反腐倡廉工作。认真听取民主党派、工商联、无党派人士的意见建议,积极支持工青妇等群团组织开展工作,人民武装、

民族宗教、人口计生、人防、外事、侨台、气象等工作取得新成效，妇女、儿童、科普、慈善、红十字、东西部扶贫协作等事业迈上新台阶。

在总结成绩的同时，我们也清醒地看到，全市经济社会发展还存在着不少困难和问题，主要是：经济下行压力加大，有效投资增长乏力，实体经济面临的困难明显增多，三大特色产业发展遭遇瓶颈；科技创新能力不强，土地要素制约明显，平台支撑作用不够，高质量发展的动能不足；城市建设品质不高，生态环境领域短板依然不少，优质公共服务供给仍显不足，影响平安稳定的风险隐患仍然不少；一些干部不依法行政、不担当、不作为的现象依然存在，选择性服务、中梗阻等问题还比较突出，腐败现象仍有发生，党风廉政建设任重道远。对此，我们一定高度重视，采取有力措施，切实加以解决。

二、2020年目标任务和重点工作

今年是高水平全面建成小康社会的决胜之年，是“十三五”规划收官、“十四五”规划谋划之年，也是推动东阳“五个关键时期”各项工作落地的基础之年，增强广大干部群众信心的希望之年，推动高质量发展的奋进之年。做好今年的政府工作，必须始终坚持以习近平新时代中国特色社会主义思想为指导，全面贯彻党的十九大和十九届二中、三中、四中全会，中央经济工作会议和省委、金华市委全会精神，坚持稳中求进工作总基调，坚持新发展理念，牢牢把握“五个关键时期”的目标、原则和重点任务，紧扣市域治理现代化，聚焦稳企业、增动能、强改革、优环境、补短板、保平安，全力推动东阳高质量发展，决胜收官“十三五”，确保高水平全面建成小康社会。

综合考虑各方面因素，建议今年东阳市经济社会发展主要预期目标为：地区生产总值增长在6%—6.5%区间，财政总收入、一般公共预算收入均增长8%以上，城乡居民人均可支配收入增长与经济增长基本同步，约束性指标全面完成上级下达任务。主要经济指标争先进位，增速力争超全省平均、列金华前三。

要实现上述目标任务，必须打牢“稳”的基础。谋划实施一批稳增长的新招实招，着力稳企业、防风险，抓实体、提质效，抓项目、扩投资，确保经济稳定增长。把“五个关键时期”各项工作的基础夯得更实一些，把各个方面的短板补得更齐一些，为“十四五”发展打下坚实基础。必须强化“拼”的意识。面对关键时期，面对下行压力，以“天天都是拼搏日、季季都是奋发季”的状态，和强者比、向高处攀，不甘于一般、不满于小进，大干快干加油干，拼争抢创勇争先，体现出奋进之年应有的姿态。必须发扬“实”的作风。干字当头，实干干实，强化担当，勇于攻坚，善于创新，推动各项工作落地见效、开花结果。必须追求“高”的成效。坚持新发展理念，着力解决各种不平衡、不充分问题，以高质量发展、高水平小康、高品质生活、高效能治理的实效，让广大干部群众有更多的获得感。

重点抓好以下五个方面的工作：

（一）聚焦稳企增效，着力开创高质量发展新局面

创新引领，提升工业经济竞争力。鼓励企业加大科研投入，新增国家高新技术企业12家、省科技型中小企业50家、金华市级以上研发中心10家，R&D占GDP比重达2%以上。大力实施数字经济“一号工程”，加快数字产业化和产业数字化，支持磁性材料工业互联网平台建设，实施金华市“两化”融合重点项目23个、重点技改项目40个以上，新增数字化车间2个、上云企业400家以上，数字经济核心产业增加值增长6%以上。以集群化、全产业链发展为导向，围绕关键环节、关键设备，突出精准扶持，着力培育壮大磁性产业、生物医药两大重点细分行业；围绕针织服装、箱包、渔具、金银丝、缝配、古建门窗等产业，实施特色块状经济提升行动，加大智能化、数字化改造力度，推动传统产业提质增效；依托现有产业基础，持续培育壮大智能装备、节能环保、新能源、新材料、通用航空等新兴产业，抓好3个省工信重点领域提升发展实施试点，着力形成一批新的经济增长点，确保规上工业增加值增长6%以上。引导企业强化质量、标准和品牌建设，推动产业向价值链高端攀升。深入实施“凤凰”“雄鹰”“雏鹰”三大行动，新增亿元企业8家、规上企业75家、省级“隐形冠军”企业1家，完成企业股份制改造16家。

文化赋能，再造特色产业新优势。以特色产业为引领，坚持系统化谋划、项目化实施、融合化发展，做深做实“文化+”“+文化”文章，进一步打开文化优势转化为发展优势的通道。统筹推进建筑科技产业园和建筑业高质量发展综合实验区规划建设，成立“一带一路”建筑研究院，大力发展新型建材及建筑相关配套产业，探索破解建筑企业在资质、保函、技术等方面的瓶颈制约，推动建筑业向上下游延伸、各领域拓展、实体化转变。做大做强建材采购联盟，继续抓好建筑业营改增和招商工作，完成建筑业税收30亿元以上，争取中国建筑博物馆落户东阳。加快横店影视文化产业集聚区实质性落地，持续做优服务、做强基地、招大引强，更好发挥影视文化产业创新服务综合体、产权交易中心等平台作用，补强前期创作、后期制作等短板，推动影视产业与科技、金融、创意设计等深度融合，努力打造“全球最强的影视产业基地”。推动横店旅游业态转型升级、景区智能化改造，深度挖掘、整合提升东白山、卢宅等文旅资源，引进亿元以上文旅项目3个，创建省全域旅游示范市，旅游人次、收入均增长10%以上。支持木雕红木产业做强做优，持续打好环保整治、整合重组、品牌创建等规范提升组合拳，稳妥推进红木家具市场整合，大力推动木雕红木产业与建筑、装修等深度融合，实现规范融合创新发展。

供需齐抓，挖掘消费需求新潜力。坚持商贸服务业新建项目加快推进和老旧网点改造提升同步发力，老业态更新迭代和新业态培育壮大双管齐下，推动消费升级，力争社会消费品零售总额增长8%以上。完善商业布局，加快东阳国际汽车城二期、巍山新天地商贸综合体等重点项

目建设，择优引进商贸综合体、优质汽车4S店，推动白云市场群提升发展、接轨义乌，培育发展新零售、夜间经济等新模式新业态，推动城乡商贸共同繁荣。深入实施“放心消费在东阳”行动，组织举办各类消费促进活动，支持行业协会、乡镇举办各类特色产业类展会，挖掘消费潜力。做大做强特色电子商务，发展社交电商，建成投运跨境电商孵化园，确保网络零售额增长11%、服务贸易增长7%以上。促进房地产市场平稳健康发展。

精准服务，提振市场主体发展信心。大力弘扬优秀企业家精神，保护企业家合法权益，营造尊重、关心、支持企业家的浓厚氛围。常态化开展“三服务”活动，进一步畅通政企沟通渠道，构建亲清政商关系。认真落实减税降费政策，切实降低企业用电、用气、用工及物流成本。完善企业帮扶“白名单”制度，发挥政策性融资担保公司和政府转贷资金作用，用好民企债务融资支持工具和纾困基金，切实抓好“两链”风险及流动性风险防范化解，不良贷款率保持合理水平。实施融资畅通工程，引导金融机构增加中长期、实体经济贷款，并在特色产业、动产质押等方面推出更多创新产品，新增贷款100亿元以上，有效缓解企业融资难融资贵问题，营造良好的金融生态。

（二）聚焦投资拉动，着力增强赶超发展新动能

大抓平台拓展。完善经济开发区总体规划和产业规划，重点在六怀工业区块谋划拓展10平方千米左右的发展空间，争取纳入省级“万亩千亿”平台；加快推进千芝雅等项目建设，改造提升现有产业，打造“工业经济主战场、招商引资主阵地”。以列入省级高新园区创建培育名单为契机，进一步理顺体制机制、完善园区配套，做大磁性电子产业集群，推动横店电子产业园区转型提升。抓好高铁新城规划建设，启动博士路隧道、站南路和东一路建设，推动爱奇艺等影视项目落地，积极争取列入省级未来社区试点。推动木雕小镇“产、城、人、文”融合发展，争取通过省级特色小镇验收命名。进一步优化小微园产业规划和空间布局，推动老旧工业区块改造提升，建设改造小微园10个以上，吸引市内外优质小微企业入驻，推动高税无地型企业落地。

大抓项目攻坚。大力招项目，完善招商机制，配强招商力量，以第二届世界东阳人发展大会成功召开为契机，持续做好签约项目和在外东阳人的后续跟踪对接，力争在亲情招商上取得更大成效；聚焦三大平台、北上广深等重点城市和工业、建筑、影视文化等重点领域，强化平台招商、驻点招商、产业链招商，力争引进内资100亿元、外资3000万美元，实现浙商回归到位资金60亿元，新招引亿元以上项目30个，其中10亿元以上项目10个、20亿元以上项目3个，县市长工程落地3个以上。认真谋项目，抓住宏观政策逆周期调节机遇，发挥政府产业基金引导作用，加强项目谋划和对接，滚动完善政府投资和民间投资两个项目库，力争动态储备项目投资达1500亿元以上，新增省重点项目10个、省重大产业项目3个以上。全力推项目，完善“五个一”和“周督查、月通报、双月研判、季度晒拼”的项目推进机制，突出抓好项目审批、征地拆迁等关键环节攻坚，加快横店影视产业园、横店东磁单晶电池片、巍华超高性能混凝土等重大产业项目以及交通、教育、卫生、水利等领域政府投资重大项目建设，确保固定资产投资及四个结构性指标均增长10%以上，政府及国企投资实施类重大项目完成年度计划投资的100%以上。

大抓要素保障。依法依规、因地制宜推进低效工业用地清理整治，年内腾出空间266.67公顷以上，重点区域亩均税收5万元以下企业全面出清，工业亩均税收增长7%以上。深化全域土地综合整治和土地节约集约利用，全年垦造耕地、旱改水、建设用地复垦266.67公顷以上，完成存量用地盘活、批而未供土地消化、低效用地再开发320公顷以上，向上争取新增用地466.67公顷以上。常态化开展“智汇东阳·回报家乡”活动，谋划东阳人经济回归产业园、人力资源产业园、“人才飞地”等平台，支持企业引进各层次人才。加快220千伏大坑变、110千伏临江变等项目进度，推进天然气管网建设，强化用能支撑。

（三）聚焦改革开放，着力激发经济社会发展新活力

不断优化营商环境。深入实施优化营商环境便利化行动，全力打造省内一流的营商环境。不断深化“最多跑一次”改革，巩固提升“无证明”城市改革成果，持续推动“最多跑一次”改革向基层一线、公共场所、服务领域等各个方面拓展延伸。深化个人和企业全生命周期“一件事”改革，探索建立项目招引落地“一件事”制度。推进一般企业投资项目审批“最多80天”改革，完善投资项目在线平台3.0功能。深化商事登记制度改革，推进“证照分离”全覆盖。全面加强社会信用体系建设，深入实施信用“531X”工程，拓展信用应用领域，打造信用东阳。

抓实重点领域改革。深化机构改革，全面完成事业单位改革，解决事业单位功能定位不清、政事不分等问题。深化国资国企改革，理顺体制机制，强化国有经营性资产统一监管，完善国企框架布局；全面排查理清国有资产，整合注入相应国企；推动国企参与平台开发和特许经营，增强盈利能力，提高信用评级，实现经营绩效和融资能力双提升。大力推进花园村乡村振兴综合改革试点，打造乡村治理样板、城乡融合发展典范。深化拓展“标准地”改革，推行“标准地+标定地价”制度，继续推进农业“标准地”改革。

提升开放合作水平。主动融入长三角一体化和金义都市区，加快上海临港科创中心东阳分中心落地，参与G60科创走廊建设；加快东义同城化，深化山海协作，加强与磐安的协同发展，推动基础设施互联互通、公用事业共建共享、产业分工协作互补。立足区位优势和建筑、影视、木雕等产业优势，积极参与“一带一路”、义甬舟开放大通道建设，鼓励企业“走出去”发展。全力以赴稳外贸，

加强对外贸企业的预警分析和应对帮扶，引导企业拓展多元市场，力争外贸出口增长3%以上。统筹办好东博会、红博会和工艺美术行业“中华大师汇”，推动中国（横店）影视文化产业发展大会和横店影视节升格为省级节会，持续扩大节会影响力。切实做好东西部扶贫协作、对口支援和对口合作，确保完成各项工作任务。

（四）聚焦全域提升，着力打造生态宜居新风貌

加快塑造美丽城市形象。坚持立足当前、着眼长远，高水平编制“十四五”规划和国土空间规划。突出东阳特色，做好城市整体设计，提升城市品位。深化全国文明城市创建，完善城市建设管理体制机制，谋划实施一批城市基础设施补短工程，大力推动江北区域基础设施完善、商气人气集聚，更好发挥城市在经济中的龙头作用。加快城市有机更新，完成西岘和金店棚改拆迁安置，推进城市东扩、林业总场、老公安局等重点板块开发，谋划实施一批老旧小区、城中村拆迁改造，充分利用城区空闲地做好城市功能补缺、景观小品打造。持续做好江滨景观带风貌提升和产业植入，加快市民中心、江滨文化中心（文化馆）和“东阳骄傲”项目建设，打造城市亮点。加强智慧城市建设，大力推进城市环卫清扫作业“机器换人”和市场化改革，提高城市精细化治理水平，确保通过国卫复审。切实抓好治堵保畅工作，启动城区道路改造提升三年行动计划，实施城南西路、南市路、树德北路等7条道路改造，打通江滨南街、书院路等断头路。持续深化“三改一拆”，打好城区违法建筑专项整治攻坚战，年内基本完成安全隐患严重的违法建筑拆除。

深入实施乡村振兴战略。以争创省美丽乡村示范县为目标，以“三强六无五美”村创建为总抓手，以“两江两镇”示范区为引领，全力推进乡村振兴，年内全市30%的行政村（社区）创建“三强六无五美”达标村，10%的行政村（社区）创建示范村。按照“突出重点、兼顾一般、梯次推进”原则，同步谋划、分步推进美丽城镇建设，年内启动实施项目100个以上，争创省级样板镇2个。加大美丽乡村建设力度，建立完善长效管理机制，继续推进拆后重建示范村建设，以“十佳村”创建为载体，推动87个村开展新时代美丽乡村达标村创建，打造省级新时代美丽乡村精品村30个。启动实施田园环境整治三年行动，扎实推进4条美丽乡村风景线和“四好农村路”建设，争创省级“四好农村路”示范市。加快中小河流治理，创建省级“最美河湖”1个，争取列入全省美丽山塘建设试点。推进农业“两区”建设，基本完成保种场搬迁，加快推进屠宰场、生猪养殖项目建设，培育省级农业特色强镇、产业集聚区各1个，确保“米袋子”“菜篮子”安全。深化产业植入，实施“两进两回”，因地制宜发展影视拍摄、乡村旅游等业态，开展共享农屋试点，打造3A级景区村庄3个、农文旅发展示范基地5个，乡村旅游人次增长15%以上。抓好乡村治理，深化农村集体“三资”管理改革，推广“花园治村”和虎鹿“老娘舅”等治理经验，探索建立“最多访一次”和“两代表一委员”参与矛盾纠纷调解工作机制，发挥“一中心一网格四平台”作用，努力实现“最多访一次、一次不要访”。探索和创新社区治理机制，推进星级田园社区建设，确保完成全国农村社区治理实验区建设各项任务。

切实抓好生态环境治理。以争创国家级“两山”实践创新基地和省级生态文明建设示范县为抓手，全面打好生态保护攻坚战，确保通过第二轮中央环保督察。打好蓝天保卫战，扎实推进重点行业提标改造、燃煤锅炉整治、秸秆焚烧管控等工作，深化“四位一体”渣土和扬尘治理，持续提升空气质量。打好碧水攻坚战，全面推进7个新建、改扩建污水处理设施项目和9个配套管网项目，完成6个镇乡街道“污水零直排区”和南马红木废水处理项目建设，确保两江全流域达到Ⅲ类水。打好净土清废战，强化污染地块风险管控和治理修复，污染地块安全利用率不低于91%。推动垃圾分类扩面升级，城区全面推行“两定四分”法，建成生活垃圾综合利用处置项目以及6家综合分拣中心、3家建筑垃圾资源化利用分中心，力争城乡生活垃圾分类全覆盖、总量零增长。开展小微企业危险废物第三方收集试点，建成固废处置企业1家。打好生态提升战，巩固国家森林城市、国家园林城市创建成果，启动南山国家森林公园创建，全面整治“小老树”问题，新造林393.33公顷，建设彩色林带26千米，创建国家森林乡村7个、省“一村万树”示范村5个。创新矿山、森林生态修复模式，继续做好东江源省级自然保护区建设工作。推进佐村、三单等生态廊道建设，建立完善生态廊道长效管护机制。争创国家级县域节水型社会。

提速推进交通基础设施建设。以“三铁一机一高”建设为契机，统筹做好综合交通枢纽及场站周边配套设施规划建设，实现各种交通方式间的有机衔接，构建起陆空齐备、内畅外联的交通网络。全面完成杭温高铁、金甬铁路、金义东轻轨东阳段沿线征迁工作，确保无障碍施工。加快横店通用机场改造提升。推进城区至横店快速路、G527白峰岭至李宅段、甬金衢上高速等重大项目前期，力争义东高速南市至南马段、G351磐安安文至马宅段、横店至千祥公路隧道工程等开工建设，加快义东高速城区段、S315南市至画水段改建、G351兴平路口平改立等工程建设，S217改建工程建成通车。

（五）聚焦民生改善，着力答好高水平全面小康新答卷

打造人人向往的东阳教育。以创建“全国义务教育优质均衡发展市”为抓手，补短板、优保障、强队伍，努力办好人民满意的教育。稳步推进学校布局调整，实施教育项目48个，新增中小学学位2000个、幼儿园学位3000个，公办幼儿园覆盖面达到50%以上。深化教育制度改革，实施中小学生综合素养评价改革，开展公办民办学校同步招生，加强校长、班主任、骨干教师“三支队伍”建设。加快实现镇乡街道教育基金全覆盖。加强职业教育基础设施和终身教育体系建设，补齐职业教育和成人教育短板。全面支持广厦学院本科层次职业教育试点、横店电影学院筹建和

横店影视职业学院特色化办学，力争温州医科大学东阳校区早日获批落地，努力打造县级高等教育高地。

打造普惠便利的公共事业。深入开展“健康东阳”建设，争创省健康促进县市。深化医共体建设，着力构建整合型医疗卫生服务体系，提升基层卫生院医疗水平。完成中医院迁建、妇保院扩建项目主体工程，人民医院完成三甲创建。以承办第十七届省运会足球、篮球、艺术体操等赛事为契机，加快推进体育场馆设施改造建设，推动体育事业、产业共同发展。继续开展各类文化惠民活动，做好文化遗产保护利用。加快多元化的养老服务体系建设，推进敬老院改造提升，新增5家乡镇街道示范型居家养老服务中心，全市居家养老照料中心运行率保持在80%以上。认真做好第七次全国人口普查，大力支持工青妇等人民团体开展工作，进一步抓好民族宗教、外事、侨台、统计、档案、史志、气象、慈善、红十字、残疾人等工作，促进各项社会事业协调发展。

打造健全完备的保障体系。全力办好各级民生实事。落实好就业优先战略和积极就业政策，开展各类职业技能培训4万人次以上，实现城镇新增就业2万人以上。健全劳动关系协调机制，常态化开展“无欠薪”治理。做好退役军人就业安置和困难帮扶等工作，维护退役军人合法权益。落实全民参保计划，进一步完善低保、特困供养、临时救助等社会救助体系，最低生活保障年标准提高到9200元以上。巩固“消薄”成果，所有行政村年经营性收入达10万元以上。深入实施低收入农户高水平全面小康计划，确保低收入农户人均可支配收入增长14%以上。持续抓好危旧房治理改造，提速推进拆后重建，基本完成四个农房集聚区一期项目，加快二期项目和高铁新城集聚区建设，切实解决无房户、危房户问题。深入实施农村饮用水达标提标行动，完成3个联村水厂和35个单村供水改造提升工程，达标人口覆盖率提高到99%以上。

打造现代高效的治理格局。完善党委领导、政府负责、社会协同、公众参与、法治保障、科技支撑的社会治理格局，共同营造安定有序、和合共美的社会生态。深化重大风险隐患排查化解，推进处非案件攻坚，争取部分积案取得实质性进展。进一步理顺应急管理机制，提高社会防灾减灾救灾能力。严格落实安全生产责任制，突出生产、消防、道路交通、建筑施工等重点领域隐患排查整治，坚决遏制较大以上事故，确保退出“交通事故死亡人数超百人县市”名单。着力提升食品药品安全治理水平，牢牢守住生命线。深化扫黑除恶专项斗争，加大对招投标、矿产资源、重点项目建设等领域的打击力度，建立遏制黑恶势力滋生蔓延的长效机制。推动智慧安防小区建设，扎实开展盗抢骗、黄赌毒、电信网络诈骗等专项打击行动，最大限度净化社会治安环境，力夺“星级平安金鼎”。

三、全面加强政府自身建设

面对新形势新任务，我们将全面加强政府自身建设，全力打造忠诚、法治、担当、实干、廉洁政府。

坚决做到忠诚履职。自觉以习近平新时代中国特色社会主义思想武装头脑，构建“不忘初心、牢记使命”的长效机制，切实增强“四个意识”、坚定“四个自信”、做到“两个维护”。自觉把党的领导贯彻到政府工作各领域、各方面，确保上级党委、政府和市委各项决策部署不折不扣落地见效。自觉把依法行政贯穿于政府治理全过程，做到科学民主依法决策、规范公正文明执法。自觉接受人大法律监督、工作监督和政协民主监督，完善重大事项向人大报告、向政协通报制度，认真办好人大代表建议、政协委员提案。

坚决做到务实高效。持续推进政府数字化转型，深化政府内部办事“最多跑一次”和限时办结制度，提升“互联网+”政务服务、监管成效。大力倡导“事不过夜、马上就办”，做到“简单事立即办，复杂事限时办”，真正让“马上就办、办就办好”成为工作自觉。深化“四不”专项整治，坚决破除部门中梗阻问题，做到以上率下、激活中层，上下联动提效率。切实精简会议文件，做到少开会、开小会、开管用的会，让大家腾出更多时间精力抓落实。

坚决做到实干担当。强化“政府本职是抓落实”的自觉，树立“以结果论英雄”的实干导向，深化“对标赶超晒拼创”活动，建立健全对标比拼、公开亮晒、交办督办、落后约谈等工作机制，以钉钉子精神推动工作落实。大力开展“关键时期我担当，不忘初心加油干”活动，完善市长现场办公和项目专项服务小组制度，做到主动服务、靠前服务，敢于担当、善解难题。健全激励和容错纠错机制，最大限度激发干部攻坚克难、改革创新活力。

坚决做到清正廉洁。严格落实中央八项规定及实施细则精神，着力整治形式主义、官僚主义，持之以恒转作风、正作风。牢固树立“政府过紧日子”的思想，厉行节约、反对浪费，大力压减一般性支出，集中财力办好大事，把有限的资源和财力用在刀刃上。全面加强政府系统党风廉政建设，更好发挥审计监督职能作用，不断强化重点领域廉政风险防控，坚决整治各类歪风邪气，让“办事不求人、办事不送礼，能办的事不求人也能办、不能办的事求人也办不了”成为社会共识和风尚，切实营造良好的政治生态。

名词解释：

1.“三服务”活动：“服务企业、服务群众、服务基层”活动。

2.两个维护：坚决维护习近平总书记党中央的核心、全党的核心地位，坚决维护党中央权威和集中统一领导。

3.四个贯穿始终：学习教育、调查研究、检视问题、整改落实贯穿主题教育全过程。

4.五个始终：始终高举思想旗帜、始终秉持政治忠诚、始终担当履职尽责、始终坚持人民至上、始终恪守务实清廉。

5.六个带头：带头参加学习研讨、带头深入调查研究、带头听取群众意见、带头检视查摆问题、带头抓好整改落实、带头反对形式主义官僚主义。

6. 三清理一规范：清理违规借贷、违规持股、低价购房和规范“一家两制”。

7. 四种形态：经常开展批评和自我批评、约谈函询，让“红红脸、出出汗”成为常态；党纪轻处分、组织调整成为违纪处理的大多数；党纪重处分、重大职务调整的成为少数；严重违纪涉嫌违法立案审查的成为极少数。

8.“四不”专项整治：“不担当不作为不规矩不适应”问题专项整治。

9. 三强六无五美：党建强、发展强、治理强，无重大治安刑事案件、无造成重大不良影响诉讼案件、无异常上访、无邪教案事件、无赌毒违法犯罪活动、无亡人重大公共安全事故，生态宜居环境美、乡土特色风貌美、设施配套服务美、业兴民富生活美、人文和谐风尚美。

10. 千万工程：“千村示范、万村整治”工程。

11. 两江两镇：白溪江、南江，六石街道、湖溪镇。

12.“最多跑一次”改革：政府通过优化办理流程、整合政务资源、融合线上线下、借助新兴手段等方式，使群众或企业，到政府机关办理行政审批和政府公共服务等涉民涉企事项时，在申请材料齐全、符合法定要求的情况下，能够少跑、最多跑一次甚至不跑，实现特定事项或环节一次性办成事。

13. 未来社区：以满足人民美好生活向往为根本目的的人民社区，是围绕社区全生活链服务需求，以人本化、生态化、数字化为价值导向，以未来邻里、教育、健康、创业、建筑、交通、能源、物业和治理等九大场景创新为引领的新型城市功能单元。

14.“亩产论英雄”改革：用“亩均效益”而非“唯GDP”对经济效果进行评价，建立企业综合评价指标体系，推动资源要素向优质高效的领域集中，实现经济健康可持续发展。

15. 三铁一机一高：“三铁”即金义东轨交、杭温高铁、金甬铁路，“一机”即横店通用机场，“一高”即义东高速。

16.“10-20-45”交通时空圈：从镇区、景区出发10分钟就能上高速，20分钟就能到高铁站，从城区、横店出发45分钟就能到金华其他县市。

17.“三本一专”高校：“三本”即浙江广厦建设职业技术大学、温州医科大学东阳校区、横店电影学院，“一专”即横店影视职业学院。

18. 双城同创：创建省级生态文明建设示范县、全国文明城市。

19. 污水零直排区：全面完善辖区内的污水管网，开展雨污分流，生产、生活和经营活动产生的污水都要实行截污纳管、统一收集及经处理达标后排放，实现排水口晴天无排水、雨天无排污。

20. 两进两回：科技进乡村、资金进乡村，青年回农村、乡贤回农村。

21. 基层治理四平台：综治工作平台、市场监管平台、综合执法平台、便民服务平台。

22. 三治融合：“自治、法治、德治”的有机融合。

23. 三社联动：社区、社会组织、社会工作专业人才有机融合、相互促进。

24.“1+1+3”领学制度：围绕每月一专题，由1名常委领学讲学，随机抽取1名市级领导、3名科级干部交流发言。

25. 四个意识：政治意识、大局意识、核心意识、看齐意识。

26. 四个自信：道路自信、理论自信、制度自信、文化自信。

27. 三个区分开来：把干部在推进改革中因缺乏经验、先行先试出现的失误和错误，同明知故犯的违纪违法行为区分开来；把上级尚无明确限制的探索性试验中的失误和错误，同上级明令禁止后依然我行我素的违纪违法行为区分开来；把为推动发展的无意过失，同为谋取私利的违纪违法行为区分开来。

28. 八种本领：学习本领、政治领导本领、改革创新本领、科学发展本领、依法执政本领、群众工作本领、狠抓落实本领、驾驭风险本领。

29. 四个全覆盖：纪律监督，监察监督，派驻监督，巡察监督四个全覆盖。

30. 五个关键时期：未来3至5年，东阳正处在以交通为主的基础设施大配套、大完善的关键时期；工业、建筑业、影视旅游三大产业做大做强做优的关键时期；打造县(市)级高等教育高地，实现基础教育现代化均衡发展的关键时期；做好东阳籍人才这篇大文章，汇聚东阳人智慧和力量，共助东阳发展的关键时期；重树干部形象，再创良好干事创业氛围和发展环境的关键时期。

31.“万亩千亿”平台：面向重量级未来产业、具有万亩空间左右、千亿产出以上的产业平台。

32. 八项措施：为落实工业强市战略，推动工业经济高质量发展，我市从降低企业经营成本、破解企业发展空间、支持企业创新创造、鼓励企业做大做强、加强企业金融服务、做好人才智力保障、提升企业竞争力、加强组织保障等八个方面明确相关举措予以扶持引导。

33. 数字经济“一号工程”：以数字资源为重要生产要素，以现代信息网络为主要载体，以信息通信技术融合应用、全要素数字化转型为重要推动力，促进公平与效率更加统一的新经济形态。2017年省委经济工作会议明确将数字经济作为“一号工程”，以“数字产业化、产业数字化”为主线，建设国家数字经济示范省。

34. 增量配电：为鼓励社会资本有序投资、运营增量配电网，促进配电网建设发展，提高配电网运营效率，2016年10月，国家发改委、国家能源局发布《有序放开配电网业务管理办法》，逐步向符合条件的市场主体放开增量配电投资业务，并鼓励以混合所有制方式发展配电业务。通过竞争创新，为用户提供安全、方便、快捷的供电服务。

35. 即奖即补：依托多部门联动，以审批环节前置为手段，以后续服务为托底保障，财政奖补企业资金拨付文件正式签发后1个工作日拨付到位，有效缩短拨付时间，努力让企业不跑腿、零申报、少等待。

36. 一证通办：群众凭一张身份证、企业凭一张社会信用代码证就可以办理民生事项，其中各类证明材料都由政府部门通过数据共享获取、核对。

37.全生命周期“一件事”办理:从群众和企业的需求出发,围绕公民个人从出生到逝世和企业从开办到注销全生命周期的一个办事事项或者可以一次性提交申请材料的相关联的多个办事事项,实现“一件事”全流程“最多跑一次”。

38.“无证明城市”改革:在东阳市全域范围内,办事群众和企业去政府部门(单位)、公共事业单位、服务机构(含银行、保险等金融机构)办事,须需提交需要自己跑腿去开具的证明材料。

39.信用建设“531X”工程:聚焦企业、自然人、社会组织、事业单位和政府机构5类主体,构建公共信用指标体系、信用综合监管责任体系、公共信用评价及信用联合奖惩体系3大体系,完善全省统一的公共信用信息平台,推进信用体系在若干重点领域创新应用。

40.“智汇东阳”十百行动:以聚力量、促发展、优服务、解难题为主线,开展“百位人才助企升级”“百名乡贤振兴乡村”“百场沙龙聚力创新”“百个项目双创大赛”“百名导师传承帮带”“百名教授进企解题”“百家企业组团揽才”“百个平台融合发展”“百场宣讲落实新政”“百个网点无忧服务”等十项活动,做好人才服务企业、服务发展文章,推动人才、科技、项目、资本等优质要素深度融合创新发展,进一步将人才优势转化为发展优势。

41.四好农村路:把农村公路建好、管好、护好、运营好。

42.六大领域安全治理:在2019年7月26日全省安全生产工作电视电话会议上,袁家军省长提出深入开展道路交通、消防、渔业船舶、危化品、危旧房、城市安全“六大攻坚”。结合实际,东阳市开展道路交通、消防、工贸行业、危化品、危旧房、城市安全等6个重点行业领域安全生产攻坚战。

43.最多一星期:市政府推行的限时办事机制,即部门办理事项答复“最多一星期”、市政府对镇乡街道和部门的呈报事项答复“最多半个月”。

44.“凤凰”“雄鹰”“雏鹰”三大行动:“凤凰行动”指浙江省推进企业上市和并购重组工作行动;“雄鹰行动”指浙江省培育具有全球竞争力一流企业行动;“雏鹰行动”指浙江省培育“隐形冠军”“单项冠军”,推动中小微企业高质量发展行动。

45.“五个一”项目推进机制:一个重点项目、一位分管市领导牵头、一个专班服务保障、一套方案实施、一抓到底的项目推进机制。

46.标准地+标定地价:“标准地”指在完成区域能评、规划环评等区域评估的基础上,带着固定资产投资强度、亩均税收、单位能耗标准、单位排放标准、容积率等指标出让的国有建设用地;“标定地价”指在市(县)政府根据需要评估的正常土地市场中,在正常经营管理条件和政策作用下,具体宗地在一定使用年限内的价格。

47.一中心一网格四平台:“一中心”指社会矛盾纠纷调处化解中心,“一网格”指全科网格,“四平台”指综治工作平台、市场监管平台、综合执法平台、便民服务平台等基层治理四平台。

48.垃圾分类“两定四分”:“两定”即定时、定点,定时指按照市民生活习惯或工作时间,分别确定垃圾投放时间段;定点指按照服务半径标准,设置垃圾集中投放点。“四分”即把生活垃圾分为四类,为易腐垃圾、可回收物、有害垃圾、其他垃圾。

东阳市“不忘初心、牢记使命”主题教育

中共东阳市委主题教育领导小组办公室

部署启动

2019年8月，市委成立“不忘初心、牢记使命”主题教育领导小组和办公室，设立5个工作组，同步组建9个市委巡回指导组。谋划东阳特色“一书一图一团一剧一展”（编撰《东阳红色故事》、绘制东阳初心图谱、组建宣讲团、编排《东阳马生》廉政婺剧、策划主题教育书画摄影展），为全面开展好主题教育做好准备。

9月12日上午，全市召开工作会议部署启动后，当天下午完成全部18个镇乡街道、63个机关部门动员部署，15日前完成2260个基层支部动员部署。市委主题教育办对全市81家参加单位主题教育《实施方案》逐项过筛，逐一审核，提出反馈修改，督促完善。

中秋节期间，市委书记、市长、市委副书记、组织部部长和纪委书记5人利用3天时间走遍18个镇乡街道，分三个片区召开汇报会，专题督导主题教育开展情况。市级领导常态化到包联镇乡街道和村居开展督导。9个市委巡回指导组及时跟进了解各指导单位进展情况，每周一汇总，及时分析研判。正风肃纪组全程参与督导，推动主题教育落实落细。

市内媒体无缝对接主题教育有关新闻，共推出专题专栏13个，刊播相关报道、新媒体作品800余篇（条），阅读量超4000万。策划“初心”朗读、“初心 使命”访谈、“拼争抢创好团队”“担当作为好干部”系列典型报道、“一把手”访谈等系列新媒体专题，使主题教育迅速掀起氛围。在“初心之行”、“拼争抢创好团队”和“担当作为好干部”表彰等重要活动中以网络直播、H5等全媒体报道形式让主题教育宣传走进受众心里。加强外宣选题策划，主动对接上级媒体，及时梳理挖掘新闻素材向上报送。不完全统计，中央、省级、金华市级媒体刊播东阳市相关报道200余篇（条），其中学习强国17篇，《人民日报》（全媒体）9篇，新华社（全媒体）16篇，《浙江日报》8篇，浙江卫视4条，《金华日报》36篇。

主题教育学习内容和形式

2019年，“不忘初心、牢记使命”主题教育采用多种形式开展多层次学习。坚持读原著学原文悟原理，通过自主学、交流学等多种形式，推动学习从通读向精读、从渐悟向顿悟进阶。针对量大面广的2260个基层党组织、6.4万余名党员，市委主题教育办在规定书目“两书一章”的基础上，每周下发“学习清单”，增强学习针对性和实效性。严格按照中央精神和省委要求，在主题教育中学习贯彻党的十九届四中全会精神。市委第一时间召开全市领导干部会议，市委书记通过PPT的形式图文并茂传达贯彻党的十九届四中全会精神，并结合东阳市实际，谋划开创基层社会治理新局面。各基层党组织通过集中补课、微信共享学等形式，加强对外出流动、年老体弱、行动不便党员学习教育。国庆期间，全市组织2400名返乡党员集中“补课”，确保一个支部不少、一位党员不落，实现学习教育全覆盖。

市委理论学习中心组分别以“检视违背初心和使命的各种问题”“对照反面典型、自觉廉洁从政”“把握关键时期，发挥关键作用”为主题，举办3次7天的学习会，瞻仰缅怀革命先辈先烈、重走长征路；参观廉政书画展，聆听廉政专题报告。坚持坐下来静下心自学，常态化利用“周一夜学”原原本本通读精读原著，每次学习时间不少于2小时。在集中自学的基础上，每位市级领导围绕中央确定的

8个专题,结合东阳实际、岗位职责、工作分工进行专题研讨,做到全面学、深入学、系统学,为全市党员干部做表率、立标杆。在市委常委会的示范带动下,各单位部门及时跟进、层层示范,全市所有镇乡街道、部门单位领导班子普遍组织开展3次集中学习。市委分2批举办市管干部专题读书班,采取集中自学和学习研讨相结合的方式,对640名市管干部进行每期3天的封闭式培训。

开展革命传统教育,用好本地红色故事,编印《东阳红色故事》。依托全市丰富的爱国主义教育和党性教育阵地,绘制包括中共东阳县一大会址、东阳市革命烈士陵园等13个教育基地在内的《初心图谱》,引导广大党员干部现场感悟初心使命,传承红色基因、汲取前行力量。开展先进典型教育,发挥先进典型示范带动作用,开展向谢高华、张永银、吴承良、芦鑫州等同志学习活动;选树身边榜样,评选表彰10个"拼争抢创好团队"、15名"担当作为好干部",引导激励广大党员干部坚守初心使命、勇于担当作为。精心挑选党校骨干讲师组建11个专题宣讲团,围绕习近平新时代中国特色社会主义思想,开展"送党课下基层"活动,至年末开展95场;宣传系统在全市发起"初心朗读",邀请不同群体党员代表参与,将原著转化为声音,撰写心得体会;镇乡街道灵活运用"红色家访""党性存折"等方式方法,提升学习教育吸引力和感染力;"两新"组织(新经济组织和新社会组织)浙江联宜电机有限公司党委精心打造"学习车间",利用"班前班后十分钟""工间一刻"等,营造学习氛围。

调研解难

2019年,围绕市委十五届六次全会作出东阳未来3—5年发展处在交通条件改善、产业转型升级、教育体系延伸、人才优势汇集、政治生态改善等"五个关键时期"的重大判断,市委常委会专题研究确定11个调研课题。市级领导带头边走访边调研,各级领导班子坚持"一竿子插到底"工作基调,走村入户进企,一线走访,研究破题之策,形成调研报告685篇。贯彻落实省委把"三服务"送到家做到位抓到底要求,健全问题"汇总派单、解决反馈、督查销号"工作闭环机制,用好用活"三服务"小管家,提升"三服务"实效。"三服务"累计收集问题2931个,已解决2920个,解决率99.62%。市级领导领衔镇乡街道和部门领导班子成员、联村(联企)干部、村(企业)党组织书记组成388个"四联动"连心服务团,现场解决各类民生问题1136个;54家单位主动领办67件重点民生实事项目,完成64件。开展"一把手"体验"最多跑一次"改革活动,以换位体验找准问题差距、促进整改落实。各级领导班子召开调研成果交流会,探讨有效对策举措,推动调研成果转化。全市共谋划教育、人才、交通、工业、影视文化等方面项目132个。在走访调研的基础上,围绕"四个讲清",市委书记以"永葆初心、勇担使命,为实现东阳高质量发展接续奋斗"为题,带头为全市镇乡街道、机关部门单位班子成员以及基层党组织书记代表共800余人讲一堂专题党课。市级党员领导迅速跟进,结合自己的学习体会,到主管的部门、到分管的领域、到联系的镇乡街道、到软弱后进村共上党课45场,指导基层组织运用新思想推动工作。其他各级党组织负责人全面落实主题教育期间上好专题党课要求,突出分层分类,结合实际精心准备,共上专题党课2600余场。

问题检视

2019年主题教育开展初始,市委主题教育办联合国家统计局东阳调查队开展"不忘初心、牢记使命"主题教育初心问卷调查,先行检视查摆初心不葆、学习不深、信仰不坚、使命不担、规矩不守等五方面问题,同步征求群众对主题教育、对领导干部、对党委政府的意见和建议。有4528名党员干部和群众参与填写,征求意见和建议1100余条。12月9日,再次通过微信客户端开展"主题教育问卷调查和效果评价",全面了解主题教育工作成效并同步征求党员群众对建立"不忘初心、牢记使命"制度的意见和建议。有5949名党员干部和群众参与填写,征求意见和建议3626条。全市各部门单位通过谈心谈话、座谈访谈、书面征求、设置意见箱、新媒体留言、"8890"便民服务平台等形式,广开言路、畅通渠道,听取基层党员群众、工作服务对象的意见和建议。市委常委会带头向各界不署名征求意见和建议,共发出征求意见表122份,收回征求意见表122份,梳理归纳意见和建议41条次。

市委常委会带头示范,全市各级领导班子全部召开对照党章党规找差距专题会议,组织党员干部在学习党章和《准则》《条例》的基础上,按照习近平总书记关于"四个对照""四个找一找"的要求,紧扣"18个是否"逐一对照检查,列出问题清单和整改台账。基层党支部结合"三会一课",召开专题会议,组织全体党员干部自我检视查摆问题、自我整改提高。

党员领导干部按照金华市委部署开展"初心四问四检"专项行动,对照习近平新时代中国特色社会主义思想和党中央决策部署,对照党章党规,对照人民群众新期待,对照先进典型、身边榜样,逐条列出具体问题,逐项检视反思根源。在此基础上,于12月1—10日召开专题民生生活会和组织生活会,班子成员结合征求意见情况,坚持把自己摆进去、把职责摆进去、把工作摆进去,着重从思想、政治、作风、能力、廉政五个方面进行深刻剖析,红脸出汗,开展批评和自我批评,进一步明确努力方向和改进措施。

整改整治

2019年7月,省委部署9项专项整治后,东阳市对9项专项整治逐一明确责任单位、工作要求。专项整治结合巡察整改、扫黑除恶、信访查处,多方联动、综合施策,统筹推进。在"违反中央八项规定精神和我省'36条办法'突出问题专项整治"行动中,结合实际开展"烟票"(由烟草零售店自行印制、销售,并作为有价证券在一定范围流通使用)问题专项整治。在"村干部整治立规创优年"行动中,调整处置不守规矩村社干部103人,劝退曾受刑事处罚村干部8

人，从严处理酒驾醉驾、赌博等顶风违法违纪村干部16人；在“不担当不作为不规矩不适应”专项整治中，通报“四不”典型问题8起，处理不担当不作为干部20人；制定农村干部小微权力清单37条。对6个群众信访较多的对象村，逐个派驻工作组，以最强决心、最大力度开展查核处理。

对全市存在的历史遗留问题进行大起底，梳理群众和企业反映较多但仍未得到妥善解决的历史遗留问题85个，主要涉及社会民生、农业农村、生态环保、工业转型、交通改善、教育发展等领域。市级领导按照分工、联系乡镇等原则，逐项调研、推进破解。拖了十年之久的浙江广厦建设职业技术学院的部分用地问题，已妥善解决，学院已通过教育部高校专升本的评估工作。至年末，解决问题35个，50个问题有初步化解方案。

把解决信访问题作为“一号攻坚项目”，梳理出初信初访373件、信访积案139件进行集中攻坚，打响“百日攻坚战”。至年末，化解初信初访283件、信访积案102件。通过分析研判，在余下信访件梳理出29件复杂疑难信访件，由市级领导领办。市委书记带头集体约谈部分信访人，进行集中教育引导，明确处置原则，包联市领导10天内与重点信访人员进行面对面交流，20日之内提出处置意见。至年末，29个重点信访件中已化解2件，27件全部拿出处置方案。对少数信访矛盾突出村，派出由市领导带队，各部门联动的工作专班，蹲点化解，为全市形成规范有序的信访秩序，实现“最多访一次”积累经验。

学习成效

2019年年末，东阳市开展主题教育成效问卷统计，82.62%的答卷者认为此次主题教育氛围浓厚，成效显著；89.93%的党员干部认为个人思想觉悟得到提高，工作作风得到改进；80%以上的群众认为党员干部模范带头作用增强，损害群众利益现象显著改善，身边一批“操心事、烦心事”得以解决。

东阳市机构改革

东阳市深化机构改革协调小组办公室
中共东阳市委机构编制委员会办公室

主要情况

2019年1月16日，根据《中共浙江省委关于深化机构改革的实施意见》《中共浙江省委关于市县机构改革的总体意见》《东阳市机构改革方案》文件精神，按照省委“宜早不宜迟、宜快不宜慢、宜先不宜后，确保改革质量”的总体要求，东阳市召开全市机构改革动员大会，贯彻上级部署要求，推进机构改革各项工作。3月10日，50家部门单位和18家镇乡街道的“三定”规定经市委、市政府批准印发。年内完成机构组建、机构挂牌、领导干部配备、人员转隶、部门和镇乡街道“三定”规定制定印发及五大领域（市场监管、生态环境保护、文化市场、交通运输、农业）综合执法改革前期工作。机构改革后，东阳市共设置党政机构37个。党委机构11个，其中，纪检监察机关1个，工作机关10个。政府办公室和工作部门26个；金华市级部门派出机构1个，金华市生态环境局东阳分局，不计入机构限额。

2018年10月23日全省机构改革动员大会后，东阳市成立深化机构改革协调小组，建立机构改革领导协调和工作机制，明确成员单位的职责分工。抽调相关工作单位人员组建机构改革工作专班。2018年12月27日，《东阳市机构改革方案》经省委、省政府批准印发。2019年1月11日、16日，召开市委十五届五次全体（扩大）会议和全市机构改革动员大会，对全市机构改革工作作出具体部署。

机构改革原则

上下对口，坚决贯彻党中央和省委市委的部署要求。机构改革健全优化市委对重要工作的领导体制机制，组建8个市委议事协调机构，加强市委部门统一归口协调管理职能，加快推进职责相近的党政机关合并，进一步发挥党委领导作用，强化组织协调能力，从机构职能上确保党的领导更加坚强有力。在转变政府职能方面，加大政府机构职能调整和优化力度，为推进高质量发展提供制度保障。新组建市自然资源和规划局、市农业农村局、市文化和广电旅游体育局、市卫生健康局、市退役军人事务局、市应急管理局、市医疗保障局、市政府国有资产监督管理办公室等部门，优化市政府办公室、市发展和改革局、市司法局、市科学技术局、市商务局、市住房和城乡建设局、市审计局、市市场监督管理局、市综合行政执法局等部门职责，做到着力转变政府职能，推进重点领域、关键环节的机构职能优化和调整。

因地制宜，突出特色产业引领。结合本地实际，突出东阳市需求和特色，做好“自选动作”。如为持续推动建筑、木雕红木两大特色优势产业发展，实行“一领导小组、一局、一院（中心）”的管理模式：在市级层面，分别设立市促进提升建筑业发展领导小组、市木雕红木产业发展领导小组，办公室分别设在市住房和城乡建设局、市市场监督管理局，同时在市住房和城乡建设局、市市场监督管理局分别加挂市建筑业管理局、市木雕红木家居产业发展局牌子；分别设立市建筑业发展服务中心和市家具研究院等正科级事业单位，进行归口管理。

突出"最多跑一次"改革牵引的原则。按照"只进一扇门""最多跑一次"的要求，优化机构设置和职能配置，推动业务流程再造，提高效率效能。坚持"依法界定职能、权责一致、一件事情原则上由一个部门负责"的原则，全面梳理部门职责，理顺管理关系，保证部门履职不失位、不越位，做到"有权必有责、用权受监督、违法要追究"。如市商务局负责全市国内外贸易、对外投资、对外经济合作、招商引资、粮食流通和物资储备管理。水务局指导全市污水处理设施工程项目建设工作，监督城乡污水治理设施运行和维护工作。对安全生产、食品安全、城市建设、应急管理、农业农村、综合行政执法等职能有分歧、交叉扯皮的重点领域，注重调查研究，鼓励部门之间沟通协商。对全市涉及职责交叉的22个部门单位共下发19份征求职责分工意见函，对存在异议的12大涉改部门单位上门做好沟通协调，特别是市发展和改革局、市自然资源和规划局、市农业农村局、市水务局、市住房和城乡建设局、市市场监管局、市应急管理局等职责交叉较多的部门，共收集30余条部门意见和建议。牵头召开19次部门与部门、部门与镇乡街道之间的职能交叉事项协调会，按程序征求相关部门意见后做修改完善，对存在的意见分歧进一步作协调沟通，分清部门职责间的主办、协办关系，确保落实监管责任。

精简和高效相统一的原则。各部门单位"三定"规定的人员编制、领导职数、内设机构均严格控制在此之前确定的编制框架内。坚决贯彻落实精简、统一、高效的原则，合理配置人员编制，综合设置内设机构。调整变动的部门，有关内设机构先随职责调整相应划转，再根据业务工作的内在联系进行重新设计和整合。多部门合并组建的，办公室、人事科等综合科室只保留一套。职能交叉、重复设置的机构进行整合，加快职能和业务融合。机构改革编制总量不突破，不增量。按照"编随事走、人随编走"原则划转相应人员编制、部门领导职数和中层领导职数，并按一定比例精简，强化市委对机构编制工作的统一领导，推进各类编制资源统筹使用，加大部门间编制统筹调配力度。对于改革后出现超编超职数情况的，给予3—5年左右的过渡期，通过自然减员等方式逐步消化。

主要做法

开展调研　2018年5月开始，在市委市政府的统一部署下，全市分三个层面开展机构调研。各市级分管领导牵头开展分管领域机构改革前期调研，共收集到市级分管领导关于部门整合、职责调整的意见和建议142条；开展机关部门职责运行情况自查评估工作，了解和掌握现行党政机构设置和运行中存在的问题、各部门单位职责和机构设置情况并进行初步梳理，收到职责调整建议128条；市委组织部、市编办、市财政局、市人力社保局等相关部门赴衢州市开化县、丽水市龙泉市、青田县、江西省景德镇市、赣州市南康区等地调研"大部制"机构和特色产业发展机构的设置及运行情况。市委组织部部长多次召开调研小组工作会议，讨论研究机构改革相关工作。调研准备阶段共梳理汇总各层面反映的各类机构设置、职能调整和其他方面问题270个，全面掌握第一手资料，为起草制定《方案》提供重要参考。

制定机构编制框架　为确保上下职能基本对应，工作专班精研省、市相关部门机构编制框架，从职责调整、内设机构设置、编制及领导职数配备、事业单位调整情况等方面设计模板，建立统一标准测算原则和方法步骤，做到表述清楚、逻辑规范，科学拟订人员编制划转方案。明确各部门的职责划转及对应人员编制变化情况、承担行政职能类事业单位职能回归等内容，将编制和人员划转精准落实到具体单位和科室。通盘考虑合并机构和新设机构的人员力量使用，根据划转的职责内容及其对应的实际工作量，详细阐明划转的理由和依据，测算人员编制划转比例，确保机构编制框架准确公平合理，既解决合并机构的富余人员安置问题，又解决新机构人员的短缺问题。针对机构编制框架拟订过程中遇到的一些问题，工作专班及时走访涉改单位，听取相关意见建议。对涉及原则性的问题，坚持原则不开口子，对个别特殊的情况则灵活对待，使框架具有指导性、科学性和可行性。制订完成后，对全市38家部门单位下发机构编制框架的函，作为部门转隶组建和制订"三定"规定草案的基本依据，指导部门根据机构编制框架确定的内设机构、行政编制和领导职数，参照部门"三定"规定参考模板，拟制部门"三定"规定草案。

转隶组建　制定配套政策文件。根据有关部门职责分工，制定《东阳市机构改革人员转隶工作意见》《东阳市机构改革部门"三定"工作实施意见》《关于深化镇乡街道机构改革的实施意见》《关于做好全市机构改革中档案工作的意见》《关于做好党政机关机构改革财政财务和资产管理工作的通知》《关于涉及机构改革部门办理统一社会信用代码证相关事项的通知》《机关部门办公用房调整方案》等配套性政策文件。开展部门挂牌组建工作。在动员会后一周内新组建和调整部门领导班子人员迅速配备到位。新部门领导班子立即成立工作小组，第一时间研究制定组织实施工作方案，明确组建、转隶、挂牌、拟定"三定"规定、经费和资产处置等各个环节的具体安排。做好人员转隶工作。从2018年9月开始着手对机关部门的人员情况进行调查摸底，利用机构编制实名制系统、钉钉办公系统和各部门提交的人员在岗情况表格进行比对核实，分类整理汇总，锁定相关人员。下发《市机构改革人员转隶工作操作办法》，建立转隶人员工作交接清单制度，详细列明应该移交的重点工作内容、下一步计划以及需要说明的问题和意见，全面固定岗位职责对应的人员底数。

对在人员转隶过程中可能会遇到的问题和困难，提前思考、提前分析，按“编随事走、人随编走”的原则合理确定转隶对象，履行程序步骤，把握时间节点。通过组织动员、征求意见、上会审定等方式，对17家涉及人员转隶的部门下发关于部门接收转隶人员的函。

制定“三定”规定　制定“三定”规定是机构改革组织实施的中心环节，在组织指导全市42个部门单位、8个群团组织、18个镇乡街道等拟制“三定”规定草案的过程中，严格执行上级改革政策规定，规范制定“三定”规定。在审核过程中，编制“三定”规定审核流程图，采用“三上三下”的审批流程，对照“三定”规定模板，对文件的格式、内容、顺序做出统一规范和要求，一律按规范性公文拟定，进行多轮次、认真细致的审核校对。在开展“三定”审核工作的同时，与对应部门保持勤联互通，积极答疑解惑，充分听取部门意见和建议，确保沟通及时，交流顺畅。建立“一把手”责任制，每一个“三定”规定草案都需由部门负责人校对并由分管市领导签字，确保本部门“三定”规定文件科学、规范、准确。

镇乡街道机构改革　贯彻落实国务院《关于推进基层整合审批服务执法力量的实施意见》文件精神，制定《关于深化镇乡街道机构改革的实施意见》，全市镇乡街道内设机构按照“2+5+X”模式设置，“2”就是党政办和党建办；“5”就是社会事务管理办公室、综合信息指挥室（社会治安综合治理办公室）、规划和城建管理办公室、便民服务中心和事业综合服务中心等；2和5是每个镇乡街道都要设立的。“X”就是每个镇乡街道可以根据实际和特色产业发展，因地制宜设置内设机构，赋予镇乡街道更大的自主权，可以根据产业特点和发展方向来自主确定一些内设机构的名称，平均设置9个内设机构。实行镇乡街道中层领导职数“双控”制，精简镇乡街道内设机构、条线中层岗位总数90个，因地制宜设立市场发展办公室、科技发展办公室、美丽建设管理办公室、旅游经济发展办公室等特色镇乡街道内设机构；全面实行派驻机构和人员实行“全下沉”模式，部门派驻人员除身份性质不变，编制、人事关系、社会保险关系、住房公积金缴交关系保留在派出部门，党（团）员组织关系、工会会员组织关系、工资关系等均转入属地镇乡街道，享受属地镇乡街道同等待遇，考核性奖励和各类福利待遇按照属地镇乡街道执行。

统筹推进人大、政协机构改革和群团组织改革　明确市人大和市政协专门委员会的设置，其中人大设7个委员会，政协设5个委员会，聚焦更好发挥专门机构的职能作用，提升人大代表和政协委员履职能力。健全党委统一领导群团工作的制度，聚焦更好发挥群团组织作为党和政府联系人民群众的桥梁和纽带作用。

深化市委、市政府直属事业单位改革和承担行政职能的事业单位改革　按照精干高效原则设置市委市政府直属事业单位，不再保留市粮食局、市旅游局、市档案局、市建筑业管理局、市政府经济交流合作办公室（市招商局）等“事业局”，全面清理事业单位承担的行政职能，将行政职能划归行政机构，进一步理顺政事关系，实现政事分开。改革后保留设置的事业单位，名称不再称“委、办、局”。除行政执法机构按照中央部署推进改革外，不再保留或新设承担行政职能的事业单位。

有序推进综合行政执法改革　按照“减少层次、整合队伍、提高效率”的原则，深化行政执法体制改革，统筹配置行政处罚职责和执法资源，完善“部门专业执法+综合行政执法+联合执法”的行政执法体系，进一步加强和创新执法监管。落实中央专项部署，整合组建市场监管、生态环境保护、文化市场、交通运输、农业等5个领域执法队伍。进一步加大整合力度，将商务执法、盐业执法等整合划入市场监管执法队伍。

主要成效

党的全面领导进一步加强　坚持党对一切工作的领导，是加强党的长期执政能力建设的根本原则，也是这次机构改革的首要任务。着眼健全加强党的全面领导制度，优化党的组织机构，重点加强和优化党委议事协调机构，加强党委部门统一归口协调管理职能，推进职责相近的党政机关合并，从机构职能上确保党的领导更加坚强有力。一方面，建立健全党委对重大工作的领导体制机制。加强和优化了党委对全面深化改革、法治、财经、农业农村、纪检监察、组织、宣传思想文化、国家安全、政法、统战、民族宗教、教育、科技、网信、外事、审计等重大工作的领导，保证令行禁止和工作高效。另一方面，优化党委职能部门作用。统筹设置党政机构，由组织部统一管理机构编制、公务员、直属机关工委、老干部工作，宣传部统一管理新闻出版和电影工作，统战部统一管理民族宗教、侨务工作等，使各项工作都在党委的统一领导下各司其职、有序协同。在所有政府部门“三定”规定中明确，部门在履行职责过程中必须坚持和加强党的集中统一领导，确保党中央、省委、金华市委和市委的方针政策和决策部署贯彻落实。

政府机构设置进一步优化　着眼于转变政府职能，加大政府机构职能调整和优化力度，使市场在资源配置中起决定性作用、更好发挥政府作用，为推进高质量发展提供制度保障。一是合理配置宏观管理部门职能。科学设定宏观管理部门职责和权限，强化制定发展战略、统筹规划体系的职能。比如，为统筹山水林田湖草系统治理，将市国土资源局、市规划局、市林业局等部门进行整合，组建市自然资源和规划局，统一行使全民所有自然资源资产所有者职责、所有国土空间用途管制和生态保护修复职责，加强全市自然资源的综合管理，促进自然资源的融合发展。将市委办公室、市农业局的农业农村工作等相关职责整合，组建市农业农村局，加快推进农业产业结构的战略性调整，促进农业事业的快速发展。二是加强民生和社会管理机构职能。坚持以人民为中心，着眼于回应人民需要、反映人民意愿、保障人民权益增加人民福祉，把更加重视民生和社会治理体系建设摆到突出位置，在教育文化、卫生健康、医疗保障、退役军人服务、应急管理、市场监督管理等领域组建一批新机构，充实优化新职能。将安全生产、生态环境保护、人才队伍建设等职责写入相关部门“三定”，进一步压实责任。三是促进特色产业发展。建筑产业和木雕红木产业领域的“一领导小组、一局、一院（中心）”的管理模式有效促进行业主管部门与特色产业资源的有机融合，强化行业管理、统筹协调等方面的职能，形成工作合力，进一步发挥特色产业管理部门在推动产业发展、促进产业优化升级等方面的作用，实现建筑、木雕红木等特色产业的文化品牌优势转化为产业竞争优势和城市发展优势。

部门间的职责边界进一步明晰 进一步理顺部门间工作关系。坚持问题导向、统筹分析，按照上下衔接和因地制宜的原则，切实解决长期想解决而一直没有解决的部门职责交叉问题，明确和细化主要职责，强化部门内部职责和业务整合、推动流程优化再造，科学界定、合理分工，对有关部门职责分工和关系不顺问题进行了重新界定，真正做到一件事情由一个部门负责，确需多个部门办理的，在“三定”中均明确牵头部门以及各部门之间的履职边界，避免出现职责交叉和重叠，防止政出多门和推诿扯皮，实现大融合、大集中。整合优化内设机构。内设机构的设置始终贯彻精简统一高效原则，降低内部协调成本，提高统筹能力，切实做到部门内一件事情由一个内设机构承担，根据业务工作的内在联系进行重新设计和整合，综合设置业务科室，坚持以提高办事效率、提升服务质量为出发点，使内设机构精干、高效，突出主责主业，确保各项工作不留空白、不出缺位。

机构编制更加精简高效 关于行政编制的核定情况。全市行政编制精减比例0.9%。精减下来的编制作为预留编制，主要用于横店影视文化集聚区、编制调控、职责调整等编制调整需求。核定事业单位行政职能回归的统筹编制若干名，涉及市委办公室、市发展和改革局、市住房和城乡建设局、市商务局、市文化和广电旅游体育局5个部门，待中央有关政策文件出台后再确定相应的行政编制。使用调控编制若干名，涉及政法委、市教育局、市科学技术局、市民政局、市交通运输局、市卫生健康局6个部门，主要用于保障市委市政府中心工作、全局性工作和关系群众切身利益、保障和改善民生的重点行业以及近两年退二线人员较多且人员结构性矛盾较为突出的单位。

关于部门领导职数的核定情况。全市领导职数精减比例为14.9%。纪委（监委）领导职数按上级有关规定执行，保持现状。

关于内设机构的设置情况。按照精简、效能的原则，加强内部职能和业务整合，调整规范内设机构设置，并按标准核定中层领导职数。除少数编制特别少的部门，原则上不设置1个行政编制的科室。内设机构精减比例3%。

关于人员转隶情况。1月25日完成人员转隶工作，机构改革涉及职能划转的机关部门单位共20家，转隶公务员88人、参公人员216人，涉及转隶的事业单位55家、576人（其中部分转隶9人），以上数据含成建制转隶，不含领导干部。

镇乡街道机构设置更加扁平高效 按照构建简约高效的基层管理体制要求推进镇乡街道改革，实行“双控”制度，使乡镇工作人员专兼结合。整合基层审批、服务、执法等方面的力量和职能，落实国务院《关于推进基层整合审批服务执法力量的实施意见》文件精神，统筹机构编制资源，综合设置镇乡街道机构，实行扁平化和网格化管理。深化“基层治理四平台”建设，推动问题在一线发现、矛盾在一线解决，着力构建覆盖县乡、功能集成、运行协同的基层治理新体系。

大事记

1月

2日 省委常委、宣传部部长朱国贤带领省有关部门负责人到东阳市开展“三服务”活动，重点围绕影视文化产业听建议、想办法、提信心、促发展。

3日 省人大常委会副主任赵光君到东阳市考察影视文化产业发展，调研生态廊道建设。

7日 由市林业局和市香榧产业协会主办的2018年度东阳香榧推荐品牌评选活动召开。西湾、东康大王、圣山、纯香源、榧老大、梦的农庄6个品牌被评为2018年度东阳香榧推荐品牌。

8日 阿里巴巴和横店集团东磁股份有限公司签署合作协议，双方在构建工业互联网平台上开展战略合作。

11日 市委十五届五次全体（扩大）会议暨市政府十五届五次全体会议召开。市委书记黄敏作题为《坚定信心、充满情怀、敢于担当，齐心协力推动东阳经济社会高质量发展》的工作报告。

16日 全市机构改革动员大会在市行政中心召开，标志着东阳市机构改革进入全面实施阶段。

是日 全市第二污水处理厂纳管区域“污水零直排区”创建工作推进会召开，明确6月末完成纳管区域“污水零直排区”创建。

18日 市消防救援大队举行授衔和换装仪式。

19日 全市农产品区域公用品牌推介会召开。“东白”成为市农产品区域公用品牌名称，成为金华市首个创建农产品区域公用品牌的县市。

20日 六石街道张麻车、城东街道时旺、南马镇南田、歌山镇上周、歌山镇俞黄、千祥镇西阳、湖溪镇上田、湖溪镇象田、虎鹿镇曹宅、东阳江镇东山脚10个村获2018年度东阳市“最美村”称号。

22日 由人民日报社、人民网以及中国科技产业化促进会小康村创新战略联盟联合主办的2018全国乡村振兴示范推介活动颁奖典礼暨首届乡村振兴发展论坛在北京市举行，花园村被授予“全国乡村振兴示范村”称号。

是日 东阳市召开2018年度土地变更调查暨卫片执法违法用地整改任务推进会。

是月 东阳市上榜由农业农村部公布的全国第三批率先基本实现主要农作物生产全程机械化示范县（市、区）名单。

是月 东阳市人民医院加入国家药品不良反应监测哨点联盟，成为金华市首个国家级药品不良反应监测哨点医院。

2月

14日 在世界最大的综合性科学组织——美国科学促进会2019年年会上，东阳籍科学家潘建伟领衔的中国“墨子号”量子科学实验卫星科研团队获2018年度克利夫兰奖。

22日 金华市人大常委会表彰2018年度22名优秀履职代表和23件优秀建议。东阳市3名金华市人大代表被评为优秀履职代表，3件建议被评为“优秀建议”。

22—23日 国家卫生健康委体改司调研组到东阳市对完善疾控体系、公立医院改革、医共体建设进行调研。

27日 东阳市乡贤联谊总会会长会议召开。

2月27日至3月1日 中国人民政治协商会议第十四届东阳市委员会第三次会议举行。

2月28日至3月2日 东阳市第十五届人民代表大会第三次会议举行。

是月 省人力资源和社会保障厅公布省“百千万”高技能领军人才培养工程中的各类高技能领军人才名单，东阳市3人获“拔尖技能人才”称号、25人获“优秀技能人才”称号。

3月

5日 市企业金融服务中心启用暨先进制造业资本对接会召开。

7日 市委书记黄敏到39省道十里头至官清段，南马农房集聚区调研督导2019年政府投资重点项目情况，并听取项目建设情况汇报。

8日 金华市卫生健康局长会议在东阳市召开，重点交流各县（市、区）医共体建设工作进展，梳理存在问题，研究建议对策，并部署下一步建设工作。

10日 全国政协十三届二次会

议在新闻中心举行第三场记者会,东阳籍全国政协教科卫体委员会委员、九三学社中央副主席、中国科技大学常务副校长、中科院院士潘建伟作为委员嘉宾受邀出席,回答中外记者的提问。

11日 国内首架由民营企业自主研发、具有完全自主知识产权的通用飞机——GA20在浙江横店通用机场进行首次全程公开试飞。

13日 副省长彭佳学到东阳市调研建筑业发展、小城镇环境综合整治和农业农村工作。

14日 市委书记黄敏到吴宁一中体育馆、市妇幼保健院保健楼建设项目、市中医院迁建工程现场、上卢农房集聚区项目建设现场,调研督导2019年民生类重点项目。

是日 卢宅梨园古玩集在卢宅重新开启。市场迁移到木雕城二期对面。

15日 东阳·磐安项目对接会在市行政中心召开。对接会上,东磐两地相关部门负责人围绕东阳—磐安天然气管道建设工程、G351安文至马宅段改建工程、千祥至新渥公路等重点项目进行交流与探讨。

18日 省人民政府批复同意设立横店影视文化产业集聚区。

20日 省委统战部调研组到东阳市巍山镇古渊头村、六石街道吴良村等,调研乡贤工作。

22日 "3·22"世界水日万人集中巡河活动启动仪式在节庆广场举行。

24日 金华地区第一大画作在东阳经济开发区木雕小镇实训基地诞生。画作名为"万山红遍"的山水画作长13米,宽6米,由10余名市美术家协会成员历时半月共同创作完成。

26日 市妇幼保健院扩建工程开工建设。项目占地面积6268平方米,建筑面积2.1万平方米,其中地下部分建筑面积3405平方米,分为地面11层、地下2层,总投资1.7亿元。

29日 在全省建设平安浙江工作视频会议上,东阳市平安创建实现"十三连冠"。

31日 2019"中行杯"横店马拉松开赛,国内外2.5万名参赛选手参赛。至此,横店马拉松已连续举办5届。

是月 选派农村"金融顾问""法律顾问"启动仪式在城东街道单良村举行。

是月 东阳市首批五星级田园社区和三星级田园社区名单公布。吴宁街道城南社区等20个村(社区)被评为首批五星级田园社区,吴宁街道东街社区等80个村(社区)被评为首批三星级田园社区。

是月 科技日报社中国科技网、全国科技振兴城市经济研究会联合发布《中国区县专利与创新指数》,东阳市上榜中国创新百强县,列第37位。

是月 美国光学学会公布2019年度伍德奖获得者名单,东阳籍科学家潘建伟教授名列其中。

4月

3日 G60科创走廊新材料产业技术创新联盟第一次成员大会暨产业高峰论坛在横店镇举行。横店集团东磁股份有限公司被推选为首任理事长单位。

9日 东阳市2019年度浙中生态廊道(绿道)项目建设推进会召开。

11日 由中国木材与木制品流通协会主办、花园集团和市花园红木家具开发有限公司承办的"刀木春秋 花园铸就"红木高峰论坛在南马镇花园村举行。

12日 全市2019年政银企对接洽谈会召开,现场有5家银行和11家企业签订银企合作协议,授信总额50亿元。

13日 东阳市曲艺协会挂牌成立,吴洵梅当选为市曲艺协会主席。

16日 "东阳红木"号高铁列车在杭州市首发。

20日 香港东阳同乡会一行80余人到横店影视城参加"凝聚乡情之旅"主题活动。

22日 全省各地40余名残疾人选手到木雕小镇,参加第六届全国残疾人职业技能竞赛浙江省训练选拔赛。

是日 电影频道融媒体中心横店视频工作室在横店通用机场正式揭牌成立。

23日 浙江省建筑行业学习东阳经验座谈会在东阳市召开。

25日 红木家具产业国家创新联盟在东阳市成立,并举办首届红木家具产业转型与可持续发展高峰论坛。

26日 2019年中国家具协会传统家具专业委员会主席团工作会议在东阳市举行。

是日 市交通运输有限公司60辆新能源公交车辆、充电桩交付仪式在市城乡公交总场举行。

4月26日至5月1日 由中国家具协会、市人民政府主办,中国木雕城承办的首届中国红木家具展览会在中国木雕城举行。该次展览会是首个国家级的红木家具专业展会,主题"买红木 到东阳"。

28日 市人民法院举行《劳动争议审判白皮书(2014—2018)》新闻发布会。

5月

6日 四川省理县县委书记依当措带领招商代表团到东阳市,为理县15个项目进行招商引资。

8日 全市领导干部会议召开。会议宣布省委关于中共东阳市委主要领导调整的决定:傅显明任中共东阳市委委员、常委、书记,免去黄敏中共东阳市委书记、常委、委员职务。

10日 全市2019年食品安全工作会议暨省级食品安全市创建工作推进会召开。

14日 得邦照明车载LDM产品首次出货仪式在横店基地举行。

是日 由中国文联、中国电影家协会主办,中国文联影视艺术中心、浙江横店影视文化产业实验区管委会、浙江横店影视产权交易中心承办的影视版权运营班在横店镇开班。

是日 在全省科学技术奖励大会上,由浙江大学和横店集团东磁股份有限公司、天通控股股份有限公司完成的《高频宽温低功耗功率铁氧体生产关键技术与产业化》项目获2018年度浙江省科学技术奖一等奖。

17日 全国首支拥有固定翼运输机的民兵空中运输分队在横店通用机场成立。该民兵空中运输分队借助浙江东华通用航空有限公司编组，装备有Y-12、Y-5，塞斯纳172S、T206H，西锐SR22XI等12架固定翼运输机。

18日 东阳市民间文艺家协会成立。黄小明当选为市民间文艺家协会主席。

21日 在全国第十届残疾人运动会暨第七届特殊奥林匹克运动会中，16岁东阳市运动员胡欣妍和队友获反曲弓团体金牌。

22日 2019年全省"工伤保险走进就业扶贫基地"普法宣传活动在东阳市启动，横店集团东磁股份有限公司被授予"浙江省就业扶贫基地"。

是日 金义东05标段立树坞隧道贯通，隧道全长659米。

23日 德国"一带一路"中医药文化参访团到市妇女儿童医院参观考察，市妇女儿童医院院长郭兰中向参访团介绍"中医药+妇幼健康"东阳模式和医院制作的中药香囊，参访团领队介绍德国内劲康复养生学院的基本情况。

25日 金华地区首家比亚迪授权经销商e网4S店——东阳亚通店在浩男汽车城开业。

27日 蒙古国东阳商会"成就梦想"专项助学金颁奖仪式在蒙古国旅蒙华侨蒙中友谊学校举行。

28日 由浙江画院、市委宣传部、市文学艺术界联合会、风雅颂扬文化传播集团主办，市美术馆、市美术家协会承办的"陆俨少诞辰110周年纪念"暨第三届"陆俨少奖"全国中国画展在市美术馆（卢甫圣美术馆）举行。画展展期12天，展出获奖作品40余幅。

是日 全市农药购买实名制大推进大部署暨农资合法规范经营提升培训会召开。东阳市民购买农药须进行实名登记。

30日 王惕吾塑像揭幕暨市人民医院"社会公益日"启动仪式在市人民医院举行。

是月 横店集团东磁股份有限公司、浙江花园生物高科股份有限公司等4家企业被评为2018年度博士后工作站绩效考核优秀单位。市人力社保局给4家企业发放博士后工作站绩效考核优秀奖共40万元。这是市实施人才新政后首次对博士后工作站进行奖励。

是月 省林业局调研组到东阳市屏岩洞府景区，开展自然保护地大调研活动。屏岩洞府景区总占地面积2.28平方千米，由丹霞地貌和喀斯特地貌组成，以奇峰异洞、云山怪石著称。

是月 横店镇上榜2018年浙江省百强乡镇榜单，位居第六。

是月 省道嵊义线虎鹿镇蔡宅村路段，原先黄底黑字"S310"省道标识被更换为红底白字"G527"国道标识。在该轮国家公路网命名编号调整工作中，东阳市首次迎来2条国道，分别是G351台小线、G527象义线，两条国道一纵一横总里程约91千米。

6月

3日 省人大常委会副主任李学忠率领省检查组到东阳市歌山中心幼儿园、市实验幼儿园东景园区，检查《浙江省学前教育条例》实施情况。

是日 浙江省禁毒委、金华市禁毒委、东阳市禁毒委联合横店集团在横店影视城广州街·香港街景区内重新搭建销烟场景，举行"横店销烟"暨金华全民禁毒宣传月活动启动仪式。

是日 全市新任人民陪审员集体宣誓仪式暨人民陪审员协会换届选举大会在市人民法院召开。新任人民陪审员186人集体宣誓。

5日 市政府任命国家工作人员宪法宣誓仪式召开。2017年市政府换届以来任命的市政府办公室副主任，市政府工作部门的副职，市政府派出机构、直属事业单位的正、副职等国家工作人员参加宣誓仪式。

10日 浙江巍华陶瓷膜材料有限公司年产1万吨陶瓷膜项目签约仪式在巍山镇巍华化工有限公司举行。

11日 东阳市社会帮扶捐赠物资发车仪式在浙江永尔佳环保科技有限公司举行，捐赠农村生活污水处理设备10套，价值258万元，用于帮扶理县贫困村解决农村污水处理问题。该批物资是东阳市2019年度捐赠的第一批东西部扶贫协作社会帮扶物资。

18日 市人民政府与浙江旅游职业学院校地战略合作协议签约仪式召开。

20日 横店影视"政协委员会客厅"首场活动在腾讯众创空间举行。"政协委员会客厅"创建是省政协的一项创新工作。横店影视"政协委员会客厅"是省政协第三批集中授牌的38家委员会客厅之一，是东阳市唯一一家省级委员会客厅。

是日 全市交通安全综合治理大会战推进会召开。

6月20日至7月15日 "明心慧木"黄小明木雕艺术展在中国美术馆举行。

25日 东阳市第一家"送药上山进岛便民服务点"在横店客运中心揭牌成立。

是月 住房和城乡建设部、文化和旅游部、国家文物局、财政部、自然资源部、农业农村部等部门联合公布第五批中国传统村落名录的村落名单，东阳市六石街道北后周村、六石街道吴良村、巍山镇古渊头村、虎鹿镇葛宅村、湖溪镇郭宅村、三单乡前田村上榜。

是月 在全国第十届残疾人运动会暨第七届特殊奥林匹克运动会赛艇比赛中，六石街道下石塘人王丽丽获PR1级女子单人双桨2000米和1000米两项冠军。

7月

1—2日 省委常委、组织部部长黄建发到东阳市考察调研横店镇官桥村、浙江联宜电机有限公司、横漂党群服务中心。

4—5日 省十三届人大代表金华中心组第二小组到东阳市调研红木产业发展情况。

5—11日 台北东阳同乡会参访团23人到东阳市参观考察中国木雕博物馆、东阳中国木雕城、木雕小镇、卢宅肃雍堂，走访南马镇花园村、东阳江镇天山村、湖溪镇象田村、六石街道北后周村、横店镇官桥村等地。

7日 中南林业科技大学家具与艺术设计学院研究生、大学生实习基地在东阳市成立,在木雕小镇举行授牌仪式,中国东阳家具研究院和明堂红木接牌。

8日 全市迎大庆“百日攻坚”工作专题会议召开。

11日 省广播电视局到东阳市调研影视文化产业“三服务”开展情况。

是日 2019中国小篮球联赛(华东)大区夏令营开营仪式在东阳市体育馆举行。

是日 省水利厅东阳市巍山镇荷花心山塘、白溪江六石段、虎鹿镇东方红水库、歌山镇林头村、横锦水库管理局等地调研水利工作。

是日 德国博世集团召开两年一度的全球供应商大会,横店集团东磁股份有限公司获博世全球最佳供应商。

15日 金华市第二届“婺星回归”创业大赛暨东阳首届海内外高层次人才创业大赛启动。

20日 东白山省级旅游度假区入选省气象部门公布的省内100个避暑气候胜地。

26日 由浙江省体育局、浙江日报报业集团主办的“浙江文化礼堂村运会——东阳站”在东阳江镇上陈村举行。

28日 在2019年浙江省少年儿童田径冠军赛中,东阳市张阳康和葛家恺分别获14岁男子甲组1500米和14岁男子甲组200米栏、100米栏3个项目金牌。

29日 在浙江省纪念建军92周年暨双拥模范县命名表彰大会中,东阳市首次被命名为“省双拥模范城”,市民政局被评为省爱国拥军模范单位,雷锋连长虞仁昌被授予“浙江省首届最美退役军人”称号。

是月 浙江省交通运输厅公布2018年度浙江省“美丽渡口”创建考评验收通过名单,东阳市横锦渡口、沈岭坑渡口、西宅里渡口名列其中。

是月 南马镇社会组织第一次妇女代表大会召开,标志着东阳市首个社会组织妇联成立。

是月 在第30届中国鲜食玉米、速冻果蔬大会上,东阳玉米研究所获“全国先进种业”称号。

是月 在2019年半年度全省各县(市、区)普通国省道路况检测评定中,东阳市在全省81个县(市、区)中位居第一。

是月 东阳市中立电子发展有限公司以出具保函的形式,向政府采购方提交项目履约保证金,是金华地区第一份政府采购履约保函。

是月 由中国汽车流通协会主办的“2019中国二手车大会”发布《2019年度中国汽车流通行业二手车交易市场百强排行榜》,东阳国际汽车城列第85位。

8月

2日 省交通运输厅到东阳市开展“双领双联三服务”活动,专题调研义东高速东阳城区段项目推进情况。

5日 省市6个全域项目规划编制论证会召开。规划编制单位分别介绍六石街道紫光村、南市街道梨枫村、南马镇花园村(环龙)、巍山镇光里湖村、画水镇王凡村、三单乡大蟠溪村6个全域土地综合整治与生态修复工程实施方案的编制情况。

8日 由全国人大常委会委员、全国人大社会建设委员会委员吕世明,金华市委副书记、市长尹学群等组成的全国人大代表浙江中心组第四小组到东阳市考察中国木雕博物馆,横店圆明新园春苑景区、夏苑景区。

12日 中央及省级环保督察整改工作汇报会召开,金华市生态环境局东阳分局负责人汇报未完成整改反馈问题及信访交办件情况。

14日 金华市磁性及石墨烯产业发展大会暨G60科创走廊新材料产业技术创新联盟金华磁性石墨烯分联盟成立大会在横店镇东磁大厦举行。

18日 浙江花园新能源有限公司年产5万吨高性能铜箔项目一期投产,该项目是省重大产业龙头类项目,总投资45亿元,分两期建设。

20日 东阳市关爱退役军人协会成立大会暨第一届第一次会员大会召开。

22日 全国工商联在青海西宁发布“2019年中国民营企业500强”“2019中国民营企业制造业500强”和“2019中国民营企业服务业100强”榜单和分析报告,东阳市中天控股集团有限公司、广厦控股集团有限公司、花园集团有限公司3家企业上榜。

25日 由金华市体育局、金华市体育总会、金华市老体协主办,市文广旅体局、市老体协承办的“我与祖国同芳华·万名老人庆华诞”暨老年人庆祝新中国成立70周年体育精品展演活动在市体育馆举行。

是日 国家广播电视总局在山东省青岛市启动优秀电视剧百日展播活动,横店影视产业协会会员企业出品或联合出品的17部电视剧入选展播剧目。

26日 在第十届全国残运会暨第七届特奥会田径比赛中,东阳市运动员许宽田以9分51秒的成绩打破该项目全国纪录,在听障组男子3000米障碍决赛中获冠军。

27日 公安部与缅甸内政部反拐代表团在东阳市举行中缅2019反拐年度会晤。会议总结中缅双方2018年落实双边协定情况,两国代表分别介绍合作打击拐卖犯罪情况,通报中缅双方拐卖犯罪形势。

是月 《2019年度高等职业教育年度报告》公布,推出高职院校自主创业比例100强。在全国1326所高职院校中,浙江横店影视职业学院以10.2%的自主创业比例列第28位。

是月 2019年度美国《工程新闻纪录(ENR)》“全球最大250家国际承包商”榜单发布。浙江省东阳第三建筑工程有限公司上榜,列全球第194位,列中资企业第55位。

是月 东阳市妇女儿童医院中西医结合儿科入选首批全国妇幼健康中医(中西医结合)重点专科,为仅有的4家重点专科(中西医结合儿科方向)之一,且为唯一上榜的县级医院。

是月 在省林业局公布的第十九届“科技兴林奖”名单中,东阳市龙凤细榧等优良雄树的应用与推广项目上榜,获“科技兴林奖”三等奖。

9月

1日 2019中国500强企业高峰论坛在山东省济南市举行，东阳市中天控股集团有限公司、广厦控股集团有限公司入榜中国企业500强；花园集团有限公司登榜中国制造业企业500强。

3日 巍山教育发展基金成立大会暨首届颁奖典礼在巍山高中举行，至成立日，巍山镇发动乡贤筹集教育基金累计1.08亿元。大会审议通过东阳慈善总会巍山教育发展基金章程及审议奖励办法，并选举产生首届理事会，赵纯心为巍山教育发展基金理事会会长。

6日 市第十五届人大常委会召开第十九次会议。会议审议通过人事任免事项，决定任命楼琅坚为东阳市人民政府副市长；接受姚激扬辞去东阳市人民政府市长职务；决定楼琅坚代理东阳市人民政府市长职务。

是日 浙中生态廊道——东阳江(白溪江)绿道建设推进会召开。

8日 全市教育大会召开。

11日 市委党史研究室(市档案馆、市地方志编纂室)举行揭牌仪式，标志着市史志档案机构正式合并办公。

17日 泰迪小镇特色旅游开发项目合作签约仪式召开。市政府和上海泰迪之家科技股份有限公司成功签订泰迪小镇特色旅游开发项目合作框架协议，泰迪小镇选址于东阳市南市街道，总体规划面积为6平方公里。

18日 省妇联到东阳市调研指导婚姻家庭纠纷预防化解及平安家庭、妇女维权等工作。

19日 "东阳市第六届道德模范"评选活动召开，9人被授予道德模范奖。

是日 2019浙江·台湾合作周"健康金华、幸福两岸"专题活动在市人民医院学术报告厅开幕。

是日 全长2970米的西岘峰隧道右洞提前贯通。

20日 2019年"科学探索奖"获奖名单公布。东阳籍科学家、中国科学技术大学教授陆朝阳入围。

24日 首届"花园杯·金华地名五十佳"获选地名发布，巍山、蒌家岭、卢宅、横店、花园上榜。

25日 省交通运输厅安全生产督查组到东阳市39省道改建工程西岘峰隧道施工现场、大永线事故多发点段、351国道兴平路口平改立工程施工现场、汽车客运西站等地，对交通行业安全生产情况展开督查。

是日 2019年全国秋冬季保护候鸟志愿者"护飞行动"启动仪式在横店镇举行。

27日 2019年中国技能大赛——第二届全国家具雕刻职业技能竞赛浙江东阳赛区选拔赛正式开幕。来自全省各地的160名雕刻能手，在两天的时间内现场完成参赛作品的雕刻。

28日 2019年"中国农民丰收节"系列活动——市秋季乡村休闲旅游体育节在湖溪镇郭宅一村象田自然村开幕。开幕式上，省农科院向湖溪镇授予"科技示范基地"牌子。

10月

8日 全长3002米的西岘峰隧道左洞全线贯通，标志着西岘峰隧道全部贯通。

16—17日 金华市委书记陈龙到东阳市虎鹿镇蔡宅村、厦程里村，城东街道寀卢村、东阳中学调研，听取东阳市工作情况汇报。

17日 国务院公布第八批全国重点文物保护单位名单，东阳市有3处上榜，分别是紫薇山民居、东阳白坦民宅、史家庄花厅，均为古建筑。

18日 中宣部副部长、国家广电总局局长聂辰席到东阳市横店影视城梦外滩影视拍摄基地、广州街香港街影视文化文创街区、横店影视产业园等地考察。

20日 由市应急管理局、横店通用机场主办，浙江省航空护林管理站、金汇通航、海直通航协办的东阳市航空应急救援演练暨"航空应急救援基地"授牌仪式在横店机场举行，标志着东阳市空中应急救援通道正式开通。东阳市成为全省乃至"长三角"首个依托通用机场成立航空应急救援基地的县市。

20—21日 市委书记傅显明带领市党政代表团到四川省理县开展对口帮扶考察互访。

22日 副省长王文序到东阳市民办养老机构亲乐园公寓、南马镇花园村对民政相关工作开展调研。

是日 在第十一届中国商品市场峰会上，中国社会科学评价研究院发布的2019年"中国商品市场综合百强"榜单，花园红木家具城名列第44位，并继续排名家具类第一。

24日 在全国政法短视频论坛上，东阳警方抖音号获"浙江政法抖音十佳号"，该奖项是2019年4月"东阳警方"抖音短视频获得"最具影响力警务抖音短视频奖"后获得的又一奖项。

26—27日 2019中国(横店)影视文化产业发展大会暨横店影视节在横店镇举行。

是月 国家林业和草原局通过包括东阳市在内的28个国家森林城市的创建验收。

是月 由团省委、省文明办、省民政厅、省志愿者协会联合主办的首届浙江省社会工作和志愿服务示范项目赛中，东阳市阳光公益志愿者协会的"老有所医——老兵医疗援助"项目在比赛中获银奖。

11月

1日 市机关运动会开幕式在市体育馆举行。

2—5日 第十四届中国木雕竹编工艺美术博览会在东阳中国木雕城举行。

3日 国家发改委体改司到东阳市横店东磁股份有限公司、横店影视城圆明新园景区、横店通用机场调研横店镇经济社会发展情况。

是日 由中国工艺美术协会主办，中国工艺美术协会木雕专委会、市木雕红木家居产业发展局承办的中国工艺美术创作交流会在东阳市举行。

4—6日 理县党政代表团到东阳市开展东西部扶贫协作调研。

7日 全市残疾人之家集中启动仪式召开。

8日 东阳市举行庆祝第20个中国记者节的活动。表彰2019年度东阳市“优秀新闻工作者”“飘萍新闻奖”“十佳新媒体作品奖”“优秀新闻栏目”等。

13日 金华市第二届“婺星回归”创业大赛暨东阳首届海内外高层次人才创业大赛总决赛在东阳市举行。

是日 人社部调解仲裁管理司到东阳市江北街道矛盾纠纷化解中心、市劳动仲裁院和旭东红木调研基层调解工作。

是日 横店集团创始人、横店文化产业奠基人、横店四共委主席徐文荣获“2019全球浙商金奖”。

是日 在全省绿道网建设工作现场会上，东阳市浙中生态廊道白溪江绿道获第三届10条“浙江最美绿道”之一。

14日 东阳市院士专家工作站建设座谈会召开。院士与红木企业签约成立院士专家工作站。

16日 卢甫圣美术馆开馆仪式在卢宅古建筑群太和堂举行。

16—17日 省台办、省教育厅、省台盟联合在东阳主办“浙里寻梦·遇见横店”——2019在浙台湾大学生影视文化体验营活动。

22日 中国工程院公布2019年增选院士名单，东阳籍科学家、浙江大学化学工程与生物工程学院教授任其龙成为第13位东阳籍院士。

25日 国家税务总局市税务局和中国邮政集团公司市分公司税邮合作签约仪式在市邮政公司西牌楼支局召开。标志着全市首家“税邮e站”正式启动。

27日 2019年浙江省造型艺术青年人才培养“新峰计划”(民间工艺类)培训班结业仪式在浙江新东阳木雕有限公司召开。

是日 “金华横电配售电有限公司”成立暨揭牌仪式在东阳市举行。金华横电配售电有限公司是全省首家引进民营资本的混合所有制配售电公司。

是月 在第二届全国院校装配式建筑仿真应用技能大赛总决赛中，东阳职教中心与高校同台竞技，在79支队伍中获得模具工学生组一等奖，是5支理论满分队伍之一。

是月 工信部赛迪顾问县域经济研究中心完成的2019年赛迪县域营商环境百强县研究成果在北京发布。东阳市在全国1879个县级行政区划位列第62位。

是月 在杭州市举行的2019浙江农业博览会上，东阳市农特优产品获2个金奖、5个优质奖。

12月

3日 省体育局到东阳市江北街道猴塘社区东丰小区、江北街道茗田社区荣跃小区、市体育中心等地调研体育工作。

4日 省退役军人事务厅到东阳市江北街道退役军人服务站、市武警中队、市退役军人服务中心大厅调研退役士兵社保接续工作。

5日 “关爱留守儿童”暨“阳光家园”公益活动在吴宁四校启动。

是日 佐村镇山合村千亩连片整治项目完成竣工验收，是市首个千亩、连片全域土地整治与生态修复工程项目，也是金华首个通过验收的千亩连片整治项目。

8日 浙江广播电视大学东阳学院举办建校40周年庆祝大会。

10日 民政部主办的首届“全国农村社区治理讲习班”在东阳市开班。

是日 在北京举行的建筑业科技创新暨2018—2019年度中国建设工程鲁班奖(国家优质工程)表彰大会上，由中天建设集团承建的杭州阿里中心、包商银行商务大厦，歌山建设集团承建的金华银行财富大厦分别荣获鲁班奖。市建筑企业已创鲁班奖43项，排名全国县市级第一。

12日 第二届世界东阳人发展大会组委会会议召开，大会的主题logo正式发布。

13日 全省首个木材专营公用型保税仓库——东阳公用型保税仓库在经济开发区木材交易中心开仓运营。

是日 由中国旅游报社主办、上海戏剧学院协办、横店影视城承办的2019中国旅游演艺横店高峰论坛在横店镇召开。

15日 由中国木材与木制品流通协会花园红木专业委员会和东阳花园红木家具城联合主办的“花园购”新零售智慧红木市场新闻发布会在花园雷迪森大世界宴会厅举行。

17日 2019年东阳中学复星教育基金颁奖典礼在东阳中学报告厅举行。

是日 市医疗保障局与中国人寿保险公司东阳支公司签订意外伤害医保基金第三方监管协议。

是日 横店影视文化产业集聚区在横店召开首次新闻发布会。会议发布横店有关影视优惠政策，与首批享受优惠政策的剧组进行现场签约，完成金华市影视基地联盟授牌仪式。

18日 民政部评估专家组到东阳市城东街道单良村、湖溪镇镇西村、横店镇官桥村、南马镇花园村等地，对全国农村社区治理实验区建设成果进行中期评估。

23日 东阳市院士专家工作站建设考核会议召开，东阳市院士专家工作站增至16家。

25日 市公安局交警大队车管所迁建项目、东阳国际汽车城二期·元通汽车生活广场项目奠基仪式正式举行。

27日 东阳市上榜由省交通厅公布的全省38个2018年度万里美丽经济交通走廊达标县名单。

28日 市第十五次妇女代表大会召开。

31日 东阳中学校友会员大会暨校友会成立典礼在东阳中学报告厅举行。活动审议通过《东阳中学校友会章程》，推选产生东阳中学校友会第一届理事会，东阳中学校长杜新阳当选会长。

是月 东阳籍烈士吕挺入选“最美浙江人·浙江骄傲”2019年度人物评选活动组委会公布的20位提名人物(群体)名单。

是月 在中青科协六届一次会议上，吴刚当选为第六届中青科协会长。这是继潘建伟之后，东阳籍学者再次当选中青科协会长。

(东　鉴)

东阳概览

地 理

【区域位置】 东阳市位于北纬28°58′08″~29°29′55″,东经120°04′17″~120°44′03″。地处浙江省中部、金华市东部。东、东南与磐安县相邻,南、西南与永康市接壤,西、西北与义乌市相连,北与诸暨市毗邻,东北与嵊州市为邻。东阳市人民政府驻江北街道江滨北街18号,距金华市区62.16千米。辖区东西最大距离71.6千米,南北最大距离56.1千米,总面积1746.81平方千米。

【地貌地势】 东阳境内以丘陵为主,占总面积的54.19%,平原占总面积的30.85%。会稽山、大盘山、仙霞岭延伸入境,形成三山夹两盆、两盆涵两江的地貌。地势东高西低,中部山峦自东向西,将境域分为南乡和北乡。境内最高峰东白山,主峰称太白峰,位于虎鹿镇北部边境会稽山脉,海拔1194.6米。全市最低点白云街道吴山村,海拔67米。

【河流水系】 东阳河流属钱塘江水系,境内主要河流东阳江、南江,主流走向从东向西。从东阳流经义乌、金华至马公滩入兰溪之水,统称东阳江,全长198千米,为钱塘江三大源流之一。东阳江发源于磐安县大盘山龙葱坞尖与岩坞尖之间的谷地(海拔929米),在磐安县境内长31千米。在东门乡新城村入境后称中江,东门至横锦段称锦溪。横锦至上陈,纳仙门溪称练溪。练溪流经歌山称歌溪;折而西行,经楼西宅、象溪滩、西宅到寀卢,称定安溪。到东阳市城北称东阳江。于白云街道的前村出境入义乌。东阳江在境内俗称北江,长57千米,集雨面积1124平方千米,主要支流20余条。

南江又称画溪,发源于磐安县大盘山西南仰槽尖附近山谷,境内长72千米,集雨面积952平方千米。主流在马宅镇长庚村入境后入南江水库。出水库经西堆、清潭至湖溪镇,名湖溪。经上田、夏溪滩、半傍山,纳屏岩山水至荆浦村,名荆溪。过横店经方家、夏源、后大路、马坊、下园畈,名延弯。纳桎溪经泉府、南马、安恬纳磁窑溪始名画溪。经黄田畈、王坎头至南岸向西出境入义乌,在佛堂街道北汇入东阳江。

(东　鉴)

气 象

【概况】 2019年,东阳市总体气温偏高,雨量、雨日偏多,日照偏少。年日照时数1530.5小时,比常年(1771.4小时)偏少13.6%。东阳市6月17日入梅,7月17日出梅,均较常年偏迟7天。梅雨期30天,较常年偏多8天。东阳国家气象站测得梅雨量553毫米,较常年平均梅雨量偏多120.6%。梅雨期间出现6轮强降水天气过程,具有强降雨过程多、降雨强度强、累积雨量大、气温偏低"冷梅雨"明显等特点。

【气温】 2019年,东阳市平均气温18.6℃,比常年偏高1.0℃,与2009年并列历史第六,是连续第23个偏高年。年最高气温38.8℃,出现在7月30日,年最低气温-0.3℃,出现在1月27日。年内出现气温≥35℃的高温天气40天,比常年(34.6天)偏多5.4天;气温≥37℃的高温天气12天,高温日数与常年持平,出现时间偏迟;气温≤0℃的低温天气1天,比常年(21.4天)偏少20.4天。

【降水】 2019年,东阳市总降水量1930.8毫米,比常年偏多37.7%,位列有降水量记录以来第三位。年内5月、8至11月比常年偏少,其余各月均比常年偏多。全年降水日数166天,比常年偏多13.4天,年初出现罕见长时间阴雨天气,雨日为有记录以来最多。除了5月、9月、11月雨日比常年偏少,其余各月雨日均比常年偏多。年内降水量≥10.0毫米降水日数65天,比常年(45天)偏多20天;降水量≥25.0毫米降水日数24天,比常年(14天)偏多10天;50毫米以上暴雨日6天,比常年(3天)偏多3天。

【灾害天气】 2019年,东阳市极端天气气候事件频发,连续阴雨、春霜冻、强对流、梅汛期暴雨、台风等灾害性天气对生产、生活造成不利影响,气象灾害影响较严重。

1至3月,全市出现罕见持续阴雨寡照天气。2019年第一季度东阳城区累计降雨量574.7毫米,较常年偏多86%,雨日多达59天,日照185.5小时,较常年偏少38%,雨日、雨量之多,日照时数之少均破历史同期纪录。连续阴雨寡照天气对农业、春运、交通和人民生活带来较大影响。

3至4月,全市出现4次春季霜冻天气。其中,4月1日清晨,东白山茶场最低气温达-1.6℃,出现重度霜冻,三单乡、佐村镇等山区出现轻度霜冻,对早春茶叶的品质和生产造成较大影响。全年东阳市茶叶低温气象指数保险赔付38.658万元。

春季,全市出现多次强对流天气。4月24日中午,雷雨大风、短时暴雨、冰雹等强对流天气自西向东影响东阳市,多地出现降雹,东阳国家气象观测站测得最大冰雹直径20毫米,持续时间10分钟左右,湖溪镇郭宅村出现11级(29.8米/秒)瞬时大风。

2019年8月10日,三单乡"利奇马"台风灾情现场　　(市气象局提供)

第9号台风"利奇马"于8月10日凌晨在台州市温岭市城南镇登陆,登陆时强度为超强台风,是新中国成立以来登陆浙江省第三强台风(仅次于0608号"桑美"和5612号台风),8月10日9时—12时穿过东阳市东部。受其影响,全市普降暴雨到大暴雨,东北部出现大暴雨,大部分地区出现7~9级大风。台风"利奇马"造成严重危害,导致全市直接经济损失5524.8万元。其中,农业损失421万元、公益设施20万元、工矿企业665.7万元、基础设施1880万元、家庭财产255万元、人员转移250万元、其他2033.1万元。

第18号台风"米娜"紧擦浙江沿海,于10月1日20时30分在舟山市普陀区沈家门登陆,是10月登陆浙江省的第3个台风。10月1日,全市普降中到大雨,7个乡镇出现暴雨,三单乡出现大暴雨(117.8毫米)和9级瞬时大风。

9月,全市降水明显减少。9月6日至12月18日,城区降水量仅有83.9毫米,雨日仅18天,雨量、雨日均为历史同期第二少。东阳市旱情显现,部分农林作物出现不同程度的灾情。气象部门多次开展人工增雨作业,一定程度上缓解旱情。

(徐　风　许江锋)

历史文化

【市名由来】　东阳市位于浙江省中部,"东阳"作为县名由来已久。东阳建县于东汉献帝兴平二年(195年),时称"吴宁县",取"吴地安宁"之义,治所在水门村(也作大门村)。三国吴宝鼎元年(266年),分会稽郡西部置东阳郡,治所在长山县(今金华)。《方舆胜览·婺州》载:以郡"在金华山之阳,榖水之东,因名东阳"。东阳一名始此,隶扬州。吴宁县遂属东阳郡。唐武德四年(621年),罢郡置州,改会稽郡为越州,东阳郡为婺州。垂拱二年(686年),析义乌县东冲要地及废吴宁县故地置东阳县。唐《元和郡县志·婺州》《旧唐书·地理志·婺州》均有"取旧东阳郡名"之记载。县治即今吴宁街道。属婺州,隶江南道。1988年5月25日,经国务院批准,东阳撤县建市。

2019年东阳市月平均气温、雨量、日照一览表

表1

时间 要素	1月	2月	3月	4月	5月	6月	7月	8月	9月	10月	11月	12月	年平均/合计
平均温度(℃)	6.5	7.3	13.3	19.1	22.5	25.2	28.1	29.9	25.7	20.7	15.0	9.6	18.6
降水总量(毫米)	123.3	224.4	227.0	167.0	136.9	313.9	369.1	107.0	94.6	51.3	13.4	102.9	1930.8
日照时数(小时)	60.8	29.8	94.9	120.3	144.6	103.1	134.1	210.3	199.2	150.0	140.0	143.4	1530.5

【市树市花】 1992年2月28日，市九届人大常委会第十三次会议通过审议，命名樟树为市树，月季为市花。樟树又称香樟树，别名：香樟、樟木、瑶人柴、栳樟、臭樟、乌樟，属樟科、常绿大乔木，高10~55米左右，直径可达3米，树冠广卵形；树冠广展，枝叶茂密，气势雄伟，四季常青，是南方城市绿化树、行道树及庭荫树。月季又称月月红，蔷薇科，常绿、半常绿低矮灌木，四季开花，一般为红色或粉色、偶有白色和黄色，可作为观赏植物，也可作为药用植物，亦称月季花。用于园艺栽培和切花。

【历史沿革】 东阳地域，春秋之时属越。战国，楚败越，又属楚。秦灭楚，于吴越故地置会稽郡。翌年推行郡县制，东阳属会稽郡诸暨、乌伤县之一部分。

汉高祖六年（前201年）改会稽郡为荆国，十二年（前195年）更名吴国，景帝四年（前153年）复名会稽郡，新莽时改诸暨为疏虏，乌伤为乌孝，至东汉建武初（25年）始复旧名，东阳先后分属之。东汉兴平二年（195年），析诸暨置吴宁县，为东阳建县之始，属会稽郡。

三国吴宝鼎元年（266年），分会稽郡西部置东阳郡，治所在长山县（今金华），以郡“在金华山之阳，榖水之东，因名东阳”。东阳之名始此。吴宁县遂属东阳郡。两晋不变。南朝宋、齐因之。梁、陈两朝，吴宁县未变，所隶之州、郡历有变更。

隋开皇九年（589年），废金华郡置婺州，废吴宁县入诸暨，分五乡入乌伤。同年改长山县为吴宁县，开皇十二年（592年）又改名东阳县，十八年（598年）再改金华县，与现东阳市之“吴宁”“东阳”先后异地同名。大业三年（607年），改婺州为东阳郡。今东阳地属之。

唐武德四年（621年），罢郡置州，改东阳郡为婺州。垂拱二年（686年），析义乌县（唐武德七年改乌伤县为义乌县）东冲要地及废吴宁县故地置东阳县，取郡名为县名。县治在今吴宁街道，属婺州，隶江南道。天宝元年（742年），改婺州为东阳郡，东阳县属东阳郡。乾元元年（758年），再改东阳郡为婺州，东阳县属婺州。大历十二年（777年），升东阳为望县。

五代，东阳县隶属吴越国，仍属婺州。吴越王钱镠与淮南杨氏交恶，以“淮寇未平，耻闻逆姓”为由，于后梁开平四年（910年）奏改东阳县为东场县。后晋天福四年（939年），于婺州置武胜军节度，东场县属之。

北宋太平兴国三年（978年），吴越纳土归宋。淳化元年（990年），改婺州武胜军为婺州保宁军节度。咸平二年（999年），复东场县为东阳县，属婺州。此后，虽然所隶州郡之名有金华、婺州之异，及路、府、州之变，但东阳之名未变。

民国28年（1939年）4月7日，置磐安县，安文、大盘等地划归磐安。1958年11月，磐安县撤销，全境并入东阳县。1983年7月，析置磐安县，原磐安县地及玉山入磐安。1988年5月25日，撤销东阳县改置东阳市（县级）。

（东　鉴）

行政区划

【概况】 2019年，东阳市有11个镇，1个乡，6个街道办事处，345个行政村，43个社区，其中城市社区14个、农村社区29个。全年命名商住区11个、道路1条。

2019年年末东阳市驻村分中心、行政村及社区个数统计表

表2　　单位：个

名 称	驻村分中心	行政村	社 区
全 市	58	345	43
吴宁街道	—	—	11
白云街道	—	—	8
江北街道	2	3	10
六石街道	3	22	1
城东街道	3	18	1
南市街道	3	25	—
横店镇	6	17	10
南马镇	3	30	—
巍山镇	6	29	2
歌山镇	3	21	—
千祥镇	4	33	—
湖溪镇	3	28	—
画水镇	4	18	—
虎鹿镇	4	18	—
东阳江镇	3	27	—
马宅镇	3	17	—
佐村镇	5	25	—
三单乡	3	14	—

【商住区命名】 2019年4月10日，市民政局命名位于白云街道，东面为紫荆庄园、南面为新37省道、西面为义乌市沙溪村、北面为紫荆府的商住区为四季景苑。

4月10日，市民政局命名位于江北街道，东面为海天建设集团、南面为甘溪东街、西面为恬里小区道路、北面为恬里小区道路的商住区为甘溪北苑。

4月18日，市民政局命名位于江北街道，东至东方诚品，西至迎宾大道，南至东阳江，北至华店街的商住区为江璟园。

5月14日，横店镇政府命名位于横店镇十里街以南，南江名郡小区以西的商住区为郡西雅园。

7月10日，市民政局命名位于吴宁街道，东至浙中小区居民区，西至兴河路，南至汉宁东路，北至浙中小区居民区的商住区为天玺名府。

8月12日，横店镇政府命名位于横店镇圆明新园动物标本馆以东，春苑停车场以南，山干宅村以北的商住区为天同影视文化广场。

8月26日，市民政局命名位于白云街道，东至汽车客运西站，南至东阳市司尔飘时装厂，西至巧溪，北至东义路的商住区为凯旋广场。

9月2日，市民政局命名位于白云街道书院路以东，甑山路以南，西甑山以西，蓝天白云会展中心以北的商住区为东方和园。

9月24日，市民政局命名位于白云街道望江南路以东，城南西路以南，西门小区自留地以西，东阳市救助站以北的商住区为望南公寓。

9月26日，横店镇政府命名位于横店镇万盛北街以西，江滨西路以北的商住区为禹玺园。

10月28日，市民政局命名位于白云街道，东至焕山小区居民区，南至焕山小区居民区，西至歌山路，北至汉宁西路的商住区为云境府。

【道路命名】 2019年3月20日，市民政局命名位于江北街道锦坊小区以西，巨和众创城(小微园)以东，南起北鹿西街，北至义乌交界处，长2000米、宽32米的道路为巨和路。

(潘　婷)

人　口

【概况】 2019年，东阳市总户数351376户，比上年增长0.61%；总人口850620人，比上年增长0.33%。其中男性人口429461人，占50.49%；女性人口421159人，占49.51%。人口性别比101.97(女为100)。年内出生人口8544人，出生率10.44‰；死亡人口5567人，死亡率6.55‰；人口自然增加2977人，人口自然增长率3.50‰，比上年下降1.16个千分点。60周岁以上老龄人口193843人，占总人口的22.79%，比上年增加2个百分点。

2019年年末东阳市人口构成一览表

表3

项　目	单　位	2018年末	2019年末	比上年增长(%)
总户数	户	349253	351376	0.6078
总人口	人	847814	850620	0.3309
男	人	428185	429461	0.2980
女	人	419629	421159	0.3646
城镇人口	人	392725	395973	0.8270
乡村人口	人	455089	454647	-0.0971
0～17岁	人	146021	146520	0.3417
18～34岁	人	168488	166973	-0.8991
35～59岁	人	343278	343284	0.0017
60岁以上	人	190027	193843	2.0081
老龄人口率	%	22.4137	22.7884	0.3747

2019年年末东阳市各镇乡街道人口情况一览表

表4

名称	总户数（户）	比上年增长（%）	总人口（人）	比上年增长（%）	男（人）	女（人）	性别比（女为100）	60岁以上人口（人）	老龄人口率（%）
全市	357316	2.3086	850620	0.3309	429461	421159	101.9712	193843	22.7884
吴宁街道	32120	−0.1336	84895	0.1710	41290	43605	94.6909	16198	19.0800
南市街道	19993	0.1452	44586	0.4302	22790	21796	104.5604	9913	22.2334
白云街道	16695	3.8215	44502	4.0130	21742	22760	95.5272	7865	17.6733
江北街道	27808	1.0428	65570	1.4450	32805	32765	100.1220	13327	20.3248
城东街道	17930	0.7529	42357	0.1963	21293	21064	101.0871	9301	21.9585
六石街道	18026	0.0055	40819	−3.4418	20425	20394	100.1520	9754	23.8957
巍山镇	29027	0.0482	70639	−0.3779	35710	34929	102.2359	18007	25.4915
虎鹿镇	12726	0.4578	30541	−0.6829	15604	14937	104.4654	7680	25.1465
歌山镇	17650	0.4896	41951	−0.1523	21258	20693	102.7303	10772	25.6775
佐村镇	10120	3.5082	25281	−0.2367	13198	12083	109.2278	6129	24.2435
东阳江镇	8389	0.5960	22323	−0.4637	11454	10869	105.3822	5854	26.2240
湖溪镇	17542	0.4926	41934	−0.2711	21162	20772	101.8775	11240	26.8040
马宅镇	10340	−0.1352	25510	−0.2502	13038	12472	104.5381	6203	24.3159
千祥镇	20080	0.0647	45444	−0.3049	23472	21972	106.8268	11535	25.3828
南马镇	26460	−0.7315	63568	−0.5024	32909	30659	107.3388	14644	23.0367
画水镇	23454	3.1221	55559	0.0648	28743	26816	107.1860	12769	22.9827
横店镇	38017	1.4896	93646	1.1558	46564	47082	98.8997	20268	21.6432
三单乡	4311	0.1161	11495	−0.1476	6004	5491	109.3425	2484	21.6093

（方胜天　李君瑶）

发展综述

【概况】 2019年，东阳市辖6个街道、11个镇、1个乡，总面积1746.81平方千米。年末总户数35.14万户，总人口85.06万人。年人口自然增长率3.50‰。

实现生产总值638.45亿元，按可比价计算，比上年增长5.7%。其中第一产业增加值17.54亿元，比上年增长1.6%；第二产业增加值283.10亿元，比上年增长5.1%；第三产业增加值337.81亿元，比上年增长6.5%。三次产业比重由2018年的2.9∶47.2∶49.9调整为2.7∶44.3∶52.9，第三产业比重比上年提高3个百分点。按户籍人口计算，全市人均生产总值75181元（按年平均汇率折合10898美元），比上年增长5.4%。财政总收入118.44亿元，比上年增长5.4%。其中一般公共预算收入69.90亿元，比上年增长6.3%。一般公共预算支出98.97亿元，比上年增长7.0%。全市固定资产投资比上年增长5.5%。社会消费品零售总额302.17亿元，比上年增长7.8%。红博会、东博会升格为国家级展会，举办首届中国红木家具展览会、第十四届中国木雕竹编工艺美术博览会。全年进出口总额31.38亿美元，比上年下降0.23%，其中出口额

197.78亿美元,比上年增长4%;进口额18.50亿美元,比上年增长7.87%。全市与166个国家和地区建立贸易关系,其中出口超10亿美元的国家和地区4个,欧盟为第一大贸易伙伴。全市新批外商投资企业27家。合同利用外资5672万美元,比上年下降26.8%;实际利用外资2613万美元,比上年下降24.9%。至年末,全市有商品交易市场45个,商品交易市场成交额490.66亿元,比上年增长32.0%。金融机构本外币存款余额1371.70亿元,比上年增长11.4%,其中人民币存款余额1358.47亿元,比上年增长11.5%。金融机构本外币贷款余额938.34亿元,比上年增长11.9%,其中,人民币贷款余额937.51亿元,比上年增长11.8%。全市挂牌企业235家("新三板"挂牌14家)。全市保险机构保费收入31.80亿元,比上年增长9.3%,其中财产险保费收入11.02亿元,比上年增长4.1%,人身险保费收入20.78亿元,比上年增长12.3%。全市居民人均可支配收入46634元,比上年增长7.2%。分城乡看,城镇常住居民人均可支配收入56245元,比上年增长6.8%;农村常住居民人均可支配收入31727元,比上年增长7.47%。

【农业】 2019年,东阳市粮食作物播种面积比上年增长3.8%,粮食产量9.41万吨,比上年增长7.3%。农业机械总动力42.18万千瓦。建成东白农产品展示展销中心2家,林业总场获"浙江省现代国有林场"称号,供销总社被评为全国百强县级社。创建全国农产品质量安全县,获浙江省人民政府2019年度乡村振兴优秀单位、第三届"河姆渡"杯粮食生产先进集体。

【工业和建筑业】 2019年,东阳市492家规模以上工业企业完成增加值109.51亿元(收入法计算)。全年完成规模以上工业销售产值483.35亿元,比上年增长6.0%。规模以上工业实现出口交货值120.17亿元,比上年增长7.4%。规模以上工业新产品产值比上年增长17.4%,新产品产值率35.1%,比上年提高3.9个百分点。全市有4家企业通过工信部"两化"融合管理体系贯标评定,3家企业列入工信部"两化"融合管理体系贯标试点企业。全年建筑业增加值75.85亿元,占GDP比重11.9%。

【交通运输】 2019年,东阳市公路客运量1836万人次,比上年增长4.7%,旅客周转量60120万人千米,比上年下降6.1%;公路货运量1337万吨,比上年下降21.9%,货物周转量91604万吨千米,比上年增长10.8%。至年末,全市机动车保有量31.67万辆,其中汽车30.01万辆。

【邮政和通信】 2019年,东阳市邮电业务收入13.77亿元,比上年增长8.2%。至年末,拥有本地电话用户38万户,移动电话用户111.25万户,互联网宽带接入用户43.17万户;行政村宽带覆盖率100%。

【旅游业】 2019年,东阳市接待国内外游客2953.65万人次,比上年增长15.2%;实现旅游收入274.73亿元,比上年增长18.9%。其中接待国内游客2953.11万人次,比上年增长15.2%,实现国内旅游收入274.64亿元,比上年增长19.0%。接待入境游客0.55万人次,比上年增长31.1%,国际旅游外汇收入133.07万美元,比上年增长28.9%。

【教育】 2019年,东阳市有高等院校2所,全年招生5997人,在校学生13906人,毕业生5407人。有普通高中13所,全年招生5533人,在校学生16855人;职业中学5所,全年招生2638人,在校学生6862人。初中毕业升高中段学校比例99.0%。有初中36所,全年招生10390人,在校学生30263人。初中入学率、巩固率均为100%。有小学85所,全年招生12956人,在校学生71001人。小学学龄人口入学率、巩固率均为100%,小学毕业升初中比例100%,义务教育学龄人口入学率100%。有幼儿园156所,全年招生10138人,在园幼儿39250人;省等级幼儿园招生覆盖面96.2%。有特殊教育学校1所,全年招生21人,在校学生119人。

【科学技术】 2019年,东阳市列入地市级以上科技项目98项,其中省级74项,地市级24项。全市新立市级科技项目45项,其中公益类45项。有地市级以上独立研究开发机构67家,省级高新技术企业研发中心33家,其中国家级企业技术中心2家。认定地市级以上高新技术企业40家,累计118家。科技成果鉴定42项。专利申请受理4628项,其中发明专利1198项;专利申请授权2679项,其中发明专利428项。

【文化】 2019年,东阳市有文化馆1个,组织文艺活动330次,举办训练班61次;公共图书馆1个,藏书51.94万册;文化艺术表演团体1个,演出场次281场;剧院1个、电影院10个。全年创建农村文化礼堂94家,文化礼堂总数293家。实施文化惠民工程,完成送图书下乡84198册次,送戏下乡220场,送电影下乡7805场,送讲座下乡135场,送展览下乡95场。打造"百姓文化艺术节""特色广场文化""百姓文化茶坊""非遗讲堂""周末惠民剧场""文化节目进景区"等特色文化惠民服务品牌,全年举办各类文化活动9227次,县市间"文化走亲"9次,各类培训及展览197次,组织"周末惠民剧场"演出48场。广播综合覆盖率100%,电视综合覆盖率100%。

【体育】 2019年,东阳市参加地市级以上运动会获金牌65枚、银牌82枚、铜牌52枚,其中省级比赛金牌10枚、银牌7枚、铜牌5枚。全市有二级运动员9人,向上级输送体育人才6人。举办第五届横店国际马拉松赛。

【卫生健康】 2019年,东阳市有医疗卫生机构535个,其中医院、卫生院(含社区卫生服务中心)30个,门诊部8个,妇幼保健院1个,疾病预防控制中心1个,卫生监督所1个,其他卫生机构3个,诊所、医务室、村卫生室、社区卫生服务站491个。有床位

2019年7月16日，南山森林公园绿道　（陈新阳/摄）

5123张，其中医院、卫生院床位4773张，妇幼保健院床位350张。有卫生技术人员7292人，其中执业医师2481人，执业助理医师397人，注册护士2758人，其他1656人。农村自来水普及率100%，自来水受益人数覆盖全农村人口。

【环境保护】　2019年，东阳市城区有污水处理厂2座，污水处理厂日处理能力15.9万立方米。有县级规范化合格饮用水源保护区1个，水质达标率100%；有乡镇级规范化合格饮用水源保护区10个，水质达标率100%。全市3个出境断面水质达标率100%，18个镇乡交接断面水质达标率100%，6个市控以上地表水断面水质达标率100%。全年平均气温18.6℃，比常年偏高1.0℃，年总降水量1931.20毫米，比常年偏多38.7%，年降水日数166天，比常年偏多13.40天。年日照时数1530.5小时，比常年偏少13.6%。霾日数64天。$PM_{2.5}$年均浓度30微克/立方米，比上年下降6.3%；空气质量优良率（AQI指数）92.6%，比上年上升3.8个百分点。全市生态公益林建设面积4408605公顷，增加生态公益林优质林分面积82.3公顷，生态公益林优质林分面积累计达38199.7公顷，占公益林总面积的86.6%。森林面积108619.8公顷，森林覆盖率62.2%，森林蓄积量577.6万立方米。

【社会保障】　2019年，东阳市城镇职工基本养老保险参保人数24.28万人，城镇职工基本医疗保险参保人数22.75万人，失业保险参保人数13.17万人，工伤保险参保人数25.36万人，生育保险参保人数14.43万人。城乡居民基本养老保险参保人数31.50万人，年内增加参保5.02万人。全市60周岁以上享受城乡居民基本养老保险金待遇人员10.71万人，发放率100%，全年发放金额31349.14万元。城乡居民基本医疗保险参保人数62.73万人。城乡基本医疗保险享受待遇548.56万人次。被征地农民基本养老保障参保2.41万人，年内增加参保0.31万人，享受待遇人员0.58万人，全年发放金额36664.78万元。

全市有各类社会福利单位27个，床位7265张，收养各类人员2045人。农村五保对象集中供养率94.3%，城镇“三无”对象集中供养率100%。全市有低保对象7409人，全年发放低保救助金3365万元。筹集医疗救助资金1253.43万元，实际救助4616人次，发放救助金1253.43万元。建立镇乡（街道）、村（社区）服务中心（站）388个，建成社区居家养老服务照料中心406个，建立捐赠接收站（慈善超市）6个。全市有抚恤优待对象8256人，发放抚恤金5482.62万元、义务兵优待金1891.54万元、困难补助经费15万元。发放自主就业一次性经济补助金754.47万元。

（许剑超）

中国共产党东阳市委员会

综 述

【概况】 2019年,东阳市实现地区生产总值638.45亿元,比上年增长5.7%;财政总收入118.4亿元,比上年增长5.4%;一般公共预算收入69.9亿元,比上年增长6.3%;城镇居民人均可支配收入56245元,比上年增长6.8%;农村居民人均可支配收入31727元,比上年增长7.4%;规模以上工业增加值109.51亿元;77家企业实现"小升规";固定资产投资比上年增长5.5%。

全年市委理论学习中心组召开学习会22次,市委常委会25次学习习近平总书记重要讲话精神和中央、省委、金华市委重要决策部署。市委巡回指导组到联系单位开展全过程指导,主题教育过程中,检视、解决问题1100余个,落实率99.4%,化解重点信访件62件和历史遗留问题35个。

市级涉及机构改革的单位全部按时完成"四个到位"(机构组建到位、班子配备到位、人员转隶到位、职能承接到位),党政机构设置37个,核定领导职数154人,领导职数比改革前精减15%。开展机构改革后权力清单、责任清单梳理调整,理顺部门间的权责交叉事项。统筹推进市人大、市政协及群团组织改革,优化市人大和市政协专门委员会设置,健全党委统一领导下的群团工作制度。按照"2+5+X"▲模式推动镇乡街道自主优化内设机构设置。

展开低效工业用地清理整治攻坚战,推进工业经济转型升级和再造影视、建筑、木雕红木三大特色产业优势。推进"最多跑一次"改革,基本实现政务服务事项网上办、"一证通办"全覆盖,推进"无证明城市"改革,成为全国县域营商环境百强县。实施乡村振兴战略,推进全国文明城市创建、小城镇环境综合整治、"十美村"创建等活动。优先发展教育、卫生健康事业,提升就业、居家养老等社会保障水平。

召开2019中国(横店)影视文化产业发展大会和横店影视节,谋划影视文化产业规范发展、高质量发展之路。举办首届中国红木家具展览会和第十四届中国工艺美术博览会。

按照"有黑扫黑、无黑除恶、无恶治乱"的总要求,打掉涉黑涉恶团伙15个,打击涉黑涉恶犯罪嫌疑人133人。对湖沧、雅溪等信访矛盾集中村派驻重点整治。开展"村干部整治立规创优年"行动,调整处置不履职、不守规矩的村社干部103人,劝退曾受刑事处罚村社干部8人。开展信访治理"百日攻坚战",实现新中国成立70周年大庆期间信访对象零进京赴省。做好基层治理工作,实现平安建设十四连冠。

召开全市警示教育大会、廉政教育大会。开展"以案促改""三清理一规范""烟票"专项整治,运用监督执纪"四种形态",处置问题线索806件,其中党纪政务处分151件次,移送司法机关处理12人,留置15人。以新时期好干部标准,评选表彰"拼争抢创好团队"10个和"担当作为好干部"15人。开展干部"四不"(不担当、不作为、不规矩、不适应)专项整治,实施年轻干部培养"青蓝工程"(把教育引导年轻干部坚定理想信念作为首要任务,将习近平新时代中国特色社会主义思想作为必学内容的培养工程),加快锻造忠诚干净担当的高素质专业化干部队伍。

▲"2+5+X":"2"即:党政综合办公室、党建工作办公室(增挂驻村干部管理中心牌子,按行政区划设置若干个驻村干部管理分中心)。"5"即:根据镇乡街道不同分类情况设置内设机构和事业机构。"X"即:根据镇乡街道实际、特色和工作需要因地制宜设置。监察、财政、应急管理、统计等内设机构的设置按有关文件精神执行。

【调研工作】 2019年,市委办公室完成全市民生实事分析、城市管理体制机制、从相关数据看东阳十年发展等调研课题,为领导提供决策信息和调研成果。开展"不忘初心、牢记使命"主题教育宣传工作,在《今日东阳》和《东阳政研》上刊发相关内容。参与《中共东阳市委关于认真学习贯彻党的十九届四中全会精神高水平推进市域治理现代化的决定》的起草工作。全年编发《今日东阳》12期、《东阳政研》25期,完成《浙江政策年鉴》《浙江概览》东阳部分的上报工作。

【督考工作】 2019年,市委办公室牵头开展对市委常委会、专题会议等重要会议决策部署落实情况的督查检查工作，对市委主要领导交办事项、全市重点工作及重要文件等进行督办。组织开展专项督查工作，对省《今日聚焦》和金华市《正风问效》栏目曝光报道的问题进行定期督办，对市委主要领导批示件，及领导批阅群众来信进行交办督办。牵头制订镇乡街道、机关部门（单位）年度目标责任制考核办法、考核细则，并组织实施年度考评工作。完成领导交办的其他事项。

（赵秀丽）

市委重大决策和活动

【"五个关键时期"重大战略判断】 2019年8月11日，市委十五届六次全体（扩大）会议暨市政府十五届六次全体会议作出未来3—5年东阳市发展正处在"五个关键时期"的重大战略判断。未来3—5年，东阳市处在以交通为主的基础设施大配套、大完善的关键时期；工业、建筑业、影视旅游三大产业做大做强做优的关键时期；打造县（市）级高等教育高地，实现基础教育现代化均衡发展的关键时期；做好东阳籍人才这篇大文章，汇聚东阳人智慧和力量，共助东阳发展的关键时期；重树干部形象，再创良好干事创业氛围和发展环境的关键时期。

【"不忘初心、牢记使命"主题教育】 2019年，市委根据"守初心、担使命，找差距、抓落实"总要求，坚持"四个贯穿始终"（把学习教育、调查研究、检视问题、整改落实贯穿主题教育全过程），突出问题导向、目标导向、效果导向，引导全市党员干部开展"不忘初心、牢记使命"主题教育。据主题教育成效问卷统计，82.62%的答卷者认为此次主题教育氛围浓厚，成效显著；89.93%的党员干部认为个人思想觉悟得到提高，工作作风得到改进；80%以上的群众认为党员干部模范带头作用增强，损害群众利益现象显著改善。中央第二巡回督导组和省委第七巡回指导组先后到东阳市调研，对东阳市主题教育给予肯定。

【"牢记使命为人民、忠诚担当迎大庆"百日攻坚活动】 2019年，"牢记使命为人民、忠诚担当迎大庆"百日攻坚活动的总体目标是通过集中攻坚，防范化解各领域和区域存在的重大风险隐患，解决农村基层存在的突出问题，确保社会平稳有序，为新中国成立70周年营造良好的社会氛围。统筹推进"扫黑除恶专项斗争集中攻坚年"行动、损害群众利益突出问题专项治理行动、重大风险隐患化解攻坚行动、创建"无信访积案县（市）"行动、"村干部整治立规创优年"行动，建立信访工作"每日通报、每周研判、半月排名、每月例会、红黄牌警告"和重点村集中整治等机制，调整处置不守规矩村社干部74人。全年信访总量、越级访量下降，信访积案化解率、网上信访占比提升，创建"无信访积案县市"。

（赵秀丽）

重要会议

【市委十五届五次全体（扩大）会议暨市政府十五届五次全体会议】 2019年1月11日，市委十五届五次全体（扩大）会议暨市政府十五届五次全体会议在东阳市行政中心召开。会议回顾总结2018年工作，部署2019年任务，传达贯彻省委批复同意的《东阳市机构改革方案》，进一步动员全市上下坚定不移沿着"八八战略"指引的路子走下去，金华市副市长、东阳市委书记黄敏作题为"坚定信心 充满情怀 敢于担当 齐心协力推动东阳经济社会高质量发展"的工作报告；市委组织部部长刘伟霞通报省委批复同意的《东阳市机构改革方案》。

【全市干部大会暨省美丽乡村示范县（市）创建动员大会】 2019年2月13日，全市干部大会暨省美丽乡村示范县（市）创建动员大会在东阳剧院召开。会议总结2018年工作，部署2019年实施乡村振兴战略、省美丽乡村示范县（市）创建、扩大有效投资、全面从严治党等工作任务，动员全体党员干部进一步统一思想，推进"影视旅游名城、经济文化强市、生态宜居东阳"建设。会议表彰部分2018年度先进集体和个人，市教育局、湖溪镇、六石街道张麻车小区和横店影视城4名代表做交流发言。

【全市工业强市大会】 2019年5月24日，全市工业强市大会在东阳剧院召开。市委常委、常务副市长王天仁主持会议并宣读表彰文件，市长姚激扬作工作报告，浙江联宜电机有限公司、东阳市甘特电气有限公司、市经济开发区管委会、市经信局4家单位代表作发言，市委书记傅显明作总结讲话。会议强调要坚定信心，齐心协力推动东阳工业经济迈上新台阶。会议表彰2018年度工业经济工作各类先进。

【市委十五届六次全体（扩大）会议暨市政府十五届六次全体会议】 2019年8月11日，市委十五届六次全体（扩大）会议暨市政府十五届六次全体会议召开。会议回顾总结上半年工作，研究部署下半年任务，动员全市上下把握东阳市当前及今后发展的关键时期，以优异成绩迎接新中国成立70周年。市委书记傅显明作题为《把握关键时期 发挥关键作用 永葆初心勇担使命 续写东阳高质量发展新篇章》的主题讲话。市长姚激扬总结上半年全市经济社会发展情况，并就下半年重点工作进行部署。

（赵秀丽）

全面深化改革

【概况】 2019年，东阳市全面深化改革具体项目129项，其中，经济体制改革领域40项、民主法制领域和社会治理体制领域28项、文化体制领域6项、社会事业领域21项、生态文明体制领域8项、党的建设制度领域4项、纪律检查体制领域3项、群团改革领域3项、"最多跑一次"改革16项。

【机构组建】 2019年3月10日，市委办公室印发《中共东阳市委全面深化改革委员会办公室职能配置、内设机构和人员编制规定》的通知，明确该办公室是市委全面深化改革委员会的办事机构，为市委工作机关，正科级，挂市最多跑一次改革办公室和市委市政府政策研究室牌子，负责统筹协调、指导推进、协调督促、调查研究全市改革工作，为市委决策提供依据、建议和方案。1月21日，中共东阳市委全面深化改革委员会办公室(简称市委改革办)挂牌成立。

【推进改革重要政策】 2019年4月24日，中共东阳市委印发《2019年度东阳市全面深化改革工作要点》，明确2019年度全面深化改革具体改革项目。5月23日，市委改革办印发《东阳市“最多跑一次”改革向公共服务领域延伸工作方案》，明确“最多跑一次”改革在群众和企业关注的卫生健康服务、教育、科技、交通、人力社保、民政、司法、宣传文化、市政公用、垃圾分类等十个领域的部分指标和目标任务。5月23日，市委改革办印发《东阳市优化营商环境便利化行动工作方案》，明确企业开办、企业投资项目审批、工程建设项目报建、不动产交易登记、用水报装、用电报装、用气报装、网络报装、获得信贷、纳税、简易注册、办理破产等13项指标、38个目标任务，主要涉及14个部门(单位)。6月28日，市委改革办下发《东阳市“一件事”全流程“最多跑一次”改革比拼活动实施方案》，在省委改革办41件“一件事”清单基础上，增加“产业扶持即奖即补”等5项“一件事”，逐项做好流程再造、系统建设和承接。7月9日，市委改革委印发《中共东阳市委全面深化改革委员会工作规则等五个文件的通知》，规范了改革委工作规则、专项小组规则、改革委办公室工作细则、改革委会议审议事项管理办法和专项小组牵头单位工作职责。7月25日，市委市政府印发《东阳市融媒体中心建设实施方案》，明确融媒体中心建设的工作原则、目标、组建办法和实施步骤等。

【“最多跑一次”改革】 2019年，东阳市完成市行政服务中心标准化建设，改善群众、企业办事硬件环境。在原有制度基础上，新建立一系列便民服务制度，如推行前台工作人员“首问负责制”、部分办事窗口错时上班和预约工作制度、建立“特事特办”服务机制等。推广南马镇花园村“办事不出村”便民服务模式，将“最多跑一次”改革理念和做法深入基层，让群众实现在家门口办事。

机构改革后，市“最多跑一次”改革办公室重新梳理民生事项342项，将涉及19个部门的220项民生事项下放至基层站所或基层便民服务中心，提前完成50%民生事项下放目标。改造提升全市388个行政村(社区)便民服务中心，实现行政村(社区)标准型以上便民服务中心全覆盖。建立由1330名专职代办员组成的群众代办队伍，专门为群众办事跑腿，全年代办事务226754件。

通过部门协同、流程再造、系统整合等方式，在原有部门限时办结“最多一星期”工作机制的基础上，开发部门间办事“最多跑一次”办事平台，重新梳理归集涉及45个部门的385项办事事项。根据推动政府数字化转型的工作要求，将网上办、掌上办、跑零次、即办事项、承诺压缩比和“一证通办”六个核心指标在浙江政务服务网开展各部门工作实时比拼，六大核心指标均达到省一体化在线政务服务平台建设目标。根据金华市实施“无证明城市”改革的工作部署，全年梳理出证明事项425项，办件总数135592件，开通数据共享查询平台账号526个，实现51项个人电子材料和52项企业电子材料的在线查询，累计数据查询量9771次。确定市人民医院为公共场所大提升示范点改革试点。

【经济体制改革】 2019年，东阳市推动企业投资项目在线审批监管平台3.0(工程建设项目审批管理系统2.0)建设，实现一般企业投资项目从赋码备案到竣工验收审批“最多90天”。改革商事登记制度，实现企业开办“零见面”和全流程一日(8个工作小时)办结，全年办结25124件；深化行政审批中介服务市场化改革，推进中介服务费用和时间双下降、质量和效益双提升，全年有502个项目在平台公开选取中介机构，中选金额累计456.73万元，最高限价总计586.57元，下浮率28.4%，发布项目数居金华县市第一。深化“亩均论英雄”改革，全面出清亩均税收3万元以下低效企业，完成出清1112宗。探索村域小城市培育试点，拟定《东阳市花园村“村域小城市”培育试点总体方案》。5月末，联合国家统计局东阳调查队对东阳市优化营商环境便利化行动相关指标任务推进落实情况进行一次快 速调查评估；8月初，接受金华市优化营商环境互查互评，东阳市各项指标达到目标要求；12月，全省对优化营商环境进行第二次快速调查，东阳市完成全部指标和任务，在县域营商环境百强县中，列第62名。12月26日，浙江省人民政府办公厅印发《关于东阳市花园村乡村振兴综合改革试点总体方案的复函》，同意在东阳市花园村开展“浙江省乡村振兴综合改革试点”。

【民主法治领域和社会治理体制改革】 2019年，东阳市深化机构改革和事业单位改革，完成经营性事业单位改革和五大综合执法领域改革。实施信用建设“531X”工程，构建公共信用评价体系、信用综合监管体系和信用联合奖惩体系，在全国375个县级城市信用监测排名中，排名第12位。深化“基层治理四平台”建设，完成“多通融合”和“基层治理四平台”功能全省示范点建设工作。完善矛盾纠纷多元化解机制及信访工作机制，建立民情民访代办制度，全市各镇乡街道有民情民访代办服务机构406个。

【文化体制改革】 2019年，东阳市完善农村文化礼堂建管用长效机制，指导全市各镇乡街道文化礼堂建设，全年指导293个。7月30日，由东阳日报社、东阳市广播电视台、东阳市网络新闻宣传管理中心整合组建的市融媒体中心正式挂牌成立。建立健全横店影视文化产业集聚区管理体制，经市政府常务会议讨论通过的《横店影视文化产业集聚区发展规划》上报浙江省横店影视文化产业实验区管理委员会。

【社会事业领域改革】 2019年，东阳市深化医共体改革，所有市级医院实现流程优化“一站式服务中心”全覆盖，推出新生儿“多证联办”。至年末，全市所有接产单位完成“出生一件事”，累计方便5300户新生儿家庭。建立健全慢性病门诊保障制度，高血压、糖尿病等12种群众常见病纳入门诊慢性病保障范围，依托电子社保卡应用拓展，在金华地区首先实现医保结算费用手机“扫码付”。推进入学、就学、考试、资助等教育便民服务上的“最多跑一次”改革，实现民营资本投资办学全流程“一件事”7个工作日内办结。推进镇乡街道分类承接人社事项，推广“社银联通”模式（人力社保部门与银行开展战略合作，利用银行网点布局广、盖面大的特性，将人力社保业务横向延伸到银行网点办理，通过人社部门的业务经办系统权限开放，点对点对银行工作人员开展业务培训，提升银行网点的人社业务经办水平，通过银行网点平台为群众提供“就近办”人社服务），实现社保事项在银行窗口“就近办”。

【生态文明体制改革】 2019年，东阳市完善小城镇环境综合整治长效管理机制，开展小城镇长效管理考核常态化明察暗访工作。推进实施垃圾分类工作，完善城区垃圾分类常态化管理机制，确定3个省级高标准示范小区创建（中天世纪花城北区、希宝广场、艺海花城）和8个小区定时投放点（培新小区、艺海花城、十字街11号、红椿巷小区、希宝广场、河山小区、王峰小区、中天世纪花城北区）。

【党的建设和纪律检查体制改革】 2019年，东阳市建立“五台并联”机制，建立“以事评人，以人促事”的知事识人体系，落实《关于突出政治标准从严把好选人用人政治关的意见》。5月，重点筛选100个服务网点，绘制东阳市高层次人才休闲服务地图；6月，实施“百个网点无忧服务”；5—10月，召开全市人才新政培训会，组建市、镇乡街道两个层级人才新政宣讲团。深化派驻机构情况报告、信息互通、工作协作等机制，完善派驻监督体制机制。制订出台《关于开展“清廉东阳·六进六创”活动的实施方案》，完成作风建设专项行动。

【群团改革】 2019年，东阳市建立群团“走企连心”制度，搭建与企业家互动交流平台，探索建立督查落实反馈机制，审议印发市总工会、市残联、市侨联、市文联、市工商联、市红十字会、市关工委、市计划生育协会8个群团组织改革实施方案，推进新时代产业工人等群团改革。

（胡宇琪）

组织工作

【概况】 2019年，东阳市有基层党组织2953个，其中党委107个，党总支162个，党支部2684个；另有部门党委21个、各类党组22个、市委派出工委10个。有党员64566人，其中女性17780人，少数民族74人，45岁及以下23416人，大专及以上学历23886人。全年发展党员647人，其中女性251人，35周岁以下402人。

探索健全干部容错纠错机制；探索完善干部一线考察机制；启动实施年轻干部培养“青蓝工程”，提升年轻干部培养选拔质量；完成中组部排查解决农村发展党员违规违纪问题试点任务，实行发展党员县域统筹；实施“365全域提升工程”，提升基层组织组织力；推进“村干部整治立规创优年”行动，开展“千名农村干部上大学”“万名党员进党校”活动；举办第二届“婺星回归”创业大赛暨东阳首届海内外高层次人才创业大赛。

【“不忘初心、牢记使命”主题教育】 2019年，市委组织部推进“不忘初心、牢记使命”主题教育。7月至8月，市委常委会2次专题研究部署主题教育筹备工作，对专班组建、先行学习、前期筹备、方案制定等提出明确要求，并谋划“一书一图一团一剧一展”（编撰《东阳红色故事》、绘制东阳初心图谱、组建宣讲团、编排《东阳马生》廉政婺剧、策划主题教育书画摄影展）。

9月12日，召开全市主题教育工作会议，完成18个镇乡街道、63个机关部门的动员部署，9月15日前完成2260个基层支部动员部署。市级领导每月至少一次到包联镇乡街道和村（社）开展督导，做到动员部署情况必问、应知应会知识必考、谋划推进思路必听、“三率”（知晓率、到位率、满意率）要求必提。以“初心”“清廉”“实干”为主题开展3次集中读书会，采用“参观考察+集中自学+专题辅导+交流发言”的形式开展专题研讨、交流学习。10月12日，市委书记傅显明以“永葆初心 勇担使命 为实现东阳高质量发展接续奋斗”为题，为

2019年10月12日，市委书记傅显明为全市党员干部上题为《永葆初心 勇担使命 为实现东阳高质量发展接续奋斗》的专题党课 （市委组织部提供）

全市镇乡街道、机关部门单位班子成员以及基层党组织书记代表800余人上专题党课。组建由市级领导领衔的“四联动”连心服务团,对全市所有行政村和社区进行走访,发现解决各类问题1300余个。

针对群众关心关切的热点问题、情况比较复杂的难点问题、事关东阳长远发展的紧迫问题,确定11个重点调研课题、29个重点信访件、85个历史遗留问题,由市级领导领办,在主题教育期间进行集中攻坚。开展全市“不忘初心、牢记使命”主题教育初心问卷调查,有4528名党员干部和群众参与填写,征求意见和建议1100余条。7月末,省委部署9项专项整治后,第一时间召开会议对全市专项整治行动进行专题部署。

【领导班子和干部队伍建设】 2019年,市委组织部开展机构改革领导班子配备“回头看”,分4个组开展走访了解,及时掌握各个班子运行和整体功能发挥情况。完成市政协选举任务,做好政协委员增补工作,指导乡镇完成人代会选举任务。做好对口帮扶工作,选派28名专业技术人才和1名副科级领导干部到四川省理县开展帮扶,接收理县3名领导干部和2名专业技术人才到东阳市挂职;安排11名吉林省双辽市干部到东阳市挂职。

【选人用人科学化规范化】 2019年,市委组织部贯彻新修订的《党政领导干部选拔任用工作条例》,细化明确干部选拔任用流程,并开展专题培训。制定《干部管理职务名称表》,理顺干部管理体制。10月12日,在“拼争抢创好团队”“担当作为好干部”表彰会议上,表彰“拼争抢创好团队”10个和“担当作为好干部”15人。

制订中层干部调整流程,指导各机关部门和镇乡街道做好中层干部调整。开展选人用人专项检查工作,组建3个选人用人检查组,对10个单位选人用人情况开展专项检查,指导督促做好问题整改。

2019年10月12日,市委表彰“拼争抢创好团队”

(市委组织部提供)

2019年10月12日,市委表彰“担当作为好干部”

(市委组织部提供)

【容错纠错机制实施】 2019年,市委组织部起草《东阳市关于进一步健全干部容错纠错机制的实施细则(试行)》(简称《实施细则》),明确容错纠错的适用范围和程序,探索容错纠错“1+X”模式,即在《实施细则》规定的大原则内,组织各单位结合各自职能梳理容错纠错针对性清单,推动容错纠错工作更贴合单位实际,提升可操作性,实现容错纠错从“0”到“1”的突破。建立不实举报澄清机制。全年认定容错纠错清单10个,审定容错事项6起,其中市委容错纠错认定联席会议容错2起,单位容错纠错工作领导小组容错4起,为9名干部减轻处理,驳回容错纠错申请6起。健全干部心理疏导机制,开展“向组织说说心里话”活动,关心干部日常工作困难和家庭生活压力。

【干部监督管理】 2019年,市委组织部通过单位自查、专项检查、市委巡察等多种形式开展“四不”(不担当、不作为、不规矩、不适应)专项整治工作,发现“四不”问题532条、共性问题529条、典型问题3条,提出整改措施728条。落实干部监督“1+5”制度▲文件,探索建设干部监督信息预警系统。完成2019年度市管领导干部个人有关事项集中填报工作,按10%比例随机抽取83人进行填报事项核查。开展领导干部和公职人员兼职清理“回头看”,完成违规兼职清理。落实干部选任工作“凡提四必”(对拟提拔或进一步使用人选的干部档案必审、个人有关事项报告必核、纪检监察机关意见必听、线索具体的信访举报必查)要求,全年核查领导干部任前公示信访51件，开展考察对象个人事项核查7批次109人。开展选人用人和因私出国（境）专项整治，召开选人用人和干部因私出国（境）工作培训会，印制发放《选人用人专用党委会议记录本》《东阳市国家工作人员因私出国（境）工作手册》，建立长效管理机制。

▲干部监督“1+5”制度：“1”，即《中共东阳市委组织部关于加强干部监督信息综合运用构建大监督工作机制的实施意见》，是构建大监督工作机制的总纲性文件。“5”，即《东阳市干部监督工作联席会议制度实施办法》《东阳市干部监督信息沟通报告工作实施办法（试行）》《东阳市领导干部个人重要事项即时报告工作实施办法（试行）》《关于印发〈市管干部任职前市委组织部征求市纪委意见和市纪委回复市委组织部意见实施办法（试行）〉的通知》《关于印发〈东阳市干部监督员制度实施办法〉的通知》，是构建大监督工作机制的5个配套制度。

【年轻干部培养“青蓝工程”】 2019年，市委组织部启动实施年轻干部培养“青蓝工程”，分3年实施，第一期在全市遴选106名“90后”年轻干部参加，分经济金融、城建规划、乡村振兴三个领域开展集中授课、实践调研、岗位锻炼以及读书分享等活动。选派6名年轻干部到北京市、上海市等地在外东阳企业家上市公司开展为期半年的学习锻炼。联合义乌市、永康市和浦江县举办“义东永浦”优秀年轻干部培训班。

【干部教育培训】 2019年，市委组织部贯彻落实《2018—2022年浙江省干部教育规划》的实施意见，统筹推进全市干部教育培训工作。指导支持市委党校参加省办学质量创优评估，印发《关于进一步加强主体班次学员管理的若干规定》，落实主体班次理论教育和党性教育不低于70%的要求，强化党校主阵地建设。全年举办主体班次11期，指导机关部门举办业务培训班68期，直接培训基层干部、服务对象9000余人次。

【公务员队伍管理】 2019年，市委组织部根据机构改革安排，完成公务员管理职责划转，做好全市涉改人员的转隶调动工作。组织开展公务员“四级联考”和选调生招录工作，完成公告、报名、资格初审、笔试、面试、体检和考察等环节工作，招录60名公务员与9名选调生。分2期完成140人的职级晋升工作。制定职级统筹和晋升工作方案，按照分批分步实施的原则，完成首批人员的档案审查、预审、考察等晋升工作。

【离休干部服务管理】 2019年，全市有离休干部84人，其中享受县处级待遇36人、科局级待遇48人，年龄最大99岁、最小85岁，平均年龄90.51岁，去世6人。县处级以上退休干部41人，其中正处级7人、副处级34人，年龄最大90岁、最小61岁，平均年龄74.27岁，去世1人。市委组织部完成县处级以上离休干部管理服务职能的划入工作，理顺机构改革后离退休干部管理服务工作机制。推进“银领先锋”建设，举办全市经济社会发展情况通报会和全市离休干部“讴歌新中国·银领新时代”主题报告会，开展全市离休干部“学习党的理论·不忘初心使命”主题读书会和“重走红色之路·不忘初心使命”主题活动。推进“银龄党建”，挂牌“老干部党校”，调整老年大学学员临时党小组，组建“老年大学学员志愿服务队”。实施离退休干部党建“五百工程”，建成1个老党员驿站、1个“离退休干部党建共享基地”，推选产生2个“老干部品牌工作室”、2名红色讲师。落实离休干部经济生活待遇，印发《关于提高离休干部护理费标准的通知》，组织县处级以上离休干部到丽水市开展考察。联合市委党史研究室在《金报东阳》开设《老干部话当年》专栏，对25名离休干部进行宣传报道。坚持“五必访”制度（定期全面走访、市外异地走访、重大节日走访、生病住院必访、特殊情况困难必访），全年走访慰问离休干部300余人。确定东阳江滨“歌山画水”公园内的“江滨文化中心”作为老年大学新址，建筑面积近1万平方米，将老干部活动中心和“老党员驿站”同时纳入规划。

【基层党组织建设】 2019年，市委组织部建立党建工作履职台账，每月召开镇乡街道组织委员例会，每季组织党代表开展督查并曝光“最差现场”“最差典型”，推广联村干部“周一夜学谈党建”、村党组织书记“党建大转盘”等做法，形成“一季一督查”“一月一现场”“一周一交流”机制。

对照浙江“20条”标准和《农村基层组织工作条例》，开展基层组织建设“五查五看”▲集中排查，梳理倒排36个软弱后进村开展集中整顿工作。向全市388个村（社区）下派“法治顾问”和“金融顾问”，完成75个省定集体经济薄弱村的消薄工作。推进行政村区域调整后续完善工作，指导15个有相关融合任务的镇乡街道完成1个以上行政村的融合任务。

加大对城区街道和社区党群服务中心建设督促指导力度，启动4个党群服务中心改扩建工程。开展专职社区工作者招录工作，推进“县招县管街用”工作模式。建立社区“大党委”兼职委员履职清单，定期对城市社区“大党委”运行状况进行督查，全年督查4次。持续推动“红色V站”建设，推动党员志愿服务向社区、商场延伸，全市累计建成“红色V站”260家。

▲“五查五看”：排查主职干部的工作就业情况、在村在岗情况，看其工作精力是否在村；排查村两委班子是否团结干事，关键看书记、主任是否能够合作共事；排查创业承诺事项完成情况，看是否按期完成，未完成的主要原因是什么；排查村级组织运行情况，重点看党员分类管理、主题党日、村务联席会议、“三务”公开、“三资”管理、行政村融合等方面存在的问题；排查信访矛盾问题，重点看是否存在村干部不守规矩情形，了解村民群众对村两委干部的评价情况。

【党员队伍排查净化】 2019年，市委组织部开展排查解决农村发展党员违规违纪问题试点工作。成立由市委书记任组长，市委副书记、纪委书记、公安局局长为成员的工作小组，并抽调业务科室骨干和镇乡街道组织委员、组织员成立工作专班，进行集中办公。按照“四个一遍”(每个农村党支部对发展党员工作情况自查一遍，每名新发展党员档案翻查一遍，对所有新发展党员联审一遍，对发展党员方面的信访件重审一遍)要求，对纳入排查范围的1975名党员的发展情况进行排查，认定227名党员的发展程序存在问题并进行处置。结合试点工作中发现的问题案例，编印《发展党员常见问题十例十法》。

【“村干部整治立规创优年”行动】2019年，市委组织部推进“村干部整治立规创优年”行动，5月30日，召开“村干部整治立规创优年”行动推进会暨村(居)主职干部整治立规创优专题培训班。结合村社换届“回头看”，调整处置不履职、不守规的村社干部94人。推行村社党组织书记县级备案管理制度，完成全市388个村社党组织书记的规范化建档工作。指导各村制定落实创业承诺事项，全体村干部开展“九不三远离”(不长期外出忙私活，不得过且过混日子，不违章建房乱作为，不情趣低俗涉黄赌，不阻挠工作拖后腿，不参与信访添纠纷，不无知妄议乱民心，不优亲厚友谋私利，不封建迷信损形象；远离高消费场所，远离非法集资，远离“小圈子”)承诺。实施“千名农村干部上大学”工程，首批首期472名农村干部、“红领青年”入学接受正规学历提升培训。深化“红黄旗”管理，与全国文明城市创建、环境整治、拆后重建等工作结合。对“红领青年”进行动态调整，淘汰294人，增加160人，遴选100名优秀青年作为主职干部后备人选进行重点培育。

【党员队伍教育管理】2019年，市委组织部探索推行发展党员县域统筹机制，全市统一调配指导性指标。组织全市1106名入党积极分子统一参加培训考试，对540名发展对象进行集中培训。开展“万名党员进党校”活动，“七一”建党节前夕遴选100名优秀党员到市委党校集中参训；举办后进党员“培优班”，首批50名后进党员接受为期2天的军训和规矩意识教育。指导各镇乡街道建立“三农”干部学校，对农村党员开展全员轮训。

【机关党建】2019年，市委组织部完成机构改革涉改部门党组织设置调整工作，组建由市委常委、组织部长兼任机关工委书记的工委班子，制定《机关党支部工作手册》《市机关党建规范提升18条标准》《市机关部门单位党费收缴和返还党费管理、使用办法》。《东阳市以机构改革为契机综合施策推动机关党建提质增效》在2019年第5期《浙江机关党建研究》刊发，获金华市委常委、组织部长郑敏强批示肯定。

【新经济组织和新社会组织党建】2019年，市委组织部探索“产业链党建”，制定《党建联盟规范化建设标准》，组建木雕红木产业、汽车行业、磁性材料行业等产业(行业)党建联盟以及总部中心、红枫林等区域党建联盟。选派新生代企业家到经济部门挂职锻炼，推进产业工人培育工程。选派民办高校党组织书记到镇乡街道挂职，组织民办医院党建联盟开展义诊，组织司法、卫健、公安、劳动监察等15家部门单位志愿者启动“乡村振兴，法治先行”主题普法宣传活动，推动“两新”党组织服务社会。

【远程教育】2019年，市委组织部协助拍摄的《铁肩辣手邵飘萍》获评中组部第十五届全国党员教育电视片观摩交流活动优秀奖。全年在省级党建电视新闻栏目刊登报道29条，其中党建播报25条、时代先锋3条、党建好声音1条，承办金华市党员教育电视片观摩交流活动，金华各县市电教中心主任参加。

【人才引育】2019年，东阳市引进诺贝尔奖获得者、海内外院士等顶尖人才6人，国家引才计划专家、长江学者、国家杰出青年科学基金获得者等领军人才10人，中国科学院院士麻生明等12名院士到东阳企业开展智力对接活动。围绕支柱优势产业和战略新兴产业，推进实施国家、省重点人才工程，新入选省引才计划3人，获“全国技术能手”称号3人。组织实施“百家企业组团揽才”计划，与5所高校建立人才智力项目合作关系，到北京市、上海市等地开展45场人才招引专场活动，引进大学生12676人。

【人才工作】2019年，市委组织部协调推进温州医科大学东阳校区建设、横店电影学院创建和浙江广厦建设职业技术学院专升本工作，与浙江旅游职业学院开展校地战略合作，成立

2019年5月30日，“村干部整治立规创优年”行动推进会暨村(居)主职干部整治立规创优专题培训班召开 (市委组织部提供)

中南林业科技大学家具与艺术设计学院研究生、大学生实习基地。引导高层次人才、高科技项目、高密度资本向东阳经济开发区、横店影视文化产业集聚区、高铁新城、横店电子产业园区等重点平台集聚，创建横店影视文化产业创新服务综合体、中国东阳家具研究院、智能制造产业研究院、建筑科技产业园等产业平台，建设10个小微园180万平方米的孵化空间。鼓励支持企业建设高层级研发平台并到一线重点城市打造人才飞地，新签约“百博入企”专家8人，新创建院士专家工作站3家、博士后科研工作站1家，累计有院士专家工作站14家、博士后科研工作站7家，引进院士18人、入驻团队专家127人、开展科研项目323项，为企业累计增加产值93.5亿元。

3月31日，北京·东阳博士专家联谊会成立，召开“乡村振兴重大项目发布会”，同步启动北京“东阳之光”产业孵化项目，签约医共体建设、乡村振兴等人才项目3个。

【人才政策实施】 2019年，市委组织部牵头制定人才新政实施细则27个，组建人才新政宣讲团24个开展“百场宣讲落实新政”活动，通过多种渠道向在外人才宣传推介人才新政。从全市服务类行业中择优确定100个服务网点，面向海内外东阳籍博士专家发放人才服务金卡，在酒店住宿、餐饮服务、交通停车等方面提供优惠便捷服务。深化市领军人才服务专窗建设，充实“一站式”人才服务的事项和内容，36项人才服务事项实现一站式办理。举办拔尖人才“一带一路”国情研修班，16名拔尖人才参加。

【“智汇东阳”十百行动开展】 2019年，市委组织部开展“百位人才助企升级”“百名乡贤振兴乡村”“百场沙龙聚力创新”“百个项目双创大赛”“百名导师传承帮带”“百名教授进企解题”“百家企业组团揽才”“百个平台融合发展”“百场宣讲落实新政”“百个网点无忧服务”等“智汇东阳”十百行动，137名高校、科研院所专家到东阳企业进行智力帮扶，开展各类人才沙龙58场次，与企业对接项目83个，破解难题165个。

2019年7月15日，金华市第二届“婺星回归”创业大赛暨东阳首届海内外高层次人才创业大赛启动仪式举行 （市委组织部提供）

【第二届“婺星回归”创业大赛暨东阳首届海内外高层次人才创业大赛】 2019年7月15日，第二届“婺星回归”创业大赛暨东阳首届海内外高层次人才创业大赛正式启动，大赛由中共金华市委人才工作领导小组办公室、金华海内外人才总会主办，中共东阳市委人才工作领导小组、东阳教授博士联谊会承办。大赛征集到全国18个省30个城市和美国、英国、法国等7个国家的人才项目226个。参赛项目领域范围涉及先进制造、数字经济、人工智能、生物医药、影视文化等近20个产业。11月13日，总决赛在东阳市举办，20个优质人才项目晋级总决赛，从中评选出12个获奖项目。该次大赛报名参赛项目中，金华籍人才或由金华籍人才推荐的项目占75.66%，入围决赛的20个项目85%是由金华籍人才带回来的项目，其中东阳籍人才项目11个。

（王　伟）

宣传工作

【概况】 2019年，东阳市委宣传部组织开展全市干部学习贯彻中共十九大精神，开展“金华精神，闪光一线”好故事宣讲活动、“礼赞新中国，奋斗新时代”微型党课比赛等各类理论宣讲活动。宣传庆祝新中国成立70周年。指导开展农村文化礼堂建设。做好“不忘初心、牢记使命”主题教育宣传工作。推动媒体融合工作。开展网络生态治理专项行动，管控引导网络舆论。开展公民思想道德建设和新时代文明实践中心建设。策划宣传第二届世界东阳人大会。

【学习贯彻中共十九大精神】 2019年，市委宣传部组织学习《习近平关于“不忘初心、牢记使命”论述摘编》《习近平新时代中国特色社会主义思想学习纲要》《新中国发展面对面》等重要著作。组织“金华精神，闪光一线”好故事宣讲活动、“礼赞新中国，奋斗新时代”微型党课比赛50余场；组织开展“浙江精神与新时代新使命”理论文章征文活动，评选出一等奖3人、二等奖6人、三等奖9人；开展“学习强国”学习平台“学习之星”“先进学习组织”评选活动，通报表彰“学习之星”20人、“先进学习组织”15个。探索“电影党课”理论宣讲新模式，通过横店院线举办各主题电影党课3000余场次，观众达27万人次，“电影党课”被金华市委宣传部评为2019年度宣传思想文化创新项目。

【庆祝新中国成立70周年主题宣传】 2019年，市委宣传部组织庆祝新中国成立70周年重大主题报道，策划系列发展成就回顾、特色产业巡礼、代表人物访谈、小人物反映大发展的新闻报道，推出有关“庆祝新中国成立70周年”的专版近200个，专题专栏20余个。其中东阳日报社开展的“红遍东阳”大型采访、东阳市广播电视台的“东阳乡贤”栏目、“东阳发布”微信公众号策划的“壮丽70年 东阳巡礼”等栏目在全社会引起强烈反响。

组织开展群众性系列主题宣传教育活动。9月5日，市委宣传部印发《关于做好庆祝中华人民共和国成立70周年社会宣传工作的通知》。9月30日，组织千余名机关干部参加升国旗仪式。开展悬挂国旗活动，全市上下悬挂国旗32000余面。全市布置各类宣传横幅6200余条，各类电子显示屏2000余块。组织“时光印记——见证东阳发展70年”“庆祝新中国成立70周年廉政书画展”及各类书画摄影作品展8场；组织“红色歌潮”“百花争艳戏曲晚会”、婺剧精品表演、音乐会、广场舞、排舞大赛、全民健身等各类大型文体活动30余场；各镇乡街道、部门单位举办文艺晚会、红歌赛、诗歌书画摄影比赛等庆祝活动80余场；全市近200个农村文化礼堂、社区文化家园，组织开展“十月的阳光——我和我的祖国”主题文艺演出、主题宣讲、红色故事会、红色经典诵读、邻里结对帮扶等各类群众性庆祝活动300余场。

【学习型党组织建设】 2019年3月20日，市委宣传部印发《2019年度党委(党组)理论学习中心组专题学习重点内容安排》，明确理论学习中心组专题学习重点内容和学习时间；5月30日，召开全市党委(党组)中心组学习秘书培训会，邀请省委宣传部理论处专家授课；6月5日，市委宣传部印发《东阳市党委(党组)理论学习中心组学习实施办法》。围绕“十九大精神”等开展各类宣讲400余场，举办文化大讲堂专题报告会5场，编印《东阳宣传》4期。

【农村文化礼堂建设】 2019年，东阳市建设农村文化礼堂95家，全市文化礼堂总数294家。健全建管用育长效机制，探索农村文化礼堂管理员队伍长效机制，修改完善《东阳市农村文化礼堂建设验收考评标准》《东阳市农村文化礼堂管理运行考评标准》等制度。1月18日，举办2019农村文化礼堂“我们的村晚”文艺汇演；全年各文化礼堂开展“文化走亲”活动100余场次，进行“道情进文化礼堂”和“婺剧进文化礼堂”演出200余场；组织微型党课宣讲、“最多跑一次”等宣讲团，到各文化礼堂开展各类宣讲活动1500余场次。

2019年1月18日，“我们的村晚”美好家园·美好生活文艺汇演在城东街道单良村文化礼堂举行　　(孙振华/摄)

【新闻宣传工作】 2019年，市委宣传部做好“不忘初心、牢记使命”主题教育宣传，市内媒体分别开设专题专栏，利用全媒体矩阵开展多种形式宣传，推出各类报道500余篇(条)。统筹市内媒体开展“市两会”“扫黑除恶”“无证明城市改革”“五水共治”“对口协作”“百日攻坚”“十大民生实事”“内外东阳人互动发展”“实干担当勇作为”“新中国成立70周年”“不忘初心 牢记使命”主题教育、“拼争抢创好团队 实干担当好干部”“低效用地清理”等30余个专题宣传。全年组织开展G60科创廊道“九城巡礼”、省宣“壮丽70年 奋斗新时代”、省首届新媒体创意技能大赛、第二届“婺星回归”创业大赛暨中国·东阳首届海内外高层次人才创业大赛、首届中国红木家具博览会、生态环境日、中国(横店)影视文化产业发展大会、

2019年7月30日，东阳市融媒体中心挂牌成立　　(市委宣传部提供)

第十四届中国木雕竹编工艺美术博览会等20余次新闻发布会和媒体集中采访活动，在金华市级以上重点媒体刊发稿件3000余篇（条），其中省级媒体1000余篇（条），国家级媒体500余篇（条）。

【媒体融合发展】 2019年，市委宣传部推动媒体融合工作，研究融媒体中心建设的可行方案，牵头组织东阳日报社、东阳市广播电视台主要领导调研考察绍兴市柯桥区、台州市仙居县等省内10余个县市区的融媒体中心建设情况。多次与浙报集团主要领导或分管领导沟通推进东阳日报社（东阳日报有限公司）回购工作，多次组织市编办、市财政局、市人力社保局等部门单位分管领导走访调研市内新闻单位，经调研论证后制定实施方案。7月30日，由东阳日报社、东阳市广播电视台、东阳市网络新闻宣传管理中心整合组建的东阳市融媒体中心挂牌成立。

【互联网空间治理】 2019年，市委宣传部健全完善网信工作机制，制定《中共东阳市委网络安全和信息化委员会工作规则》《中共东阳市委网络安全和信息化委员会办公室工作细则》《东阳市委网信工作联席会议制度》等文件。加强网络意识形态风险排摸防控，在政治经济领域、教育系统、农村网络意识形态阵地等重点领域排摸网络意识形态风险点五大类二十余项。

【网络文化宣传】 2019年，市委宣传部围绕"新中国成立70周年""不忘初心、牢记使命"主题教育等重大主题，策划开展《壮丽70年·东阳巡礼》系列活动，推出《这里是……》系列网络主题宣传。推出《记住乡愁卢宅老街》《沙画东阳》《儿时记忆 家乡味道》、东阳骄傲方案选址投票等网宣作品。举办横店网红征集令、新中国成立70周年党史知识竞赛、横店网络文化节等系列网络文化活动。

【网络文化传播】 2019年，市委宣传部完善政务新媒体矩阵建设，形成以"东阳发布"微信公众号为首，涵盖44个机关部门单位、18个镇乡街道及4家新闻媒体的微信、微博、客户端的政务发布矩阵。调整完善全市三级网军，全市网军队伍有11230人，其中核心78人、骨干390人，组织全市网络文化传播业务培训3次。开展网络文化传播志愿者全域化建设工作，在全市网络社会组织、重点网站、有影响力的网络自媒体平台组建"网界青年"队伍，在浙江广厦建设职业技术学院、浙江横店影视职业学院组建高校网络文化传播志愿者队伍120余人，在横店影视文化领域排摸组建"横漂网红"队伍20余人。

2019年9月19日，东阳市第六届道德模范颁奖典礼 （市委宣传部提供）

【公民思想道德建设】 2019年，东阳市开展第六届道德模范评选表彰工作，评选出道德模范9人，其中2人入选金华市道德模范；入选浙江好人5人、金华好人9人。组织道德模范进社区开展专题宣传和志愿服务，落实《东阳市道德模范奖励帮扶实施办法》。组织"扣好人生第一粒扣子"等主题活动，推进未成年人教育提质升级。开展"温暖的旅程"亲子读书征文活动和亲子朗读比赛；开展"春泥计划"，完成8所乡村学校少年宫建设，实现乡村学校少年宫全覆盖。

【新时代文明实践中心建设】 2019年，市委宣传部制定《东阳市新时代文明实践中心建设工作实施方案》，完成18个镇乡街道、199个文化礼堂建设村的实践站所建设和挂牌，建成市级实践中心1个、实践点13个，示范实践所4个、示范实践站8个。整合市、镇、村公共服务资源，将文化站、党群服务中心等融入镇级实践所，将农村文化礼堂、社区文化家园、青少年研学基地、非遗体验中心等融入实践站。建立七大志愿服务联盟，64支市级专业志愿服务队伍，设立102个文明实践志愿服务项目，开展文明实践"五送活动"（送志愿服务进学校、进企业、进社区、进农村、进电视）近千场次。将新时代文明实践中心建设情况纳入党委意识形态工作责任制考核，列入文明单位、文明镇村、文明社区考评。

【全国文明城市创建】 2019年，市文明办开展各类实地测评点位达标情况的指导、督查120余次；开展镇乡街道、社区小区创建工作考核10次，开展文明劝导活动督查70余次；邀请省有关部门开展创建工作业务培训2次。开展全国文明城市创建网上资料申报工作，召开网上资料申报工作会议，邀请省文明办领导开展申报工作业务指导。开展文明美丽家庭和文明校园创建活动，评选表彰100个市级文明美丽家庭，评选东阳市级文明校园56个、指导培育金华市级文明校园34个。5月16日,召开文明单位助力全国文明城市创建工作会议,组建文明单位创文责任联盟,组织省级以上文明单位发挥职能优势,设计助力创文的特色活动,推进全国文明城市创建。

【宣传队伍建设】 2019年,市委宣传部开展增强"四力"(脚力、眼力、脑力、笔力)教育实践活动,举办全市网络传播业务培训3次。8月,组织全市部分机关单位新闻发言人50余人到中国人民大学举办新闻发言人培训班。11月,组织"十佳记者""飘萍新闻奖"和"优秀新闻栏目"评选活动,评选出"优秀新闻栏目"8个、"优秀新闻工作者"10人,"飘萍新闻奖"一等奖5个、二等奖7个、三等奖14个,十佳新媒体作品奖10个。

(蒋　亮)

2019年东阳市优秀新闻栏目一览表

表5

序　号	新闻栏目名称	单　位
1	红遍东阳	东阳日报社
2	善事汇	东阳日报社
3	东阳乡贤	东阳广电台
4	唱响祖国	东阳广电台
5	百家访谈	东阳广电台
6	70有我更青春	东阳新闻网
7	老干部话当年	金华日报东阳分社
8	壮丽70年　东阳巡礼	东阳市网络新闻宣传管理中心

2019年东阳市优秀新闻工作者一览表

表6

序　号	姓　名	单　位
1	张　耀	东阳日报社
2	杜思远	东阳日报社
3	杜　倩	东阳日报社
4	包韩卿	东阳日报社
5	杜　丹	东阳日报社
6	韦丽洁	东阳广电台
7	陈　姣	东阳广电台
8	夏建华	东阳广电台
9	杜哲英	东阳广电台
10	陈柏安	东阳广电台

2019年东阳市飘萍新闻奖一览表

表7

奖别	作品标题	单位	作者(编辑)
一等奖	上海——横店通航了	东阳日报社	陈一点　金丽珊(郭跃平)
一等奖	英雄,一路走好吕挺	东阳日报社	黄保平(史　莹　陈一点　朱榕贵　张　捷　任旦雯　胡　鼎)
一等奖	吕挺烈士魂归故里 数万群众迎接英雄回家	东阳广电台	夏建华　王凌峰　申屠鹏　黄战涛(吴金强)
一等奖	众人合力抬车 打通消防“生命通道”	东阳广电台	王凌峰(徐凌云)
一等奖	东中教师蒋一平受习近平总书记接见	金华日报东阳分社	张益晓　杜寅舟(潘　慧)
二等奖	儿童优先 母亲安全 五证通办 市妇女儿童医院跑出妇幼健康“加速度”	东阳日报社	包康轩　董赋迩(陈一点　胡剑文)
二等奖	东阳木雕迎来非洲学生	东阳日报社	胡扬辉　董凌丹(胡　鼎)
二等奖	论学习贯彻市委全会精神系列	东阳日报社	黄永强　陈　勇　郭好进(朱榕贵　胡　鼎　郭跃平)
二等奖	东阳中学教师蒋一平:牢记习总书记教诲 讲好思政故事 让思政课更走心	东阳广电台	蔡晓莉　赵鼎宇(吴金强)
二等奖	我市推行“电影+党课”新形式 理论教育宣传更接地气	东阳广电台	胡会乾　任振江　夏建华(吴金强)
二等奖	东阳木雕:从“雕虫小技”到“大国名片”	东阳广电台	夏建华　胡会乾　陈鑫航(吴金强)
二等奖	阿挺,我们来接你回家了	金华日报东阳分社	倪远山　董超毅(潘　慧)
三等奖	23个“影视特色村”开始闪耀	东阳日报社	陈一点　陈巧颖(朱榕贵　郭好进)
三等奖	“东阳红木”号高铁列车在杭首发	东阳日报社	蒋吴非(陈一点　胡　鼎)
三等奖	近两个月“砍”证3.76万件	东阳日报社	郭好进(陈一点　胡　鼎)
三等奖	一种新业态盘活一块地 横店影视城改造一个景区,土地增效逾千万	东阳日报社	史　莹　蒋　雯(郭跃平)
三等奖	土地修复似梯田	东阳日报社	孙振华(史　莹　胡　鼎)
三等奖	宝宝刚出生 “三证”送到手	东阳日报社	蒋吴非(陈一点　郭跃平)
三等奖	我市推出“最多一星期”答复制度 让基层减负提质增效	东阳广电台	夏建华　胡会乾　陈鑫航(吴金强)
三等奖	司机扶蹒跚老人过马路 车流集体礼让5分钟	东阳广电台	胡　勇　王　宁　葛朝阳
三等奖	市级医院带动,医疗服务整合,我市积极推进医共体建设,为百姓健康把好关	东阳广电台	赵鼎宇　申屠鹏(吴金强)

续表7

奖 别	作品标题	单 位	作者(编辑)
三等奖	主动作为 精准服务 我市拆后重建工作惠及千家万户	东阳广电台	任振江(吴金强)
三等奖	改革开放40周年特别报道《春天的故事》	东阳广电台	吕勇勇 楼 宇 婷李俏
三等奖	打通数据孤岛实现资源共享 我市推出走村入户扫码制升级版	东阳广电台	骆 意(吴金强)
三等奖	瞄准5G通信市场 站上行业制高点 东阳这家企业为何被华为、诺基亚看上?	金华日报东阳分社	叶永永(方 丽)
三等奖	东阳画家患病倒下 妻子"卖画救夫"	金华日报东阳分社	陆雍蓉(潘 慧)

统一战线

【概况】 2019年,东阳市委统战部开展各类集中学习研讨20余次;对照党章党规,重点在形式主义和官僚主义等方面查找单位问题5个,个人问题13个;完成民族宗教、新阶层人士、海外统战、乡贤人才等调研报告6篇。推荐11名党外代表人士分别参加金华市党外代表人士、新的社会阶层人士培训班。组织各民主党派、无党派人士和统战团体开展"不忘合作初心 继续携手前进"主题教育活动,培训37次,2000余人次参加。至年末,18个镇乡街道知联分会全部完成换届工作,有会员936人。横店集团统一战线工作部落实专人全面加强对"横漂"(在横店参加影视剧拍摄的外地人士)演艺人员联谊会(简称横漂会)和横漂会实践创新基地的日常指导和服务工作,成为金华地区首创。

【党外代表人士队伍建设】 2019年,市委办公室印发《关于进一步加强党外干部培养选拔工作的实施意见》,提拔党外干部担任经信局副局长、统计局总统计师、司法局副局长、乡镇副镇长、科协主席各1人。开展全市党外干部调查数据更新工作,全市有党外干部1248人,其中中层以上党外干部151人。通过推荐、政审、考察、公示等流程,认定70名无党派代表人士,印发《关于认定杜小宇等70人为东阳市级无党派代表人士的通知》。

【民主党派和党外人士参政议政】 2019年,各民主党派、党外人士提出建议和提案200余件,其中农工党东阳市委会《如何更好地推进分级诊疗制度的建议》《聚力"建园",切实解决"入园难"》、民建东阳市基层委员会《关于支持金华横店民航运输机场规划和申报的建议》、民进东阳市基层委员会《关于因地制宜推进我市城区垃圾减量化处理的建议》《高铁新城建设如何集聚人气》、九三学社东阳市支社《让人民群众在"最多跑一次"改革中有更多获得感》、无党派代表人士《充分发挥工会组织优势,推行企业全员安全管理》等获东阳市政协优秀提案。无党派代表人士《充分发挥工会组织优势,推行企业全员安全管理》《治危拆违初战告捷,后续推进路在何方》《关于进一步重视木雕红木人才的建议》等获东阳市政协优秀提案。

【港澳交流】 2019年20—21日,香港东阳同乡会一行80余人抵达横店影视城,参加"凝聚乡情之旅"主题活动。市领导向同乡会一行介绍东阳市经济社会发展状况和"三大廊道"建设情况。同乡会一行实地参观横店影视城清明上河图、明清宫苑、梦幻谷、圆明新园等景区。8月,接待"2019浙港澳青年交流活动金华分团"团员120人。

【第三届"中国·东阳寻根之旅"夏令营开营】 2019年7月22日,由市委、

2019年7月22日,2019东阳籍海外华裔及港澳台地区青少年"中国·东阳寻根之旅"夏令营开营仪式举行 (市委统战部提供)

市政府主办，市委统战部、市台办、市侨办、市归国华侨联合会承办，市留联会、东阳日报社、市外国语学校协办的2019东阳籍海外华裔及港澳台地区青少年第三届“中国·东阳寻根之旅”夏令营开营仪式在歌山镇凤凰谷天澜度假酒店举行，美国、加拿大、日本等国及中国香港地区的东阳籍海外华裔，中国港澳台地区青少年，国内市外重点乡贤子女和东阳本地优秀青少年41人参加仪式。夏令营为期6天，营员们到中国木雕博物馆、卢宅景区、横店国防科技园等地参观学习，乘坐特色游船夜游东阳江，在东阳江镇白泉村体验父辈的童年生活，到东阳家庭体验日常生活。7月27日，在市外国语学校种下友谊树。该活动被《人民日报》《浙江日报》《东阳日报》等媒体报道。

【健全完善宗教活动场所制度】 2019年，市委统战部做好开斋节、古尔邦节的安保工作。开展“5+1”进宗教活动场所（社会主义核心价值观进场所、国旗国歌进场所、宪法和法律法规进场所、平安创建进场所、联系交友进场所、优秀传统文化进场所）创建，针对创建指标逐条分析到位，逐个场所分析对应场所套入可扣分项，细化创建措施。5月29日，组织全市统战干部和宗教骨干到金华市圣爱堂、永康市南都禅寺考察并召开“5+1”进宗教活动场所创建工作推进会，明确各项创建工作时间节点，推进“5+1”创建工作。健全完善宗教活动场所“3+2”五人联系小组（“3”是指镇乡街道班子成员、联村干部和村主要干部，“2”是指片区民警和网格员）工作机制，85个宗教场所的五人联系小组工作牌和《省宗教事务条例》全部更新上墙。

【企业服务】 2019年，市委统战部持续开展“走亲连心、聚力同行”服务企业专项活动，走访企业100余次，解决减税降费、外来务工人员社保福利、法律知识欠缺等问题。由市工商联牵头组织“企业中层管理人员专业技能提升班”，至年末，有25家企业1596人次参加培训。8月中旬，由浙江省工商联牵头，与人民银行杭州中心支行共同举办“万家民企评银行”活动，通过现场调查问卷等形式，由各民营企业对金融机构做出客观评价。

【“四大回归”工作】 2019年，市委统战部开展“四大回归”工作（“项目、人才、资金、存款”四大回归工作）。配合相关部门做好各地联谊会（商会）回归项目线索调查、收集和跟踪工作。由杭州市、上海市、北京市、重庆市、广东省、昆山市等地联谊会提供20余个回归项目信息，及时反馈给招商部门，配合做好对接工作。通过各地东阳人联谊会（商会）提供有回归意向的项目有30余个，完成签约或落地的有20个，签约投资总额116亿元，到位资金22.66亿元。会同杭州市、上海市等地联谊会（商会）分别组织在杭、在沪东阳籍著名医疗专家近80人次到东阳市义诊，为1500余名群众提供服务。存款回归流量84.67亿元，存量11.98亿元。

【乡贤信息数据库建设】 2019年，市委统战部初步建成一个信息要素齐全、操作简便、查询快捷、安全可靠的全市乡贤数据库，实现乡贤数据信息的动态管理。至年末，录入数据库的乡贤人数7680人，资料包括乡贤的出生年月、联系电话、老家联系人、家庭住址、工作单位等20余项内容。其中确定为村级、镇级、市级三级乡贤的人数为7378人，剩余人数按村级、镇级、市级进行分类。

（吴晓阳）

机构编制

【概况】 2019年，东阳市有行政编制2946名，其中部门、街道编制1105名，乡镇编制573名，专项编制1268名。全市有事业编制12637名。有党政机构37个（党委机构11个，政府办公室和工作部门26个），金华市级部门派出机构1个，镇乡街道18个，事业单位419个。

中共东阳市委机构编制委员会办公室（简称市委编办）作为市委机构编制委员会的办事机构，承担市委机构编制委员会的日常工作，归口市委组织部管理。1月22日，市委编办举行挂牌仪式。5月19日，调整中共东阳市委机构编制委员会组成人员，市委书记傅显明担任市委机构编制委员会主任。6月4日，召开市委机构编制委员会第一次会议。9月30日，市委编办获东阳市“拼争抢创好团队”称号。

【全市机构改革】 2019年1月11日，东阳市召开市委十五届五次全体（扩大）会议。1月16日，召开全市机构改革动员大会，对全市机构改革工作作出具体部署。1月25日，召开全市机构改革人员转隶和“三定”（定职能、定机构、定编制）工作培训会。3月10日，37家党政机构、人大、政协、8家群团组织、2家派出机构、1家金华市级部门派出机构和18家镇乡街道的“三定”规定经市委、市政府批准全部印发，所有部门机构完成组建挂牌、班子配备和人员转隶工作。改革后设置党政机构37个：党委机构11个（纪检监察机关1个、工作机关10个），政府办公室和工作部门26个；金华市级部门派出机构1个（金华市生态环境局东阳分局），不计入机构限额。全市党政机构行政编制、领导职数、内设机构比改革前分别核减2%～15%，乡镇中层职数比例由改革前的65%精减为56%。

【权力清单和责任清单梳理调整】 2019年5月6日，市委编办组织召开市机构改革后权力清单、责任清单调整培训会，完成44家部门单位、18个镇乡街道权力事项8758项和责任清单表格310张梳理调整工作，全市35个部门单位划转权力事项622项，协调落实权力交叉事项76项。针对节水型城市创建、排水许可等部门交叉职能进行协调明晰，对行政审批服务中心100余项部门职能许可服务转移事项进行梳理、明确。6月21日，市委编办印发《关于开展机构改革“回头看”工作的通知》，成立3个专项督查组。6月25日至7月15日，督查涉及改革的部门，建立整改清单，完成销号。7月5日，开展机构改革后镇乡街道工作人员专题培训工作，全市33个部门单位举办89次业务培训，培训18个镇乡街道工作人员4247人次。10月末，到市应急管理局、市退役军人事务局、市医保局、市自然资源和规划局、生态环境东阳分局、横店镇、南马镇、巍山镇等重点涉及改革的部门、镇乡街道，开展机构改革考核评估工作。

【五大领域综合执法改革】 2019年9月2日，经市委常委会第102次会议审议通过，市委、市政府印发《五大领域综合行政执法改革实施方案》，组建五大领域综合行政执法队伍，以五大领域主管部门的名义统一行使行政处罚权以及与之相关的行政检查、行政强制权等执法职能。10月，五大领域综合行政执法队陆续正式挂牌运行，实行"局队合一"体制。

【事业单位分类改革工作】 2019年6月19日，市委编办对市事业单位改革领导小组进行调整，由市委常委、市委组织部部长刘伟霞任组长，副市长陈巧锦任副组长。12月31日，召开全市事业单位改革部署推进会。

市委编办全面清理事业单位承担的行政职能，将行政职能划归行政机构，不再保留市粮食局、市旅游局、市档案局、市建筑业管理局、市政府经济交流合作办公室(市招商局)5家"事业局"，完成46家行政职能回归后事业单位机构调整更名工作。

自5月起，主要领导带队到市交通运输局、市水务局、市农业农村局等涉改单位开展经营类事业单位调研摸底工作；8月1日，召开市事改领导小组办公室主任会议；8月5日，召开经营类事业单位改革座谈会；8月22日，召开经营类事业单位改革座谈会；9月2日，经市委常委会第102次会议审议通过《东阳市经营类事业单位改革实施方案》。至10月末，全市12家经营类事业单位全部完成改革方案的批复，其中1家单位转企改制、6家单位撤销建制、2家单位剥离经营职能、1家单位调整事业单位分类、2家单位因为历史遗留问题退出事业单位序列。

6月27日，根据金华市委编委印发的《关于东阳市副科级以上事业机构总量控制工作有关事项的通知》，市委编办核定全市正科、副科级事业机构分别为14家、7家(不含群团机关、学校和医院)。12月25日，首批设立市大数据发展中心、市机关事务保障服务中心、市家具研究院、市融媒体中心、市建筑业发展服务中心、市综治中心、市委党史研究室等9家正科级事业单位。

【机构编制监督检查】 2019年8月19日，市委编办召开全办会议认真学习《中国共产党机构编制工作条例》；9月2日，市委召开常委会第101次(扩大)会议传达学习《中国共产党机构编制工作条例》精神。全年为市委巡察办提供28家被巡察单位的"三定"规定及机构编制基本情况。派员参加市委巡察、选人用人专项检查和领导干部经济责任审计工作，全年参加市委巡察18家(含金华组织)，离任审计1家，选人用人专项检查10家。

【事业单位登记管理】 2019年，事业单位变更登记183家，注销8家，设立9家；2018年度报告公示的事业单位提交407家，公示372家。机关、群团统一社会信用代码证初领8家，变更33家，注销4家；7月15日，市委编办、市财政局、市教育局、市人力社保局、市卫健局联合印发《东阳市民办事业单位报备员额管理办法》。全年核定花园外国语学校非财政供养报备员额30名，南山小学非财政供养报备员额5名。

【机构编制实名制管理】 2019年，按照省委编办工作要求，市委编办对机构设置、人员编制、领导职数及实有人员等情况进行核验和比对。全年审核、变更信息18206条。建立机关事业单位人员出入编和工资办理联合审批机制，依托机关事业单位人员统发工资系统，优化设置出入编预审模块。全年办理出入编3900人次。

【"最多跑一次"协同办事系统开发运行】 2019年，市委编办在"最多一星期"系统基础上开发运行机关内部"最多跑一次"协同办事系统，同步开展网上办事事项流程改造工作。梳理46个部门373项办事事项、办事指南和办事流程，完成60%以上非涉密事项网上办，80%以上事项实现"最多跑一次"，高频事项全部实现部门间办事"最多跑一次"。

(许杭威)

台湾事务

【概况】 2019年3月10日，市委办公室印发《中共东阳市委台湾工作办公室职能配置、内设机构和人员编制规定》，中共东阳市委台湾工作办公室(简称市台办)是主管台湾工作的工作机关，为正科级，加挂东阳市人民政府台湾事务办公室牌子。机构改革后，市台办内设机构2个：秘书宣传科、经济交流联络科。核定行政编制4人。增加下属事业单位(东阳市台胞台属服务中心)编制1名，调整后核定事业编制2名。

【东阳与台湾交流合作】 2019年5月8—10日，台湾太极拳教练卢志强带队到东阳市进行两岸太极拳交流，讨论东阳台湾两地太极拳巡回表演的相关事宜。7月7日，国民党前主席洪秀柱一行14人到东阳市考察影视文化产业发展。考察团一行考察中国木雕博物馆、横店影视城秦王宫、圆明新园夏苑等地。9月18—19日，两岸企业家峰会台湾方理事长萧万长一行11人到东阳市考察，考察团一行考察横店影视城清明上河图、明清民居博览城、圆明新园夏苑、中国木雕博物馆等地。9月19日，由金华市人民政府主办，市人民政府、金华市台办、金华市卫健委承办的2019浙江·台湾合作周"健康金华 幸福两岸"专题活动暨金台医疗合作论坛在东阳市人民医院开幕，100余名来自两岸医卫卫生界专家学者探讨两岸

2019年9月19日，2019浙江·台湾合作周“健康金华 幸福两岸”专题活动暨金台医疗合作论坛在东阳市人民医院开幕 （市台办提供）

健康事业发展。11月22—27日，台湾屏东木雕参访团一行20人到东阳市开展为期5天的访问，参观考察木雕行业。

【东阳与台湾教育交流合作】 2019年6月30日至7月6日，东阳市承办第二届海峡两岸青年论坛新党鲲鹏团影视交流活动，台湾16所高校学生32人到东阳市参加交流活动。11月16—17日，由省台办、省教育厅、省台盟联合主办的“浙里寻梦·遇见横店”——2019在浙台湾大学生影视文化体验营活动在东阳市举行。浙江大学、浙江师范大学、宁波大学、宁波诺丁汉大学等高校的128名台湾大学生与浙江横店影视职业学院的68名学生一起参加体验营活动。浙江省政协副主席、台盟浙江省委会主委张泽熙等出席开营仪式。12月7日，台湾南投埔里中学的32名师生到东阳市参访。参访团一行参观中国木雕博物馆、横店影视城、南马镇花园村、花园外国语学校，与花园外国语学校学生进行学习交流。

【台北东阳同乡会参访】 2019年7月5日，台北东阳同乡会参访团一行23人由理事长卢建强带队，到东阳市开展一周的家乡参访之行。在东阳大厦举行欢迎仪式欢迎参访团乡亲。考察团一行参观中国木雕博物馆、东阳中国木雕城、木雕小镇；考察吴宁街道卢宅肃雍堂、东阳江镇天山村、湖溪镇象田村、六石街道北后周村、南马镇官桥村和花园村等地；游览横店影视城景区。参访团成员了解家乡的教育、工艺美术、影视产业等的发展轨迹，领略乡村的美丽风光。

【台联会基层组织建设】 2019年4月30日，东阳市台联会江北分会第二次代表大会在江北街道办事处四楼会议室召开。会议选举产生30名东阳市台联会江北分会新一届理事会成员。张皓竣当选市台联会江北分会第二届理事会会长。10月30日，市台胞台属联谊会歌山分会成立暨第一次代表大会在歌山镇政府大楼召开，歌山镇、城东街道、东阳江镇的90名代表参加会议。会议选举产生18名东阳市台联会歌山分会理事，楼捍民当选市台联会歌山分会会长。

【特色活动】 2019年4月27日，由市委统战部主办、九三学社东阳市支社承办的“同心追梦，献礼祖国”统一战线第三届“同心·趣味运动会”在吴宁一中田径场举行。市台联会派出20人参加的代表队获团体二等奖。

9月12日，市台胞台属中秋茶话会在东阳大厦举行。台企、台胞台属代表60余人会聚一堂、共叙乡情。

（施良苗）

党校教育

【概况】 2019年，东阳市委党校与市行政学校、市社会主义学校、市干部教育培训中心实行“四块牌子、一套班子”的办学体制，开展干部培训，展开社会科研，举办主题教育学习班。市委党校通过省市县党校行政学院（校）办学质量创优评估，结果为优

2019年9月12日，东阳市台胞台属中秋茶话会在东阳大厦举行

（市台办提供）

秀;创建2019年全省“示范数字档案室”;机关党支部被中共金华市委组织部评为五星基层党组织;“百局联百村”结对村歌山镇王家村获市“十美村”。

【干部培训】 2019年,市委党校举办培训34期7992人次。其中举办主体班次21期5238人次,具体为:年轻干部培养“青蓝工程”培训班(9期)、防范化解风险专题培训班、全市村(居)党组织书记培训班、东阳义乌永康浦江优秀年轻干部培训班、政法干部培训班、机关部门中层干部政治素质提升报告会(4期)、2019市管领导干部主题教育专题读书班(2期)、东阳市推进经济高质量发展专题研讨班、东阳—磐安干部教育培训现场教学基地师资培训班。市委党校承接市内部门办班(市直机关工委和“两新”组织入党积极分子培训班)6期2393人次;承接对外培训班7期361人次。

【社会科研】 2019年,市委党校提交的《横店镇域经济文化产业转型发展的对策与建议》获省委党校第十九批规划课题优秀成果,《“三治融合”与农村治理主体多元化的协同机制研究——以D市推动全国农村社区治理实验区建设为个案》获省委党校第二十批规划课题立项。金华市委党校系统课题立项并结题10项;选送省委党校理论研讨会论文2篇;选送9篇文章参加金华市党校系统理论研讨会,其中《基于村镇化乡村振兴的花园范式研究》获一等奖;丁杨获金华中青年教师教学比武二等奖;《新时代推进干部教育培训全面全程高质量发展的对策思考》和《横店镇域经济文化产业转型发展的对策与建议》分别获2019年东阳市优秀调研文章评选一等奖和三等奖。

【主题教育】 2019年,市委党校承办市管领导干部“不忘初心、牢记使命”主题教育专题读书班2期,校领导参加集中轮训。校委班子成员讲党课3堂、专题组织理论中心组学习4次。组织全体党员教职工到邵飘萍纪念

2019年10月9日,省市县党校行政学院(校)办学质量创优评估组到市委党校进行评估考核 (市委党校提供)

馆、红军长征博览城、市美术馆和市博物馆等地开展“初心之行”活动,组织观看《不忘初心学党章》《难忘初心》《学榜样、践初心》等专题教育片。组建主题教育宣讲团,到机关、镇乡街道、学校、军营开展“送党课下基层”活动,全年宣讲100余场。上报市委办公室、主题教育办、东阳组工等市级平台信息30余篇,省、金华市委党校刊发市委党校先进做法7篇;利用微信公众号、《东阳日报》红色学府专栏刊出主题教育各类文章、信息50篇。

【办学质量评估】 2019年1月3日,省委组织部、省委党校、浙江行政学院联合印发《关于做好2019年我省市县党校行政学院(校)办学质量创优评估工作的通知》等文件,对评估考核工作作出专项部署。3月27日,市委常委会听取关于市委党校申报省办学质量创优评估参评单位相关情况的汇报。市委印发《关于加强和改进新形势下党校工作的意见》,建立市委领导轮流到党校授课等制度。市财政局拨款85万元基础设施建设专项经费,用于完善党校基础设施建设。4月,建成启用校史馆;8月,完成专题片《红色领航守初心 砥砺奋进谱新篇——蓬勃发展的中共东阳市委党校》的拍摄工作;9月末,配足学员讨论室4个、改造小型阶梯教室、提升教学楼大厅、完善配齐信息化装备等。10月9—10日,省市县党校行政学院(校)办学质量创优评估考核第一组组长、省委党校校委委员胡云祥带队,通过听汇报、查资料、看现场等方式对东阳市委党校自2016年以来的组织领导、教育培训、科研咨询、队伍建设、服务保障、特色创新六大方面进行评估考核。

(李金鹏)

史志编研

【概况】 2019年,市委党史研究室(市地方志办公室)与市档案馆合并。编印《东阳纪事2018》,编辑出版杂志《东阳史志》3期,在《东阳日报》刊载《史志纵横》专栏19期;与金报东阳合作刊载红色故事;“志在东阳”微信公众号推送史志信息和工作动态;刊发《修志工作》简报。与市委组织部、《金报东阳》联合开设《老干部话当年》栏目。

【机构改革】 2019年1月23日,市委组织部宣布市委党史研究室、市档案局(馆)人事变动;6月27日,金华市委编办下文明确,中共东阳市委党史研究室(东阳市人民政府地方志办公室)与市档案馆合并,合并后名称为中共东阳市委党史研究室(市档案馆、市人民政府地方志编纂室);9月

11日，举行市委党史研究室（档案馆、地方志编纂室）揭牌仪式。成立中共东阳市委党史研究室机关总支部委员会，下设中共东阳市委党史研究室机关支部委员会、退休支部委员会2个支部，撤销中共东阳市档案局机关支部委员会。11月，党支部进行换届选举。

【党史资料征集】 2019年，市委党史研究室整理《2015—2018年中共东阳市委文件选编》和《中共东阳市第十四次、第十五次代表大会文件资料选编》；和市志编辑部政治组配合，开展部分党史专题资料搜集整理工作。向金华《夜读党史》栏目提供东阳市县行政区划及变更情况（1949—2018）、东阳的解放及人民政权的建立、东阳中学历史发展等史料。配合浙江省委党史研究室和金华市委党史研究室开展《革命烈士传略》编纂工作。

【党史遗址保护】 2019年，市委党史研究室开展党史遗址的调研摸底工作，梳理出全市目前留存的党史遗址，摸清遗址保护管理的现状，撰写调研报告。协助市委组织部梳理、汇总、上报红色基地材料，向上级部门争取资金扶持。11月30日，召开东白山革命游击根据地陈列馆协调座谈会，继续做好陈列馆建设后续工作。对位于六石街道裘家岭地质灾害点的中共东阳“一大”纪念馆内资料进行整理保存。

【《东阳市志》编纂】 2019年，市志编辑部开展志书分纂工作，各承编单位和市志编辑部工作重点从资料长编修改完善向资料长编评审、志稿分纂过渡，同时开展专题和图片史料的征集。3月中旬，制定《重修〈东阳市志〉志稿评审有关规定》《关于开展资料长编评审工作的通知》等文件，要求各编辑对接各承编单位，开展资料长编的自审、内审和送审工作。各承编单位根据进度，完善资料长编稿，并在自审、内审的基础上进行修改补充。全市106家承编单位中，完成资料长编初稿100家，其中31家完成资

2019年8月22日，《东阳市志》乡镇册编纂研讨会召开　　（卢　焕/摄）

料长编评审，仍在完善长编初稿的6家。8月22日，召开《东阳市志》乡镇册编纂研讨会，组织全市18个镇乡街道的主要执笔人员、市志编辑部全体编辑现场观摩南马镇资料长编的评审。市志编辑部各编辑结合资料长编评审同步开展志稿分纂工作，完成数万至数十万字不等的志书初稿撰写工作。完成《东阳理学》《东式家具》等专题编纂出版。18个镇乡街道基本完成现状拍摄。

【《东阳年鉴》编纂】 2019年6月，市委办公室、市政府办公室印发《关于做好〈东阳年鉴（2019）〉编纂工作的通知》，启动新一卷年鉴编纂工作。9月末，完成《东阳年鉴（2019）》初稿计90万字，征集图片2000余张，年鉴初稿中卷首彩页10个图片专辑共95张，内文图片200余张。完成《东阳年鉴（2018）》排版及三审三校工作，11月完成出版印刷。

【中国年鉴精品工程申报】 2019年6月，《东阳年鉴（2019）》被浙江省推荐参加中国年鉴精品工程。省级专家组评审后认为《东阳年鉴（2019）》是一部内容完整、体例完备、特色鲜明的地方综合年鉴，根据省级评审意见修改后完成样书制作寄送中国年鉴精品工程专家组评审。10月26日，接到省方志办转发的中指办《关于〈东阳年鉴（2019）〉的评审意见》。11月15日，根据评审意见，完成年鉴稿件修改和《关于〈东阳年鉴（2019）〉争创中国年鉴精品、落实专家评审意见的报告》并上交。

【助力主题教育】 2019年，市委党史研究室配合市委组织部、主题教育工作办公室开展《东阳红色故事》党史读本编纂工作，联合主题教育工作办公室、“东阳发布”微信公众号开展党史知识竞赛活动；配合金华市委组织部、金华主题教育工作办公室开展《八婺红色家书》编纂工作。开放“党的生命线——红军时期群众路线档案图片展”“抗日战争纪念主题馆”两个展馆，接待参观学习人员近400人。

【新中国成立70周年系列宣传纪念活动】 2019年，市委党史研究室联合市委组织部、《金报东阳》推出党史专栏，讲述“红色故事”，刊出《五四先驱邵飘萍》《东阳中学的发展历史》《信仰坚定的金佛庄》《用知识为国效力的严济慈》《赴法勤工俭学的东阳人许奉璋》五期内容。配合《东阳日报》开设《红遍东阳》栏目，以东阳党史为线，对16个红色地点进行全方位报道，回顾东阳解放时刻，记录70年来东阳三乡大地发生的巨大变化。开展《东阳解放70周年》的编写工作，年末完成编写、排版、设计、校对等工作。

（许慧扬）

东阳市人民代表大会

综 述

【概况】 2019年,东阳市人大常委会召开常委会会议8次、主任会议10次,听取和审议政府专项工作报告20个,作出决议、决定14项,提出常委会会议审议意见9项,依法任免国家机关工作人员152人次,任命市人民法院人民陪审员186人。市人大常委会听取"一府两院"专项工作报告20个,作出决议、决定14项,提出常委会会议审议意见8项、主任会议意见和建议10项。开展执法检查2次,代表视察7次,完成市十五届人大三次会议确定的各项任务。

【省市县三级代表变动】 2019年,东阳市有浙江省第十三届人大代表5人,比上年减少1人(2019年9月6日召开的东阳市十五届人大常委会第十九次会议接受姚激扬辞去市长职务的请求,姚激扬调离东阳,仍为省人大代表)。

至年末,东阳市有金华市第七届人大代表65人。其中,陈志法因工作调离金华市,其代表资格自行终止;4月,东阳市十五届人大常委会第十六次会议补选冯明为金华市第七届人大代表;9月,东阳市十五届人大常委会第十九次会议接受施侍伟提请辞去代表职务的请求,施侍伟代表资格终止;10月,东阳市十五届人大常委会第二十次会议补选楼琅坚为金华市第七届人大代表。

2019年年初,东阳市第十五届人民代表大会代表实有290人。5月,黄敏、李宝春调离本行政区域;6月,市人大常委会第十七次会议接受陈国康辞去代表职务;9月,姚激扬调离本行政区域,市人大常委会第十九次会议接受施侍伟、钱喜讯、王鹤群、陈剑烽、叶长青、陈鸿翔6人辞去代表职务;10月,市人大常委会第二十次会议接受马红斌、王征、韦健、卢春燕、包振波、吕良勇、朱跃军、李阳、李爱忠、杨竹山、吴朝红、周云、周晓沸、胡利群、俞建红、骆向荣、郭立成、郭孝杰、郭利群、黄阳明、黄跃龙、葛颖强、滕恩良23人辞去代表职务;12月,市人大常委会第二十一次会议接受赵炜辞去代表职务。根据相关法律规定,以上34名市人大代表的代表资格终止。

10月,市十五届人大常委会第二十次会议决定许可对东阳市第十五届人民代表大会代表徐月星依法采取强制措施,该代表暂时停止代表职务。12月,全市各选举单位依法选举、补选产生30名市人大代表,分别是:韦钱军、方军平、方颖潇、厉艳艳、叶文卫、包日进、包闪闪、吕一兵、朱志杰、杜运才、杨松强、应定国、张伟钢、张希忠、张凯、陈江炜、陈杭生、周向忠、单凯权、单俨彬、赵军刚、胡洪仁、郭旭军、郭金刚、郭晟梅、葛伟英、葛剑、程亚军、傅显明、楼琅坚。截至东阳市十五届人大第四次会议召开前,东阳市第十五届人民代表大会实有代表283人。

【人大机关党组织建设】 2019年11月,市人大机关组织召开党员大会,将市人大常委会直属机关党总支改组为直属机关党委,并按差额选举的有关规定和要求对机关党委进行换届选举,产生机关党委书记1人、副书记1人、委员7人。落实管党治党责任,加强权力运行监督,严明廉政纪律,加强支部领导和普通党员之间的日常谈心谈话,加强党员干部廉政教育,及时发现苗头隐患,做到防患于未然。

(蔡旦卡)

重要会议

【东阳市第十五届人民代表大会第三次会议】 2019年2月27日至3月2日,东阳市第十五届人民代表大会第三次会议召开。会议听取和审查市人民政府市长姚激扬所作的政府工作报告;审查、批准东阳市2018年国民经济和社会发展计划执行情况及2019年国民经济和社会发展计划草案的报告;审查、批准2018年全市和市级预算执行情况及2019年全市和市级预算草案的报告;听取和审查市人大常委会主任施侍伟所作的东阳市人民代表大会常务委员会工作报告;听取和审查市人民法院院长鲍大兵所作的东阳市人民法院工作报告;听取和审查东阳市人民检察院检察长胡宇翔所作的东阳市人民检察院工作报告;表决通过关于设立和变更东阳市第十五届人民代表大会相关专门委员会的决定,通过东阳市第十五届人民代表大会监察和法制司法委员会、社会建设委员会组成人员人

2019年2月28日，东阳市第十五届人民代表大会第三次会议开幕式举行
（市人大办提供）

选名单；通过表决确定2019年政府十大民生实事项目；通过关于各项报告的决议、决定。

【市人大常委会会议】 2019年，市十五届人大常委会召开8次常委会会议，听取和审议政府专项工作报告20个，作出决议、决定14项，提出常委会会议审议意见8项。

市十五届人大常委会第十四次会议于1月24日召开。会议听取和审议市政府关于东阳市虎鹿镇历史文化名镇、城东街道李宅村历史文化名村保护规划情况的报告；通过市政府提请审议的《东阳市虎鹿镇历史文化名镇保护规划》《城东街道李宅村历史文化名村保护规划》；听取审议市人大常委会研究室、法制内务司法工委分别报告的《东阳市人民代表大会常务委员会讨论决定重大事项的规定（草案）》和《东阳市人民代表大会常务委员会听取和审议市监察委员会专项工作报告办法（试行）（草案）》修订、起草相关情况，并表决通过此两项制度。会议还审议通过《关于延期召开东阳市第十五届人民代表大会第三次会议的决定》。

市十五届人大常委会第十五次会议于2月18日召开。会议听取和初审市政府工作报告及东阳市2019年民生实事候选项目情况的报告；听取和初审市人大常委会工作报告、市人民法院工作报告、市人民检察院工作报告；听取和初审关于东阳市2018年国民经济和社会发展计划执行情况及2019年国民经济和社会发展计划草案的报告，关于2018年全市和市级财政预算执行情况及2019年全市和市级财政预算草案的报告，关于2018年全市环境状况、环境保护目标完成情况和水环境工作情况的报告。会议审议通过市十五届人大常委会代表资格审查委员会关于补选的市十五届人大代表资格的审查报告；审议通过市十五届人大三次会议议程等有关事项；会议通过有关人事任免事项。

市十五届人大常委会第十六次会议于4月29日召开。会议审议通过《2019年市人大常委会工作要点》；会议补选金华市第七届人民代表大会代表；会议通过有关人事任免事项。

市十五届人大常委会第十七次会议于6月24日召开。会议听取和审议2019年东阳市债务限额和新增债券预算调整方案的报告；听取和审议公检法司四机关关于保障和服务民营企业健康发展工作情况的报告；听取和审议关于提请设立和更名市人大常委会有关工作委员会的议案；审议表决关于接受代表辞去市十五届人大代表职务的议案；会议通过有关人事任免事项。

市十五届人大常委会第十八次会议于8月26日召开。会议听取和审议市政府关于2019年上半年国民经济和社会发展计划执行情况的报告；听取和审议市政府关于2018年财政总决算和市本级财政决算的报告，审查批准2018年市本级决算；听取和审议市政府关于2019年上半年财政预算执行情况的报告；听取和审议市政府关于2018年市本级预算执行和其他收支情况审计工作的报告；听取和审议2019年政府投资重大项目增补情况的汇报，表决通过6个下半年政府投资重大项目；听取和审议市政府关于市十五届人大三次会议代表建议意见办理情况的报告；听取和审议市政府关于《浙江省学前教育条例》执行情况的报告；听取和审议市检察院关于公益诉讼工作情况的报告。

市十五届人大常委会第十九次会议于9月6日召开。会议审议通过相关人事任免事项。经过表决，决定任命楼琅坚为东阳市人民政府副市长，决定免去李传煌的东阳市人民政府副市长职务；接受姚激扬辞去东阳市人民政府市长职务，并报东阳市第十五届人民代表大会备案；决定由副市长楼琅坚代理东阳市人民政府市长职务。会议还表决通过关于施侍伟辞去金华市第七届人民代表大会代表职务的议案，表决通过关于施侍伟、钱喜讯、王鹤群、陈剑烽、叶长青、陈鸿翔6人辞去东阳市第十五届人民代表大会代表职务的议案。

市十五届人大常委会第二十次会议于10月22日召开。会议听取和审议市政府关于财政收支预算调整方案的报告、关于东阳市全域土地综合整治工作情况的报告、关于土壤防治工作开展情况的报告、2019年度市政府十大民生实事项目完成情况的报告，审议表决关于接受代表辞去市十五届人大代表职务的议案，补选金华市第七届人民代表大会代表及有关人事任免事项。

市十五届人大常委会第二十一次会议于12月19日召开。会议听取和审议市政府审计查出问题整改落实情况的报告；审议通过《东阳市人民代表大会常务委员会关于政府重大项目投资监督办法》修正草案;听取和审议市政府关于2020年政府投资重大项目计划情况的报告;听取和审议关于调整2019年国民经济和社会发展计划指标的报告;听取和审议2018年11月至2019年10月市人大常委会议、主任会议审议意见及人大视察意见落实情况的报告;审议表决关于接受代表辞去市十五届人大代表职务的议案;审议通过《关于召开东阳市第十五届人民代表大会第四次会议的决定》。会议还听取金华市七届人大代表东阳中心组部分代表的述职报告,表决通过有关人事任免事项。

【市人大常委会主任会议】 2019年,市十五届人大常委会召开常委会主任会议10次,提出主任会议意见和建议10项。

第二十五次主任会议于6月20日召开。会议听取2018年度基层医疗机构补偿性补助资金、2018年年度"一事一议"补助项目(南市街道、虎鹿镇)资金、城东街道农村生活污水治理项目资金绩效情况的汇报;听取关于产业特色精品村培育资金审计情况的汇报;听取市行政执法局财政整体支出情况的汇报;听取市十五届人大三次会议代表重点建议办理情况的汇报;听取东阳市农村集体经济情况的汇报。

第二十八次主任会议于10月21日召开。会议听取和初审2019年度政府十大民生实事项目完成情况的汇报;听取市政府关于"扫黑除恶"专项斗争情况的汇报。

第二十九次主任会议于12月2日召开。会议听取市政府关于东阳市农村技防村建设情况的汇报;听取市人民法院刑事审判工作情况的汇报;听取市政府关于东阳市全域旅游A级景区村庄创建工作的汇报。

【政情通报会】 2019年8月10日,政情通报会在市行政中心召开。会议对市政府年初以来开展的各项工作给予肯定,对政府开展下步工作提出具体建议。会上,市委副书记、市长姚激扬代表东阳市政府通报上半年全市经济社会运行情况和十大民生实事工程进展情况;邀请到会的省委党校专家为全体与会人大代表作《中华人民共和国宪法》专题知识讲座。

【全市人大干部读书会】 2019年12月16—18日,全市人大干部读书会在横店镇召开。会议安排《长三角一体化战略与宏观经济分析》《学习领会党的十九届四中全会精神》《构建适应新时代要求的国土空间规划体系》等讲座;市人大常委会各委办室、各个镇乡街道人大总结2019年工作,交流2020年度工作思路。

(蔡旦卡)

人事任免

【概况】 2019年,市十五届人大三次会议第三次全体会议通过东阳市第十五届人民代表大会监察和法制司法委员会、社会建设委员会组成人员19人;市人大常委会任免国家机关工作人员152人次,对47名拟任职务人员及186名人民陪审员进行任前法律知识考试,35名国家机关工作人员在常委会上进行宪法宣誓。

【人代会人事任免】 2019年3月2日,东阳市第十五届人民代表大会第三次全体会议召开,会议表决通过东阳市第十五届人民代表大会监察和法制司法委员会、社会建设委员会组成人员。

监察和法制司法委员会主任委员:陈军;副主任委员:单健中、韦飞红(女);委员(按姓氏笔画为序):马文德、王强、厉国平、许庆龙、张立明、曹德其、龚迎华(女)、楼永福。

社会建设委员会主任委员:陈军;副主任委员:吴高强;委员(按姓氏笔画为序):韦赛芳(女)、许钢红、吴春敏、吴顺华、张永进、单南平、赵镇洋。

【常委会人事任免】 2019年1月24日,东阳市十五届人大常委会第十四次会议召开。决定任命:陈德良为东阳市人民政府副市长。决定免去:胡宏立的东阳市人民政府副市长职务。决定任命:胡易安为东阳市经济和信息化局局长;徐生银为东阳市科学技术局局长;陈德良为东阳市公安局局长;徐春雷为东阳市民政局局长;陈建强为东阳市司法局局长;徐育阳为东阳市财政局局长;吕良勇为东阳市自然资源和规划局局长;葛德中为东阳市住房和城乡建设局局长;滕恩良为东阳市水务局局长;李爱忠为东阳市农业农村局局长;王鹤群为东阳市商务局局长;马景斌为东阳市文化和广电旅游体育局局长;楼杰华为东阳市卫生健康局局长;单玲琳为东阳市退役军人事务局局长;陈其宪为东阳市应急管理局局长;马宗强为东阳市政府国有资产监督管理办公室主任;郭炜为东阳市统计局局长;楼红霞为东阳市医疗保障局局长;叶文明为东阳市综合行政执法局局长。决定免去:韦朝阳的东阳市经济和信息化局局长职务;郭丽君的东阳市科学技术局局长职务;李强的东阳市公安局局长职务;叶文明的东阳市民政局局长职务;徐春雷的东阳市司法局局长职务;吕良勇的东阳市财政局局长职务;陈建强的东阳市住房和城乡建设局局长职务;徐生银的东阳市规划局局长职务;楼杰华的东阳市水务局局长职务;邢方锦的东阳市农业局局长职务;金国祥的东阳市林业局局长职务;黄黎建的东阳市城市管理行政执法局局长职务;楼红霞的东阳市商务局局长职务;马景斌的东阳市文化广电新闻出版局局长职务;杜卫良的东阳市卫生和计划生育局局长职务;吴滨的东阳市环境保护局局长职务;葛一军的东阳市统计局局长职务;陈其宪的东阳市安全生产监督管理局局长职务。任命:金承锦为东阳市人大常委会城乡建设与环境资源保护工作委员会副主任。

2月18日,东阳市十五届人大常委会第十五次会议召开。决定任命:韦朝阳为东阳市审计局局长。决定免去:卢一峰的东阳市审计局局长职务。免去:杜晓旺的东阳市监察委员会副主任职务。

4月29日,东阳市十五届人大常委会第十六次会议召开。决定任命:

吴伟成为东阳市人民政府副市长(挂职)。决定任命:史南京为东阳市应急管理局局长。决定免去:张伟钢的东阳市民宗局局长职务;陈其宪的东阳市应急管理局局长职务。免去:包振波的东阳市吴宁街道人大工作委员会主任职务;金向进的东阳市人大常委会法制工作委员会副主任职务。任命:冯青海为东阳市人民法院巍山人民法庭庭长;张文韬为东阳市人民法院横店人民法庭庭长;马祝敏为东阳市人民法院南马人民法庭庭长;许兴荣为东阳市人民法院立案庭庭长;黄兰蔚为东阳市人民法院刑事审判庭庭长;卢燕萍为东阳市人民法院民事审判一庭庭长;吴霞林为东阳市人民法院民事审判二庭庭长;吕美丽为东阳市人民法院民事审判三庭庭长;赖黎霞为东阳市人民法院民事审判四庭庭长。徐文龙为东阳市人民法院综合审判庭(建筑业巡回法庭)庭长;吕璎为东阳市人民法院巍山人民法庭副庭长;许嘉伟为东阳市人民法院横店人民法庭副庭长;胡航晓为东阳市人民法院横店人民法庭副庭长;郭智杰为东阳市人民法院南马人民法庭副庭长;杨志强为东阳市人民法院南马人民法庭副庭长;孙玉肖为东阳市人民法院立案庭副庭长;何秧为东阳市人民法院民事审判一庭副庭长;杜潇洒为东阳市人民法院民事审判二庭副庭长;顾悦婷为东阳市人民法院民事审判二庭副庭长;周力钢为东阳市人民法院民事审判三庭副庭长;应赛帅为东阳市人民法院民事审判三庭副庭长;蒋倩为东阳市人民法院民事审判四庭副庭长;吕益波为东阳市人民法院民事审判四庭副庭长;何倩为东阳市人民法院综合审判庭(建筑业巡回法庭)副庭长;吕丹萍为东阳市人民法院综合审判庭(建筑业巡回法庭)副庭长。免去:蒋旭华的东阳市人民法院巍山人民法庭庭长职务;李正荣的东阳市人民法院横店人民法庭庭长职务;申屠红权的东阳市人民法院南马人民法庭庭长职务;许兴荣的东阳市人民法院立案一庭庭长职务;卢燕萍的东阳市人民法院民事审判第一庭庭长职务;华锋的东阳市人民法院民事审判第二庭庭长职务;韦海华的东阳市人民法院民事审判第三庭庭长职务;冯青海的东阳市人民法院民事审判第四庭庭长职务;徐文龙的东阳市人民法院建筑业巡回法庭庭长职务;叶冬良的东阳市人民法院审判监督庭庭长职务;马祝敏的东阳市人民法院简单民事案件审判庭庭长职务;金永平的东阳市人民法院执行庭庭长职务;范洁的东阳市人民法院巍山人民法庭副庭长职务;何金阳的东阳市人民法院横店人民法庭副庭长职务;厉国智的东阳市人民法院横店人民法庭副庭长职务;周力钢的东阳市人民法院南马人民法庭副庭长职务;厉磊的东阳市人民法院南马人民法庭副庭长职务;郭智杰的东阳市人民法院立案二庭副庭长职务;黄兰蔚的东阳市人民法院刑事审判庭副庭长职务;赖黎霞的东阳市人民法院民事审判第一庭副庭长职务;吕丹萍的东阳市人民法院民事审判第一庭副庭长职务;顾悦婷的东阳市人民法院民事审判第二庭副庭长职务;吕美丽的东阳市人民法院简单民事案件审判庭副庭长职务;孙玉肖的东阳市人民法院简单民事案件审判庭副庭长职务;杜忠东的东阳市人民法院执行庭副庭长职务;何倩的东阳市人民法院执行庭副庭长职务。任命:周瑞旦、葛红葵、楼英丽、黄成江、单炎朝、刘海想、蔡满高、蔡巧良、斯俊彪、曹鹏、欧国润、张济时、朱晓丽、吴利君、陈科进、吴燕平、叶惠丹、应云英、包慧萍、董龙大、张黎伟、严红华、张丽华、夏新春、何丽丹、翁佳丽、吴琴芳、叶伟军、方严铮、张晓飞、张文兵、潘良珍、何永时、郭滨滨、叶小真、周振钢、陈剑刚、王静婷、包继平、吴新亮、蒋海尧、王燕花、申屠基南、吴超、卢惠进、陈一笑、徐娟婷、金华蓉、周秋亮、何美君、吴群英、金跃萍、何玲玲、陈玉明、章乐萍、单财生、虞春仙、周晓珍、斯丽霞、楼辉斌、李云青、楼良新、张凯、胡红健、卢敏雅、应爱萍、叶军、李静、王大满、叶秉福、蒋永生、金园娥、王妙芳、王友卿、王玉兰、吕佳佳(画水)、许飞飞、蒋萍平、郭红庆、黄国飞、郭志君、楼侃兵、叶宵明、郭巧巧、叶茂盛、张冶刚、申屠辉、厉阳辉、吴天明、邓伟军、潘帅、刘忠玉、李云秋、陈平、周丹平、葛亮、任艳芳、陈良红、张剑铭、李国伟、王杭英、徐范、吕群英、张佳佳、虞晓飞、虞立秋、吴巧琴、吴培忠、沈新阳、吴其平、金湘生、金英群、龚跃翔、沈晓峰、麻旭阳、陶爱萍、丁萍、卢立成、吕佳佳(白云)、吴炜、蒋涛、金瑶玲、王俏、胡正清、楼玲、楼美琳、王益丹、孙焕皞、华向锋、赵美君、胡玉兰、孙超、郭晓亚、陈晶英、施巍洋、俞新平、楼腾强、胡超金、金洪伟、吴媛媛、吴来阳、蔡淑婷、赵心道、何孝华、韦红霞、吴鑫(南马)、陈晓萍、赵劲松、邵梅卿、楼春阳、杜文辉、张军生、楼江、龚迎华、卢跃飞、张茵、麻月英、郭晓红、吕小华、邵英雷、吴鑫(江北)、吕江英、马海光、李晓强、马红灯、陈晓华、杜金明、陈芳苹、许天金、舒芬菊、金有田、周凤岐、卢志兰、周正强、许向萍、卢晓萍、吴彩萍、斯庆平、马龙星、许旭明、王向阳、赵淑平、陈剑烽、王震渭、胡耀良、卢兵为东阳市人民法院人民陪审员。

6月24日,东阳市十五届人大常委会第十七次会议召开。决定免去:蒋震雷的东阳市人民政府副市长职务。任命:单健中为东阳市人大常委会法制和监察司法工作委员会主任;单俨彬为东阳市人大常委会社会建设工作委员会主任;孙挺为东阳市人大常委会财政经济工作委员会副主任;马敏蔚为东阳市人大常委会教科文卫工作委员会副主任;陈煌为东阳市人大常委会代表与选举任免工作委员会副主任;沈江华为东阳市人大常委会社会建设工作委员会副主任;赵镇洋为东阳市吴宁街道人大工作委员会主任;厉艳艳为东阳市白云街道人大工作委员会主任;斯宏晓为东阳市江北街道人大工作委员会副主任;包日进为东阳市六石街道人大工作委员会主任;杜运才为东阳市南市街道人大工作委员会主任;免去:单健中的东阳市人大常委会法制内务司法工作委员会主任职务;单俨彬的东阳市人大常委会财政经济工作委员会副主任职务;陈国康的东阳市白云街道人大工作委员会主任职务;许希明的东阳市六石街道人大工作委员会主任职务;周晓沸的东阳市南市街道人大工作委员会主任职务。任命:叶文卫为东阳市监察委员会副主任;胡利群为东阳市监察委员会副主任。免去:陈敏芳的东阳市人民法院副院长、审判委员会委员、审判员职务;葛正林的东阳市人民法院审判委员会委员、审判员职务;华锋的东阳市人民法院审判委员会委员、审判员职务;叶冬良的东阳市人民法院审判员职务;杜忠东的东阳市人民法院审判员职务;厉国智的东阳市人民法院审判员职务;付娟娟的东阳市人民法院审判员职务。东阳市第十五届人大常委会第十七次会议决定:副主任叶文卫代理东阳市监察委员会主任职务。东阳市第十五届人大常委会第十七次会议决定:接受胡勇春辞去东阳市监察委员会主任职务,并报东阳市第十五届人民代表大会备案。

9月6日,东阳市十五届人大常委会第十九次会议召开。决定任命:楼琅坚为东阳市人民政府副市长。决定免去:李传煌的东阳市人民政府副市长职务。东阳市第十五届人大常委会第十九次会议决定:接受姚激扬辞去东阳市人民政府市长职务,并报东阳市第十五届人民代表大会备案。东阳市第十五届人大常委会第十九次会议决定:副市长楼琅坚代理东阳市人民政府市长职务。

10月22日,东阳市十五届人大常委会第二十次会议召开。决定免去:徐春雷的东阳市民政局局长职务;王鹤群的东阳市商务局局长职务。

12月19日,东阳市十五届人大常委会第二十一次会议召开。决定免去:左红卫的东阳市人民政府副市长职务。决定任命:郭立成为东阳市民政局局长;朱王件为东阳市商务局局长。任命:张珮、王伟侃、陆承焕、张刚、刘燕燕、蒋翠容、葛怀军、蒋秋成、徐洋、赵春阳、陈楼康为东阳市人民法院审判员。任命:吕宇平为东阳市人民检察院检察员。免去:何春雷、朱姗姗、何震强、章俊盛、金旭明、马晓波、匡锦华、郑航的东阳市人民检察院检察员职务。

(蔡旦卡)

视察与调研

【概况】 2019年,市人大常委会组织专题视察7次,开展课题调研9次。专题视察活动主要包括东阳市水资源管理视察、文明城市创建工作和城市管理工作视察、医疗卫生重点工程建设情况视察、工业经济工作视察、东江源省级自然保护区建设工作视察、综合交通建设情况视察等;课题调研活动主要包括东阳市制约新型农业经营主体培育发展瓶颈问题调研、代表联络站规范化建设调研、公共法律服务体系建设情况调研、行政村区域调整后续完善工作调研、2019年政府投资重大项目执行及2020年政府投资重大项目计划安排情况调研、“十三五”规划纲要中期评估审议意见落实情况调研等。

【代表专题视察】 2019年,市人大常委会组织代表专题视察7次,提出视察意见6个。

4月8日,市人大常委会组织部分市人大代表,对东阳市水资源管理工作进行视察,提出坚持节水优先、深化全社会水资源保护意识,加强能力建设、全面提高水资源科学管理水平,注重保障民生、大力推进农民饮用水工程建设等视察意见。

5月31日、6月10日,市人大常委会分别对东阳市城市管理工作、文明城市创建工作进行专题视察,提出坚持问题导向、进一步做好基础设施的配套完善工作,强化督查考核、进一步做好体制机制的理顺工作,强化宣传引导、进一步营造全民共建的良好氛围等视察意见。

7月26日,市人大常委会组织部分市人大代表对东阳市医疗卫生重点工程建设情况进行专题视察,提出进一步凝聚合力、加快项目推进,进一步加强监管、打造精品工程,进一步培育人才、提升专业水平等视察意见。

8月7日,市人大常委会组织部分市人大代表对东阳市工业经济工作进行专题视察,提出进一步破解瓶颈问题、优化要素配置,进一步完善政策体系、强化配套支撑,进一步优化营商环境、提升企业信心,进一步转变招引理念、提高招引质量等视察意见。

9月10日,市人大常委会组织部分市人大代表,对东江源省级自然保护区建设工作进行视察,提出要高度重视自然保护区建设工作、切实保障自然保护区民生发展、加快组建自然保护区组织机构等视察意见。

11月29日,市人大常委会组织

2019年11月29日,市人大常委会组织开展全市重大交通项目建设情况代表视察活动 (市人大办提供)

部分市人大代表对东阳市综合交通建设情况进行专题视察，提出要切实加强组织领导、统筹协调交通各项工作，扶持交投做大做强、着力解决投资瓶颈，齐心协力、克难攻坚，全力破解交通拥堵梗阻问题等视察意见。

（蔡旦卞）

重点监督

【农村技防村建设监督】 2019年，市人大常委会对“雪亮工程”（以县、乡、村三级综治中心为指挥平台、以综治信息化为支撑、以网格化管理为基础、以公共安全视频监控联网应用为重点的“群众性治安防控工程”）农村技防村建设开展专项监督，实地察看部分村庄视频监控平台建设使用情况，针对资金投入不充分、运行维护不落实等问题提出落实经费保障、加强业务培训、深化加强农村治安监控前端平台日常管控、规范长效运行管理制度等意见和建议，推动市政府进一步深化技防村建设。至年末，全市建技防村1216个、点位数16655个，在案件侦破、社会管理、服务群众等方面发挥作用。

【法院执行工作监督】 2019年，市人大常委会组织人大代表开展法院“执行难”专项监督，连续5次现场监督法院凌晨突击执行行动，重点打击涉民生、涉金融案件“老赖”，提出针对性意见和建议。在市人大常委会的监督下，市人民法院全年执结到位标的21.42亿元，实际执行率68.21%，比上年增长12.82%；加大拒不执行判决、裁定犯罪行为打击力度，全年移送公安立案侦查45件48人，审结拒不执行判决裁定犯罪案件26件31人，工作成效获《人民法院报》专题报道。

【检察院公益诉讼监督】 2019年，市人大常委会围绕生态环境和资源保护、食品药品安全等领域的公益诉讼案件开展专项监督，针对公益诉讼社会氛围不浓、部门单位之间协同配合不够等问题，提出“营造社会氛围、突出重点领域、提升工作合力”等意见和建议，推动市人民检察院完善制度建设、强化案件办理，提升公益诉讼工作的法律效果和社会效果。在市人大常委会的监督下，市人民检察院提出诉前检察建议，推动主管部门督促2230余家餐饮单位安装使用油烟净化装置，使8000余平方米良田得到复垦，推动18家诊所购置安装医疗污水处理设备等。

【民营经济高质量发展专项监督】 2019年3月，围绕省、金华市促进民营经济高质量发展专项监督实施方案的工作部署，市人大常委会相关工委在基层调研基础上，提出市人大常委会《促进民营经济高质量发展专项监督实施方案》，通过3个月的民营企业家座谈会、问卷调查、专项调研、工业经济专题视察等活动，有针对性地向市政府以及上级部门提出民营经济在发展过程中遇到的困难和意见建议。8—12月，市人大常委会对此次专项监督实施方案的落实情况进行跟踪督查，全年累计完成低效用地开发、闲置土地处置等1083.4公顷，民营经济贷款增加53亿元；为企业减税降费16.5亿元，累计提供融资担保贷款7.3亿元、提供转贷资金18亿元；全年增加市场主体2.5万户。

【财政资金使用绩效评价监督】 2019年，市人大常委会督促政府财政部门贯彻落实全面开展绩效评价的工作要求，实现将全市18个镇乡街道和部门单位的财政资金纳入绩效评价目标。对涉及城市管理、乡村振兴、医疗机构补助等5个社会关注度较高的项目资金开展财政资金使用绩效评价工作，提高财政资金使用效益，逐步实现绩效评价工作全覆盖。

【A级景区村庄创建监督】 2019年9—10月，市人大常委会开展全市A级景区村庄创建情况专项监督工作。对当前东阳市A级景区村庄创建中存在的“整体谋划尚需提升、资金投入仍显不足、群众参与热情不高、监管机制完善不够、全域发展任重道远”等问题，市人大常委会提出“统筹协调发展、建立多元机制、坚持特色发展、发动群众参与，突出整体规划、确保资金保障、保留乡愁味道、形成长效机制”的意见和建议，在全域旅游大发展的背景下合力打造东阳市“村新、景美、业盛、人和”的景区村庄新生态。

【民生一号工程建设监督】 2019年，市人大常委会采用开展“代表约见”、连续二次组织专题视察、人大常委会听取和审议专项工作报告等多种监督手段，推动危旧房治理改造工作取得阶段性成效。至年末，推动全市1000余个自然村拆除危旧房4.8万余户350余万平方米，编制村庄规划800余个村，落实宅基地安置2万余户，推进5个农房集聚区建设，集聚安置1万余户，启动58个拆后重建示范村建设，东阳市农房拆后重建工作获评“省农村危房治理改造绩效优秀县（市）”。

【土壤防治工作专项监督】 2019年，市人大常委会针对东阳市土壤环境污染的现状，通过听取和审议市政府土壤防治情况的报告等形式推动全市土壤防治工作，通过调查摸底确定全市关停、搬迁后原场地被暂定疑似污染法人地块53块，推动分期分批的污染地块的治理修复工作。在市人大常委会督促推动下，市政府通过立项向上级争取资金等方式筹措资金2400余万元，完成对原东阳化肥厂污染土地的土壤修复工作，按照市人大常委会的要求开展土壤环境的修复治理工作。

【土地全域综合治理调研视察】 2019年，市人大常委会针对东阳市近年来耕地占补平衡工作质量不高、土地整治项目政策处理协调难度较大、土地全域综合治理工作成效不明显等现状进行调研，听取农业龙头企业、新型经营主体以及农村基层干部、群众代表的意见，组织人大代表开展视察，将该项工作提交常委会会议审议，提出“提高思想认识、突出规划引领、强化资源整合、聚焦工作推进”的审议意见。在人大监督推动下，市政府相关部门按照“山水林田湖草系统治理”理念，加快推进高标准农田建设，推动落实耕地占补平衡，采取举措激活土地资源要素，提高土地利用效率与效益。

（蔡旦卡）

意见建议办理

【代表意见建议督办】 2019年，在市十五届人大三次会议上，与会代表提出代表建议337件。继续实行常委会领导重点督办、各委办对口督办机制，坚持走访承办大户和现场督办制度；邀请代表全程参与督办，召开对接会和面商会，逐个回访领衔代表，督查建议办理情况，对代表不满意件综合评估后进行“二次交办”。选取10件代表和人民群众普遍关心关注的热点难点问题作为年度重点建议，由市人大常委会领导牵头督办。注重闭会期间代表建议办理，7月，对部分代表联名提出的39省道改建工程进展缓慢事项约见有关部门单位和街道相关负责人，推进工作进度。2019年度代表建议办结率100%，解决率51%，满意率93.2%；通过主办单位的再次沟通和二次办理，21件不满意件取得代表的满意答复或理解。

2019年东阳市十五届人大三次会议优秀代表建议一览表

表8

领衔代表	内　容
楼永良	关于统筹谋划、培育东阳养生养老产业，打造宜居城市的建议
任新华	关于加大建筑业招商回归优惠政策的建议
黄文明	关于狠抓项目建设，扩大有效投资的建议
金正楷	关于要求因地制宜解决农村饮用水问题的建议
王继新	关于完善工业经济政策帮助民营企业共渡难关的建议
龚迎华	关于要求建立公交财政投入长效机制、保障公交优先发展的建议
金彩荣	关于加强扶持农业龙头企业力度的建议
黄泳钧	关于要求加大拆后重建安置力度的建议
金小华	关于落实校企全面深度合作政策的建议
郭向阳	关于落实“书院文化保护和文旅产业规划”的建议

【创新“即提即办”制度】 2019年，东阳市“两会”推出创新举措“即提即办”，即人大代表、政协委员在进行审议政府工作报告等代表团活动期间，临时提出的意见和建议，当即由参会的政府工作人员做好记录，当日汇总给市政府，随后由市政府召集各部门负责人共同研判，对接意见和建议，对符合条件的意见和建议给出明确答复和解决期，立即予以处理。“两会”期间，参会人大代表提出“即提即办”意见建议22件，市政府在24小时内完成答复落实，代表满意率100%。

（蔡旦卡）

东阳市人民政府

综　述

【概况】 2019年，东阳市实现生产总值638.45亿元，按可比价计算，比上年增长5.7%。财政总收入118.44亿元，比上年增长5.4%。其中一般公共预算收入69.90亿元，比上年增长6.3%。一般公共预算支出98.97亿元，比上年增长7.0%。全市固定资产投资比上年增长5.5%。社会消费品零售总额302.17亿元，比上年增长7.8%。全年进出口总额31.38亿美元，比上年下降0.23%。金融机构本外币存款余额1371.70亿元，比上年增长11.4%，金融机构本外币贷款余额938.34亿元，比上年增长11.9%。全市居民人均可支配收入46634元，比上年增长7.2%。城镇常住居民人均可支配收入56245元，比上年增长6.8%；农村常住居民人均可支配收入31727元，比上年增长7.47%。

省、金华市集中开工项目和重点项目进度居金华市首位，制定推动工业高质量发展"八项措施"。横店影视文化产业集聚区获省政府批复。推进全域土地综合整治，开展"三服务"活动，帮助企业解决各类问题682个。完成政府机构、经营性事业单位和五大领域综合行政执法改革，市融媒体中心等9家正科级事业单位挂牌运行。增加国家高新技术企业44家、省科技型中小企业99家、金华市级以上众创空间和企业研发机构22家。举办红博会、东博会等国家级展会。召开中国(横店)影视文化产业发展大会和横店影视节。

推进全国文明城市创建，成功创建国家森林城市和国家园林城市。统筹推进治水治气治土治废，两江交接断面水质保持在Ⅲ类水以上。完成营运柴油车、高污染燃煤锅炉整治淘汰年度任务，倡导"绿色出行"。新建绿道100千米，两江绿道基本贯通。推进金义东轻轨东阳段工程建设，金甬铁路、杭温高铁开工。横店通用机场改扩建项目正式获批，列入国家"十三五"支持项目清单。

新增城镇就业2.67万人，城镇登记失业率1.72%。基本养老保险、医疗保险参保率基本实现全覆盖。最低生活保障年标准提前三年达到省定9000元以上的目标，居家养老照料中心运行率保持在80%以上。成功创建省级"双拥模范城"。深化教育综合改革，列入省整体推进智慧教育综合试点，学后托管惠及3.6万余户家庭。深化医共体建设，公立医院综合改革、县域医共体建设工作分别获国务院、省政府正向激励。推进全国农村社区治理实验区创建。开展历史遗留问题、信访矛盾等风险隐患排查化解，清理历史遗留问题35件。推进扫黑除恶专项斗争，完成新中国成立70周年大庆安保工作。　（许剑超）

【市政府十大民生实事项目】 2019年3月2日，东阳市第十五届人民代表大会第三次会议表决产生2019年度市政府十大民生实事项目，涵盖住房、医疗、教育、食品安全等方面。

（吴　婧）

2019年东阳市政府十大民生实事项目一览表

表9

项目名称及目标	单　位	完成情况
加快建设中小学、幼儿园。目标：中小学开工建设3所，改造项目30个；幼儿园开工建设9所，改造5所；年内完工学校(幼儿园)7所、改造项目21个；增加中小学学位4000个、幼儿园学位2000个	市教育局、市自然资源和规划局、市城投集团、相关镇乡街道	中小学开工建设6所，改造项目30个；幼儿园开工建设9所，改造5所；完工学校(幼儿园)7所，改造项目28个。增加中小学学位4320个、幼儿园学位2190个

续表9

项目名称及目标	单 位	完成情况
保障食品安全。目标:培育发展食品放心消费示范单位60家;打造名特优食品作坊及亮化达标小微食品企业6家;建设城乡放心农贸市场2家;创建省级食品安全市	市市场监管局、市食安委各成员单位、各镇乡街道	培育发展食品放心消费示范单位67家(其中餐饮单位35家、小作坊及小微食品企业14家、食品配送单位18家);打造名特优小作坊及亮化达标小微食品企业14家(其中小作坊3家、食品企业11家);建成城乡放心农贸市场4家;创建省级食品安全市
加快农房集聚区建设。目标:城区、横店、南马、巍山4个农房集聚区一期主体结构基本结顶,高铁新城、城区二期、横店二期、巍山二期项目开工建设	市治危办、市自然资源和规划局、市住房和城乡建设局、市高铁新城管委会、市城投集团、横店镇、南马镇、巍山镇	城区、横店、南马、巍山4个农房集聚区一期主体结构基本结顶;高铁新城一期、巍山二期项目土方工程开挖。城区二期项目实施耕作层剥离,横店二期项目启动清表;全市安置集聚农户6300余户
农村饮用水达标提标行动。目标:推进农村饮用水达标提标工程,增加改善农村居民饮用水条件7万人以上,达标人口覆盖率提升至90%以上	市水务局、市财政局、市卫生健康局、市水投集团、相关镇乡街道	增加改善农村居民饮用水条件160842人,比原定目标超9万余人,达标人口覆盖率提升至95.8%
改善农村交通条件。目标:实施农村公路大中修100千米,危旧桥梁改造10座;建设农村公路服务站8个;建设港湾式停靠站50个,村级农村物流服务点68个;“四好农村路”实现南北成圈、全市成环	市交通运输局、相关镇乡街道	完成农村公路大中修100千米,危旧桥梁改造10座;建设农村公路服务站8个、港湾式停靠站50个、村级农村物流服务点128个;“四好农村路”实现南北成圈、全市成环,城乡路网得到完善
改善公交出行条件,治理交通拥堵。目标:更新新能源公交车15辆;增加具备移动支付功能公交车62辆,实现城市公交移动支付全覆盖;建设、改造公交站点14个;城市公共出行分担率16.9%,城市公交800米站点覆盖率95%;开通定制公交线路1条;增加公共停车场5个,停车位1000余个	市治堵办、市交通运输局、市建设局、市城投集团、相关镇乡街道	增加清洁能源公交车85辆;完成移动支付公交车新增任务,实现城市公交移动支付全覆盖;建设、改造公交站点14个;城市公共出行分担率16.9%、城市公交800米站点覆盖率95%;制定东站至新二中的定制公交线路;增加公共停车场5个、停车位1292个。完善智能公交建设,推出东城行APP,市民可通过APP实时查询需出行公交车的到站、离站位置

续表9

项目名称及目标	单 位	完成情况
提升慢性病、老年病医药服务。目标：将高血压、糖尿病、肺结核等12种常见慢性病纳入城乡居民门诊规定病种范围，允许城乡居民在定点药店刷卡购买规定病种药品；为65周岁以上老年人免费接种流感疫苗，降低老年人罹患流感及流感相关并发症的风险，保障老年人健康	市医保局、市卫生健康局	高血压、糖尿病、肺结核等12种常见慢性病纳入基本医疗保险门诊慢性病保障范围，保障人群范围从省指导意见的城乡居民扩大至所有参加基本医保人员，慢性病门诊基层报销比例不低于60%，参保人可凭市内定点医疗机构外配处方到40家指定药店刷卡购药，超额完成任务。至年末，12种慢性病患者享受规定病种待遇惠及262270人次，药品总费用2755.92万元，医保基金支付1352.69万元。开展65周岁以上老年人免费接种流感疫苗工作，至年末，全市接种72434针次，接种率提升至54.85%
提升居家养老服务水平。目标：提升居家养老服务水平，星级居家养老照料中心达到全市正常运行照料中心的10%以上；创建乡镇示范型居家养老服务中心2个	市民政局、市财政局、市农业农村局、市卫生健康局、市市场监管局、相关镇乡街道	健全以居家为基础的养老服务体系，星级居家养老照料中心达到全市正常运行照料中心的10%以上，提供就餐、配送餐服务，基本医疗保健、理发等各项居家养老服务，惠及5000余名老人。建成4个乡镇(街道)示范型居家养老服务中心，兼具日间照料与全托服务，为辖区老人提供生活、康复护理、托养、家庭支持等服务
增加群众休闲健身场所。目标：完成100千米的生态廊道绿道建设；建设改造街心公园(绿地)10个以上；完成4个多功能运动场、10个小康体育村提升工程；全市公共体育场地设施进行检查维护	市生态廊道办、市文广旅体局、市城投集团、相关镇乡街道	完成生态廊道绿道连通100千米；建设改造街心公园(绿地)12个，扩大城市森林面积，增加绿色活动空间；完成4个多功能运动场、10个小康体育村提升工程，增加群众健身场地，对全市公共体育场地设施进行检查维护
开展小学学后托管。目标：在全市所有小学一至四年级开展学后托管服务，解决部分学生家长因工作等原因不能按时接送问题	市教育局	制定《东阳市小学生学后托管服务管理办法》，托管面扩大至小学一至六年级，86所有托管刚需的小学开展托管服务，惠及36585名孩子。针对学生的需求，开设舞蹈、创客、武术、科普等综合课程托管班

【政府信息公开】 2019年，东阳市主动公开政府信息30625条，其中通过政府门户网站公布30264条。“东阳发布”微信公众号发送图文信息480条，“东阳发布”微博推送信息914条。

制定《2019年东阳市政务公开工作要点》，部署推进决策和执行公开、深化重点领域信息公开、加强平台建设、回应群众关切等工作。组建“东阳市政务公开”钉钉群，涵盖各机关部门、镇乡街道相关工作人员108人，由市府办政务公开科负责日常统筹指导。开展“省依申请工作处理系统”专题培训，组织相关部门、镇乡街道负责人集中学习“省依申请工作处理系统”操作流程，推动开展依申请信息录入工作。关停东阳市文广旅体局、东阳市公安局两个独立网站，将相关内容整合至市政府门户网站。优化网站栏目设置，加大信息资源整合力度，充实网站功能，强化动态更新。定期对网站进行安全检查，完善防攻击、防篡改、防病毒等措施，及时消除各类隐患。制定2019年政务公开考评标准，重点对网站信息公开、季度检查整改、依申请公开等情况以负面清单扣分方式进行考核，纳入《2019年度市级机关部门(乡、镇，街道)工作目标责任制考核细则》。购买第三方网站检测服务，定期检测市政府网站各板块、栏目的更新率、错别字等情况，发现存在问题的，通过短信等形式提醒责任部门、镇乡街道负责人，推动公开工作由“季度整改”转变为“随查随改”。

完善政策解读专栏建设，及时跟进、主动对接、实时更新解读内容，制定政策规范性文件40件，解读率100%。运用图片、图表、图解等可视化方式，解读发布重大政策信息。全年通过“东阳发布”微博、“东阳发布”微信公众号、《东阳日报》等媒体，回应各类群众关注问题320余条。

加强与网宣、网信等部门联系，及时与新闻媒体沟通，利用新闻媒体资源，统筹推进政务新媒体与政府网站的协同联动、融合发展。清理整合各部门、镇乡街道功能相近、用户关注度和利用率低的政务新媒体号。鼓励在网民集聚的新平台开设政务新媒体账号，构建政务新媒体矩阵。

推进“互联网+政务服务”工作，针对网上办、掌上办、跑零次、即办事项、承诺压缩比和“一证通办”六大核心指标，在浙江政务服务网开设“晾晒台”。开展“无证明城市”改革，开通数据共享查询平台账号526个，实现51项个人电子材料与52项企业电子材料的在线查询，全年数据查询9771次。增加“产业扶持即奖即补”等5项“一件事”，逐项做好流程再造、系统建设和承接工作，46件“一件事”全部完成并在浙江政务服务网上线。

公开教育领域信息，在门户网站、官方微信公众号等发布阳光招生、中高考、教师招聘、学校建设等各类教育信息，全年主动公开政府信息598条，发布教育动态9010条。公开人力社保领域信息，公开人社工作政策措施、重大工作部署的执行和落实情况，细化社会保险信息公开和发放就业补贴提前公示，全年主动发布工作动态156条、公告公示61则。公开住房和城乡建设领域信息，主动在门户网站、报纸等发布行政许可、住房保障、农村危旧房改造、建筑工地安全、城乡建设管理等各类政策、信息，全年公开部门的政府信息1003条，发布建设动态和工作动态327条。公开卫生健康领域信息，重点公开医疗机构执业登记、“双随机一公开”、水质监测、餐饮具消毒等信息，做好各行政审批事项的动态管理，推动“最多跑一次”改革在医疗领域的延伸，全年发布主动公开政府信息165条，“8890”便民服务平台回应事件235次，行风热线8次。公开市场监管领域信息，对食品安全问题、特种设备安全监管、“最多跑一次”改革、医药产业发展相关政策等进行发布和解读，全年在门户网站主动公开信息658条，公开行政许可相关信息38772条。

完成2019年预决算公开工作，对公开的时间、内容、完整性、细化程度等方面进行规范。落实重点项目绩效公开、财政专项资金管理清单公开，对各部门运行经费、“三公”经费的增减变化情况作出详细说明，对因公出国(境)团组数及人数、国内公务接待的批次、人数等进行梳理公开。

制定《关于推进重大建设项目批准和实施、公共资源配置等领域政府信息公开工作的通知》，明确重大事项公开的责任主体、工作方式、时间节点。召开工作协调会，汇总信息、总结问题、制定计划，推动重大事项信息公开工作落到实处。在市政府门户网站开设“重大建设项目”信息公开专栏，公开重大建设项目19个，相关信息219条。

全市行政机关受理政府依申请公开431件，2018年度结转依申请公开1件，办结420件。其中，予以公开254件，部分公开16件，因保护第三方合法权益、属于三类内部事务信息等不予公开38件，因属于信访举报类申请、无正当理由大量反复申请不予处理40件，本机关不掌握相关政府信息68件，其他处理4件，结转下一年度继续办理12件。

全市行政机关因政府信息公开引起的行政复议7件，其中结果维持6件，结果纠正1件。因政府信息公开引起的行政诉讼83件，其中结果维持15件，结果纠正4件，其他结果62件，尚未审结2件。（马　晨）

【人大代表建议和政协提案办理】 2019年，市十五届人大三次会议和市政协十四届三次会议收到代表建议和意见337件、政协提案335件，合计672件。337件建议和意见中，有关乡村振兴方面144件，占42.7%；经济发展方面39件，占11.6%；教科文卫方面47件，占13.9%；城建环保方面80件，占23.8%；政治法律方面27件，占8.0%。335件提案中，有关经济发展方面79件，占23.58%；城乡建设管理方面80件，占23.89%；社会事业方面114件，占34%；综合治理服务方面58件，占17.31%；会后提案4件，占1.2%。

“两会”闭幕后，市人大、市政府、市政协联合召开建议提案交办会，把672件建议提案交由74个承办单位办理，各承办单位按照人大代表建议、政协提案办理的有关规定，在要求时间内办理完毕，书面答复代表、委员，办复率100%。重点建议和重点提案由一名副市长领办、督办；各副市长领办重点件，通过听取情况汇报、召开专题会议、组织现场办公等形式，把好分管部门办理进度和质量关，牵头研究办理工作中遇到的问题和困难，指导帮助建议和提案所提问题的解决和落实；市政府办公室登记所有建议提案，落实相关责任单位办理，及时调处办理过程中需多方协作的难题；各承办单位建立主要领导负总责、分管领导具体负责、分管处室承办落实、办公室抓督办协调的办理工作机制。

对代表委员提出的问题，市政府及各承办部门分类抓好落实。凡是符合政策有条件解决的都立即办理；因受条件限制一时不能解决的及时制订规划、计划，尽可能创造条件逐步加以解决；对一些暂时难以解决的问题，详细说明原因。代表委员围绕饮用水安全、环境卫生、教育就学、社会保障等关系群众切身利益的问题提出的建议，市政府及相关承办单位优先予以办理。农民饮用水工作是代表关注的热点问题，有9件建议涉及饮用水问题，市委书记、市长听取该项工作专题汇报。为尽快解决山区群众饮水困难，东阳市编制《东阳市农村饮用水达标提标三年行动计划》。至年末，增加改善农村居民饮用水条件160842人，达标人口覆盖率提升至95.8%。代表委员在“两会”期间提出“完善工业经济政策帮助民营企业共渡难关”“扶持民营企业发展，加快有关政策落地”等经济发展方面的建议。市委、市政府制定《关于老旧工业区块改造提升的指导意见》，印发《关于落实工业强市战略推动工业高质量发展八项措施》《关于落实工业强市战略 推动工业高质量发展的政策意见》的通知，制定多项工业经济专题扶持激励政策，加大财政扶持资金投入，设立2亿元规模的政府转贷资金，减轻企业负担。

代表建议所提问题已经解决或部分解决的有172件，占51%；正在解决的有99件，占29.4%；由于客观条件限制待创造条件解决的有54件，占16%；暂时难以解决留作参考的有12件，占3.6%。政协提案所提问题已经解决或部分解决的有233件，占69.6%；需逐步解决的有82件，占24.5%；因条件所限待创造条件解决或留作参考的有20件，占5.9%。（吴　婧）

【接待工作】 2019年，东阳市委、市政府接待办公室接待国家部委、省、市、县各级领导和宾客406批计6282人。其中，接待中央国家机关、省有关部门领导48批计248人次。接待到东阳市考察、交流、参观等活动的外省市、兄弟县市及友好城市代表团91批次1193人次。接待南非布法罗市政府代表团等海外友好城市及考察团。

接待在东阳市举办的大型活动12批次，分别是：2019（横店）影视文化产业发展大会、第十四届中国木雕竹编工艺美术博览会、第五届中国（东阳）木雕红木家具交易博览会、G60科创走廊新材料产业技术创新联盟第一次成员大会、2019浙江·台湾合作周“健康金华 幸福两岸”专题活动、2019在浙台湾大学生影视文化体验营活动、2019年全国秋冬季保护候鸟志愿者“护飞行动”启动仪式、金华市第二届“婺星回归”创业大赛暨东阳首届海内外高层次人才创业大赛总决赛暨颁奖典礼、东阳市委“不忘初心、牢记使命”主题教育第三次专题读书会暨三季度重点工作“对标赶超晒拼创”会议、2019年东阳市政银企对接会、首届全国农村社区治理讲习班、2019年第四季度“十百千万”竞赛和重点工作“赛拼创”活动。

接待到东阳市经贸考察、项目洽谈、经济合作等企业界人士41批计327人。主要有阿里巴巴集团、中国铁路上海局集团有限公司、中国铁建华东总部、物产中大集团、天一集团、新加坡悦榕集团、上海证大集团、美国世纪投资、耳东影管集团、上海临港科技创业中心有限公司、复星影视文化集团、上海市园林科学规划研究院、上海泰迪之家科技股份有限公司、上海张江高科技园区开发股份有限公司、杭州昊润资本管理有限公司、正午阳光影视公司、国广盛世影视传播有限公司、清华大学及人工智能大健康产业投资团、中旅智业文化发展（深圳）有限公司、国家建筑信息产业技术创新战略联盟、中国商业联合会等。（王　康）

【政务信息工作】 2019年，东阳市政务信息工作获金华市政务信息工作先进单位一等奖、全省政务信息工作先进单位二等奖。编发《东阳政务信息》26期，采用信息256条，其中编发《专报信息》6期。全年上报信息863条（省、金华市不重复计算），被采用205条。上报信息被省府办采用22条，其中专报信息13条、动态信息9条，获省领导批示10条，发工作交流1条；被金华市府办采用183条，获金华市领导批示3条。“东阳市积极打造建筑行业‘五个国内首创’实现总产值连续十年蝉联全国首位”“东阳市改革基层医疗机构薪酬制度推动医疗资源合理配置”“我省取消预约登记后离婚率创新高亟待关注”“东阳市建立医共体模块化培训体系打造专业全科医生”“高标准定目标 高效能抓进度 东阳市扩大有效投资推进项目建设成效明显”“与企业最亲离百姓最近 做业务最实 东阳农商银行‘三服务’为地方经济发展注入最强动能”“减税降费助东阳建筑业跑出行业发展加速度亦存三因素制约行业潜能释放需关注”“东阳市‘事前事中事后’全链条模式提升行政争议化解实效”“东阳市‘四轮驱动’推进美丽乡村建设颜值与产值齐增”等信息获省领导的批示肯定，其中“东阳市建立医共体模块化培训体系打造专业全科医生”在全省工作中被刊发交流。“东阳市坚持‘四个导向’实现小城镇整治创建满堂红”“信用监测排名一年提升210名——东阳市信用体系建设的主要做法”“东阳市探索建立‘六步工作法’实现污水零直排区建设低投高效——以该市六石街道香潭小区为例”等信息获金华市领导的批示肯定。（郭　珊）

重要政事

【东阳市入选“中国创新百强县”】 2019年2月25日，东阳市列《中国区县专利与创新指数》之“中国创新百强县”第37位。《中国区县专利与创新指数》由科技日报社中国科技网、全国科技振兴城市经济研究会联合发布，分“中国创新百强区”“中国创新百强县”两个榜单，以全国除直辖市、港澳台外的27个省所辖总共2769个区、县作为创新主体，统计范围为2009年至2018年近10年的公开专利总量（包括发明、实用新型及外观设计），首次将专利分析区域科技创新能力延展至区县一级。东阳市全年专利申请量和授权量分别为4615件和2677件，发明专利申请量和授权量分别为1194件和428件。

【红博会、东博会升格为国家级展会】 2019年，东阳市连续举办四届的中国（东阳）木雕红木家具交易博览会、举办十三届的中国（东阳）木雕竹编工艺美术博览会成功升格为国家级展会——中国红木家具展览会和中国木雕竹编工艺美术博览会。两个展会分别于4月下旬、11月上旬举办。展会期间,东阳中国木雕城、东阳红木家具市场、花园红木家具城三大市场及厂家现场成交及意向订单18余亿元,引入客流23.9万人次。

【集聚区建设】 至2019年年末,东阳市在建的4个集聚区一期项目基本完成结顶。年内完成东阳城区集聚区第一轮次第一期、横店集聚区第一轮次第一期集聚房选房,完成巍山集聚区、南马集聚区第一轮次选房。自开展农村危旧房治理改造以来,东阳市拆除危旧房4.8万余户,350余万平方米,涉及16个镇乡街道、1000余个自然村;高标准编制村庄规划800余个,落实宅基地安置2万余户;启动5大农房集聚区建设,推进集聚安置1万余户;启动58个拆后重建示范村建设;获评省农村危旧房治理改造绩效优秀县(市)。

【东阳市公路路况考核首获全省第一】 至2019年年末,东阳市公路总里程2459.666千米,公路密度140.79千米/百平方千米。全市完成客运量1847万人次,旅客周转量60208万人千米,货运量1337万吨,货物周转量91604万吨千米。全年完成城市公交营运里程811.3万千米,城乡公交行驶里程1306万千米。在2019年全省各县(市、区)普通国省道路况检测评定结果中,东阳公路以PQI均值95.55、优良路率100%的成绩,从2015年的全省排名末位上升至2019年排名全省第一。

【横店影视文化产业集聚区设立】 2019年3月18日,浙江省人民政府批复同意设立横店影视文化产业集聚区。该集聚区空间区域包括以横店影视文化产业实验区365平方千米为主体的规划控制区,和由金华市域范围内发展影视文化产业的其他区域组成的辐射带动区,其中核心区面积136平方千米。12月17日,横店影视文化产业集聚区在横店镇召开首次新闻发布会,新华社、中央人民广播电台、《浙江日报》等40余家境内外主流媒体参加新闻发布会。会上发布集聚区有关影视优惠政策,举行首批享受优惠政策剧组的签约仪式和金华市影视基地联盟授牌仪式。

【横店通用机场改扩建项目正式获批】 2019年,横店通用机场改扩建工程列入《省发改委、省交通运输厅印发〈关于调整浙江省综合交通运输发展"十三五"规划的通知〉》和《省发改委关于加快推进2018—2019年通用机场重点项目建设的通知》的重点项目清单。经省发改委核准立项,项目节地评价报告通过省自然资源厅组织的专家论证,项目用地预审获金华市自然资源和规划局批准,市自然资源和规划局同意建设项目选址,项目建设符合城乡规划要求。

【低效工业用地清理整治】 2019年8月16日,东阳市召开低效工业用地清理整治工作动员大会。清理整治的工作目标是:2019年年末前全面启动666.67公顷以上低效工业用地的清理整治,亩均税收3万元以下的企业基本完成整治,政府收储低效工业用地200公顷以上;至2020年,全市工业企业亩均税收力争达到12万元以上,政府累计收储低效工业用地466.67公顷以上;力争至2021年政府累计收储低效工业用地666.67公顷以上。此次清理整治的对象是:全市范围内土地利用不充分、产出效益低下的工业用地,即2018年度亩产税收低于8万元的工业用地,经济开发区(长松岗工业区、华店工业区)亩产税收低于10万元的工业用地。至年末,全市通过清理整治腾出空间233.1公顷,完成3.33公顷以上连片区块整治26个。

【政府机构、经营事业单位、五大领域综合行政执法改革】 2019年,东阳市设置政府办公室和工作部门26个;全市12家经营类事业单位完成改革,其中1家单位转企改制、6家单位撤销建制、2家单位剥离经营职能、1家单位调整事业单位分类、2家单位因历史遗留问题退出事业单位序列;组建市场监管、生态环境保护、文化市场、交通运输、农业五大领域综合行政执法队伍,以五大领域主管部门名义统一行使行政处罚权以及行政检查、行政强制权等执法职能,梳理、规范和精简执法事项,整合执法职责和队伍。10月,五大领域综合行政执法队挂牌运行,实行"局队合一"体制。

【"无证明城市"改革】 自2019年1月29日起,在东阳市开展证明事项(指全市范围内群众和市场主体未持有、由市内权威机构开具、针对特定事项具有举证意义的盖章类材料)清理工作,清理的证明事项由工作人员通过数据查询、部门核验、申报承诺等方式代为办理。至11月15日,全市清理证明事项425项,少开证明15.2万件,群众办事在东阳市域范围内基本实现"无证明"。

(郑云涛)

重要会议

【市政府全体(扩大)会议】 2019年,东阳市召开市政府全体(扩大)会议2次。

1月11日,召开市十五届政府第五次全体会议。会议学习贯彻习近平新时代中国特色社会主义思想和党的十九大精神,按照中央、省委、金华市委经济工作会议部署要求,总结2018年工作,部署2019年任务。

8月11日,召开市十五届政府第六次全体会议。会议贯彻落实党的十九大和十九届二中、三中全会及省委十四届五次全会、金华市委七届五次全会精神,回顾总结上半年工作,研究部署下半年任务。

【市政府常务会议】 2019年,东阳市召开市政府常务会议23次。

1月4日,召开市十五届政府第四十一次常务会议。会议讨论217省道(39省道)东阳市十里头至官清段改建工程变更稠岭线交叉设计方案(平改立)、《东阳市农村饮用水达标提标三年行动计划》、《东阳木材交易中心招商奖励政策》、《东阳市文艺精品创作扶持和奖励办法》等5项议题。会议原则同意《东阳市农村饮用水达标提标三年行动计划》《东阳市文艺精品创作扶持和奖励办法》，要求根据会议提出的意见和建议修改完善后实施。会议原则同意《东阳木材交易中心招商奖励政策》，要求根据会议提出的意见和建议适当修改完善后延续执行。会议原则同意专家提出的217省道（39省道）东阳市十里头至官清段改建工程变更稠岭线交叉设计方案（平改立），要求根据会议提出的意见和建议修改完善后提交市人大常委会审议。

1月16日，召开市十五届政府第四十二次常务会议。会议讨论《关于做好2019年农业农村工作进一步推进乡村振兴的实施意见》、2018年东阳市市长质量奖评审两项议题。会议原则同意《关于做好2019年农业农村工作进一步推进乡村振兴的实施意见》，要求根据会议提出的意见和建议修改完善后提交市委常委会审议。会议原则同意市评审办提出的2018年度东阳市市长质量奖拟奖组织（团队、个人）名单和质量奖提名奖名单。

1月24日，召开市十五届政府第四十三次常务会议。会议讨论关于东阳市生活垃圾焚烧综合处理工程项目补充协议议题。会议原则同意东阳市生活垃圾焚烧综合处理工程项目补充协议，要求根据会议提出的意见和建议修改完善后组织签约，并明确项目前期工作和项目建设由城投集团负责，项目运行监管由市综合行政执法局负责，项目资金由市财政局做好保障。

2月21日，召开市十五届政府第四十四次常务会议。会议讨论关于贯彻落实中央、省委、金华市委经济工作会议精神，确保东阳市一季度“开门红”、《东阳市省级环保督察反馈意见整改方案》、东屏工业功能区（东阳市中兴电机有限公司）土地收回、2018年度政府特别奖和中小企业市长科技创新奖评选4项议题。会议原则同意《东阳市省级环保督察反馈意见整改方案》，要求根据会议提出的意见和建议修改完善后提交市委常委会审议。会议原则同意市国土部门实施已受让的5亩国有建设用地使用权按规定依法予以收回，按市国土部门确认的市场评估价予以补偿，并明确该功能区区块内其他土地的收回工作，参照此次土地收回政策执行。会议原则同意市府办提出的政府特别奖评奖方案和中小企业市长科创奖评审领导小组提出的第一套市长科创奖评奖方案，并将政府特别奖评奖方案提交市委常委会审议。

3月7日，召开市十五届政府第四十五次常务会议。会议讨论关于《东阳市小微园绩效管理评价办法（试行）》、《关于老旧工业区块改造提升的指导意见》、东阳市困难企业社保费返还政策落地、《东阳市影视拍摄临时用地审批管理办法（暂行）》、学习《中华人民共和国安全生产法》《生产安全事故应急条例》5项议题。会议原则同意《东阳市小微园绩效管理评价办法（试行）》《关于老旧工业区块改造提升的指导意见》《东阳市影视拍摄临时用地审批管理办法（暂行）》，要求根据会议提出的意见和建议修改完善后下发实施。会议原则同意市人力社保局提出的政策落地方案。

3月28日，召开市十五届政府第四十六次常务会议。会议专题听取全市扫黑除恶专项斗争工作情况汇报。

3月28日，召开市十五届政府第四十七次常务会议。会议讨论《关于实施全域土地综合整治与生态修复工程的意见》《东阳市打赢蓝天保卫战三年行动计划》《东阳市农药废弃包装物回收和集中处置实施办法》《东阳市非农建设占补平衡指标交易管理办法（试行）》4项议题。会议原则同意《关于实施全域土地综合整治与生态修复工程的意见》《东阳市农药废弃包装物回收和集中处置实施办法》，要求根据会议提出的意见和建议修改完善后下发实施。会议原则同意《东阳市打赢蓝天保卫战三年行动计划》，要求根据会议提出的混凝土现场搅拌等意见和建议修改完善。会议原则同意《东阳市非农建设占补平衡指标交易管理办法（试行）》，要求根据会议提出的意见和建议修改完善后下发试行。

4月10日，召开市十五届政府第四十八次常务会议。会议讨论《关于规定我市陆生野生动物禁猎期、禁猎区及禁猎工具和方法的通告》《关于加快处置“僵尸企业”的若干意见》《关于落实工业强市战略推动工业高质量发展的若干意见》《东阳市人才住房保障实施细则（试行）》4项议题。会议原则同意《关于规定我市陆生野生动物禁猎期、禁猎区及禁猎工具和方法的通告》《关于加快处置“僵尸企业”的若干意见》《关于落实工业强市战略推动工业高质量发展的若干意见》《东阳市人才住房保障实施细则（试行）》，要求根据会议提出的意见修改完善后发布实施。

5月9日，召开市十五届政府第四十九次常务会议。会议讨论《关于“关爱生命、远离车祸”交通安全综合治理大会战实施方案》《东阳市规范养犬专项整治行动方案》《东阳市农村宅基地及住房确权登记历史遗留问题处理指导意见》《东阳市10—35蒸吨/小时燃煤锅炉淘汰整治实施方案》4项议题。会议原则同意《关于开展“关爱生命、远离车祸”交通安全综合治理大会战实施方案》《东阳市规范养犬专项整治行动方案》《东阳市农村宅基地及住房确权登记历史遗留问题处理指导意见》《东阳市10—35蒸吨/小时燃煤锅炉淘汰整治实施方案》，要求根据会议提出的意见修改完善后实施。会议作关于“政府数字化转型”的专题讲座。

5月23日，召开市十五届政府第五十次常务会议。会议讨论《关于进一步减轻企业负担增强企业竞争力的若干意见（2019年修订）》、中国东阳家具研究院与张仲凤教授签订补充协议、“五水共治”相关工作3项议题。会议原则同意《关于进一步减轻企业负担增强企业竞争力的若干意见（2019年修订）》，要求根据会议提出的意见和建议修改完善后下发实施。会议原则同意中国东阳家具研究院与张仲凤教授就原聘任合同第一条第五款内容签订补充协议进行完善和明确。会议原则同意批准实施市“五水共治”办提出的分三年推进的17个拟新建污水处理项目，原则同意《东阳市“污水零直排区”建设资金补助办法》，要求根据会议提出的意见和建议修改完善后发文实施。

6月5日，召开市十五届政府第五十一次常务会议。会议讨论《关于全面推进中介服务市场规范化运作的实施方案》议题。会议原则同意《关于全面推进中介服务市场规范化运作的实施方案》，要求根据会议提出的意见和建议修改完善后下发实施。会议传达学习金华市“防风险保平安迎大庆”消防安全执法检查暨消防安全三年翻身仗推进会会议精神，听取全市应急管理暨安全生产工作情况、全市消防安全工作情况汇报。

6月12日，召开市十五届政府第五十二次常务会议。会议讨论关于《东阳市人民政府·浙江旅游职业学院校地战略合作协议》、《敦煌市与东阳市战略合作框架协议》、2019年上半年东阳市法治政府建设（依法行政）工作、公办幼儿园项目建设融资、向木雕城出资、花园集团申请纾困护航资金展期、《东阳市财政专户资金竞争性存放综合评分指标体系（2019年修订）》7项议题。会议原则同意《东阳市人民政府·浙江旅游职业学院校地战略合作协议》《敦煌市与东阳市战略合作框架协议》，要求根据会议提出的意见和建议修改完善后组织签约。会议原则同意《东阳市财政专户资金竞争性存放综合评分指标体系（2019年修订）》，要求根据会议提出的意见和建议修改完善后发文实施。会议原则同意关于进一步推进依法行政的意见和建议，要求各相关部门抓好贯彻落实。会议原则同意市国资办提出的公办幼儿园项目融资方案。原则同意政府方股东暂不向木雕城进行增资，待木雕城脱困升级整体方案、小股东股权处置等相关问题一揽子解决后再行研究。会议原则同意在花园集团归还20%本金及支付全额到期利息3000万元的前提下，仍以花园雷迪森大世界（在建工程）及花园红木五期多宗地块等资产抵押，其他部分纾困护航资金展期，还款时间延长至明年6月，借款年利率维持不变。

6月27日，召开市十五届政府第五十三次常务会议。会议讨论关于《建筑工程“隐患当事故”处置办法（试行）》、《关于规范限额以下项目发包方式的实施意见》、调整东阳市人民法院横店人民法庭基建概算、学习《中华人民共和国城乡规划法》4项议题。会议原则同意《建筑工程“隐患当事故”处置办法（试行）》《关于规范限额以下项目发包方式的实施意见》，要求根据会议提出的意见和建议修改完善后发文实施。会议原则同意调整东阳市人民法院横店人民法庭基建概算。

7月12日，召开市十五届政府第五十四次常务会议。会议讨论关于市生活垃圾综合利用项目土地供应方式（主体）、给予白云街道张健同志记个人三等功、东阳市体育馆运营管理方案、《2019年东阳市银行业金融机构支持地方经济发展考核办法》4项议题。会议原则同意市生活垃圾综合利用项目“城市基础设施用地”以划拨方式供地给项目公司，项目公司不得转让、出租或抵押土地使用权。会议原则同意给予张健记个人三等功。会议原则同意体育馆运营采用政府采购（政府购买服务）的方式公开招标择优确定第三方运营服务商。会议原则同意《2019年东阳市银行业金融机构支持地方经济发展考核办法》，要求根据会议提出的意见和建议修改完善后实施。

8月2日，召开市十五届政府第五十五次常务会议。会议讨论关于2019年全市政府投资项目计划增补、《东阳市人民政府2019年度重大行政决策事项目录》、城东街道雅溪村黄湖自然村地质灾害整体搬迁安置、《关于建立“采矿、制砂、运输、工地”四位一体联合管理执法机制的实施意见（试行）》、退役军人事务工作、义东高速东阳段工程投资协议6项议题。会议原则同意市发改局提交的2019年度全市政府投资项目增补方案，并将其中的白云实验小学、江北第三小学、千祥中心小学、第二实验幼儿园南田园区、佐村镇厦城水厂5个总投资超过3000万元的实施类项目提交市人大常委会审议。会议原则同意《东阳市人民政府2019年度重大行政决策事项目录》，要求根据《金华市重大行政决策事项程序规定》中明确的七类重大行政决策事项及会议提出的意见和建议修改完善，报市委同意后向社会公开发布。会议原则同意城东街道雅溪村黄湖自然村地质灾害点以政府征收方式实施整体搬迁，审议通过《东阳市城东街道雅溪行政村黄湖自然村房屋征收补偿安置实施意见》。会议原则同意《关于建立“采矿、制砂、运输、工地”四位一体联合管理执法机制的实施意见（试行）》，要求根据会议提出的意见和建议修改完善后发文试行。会议原则同意自主就业退役士兵一次性经济补助金标准、农村籍退役士兵服役年限计算方法和下岗志愿兵“八一、春节”双节慰问金标准。会议原则同意《义东高速东阳段工程投资协议书》，要求根据会议提出的意见和建议修改完善后提交市委常委会审议。

8月19日，召开市十五届政府第五十六次常务会议。会议讨论关于《东阳市城镇小区配套幼儿园专项整治工作方案》、《东阳市人民政府关于实行城市化管理区域的通告》、南马镇西区污水处理厂二期污水处理费单价调整、《关于进一步改革和加强公共投资项目审计监督工作的意见》、花园集团申请资金帮扶5项议题。会议原则同意《东阳市城镇小区配套幼儿园专项整治工作方案》《东阳市人民政府关于实行城市化管理区域的通告》《关于进一步改革和加强公共投资项目审计监督工作的意见》，要求根据会议提出的意见和建议修改完善后施行。会议原则同意南马镇西区污水处理厂二期污水处理费单价从原先的2.03元/吨调整至2.32元/吨，并由市水务局与物产中大公司签订南马镇西区污水处理厂二期工程PPP项目之补充协议。会议原则同意市金融办提出的花园集团资金帮扶方案，并提交市委常委会审议。

9月6日，召开市十五届政府第五十七次常务会议。会议讨论《关于进一步优化教育生态加快推进教育现代化的若干意见》议题。会议原则同意《关于进一步优化教育生态加快推进教育现代化的若干意见》,要求根据会议提出的意见和建议修改完善,报市委同意后下发实施。会议听取关于迎接第二轮中央生态环境保护督察有关情况的汇报。

9月27日,召开市十五届政府第五十八次常务会议。会议讨论《东阳市人民政府关于低效工业用地清理整治的实施意见》、《东阳市低效工业资产收购实施办法(试行)》、《东阳市磁性产业培育方案(2019—2021年)》、《协同推进融媒体中心建设·加快落实东阳日报回归地方管办工作合作协议》、某部队营区基础设施整体建设扩建工程、《第十四届中国木雕竹编工艺美术博览会总体方案》6项议题。会议原则同意《东阳市人民政府关于低效工业用地清理整治的实施意见》《东阳市低效工业资产收购实施办法(试行)》《东阳市磁性产业培育方案(2019—2021年)》《第十四届中国木雕竹编工艺美术博览会总体方案》,要求根据会议提出的意见和建议修改完善后实施。会议原则同意《协同推进融媒体中心建设·加快落实东阳日报回归地方管办工作合作协议》,要求根据会议提出的意见和建议修改完善后及时组织签约。会议原则同意某部队营区基础设施整体建设扩建工程选址在528国道(37省道)以北、规划绕城东路以东、东阳江以南地块。会议听取关于全市东西部扶贫协作、应急管理、交通安全、消防工作情况的汇报。

10月15日,召开市十五届政府第五十九次常务会议。会议讨论关于千芝雅浙江卫生健康产业园项目优惠政策、西洲医药科技(浙江)有限公司医药产业化项目优惠政策、杭州至温州铁路义乌至温州段东阳横店站站房建设规模、学习《网络安全法》。会议原则同意千芝雅浙江卫生健康产业园项目土地挂牌价格按地块所在的最新基准地价确定,产权自持分割确权事项按东阳市现行小微园相关政策执行。会议原则同意经济开发区提出的对西洲医药科技(浙江)有限公司医药产业化项目优惠政策建议。会议原则同意东阳横店站站房规模在初步设计批复批准8000平方米基础上扩大至30000平方米,由市交投集团作为横店站站房建设投资主体。

10月30日,召开市十五届政府第六十次常务会议。会议讨论关于落实金华市烟草公司东阳分公司办公大楼有关问题、出资参与设立木文化产业基金、东阳市广播电视台持有的浙江华数股份参与上市公司重大资产重组、《东阳市违建别墅问题清查整治专项行动实施方案》、《关于加强对烈士纪念设施管理保护工作的通知》、东白山茶场隶属关系调整问题6项议题。会议原则同意《东阳市违建别墅问题清查整治专项行动实施方案》,要求根据会议提出的意见和建议修改完善并报市委研究同意后下发实施。会议原则同意《关于加强对烈士纪念设施管理保护工作的通知》,要求根据会议提出的意见和建议修改完善后下发实施。会议原则同意市国资办提出的将城投集团位于吴宁街道南街口约6500平方米商务写字楼办公用房安置给烟草公司的相关方案。会议原则同意东阳国资出资参与设立木文化产业基金,出资比例为25%。会议原则同意东阳市广播电视台在确保解决与省华数遗留争议问题的前提下,将持有的浙江华数股权参与华数传媒重大资产重组。会议原则同意市农业农村局提交讨论的关于东白山茶场关系转隶的相关事项。会议传达学习《中央生态环境保护督察工作规定》《中央生态环境保护督察纪律规定》《禁止生态环境保护"一刀切"督察工作方案》等文件精神,听取关于中央、省级环保督察问题整改情况和第二轮中央生态环保督察有关情况的汇报。

11月22日,召开市十五届政府第六十一次常务会议。会议讨论关于《东阳市城市公共租赁住房管理办法(2019年修订)》、《东阳市中心城区声环境功能区划分方案》、调整2019年国民经济和社会发展计划报告指标、东阳市备战浙江省第十七届运动会、《东阳市控制性详细规划管理规定》、《东阳市部分退役士兵社会保险接续工作实施方案》、当前低效工业用地清理整治工作7项议题。会议原则同意《东阳市城市公共租赁住房管理办法(2019年修订)》《东阳市中心城区声环境功能区划分方案》《东阳市控制性详细规划管理规定》《东阳市部分退役士兵社会保险接续工作实施方案》,要求根据会议提出的意见和建议修改完善后下发实施。会议原则同意将年度GDP增速目标调整至6%左右,报市委常委会审议后报市人大常委会批准。会议原则同意市文广旅体局提出的东阳市备战浙江省第十七届运动会实施方案。会议原则同意市低效整治办提出的对当前低效工业用地清理整治工作的建议和意见,暂定试行一年。会议学习《金华市城市市容和环境卫生管理规定》。

12月13日,召开市十五届政府第六十二次常务会议。会议讨论关于《东阳市2019年国民经济和社会发展计划执行情况与2020年国民经济和社会发展计划草案的报告》、《2020年全市政府投资、国企投资项目计划》、《东阳市餐厨垃圾生态处理中心项目实施方案》、《东阳市天使梦想基金管理办法(试行)》、351国道磐安安文至东阳马宅改建工程(东阳段)建设管理模式5项议题。会议原则同意《东阳市2019年国民经济和社会发展计划执行情况与2020年国民经济和社会发展计划草案的报告》《2020年全市政府投资、国企投资项目计划》,要求根据会议提出的意见和建议修改完善后按规定程序提交相关会议讨论审议。会议原则同意《东阳市餐厨垃圾生态处理中心项目实施方案》。会议原则同意《东阳市天使梦想基金管理办法(试行)》,要求根据会议提出的意见和建议修改完善后下发实施。会议原则同意在351国道磐安安文至东阳马宅改建工程(东阳段)中采用"设计采购施工总承包(EPC)"建设管理模式。

12月29日,召开市十五届政府第六十三次常务会议。会议讨论关于《横店影视文化产业集聚区发展规划》、《关于促进建筑业财务规范的若干意见》、《东阳市扶持医药产业发展若干政策》、城投集团摘牌实施“东阳市马宅镇雅坑村大伦坞小雅坑坡地村镇项目”问题、与浙江小咖投资管理有限公司合作成立影视行业服务平台公司问题、东阳市人民政府与上海复星高科技(集团)有限公司签订战略合作框架协议、东阳市人民政府与深圳市创新投资集团有限公司签订战略合作框架协议7项议题。会议原则同意《横店影视文化产业集聚区发展规划》,要求根据会议提出的意见和建议修改完善后由市政府按规定程序报批。会议原则同意《关于促进建筑业财务规范的若干意见》,要求根据会议提出的意见和建议修改完善后以部门名义联合发文,并于2019年度开始实施。会议原则同意《东阳市扶持医药产业发展若干政策》,要求根据会议提出的意见和建议修改完善后发文实施。会议原则同意先由城投集团摘牌实施“东阳市马宅镇雅坑村大伦坞小雅坑坡地村镇项目”。会议原则同意在符合法律法规、政策及投资方向和投资标准的前提下,与浙江小咖投资管理有限公司合作成立东阳聚文影视文化投资有限公司。会议原则同意《东阳市人民政府与上海复星高科技(集团)有限公司战略合作框架协议》《东阳市人民政府与深圳市创新投资集团有限公司战略合作框架协议》,要求根据会议提出的意见和建议修改完善后组织签约实施。会议学习《政府信息公开条例》《全国人民代表大会常务委员会关于实行宪法宣誓制度的决定》。

【市政府市长办公会议】 2019年,东阳市召开市政府市长办公会议21次。

1月4日,召开市十五届政府第三十次市长办公会议。会议讨论关于《东阳市转型升级产业基金有限公司与浙江民营企业联合投资股份有限公司之战略合作协议》议题。会议原则同意授权东阳市转型升级产业基金有限公司作为东阳市政府产业基金出资人,与浙江民营企业联合投资股份有限公司签订战略合作协议。

1月8日,召开市十五届政府第三十一次市长办公会议。会议研究部署市政府2019年一季度工作。

1月16日,召开市十五届政府第三十二次市长办公会议。会议讨论关于东阳市骄傲广场展示公共艺术项目采用设计与施工一体化招标方式议题。会议原则同意项目采用设计施工一体化的招标方式,在招标文件公告前应组织相关专家进行会审,项目费用和创作设计费按照市城资办提出的标准计算,并明确项目总投资规模要控制在3000万元以内,工程要在2019年9月底前完工。

2月21日,召开市十五届政府第三十五次市长办公会议。会议讨论关于《浙江省东阳市人民政府与浙江省石油股份有限公司合作框架协议》议题。会议原则同意《浙江省东阳市人民政府与浙江省石油股份有限公司合作框架协议》,要求根据会议提出的意见和建议修改完善后与浙江省石油股份有限公司签约。

3月22日,召开市十五届政府第三十七次市长办公会议。会议讨论关于《天山村山水社会项目投资战略框架协议》议题。会议原则同意《天山村山水社会项目投资战略框架协议》,要求根据会议提出的意见和建议修改完善后签约。

3月28日,召开市十五届政府第三十八次市长办公会议。会议讨论关于年产50万台电动轮椅、电动代步车项目议题。会议原则同意《项目投资协议书》,要求根据会议提出的意见和建议修改完善后签约。

4月10日,召开市十五届政府第三十九次市长办公会议。会议讨论关于市国投公司参股省融资担保公司议题。会议原则同意市财政局提出的参股省融资担保公司具体建议方案,并授权市国投公司参股省融资担保公司,市国投公司与各参股集团签订股份代持协议。

4月23日,召开市十五届政府第四十次市长办公会议。会议讨论关于市国投公司参股省融资担保公司议题。会议原则同意市国投公司参股省融资担保公司金额确定为5亿元,其中市城投集团、市交投集团、市水投集团分别出资1亿元,市金控公司出资2亿元。

4月30日,召开市十五届政府第四十一次市长办公会议。会议讨论关于化解建筑企业“两链”风险、《关于表彰东阳市劳动模范和模范集体的决定》两项议题。会议原则同意《关于表彰东阳市劳动模范和模范集体的决定》,要求根据会议提出的意见和建议修改完善后提交市委常委会审议。会议原则同意市帮扶办提出的工作建议及对建筑企业参与“两链”风险化解的支持政策。

5月23日,召开市十五届政府第四十二次市长办公会议。会议讨论关于市城投集团摘牌实施“城东街道休闲养生坡地村镇项目”、金甬铁路、杭温高铁征迁包干协议2项议题。会议原则同意城投集团以市场化行为摘牌实施“城东街道休闲养生坡地村镇项目”。会议原则同意与百盛联合杭温铁路有限公司、铁路总公司上海路局杭州铁路枢纽中心签订金甬铁路、杭温高铁征迁包干协议。

6月5日,召开市十五届政府第四十三次市长办公会议。会议讨论关于经济开发区木雕小镇地块三十三第一期、第二期、第三期工业用地公开出让,白云街道歌山路1号商住用地公开出让,巍山镇怀万线以北平安村以南工业用地公开出让,横店镇屏湖公路以南、都督路以西商业服务业用地(旅馆用地)公开出让,横店镇八一村工业用地(文化产业用地)公开出让,横店镇江滨西路以北经九路以东地块一、地块二、地块三工业用地公开出让6项议题。会议原则同意上述地块根据相关法律法规在满足控制性详细规划和规划条件的前提下按照“标准地”模式进行公开出让。

6月12日,召开市十五届政府第四十四次市长办公会议。会议讨论关于横店镇明清西路以西、广州街以南商业服务业用地(旅馆用地)公开出让,横店镇光伏园区拟出让地块二工业用地公开出让,横店镇苦竹岭小区东永一线以西拟出让地块一、地块二供应设施用地公开出让,南市街道月塘村、东永线以东工业用地公开出让4项议题。会议原则同意横店镇明清西路以西、广州街以南商业服务业用地，横店镇光伏园区拟出让地块二工业用地，南市街道月塘村、东永线以东工业用地根据相关法律法规，在满足控制性详细规划和规划设计条件的前提下按规定程序整体公开拍卖出让。会议原则同意横店镇苦竹岭小区东永一线以西拟出让地块一、地块二供应设施用地根据相关法律法规，在满足控制性详细规划和规划设计条件的前提下按规定程序整体公开拍卖出让。

7月12日，召开市十五届政府第四十五次市长办公会议。会议讨论关于巍山镇长安路以西、渼沙溪以南地块商住用地公开出让议题。会议原则同意该地块根据相关法律法规，在满足控制性详细规划和规划设计条件的前提下按规定程序进行公开出让。

8月2日，召开市十五届政府第四十六次市长办公会议。会议讨论关于《爱奇艺创意文娱综合中心项目合作框架协议》、东阳市河头驾校地块收回、南市街道南溪中学以南工业用地公开出让、南马镇南下线以西红公山以东商业用地公开出让、东阳江镇红旗村居住用地公开出让5项议题。会议原则同意《爱奇艺创意文娱综合中心项目合作框架协议》，要求根据会议提出的意见和建议修改完善后组织签约。会议原则同意按市场评估价收购东阳市河头驾校地块。会议原则同意南市街道南溪中学以南工业用地、南马镇南下线以西红公山以东商业用地根据相关法律法规，在满足控制性详细规划和规划设计条件的前提下按照“标准地”模式进行公开出让。会议原则同意东阳江镇红旗村居住用地根据相关法律法规，在满足控制性详细规划和规划设计条件的前提下，按规定程序进行公开出让，并在公告中明确该地块禁止建设别墅。会议听取关于东阳市国土空间规划编制情况及主要内容的汇报。

8月19日，召开市十五届政府第四十七次市长办公会议。会议讨论关于经济开发区长松岗工业功能区C31-1、C31-2地块工业用地公开出让，经济开发区长松岗工业功能区C43-1地块工业用地公开出让，经济开发区长松岗工业功能区C44-1地块工业用地公开出让，白云街道富民路北关山路东地块商住用地公开出让，江北街道小微园一期工业用地公开出让，南马镇双桐自然村以北、东永线以西地块工业用地公开出让，湖溪镇东园区块7号、12号地块工业用地公开出让7项议题。会议原则同意白云街道富民路北关山路东地块商住用地根据相关法律法规，在满足控制性详细规划和规划设计条件的前提下，按规定程序进行公开出让，并在公告中明确该地块禁止建设别墅。会议原则同意上述其他地块根据相关法律法规，在满足控制性详细规划和规划设计条件的前提下，按照“标准地”模式进行公开出让。

9月27日，召开市十五届政府第四十八次市长办公会议。会议讨论关于对广宏建设集团有限公司纾困、博大置业集团有限公司安置地块、白云街道歌山路10号地块收购及调整土地用途3项议题。会议原则同意在确保吴宁东路96号商业用房能过户给广宏建设集团且银行确认该项资产能抵押贷款1亿元左右或广宏建设集团同意在该贷款中扣回先行支付的5000万元的前提下，由城投集团在上卢农房集聚区建设一期项目已完成工程量但尚未支付工程款（按合同暂不予付款部分）中先行支付5000万元，用于纾解广宏建设集团有限公司资金困难。会议原则同意将迎宾大道以西、学士路以东（杜庄小区以北）地块（用地面积约为1.97亩）和甘溪西街以南、关山路以西地块（用地面积约为1亩）用于浙江博大置业集团有限公司被征用地的安置。会议原则同意白云街道歌山路10号（浙江新东阳建设集团有限公司）按《东阳市国有建设用地使用权转让和土地利用条件改变管理办法（2016年修订）》办理地块收购及调整土地用途手续。

10月15日，召开市十五届政府第四十九次市长办公会议。会议讨论关于金甬铁路、杭温高铁供电线路迁改，江滨南街以南、人民路以东DY-17-03-01商住用地公开出让，交警大队以西、广福东街以南B-4-2地块商务金融用地公开出让，江北街道江滨北街以北、浪坑溪以西商住用地公开出让，江北街道甘溪路以北、周店溪以西商住用地公开出让，横店镇横店社区横山小区地块居住用地公开出让，南马镇花园马坦研究所以北工业用地公开出让，巍山镇六怀工业功能区工业用地公开出让，巍山镇怀万线以北、平安村以北地块工业用地公开出让，画水镇黄山村佛画线以东工业用地公开出让，佐村镇九峰山地块一、二商业拟出让地块公开出让，马宅镇木巨桥村、诸永高速以西工业用地公开出让，经济开发区长松岗工业功能区C46工业用地公开出让13项议题。会议原则同意委托国网金华公司、国网东阳分公司采用设计、施工总承包的方式开展供电线路迁改的招标、组织等工作。原则同意铁办委托有资质的电力设计单位对国网金华公司、国网东阳分公司提出的迁改设计方案进行迁改费用审核。会议原则同意江滨南街以南、人民路以东DY-17-03-01商住用地，江北街道江滨北街以北、浪坑溪以西商住用地，江北街道甘溪路以北、周店溪以西商住用地，横店镇横店社区横山小区地块居住用地根据相关法律法规，在满足“净地”条件的前提下按规定程序进行公开出让，并在公告中明确该地块禁止别墅类项目。会议原则同意交警大队以西、广福东街以南B-4-2地块商务金融用地在满足控制性详细规划和规划设计条件的前提下，参照建筑业总部中心一期已出让地块政策进行公开出让，地上建筑物按住建局确认的价格连同土地一并出让。会议原则同意南马镇花园马坦研究所以北工业用地，巍山镇六怀工业功能区工业用地，巍山镇怀万线以北、平安村以北地块工业用地，马宅镇木巨桥村、诸永高速以西工业用地根据相关法律法规，在满足“净地”条件的前提下按“标准地”进行公开出让。会议原则同意佐村镇九峰山地块一、二商业拟出让地块根据相关法律法规，在满足“净地”条件的前提下按规定程序进行公开出让，并在公告中明确，该项目不得分割转让，100%自持，禁止开发别墅项目。会议原则同意经济开发区长松岗工业功能区C46工业用地在满足“净地”条件的前提下，按工业用地基准地价(320元/平方米)，以“标准地”模式进行公开出让。

10月30日，召开市十五届政府第五十次市长办公会议。会议讨论关于给予南华基金管理有限公司ETF基金上市奖励、对金华海关增加财政经费补助两项议题。会议原则同意参照东阳市上市公司的扶持政策，给予南华基金公司ETF基金上市奖励300万元。会议原则同意东阳市进出口产品检测技术中心9名事业编制人员的人员经费、公用经费和项目经费等纳入地方财政预算单独保障。原则同意自2019年起，每年给予金华海关财政补助经费人民币600万元(不含地方编人员经费、公用经费和项目经费等)，用于弥补金华海关在东阳市开展业务造成的经费缺口，考虑到今年的特殊情况，市财政给予金华海关的2019年经费补助按实计算。会议总结10月工作，明确11月重点工作安排。

12月4日，召开市十五届政府第五十一次市长办公会议。会议总结11月工作，明确12月重点工作安排。

12月13日，召开市十五届政府第五十二次市长办公会议。会议讨论《关于进一步深化建设工程审批制度改革促进审批提速增效(试行)的通知》、东阳市华能新型建材有限公司案件二审有关情况、协议收回24宗因政府原因闲置土地3项议题。会议原则同意《关于进一步深化建设工程审批制度改革促进审批提速增效(试行)的通知》，要求根据会议提出的意见和建议修改完善后下发实施。会议原则同意白云商贸园区管委会提出的对东阳市华能新型建材有限公司案件二审意见。会议原则同意按照市场评估价格协议收回24宗因政府原因闲置的土地。

12月29日，召开市十五届政府第五十三次市长办公会议。会议总结12月工作，明确2020年1月重点工作安排。

(郑云涛)

应急管理

·综述·

【机构改革】 2019年3月10日，市委办公室、市政府办公室印发《东阳市应急管理局职能配置、内设机构和人员编制规定》，成立市应急管理局，挂市人民防空办公室(市民防局)牌子，承担原市安全生产监督管理局职责、市人民防空办公室(市民防局)职责、市政府办公室的应急管理职责、市科学技术局震灾应急救援职责、市公安局的消防管理职责、市民政局的救灾减灾职责、市国土资源局的地质灾害防治相关职责、市水务局的水旱灾害防治相关职责、市林业局的森林防火相关职责以及市防汛抗旱指挥部、市森林防火指挥部、市减灾委员会等有关职责，设6个科室，行政编制15人。

组织湖溪镇、东阳江镇、歌山镇250人开展应急救援、减灾救灾知识学习。虎鹿镇开展“基层党建+应急管理标准化”示范乡镇建设。

【应急救援队伍建设】 2019年，市应急管理局开展应急救援力量普查工作，完成一支社会救援队伍培育任务。全市有市消防救援大队、13支消防专职队，合计240人，18个镇乡街道拥有镇级救援队25支、村级救援队276支，合计4442人；归属市人武部的民兵应急连及18个乡镇应急排合计660人；市红十字救援队、烈焰救援队、蓝天救援队等社会救援队合计180余人；危化救援队3支62人，矿山救援队1支17人，人员、装备等信息录入社会应急救援力量登记系统，实现网上定位查询应急救援力量。

【东阳市航空应急救援基地成立】 2019年10月20日，多机型、多任务航空应急救援演练在横店通用机场举行。金汇通航、海直通航等国内航空救援力量派出10余架次直升机参加救援演练，具体实施医疗救援、空中巡查、空中取水和投水等多科目实战演练及编队训练，全市多支社会应急力量配合地面演练。演练现场，市应急管理局与横店通用机场签订航空应急救援战略合作协议，举办“东阳市航空应急救援基地”成立授牌仪式，依托横店通用机场的优势，成立全国首家、浙江唯一的航空应急救援基地，在应急救援、医疗救护、抢险救灾、指挥巡查、应急演练、救援培训等方面开展合作。

【安全演练】 2019年，东阳市各部门单位、镇乡街道组织安全演练50余次。5月29日，2019东阳市应急救援综合演练暨安全生产月活动启动仪

2019年10月20日，东阳横店通用机场开展航空应急救援演练，并成立“东阳市航空应急救援基地” (市应急管理局提供)

式在市民广场举行，在市民广场、东阳江举行综合性演练，市消防救援大队，危化、矿山、林业、专职消防等专业救援队伍，红十字会、烈焰等公益救援队和镇乡街道民兵、社区应急队伍等社会救援力量800余人参与演练。

【重大自然灾害防御】 2019年，东阳市执行行政首长负责制为核心的防汛责任制，落实各类防汛行政责任人591人；组织2800余人次，检查山塘水库、河道、水电站、危房、地质灾害点1500余处，发现隐患119处，完成整改和落实措施114处；启动防汛四级响应5次，发布监测预警信息1.3万余条

8月，9号超强台风“利奇马”过境东阳市，致使全市18个镇乡街道不同程度受灾，造成直接经济损失5524.8万元，其中农业损失421万元；基础设施损失1880万元；工矿企业损失665.7万元；公益设施损失20万元；家庭财产损失255万元；其他损失2283.1万元。做好救灾资金的争取工作，争取中央自然灾害补助资金178万元和省级减灾资金744万元。

【避灾安置场所规范化和综合减灾示范社区建设】 2019年，东阳市创建规范化避灾场所任务46家，全市投入资金近300万元，建设规范化避灾场所48家，按时、超额完成任务。统一采购大件（棉被、应急生活包、电视机等），每家规范化避灾场所安排1万元机动资金，适时添置所需物资；对三单乡、佐村镇、虎鹿镇、东阳江镇、马宅镇等65个避灾安置场所进行提升改造、更新物资。完成江北街道猴塘社区综合减灾示范社区建设任务。

·消防·

【概况】 2019年，东阳市消防救援大队接警出动1286起，出动车辆4374辆次，出动24448人次，抢救被困人员107人，疏散被困人员43人，抢救财产价值3965.8万元。市消防救援大队窗口受理行政许可项目391个。其中，设计审核20个，竣工验收27个，开业前消防安全检查344个。备案项目55个。其中，消防设计备案18个、竣工验收备案22个、设计复查0个、竣工复查15个，满意率100%。

江北消防救援站被省消防救援总队评为先进中队，江北消防救援站党支部被金华市消防救援支队评为先进基层党组织，振兴路消防救援站被金华市消防救援支队评为基层建设先进中队，3名队员被省消防救援总队评为优秀指挥员，5名队员被省消防救援总队评为优秀消防员，1名队员被省消防救援总队评为优秀党委工作者，1名队员被金华市消防救援支队评为优秀共产党员。其中，南马镇政府专职消防队被省消防救援总队评为2018年度多种形式消防队伍建设先进单位，歌山镇政府专职消防队队长被总队评为2018年度多种形式消防队伍建设先进个人。

2019年12月31日，东阳市消防救援大队挂牌仪式举行

（市消防救援大队提供）

【机构改革】 2019年1月18日，东阳市消防救援大队举办授旗授衔和换装仪式。12月31日，举办改革转隶挂牌仪式。2018年，根据中央改革部署，原公安消防部队集体退出现役，成建制划归应急管理部，组建国家综合性消防救援队伍。2018年10月9日，公安消防部队移交应急管理部交接仪式举行，消防官兵正式退出现役。

【应急救援能力提升】 2019年，市消防救援大队开展“六熟悉”（熟悉重点部位、熟悉建筑结构、熟悉道路水源、熟悉火灾危险性、熟悉灭火救援措施、熟悉重点单位灭火处置预案）活动160余次，实战演练126余次，完成重点单位灭火救援预案173家，编制作战信息卡173份，排查市政消火栓682余个，测试天然水源85处。江北消防救援站在金华市消防救援支队举办的夏训科目对抗赛中获团体总分第一名；2名消防员代表省消防救援总队参加全国首届火焰蓝比武获团体第一名。

市消防救援大队成立专职消防队指导小组指导帮扶，开展多种形式消防队伍联勤联训工作。检查指导各乡镇政府专职队30余次，实地拉动微型消防站645次，拉动专职队121次。

【火灾防控】 2019年，市消防救援大队检查单位2314家，发现并督促整改火灾隐患3032处，下发责令改正通知书1494份，下发行政处罚决定书183份，下发临时查封决定书66份，责令“三停”90家，罚款59.8万余元。全市火灾起数、死亡人数比上年分别下降23.83%和100%，未发生较大以上亡人火灾事故，火灾形势总体平稳。

【消防安全管理】 2019年，市消防救援大队开展全市《消防安全责任制实施办法》《东阳市消防安全责任制实

施细则》宣传贯彻会议2次，分析研究全市消防安全工作4次。落实消防安全责任，按照“管行业必须管安全”的相关要求，推动各行业主管部门开展消防隐患排查整治行动。通过市应急管理局提请市政府办公室印发《东阳市消防安全委员会关于开展全市区域性火灾隐患乡镇挂牌整治的通知》，成立工作协调小组。联合住建部门开展高层建筑整治，全市有高层建筑338幢，自动消防设施完好率90.82%，设置消控室的高层建设130幢，远程监控接入率100%。

全市建立微型消防站34个，配备消防三轮车20余辆，选出消防安全楼长和经理人98人；联合镇乡街道、辖区派出所对居住出租房进行“回头看”，主要以电动自行车违规停放、居住与生产经营硬隔离、电气线路私拉乱接、消防设施器材配备不到位为重点整治内容，函告镇乡街道8次。5月，市消防救援大队召开全市智慧消防远程监控系统技术服务机构协调会，督促指导远程监控系统技术服务机构接入浙江省消防安全智能管控平台。至年末，有315家社会单位接入远程监控系统，11家技术服务机构全部完成接入前的账号注册及测试工作。

【电动自行车整治】 2019年，市消防救援大队开展电动自行车整治工作，推动全市各类场所安装电气火灾监控系统300余套。消防安全委员会开展电动自行车智能充电桩建设工作，全市完成建造并投入使用的公共充电桩（村级）208座、企业建成充电桩600座。联合行业部门推动各商场、市场、宾馆饭店、公共娱乐场所、医院（卫生院）、养老服务机构、文物古建筑群、幼儿园、教育培训机构等场所开展消防远程监控系统、智慧用电等火灾智能防控体系建设，消防安全重点单位安装智慧用电系统120套、远程监控系统98套。

【消防宣传】 2019年，市消防救援大队依托短信平台集中发送消防安全提示短信8000余条，微博推送1825条，微信推送1830条。依托村（社区）等基层组织和单位，利用消防代言人、美团外卖小哥等志愿者到人员密集场所、“九小场所”等社会单位进行消防安全知识宣传36次。联合街道、安监、民政、住建等多个部门开展联合培训8次，开展实地演习14次。充分运用群众性文化活动，开展各类互动体验式活动140余次，进社区、家庭及人员密集场所开展消防安全培训120余场。结合“3·15”、安全生产月、“11·9”消防主题宣传日发放《家庭消防安全知识手册》《消防安全告知书》等宣传材料2万余份。

（应志登）

外事和港澳工作

【概况】 2019年，东阳市外事办邀请外国人来华审核31批44人次，接待各类重要来访团组13批112人次。办理因公出国（境）审核30批43人次，其中党政干部9人次，事业单位人员32人次，企业人员2人次。

【外宾到访】 2019年4月26日至5月1日，亚洲家具联合会副会长吉拉瓦一行9人到东阳市参加首届中国红木家具展览会。8月15日，新加坡国际文化交流中心主任张露一行7人访问东阳市，考察横店文化影视产业，与横店集团洽谈影视产业合作事宜。10月27日，意大利阿普利亚区影视代表团6人访问东阳市，参加2019横店影视节，推进横店镇与意大利的影视产业合作。11月10日，南非布法罗市政府代表团7人访问东阳市，考察横店影视城，了解东阳影视旅游文化产业。

【考察调研活动】 2019年4月12日，外交部外交物资供应服务中心处长张谦一行4人到东阳市考察东阳中国木雕城、中国木雕博物馆，了解东阳市适用于外交活动及驻外使领馆需要的木雕及相关产品。5月21日，金华市外事办主任钟世杰一行3人到东阳市横店集团开展“三服务”活动，了解有关横店影视产业、横店影视节与意大利巴里国际电影节合作交流等情况。7月8日，省外事办副主任姚国文率经济与新闻处工作人员一行6人到东阳市调研，了解境外记者管理服务工作现状、存在的问题与难点以及下一步的工作思路和举措。

【“为友谊行走”慈善徒步团队访问东阳】 2019年8月29日，英国麦克·贝茨勋爵夫妇“为友谊行走”慈善徒步团队12人访问东阳市，考察横店影

2019年8月29日，英国麦克·贝茨勋爵夫妇“为友谊行走”慈善徒步团队访问东阳市

（市外事办提供）

视城，了解东阳影视旅游文化产业，采访《我的野蛮女掌门》《少年方世玉》等剧组，体验“为游客拍电影”项目。“为友谊行走”2019麦克·贝茨勋爵夫妇徒步中国行动于8月19日在杭州市启动，麦克·贝茨勋爵夫妇从浙江大学玉泉校区出发，用一个月时间，徒步500千米抵达温州。沿途为社会公益慈善事业募集善款，并将募集的善款投入浙江的儿童和残疾人公益事业。

【出访坦桑尼亚、津巴布韦、南非】2019年7月20—30日，市长姚激扬到坦桑尼亚、津巴布韦、南非进行友好城市访问和经贸交流活动。7月24日，东阳市与津巴布韦共和国奇诺伊市签订友好交流关系意向书结为友好城市，推动双方在经济、文化、教育、旅游、体育等各方面的交流与合作，津巴布韦总统姆南加古瓦在签约仪式上致辞。

【助推广厦学院塞内加尔公益项目】2019年，市外事办组织浙江广厦建设职业技术学院青年志愿者到塞内加尔参加“助力郊区”公益项目（旨在通过组织外国青年志愿者到塞内加尔协助修缮校舍，改善教育基础设施，增进青年之间交流的公益项目）。6月28日，塞内加尔“助力郊区”志愿项目推介动员会在浙江广厦建设职业技术学院召开，中国人民对外友好协会亚非部、金华市政府外事办公室等人员参加。经宣传说明、自愿申请、面试选拔和实地踩点，浙江广厦建设职业技术学院选派10名建筑工程学院学生、3名带队教师到塞内加尔参加为期两个月的志愿活动。9月26日，中国人民对外友好协会副会长林怡到东阳市参加志愿项目表彰会，为广厦学院志愿者颁发国际志愿者证书。

【港澳事务】2019年7月27日，“港澳台学子走进金华山”港澳学子代表团50人访问东阳市，考察横店影视城，了解东阳影视旅游文化产业。“港澳台学子走进金华山”活动由金华市人民政府港澳事务办公室、金华市人民政府台湾事务办公室、共青团金华市委员会、金华山旅游经济区管委会主办，为港澳台地区了解金华和金华山提供平台，进一步推动和促进金华山全域旅游发展。

（葛　爽）

信　访

【概况】2019年，东阳市四级上访1547批3218人次，其中到北京上访49批63人次，到省上访277批449人次，到金华市上访128批142人次，到东阳市上访1093批2564人次。受理群众来信2349件，网上信访14970件。申请复查495批695人次，通过工作人员当面解释和引导救济途经后，申请人主动撤回408件，作出不予受理复查意见书86件，作出撤销处理意见1件。开展“无信访积案县（市）”创建工作，全市71件信访积案化解61件，化解率85%；上级交办的2名重点人员全部息访；增加积案率3.66%，下降51.8%。

【百日攻坚活动】2019年，东阳市开展“牢记使命为人民、忠诚担当迎大庆”百日攻坚活动，建立信访工作“每日通报、每周研判、半月排名、每月例会、红黄牌警告”和重点村集中整治等机制，梳理初信初访373件，信访积案139件（包括“三包四联”▲疑难信访件、国家级积案、金华级积案、进京赴省的信访积案），初信初访化解283件，化解率75.87%；信访积案化解102件，化解率73.38%。

▲“三包四联”：包镇乡街道重点工作、包疑难信访案件、包软弱后进村党组织；联系重点工业企业，联系推动东阳特色文化工作，联系重点建设项目、招商引资，联系城区风貌综合提升工作。

【领导坐班接访】2019年，市信访局每天安排1名市级领导坐班接待，接待分管范围内的信访件，协调和化解“三包四联”疑难信访件。建立市级领导接待跟踪监督制度，对市级领导接待过的初信初访进行跟踪回访，对处理不当造成重复信访的，由责任部门在下一次市级领导接待的时候进行当面汇报。全年市级领导接待364批651人次。9月21日，市委书记傅显明集体约访重点信访人。

【民情民访代办】2019年，市信访局开展民情民访代办工作，设立民情民访代办机构406个，吸收代办员1335人，代办员主要由网格员、村主要干部、“老娘舅”“两代表一委员”等人员组成。代办工作在初信初访、民情小事类信访等方面发挥主要作用。全年为群众代办民情民访事项11321件。

【“信访超市”建设】2019年，市信访局创新信访工作体制机制，建立“10+2”（10个单位常驻、2个单位轮流入驻）部门入驻的“信访超市”，减少信访存量，降低信访增量，避免信访群众越级上访、多头上访和无序上访。自“信访超市”运行以来，受理到市走访503件，办结457件。

【重信重访治理】2019年，市信访局治理重信重访122件，按照《开展“清初件、化重件、强责任、抓落实”行动实施方案》文件精神，坚持以化解为目标，甄别每一件重信重访来信事项的具体情况，明确责任，结合市级领导下访、积案化解等措施进行攻坚，及时反馈化解信息。及时抽查信访件办理情况，针对多次重信重访的民生问题，分析其原因是否由事权单位造成，督促事权单位及时采取措施，化解信访事项。

（刘芦苹）

侨　务

【概况】2019年，东阳市人民政府侨务办公室（简称市侨办）、东阳市归国华侨联合会（简称市侨联）接待来信来访7起，来电6人次，结案率97%。全年接待海外侨胞等320人次。办理“三侨生”（归侨青年、归侨子女、华侨在国内的子女）加分6人，帮助侨企协调解决难题5个。两次到广州市、上海市、武汉市走访海归高科技企业和高端人才，两名海归高层次人才与市内相关企业签订合作协议。

第二届金华发展大会举行“一带一路”与金华发展海外侨领专场活动，东阳市“美国东阳联谊会”“蒙古国东阳商会”获“金华市海外示范性侨团”称号。

【侨务活动】 2019年，市侨办调研走访涉侨企业，组织工作人员实地考察东阳籍西班牙华侨创办的“欧莱星”酒庄、浙江同力服装有限公司、浙江省东阳市圣华贸易有限公司，东阳籍侨属创办的DO-FIX等侨界企业，到企业车间仓库、样品陈列室等参观考察，听取企业负责人介绍企业发展历程、生产经营规模、招才引智等方面情况。

【涉侨人士走访慰问】 2019年春节期间，市侨办、市侨联走访慰问重点侨属50人、拜访回乡过节的海外侨界人士6人；中秋节前，走访慰问44户东阳籍海外博士教授家庭。2月7日，组织60余名海外海归高端人才在东阳宾馆举行新春座谈会。5月27—29日，组织30名重点留学人员家属到浦江县郑义门开展“家风家规”廉政教育、疗休养活动。

（边　梅）

档案管理

【概况】 2019年，市档案馆接待到馆查阅人员11236人次，调卷9218卷次、1526件次，复印、打印23293页。通过浙江省政务服务网、来信来电等办理多起异地查档、上级转件的协查、反馈。开展同城部门间数据应用，在窗口开辟电子查阅专区，为查档人员提供电子查档服务。接收婚姻档案17057件、改制企业档案348卷、全市土地确权档案约15万卷。征集文献图书资料百余册。收集谱牒文化档案，其中实体家谱265本，电子版家族总谱520万字。认领部门间“最多跑一次”工作事项12项。全市85个机关部门、镇乡街道完成档案登记备份工作，登记率100%，备份率95%，备份数据总量7614.57GB。增加登记备份单位1个（浙江广厦建设职业技术学院）。

参与“浙政钉·掌上执法”十大行动，对档案中介、机关部门的档案工作进行专项检查和日常检查；配合金华市档案局进行执法检查。组织部分镇乡街道、机关部门档案工作分管领导及档案员82人参加档案业务培训；督促指导各机关部门、镇乡街道开展2018年文书档案的收集、整理及数字化扫描工作。

【档案文化建设】 2019年，市档案馆开展档案编研活动，根据馆藏资源编纂出版《抗日战争时期法规选编》，完成国家级编研项目《抗日战争档案汇编——东阳档案馆日军罪行卷》初稿。开展“6·9”国际档案日系列活动。6月4日，在《东阳日报》的《史志纵横》栏目刊文介绍东阳档案文化和数字化建设的情况；6月6日，接待中天国际小学五年级师生200余人参观市档案馆；举办第十二个“6·9”国际档案日知识竞赛和“新中国的记忆”征文活动。

【档案公共服务能力建设】 2019年，市档案馆利用省档案局开发的异地查档平台，开展远程查档、跨馆服务，累计进行异地查档、跨馆服务64人次，55卷次，复印100页。18个镇乡街道的批基建房、婚姻登记、户口迁移等民生领域档案数据挂接到馆室一体化系统，给予镇乡街道相应的查阅权限，在辖区查阅民生领域档案。与市民政局婚姻登记服务窗口实行数据共享。

【档案业务指导】 2019年，市档案馆指导企事业单位创建规范档案室，对列入2019年数字档案室创建的38家机关部门、镇乡街道逐一联系摸底，对基本达到创建要求的单位进行重点指导，把关创建申报材料，完成数字档案室测评及测评资料上报工作。配合市委办公室做好机构改革中档案的处置工作，对涉及改革的各机关部门和镇乡街道档案工作分管领导和科室负责人进行机构改革中档案管理工作培训，明确机构改革中档案的归属及流向，指导涉改单位编制机构改革档案处置工作方案，重新制定机关文件材料归档范围和文书档案保管期限表。开展农村土地确权档案的业务指导工作，指导市农业农村局完成341个行政村、14.8万余户农户土地确权档案的收集、归档、整理及数字化扫描工作。

【档案安全】 2019年，市档案馆对馆内消防设施进行检查，排查安全隐患。在市档案馆大厅和查档大厅安装高清摄像头，实行访客登记制度，加强人员进出管理，开展市档案馆的安保和监管工作。加强库房安全管理。对市档案馆的地下停车场、细水雾消防管道渗水、院子砌石破损、大门口视线盲区等安全隐患进行整改。

【智慧档案建设】 2019年，市档案馆推进档案数字化进程，馆藏中华人民共和国成立后档案的数字化第六期扫描完成11572490页，条目6949027条。启动国家级数字档案馆创建工作，6月11日，组织到义乌市、浦江县、金华市档案馆学习考察数字档案馆创建工作；制定创建工作方案，明确责任人、时间表；7月16日，向市委、市政府和财政部门提交《东阳市档案馆关于申请创建国家级数字档案馆经费的请示》；8月28日，召开项目专家评审会，对数字档案馆创建方案进行评估论证。

（许慧扬）

政务服务

【概况】 2019年，东阳市行政服务中心受理事项714286项，办结事项714226项，办结率99.99%。金华市公共资源交易中心东阳分中心受理各类招标、拍卖等交易532个标次，成交额34.41亿元，比保留价增加和预算价节约合计2.41亿元，其中建设工程招标421个标次，成交额26.20亿元，比招标造价降低2.13亿元；组织政府采购107个标次，采购金额8.04亿元，比预算价节约资金0.27亿元；国有房产租赁权及房产拍卖4次，竞投总价0.18亿元，比保留价增加0.01亿元。制定《关于规范限额以下项目发包方式的实施意见》,为400万元以下的小额工程提出库选发包方式。

【"最多跑一次"改革】 2019年,市行政服务中心开展"一把手"体验"最多跑一次"改革活动。全市34个部门、18个镇乡街道"一把手"体验办事事项88项,检视问题109个,提出整改措施136条,完成整改82项。推进"无证明城市"改革工作,清理各类证明425项,少开证明15.2万件,建设"三无"(无证明、无证件、无复印)办事大厅,无证明20511件,无证件1312件,无复印22948件,群众满意率100%。制定《关于做好公共资源交易行业监管职能回归工作的通知》,配合各行业主管部门开展试运行工作,办理电子签章,整理相关表格,重新绘制流程图。

【基层便民服务中心标准化建设】 2019年,市行政服务中心推进基层便民服务中心标准化建设,341项民生服务事项可在各镇乡街道便民服务中心办理。组织开展基层业务培训,各窗口人员对相关民生事项能操作、会代办。开展全市镇乡街道便民服务办事事项目录清单梳理工作,统一制定印发全市镇乡街道便民服务事项指导目录,印发高频事项办事二维码手册,微信扫一扫即可了解办事所需材料、流程。

【"一件事"联办工作】 2019年,市行政服务中心推进41件"一件事"(企业17件和个人24件)全流程"最多跑一次"。创新梳理全省统一清单外"一件事"5件,新生儿出生"一件事"(在医院同时完成出生医学证明办理、出生户口申报、基本医疗保险参保、社会保障市民卡申领)方便5300户新生儿家庭,入学"一件事"(新生入学运用大数据平台在网上统一阳光招生)方便21112名学子,婚育户"一件事"(内地居民同时结婚登记、生育登记、户口登记信息婚姻状况变更和户口迁移)方便715对新人。设立企业开办专窗,通过"企业开办全程网上办"平台,企业开办零见面工作(营业执照、公章、发票办理)时间由8.5个工作日压缩至1个工作日内办结,增加企业6066家,实现联办4000余件,网办率97.44%,全程无纸化63.11%。

【综合自助机终端建设】 2019年,市行政服务中心推进综合自助机终端建设,实现综合自助服务机终端18个镇乡街道388个村(社区)全覆盖,自助服务终端平台对接东阳市数据共享平台和一窗办理平台系统,上线自助服务终端机可直接查询和办理事项44项,包括医保缴费信息明细查询、不动产产权登记查询、身份户籍信息查询等。

【"网上中介超市"应用】 2019年,市行政服务中心推广应用"网上中介超市",政府投资工程建设项目限额以下中介服务统一进入金华市"网上中介超市"发布项目公告,采取综合比选、公开竞价等方式公开选取中介机构,实现"办事零等待"。至年末,成交465个,最高限价11005292.7元,成交价8647349.32元。

【建设工程领域招投标工程】 2019年,东阳市在建设工程领域推行东阳市公共资源交易平台全流程电子开评标系统。取消入场交易登记、招标公告以及答疑补充公告发布的书面办理,取消交易员证的现场办理。完善招标文件编制工作,规范资格条件、评分设置。推进电子化招投标,规定20万元以下的货物必须通过网超采购,启动全程电子化投标,取消部分纸质招标文件和投标文件,投标人报名投标等环节在电脑上进行。

【政府采购工作】 2019年,东阳市提高政府采购公开招标比例,公开项目占所有项目的85.32%,比上年上升5个百分点,单一来源项目减少5个。扩大采购范围,将机关事业单位公款存放纳入招标范围,1—11月,完成7个项目招标,资金15亿元。增加协议供货范围,招标完成定点加油、定点保险、定点维修、物业管理、公车租赁等服务类采购项目,20万元以下采购项目由采购人在服务市场自行选择服务提供商,20万~200万元的进行二次竞价。

【招投标专项治理】 2019年,市行政服务中心采取悬挂横幅、制作电子显示屏、网络宣传等方式开展专项治理宣传工作,加大专项治理工作和招投标违法行为查处的宣传力度。开展专项治理排查工作,对市重点招标投标项目、规模500万元以上的工程项目、规模200万元以上的政府采购项目进行梳理和排查。开展工程项目招投标领域营商环境专项整治工作,会同发改、住建、交通、水利等相关行业主管部门对影响营商环境的文件条款进行清理,排查2018年6月以来工程招标项目的招标文件,取消有关对外地企业投标的限制性条款,按上级要求组织交叉检查工作。

(周洁倩)

电子政务

【概况】 2019年,东阳市电子政务办公室完成综合办公平台建设工作,评审电子政务项目73个。深化"最多跑一次"改革,推进政府数字化转型工作,推进政务服务事项网上办、掌上办、跨地区通办,实现217项民生事项100%"一证通办",推进政府治理体系和治理能力现代化。深化"浙政钉"协同应用,至年末,总注册人数11619人,实现钉钉激活率100%,信息完整率100%,在"浙政钉"上线7个微应用。

【网络基础设施及安全工作】 2019年,机房托管服务器36台,有云主机91台,运行平稳。完成APT攻击(网络战)预警及流量分析项目,整合15个部门专网,加强政务外网的安全性。全市70个点位接入视联网,全年开展210次视频会议运维。完成电子政务视联网共享平台系统部署工作。政务外网接入点位107个,延伸到388个行政村(社区),提供一窗受理、E人社、党建教育等服务。

【政府网站管理工作】 2019年，东阳市政府门户网站实时更新市级相关信息，全站每周更新800条信息，日均浏览量84245人次。每季度对全市政府网站、政府信息公开进行检查，根据检查情况进行通报并督促整改。对全市政务新媒体进行清查整合。每季度对政务微信公众号、微博的更新量以及错别字进行通报并督促整改。

【政府数字化转型工作推进】 2019年，东阳市电子政务办公室根据机构改革三定方案，调整维护统一用户平台用户12800余人，划转权力事项库事项1000余项。成立"互联网+政务服务"集中攻坚工作专班，加快推动政务服务事项网上办、掌上办。至年末，东阳市"互联网+政务服务"事项总计2539项，完成网上办事项99.72%，掌上办事项98.74%，跑零次事项96.18%，即办事项78.18%，承诺期限压缩比91.98%。推进大数据平台建设，至年末，大数据平台申请省接口497个，金华市接口431个，向省共享平台调用数据1112余万次，为一窗受理、"无证明城市"改革、教育新生报名等提供数据共享支撑和保障。完成金华市"无证明城市"查询核验系统的事项配置、账号管理、后台数据维护工作。至年末，东阳市开通金华市查询核验系统账号4056个，配置事项231项，流转办件5437条。东阳市数据共享查询平台开通账号533个，提供个人电子材料查询51项、企业电子材料查询52项，数据查询10407次。全省"8+13"政府数字化转型重点项目全部贯通，其中东阳市参与的2个试点项目(基层治理四平台功能提升及多通融合和网络学习空间人人通规模化应用)完成各项试点任务。应用"掌上执法"进行监管，开展"互联网+监管"技术支持工作，负责监管平台的账号开通与"浙政钉·掌上执法"账户激活工作，至年末，开通账号622个，执法人员账号开通率100%，"掌上执法"激活率100%。

(董　滢)

2019年11月22日，东阳市机关事务保障服务中心挂牌成立　(包康轩/摄)

机关事务管理

【概况】 2019年1月14日，撤销中共东阳市机关事务管理局党组；11月22日，东阳市机关事务保障服务中心挂牌成立。1月，原东阳市机关事务管理局(市机关事务保障服务中心)开展文明创建、爱国卫生宣传和志愿者服务活动，开展业务培训和技能比武。加强内控制度建设，做好各项经费协调保障，为市"两会""第二届世界东阳人发展大会"等提供后勤保障服务。

【公房管理】 2019年，原市机关事务管理局(市机关事务保障服务中心)结合现有办公用房资源，通过挪移腾转、局部整合，调剂安排办公用房，统筹保障涉改单位挂牌和基本办公需求。启用吴宁街道东街1号大院。规范办公用房管理，对全市党政机关办公用房进行"回头看"检查。协助象岗小学、沈良小学等4个单位确认房屋建成年份，加快事业单位的不动产登记速度。拆除原市人民医院宿舍危旧房。

【公务用车管理】 2019年，原市机关事务管理局(市机关事务保障服务中心)实行绩效考核，结合出车、出勤、优质服务、安全行车等方面进行考核。不定期在工作群中发送安全驾驶、文明驾驶、车辆保养等知识，组织开展业务能力测试。执行车辆报废购置程序，更换部分老旧车辆，对有行车安全隐患的车辆，坚持应修尽修原则，做到维修有申请、中心有检查、有审核、送修有记录，执行定点维修、定点停放、定点加油等制度，确保车辆安全和保障公务用车需求。

(蒋丹丹)

综　述

【概况】　2019年，东阳市政协召开常委会议4次，主席会议7次。2月27日至3月1日，召开市政协十四届三次会议。加强与各民主党派、市工商联、人民团体和无党派人士的交流沟通，市政协十四届三次会议期间，各党派团体提交团体提案38件，占11.1%；书面发言6篇，占27.3%；上台发言3人次，占42.9%。民进东阳市基层委员会提出的《关于加强老年人群家庭医生签约服务质量的建议》被列为2019年度重点提案，在推进医共体建设中得到采纳吸收。编发多期《东阳政协》，在《联谊报》《金华日报》《东阳日报》、东阳电视台、东阳新闻网等媒体刊登播出新闻报道200余篇，在省政协"同心苑"微信公众号刊登政协要闻12篇。

【文史工作】　2019年，市政协编辑出版《东阳书院》，该书整理各时期东阳书院79所。开展古建筑保护专题视察工作，提出健全考核机制、加大工作力度，加强政策研究、保障保护经费，破解产权问题、落实置换用地等建议。开展省政协文史委《纪念中华人民共和国、人民政协70华诞》三亲史料征集和《浙江文化印记》推荐工作，开展《亲历新中国（1949—1965）》东阳三亲史料征集活动。《东阳市政协推动古建筑保护纪实》在《联谊报》上专题报道，《东阳古建筑"复活"探秘》在省政协"同心苑"微信公众号上推送。

【横店影视"政协委员会客厅"首场活动举行】　2019年6月20日，横店影视"政协委员会客厅"首场活动在腾讯众创空间举行。省政协副主席郑继伟，金华市政协主席陶诚华、副主席邱建中，市政协相关工作人员，省、市两级政协委员，影视公司负责人，导演，制片人，演员等人参加活动。参会人员围绕影视行业存在的热点和难点问题提出意见和建议。横店影视"政协委员会客厅"是省政协第三批集中授牌的38家委员会客厅之一，也是东阳市唯一一家省级委员会客厅。

（张翠翠）

重要会议

【市政协十四届三次会议】　2019年2月27日至3月1日召开。289名政协委员出席，140人列席。政协主席卜亚男代表政协第十四届东阳市委员会常务委员会作工作报告。政协副主席王玉才代表政协第十四届东阳市委员会常务委员会作市政协十四届二次会议以来提案工作情况的报告。委员们列席东阳市第十五届人民代表大会三次会议，听取并讨论市长姚激扬所作的《政府工作报告》及其他报告，围绕市委、市政府中心工作协商议政、建言献策，以提案形式提出意见和建议343件。

会议期间举办大会发言，7名委员上台发言，12名委员即席发言，提交书面交流材料22篇，得到市委、市政府主要领导批示8篇。引导政协委员通过联组讨论、政协提案等方式协商建言，遴选30余条精品协商建议，供党政领导决策参考。协助市政府做好精品提案即提即办工作，严格电动车管理、加快推进警医邮、65岁以上人群免费接种流感疫苗等协商意见得到落实。召开东阳人联谊会（商会）会长、秘书长会议。闭幕会上表彰2019年度先进界别、优秀政协委员、优秀提案领衔委员（团体）和文史工作先进个人。

【市政协常委会议】　2019年，市政协召开常委会议4次。

2月20日，召开十四届八次常委会议。协商讨论政府工作报告（草案）；听取市政府关于市政协十四届二次会议提案办理情况的通报；审议通过市政协十四届常务委员会工作报告（草案）及报告人；审议通过市政协十四届常务委员会关于市政协十四届二次会议以来提案工作情况的报告（草案）及报告人；审议通过关于召开市政协十四届三次会议的决定（草案）；审议通过市政协十四届三次会议议程（草案）；审议通过市政协十四届三次会议日程；审议通过市政协十四届三次会议邀请列席人员范围；审议通过有关人事事项；审议通过市政协第十四届三次会议秘书长、副秘书长名单；审议通过市政协十四届三次会议分组和召集人名单。

2月27日，召开十四届九次常委会议。听取各组讨论情况的汇报；听取政协十四届东阳市委员会副主席建议名单的说明;协商选举办法(草案);协商政协十四届东阳市委员会副主席候选人名单(草案);协商总监票人、监票人名单(草案)。

3月1日,召开十四届十次常委会议。听取各组讨论情况的汇报;审议通过选举办法(草案);审议通过政协十四届东阳市委员会副主席候选人名单(草案);审议通过总监票人、监票人名单(草案)。

6月17日,召开十四届十一次常委会议。审议通过市政协关于调整界别设置的决定;审议通过市政协委员调整名单;审议通过市政协关于调整工作委员会设置的决定;审议通过市政协关于调整专门委员会设置的决定;审议通过有关人事事项。

【市政协主席会议】 2019年,市政协召开主席会议7次。

2月14日,召开十四届十七次主席会议,协商讨论两个工作报告;审议通过市政协十四届八次常委会议议程(草案);审议通过召开市政协十四届三次会议的决定(草案);讨论大会会务有关问题;评选年度先进集体和个人。

2月28日,召开十四届十八次主席会议,讨论决定大会发言先进集体和个人。

3月20日,召开十四届十九次主席会议。通报《关于东阳市政协委员会工作委员会更名的通知》;审议关于调整工作委员会设置的决定草案;审议有关工作委员会主任、副主任任免名单草案;关于调整专门委员会设置的说明;审议有关专门委员会主任、副主任任免名单草案;讨论通过主席、副主席分工;讨论通过2019年度重点工作任务分工方案;讨论通过2019年度专委会调研课题安排;讨论通过2019年度"系列民生"专委会视察活动安排;讨论通过2019年度重点提案;传达金华政协党建、"一村一委员"会议精神。

6月12日,召开十四届二十次主席会议。审议通过有关人事事项;审议通过市政协十四届十一次常委会议议程(草案)。

9月16日,召开十四届二十一次主席会议。讨论通过《东阳市政协"一村一委员"活动经费使用管理办法(暂行)(草案)》;讨论通过《东阳市庆祝人民政协成立70周年文艺晚会方案》;讨论通过《东阳市庆祝人民政协成立70周年文艺晚会组委会名单》;讨论通过《东阳市庆祝人民政协成立70周年书画展开幕式方案》;讨论通过《优化营商环境推进民营经济高质量发展的对策研究》。

11月26日,召开十四届二十二次主席会议。通报金华市纪监委的有关处分决定。

12月2日,召开十四届二十三次主席会议。通报金华市纪监委的有关处分决定。

(张翠翠)

政治协商和参政议政

【界别活动】 2019年,市政协开展界别活动60余次,参与委员2000余人次,参与群众30000余人次,收集意见和建议500余条。以"走亲联心、聚力同行"为主题,发动19个界别近300名政协委员和部分列席人员到镇乡街道开展便民、利民服务活动。经济界开展"助企扶企政策宣讲、产业发展建言献策"活动,到经济开发区宣传惠企政策。教育界调研民办教育和学前教育,为破解教师招聘难、幼儿入园难建言献策。医卫界到四川省理县看望结对帮扶医生,加强医疗技术指导。农业界开展拆后重建、香榧产业发展等专题视察并提出对策建议。特邀界组织委员到歌山镇俞黄村开展义诊、法律咨询、政策宣讲、安全教育等公益服务活动。妇联界帮助山区茶农推销茶叶、开拓市场,提出开发茶保健品、做活茶经济等建议。宗教界向江北街道的小区、村庄赠送医疗急救箱,提供医疗急救保障。

【"一村一委员"工作】 2019年,市政协围绕城乡生活垃圾分类处理、农村文化礼堂建设、农村人居环境提升等民生热点,依托"一村一委员"工作临时党支部,发动金华市、东阳市309名政协委员和部分列席人员到联系乡镇调查群众满意度,开展政策宣传、村况调查、民情反馈、结对帮扶等活动。

【"请你来协商"活动】 2019年,市政协以8个专委会为单位,聚焦人才引进、小微园建设、社会救助体系建设、智慧城市建设、农民饮用水达标提标、"四好农村路"建设等党政要事和民生实事,开展"请你来协商"活动6次。将拓宽人才信息对接渠道、加快环评审批流程、统筹配置社会救助资源、推进绿波通行、核定新建农村集中供水水厂的水价收缴标准、修缮农村公路桥梁等协商成果转化为政策措施。

(张翠翠)

视察与监督

【概况】 2019年,市政协以专委会为单位,专题视察土地开发利用、污水处理工程项目、东阳籍人才、农村公路、城市管理体制、古建筑保护等问题,提交《关于我市土地开发利用工作的思考与建议》《关于歌山镇污水处理工程项目情况的调研报告》《关于进一步做好东阳籍人才文章推动内外东阳人联动发展的调研及对策建议》《东阳市农村公路调研报告》《关于我市城市管理体制机制的调研报告》《关于古建筑保护工作的视察意见》等视察成果。

【"农村饮用水达标提标"视察活动】 2019年9月11日,市政协组织"农村饮用水达标提标"视察活动,召开"请你来协商"专题会议。专题协商前,与会的政协委员、行业专家、群众代表以及相关负责人到东阳市第二自来水厂扩容工程现场进行视察,听取工程详情和进展介绍。会上,市水务局负责人对全市农村饮用水达标提标工作情况进行汇报。

(张翠翠)

提案和社情民意

【提案工作】 2019年,市政协健全完善提案征集、重点提案遴选、交办督办、二次办理等机制。遴选《关于在乡村振兴战略下加强我市农村道路建设的建议》《培育壮大横店数字影视产业 助推数字经济“一号工程”》等10件重点提案，由市政府分管副市长领办，市政协分管副主席督办。举办《引导大学生返乡就业创业的建议》提案情景办理会。开展十四届政协一次会议以来部分重点提案办理情况“回头看”，督查《在乡村振兴战略下加强农村道路建设的建议》《加快农房集聚区建设的建议》等8件重点提案办理承诺事项落实情况，巩固办理成果。

【提案情景办理会】 2019年8月13日，市政协召开十四届三次会议提案情景办理会，对提案《引导大学生返乡就业创业的建议》进行情景办理，邀请市民代表、职能部门领导和提案委员等参加。针对制约大学生返乡就业创业主要存在信息发布渠道不畅通，导致就业信息不对称、补助帮扶政策受益面不广等问题，职能部门负责人、提案委员和大学生代表进行互动交流，提交各类协商建议23条，在相关党政文件中得到采纳吸收。

【社情民意】 2019年，市政协向金华市政协和市委报送社情民意26条，《完善育儿服务机制 提升育龄妇女生育意愿》《中小企业“减税降费”政策红利获得感不强，建议出台更具针对性措施》等多条社情民意得到采纳或向上级政协转报。

2019年东阳市政协十四届三次会议重点提案一览表

表10

案　由	领衔委员(团体)	主办单位	会办单位
外卖食品监管问题	蒋　英	市市场监管局	—
关于培育壮大横店数字影视产业，助推数字经济“一号工程”的建议	厉小兰	影管委	市文广旅体局
关于在乡村振兴战略下加强我市农村道路建设的建议	共青团界	市交通局	市财政局
关于加强老年人群家庭医生签约服务质量的建议	民进东阳市基层委员会	市卫健局	市医保局 市委宣传部
关于加快农房集聚区建设的建议	卢秀忠	市住建局(治危办)	市自然资源和规划局 市国资办(城投) 横店镇
关于创建东阳婺州窑文化旅游示范基地的建议	文艺新闻出版界	市文广旅体局	市财政局 市发改局 市自然资源和规划局
关于我市大学生返乡就业创业问题的研究与思考	张晶颖	市人力社保局	—
扶持民营企业发展，加快有关政策落地	王　权	市经信局	市税务局 市金融办 市自然资源和规划局
推动“智慧城管”建设提升城市管理水平	马余芳	市综合行政执法局	市财政局
关于禁止环保督查“一刀切”的建议	金庆杰	生态环境局东阳分局	—

（张翠翠）

纪检监察

综　述

【概况】 2019年，市纪委、监委把党的政治建设摆在首位，深化纪检监察体制改革，加大监督执纪问责和监督调查处置力度，持续正风肃纪，惩治腐败，进一步推进党风廉政建设和反腐败工作。

市纪委、监委搭建“四个一”▲学习平台，结合“不忘初心，牢记使命”主题教育，查摆整改短板弱项72个，形成调研报告9篇。选聘首届特约监察员21名，主动接受社会监督。核查纪检监察干部问题线索16件，处理12人，其中党纪立案1人，诫勉2人。

▲“四个一”学习平台：读好一张报纸，即《中国纪检监察报》；用好一个网络平台，即学习强国；办好一个论坛，即纪检监察论坛，每月举办一次；开展一次业务学习竞赛，组织全体干部认真学习《纪律检查机关监督执纪工作规则》等党纪法规，年终组织一次闭卷测试。

【纪检监察体制改革】2019年，市纪委、监委深化派驻机构改革，推行重点项目监督“三书一函”▲制度，处置问题线索357件，党纪政务处分43人，组织处理6人。推进市属国有企业纪检监察体制改革，明确领导体制，健全工作机制。

▲“三书一函”制度：即重点项目监督《亲清政商关系告知书》《干净干事承诺书》《廉政风险评估书》《监督建议函》。

（蒋航经）

重要会议

【中共东阳市第十五届纪律检查委员会第四次全体（扩大）会议】 2019年2月20日，中共东阳市第十五届纪律检查委员会第四次全体（扩大）会议召开。全会全面贯彻落实党的十九大精神，按照十九届中央纪委三次全会、省纪委十四届四次全会、金华市纪委七届四次全会和市委十五届五次全会部署，回顾总结2018年纪检监察工作，研究部署2019年任务。金华市副市长、东阳市委书记黄敏发表讲话。全会通过市委常委、纪委书记、监委主任胡勇春代表市纪委常委会作《忠诚履职尽责、主动担当，推动新时代纪检监察工作高质量发展》的工作报告。

【全市领导干部廉政教育大会】 2019年11月28日，全市领导干部廉政教育大会召开。500余名与会人员观看金华市纪委金华市监委拍摄的警示教育片《痛定思痛——东阳市系列腐败案件警示录》，金华市委常委、纪委书记、监委主任郎文荣应邀到会作廉政教育专题报告。

（蒋航经）

监督检查和审查调查

【政治监督】 2019年，市纪委、监委加强对上级重大决策部署贯彻落实情况的监督检查，查处不担当、不作为的党员干部102人，党纪政务处分13人；查处违反政治纪律问题7起，党纪政务处分5人。对某有限公司超大

2019年11月28日，全市领导干部廉政教育大会召开　（市纪委提供）

体量新增违建厂房问题开展倒查追责,处理党员干部13人。对38家部门单位和镇乡街道全面从严治党主体责任落实情况开展监督检查,督促整改问题49个,约谈党员干部43人。

【日常监督】 2019年,市纪委、监委推进纪律监督、监察监督、派驻监督、巡察监督有机衔接、协调联动。全市纪检监察组织共处置问题线索967件;运用"四种形态"处理842人次,其中第一、第二、第三、第四种形态分别占70.19%、18.29%、3.09%、4.87%。回复党风廉政意见139人次。澄清8名干部和3家单位的有关问题。

【信访工作】 2019年,市纪委、监委开展纪检监察信访"百日攻坚"专项行动,建立全委办信和片区联动办信机制,办结初信初访344件,重复信访139件,一大批重复举报件得到有效化解。

【审查调查】 2019年,全市各级纪检监察组织共立案271件。其中,乡科级干部34件,同比增长277.78%;党纪政务处分203人;移送司法机关14人,同比增长27.27%。对17名被调查人采取留置措施,追缴违纪违法款9438.65万元。查处市烟草专卖局原局长吴某、市人民法院原党委委员葛某、市总部中心办公室原副主任陈某、市自然资源和规划局原党委委员程某、千祥镇原党委委员、派出所所长叶某和金华市纪委市监委指定管辖的武义县王宅镇原党委书记傅某、武义县俞源乡原乡长邵某等案件。其中,市烟草专卖局原局长吴某案是东阳市纪委成立以来,查办的涉案时间跨度最长、涉案资金最多的典型腐败案件,得到省纪委、金华市纪委肯定。

(蒋航经)

作风建设

【概况】 2019年,市纪委、监委开展"清风"系列行动,整治领导干部利用红木等名贵特产特殊资源谋取私利问题,开展公款消费、违规发放津补贴和福利问题专项检查。查处违反中央八项规定精神问题34起38人,通报曝光典型案例21起45人,清退违规资金235.87万元。动态监督"基层减负年"工作落实情况,市本级发文、办会、检查考核数比上年下降35.66%、40.66%、60.56%。开展"三清理一规范"专项行动,建立动态抽查核实工作机制,分类处置党员干部42人,清退违规收益520万元,退出、转让股金517万元。

【"烟票"整治】 2019年,市纪委、监委整治领导干部收送"烟票"和卷烟经营户印制、销售、回购"烟票"等行为,查处收送"烟票"的党员干部31人,收缴违纪款80.5万元,查扣违规资金1900余万元,查获"烟票"凭证2100余张,处理卷烟零售店40余家。

(蒋航经)

廉政教育

【概况】 2019年,市纪委、监委开展"以案为鉴""警示教育月""树清风扬正气""共庆70华诞·建设清廉东阳"4个专题教育活动,排演大型廉政婺剧《东阳马生》,拍摄警示教育片《失衡的天平》,举办廉政微视频、书法美术作品大赛。微视频《为廉者,雕也》获浙江省首届"玉琮杯"清廉微电影大赛铜奖和最佳制作奖。

【全市领导干部警示教育大会】 2019年5月21日,全市领导干部廉政教育大会召开。500余名与会人员观看《以案为鉴警钟长鸣——党的十九大以来我省查处的违纪违法领导干部案件警示录》和《迷失的实心——东阳江镇原农办副主任徐杏元案剖析》警示教育片。市委书记傅显明作警示教育讲话。

(蒋航经)

巡察工作

【概况】 2019年,市委开展第3轮市委巡察,巡察乡镇部门党组织26家,发现问题1050个,整改问题945个,处理党员干部183人,其中党纪政务处分10人,移送司法机关1人,清退追缴违规资金210万元。开展农房安置、国有资产管理和国有企业体制机制运行等重点领域专项巡察工作,向市委提交专题报告9份。

【村居巡察】 2019年,市委推动巡察力量下沉,每轮巡察至少向下延伸2-3个村(居)或基层站所,做到信访反映比较突出的优先、问题比较突出的优先、组织力欠缺的优先"三优先"。全年巡察党组织152个,发现问题1054个,整改问题969个,党纪政务处分16人,清退追缴违规资金564.91万元。

(蒋航经)

基层治理

【概况】 2019年,市纪委、监委开展"村干部整治立规创优年""农村基层侵害群众利益问题专项整治"等行动,会同市委组织部制定"八个一律"▲纪律规定,立案查处农村党员干部165人,其中村两委干部34人,村主职干部20人。协助市委处置江北街道湖沧小区、城东街道斯村和雅溪村历史遗留疑难问题,批评教育21人,党纪政务处分6人,移送公安机关3人。制订《小微权力清单37条》,会同有关部门开展农村集体"三资"管理改革试点,加强对农村基层小微权力监督。

▲"八个一律":即对不履行民主决策程序,擅自决定实施"三重一大"事项;侵占或违规处置集体"三资"、涉农资金、扶贫资金;村干部及其直系亲属承揽、插手或变相参与本村工程项目等八个方面顶风违纪违规的村居干部,一律先予歇职停职,后予处理。

【扫黑除恶】 2019年,市纪委、监委健全与政法机关会商协作机制,查处涉黑涉恶腐败和"保护伞"案件3起,处理83人。做好陈元宝涉恶集团案件后续处置工作,处理党员干部75人,其中党纪政务处分19人;督促市机关部门、各镇乡街道和村级组织分层次开展"以案促改"系列活动,筑牢思想防线。

(蒋航经)

民主党派

中国国民党革命委员会东阳市基层委员会

【概况】 2019年,中国国民党革命委员会东阳市基层委员会(简称东阳民革)发展党员4人,至年末,有党员110人。党员中有金华市人大代表1人,金华市政协委员1人,东阳市副市长1人,东阳市人大代表2人(其中常委1人),东阳市政协委员13人(其中副主席1人、常委2人)。其中98.2%的党员具有大学及以上学历,88.5%的党员具有中高级及以上职称。"东阳民革"微信公众号全年发布信息15期,总阅读量19380余人次,期均阅读量1300余人次。

【民革组织建设】 2019年2月26日,召开民革东阳市基层委二届第一次党员代表大会,增补包珊为民革东阳市基层委员会第二届委员会委员。5月,对支部进行调整,由原有的8个支部调整为企业一支部、企业二支部、企业三支部、机关支部、教育一支部、教育二支部、卫健支部、综合支部、磐安支部9个支部(其中磐安支部于9月30日升格为民革金华市委会直属支部)。8月20日,民革金华市第十三次代表大会召开,主委卢海岩当选为民革金华市委会第八届委员会委员。12月18日,金华民革成立企业家联谊会,主委卢海岩当选为金华民革企业家联谊会会长。12月2日,东阳民革党员之家被中国国民党革命委员会中央委员会授予"全国优秀民革党员之家"称号。企业一支部被民革浙江省委会授予"民革示范支部"称号。

【民革参政议政】 2019年,东阳民革提交《关于加快我市职业教育发展》《关于建立文明城市管理长效机制》《关于进一步加大农村古建筑群保护的建议》等团体提案10件,党员中的人大代表、政协委员提交个人建议和提案18件。11月26日,主委卢海岩在民革浙江省委会召开的2019全省参政议政研讨会暨"同舟·经济圆桌论坛"上就《建立健全容错纠错机制,激励干部担当作为》的提案作交流发言。王桂跃、韦莉莉被东阳市人大常委会评为人大代表履职先进个人,胡康莉被政协东阳市委员会评为优秀政协委员,施良苗获东阳市政协十四届三次会议大会发言三等奖,卜卫良、郭华民被政协东阳市委员会评为2019年度一村一委员先进工作者。

【民革组织活动】 2019年1月28日,东阳民革通过节日慰问老党员、举办茶话会等形式关爱老党员。3月7日,邀请党员中的妇科专家单小兰为女党员开展"关爱女性健康"专题讲座。9月11日,开展慰问黄埔抗战老兵活动。民革党员中的人大代表、政协委员到基层开展"三服务"活动,走访城东街道、南马镇、画水镇等10个镇乡街道,走访农户368户、企业83家。

【民革社会服务】 2019年4月14日,东阳民革为"同心·实践基地"——湖溪镇象田村捐资3万元,协助该村开

2019年9月11日,民革东阳市基层委员会主委卢海岩(右二)等慰问7名黄埔抗战老兵 (东阳民革提供)

展环境整治和村庄的洁化绿化美化亮化工作，培育生态休闲农业观光旅游，为该村精品民宿的建设提出意见和建议。5月31日，组织党员中的律师到吴宁一小等学校开展“法律思维、伴我成长”的法律进课堂活动，为小学生们讲解法律知识；组织党员到东阳市复夏小学支教，为学校送去学习用品和书籍等；为虎鹿镇三星村的贫困大学生送上慰问金和学习用品。6月，组织党员中的医生到虎鹿镇卫生院举行走基层关爱农村群众义诊活动。10月，为“同心·实践基地”——三单乡庙后村解决香榧滞销难题。东阳民革法律援助工作站开展维权法制宣传和法律援助活动，为困难群众免费提供法律援助。

【民革交流考察】 2019年，东阳民革接待民革四川省委会、民革河南省委会、民革郑州市委会、民革省直杭电支部、民革省“三农”专委会等组织16批、168人次。2月19日，浙江省政协副主席、民革浙江省委会主委吴晶带队到东阳民革调研，进行主题教育宣讲。5月25日，全国政协常委、副秘书长、民革中央副主席兼秘书长李惠东，全国政协常委、浙江省政协副主席、民革浙江省委会主委吴晶，浙江省政协常委、副秘书长、民革浙江省委会专职副主委刘净非等20余名民革中央、浙江省、金华市领导到东阳民革考察并指导主题教育活动。11月14日，东阳民革开展“不忘合作初心，继续携手前进”主题教育活动，邀请金华市政协副主席、民革金华市委会主委荣安华，金华市政协副秘书长兼提案委主任万晨曦举行主题教育宣讲和如何提升参政议政水平的专题讲座。组织企业一支部党员到河南省洛阳民革、郑州民革交流学习，与洛阳民革西工支部缔结友好支部。

（陈祥鹏　施良苗）

中国民主同盟东阳市基层委员会

【概况】 2019年，中国民主同盟东阳市基层委员会（简称东阳民盟）发展盟员5人，至年末，有盟员133人。全年组织盟员参加暑期读书会、专题学习会等各类学习活动21人次。编印第二十一期《东阳盟讯》，刊物宣传盟员6人，“东阳民盟”微信公众号全年推送消息40篇，阅读数2万余次，被《金华民盟》《东阳日报》等媒体报道28次。

东阳民盟获金华市2019年县市区盟务工作先进集体、2019年金华市参政议政工作先进集体、2019年金华市思想建设先进集体、2019年金华市级示范基层组织、金华市级五星级盟员之家等称号，教育二支部获金华市级特色基层组织，教育一支部和教育二支部获“2019年东阳民盟先进支部”称号。胡龙品获评金华民盟榜样人物，周晓玫获评金华民盟参政议政先进个人，范赛红、王宇燕、李倩倩、陈懿莉、吴江峰、韦参、徐义芳7名盟员获评东阳民盟榜样人物。

【民盟参政议政】 2019年1月31日，东阳民盟在“盟员之家”召开2019年度首次参政议政专题会议，部署2019年参政议政工作。东阳民盟向市政协提交大会团体提案9件，委员个人提案13件。在政协东阳市十四届三次会议上，张巍代表东阳民盟所作的大会发言《一言一行显素质　举手投足皆文明》获一等奖，郑婷的即席发言获二等奖，李倩倩的书面发言《强“筋”通“脉”，再展东阳教育雄风》获三等奖。6月14日，调研组到实验小学、吴宁一中实地调研，与市教育局、市卫健局等相关部门领导进行座谈交流。调研报告《加强儿童青少年近视防控刻不容缓》以党派直通车形式递交市委书记并得到批示。6月19日，民盟金华市委会“民营经济高质量发展”专项民主监督团到东阳市开展“用工和人才引进”专题调研。1—11月，东阳民盟上报社情民意信息10件，其中被民盟省委会采用2件。

【民盟组织建设】 2019年3月14日，民盟东阳市基层委员会九届十一次全体（扩大）会议在“盟员之家”召开，表彰2018年各类先进集体和个人，总结2018年工作，讨论落实东阳民盟2019年工作。4月29日，在“盟员之家”举行新盟员入盟仪式暨入盟积极分子盟史培训会。6月11日，东阳民盟第七个支部——综合支部在“盟员之家”成立。6月14日，东阳民盟九届十二次全体（扩大）会议召开，会议总结上半年工作，部署近期工作安排。

【民盟社会服务】 2019年1月19日，东阳民盟联合中国狮子联会浙江百合服务队到巍山镇甲坵村开展“送医送药送文化下乡”活动，现场提供书写对联、义诊等服务。3月12日，机关支部开展“手植一棵树　心留一片绿”植树活动。3月22日，机关支部盟员开展巡河护河志愿活动。教育三支部到南马镇安恬村开展垃圾分类宣传和指导工作。6月6日，东阳民盟“烛光行动·春蕾同心实践基地”第九次活动在春蕾学校金村校区举行。8月24日，企业支部到千祥镇岭脚村为结对的孤儿黄华东送去开学助学金、生活和学习用品。医卫支部在千祥镇创建“民盟同心·名医服务站”。11月23日，东阳民盟医卫支部的盟员专家在南马镇绕川村开展“防控糖尿病，保护你的家庭”“防艾滋病宣传”等活动，赠送价值2000元的药品。

【盟务活动】 2019年4月5日，东阳民盟组织盟员参加第二届象田花间彩虹跑。4月27日，组织盟员参加第三届东阳市统一战线“同心·趣味运动会”。6月14日，组织盟员到实验小学、吴宁镇中调研青少年近视防治工作。7月27—28日，组织盟员“追寻足迹，不忘初心”赴徽州学习考察活动。10月24—25日，退休盟员到杭州市、嘉兴市参观浙江盟史馆和嘉兴南湖革命纪念馆，开展主题教育学习活动。10月20日，民盟东阳市基层委员会第六届趣味运动会在吴宁镇中举行。10月28日至11月3日，民盟金华市委会“民盟三贤”图片巡展在东阳市图书馆展出。

【“阳光家园”公益活动】 2019年12月5日，东阳民盟“党盟共建、关爱留

2019年4月27日，组织盟员参加第三届东阳市统一战线“同心·趣味运动会”　　（东阳民盟提供）

守儿童暨‘阳光家园’公益活动”启动仪式在吴宁四校举行。金华市政协副主席、民盟金华市委会主委胡锦全、民盟金华市委会专职副主委朱雅玲等领导参加活动。东阳民盟教育一支部针对留守儿童问题、学生心理健康问题，与吴宁四校党支部共同创建“阳光家园”实践活动基地。建立家校沟通服务队，邀请心理教育专家做专题讲座，结合家长、学校和心理健康教育热点，由盟员和党员教师共同关注留守儿童，帮助留守儿童家庭，为他们答疑解惑。

（胡龙品）

中国民主建国会东阳市基层委员会

【概况】 2019年，中国民主建国会东阳市基层委员会（简称东阳民建）下设7个基层支部，全年发展会员3人，至年末，有会员100人。会员中有金华市人大代表1人，东阳市人大常委1人，东阳市政协常委3人，东阳市政协委员12人。在“纪念改革开放40周年主题征文活动”中，会员郑军训撰写的《犁破坚冰维时局，鹏抟鲲鱼赞中兴》获民建中央优秀作品。会员何红兵设计并制作的竹编——“缤纷竹编圆盘”在第十四届中国木雕竹编工艺美术博览会工艺美术作品创作大赛中获金奖。

【民建参政议政】 2019年，东阳民建提交团体提案1件、个人提案议案20余件，涉及经济建设、文明城市创建、医疗改革、教育事业发展等内容。杜文康撰写的《关于支持金华横店民航运输机场规划申报的建议》被评为东阳市政协优秀提案。吴群刚被评为金华市人大2018年度优秀履职代表、东阳市2018年度优秀政协委员。楼向南被评为东阳市2018年度优秀政协委员。在东阳市政协第十四届三次会议大会上，李玉鹏的《打造我市古建文化旅游的“金名片”》被评为大会发言二等奖，陈宵的《关于我市城区生活垃圾分类处理的建议》、马余芳的《推动“智慧城管”建设，提升城市管理水平》被评为大会发言三等奖。选举代表参加中国民主建国会金华市第十一次代表大会、东阳市第十五届人民代表大会第四次会议、民建金华市委会主办的关于《下半年宏观经济形势分析及科创板对企业金融影响》经济主题报告会与“全市工业强市大会精神”学习会。东阳民建会员代表参加民建金华市委会召开的参政议政骨干座谈会。组织开展“民营经济高质量发展”专项民主监督活动。

【民建社会服务】 2019年，东阳民建联合东阳广电台、红十字救援队开展“爱心冰柜”公益活动，捐赠爱心款5000元，在市区金玉巷136号、东永路6号、南市路109号、南街48号、中山路225号设置“爱心冰柜”，为环卫工人、建筑工人、外卖小哥等户外劳动者免费提供饮用水。会员何红兵与玉林师范学院、北京林业大学和郑州轻工业大学等高校合作推广非遗文化传承。开展“心系平安·走进消防”慰问活动，向市消防大队赠送毛主席书法长征诗竹编作品。组织会员到南马镇华西村双桐自然村看望为营救落水群众牺牲的消防员吕挺的父母，送上慰问金5000元。

【民建交流活动】 2019年1月22日，东阳民建组织会员到佐村镇塘丘村开展“美丽乡村行”调研活动。到陕西省延安市、西安市等红色革命基地开展考察培训活动。4月27日，组织会员参加第三届东阳市统一战线“同心·趣味运动会”。参加民建金华市委会庆祝新中国成立70周年暨金华民建成立60周年纪念大会。

（郑军训）

中国民主促进会东阳市基层委员会

【概况】 2019年，中国民主促进会东阳市基层委员会（简称东阳民进）发展会员5人，至年末，有会员43人，其中女会员22人、男会员21人。设主委1人、副主委3人、委员3人。会员中有浙江省第十三届人大代表1人，金华市第七届人大代表1人，政协东阳市第十四届委员7人、列席委员5人；民进中央文化艺术专委会委员1人，民进金华市委会专门工作委员会委员6人。10月8日，主委楼红霞被中国民主促进会中央委员会授予“民进全国组织建设先进个人”称号。

【民进参政议政】 2019年，在浙江省和金华市“两会”上，会员徐志鹰作为省、金华市人大代表参会，分别向大会提交《关于打造浙江工艺美术强省的建议》和《关于要重视木雕红木家具行业环保整治的建议》。在东阳市“两会”上，东阳民进7名会员参加政协会议，5名会员列席政协会议。东阳民进向大会提交《关于深入推进江滨景观带建设的建议》《关于加快推进我市公交进入移动支付新时代的建议》《关于加强电动车交易管控的建议》《关于加强老年群体家庭医生签约服务质量的建议》和《关于进一步推进我市城乡教育均等化的几点建议》5件团体提案，会员提交个人提案7件。副主委徐爱民的大会发言《做到“最多跑一次”改革的全覆盖》、支委陈锦阳的大会发言《关于打造东阳旅游特色纪念品的几点建议》被评为大会发言二等奖。主委楼红霞的个人提案《关于因地制宜推进我市城区垃圾减量化处理的建议》和副主委徐爱民的个人提案《高铁新城建设如何集聚人气》获2018年度市政协优秀提案。团体提案《关于加强老年群体家庭医生签约服务质量的建议》列为2019年度市政协重点提案。8月14—15日，楼红霞、徐爱民、单钻峰、周卫国、吴晨辉、王宇辉作为代表参加中国民主促进会金华市第五次代表大会。

【民进社会服务】 2019年1月27日，东阳民进组织会员到佐村镇斯光村开展“春联万家”暨“同心·送温暖”活动，邀请5名书法家协会大师和吴宁镇中老师参加，现场为村民书写春联100余幅、斗方400余个，为该村居家养老服务中心送出慰问金5000元。7月14日，组织会员到佐村镇斯光村开展“走亲联心·聚力同行”主题活动，邀请市农业农村局、市文广旅体局、市“美丽乡村”建设指导组相关领导和专家参加。9月10日，东阳民进到白云初中开展“同心同行共成长”同心·实践基地建设座谈交流活动，围绕如何多样化建设同心·实践基地，助推打造东阳教育高地进行探讨，为白云初中送去爱心助学款2万元及乒乓球、羽毛球等运动器材。

【民进交流活动】 2019年3月9日，东阳民进组织女会员开展以“走老街、访古宅、学插花”为主题的“三八”妇女节活动。4月27日，组织会员参加以“同心追梦·献礼祖国”为主题的东阳市统一战线第三届“同心·趣味”运动会，获团体三等奖。5月11—12日，组织全体会员和积极分子到湖州市安吉县天荒坪镇余村和横山坞村目莲坞自然村参观学习，与民进安吉县基层委员会进行座谈。5月17—18日，东阳民进在全省基层组织活动场所建设推进会上作典型发言，分享组织建设心得体会。8月2—3日，民进嘉兴市秀洲区基层委员会一行到东阳市开展基层组织建设情况学习考察交流活动。10月22日，民进浙江省委员会调研组一行到东阳市专题调研医共体建设情况。12月25—29日，东阳民进组织全体会员到重庆市开展红色之行活动。

（吴晨辉）

2019年1月27日，东阳民进组织会员到佐村镇斯光村开展“春联万家”暨“同心·送温暖”活动 （东阳民进提供）

中国农工民主党东阳市委员会

【概况】2019年，中国农工民主党东阳市委员会（简称农工党市委会）发展党员10人，至年末，东阳市有农工党党员171人，党员中有金华市政协委员3人，其中常委1人，金华市人大代表1人；东阳市政协委员10人，市政协常委3人，东阳市人大代表1人。3月，农工党市委会与安徽省繁昌县农工党总支缔结友好组织关系。

【农工党参政议政】 2019年，农工党市委会在金华市“两会”提交提案7件，建议3件；在东阳市“两会”提交提案37件，建议1件。蒋英提交的《关于规范小微企业健康发展的建议》获金华市人大优秀代表建议。卢秀忠的《关于加快农房集聚区建设的建议》和蒋英的《外卖食品监管问题》入选市政协重点督办提案。蒋英《外卖食品监管问题》的发言和叶寄生《严格电动车的管理》的发言获大会发言二等奖。蒋英、叶寄生被评为东阳市优秀政协委员。蒋英的《关于振兴乡村的几点建议》《关于加大对未成年人犯罪预防和制约的建议》等6篇社情民意信息被农工党浙江省委会和金华市政协采用。市政协农工界到基层开展农村“三服务”活动，卢秀忠被评为“一村一委员”先进工作者。

【农工党组织建设】 2019年5—6月，农工党市委会机关、直属、经济科技、东阳中学、东阳二中、人民医院一、人民医院二、人民医院三、医务、联合10个支部委员会完成换届选举。6月，教育支部成立。12月16日，蒋国威当选第七届农工党市委会

2019年9月29日,农工党市委会到南马镇前山头村举办献礼70华诞大型义诊活动 （农工党市委会提供）

主委。直属支部被农工党金华市委会评为2019年度先进基层组织。机关支部、人民医院一支部、教育支部被评为东阳市先进基层组织。

【农工党社会服务】 2019年春节前夕,农工党市委会到佐村镇石桥村和西营村慰问贫困户10户。5月,成立健康农工志愿服务队,全年开展志愿活动5次。"六一"前夕,组织党内医疗专家到市特殊教育学校为学生开展义务体检和传染病筛查工作。直属支部结对帮扶佐村宅口小学,为孩子们送上校服并给他们上普法课。11月,农工党市委会联合市政协医卫界、市政协农工界开展"不忘合作初心、携手特殊教育"主题心理健康服务周活动,举办心理健康知识讲座,向市特殊教育学校捐献心理健康书籍,为教职工进行心理检测。12月,动员全市党员购买贵州大方县扶贫农产品1.5万元。吴伟强为白云初中捐资5万元支持学校发展。

【纪念建国70周年系列活动】 2019年8月,农工党市委会组织全市农工党党员到市美术馆参观"共庆70华诞·建设清廉东阳"廉政书画展,开展廉政教育工作。直属支部、人民医院三支部和医务支部联合重走东磐路,接受爱国主义教育。9月29日,农工党市委会组织党员参观南马镇前山头东磐支队旧址,开展大型义诊活动,为老百姓举办医疗知识讲座,赠送价值6000余元的医疗药品。10月1日,农工党市委会组织全市党员举办"庆国庆"活动。

（蒋君霞）

九三学社东阳市支社

【概况】 2019年,九三学社东阳市支社(简称东阳九三学社)发展社员3人,预备社员3人,入社积极分子12人,至年末,有社员32人,其中高级、中级职称28人,占87.5%;金华市第七届人大代表2人;政协第七届金华市委员4人、常委1人;政协第十四届东阳市委员5人、常委3人;东阳市青联委员2人、常委1人。东阳九三学社全年召开班子会议、社员会议30余次,组织专题学习会5次、专题调研8次,举办读书会1次,组织社员到杭州市、金华市等地培训28人次。在"九三学社东阳市支社"等微信公众号上发布信息30余条,上报九三学社浙江省委员会、九三学社金华市委员会、市委统战部、市政协信息14条,在《东阳日报》、东阳电视台、浙江新闻客户端发表支社活动信息12篇。

12月23日,东阳九三学社被九三学社浙江省委会评为"2019年度先进基层组织";主委徐巧英被评为浙江省参政议政先进个人;副主委舒理建被评为九三学社浙江省优秀社员。调研报告《关于进一步推进中国横店影视产业持续健康发展的几点建议》被评为九三学社浙江省委员会优秀参政议政成果一等奖。东阳九三学社被九三学社金华市委员会评为"五星级支社"。

【九三学社参政议政】 2019年,东阳九三学社在金华市"两会"期间提交金华市人大建议2件、政协提案5件;在东阳市"两会"期间提交东阳市政协提案5件。《关于推进影视文化产业持续健康发展的建议》被用于全国政协十三届二次会议九三学社中央集体提案和省政协十二届二次会议社省委集体提案,获九三学社浙江省参政议政优秀成果一等奖。《关于打造科创平台,实现"共享制造"的建议》被评为金华市政协优秀提案。2月26日,东阳九三学社向九三学社浙江省委会提出《关于实施药品原辅包登记制度后对医药行业的影响分析及对策建议》,围绕药品研发生产企业的部分原料药因法规冲突导致无法在国内及时上市、国内药品制剂生产商无法获得急需的原料药等问题开展调研,提出建议。7月15日,国家药监局采纳相关建议,发布《关于进一步完善药品关联审评审批和监管工作有关事宜的公告》,明确原料药、药用辅料、直接接触药品的包装材料和容器与药品制剂关联审评审批和监管的有关事宜。8月26日,新修订的《中华人民共和国药品管理法》经十三届全国人大常委会第十二次会议通过,采纳东阳九三学社提出的第一条“尽快修订完善药品管理相关法律法规”的建议，从法律层面理顺药品生产企业遵循的研发、注册、生产、销售、补充申请等工作原则，惠及全国407家企业。

【九三学社民主监督】 2019年，社员马康被任命为“金华市村干部作风建设监督员”，舒理建被聘为东阳市监察委第一批特约监察员。4月12日，马康、楼利民参加东阳市人大组织的“最多跑一次”改革民主监督活动。5月14日，马康参加金华市人大对磐安县“水环境保护条例”的执法检查。5月15日，马康参加中共金华市委组织部组织的“村干部整治立规创优年”督查活动。8月5日，马康、楼利民参加东阳市人大“进一步优化营商环境”的督查活动。10月21日，马康、楼利民等社员参加东阳市人大组织的“医共体”建设工作视察等活动。

【九三学社社会服务】 2019年1月30日，东阳九三学社组织书画家开展“送春联下乡”活动，为马宅镇雅坑村村民现场书写春联，送出春联600余幅。8月18日，葛康康、卢敏华、金正跃等医生社员到歌山镇俞黄村参加由市委统战部组织的义诊活动，为市民提供服务。组织社员以及相关领域专家到马宅镇雅坑村调研指导古村落保护和“美丽乡村”建设工作。联系中科院院士沈宝根专家团队为东阳市相关企业开展技术指导服务。

2019年2月9日，九三学社东阳市支社爱国民主科学座谈会召开

（东阳九三学社提供）

社员马康被九三学社金华市委员会评为“社会服务先进个人”。

【九三学社交流活动】 2019年2月9日，东阳九三学社举办第二届“爱国民主科学”座谈会，邀请30余名东阳籍九三学社社员参加，九三学社中央委员、浙江省林业局巡视员吴鸿，九三学社中央青工委副主任、中国科技大学教授陆朝阳等为东阳市经济社会发展提出意见和建议。4月2日，东阳九三学社联合团市委、市科协、东阳中学、创联会等部门单位在东阳中学报告厅举办科普知识讲座，邀请中国科学院物理研究所研究员曹则贤给东阳中学500余名同学做题为《科学家是怎样工作和生活的》讲座。4月29日，组织12名新社员及积极分子参加九三学社金华市委会组织的新社员入社仪式。8月6—10日，东阳九三学社组织第四届科技夏令营活动，骨干社员带领学生营员到北京市参观考察中国科学技术馆、中国人民革命军事博物馆、中国国家博物馆、清华大学等地，开展爱国主义教育。9月7日，联合杭州市滨江区、江干区基层委员会组织社员参观主题为“共庆70华诞，建设清廉东阳”的廉政书画展览。全年接待10余个全国各地九三学社组织到严济慈陈列馆参观学习，接待社员800余人次。

（马　康）

群众团体

东阳市总工会

【概况】 2019年,东阳市建立独立基层工会164家,吸收工会新会员7362人。至年末,全市有基层工会2348家,其中单建工会2099家、联合工会249家,职工271949人,会员257713人。东阳市工会相关工作得到省人大常委会副主任、省总工会主席史济锡,省总党组书记、常务副主席张才方的批示肯定。东阳市总工会被评为“东阳市无证明城市”改革示范单位。

开展“三服务”(服务企业、服务基层、服务职工)活动,走访企业144家、群众28户、村及社区15个,走访460人次,解决基层企业群众反映的问题10余个。加强工会资产管理,从白云街道收回征地及城市配套费173万元。5月,组织开展“致敬劳动美·奋进新时代”主题宣讲月活动,邀请中国工会十七大代表、市委党校教师、省劳模工匠等宣讲7场次,近3000人参加。5月28日,在节庆广场举办“唱响红五月·庆祝建国70周年”东阳市职工红歌比赛。

【工会改革】 2019年,市总工会落实机关系统工委设置调整工作,由14个工委调整为20个工委。组织开展“工会组建攻坚季”行动,成立东阳木雕小镇工会联合会。东阳市工会会员实名制数据库录入152433人,录入率80%。横店集团东磁股份有限公司作为金华市和东阳市推进新时代产业工人队伍建设改革工作试点,在全省产业工人队伍建设改革现场会上作经验交流。

2019年5月28日,市总工会举办“唱响红五月·庆祝建国70周年”东阳市职工红歌比赛
(市总工会提供)

【职工疗休养】 2019年,市总工会组织横店影视城、南马镇花园村等金华市疗休养基地(点)到温州市、宁波市举办职工疗休养产品推介会,全年接待市外职工疗休养14516人,比上年增长28.1%。全市有15755人次参加疗休养,其中市内疗休养5798人,省内市外疗休养9070人,输送对口支援区域疗休养887人,其中到四川省理县疗休养338人,完成市里下达任务数的225%。

【劳动模范评选】 2019年,市总工会组织评选东阳市劳动模范26人、东阳市模范集体9个。六石街道社区卫生服务中心陈雯获“全国五一劳动奖章”,横店集团控股有限公司胡天高、浙江花园生物高科股份有限公司邵君芳、浙江海森药业有限公司研究所付涛、东阳市将军殿农林开发有限公司张永平被评为浙江省劳动模范。东阳市外国语小学被评为浙江省模范集体。市环境保护监测站吴振华获“浙江金蓝领”称号。4月27日,组织召开庆“五一”劳模工匠助力乡村振兴座谈会。全年宣传劳模工匠先进事迹102篇(次),建立东阳市级劳动模范年度慰问制度,组织60余名劳动模范外出疗休养,劳动模范医疗补助在金华市率先列入一站式结算。

【职工技能素质提升】 2019年,市总工会组织开展建筑电工、汽车维修、电焊工、钳工等8个工种免费培训,培训职工1000人,投入培训经费100

2019年9月17日，市总工会举办2019年东阳市首届茶艺师职业技能大赛
（市总工会提供）

万元。在全市重点工程和重点企业开展50余场立功竞赛活动。开展建筑电工等8个项目的技术比武，评选东阳市技术能手40人、东阳市技术标兵24人。9月17日，举办2019年东阳市首届茶艺师职业技能大赛。组织参加浙江省和金华市技能比武4次，其中横店污水公司的申屠康庭获“浙江省技术能手”称号。横店集团东磁股份有限公司在长三角地区技能比武现场会上作经验交流。

【企业工资集体协商】 2019年，市总工会创建和谐劳动关系新平台，制定《关于和谐劳动关系企业工资集体协商质效提升的意见》和《要约行动》，全市签订工资集体协议1501份，覆盖企业8734家。东阳市开展“三年一次大协商，一年一次小协商”，在红木企业开展技术等级工资集体协商试点工作。全市建立工会劳动法律监督组织1380个，培训监督员1500人，成立工会法律志愿者服务团队，送法进企业100余次。

【困难职工救助】 2019年，市总工会完善困难职工档案管理制度，制定《东阳市总工会关于困难职工救助的实施办法》，全市建立各级困难职工档案193户，发放救助金123万元；推送就业岗位600余个，达成就业意向2400余人；高温慰问6000余人，发放慰问金56万元；为21户困难职工家庭子女提供学业帮助。

【职工权益维护】 2019年，市总工会开展“尊法守法·携手筑梦”农民工公益法律服务行动，组织法律援助志愿者100人次到车站、广场、社区提供法律咨询、心理咨询、健康咨询等服务，免费发放职工普法手册1500册，参与“东阳无欠薪”创建工作和非法劳动用工专项检查6次。

【全员安全生产培训】 2019年，市总工会开展企业职工“四个全员”（全员参与技术交底和安全生产知识培训、全员参与签订安全生产责任书、全员参与“安康杯”竞赛活动、全员参与查找安全隐患提合理化建议活动）参与安全生产管理活动，1700余家企业开展全员安全生产培训，培训职工18万人次，该项工作被评为2019年度金华市工会系统特色重点工作。

【职工医疗互助保障】 2019年，市总工会开展职工医疗互助保障“一站式”结算报销工作，撤销东阳市职工互助保障会。全市903家单位开展职工医疗互助保障工作，72388名职工参保，全年补助患病职工6252人次，补助金额298.9万元。

【工会普惠活动】 2019年，市总工会开展送文化、送健康等普惠活动。关注职工健康，连续11年为农民工提供免费体检10余万人次，2019年体检人数近万人。联合海信集团、东阳国美电器举办“普惠职工、爱心补贴”公益活动，向困难职工捐赠家电192件，发放家电补贴卡2万张，金额200余万元。

【职工文化建设】 2019年，14家区域职工活动中心器材配送到位并投入使用，南马镇花园村、白云街道、歌山镇3个区域职工活动中心被列为金华市级示范活动中心。市总工会举办东阳市职工文化流动大讲堂7期，800余人参加。举办全市第二届工会干部趣味运动会，38支代表队900名运动员参赛；财贸工会举办庆“五一”乒乓球邀请赛，30余支代表队200余名职工参赛；教育工会举办第十九届教职工气排球赛，76支代表队1000余名教职工参赛。

【《象田，你是千年前摆下的一盘棋局》获奖】 2019年，在由全国总工会与中央网信办联合主办，河北省总工会、河北省委网信办承办的2019年“网聚职工正能量 争做中国好网民”主题活动之“网络正能量职工诵读作品征集”活动评选中，湖溪镇总工会参赛作品《象田，你是千年前摆下的一盘棋局》被评为最佳原创作品奖。作品介绍湖溪镇象田村通过乡村振兴新农村建设之后发生的变化。

（杜娅玲）

共青团东阳市委员会

【概况】 2019年，东阳市有团员33513人，专职团干部21人，兼职团干部4913人，基层团（工）委70个，团总支48个，团支部2010个。共青团东阳市委员会（简称团市委）落实发展团员编号制度，发展团员2150人。开展“初心之行”、清廉金华教育基地警示教育、参观廉政书画展等活动。加强机关党建，开展“青春晚自习”成长沙龙4场、专题党日活动6次。加强团员教育管理，举办2019东阳市

“不忘初心、牢记使命”党团知识竞赛，吸引63支队伍、200余名团员青年参赛。

【青少年思想道德建设】 2019年，团市委引导全市团员青年参与“青年大学习”网上主题团课，19.6万人次参与。联合东阳市广播电视台推出“听见奋斗的声音”年轻干部专栏9期，总阅读量超2.2万人次。开展“70有我更青春”网络主题宣传活动，推送青春榜样系列报道7期、“青·听”总书记讲给青少年的“知心话”10期。入驻抖音、B站等平台，至年末，“青春东阳”抖音号发表作品181个，粉丝数量超16.1万人次，点赞数466.5万人次，浏览量超7900万人次。围绕纪念五四运动100周年，开展“青春心向党 建功新时代”主题团日活动，开展“赤忱五四情 共圆中国梦”青春诗会、千名青年大型读书分享等活动8场，基层团组织开展青年民警座谈会、“唱响红五月”红歌比赛等活动51场，1.5万名青少年参与。围绕纪念少先队建队70周年，开展“传承红色基因 争做新时代好少年”主题教育实践活动，举办庆六一集中入队仪式、“新时代好少年”优秀事迹展评、“争做新时代好队员”主题队日活动暨“东阳市红领巾学院”成立仪式等活动9场。围绕庆祝中华人民共和国成立70周年，举办我爱我的祖国——东阳市“庆祝新中国成立70周年，红领巾与祖国共成长”主题教育活动、“与国旗合影，为祖国点赞”“寻找祖国前行的印记”等活动7场。

【“三服务”活动】 2019年，团市委开展“三服务”(服务青年、服务企业、服务基层)活动。针对困境青少年，举办“我的中国梦”安全自护夏令营、“七彩假期”青少年关爱活动、爱盟暑期公益课堂等活动10余场，惠及困境青少年2000余人；举办“开学季，爱让我们在一起”助学活动，为108名困境青少年发放助学金10万元。举办第四届青年创业创新大赛，吸引151个项目参赛，发放奖金17.4万元；联合东阳农商银行为全市创业青年集中授信10亿元。组织机关干部走访企业21家，开展送法进企业活动3次，银企、校企对接活动3次，为企业解决实际问题2个。服务基层方面，开展“百局联百村”工作，多方筹措资金10万元，开展“青·助力乡村振兴”“青年携手 绿美乡村”植树等活动4次，打造小景观带1个。

【助力文明城市创建】 2019年，团市委推进学雷锋志愿服务站(岗亭)规范化建设，制定统一建设标准，全市建立志愿服务岗亭4个。举办“文明有你 青春同行”第二届青春花young跑活动，吸引1700余名市民助力文明城市创建。以3名志愿者为原型拍摄红色V站微电影1部，国庆期间面向全市130余个红色V站爱心商家发起“与祖国同框，向祖国表白”活动。推广志愿汇APP，面向全市公职人员开展志愿服务专项培训2场，志愿汇APP中总服务时长和活跃度两大指标增幅明显。

【助推社会治理创新】 2019年，团市委争取经费8万元，在市“信访超市”建成“青少年心灵花园体验中心”“亲青老娘舅工作室”，开展青少年心灵关爱、涉青矛盾纠纷调处等常态化服务15次。举办春运暖冬行动、爱心助考、应急救护培训等公益活动15场，选拔3000余名青年志愿者服务2019横店马拉松。培育国网供电公司“幸福蜗居——给残疾人一个温暖的家”、晨夕相伴社会工作服务中心“晨夕相伴，不在孤寂中老去”等金牌项目11个。

【共青团改革】 2019年，团市委选配2名金融系统干部到团市委挂职，为18个镇乡街道各选配1名“金融助理”。畅通与青年一起设计、参与和评价团工作的渠道，在基层团组织“晒拼创”会议中引入普通青年评议制。推进团银合作，与东阳农商银行签订全方位战略合作协议，在志愿汇信用贷、乡村振兴等8个领域加强合作，全年开展尚伦庄村首届乡村音乐节、防诈骗宣传等活动12次。

(蔡　甜)

东阳市妇女联合会

【概况】 2019年，东阳市有镇乡街道妇联18个，全市机关(系统、单位)妇委会49个，集团妇联3个，影管委妇联1个，女职工委员会1个，社区妇联43个，村妇联345个。东阳市妇女联合会(简称市妇联)健全执委履职和联系服务群众制度，每个执委联系1个基层妇联组织，20名以上基层妇女群众。扩充网络宣传队伍，改版升级“东阳妇联”微信公众号为“东阳女性”，关注人数1279人，全年发表推文109篇，总阅读量18万人次。

【妇联换届选举】 2019年11月28日，东阳市召开第十五次妇女代表大会代表选举工作部署会。12月28

2019年12月28日，东阳市第十五次妇女代表大会召开　(市妇联提供)

日，东阳市第十五次妇女代表大会在市行政中心召开，337名代表参加。会议审议通过题为《巾帼心向党 建功新时代 为续写东阳高质量发展新篇章而努力奋斗》的工作报告，选举产生市妇联第十五届执行委员会委员39人，常务委员会委员11人，何芳萍当选市妇联主席，方远帆、吴春华、金欣欣、郭巧平、张瑛当选为市妇联副主席。

【妇联基层组织建设】 2019年，沃德商务中心、银泰城、汽车城、南马社会组织、晨夕相伴社会工作服务中心等单位建立妇联组织10个。至年末，全市有示范新领域妇联12个、区域化妇联11个、“妇女微家”14个。10月18日，在画水镇洪塘村召开妇女基层组织建设现场推进会。5月，东阳市保安服务有限公司召开第一届妇女代表大会，选举产生第一届妇委会，成立东阳市首家国有企业“妇女微家”。4月23—26日，2019年全市妇联工作业务培训会在杭州市举行，全市40余名妇联干部参加培训，实地参观杭州信息港小镇妇联七彩阵地。巍山镇妇联被评为2019年金华市示范乡镇(街道)妇联；浙江联宜电机有限公司妇委会、南马镇社会组织妇联被评为金华市示范新领域妇联组织；花园田氏医院北6病区“妇女微家”、横店镇官桥村来料加工“妇女微家”被评为金华市示范“妇女微家”。

【来料加工】 2019年，东阳市有来料加工经纪人741人，加工点672个，从业人员3万余人，发放加工费3.12亿元。补助从事来料加工的困难户，下发补助款10.36万元，44户家庭受益。在浙江省妇女创业创新大赛中，东阳市推荐的蔡红光的“非遗传承项目——东阳竹编”获特别传承奖，入围浙江省百名“女红巧手”。10月18日，在画水镇举办东阳市庆祖国70华诞来料加工技能大比武，全市18个镇乡街道的200余名来料加工技术能手参加，决出团体赛一等奖、二等奖、三等奖8个，个人赛一等奖、二等奖、三等奖18人。11月26—29日，

2019年10月18日，市妇联在画水镇举办东阳市庆祖国70华诞来料加工技能大比武 （市妇联提供）

市妇联在杭州市淳安县委党校举办2019年东阳市来料加工工作培训班，东阳市部分镇村妇联主席以及来料加工经纪人等80余名学员参加培训。

【“巾帼文明岗”创建】 2019年11月20日，市妇联举办争创“巾帼文明岗”岗长培训会，组织40余名争创“巾帼文明岗”的岗长和负责人参观全国级“巾帼文明岗”——武义县税务局，学习创岗经验和理念。东阳市全年创建国家级巾帼文明岗1个、金华市级巾帼文明岗2个、东阳市级巾帼文明岗21个。其中，横店影视城秦王宫景区导游部被评为全国级巾帼文明岗；国家税务总局东阳市税务局横店办税服务厅、东阳农村商业银行股份有限公司佐村支行被评为金华市级巾帼文明岗。

【纪念“三八”妇女节活动】 2019年3月7日，市妇联联合市卫健局、市妇女儿童医院举办东阳市庆“三八”109周年暨“双丝带”健康公益行活动启动仪式，市妇女儿童医院院长郭兰中与镇乡街道妇联主席代表签署服务合作协议书。全年举办巡回健康教育讲座30余场，公益体检2000余人次。举办《巾帼心向党 幸福你我她》大型健康公益讲座，为1000余名妇女解读健康和幸福的定义。3月7日，联合市人民法院、市人民检察院等19家部门，在东阳剧院组织开展以“建设法治中国·巾帼在行动”为主题的“三八”维权周集中宣传活动，发放宣传材料及小册子6000余份，现场解答涉及婚姻、权益保障等咨询1000余人次。开展“三个注重”(注重家庭、注重家教、注重家风)入户宣传活动及植绿护绿巾帼行动。

【妇联社会活动】 2019年4月，市妇联联合市文明办、市教育局等7家单位，在城东街道斯村小学举办第三期梦想公益“爱心传递，播撒书香”图书漂流公益活动漂流仪式，收集捐赠图书13491册，放置书架12个，在东阳市6所小学内进行图书漂流。5月15日，东阳市“长庚童方”春蕾班签约授牌仪式在虎鹿镇初级中学举行，金华市妇联、东阳市长庚置业、虎鹿镇初级中学三方签订春蕾班管理协议，通过“春蕾计划”向学校捐赠助学金。5月25日，市妇联联合团市委、东白山管委会、东阳广电台举办“相约东白牵手浪漫”单身青年联谊活动，100名单身男女参加。6月，市妇联联合市文联举办万千家庭倾情“抒写家国情怀”主题征文活动，收到征文300余篇，刊登推广优秀文章。6月21日，邀请金华第二医院精神科主任医师、

金华市心理卫生协会副理事长黄恩到看守所为女性在押人员开展心理辅导活动。9月28日，联合市总工会、市文广旅体局举办“球舞东阳 庆祖国华诞”大型柔力球秧鼓体艺展演以及“舞动芳华”巾帼歌颂祖国70周年等活动。会同市残联、市民政局等单位开展“幸福蜗居”工程、“暖秋冬关爱”行动等，走访慰问贫困妇女儿童100余人，发放慰问金近20万元。

【“文明家庭”创建】 2019年，市妇联发放文明城市创建倡议书25万份。开展“我家最美一瞬间”短视频征集活动，制作3条微视频上报学习强国。印发《东阳市传承好家风，深化文明家庭创建活动实施方案》，各镇乡街道“星级文明户”创建参与知晓率100%。全市创建星级文明户6万余户，评选市级“文明美丽家庭”100户。

【“美丽庭院”创建】 2019年，市妇联配合市农业农村局开展“美丽庭院”创建工作，利用周末、春节等节假日组织巾帼志愿者开展“美家美院、清洁家园”活动。各级妇联组织举办以“垃圾分类”为主题的培训班30期，培训8000余人次，发放垃圾分类宣传资料5万余份，签订承诺书5200份，发放宣传伞1000余把。

【家庭教育】 2019年9月29日，由市妇联和市教育局联合成立的东阳市因爱家庭教育引航站成立仪式在市教师进修学校举行，首批招募15名志愿者。全年举办家庭教育公益讲座2场，沙龙4场，接待来电咨询70人次，面询43人次，个案处理33例，热线志愿者受邀到镇、村妇联开展家庭教育讲座、亲子阅读活动等系列活动10次。创建“因爱家庭教育”微信公众号，推送消息8期。6月1日，在长庚童方城举办庆“六一”“大手牵小手 安全共童行”研学活动，举办“防拐骗”讲座，200名家长儿童参观安全教育馆。7月19日，市妇联联合市民政局、市人民检察院、市关工委、团市委、爱心联盟公益组织举办“让留守的花朵在阳光下绽放 暑期留守儿童安全防护教育活动”。7月，邀请中华家庭教育研究院高级讲师、金华市家校合作指导员金利霞为54名12周岁以下的“小候鸟”开设新时代文明实践活动暨儿童健康讲座。

【妇女儿童维权】 2019年，市妇联制定《关于开展“帮帮姐”推动民情民访代办工作的实施意见》，设立“帮帮姐”工作室，建立“帮帮姐”志愿服务队伍，开展常态化走访、主动排摸、调处矛盾纠纷，引导妇女参与基层社会治理。全年民情民访主办、协办992件，排查化解矛盾纠纷322件，化解304件。联合市政法委、市人民检察院、市人民法院、市公安局、市信访局、市司法局、市民政局等相关单位建立《东阳市妇女儿童维权联动工作机制》，防范和处置侵害妇女儿童案件。在《金报东阳》开设少年儿童成长热线和“美丽追梦人”专栏，刊发少年儿童成长烦恼典型案例和新时代女性典范。开展线上线下宣传活动，提高“平安三率”(满意率、参与率、知晓率)。10月30日，在市人民法院以模拟法庭的方式承办金华市婚姻家庭纠纷骨干调解员第三次内训活动，金华各县(市、区)50余名妇联干部及婚姻家庭骨干调解员参加。

【妇联幼儿园改造提升】 2019年，市妇联幼儿园由差额拨款调整为全额拨款，核定事业编制18人。经市发改局批复同意，对市妇联幼儿园原园舍进行装修改造，三层总装修面积2325.53平方米，项目投资概算额619万元，其中建安工程费562万元。改造提升工程于7月1日开标，由浙江德泰建设有限公司中标，中标价4632364元。中标公示期3天(7月2—4日)。于7月10日签订合同，合同约定工期45天。

(丁依琳)

东阳市科学技术协会

【概况】 2019年，东阳市科学技术协会(简称市科协)下属学会、协会29个，会员7900人；乡镇科普协会12个，会员1980人；街道科普协会6个，会员1550人。开展院士专家工作站建设和学术交流、科普宣传、全国科普日、青少年科技创新大赛等活动，为3000名科技人员提供专业技术人员继续教育补课、查档、签发证明等服务。全年组织送科技下乡活动6次，组织开展“茶文化与健康”“交通安全”等科普知识讲座30余场次，听课人数5000余人次。

5月28日，市科协开展“全国科技工作者日”活动，市委副书记胡勇春率领副市长李传煌、市政协副主席赵晓珍以及市科协等相关部门领导，走访慰问基层一线优秀科技工作者。

【科协组织改革试点】 2019年，浙江普洛康裕制药有限公司、浙江孚诺医药股份有限公司、浙江野风药业股份有限公司等14家企业科协组织成立。开展“三长”(医院院长、学校校长、农技站站长)试点工作，市科协为试点单位配送2000余册科普资料，安排科普宣传经费10余万元。组建科普宣传队3支、科技志愿者服务队10支，进村入户为村民举办科普讲座、健康知识宣讲、疾病义诊等活动。

【院士专家工作站建设】 至2019年年末，东阳市创建金华市级院士专家工作站16家，其中全国模范站3家，省级站8家。全市院士专家工作站引进院士20人，入驻团队专家134人，开展科研项目424项，获授权专利1783件，获省级以上成果奖励56项，制定技术标准412个，培养硕士研究生学位以上人才137人，副高以上职称人才130人，增加产值116.6亿元，利税26亿元。4月，中国工程院院士任阵海与鑫源昊(浙江)环保科技有限公司签订项目合作与建站协议；11月，国际木材科学院院士殷亚方一行到东阳市考察，代表中国林业科学研究院木材工业研究所与东阳市千百年红木家具有限公司签订项目合作与建站协议；11月24日，俄罗斯科学院院士杜希金到东阳市与浙江野风药业股份有限公司签订项目合作与建站协议。鑫源昊(浙江)

2019年3月31日至4月2日，中科院物理研究所副所长胡江平（左五）一行到东阳市助推“智汇东阳”建设，考察东阳中学科技馆　　（市科协提供）

环保科技有限公司、东阳市千百年红木家具有限公司、浙江野风药业股份有限公司获批建立金华市级院士专家工作站。

春节前后，市科协领导拜访慰问中国科学院院士潘建伟父母、中国科学院院士麻生明以及在东阳企业签约的外籍院士专家。3月19—20日，市科协与中国科协新闻学会联合邀请央媒到东阳市采访，中央电视台、人民网、新华网等7家媒体对东阳市院士专家工作站建设特别是“横店现象”进行采访报道。3月31日至4月2日，市科协邀请中科院院士沈保根和中科院物理研究所副所长胡江平一行7人到东阳市助推“智汇东阳”建设，开展“三服务”活动。院士一行走访调研横店集团东磁股份有限公司和浙江英洛华磁业有限公司等企业，与企业负责人和科研人员就企业创新发展中遇到的技术难题及磁性产业项目的发展前景进行交流探讨。胡江平等专家走访考察花园金波科技股份有限公司、新材料股份有限公司，为企业排忧解难。10月，到上海市、杭州市拜访东阳教授博士联谊会的专家学者。11月17日，王兴治、王哲荣、苏哲子3名中国工程院院士及其团队考察浙江石金玄武岩纤维有限公司、浙江联宜电机有限公司。

【学会学术交流】 2019年，全市各学会、协会组织科技人员开展学术交流活动。市建材协会开展学术性调研活动。市医学会围绕医学实践中的疑难问题和新技术应用开展学术研讨活动；市水果行业协会开展精品果园和水果产业园区建设，组织开展专业技术培训4次，培训人员600余人次，为果农提供服务；市农学会推广农业新品种、新技术。

【自然科学优秀论文评选】 2019年，市科协组织开展第十五届东阳市自然科学优秀论文评选活动，参评论文为全市科技工作者在2017年7月至2019年6月期间撰写的各类自然科学学术论文，评选活动收到论文1773篇，其中医学组565篇，农业组452篇，教育组345篇，工业组210篇，综合组201篇。经过初评、复审、复评及终评等程序，260篇论文进入复评，最终评选出优秀学术论文130篇，其中一等奖20篇，二等奖56篇，三等奖54篇。

【青少年科技活动】 2019年10月18日，市科协与市教育局在第二实验小学联合举办以“体验·创新·成长”为主题的东阳市第34届青少年科技创新大赛，大赛征集到科技小发明作品202件，科技小论文317篇，青少年科技实践报告44个，少年儿童科幻画710幅，创意机器人41个，科技辅导员创新成果展10个。11月，选送55件作品参加金华市第34届青少年科技创新大赛。11月16日，选送8件优秀作品参加浙江省第33届青少年科技创新大赛，获一等奖1个，二等奖2个，三等奖3个。吴宁五校被列为2019年全国青少年科学调查体验活动推广试验单位，连续5年作为优秀基层学校代表在全国会议上交流发言。

（朱金灵）

东阳市工商业联合会（总商会）

【概况】 2019年，东阳市工商业联合会（总商会）（简称市工商联）有团体成员24个，下有会员3299个，其中企业会员3294个，个人会员5个。8月6日，市工商联召开机关党支部换届选举委员会，选举产生新一届机关党委以及支部委员会书记。9月，市工商联被中华工商时报评为2019年度民营经济新闻宣传工作先进单位。12月18日，市工商联被中华全国工商业联合会评为2018—2019年度全国“五好”县级工商联。12月20日，市工商联（总商会）十届二次执委会暨“新时代工商联的新样子”大讨论活动部署会召开，总结2019年工作开展情况，部署2020年工作及在全市工商联系统中开展“新时代工商联新样子”大讨论活动。

8月8日，省市场监督管理局、省工商业联合会、省民营企业发展联合会在《浙江日报》上公布“2019浙江省民营企业100强”名单，东阳市有4家企业（中天控股集团有限公司、花园集团有限公司、海天建设集团有限公司、歌山建设集团有限公司）入选浙江省民营企业100强。8月22日，2019中国民营企业500强榜单发布，东阳市3家企业（中天控股集团有限公司、广厦控股集团有限公司、花园集团有限公司）入选中国民营企业500强。

2019年11月15—17日,新生代企业家专题研修班学员到张家港参观江苏申港锅炉有限公司（市工商联提供）

【服务企业发展】 2019年,市工商联开展“走亲连心、聚力同行”服务企业专项活动,走访企业100余家次,促进6家龙头企业与中小微企业结对帮扶。4月,市工商联组织16家企业高级管理人员到上海中科院开展“走进中科院”系列活动,面对面对接科研项目。7月,举办“新生代企业家专题研修班”,择优选送50名东阳市年轻企业家到上海交通大学安泰经济管理学院参加为期一年的专业经济培训课程。8月,举办“万家民企评银行”活动,通过现场调查问卷等形式,由各民营企业对金融机构进行客观评价。开设“企业中层管理人员专业技能提升班”,25家企业1596人次参加培训。组织企业到上海、深圳、张家港等地,到康恩贝、万里扬、华为、永钢、澳洋等10余家先进企业参观学习。不定期举办各种专题讲座和论坛,如“两会”后针对“减税降费”举办专题讲座,邀请教授高金平主讲,增强企业对税务风险的应对能力。11月,邀请国家税务总局原副局长许善达开展《当前国际国内形势》专题讲座,为企业家们讲解金融危机后国内经济形势和政策的转变。

【对口支援】 2019年10月,市工商联组织11家企业到四川省理县进行实地考察。23家会员企业与理县33个贫困村签订结对协议,捐赠帮扶资金60万元,帮助建档立卡贫困人口就业数263人,实现引导企业在对口帮扶地区总投资金额3800万元,引导企业完成消费扶贫84.5万元。

【全媒体宣传】 2019年4月,市工商联创建“东阳市工商联”微信公众号,围绕重大历史事件节点、重大活动、重点创新工作进行全方位宣传,全年在微信公众号发表文章58篇。5月,市工商联协助拍摄的“我和我的祖国”在东阳广播电视台演播厅首发。11月,市工商联在《东阳日报》推出“新时代 新生代 现代企业家风采”系列报道,以文字加微视频的形式在微信公众号同步推送。

【考察交流活动】 2019年6月20日,山东省广饶县工商联主席刘兴军一行到东阳市考察交流学习,刘兴军介绍广饶县概况及当地非公有制经济情况。7月10日,湖北省黄石市工商联党组成员、副主席陈萌带领当地企业家一行20余人到东阳市部分医药化工企业考察学习。

（张梦芸）

东阳市文学艺术界联合会

【概况】 2019年,东阳市文学艺术界联合会(简称市文联)有作家协会、美术家协会、书法家协会、摄影家协会、音乐舞蹈家协会、民间文艺家协会、杂技魔术协会、曲艺协会、诗词楹联学会、湖溪镇文联、老年书画研究会、观赏石协会、古琴协会13个团体会员。有会员1956人,其中国家级会员70人,省级会员237人。7月1日,市文联开通“东阳文艺”微信公众号,至年末,推送内容30期。市作家协会组织部分会员到三单乡芭蕉尖开展登山采风创作活动;市民间文艺家协会、市音乐舞蹈家协会联合承办“步阳·玺御府”杯热血小鼓手选拔赛暨“2019 Roland-九拍中国未来之星”选拔大赛;湖溪镇文联成立湖溪民间文艺演出队和旗袍协会,改组江南武术协会,组织会员参加湖溪镇第八届文化艺术周活动。

【组织建设】 2019年4月13日,市曲艺协会在卢宅非遗街区铁门听曲馆召开成立大会,吴润梅当选主席。4月23日,厉建党任市文联主席。5月18日,市民间文艺家协会在海天大酒店召开成立大会,黄小明当选主席。7月27日,市摄影家协会完成换届工作,卢兵当选主席。9月2日,市作家协会、市美术家协会、市书法家协会、市摄影家协会、市音乐舞蹈家协会、市民间文艺家协会、市杂技魔术协会、市曲艺协会、市诗词楹联学会、市老年书画研究会、市观赏石协会、市古琴协会12个流动党支部成立,每个流动党支部设书记1人。9月28日,市书法家协会完成换届工作,陈林旭当选主席。10月27日,市美术家协会完成换届工作,陈国华当选主席。11月4日,市老年书画研究会完成换届工作,周逸名当选会长。11月24日,市作家协会完成换届工作,朱榕贵当选主席。

【文艺活动】 2019年,市文联组织开展庆祝新中国成立70周年系列文艺活动7场次,举办主题性文艺活动7场次。

庆祝新中国成立70周年系列文艺活动一览表

表11

时间	地点	活动名称	举办单位
4月6日	东阳市职教中心东技校区	庆祝新中国成立70周年系列文艺活动之诗词公益讲座	市文联主办,市诗词楹联学会承办
4月28日	中国木雕博物馆	2019浙江(东阳)第四届中国赏石艺术珍品展	中国观赏石协会和市文联主办,市观赏石协会承办
6月11日	横店镇南上湖上西文化礼堂	庆祝新中国成立70周年"到人民中去"杂技晚会	浙江省杂技家协会、市文联主办,市杂技魔术协会承办
6月14日	东阳市图书馆	庆祝新中国成立70周年书画展	市文联主办,市老年书画研究会承办
8月20日	东阳市美术馆	"共庆70华诞·建设清廉东阳"廉政书画展	市纪委监委、市文联主办,市书法家协会、市美术家协会承办
9月10日	西街社区张府前巷群乐广场	庆祝新中国成立70周年曲艺汇演	市文联主办,市曲艺协会承办
9月30日	东阳剧院	"壮丽七十年 奋斗新时代"东阳市文艺界庆祝中华人民共和国成立70周年文艺晚会	市委宣传部、市文联主办,市作家协会、市美术家协会、市书法家协会、市摄影家协会、市音乐舞蹈家协会、市民间文艺家协会、市杂技魔术协会、市曲艺协会、市诗词楹联学会、湖溪镇文联、市老年书画研究会、市观赏石协会、市古琴协会承办

主题性文艺活动一览表

表12

时间	地点	活动名称	举办单位
4月8日	市博物馆	"闲情漫步——倪旭前书法迎春展"	市委宣传部、市文旅办、市文联主办,市美术家协会、市博物馆承办
4月18日	—	万千家倾情"抒写家国情怀"主题征文活动	市妇联、市文联主办
4月30日	市广播电视台演播厅	"青春中国梦 赤忱五四情"2019东阳市五四青春诗会	团市委、市青年联合会、市文联、市广播电视台、市文化馆主办
5月28日	东阳市美术馆	纪念陆俨少先生诞辰110周年——第三届"陆俨少奖"全国中国画获奖作品展	浙江省文联指导,浙江画院、市委宣传部、市文联主办,市美术馆、市美术家协会承办
10月10日	东阳市美术馆	"不忘初心、牢记使命"主题书画摄影展	市委"不忘初心、牢记使命"主题教育领导小组办公室和市文联举办
11月2日	东阳中国木雕城	"墨韵华章"美术作品展	市文联主办,市美术家协会承办
12月15日	马宅镇楼塘村	东阳市文化助推"十美村"活动暨《迷蝴蝶》诗集首发式活动	市农业农村局、市文化和广电旅游体育局、市文联和马宅镇政府主办

【市美术家协会】 2019年1月，市美术家协会陈国华、蒋天耕、徐新德、李晓刚等会员集体创作长13米宽6米的巨幅国画大作《万山红遍》。7月，陈国华的国画《国之重器》、曹霞的国画《书香门第》、卢裕华的粉画《金戈铁马》入围浙江省第十四届美展。10月，黄玉平、王晓文、钱宇明的国画作品入选“乡村振兴·美丽路桥”浙江省美术作品展。11月，黄玉平的作品在“宾虹艺术”第四届金华市美术大展中获宾虹艺术荣誉作品，楼献中、王晓文、马晓栋获宾虹学术作品奖，舒进亮、徐新德、胡晓翠、张柏秀等10人入围，卢裕华、马晓栋、黄建军、蒋新民等会员的作品入展浙江省油画展。12月，张扬明、王晓文、黄玉平、胡晓翠等会员的国画作品入展浙江风采——浙江省美术馆界成果展。

【市书法家协会】 2019年1月13日，市书法家协会会员在绿城玫瑰园现场书写春联，征集春联近1600副，从中评选产生十优春联。1月28日，会员在六石街道北后周村古戏台为村民写春联送祝福。6月20日，会员陈林旭、金妙勇、金妙雄、金升高等在浙江广厦建设职业技术学院开展公益书法讲座。11月5日，在卢宅非遗街区东白茶体验馆举办非遗书法公益班。

5月20日，会员金妙勇的书法作品入选中国书法大厦杯书法大奖赛。6月26日，金笑珍、许俊晓、吴一峰在“欢乐金华”百姓文化节“翰墨风华”百姓书法大赛活动中获“十大书法之星”称号。8月4日，陈金彪、陈林旭、金升高、金笑珍、吕海强、黄玉平、许俊晓的作品在“浙江书法奖·沙孟海奖”第十届全浙书法篆刻大展中入展；8月22日，金妙勇在首届浙江省青年书法篆刻精英展中获“精英提名奖”；9月2日，金笑珍的作品入展第12届全国书法篆刻展；9月16日，杜德其、陈小龙、赖晨晨等会员的作品在“庆祝中华人民共和国成立70周年·墨润之江”第五届浙江省教职工书画展中入展。12月23日，钟国友、陈金彪、包中庆、陈林旭、张扬明等11人的作品在“江山多娇”庆祝新中国成立70周年浙江省书法展中，入选省主展区展览；12月25日，金笑珍、吴一峰、吕海民的作品入展，李阳、马根泉的作品入选浙江省第五届“温泉杯”书法大赛；12月27日，申屠旭明在“双溪源杯”金华市职工书法大赛中获金奖，陈晓丽、金笑珍、徐新琪、申屠昐铮获铜奖，陈小龙、叶艳娟、杜列平、金升高、金妙雄的作品入展，张国军、陈小姣、马丽、吕璨璨、何俊成等会员的作品入选。

【市摄影家协会】 2019年9月27日，市摄影家协会周晓刚的作品《黄包车》入选第27届全国摄影艺术展，在山东省潍坊市展出。11月8日，王晓凌的作品《跪着的天使》在丽水国际摄影展展览。11月28日，周晓刚的摄影手工书《老照片》入选2019浙江省纪实摄影展。

2019年8月20日，由东阳市纪委监委、市文联主办，东阳市书法家协会、东阳市美术家协会承办，市美术馆协办的“共庆70华诞·建设清廉东阳”廉政书画展在东阳市美术馆举行 （市文联提供）

【市音乐舞蹈家协会】 2019年1月18日，市音乐舞蹈家协会组织会员参加市委组织部主办的“美好家园 美好生活”东阳市2019农村文化礼堂“我们的村晚”文艺演出活动。4月6日，组织全体会员观摩学习安徽省(蚌埠市)花鼓灯歌舞剧院编排的国家艺术基金资助项目大型民族舞剧《大禹》。4月11日，组织会员参加江滨夜游项目“声乐舞台”的公益性演出活动。5月14—28日，举办全市公益性萨克斯培训班3期。11月18—20日，举办全市公益性健康养生舞培训班2期。

【市诗词楹联学会】 2019年3—6月，市诗词楹联学会在老年大学开设诗词班，由会长胡永清与原副会长何文讲课。4月6日至5月18日每周六，市诗词楹联学会在东阳技校和新华书店举办古典诗词公益讲座6期。5月23—26日，协助东阳市教师进修学校举办第4期东阳市中小学教师格律诗词培训班。12月14日，搭建诗词传承舞台，与市图书馆联合举办“黉门经典诵读——我爱古诗词”文艺汇演。

【市杂技魔术协会】 2019年5月22日，市杂技魔术协会组织会员参加金华市文联在永康市主办的“到人民中去”文艺惠民志愿者服务。5月29日，参加金华市文联在义乌市杨街村文化礼堂主办的“到人民中去”文艺惠民志愿者服务。5月30日，参加金华市民间文艺家协会在兰溪市国庆村参加文化走亲活动。6月12日，参加浙江省杂技创新创意大讲堂培训活动。

【市曲艺协会】 2019年4—6月每周六，市曲艺协会在卢宅非遗街区曲艺馆举办曲艺演出活动。5月13日，举办东阳市首届“花鼓培训班”，邀请义乌青口花鼓艺人贾来香到曲艺馆授课。7月13日，举办“道情培训班”，邀请省级“金华道情”传承人、东阳市曲艺协会主席吴洵梅上课、示范演唱，金华级传承人吕强上课教学如何制道具。

【市老年书画研究会】 2019年1月25日，市老年书画研究会在黉门广场开展“春节送春联活动”。4月10日，组织会员到嘉兴市嘉善县西塘镇参观省书画展。5月16日，组织会员到江北街道锦坊村开展书画交流。6月11日，组织部分会员到斯村农贸市场开展书画活动。6月14日，在市图书馆举办书画展览。11月22日，组织会员参加市老年协会组织的书画联展活动。

【市观赏石协会】 2019年3月9日，市观赏石协会组织部分会员参加太原第二届赏石文化博览会。4月11日，组织部分会员参加上海首届中国黄蜡石文化博览会。9月7日，组团参加山西晋中国际赏石文化艺术博览会。10月6—10日，参加杭州首届“钱江杯”中国赏石艺术节，组织骨干参加中国观赏石协会在杭州市举办的观赏石鉴评与价格评估专业培训。10月17日，组织会员参加江西省鹰潭市黄蜡石精品展。10月18日，组团参加武义县首届温泉杯石展。11月1日，组团参加广西柳州秋季奇石文化博览会。

【市古琴协会】 2019年1月29日，市古琴协会到江北街道猴塘社区举办2018年度汇演。3月23日，组织部分会员到湖溪镇象田村举办雅集活动。5月26日，组织会员到台州太音琴社分社参加“红五月音乐会”。8月，组织会员到遂昌古琴夏令营，两地古琴爱好者进行琴艺交流。9月12日，在卢宅举办月夕雅集。10月5日，在卢宅非遗街区举办新会员汇报演奏。

（陈　娟）

东阳市残疾人联合会

【概况】 2019年，东阳市残疾人联合会（简称市残联）落实群团改革要求，制定改革方案。创新动态更新调查方法，对19497名残疾人实时采集信息、综合分析、及时应用，监测小康进程，调查入户率98.87%。深化“最多跑一次”改革，推进残疾人事务下沉到镇乡街道和村（社区）。启用“1+X”（“残疾人证+具体项目”，比如残疾人证和残疾儿童康复、无障碍设施改造等项目挂钩）助残服务“一件事”系统，落实相关惠残政策服务事项。成立“新时代文明实践服务队”。12月，市残疾人用品用具供应服务站并入市残疾人康复中心。

开展“残疾人证”档案管理工作，改造、优化残疾人鉴定中心基础设施。全年办理“残疾人证”1299本，到期换证2135本，遗失补证245本，办理迁移12人。开展残疾人评定服务183人。春节、全国助残日等节日期间，走访慰问残疾人，市、镇乡街道慰问贫困残疾人、就业创业优秀残疾人819人，发放慰问金34.3万元。组织开展“全国助残日”“国际残疾人日”“爱耳日”“残疾预防日”等活动。在《东阳日报》《金报东阳》开设“残疾人事业宣传专栏”，定期宣传残疾人事业。5月，盲人戚小慧被评为浙江省自强模范。

2019年6月5日，市残联、市卫健局联合组织市疾控中心等相关机构和市残疾鉴定专家组成员到巍山镇大爽村提供“残疾人证”办理服务　（包康轩/摄）

【残疾人补贴发放】 2019年，市残联制定护理补贴提标扩面政策，提高在机构集中托养的重度残疾人护理补贴标准，将一级、二级听力残疾人列入护理补贴享受范围。有4901名残疾人享受困难残疾人生活补贴，发放补贴资金1203万元；有10069名重度残疾人享受护理补贴，发放补贴资金2399万元。

【残疾人劳动就业】 2019年，市残联开展来料加工、工艺品制作、农产品加工和农作物、经济作物种植管理、电子商务等残疾人职业技能培训工作。完成培训任务588人，将培训人员录入实名制系统。组织选送残疾人参加上级残联举办的盲人按摩、面点制作、电子商务、文化创艺、电商客服等培训。承办第六届全国残疾人职业技能竞赛浙江省木雕、竹编、剪纸项目训练选拔赛和赛前集训工作，承办金华市残联“残疾人之家”管理人员培训班和盲人协会活动。残疾人吴向东代表浙江省参加第六届全国残疾人职业技能竞赛，获木雕项目第一名。

3月，举办残疾人就业招聘会。增加残疾人就业180人。培育残疾人就业创业典型。4月，胡先民工作室的东阳木雕传承创业孵化基地被浙江省人力资源社会保障厅、浙江省残疾人联合会命名为省级残疾人创业孵化示范基地。落实残疾人参加职工养老保险补助政策，对605名参加职工养老保险的残疾人进行补助，

2019年东阳市残疾人运动员参加全国第十届残疾人运动会获奖情况一览表
表13

序号	比赛项目	比赛地点、时间	获奖人	获奖奖牌或名次
1	射箭 女子反曲弓公开级团体淘汰赛	天津市 2019年5月	胡欣妍	第一名
2	田径 男子听障组T3000米障碍	天津市 2019年8月	许宽田	第一名
3	坐式排球(男子组)	天津市 2019年9月	王　强	第一名
4	PR1 W1 x 女子单人双桨2000米	浙江杭州千岛湖2019年6月	王丽丽	第一名
5	PR1 W1 x 女子单人双桨1000米	浙江杭州千岛湖2019年6月	王丽丽	第一名
6	听力残疾人组混合团体(羽毛球)	2019年第十届残运会	杜晓东	第二名
7	田径 男子听障组1500米	天津市 2019年8月	许宽田	第二名
8	田径 男子听障组800米	天津市 2019年8月	许宽田	第二名

补助资金126万元。开展党政机关、事业单位带头定向招录残疾人工作，市残疾人劳动就业服务所招录残疾人工作人员1人。戚小慧盲人医疗按摩所、潘子建盲人医疗按摩所纳入医保定点单位。

开展残疾人就业保障金征收和使用管理工作。按照省残联文件要求，对安置残疾人就业的单位进行就业认定，与地税征收系统信息进行比对。对超比例安置残疾人就业的22个单位落实奖励政策，奖励资金36.72万元。对2018年度各项资金使用情况进行绩效评价。

【残疾人保险】 2019年，为2018—2019年度发生意外伤害的残疾人办理理赔98.8万元，理赔率104.3%。联系财政部门落实2019—2020年度残疾人意外伤害保险资金。落实7616名残疾人免费参保东阳市城乡居民医疗保险、6602名残疾人免费参保东阳市城乡居民养老保险工作，3283名残疾人得到医疗救助。

【残疾人教育培训】 2019年，市残联协同教育部门开展残疾学生义务教育工作，为残疾考生参加高考提供服务。落实残疾人大学生学费、住宿费补助工作，为19名残疾人大学生发放学费、住宿费补助资金21.84万元。为561名残疾学生和贫困残疾人家庭学生发放助学资金50.22万元。市慈善总会、市关工委等部门将残疾人学生列入救助范围，全市有800余名残疾学生和贫困残疾人家庭学生得到救助，资金总额100余万元。

【残疾人文化体育工作】 2019年，东阳市7名残疾人运动员参加全国第十届残疾人运动会，获5金3银。联合市文广旅体局、开发区管委会组织开展残疾人文化艺术周活动，300余名残疾人参加"我爱我的祖国"征文比赛、文艺演出、自强工匠工艺美术展、残健融合书画笔会等活动。文化助残"五个一"活动受益残疾人270人，特殊艺术进农村文化礼堂巡演6场，残疾人社区文化活动参与率76%。"幸福蜗居——给残疾人一个温暖的家"在金华市第四届"志愿八婺·文明金华"志愿服务项目大赛中获金奖。

【残疾人康复服务】 2019年，市残联完成残疾儿童听力言语康复训练32人、肢体康复训练60人、智力康复训练29人、孤独症康复训练11人、人工耳蜗体内处理机升级补助1人、人工耳蜗植入补贴2人。为在定点康复机构接受康复训练的低保及低保边缘困难家庭的8名残疾儿童发放康复生活补贴。开展精神病防治工作，落实2257人免费服药政策。为96名贫困残疾人发放医疗康复补助资金18.88万元。配送助听器205台，装配上肢假肢10条、下肢假肢20条，配送盲人眼镜8副，发放轮椅类辅助器具110辆、护理床15张、防走失手环36只，配送小额类辅助器具120件。联合省残联康复中心开展肢体矫治残疾筛查53人。完成无障碍设施进家庭项目186户。

【扶贫解困】 2019年，市残联对78户具有一定种植规模的残疾人家庭进行农资补助，补助化肥32.7吨、价值9.98万元。调查困难残疾人住房状况，对全市286户存在住房困难的贫困残疾人家庭建立一户一档。开展贫困残疾人安居工程工作，45户完成安居工程，补助资金44.85万元，其中9户列入"幸福蜗居"项目。为31户残疾人及扶贫基地发放贷款贴息30.5万元。加强扶贫基地建设，为5个扶贫基地补助资金7万元。开展低保残疾人家庭用电安全调查工作，320户低保残疾人家庭用电线路存在安全隐患，为国网东阳供电公司实施"幸福蜗居千户万灯"项目提供基础服务。动员社会爱心人士帮扶贫困残疾人学生，通过镇乡街道残联调查的65名残疾人学生和贫困残疾人家庭学生得到结对帮扶。

【残疾人信访工作】 2019年，市残联开展矛盾纠纷大排查工作，建立社区(村)、镇乡街道、残联三级信访网络组织，畅通残疾人诉求表达机制，了解掌握辖区重点残疾人员，做好信工作。建立信访处理机制，回复省、金华市及"8890"便民服务平台投诉件19件，接待处理残疾人来电来人来信政策咨询151批(件)、158人次。

关注残疾人机动轮椅车营运动态，维护残疾人合法权益。

（朱露萍）

东阳市红十字会

【概况】 2019年，东阳市红十字会接受社会爱心人士捐款658.85万元，主要用于慈善复明、杏林、“两癌”(宫颈癌、乳腺癌)等救助基金，救援队购买设备、农村体育文化建设、救助贫困者等项目，做到专款专用。在全市投放10台AED(自动体外除颤仪)。宣传造血干细胞捐献，成立造血干细胞宣传跑团，参加各地马拉松比赛，在马拉松赛场宣传造血干细胞捐献。动员适龄人员采样入库，实现造血干细胞采样128例。100余名市民登记器官遗体(角膜)捐献，实现器官捐献5例，角膜捐献10例，遗体捐献6例。12月2日，志愿者马红强成功捐献100毫升造血干细胞混悬液，成为东阳市第5例造血干细胞捐献者。

【红十字会宣传传播】 2019年5月8日，市红十字会组织市红会医院、红十字救援队和红十字志愿服务总队在市区黉门广场围绕“2019爱心相伴‘救’在身边”主题开展系列公益活动，活动悬挂标语4幅、摆放宣传展板24块、宣传图画30张，开展应急救援装备展示、应急救护讲解，发放无偿献血、干细胞捐献、人体器官(组织)捐献、健康知识和红十字运动基本知识等各类宣传册200余份，公益义诊400余人，2人填写器官捐献志愿书。“世界急救日”期间，组织志愿者在市区南街口献血屋开展献血、献造血干细胞、献遗体(器官)“三献”活动及急救知识宣传活动，摆放宣传展板16块、宣传图画30张，发放应急救护宣传资料、健康知识、无偿献血、干细胞捐献、人体器官(组织)捐献等各类宣传材料100余份、免费测血型10余人，活动现场开展急救知识讲座，心肺复苏及包扎止血实操演示。联合东阳市气象局，在市区8块电子显示屏上，滚动播放红十字精神和急救日主题的宣传画。9月18日，联合市科协，在市区黉门广场开展急救日主题宣传活动，向市民宣传急救装备科普知识、急救知识和技能，宣传无偿献血、器官(遗体)、造血干细胞捐献科普知识。10月1日，《东阳日报》特刊珍藏版整版宣传报道红十字运动基本知识及东阳红十字会基本概况。

【学校红十字会建设】 2019年，市红十字会在斯村、歌山小学、青少年宫、江北二小、巍山、塘西初中、横店影视学院等10余所学校开展防溺水、消防安全、交通安全等安全知识讲座45场，参加人数8500余人次。联合市教育局组织200余名学生参加红总会“《中华人民共和国红十字会法》暨红十字青少年自救互救知识竞赛”。9月6日，联合团市委和市晨夕相伴社会工作服务中心，向歌山镇中心小学、佐村镇中心小学、三单乡中心小学赠送《青少年安全知识科普读本》800余本，为歌山镇中心小学300余名师生开展急救知识普及培训。

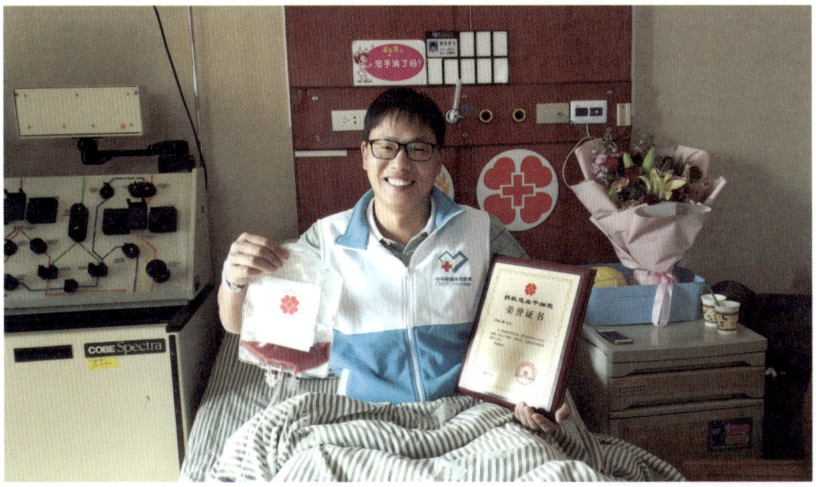

2019年12月2日，马红强成功实现造血干细胞捐献　（市红十字会提供）

【红十字会筹资募捐】 2019年，市红十字会接收公益捐款658.85万元。其中定向捐赠653.09万元，非定向捐赠5.76万元。主要用于救助项目和救援队购买设备及正常活动运作。市人民医院筹资的“慈善复明基金”救助项目筹资401.31万元，主要用于金华地区白内障患者的复明手术，筹资50万元用于广济助医基金；浙江东阳农村商业银行股份有限公司捐赠60万元用于东阳市红十字救援队队员购买人身保险、冠名费等项目；上海市东阳商会捐赠40万元用于救援队购买装备车；东阳富士特磁业有限公司捐赠13万元分别用于东阳市红十字救援队日常公益活动支出和城东街道寀卢村老年协会建设等项目；广宏建设集团有限公司捐赠10万元、东阳市金鑫化学工业有限公司捐赠5万元、东阳市优悦包装材料厂捐赠2万元用于东阳市大爽体育发展有限公司发展体育事业。其他由爱心企业和爱心人士捐赠资金用于杏林基金、惠民助医基金等救助项目和救援队、志愿服务总队公益活动。

【红十字会帮贫助困】 2019年，全市开展7个专项救助项目，其中省红十字会2个、市本级5个，投入救助资金716万元，救助受益人数2700人。康心基金项目救助76人，发放救助金162.26万元；母婴平安项目救助13人，发放救助金9.17万元；复明基金项目救助1804人，发放救助金413.54万元；杏林基金救助319人，救助金69.85万元；广济助医基金项目救助14人，救助金27.36万元；光明基金救助68人，发放救助金13.32万元；惠民助医救助406人，发放20.52万元的款物。各基金项目在2019年到期后，重新签订各项目基金管理办法，惠民助医基金和光明救助基金合并为惠民助医基金，统一实施。

与兄弟县(市)红十字会、市人民医院联合，分别在松阳县、磐安县、浦江县、武义县和兰溪市开展康心基金心脏病救助项目义诊活动。协助省红十字会对康心基金实施情况进行回访。12月，与横店集团东磁股份有限公司“东磁加爱”净化事业部签订定向捐赠协议，向市红十字会捐赠30台净水机，用于东阳市6个街道的社区(村)活动中心、居家养老中心、食堂等公共场所。发放救助款2万余元，主要用于慰问麻风病人以及器官、眼角膜、遗体、造血干细胞等16个捐献者家庭。筹集资金，对口援助四川理县资金6万元。

2019年10月12日，市红十字救援队救援笔架山被困人员

(市红十字会提供)

【红十字会救护培训】 2019年，市红十字会开展救护员培训28期，培训红十字救护员3133人，完成全年任务率123%；开展普及培训及讲座124期，普及培训21526人，完成全年任务率102%。选派9名医护人员、志愿者参加2019年应急救护师资培训，获二级师资证书，1人参加省一级师资考试获一级师资证书。推进新站点建设，增加7个救护站点，其中横店圆明新园2个站点。为红十字救援队和红十字志愿服务总队分别添置1台便携式AED，在东阳市生命教育体验馆、东阳银泰城和市节庆广场(学雷锋服务站)添置柜式和壁挂式AED。6月，对全市12个救护站点AED进行检查校验、维护管理，保障AED功能正常。分6批对AED放置点的监管人员、保安、志愿者等进行专业的心肺复苏和AED基本知识、使用操作和注意事项等内容的培训，288人获AED专题培训证书。开展“服务企业、服务群众、服务基层”三服务活动，为111家企业及基层群众进行救护知识普及培训。推进急救知识进农村文化礼堂，组织开展应急救护、防灾避险、卫生健康等知识和技能培训。

【红十字会应急救援】 2019年，市红十字救援队有特种技术专业队员12人(特种机械设备车主或驾驶人员)，拥有大型吊车15台、铲车10辆、大中型挖机20台、工程运输车10辆，平板运输车4辆。开展救援活动135次，参加相关部门组织救援演练13次，参加上级有关部门组织的培训17批56人次；协助组建社区救援队10支，开展社区应急技能讲座41场，直接受益群众约8720人次；开展校园安全知识讲座87次。大型活动应急保障11次，开展救援技术培训、体能训练、体能及技术考试等活动12次，累计出动队员8568人次。在全国首次社会救援力量技能比武中，获浙江省赛区第二名、华东赛区第六名。

8月9日，受9号台风“利齐马”影响，画水镇下田村附近南江水域2人被困江中，市红十字救援队出动25人次，装备27台(套)，与消防人员协作，将被困人员安全解救上岸。8月10日，市红十字救援队组织12名队员、4辆救援车、4艘冲锋舟(橡皮艇)，到临海市支援抗台抢险救援工作。累计转移群众180人次，转运各类救援物资10余船次。9月7—8日，市红十字救援队联合锋行水域救援团队在东阳江畔举办浙江省首届水域救援声呐实战培训班，全省10余支民间救援队40余名队员参加培训。11月29日，举行市红十字救援队特种技术专业队成立仪式。

【红十字会志愿服务】 2019年，市志愿服务总队开展“三献”宣传、公益寻亲、大型活动志愿安保、“爱心助考”、助力全国文明城市创建、文明劝导、重阳节敬老，普及救护知识等志愿服务活动258次，其中“三献”宣传活动109场次，安保活动76场次，寻亲活动及咨询宣传18场次，综合类活动39场次，各类培训16场次，参与服务4000余人次，服务时数12000小时。1月21—26日，市志愿服务总队在市汽车西站开展为期一周的“暖冬行动——青春志愿行，奉献新时代”春运志愿服务活动，设置志愿服务点，为旅客提供常用药、姜茶及心肺复苏、AED操作演练等便民服务。3月31日，100余名志愿者参与横店马拉松比赛沿线急救医疗通讯保障工作。5月17日，在第四届金华市志愿服务项目大奖赛上，市志愿服务总队“一生相‘髓’，点亮生命之光”项目获银奖。8月7日，组织志愿者参加市全民健身日活动沿途安保工作。组织开展寻亲活动，公益寻亲团有核心成员16人，参与志愿者100余人次。8月22日，联合团市委、市广电台等单位，在市区黉门广场举行“情暖回家路——东阳市第二届公益寻亲会”活动，活动当天近20份寻亲DNA采样入库，全年有3对东阳籍母女DNA配对成功。8月22日，由浙江省金华市体育总会举办的“2018全国大众跆拳道精英大奖赛”在东阳市体育馆举行，红十字志愿者参与服务赛事，负责运动员检录、辅助裁判、医疗、安保维护指引等工作。11月1日，组织志愿者为机关运动会提供医疗保障等志愿服务工作。

(李晓媚)

法 治

政法委与综治

【概况】 2019年，市政法委启动社会面防控等级响应天数207天，打赢新中国成立70周年大庆安保、第六届世界互联网大会、第二届中国国际进口博览会、十九届四中全会等重大活动维稳安保攻坚战；完成鼎立控股集团股份有限公司等处非案件开庭安保、杭州滨江“2·28”专案庭审安保等任务。“6·6”案件战例战法获全省反恐部门技战法第二名；侦破全国首例源头打击境外假记者网上涉政谣言案件。

【服务保障】 2019年，市政法委联合市人民法院清理低效用地，处置“僵尸企业”17家，盘活土地资源12余公顷、厂房20.3万平方米；联合市人民检察院推动建筑、影视文化产业有序发展，首创设立建筑、影视文化检察部门。深化“最多跑一次”改革，市司法局牵头推进“无证明城市”改革，推动全市清理证明事项425项，推动办事企业和群众少开证明近18万件。建立一体化办案中心，实现公检法刑事案件办理网上网下全流程监管。推广“移动微法院”，实现立案、告知、举证、调解、送达线上全流程办理，引入线上平台案件1.6万余件。实现出入境业务“全国通办”，人口落户、办证“零跑腿”改革模式得到副省长成岳冲批示肯定。打击非法集资、职务犯罪等金融案件，破案102起，刑事拘留72人，挽回经济损失1.3亿余元；审结银行借款、证券、保险类金融纠纷案件1412件，审结知识产权案件344件。

【基层社会治理】 2019年，东阳市建成总面积3400余平方米的市级社会矛盾纠纷调处化解中心——“信访超市”，完成18个镇乡街道和90个示范型村（社区）综治中心提升改造。推进“基层治理四平台”建设，实现首批市市场监督管理局、市综合行政执法局、市司法局、市自然资源与规划局、金华市生态环境东阳分局5个部门派驻机构“下沉”到基层，“下沉”人员413人，相关部门事项平均办理时间缩短85%以上。推进全科网格建设，实现网格指导员、网格长、专兼职网格员配备率100%，累计巡查记录超35万条。推进人民调解工作，各镇乡街道均配备2名以上专职人民调解员，命名挂牌20家个人品牌调解工作室，实现规模以上企业调解组织全覆盖，受理矛盾纠纷2500余件，调解成功率99.8%。推进“雪亮工程”“智能门禁”“人脸识别”“电子警察”等系统建设，建成以视频、网络、电子三道围栏为重点的全市智能感知网络。推进基层治理创新，实现社区民警兼任村居党支部副书记（副主任）行政村全覆盖；形成南市“防卫应急点”、虎鹿“老娘舅”调解队、巍山“义警联盟”等一批基层治理特色做法；南马派出所入选为22个省级重点培育“枫桥式公安派出所”。

【平安东阳建设】 2019年，东阳市完成中央扫黑除恶专项督导迎检，累计打掉涉黑涉恶组织团伙15个，抓获犯罪嫌疑人134人，扣押、冻结涉案资产7.53亿元。完成杭州滨江“2·28”专案的侦查办理和庭审工作，得到中央督导组和省委、省政府主要领导的肯定。维护社会公共安全，抓获13年前命案积案逃犯1人，连续14年保持命案、“五类”恶性案件100%侦破，全市刑事立案率比上年下降32.7%，破案率比上年增长7.7%，群众安全感达到98.3%。推进道路交通安全综合治理大会战，交通事故死亡人数比上年下降25%。推进安全生产专项整治，安全生产事故数和死亡人数比上年分别下降46%和10%。落实平安创建工作机制，建立完善每周扫黑除恶工作会商、每月重点工作推进会、平安建设模拟测评等机制，实现“平安县市”十四连冠。

【防范和打击邪教】 2019年，市政法委开展对镇乡街道防范和打击邪教业务培训工作，分发《农村党员反邪教读本》，通过主题党日、周一夜学等，开展党员干部反邪教知识集中学习。制定《东阳市校园反邪教“春蕾计划”实施方案》，联合市教育局将“反邪教宣传有否进行”列入开学检查表，对全市新教师开展岗前反邪教培训。实施“回归社会工程”，对生产、生活困难的回归人员给予相应帮助，在政策上给予支持。部署反邪教“雷霆行动”，重点开展防控打击方面的“金盾行动”、宣传教育方面的“警示行动”、教育转化方面的“融雪行动”、校园反邪教方面的“春蕾行动”、专项整治方面的“铁铲行动”。

（贾芸芸）

法治政府建设

【概况】 2019年7月4日，东阳市委全面依法治市委员会第一次全体(扩大)会议在市行政中心召开，讨论《市委全面依法治市委员会工作规则》《市委全面依法治市委员会协调小组工作规则》《市委全面依法治市委员会办公室工作细则》《2019年法治东阳建设工作要点》。组织常务会议学法7次，学习安全生产、依法行政、城乡规划、网络安全、信息公开、行政执法、宪法等方面的法律。承担浙江省县乡法治政府建设“最佳实践”——镇乡街道行政执法规范化建设试点工作，将南马镇列为示范镇，省司法厅党委委员、副厅长劳泓给予批示肯定。东阳市制定《报送市政府审批的重大行政执法决定法制审核规程》《需提交市法制办法制审核的重大行政执法决定事项目录》等4项制度，法制审核重大行政执法决定2584件次。

【证明事项“无证明”办理】 2019年，东阳市按照“六个一律”要求，推进数据共享，实现证明事项“无证明”办理工作目标。办理无证明事项152441项，满意度100%；开通金华“无证明城市”查询核验系统账号4056个，东阳市数据共享查询平台账号533个，实现52项个人电子材料与52项企业电子材料的在线查询，累计数据查询量10407次，向省共享平台调用数据106余万次。

【行政复议】 2019年，市司法局在市公共法律服务中心设置行政复议立案接待、阅卷等功能窗口，实现行政复议、行政应诉“一个口子对外”。制定和完善《东阳市行政复议程序规则》，收到复议申请200件，比上年增长66.7%。审查后受理83件，审结181件(包括2018年旧存12件)。

【行政调解】 2019年，市司法局以“东阳市行政争议化解联合调解中心”为平台推进行政调解工作，行政复议案件经调解后当事人撤回申请25件，调撤率39.1%，比上年提高14个百分点；完成上级交办的涉复议、涉诉行政争议案件3批22件，化解19件，化解率86.4%。

【行政诉讼】 2019年，东阳市各行政机关诉讼案件260件。东阳市探索新型府院联席会议机制。11月20日，2019年东阳市府院联席会议暨法治政府建设推进会在市行政中心召开，会议贯彻落实中共中央、国务院发布的《法治政府建设实施纲要(2015—2020年)》《关于预防和化解行政争议健全行政争议解决机制的意见》，分析东阳市依法行政存在的问题，探索行政争议实质性化解的新举措。市司法局和市人民法院通报全市行政复议应诉工作和市人民法院行政审判工作情况，对行政争议化解提出意见和建议，市长楼琅坚对推进法治政府建设提出要求。

【行政规范性文件管理】 2019年11月4日，市司法局印发《关于进一步加强东阳市行政规范性文件管理工作的通知》，设计7份配套法律文书格式范本。全年审查行政规范性文件23件，文件合法性审查54件，部门、镇乡街道报备至市政府的规范性文件16件。组织开展营商环境、生态环境保护等专项领域规范性文件专项清理工作3次，清理涉及相关规范性文件110件。

【行政合同合法性审查】 2019年，市司法局制定《东阳市行政机关合同管理办法》，明确起草单位、承办单位、法制机构、法律顾问的工作职责，在金华各县市区中第一个填补合同管理无实操规定可依的空白。全年审查市政府合同28件，提出审查建议及意见300余处，被采纳率约96%。

【行政执法规范化建设】 2019年，市司法局组织开展全市行政执法主体梳理工作，对符合法定条件的73个法定行政执法机关及授权、受委托行政执法机关确认其行政执法主体资格，7月31日，通过市政府门户网站向社会公告。通过浙江政务服务网平台公布行政许可、行政处罚、行政确认等十类权力及公共服务事项2539项，公开行政处罚结果70万余件。

【政府法律顾问管理】 2019年，市司法局推广应用政府法律顾问管理系统，实现法律顾问“云监管”，全市有政府法律顾问27人，因考核不合格撤换2人。审查重要文件、合同等280余个。

（潘婷婷）

2019年7月4日，市委全面依法治市委员会第一次全体(扩大)会议在市行政中心二楼中型会议室召开
（市司法局提供）

公　安

·综述·

【概况】 2019年，市公安局围绕新中国成立70周年大庆安保维稳的总目标，贯彻落实各级党委政府关于公安工作的部署和要求，稳中求进，创新社会治理。全年出动警力35万余人次，处置报警41751起，处置违法犯罪案件11920起，救助公民5605起。化解矛盾纠纷2114起，化解不安定因素12起，完成大型活动安全保卫30场次。查处治安案件6375起，其中调解处理1774起，治安处罚4828人次，行政拘留2456人次。巡逻盘查抓获违法犯罪嫌疑人127人。处置交通事故报警64769起，查处违反道路交通管理法律法规760130起，罚款759647人次，行政拘留482人次。化解信访积案87件。人民群众对公安工作满意率为97%。6月13日，经市委编制办批准，刑事侦查中心四大队——网络警察大队更名为网络安全保卫大队。获金华市委宣传部、市委组织部表彰的先进个人1人，金华市委宣传部表彰的先进个人5人、金华市公安局先进集体5个、个人15人。立集体二等功1个、二等功个人1人、集体三等功4个、三等功个人28人。

【出入境管理】 2019年，东阳市办理出国境62427人次，其中出国26418人次，到港澳团队旅游、商务、探亲19983人次，台湾旅游、探亲、商务5884人次，往来港澳通行证再次签注10142人次。登记境外人员16944人次，其中外国人8380人次，台湾居民5598人次，港澳居民2864人次，华侨102人次。台湾居民签注延期、居留13人次。引进外籍高层次人才1人。自4月1日起，中华人民共和国普通护照、往来港澳通行证、往来台湾通行证等出入境证件实行“全国通办”，即内地居民可在全国任一出入境管理窗口申请办理上述出入境证件，申办手续与户籍地一致。查处涉外案件35起29人，其中非法出入境4起，非法就业13起，非法聘用外国人13起，非法居留5起，处罚单位4家，行政拘留6人，遣送出境6人。增加法定不准出境人员3357人，撤销报备575人，作废出入境证件938人1335本。增加国家工作人员报备3614人，撤销4250人，更新信息2515人。横店公安分局、南马派出所窗口增配自助签注一体机各1台。窗口民警实行提早1小时上班，受理工作未完成不下班的工作制度。17个派出所（公安分局）建立“代办员”“钉钉群”“互联网+”等服务体系，提供“一证办”“一网办”“移动办”“全城办”“刷脸办”等服务，为出境申请人急事急办假日服务1000余人次。

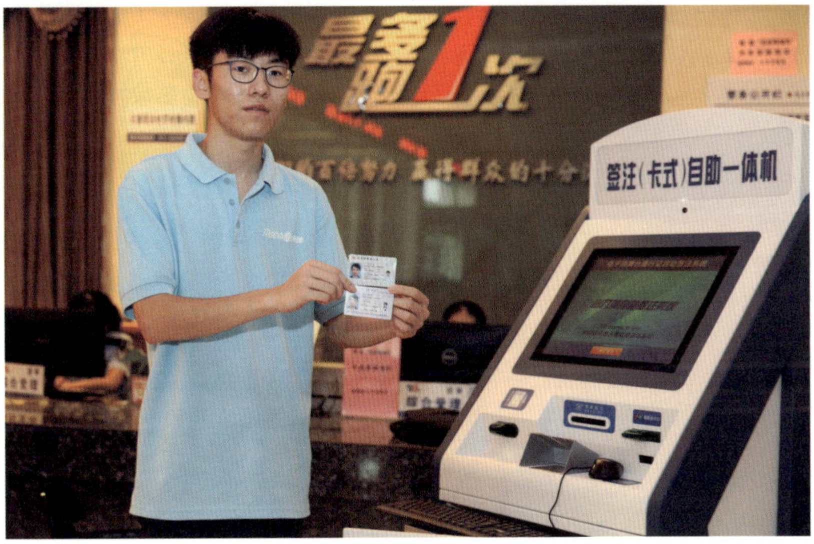

2019年7月3日，签注（卡式）自助一体机在南马镇花园村便民服务中心安装调试　（包康轩/摄）

【“红色示范所队”创建】 2019年3月25日，市公安局党委印发《东阳市公安局创建“红色示范所队”活动实施方案》，成立创建“红色示范所队”领导小组和工作专班，按照金华市公安局创建“红色示范所队”十条标准，在全局推进“红色示范所队”创建活动。6月，市公安局创建工作专班对全局“红色示范所队”创建工作进行全面检查，29个支部党员活动室均按标准要求，悬挂（张贴）党旗，中共中央总书记习近平“四句话、十六字”，入党誓词，党的宗旨、指导思想、党员的权利和义务，设置党务公开栏、党组织活动七项制度，党的“三会一课”组织生活记录较为健全。至12月20日，市公安局完成创建“红色示范所队”18个，其中基层派出所（分局）党支部12个、机关党支部6个，完成规划创建目标21个的85.7%。吴宁派出所、南马派出所被评为金华市公安机关首批“红色示范所队”，南市派出所、江北派出所、虎鹿派出所、东阳江派出所被评为金华市公安机关“红色示范所队”合格单位。

【辅警“严纪律、守规矩、提正气”教育整顿】 2019年2月至3月，市公安局开展为期2个月的辅警队伍“严纪律、守规矩、提正气”集中教育整顿工作，排出A级风险辅警岗位7个，B级、C级风险岗位28个，风险点26个，存在共性问题21个、个性问题9个；推进落实民警辅警“一对一”“一对几”管理层级责任制，签订辅警层级管理责任书1910份。6月，开展第二届辅警人才评定工作，评为能手级辅警人才15人、骨干级辅警人才53人，能手级辅警人才、骨干级辅警人才分别享受7200元、3600元的年度人才津贴。12月12日，金华市公安局授予市公安局辅警一等治安荣誉奖章1人、二等荣誉奖章4人、王厚鑫式好辅警2人。

【公安宣传】 2019年，市公安局相关新闻报道被各级媒体采用稿件670篇，其中中央级媒体采用160篇、省级采用210篇,地市级采用300篇。市公安局制作的《利剑出鞘斩黑恶》扫黑除恶专题片、《红色枫景满东城》枫桥式公安派出所创建活动专题片,获上级机关好评。“东阳公安”微博全年发布信息1110条,“东阳公安”微信公众号发布信息1050条。“东阳警方”抖音号自2018年8月创建以来,视频播放量13亿余次,拥有粉丝169万余人,获点赞5170余万个,名列全省政务抖音号第四位,县市政务抖音号第一位。2019年4月,被公安部宣传局评为“最具影响力警务抖音短视频奖”;2019年10月,在全国政法短视频论坛上获评“浙江政法抖音十佳号”。

(方胜天　李君瑶)

·国内安全保卫·

【概况】 2019年,围绕中华人民共和国成立70周年、“五四运动”100周年等重大节点,市公安局防范和打击境内外敌对势力的渗透破坏活动,维护国家安全和全市社会政治稳定。查获敏感物品邮件5461批次51490件。报送国内安全保卫情报信息686期,其中金华市公安局采用525期、省公安厅采用354期、公安部采用195期。开展“反恐”四联三防(联防、联保、联建、联控,防冲撞、防刀砍、防爆炸)工作。办理出国境62427人次,境外人员入境16944人次,查处涉外案件35起29人。

【反恐工作】 2019年,东阳市开展“四联三防”创建工作,10家重要目标单位健全档案,组织“反恐”演练。横店梦幻谷景区“四联三防”工作通过省级示范点验收。全年编发反恐情报信息102篇,办结专案线索4起,在侦1起。

(方胜天　李君瑶)

·治安管理·

【概况】 2019年,东阳市发现、受理违反治安管理案件7068起,查处6375起,其中调解处理1774起。查处违法人员4854人次,治安处罚4828人次,其中行政拘留2456人次,罚款1647人次,警告725人次。查处涉“黄、赌”案件914起。新登记流动人口621284人次、出租房屋16199户。核发二代居民身份证52752张(含全国异地居民身份证128张、全省异地居民身份证2991张),户口迁出433人、迁入1682人。投入巡逻防控27300余人次。

【“枫桥式派出所”创建活动】 2019年6月,市公安局印发《东阳市公安局创建“枫桥式公安派出所”实施方案》,成立创建活动领导小组和办公室,在全市基层派出所(公安分局)推行“枫桥派出所一二三四五六”警务模式和省“枫桥式公安派出所”重点培育单位——南马派出所的“专业化带动社会化,党群志愿服务”的“平安南马大联盟”模式,按照“一所一品”“矛盾不上交、平安不出事、服务不缺位”“党政认可、群众满意、民警幸福”的工作目标,创建工作特色和工作亮点。市政府拨款2亿元,三年内异地建设9个公安派出所。虎鹿派出所建立“一村一警”警务模式和18人的“老娘舅”调解组织,把问题解决在村、居一线。横店分局建立“吕忠民工作室”,实行镇区多元化矛盾纠纷化解机制。江北派出所率先实行民警进社区班子,村干部参加“村官义警服务队”的警民融合的治安防控网络。巍山派出所建立由8支队伍组成的“巍山义警联盟”,提升镇区社会治安综合治理水平等。至12月20日,17个公安派出所(公安分局)民警到学校、村居、家庭,召开恳谈会328场次,走访单位1702家、群众5088人次,为群众办实事,解决问题458件,化解矛盾纠纷2114起,办结伤害类行政案件5029起。南马派出所获评全省首批“枫桥式公安派出所”,南市派出所获评金华市“枫桥式公安派出所”。

【“基层基础攻坚年”专项行动】 2019年2月,市公安局印发《东阳市公安局开展基层基础攻坚年专项行动实施方案》,成立“基层基础攻坚行动”领导小组和办公室。自3月起,围绕“人、地、事、物、组织”等治安要素,启动为期8个月的“基层基础攻坚年”专项行动。至12月20日,检查寄递业、建筑工地、KTV、美容美发店、小餐馆等重点行业流动人口500余家(次)8000余人,编发通报14期。清理核查流动人口信息5633条、同住关系人信息20000条、涉案(事)件5000余起,核查出租房15860间、网约房102家,流动人口、出租房的基础信息登记率和准确率分别为86.5%、97.9%。排查管控旅馆786家、寄递业199家、散装加油站6家,排摸涉稳“问题清单”“风险清单”61条。

【“黄赌”整治行动】 2019年,市公安局按照“总体严管,冒头即打”的工作要求,进行“冬春”“夏季”“黄赌”场所整治等5次集中打击治理“黄赌”专项行动,查处涉黄刑事案件27起,刑事强制措施72人,移送起诉63人。查处涉黄治安案件306起,治安处罚662人,行政拘留556人。查处涉赌刑事案件85起,刑事强制措施235人,移送起诉323人。查处涉赌治安案件496起,治安处罚1275人,行政拘留337人。办结省公安厅督办“黄赌”案件6起,金华市公安局督办“黄赌”案件8起。

【缉枪治爆专项行动】 2019年,市公安局与应急管理、交通、邮政等部门合作,加强情报信息交流和违法犯罪线索的核查工作,打击网络贩卖枪支等枪爆违法犯罪活动。至12月20日,收缴各类枪支78支、子弹8300余发、黑火药烟火剂4.729千克、索类爆炸物品25米、雷管95枚、管制刀具32把、弩1把、易制爆化学品3.65千克。核查涉枪违法犯罪线索31条,破获涉枪刑事案件3起,其中查处武器弹药走私案1起,抓获犯罪嫌疑人13人,移送起诉13人。查处涉枪行政案件5起,行政处罚5人。查处涉爆行政案件28起,行政处罚7人。

【成品油市场违法犯罪问题整治】 2019年,市公安局立案查处非法经营成品油案2起、销售伪劣成品油案8起,移送起诉13人,行政处罚8人,扣押成品油50吨、油罐3个、车辆13辆,捣毁东永二线礼村、白云街道西甑山窝点2处,取缔非法加油站(点)5个。

【治安巡逻防控】 2019年，市公安局围绕新中国成立70周年大庆安保工作，建立维稳应急处置小组，实行24小时值班值勤。增加治安巡逻摩托车10辆、武装巡逻车2辆、运兵车2辆、警犬6头（总数23头）和夜视仪、泰瑟枪等高精装备。11月5日，横店特警中队挂牌成立，配备民警3人、辅警30人，各型车辆15辆，承担横店镇辖区及警务协作片乡镇（南马镇、湖溪镇、马宅镇、千祥镇）重大案（事）件先期应急处置及重大活动安保等任务。全年投入巡逻防控警力，每日3个PTU（街面快速反应武装特警小组）武装巡逻组分别在主城区、横店镇重点区域巡防执勤。举行大型“反恐”演练10次，应急集结演练6次。2名民警获警用无人驾驶航空器驾驶证。治安管理中心二大队获金华市公安机关特警三年（2017—2019）大比武团体第二名。

【流动人口管理】 2019年，东阳市新登记流动人口621284人次，比上年增长17%，新登记出租房屋16199户，采集、整改流动人口信息50862条、“一点通”数据88645条。对流动人口重点区域进行检查2次。查处出租房业主和用人单位主体责任701人、未按规定登记的流动人口710人。发放流动人口电子居住证8942张、登记凭证40765张。按照《东阳市〈浙江省居住证〉持有人特惠待遇管理实施细则（试行）》规定，有25名流动人口的未成年子女分别在城区、横店镇区公办学校入学。增加智能门禁楼道锁、入户锁用户3785户。智能门禁系统查获逃犯4人。抓获藏匿于流动人口中的“逃犯”13人。

【出租车、网约车管理】 2019年，市公安局登记出租车476辆、从业人员950人，登记网约车413辆、从业人员450人。制作出租车从业人员信息卡96张、网约车从业人员信息卡21张。变更出租车信息59辆次。出租车治安出城登记27292辆次、网约车治安出城登记668辆次，查获逃犯5人、法院协控人员25人，帮助乘客找回遗忘物59起价值2.6万余元，其中找回现金6920元，手机14部。

【伤害案件和信访件办结化解专项活动】 2019年2月20日，市公安局印发《东阳市公安局伤害案件和信访件“双清零”专项活动方案》，成立领导小组，开展“双清零”工作。办结化解信访积案87件，其中办结化解市政法委交办信访积案13件、省公安厅交办的信访积案8件、金华市公安局交办信访积案66件，化解率100%。前期排摸的219起年前伤害案件全部办结。全年增加的伤害案件办结率96%。创建无信访基层所队16个（巡特警大队、食药环大队、流动人口管理大队、行政审批科、反恐大队、出入境管理大队、网络警察大队、禁毒大队、刑事科学技术室、处罚中心、车管所、城管执法指导大队、看守所、拘留所、南马派出所、东阳江派出所）。

2019年12月18日，市公安局举行“防风险、除隐患、保安全”专项行动暨治安大巡防启动仪式 （包康轩/摄）

【公安机关“无证明城市”改革】 2019年2月23日，市公安局启动“无证明城市”改革，在全市各个公安窗口推行新生儿“四合一”（出生医学证明、出生户口申报、基本医疗保险、社会保险·市民卡）联办服务、“逝后数据”共享、退伍军人和结婚生育户口一件事办理等服务。至12月20日，办理新生儿“四合一”服务4630例，出生登记2604人，“逝后数据”共享3584人，死亡注销1051人，退役军人户籍办理296人，结婚生育户口“一件事”办理1137人次。办理省内网上迁移987例、全省异地居民身份证2991张、临时身份证1197张，全国异地居民身份证128张。接待户口咨询27856人次，打印户口簿10351本、户籍证明13825份，项目变更4387人次。签发户口准迁证1752份，户口迁出433人、迁入1682人，管区内移居4609人。核发二代居民身份证49633张、边境通行证325张，办理行政审批820件、特种行业许可133件。全局23个窗口100%实现创星，其中三星21个，四星2个，市公安局“落户办证‘零跑腿’新生命迎来改革新模式”项目获金华市公安机关“最多跑一次”品牌项目二等奖。

（方胜天 李君瑶）

·刑事侦查·

【概况】 2019年，市公安局侦破刑事案件1667起，抓获作案成员2851人，移送审查起诉2604人。全年发生命案9起，破案9起，侦破2006年命案积案1起；发生“五类恶性案件”50起，破案50起，命案和“五类恶性案件”的破案率100%。3月，市公安局启动命案和重大疑难积案攻坚行动，对1993—2006年遗留的16起未破命案进行会诊，10月12日，在浙江省绍兴市境内抓获“2006·3·22”吴宁街道朝龙路新世纪花园A-2号别墅内抢劫杀人案犯唐某某(男,广西桂林人),侦破13年前命案。11月5日,在云南省文山市境内抓获逃脱25年的故意杀人犯吕某东。

【"扫黑除恶"攻坚行动】 2019年2月,市公安局印发《东阳市公安局开展扫黑除恶攻坚年专项行动实施方案》,成立扫黑除恶专项斗争领导小组,组建"扫黑除恶"办公室和"扫黑除恶"专项行动攻坚队,在全市开展扫黑除恶攻坚年专项行动。至12月20日,抓捕"黑恶"团伙23个。其中,黑社会性质组织1个,恶势力犯罪集团12个,恶势力团伙10个。破获刑事案件514起,刑事拘留734人,扣押冻结资产13.76亿元。侦破全国扫黑办督办的"2·28"杭州市滨江区虞某某为首的黑社会性质组织案,抓获"村霸"、宗族恶势力村干部17人。其中,刑事打击处理14人;治安处罚3人。

【"云剑"专项行动】 2019年6月13日,根据全国统一部署,市公安局启动以"严厉打击电信网络诈骗、民族资产解冻类诈骗、套路贷等新型网络犯罪,强力缉捕在逃人员"为内容的"云剑"专项行动。至12月,全市发放"反网络电信诈骗"(简称反诈)宣传资料6万余份,举办反诈讲座10场次。全年发生电信网络诈骗案2176起,损失金额2763.96万元。初侦初查率100%。摧毁电信网络诈骗团伙8个,破案174起,刑事强制措施340人,移送起诉261人。核查"民族资产解冻"类诈骗犯罪线索14条,打击处理"民族资产解冻"诈骗犯罪嫌疑人1人。打掉"套路贷"犯罪集团(团伙)9个,抓获作案成员81人,破获案件220起,查扣资产2.3亿元。抓获各类逃犯371人,库存逃犯68.12%。第一阶段(6月13日至10月31日)抓获6月13日以前上网逃犯84人,第二阶段(11月1日至12月31日)抓获10月31日以前上网逃犯23人,抓获2018年12月31日前各类逃犯264人。其中,抓获全国历年上网逃犯112人。

【刑事科学技术转型发展】 2019年,市公安局推动刑事技术转型发展,实施犯罪现场全时空、全要素动态现场勘查,投资2500余万元进行技术室升级改造和购置新设备。运用海鑫移动现勘平板客户端、云痕易拍APP、反诈小助手等信息化设备,提高现场勘查破案效率。至12月20日,勘查各类案件现场3456起,其中尸体现场448起;提取指纹1254起,提取率36.5%;提取足迹1105起,提取率32.16%;提取DNA1671起,提取率48.63%。指纹比中案件383起,其中现行案件284起,直接破案236起。DNA比中案件461起,其中现行案件389起,直接破案158起。串并案件171串496起。理化检验911起,制作各类检验报告、鉴定书1665份。

2019年12月27日,市公安局南市派出所民警到东阳商城,向店主和顾客开展防电信诈骗宣传 (蔡伟华/摄)

【网上秩序打击整治专项行动】 2019年2月26日,市公安局印发《2019年东阳市公安局网上秩序打击整治专项行动工作方案》,启动以打击网络黑客攻击破坏、侵犯公民个人信息、网络"黑产黑市"、"黄赌毒"、涉枪涉爆、网络诈骗、清理网络政治谣言、暴恐音视频、淫秽色情等违法有害信息为内容的"净网2019"专项行动。至12月20日,立案侦查241起,其中省公安厅督办的牛某某等人侵犯公民个人信息案和"斟茶社"侵犯公民个人信息案,查获侵犯公民个人信息犯罪嫌疑人52人,刑事强制措施48人,移送起诉47人。侦破网络非法贩卖枪支案2起。侦查太阳城APP、麻婆儿棋牌APP、梦幻谷游戏APP等网络赌博案9起,刑事强制措施140人,追缴赃款183万元,冻结赃款29万元。查处网络水军、"黑产黑市"、违反互联网安全管理类行政案件1起。7月30日,查获微信招嫖卖淫案,捣毁"黄窝"4处,刑事拘留22人,行政拘留24人。8月12日,市公安局针对"7·26"特大虚拟币诈骗案,出动警力115人,分别到安徽省、四川省、广东省、上海等7个省份12个地市,与当地警方协同展开集中收网行动,抓获犯罪嫌疑人71人,缴获电脑72台、手机83部,冻结涉案银行卡52张;9月中旬,到广东省、上海市等四省市,抓获犯罪嫌疑人50人。10月31日,快速侦破一起网约抢劫案,刑事拘留犯罪嫌疑人3人,查获弹簧动力手枪1支、匕首1把、手铐1副、辣椒水喷雾器2个。11月26日,侦破公安部督办的"7·18"涉政案件,查封非法网站1个,抓获犯罪嫌疑人1人。

(方胜天 李君瑶)

·禁毒和食药环犯罪侦查·

【概况】 2019年,市公安局侦破毒品违法犯罪案件8起,其中包括公安部目标案件1起、省目标案件3起、团伙型涉毒案件6起,抓获毒品违法犯罪嫌疑人49人。查处吸毒125起125人。检测毛发1万余人次,呈阳性12人。社区戒毒(康复)68人,社区戒毒、社区康复执行率100%。

【禁毒"三清一创"专项行动】 2019年3月6日，省禁毒办召开全省禁毒"三清一创"(清隐揭底、清源断流、清患不出事、创建有成果)工作暨"云战1号"专项行动视频部署会。市公安局根据会议部署，成立专项行动领导小组和办公室，制订行动方案，在全市分步推进缉毒破案攻坚战役、禁吸戒毒管控战役、禁毒源头整治战役、禁毒预防宣传战役。6月16日，开展"云战1号"统一收网行动。

【易制毒工厂管理】 2019年，市公安局与206家易制毒化工企业签订禁毒责任书，签订率100%。核发易制毒化学品购买备案1973份、运输许可102份、运输备案838份。安全检查1600余家次，整改安全隐患23处。查处非法种植罂粟4起，铲除罂粟原植物436株，行政处罚4人。

【禁毒宣传】 2019年6月3日，浙江省禁毒委、金华市禁毒委、东阳市禁毒委、横店集团在横店影视城广州街·香港街景区内，举办"横店销烟"暨金华全民禁毒宣传月活动启动仪式。6月17日，在市节庆广场启动第32个"6·26"国际禁毒日"祖国有我，禁毒有我"全民禁毒主题宣传教育活动，举办"浙江省禁毒百场巡演活动"，1000余名群众参加启动仪式并观看演出。

【食品药品环境犯罪侦查】 2019年，市公安局侦破食品药品环境刑事案件48起，刑事强制措施120人，移送起诉117人。其中侦破食品犯罪案件6起37人、药品犯罪案件11起14人、环境犯罪案件31起66人，办结省公安厅督办案件6起。7月至年末，按照全国统一部署，开展以"护民生、保大庆"为主题的集中打击食品药品环境犯罪"昆仑行动"，破获非法收购珍贵、濒危野生动物及其制品案件7起。查处非法捕捞案件9起。侦破生产销售假烟案件及非法经营卷烟案件6起，涉案金额2000余万元。侦破美容业生产销售假药(注射肉毒素)案件11起，抓获犯罪嫌疑人14人。

(方胜天　李君瑶)

·经济犯罪侦查·

【概况】 2019年，市公安局开展"蓝剑2019"专项行动，打击整治假币违法犯罪专项行动等，侦破经济犯罪案件102起，抓获作案成员92人，移送审查起诉72人，挽回经济损失13426万元。

【"蓝剑2019"专项行动】 2019年2月19日，市公安局印发《打击侵犯知识产权犯罪护航企业发展"蓝剑2019"专项行动实施方案》，成立"蓝剑2019"专项行动领导小组和专项行动办公室，打击鞋、服、化妆品、饰品等领域侵犯知识产权违法犯罪。4月9日，捣毁吴宁街道藕塘村仿知名品牌服装生产窝点，缴获假冒服装13000余件，案值300余万元，抓获犯罪嫌疑人2人。4月21日、4月29日分别出动警力50人、100人，在东阳市、义乌市实施集中收网行动，抓获犯罪嫌疑人15人，捣毁江北街道西范小区、白云街道等地假冒化妆品生产窝点3个，包材生产窝点6个，仓储、销售窝点4个，查获假冒品牌口红、唇彩等化妆品成品30余万件、包材600余万件，涉案金额逾亿元。5月7日，摧毁一个跨东阳、义乌两市，为微商提供假冒知名品牌的犯罪团伙，在义乌市江北街道下朱村、下王村和东阳市白云街道下昆溪村查获销售窝点1个、仓储窝点3个，抓获涉案人员11人，缴获假冒品牌运动鞋12000余双。8月，与阿里巴巴打假团队合作，在东阳、义乌两地查获戴某某、吴某某等人通过互联网平台销售假冒品牌产品的犯罪团伙。至12月20日，全市侦破侵犯知识产权案件52起，抓获作案成员92人，移送起诉90人，绩效排名金华市一类地区第二位。

【打击整治假币违法犯罪专项行动】 2019年5月10日，全省召开打击整治假币违法犯罪专项行动电视电话会议。5月13日，市公安局通过基础排摸、抓捕控赃、突击审查、深挖等措施，在江北街道破获一起假外币案，抓获持有、使用假外币犯罪嫌疑人6人，查获假美元518500元。5月30日，在横店镇悦星大酒店301房间抓获销售假外币犯罪嫌疑人黄某某(男，43岁，浙江省嘉兴市人)，在其诸暨市居住处查获假美元277900元。

(方胜天　李君瑶)

·道路交通管理·

【概况】 2019年，东阳市交通事故报警64769起，出动警力194114人次，查处违反道路交通管理法律法规760130起，罚款759647人次，行政拘留482人次，其他处理1人。一般程序处理的交通事故141起，交通事故造成死亡75人，受伤75人。

【道路交通安全综合治理大会战】 2019年5月9日，市十五届政府第四十九次常务会议讨论通过《"关爱生命、远离车祸"交通安全综合治理大会战实施方案》，决定即日起至2020年3月在全市范围内开展"关爱生命、远离车祸"交通安全综合治理大会战行动，成立专项工作领导小组，抽调市府办、政法委、市经信局、市教育局等单位的相关人员成立工作专班，实行集中办公，组织、协调、督促"五大工程"(提升交通安全综合治理能力、交通设施防护提升、重点车辆大整治、基层治理能力大提升、交通文明素质大提升)建设和30项任务清单的落实。市级、镇乡街道级、村级设立三级"党政路长"，实施交通事故死亡人数控制属地责任制。5月23日，召开全市交通安全综合治理大会战动员部署会暨誓师大会。至12月20日，全市印发交通安全综合治理宣传资料16.8万余份，悬挂宣传横幅3368条，下乡放映交通安全宣传电影2000场次；警示曝光违法车辆8130例、典型事故案例62起，培训交通安全网格员3200余名，在546个重点学校、企业、村居，进行道路交通安全知识授课698课次、宣传展板1324块次。投入资金2500万元，治理省级事故多发点段2个、金华市事故多发点段级5个、东阳市级事故多发点段8个、交通安全隐患972处；封闭道路隔离开口25个，增设开口处减速带229米，安装路口语音提示装置123处;安装车道隔离栅栏24661米、护栏3206米、减速带2433米、设置标线6217.47米,除旧标线798.84米;改造、优化城区道路10条,增加机动车停车泊位2.2万个。查处各类交通违法76.3万起(其中现场查处10.1万起,非现场查处66.2万起)、醉酒驾驶513起,比上年增长2%,饮酒驾驶1639起,比上年增长7.6%,货车超载1013起,比上年增长88%,终身禁驾13人。在5个事故高发路段设置执勤点,检查过往大货车,实施夜间22时至次日凌晨6时工程运输车禁运措施。查处电动车违法6万余起,比上年增长32.2%,拆除电动车遮阳伞(棚)3.1万余个,电动车驾驶人安全头盔佩戴率提高至85%,守法率增长至95%。礼让行人抓拍68385起,比上年增长67.2%;违法停车贴单7.8万起,比上年增长48.9%;违法停车抓拍80778起,比上年增长21.8%。年内道路交通事故死亡人数比前三年死亡平均数下降27.5%。

【电动自行车管理】 2019年4月15日,《电动自行车安全技术规范》强制性国家标准实施,市公安局交警大队车辆管理所开始受理对符合国家标准的电动自行车注册登记申请。至12月20日,全市注册登记新国标电动自行车636辆。市公安局根据省实施的《关于做好国家电动自行车新标准实施前过渡期内有关工作的通知》,对未登记的电动车、驾驶电动车不戴安全头盔和驾驶电动车违法载人进行集中专项整治。3月31日前,完成全市未登记的电动车申请备案登记。自4月15日起,禁止无牌无证电动自行车上路。

(方胜天　李君瑶)

·案例举要·

【"4·21"特大假冒化妆品案侦破】 2019年4月18日,市公安局接群众报案,对汤某某(男,1992年1月生,江西省上饶市人)、赵某某(男,1977年4月生,湖南省炎陵县人)、盘某某(男,1970年9月生,湖南省炎陵县人)等犯罪嫌疑人涉嫌假冒注册商标案进行立案侦查。4月21日,犯罪嫌疑人汤某某、赵某某、盘某某、江某(女,1988年11月生,汉族,江西省贵溪市人)4人被公安民警抓获,并在义乌市的北苑街道、福田街道和东阳市江北街道西范小区、白云街道麻车小区等地查获假冒"VICTORIA'S SECRET"唇彩242027支(其中义乌查获124839支、东阳查获117188支),"NYX"唇彩4908支,"NARS"唇彩684支,"VICTORIA'S SECRET"包装盒6110个、管子16500个,"NYX"包装盒4170个。公安民警抓获涉案犯罪嫌疑人18人。4月29日,市公安民警在义乌、东阳等地查获假冒"HUDA BEAUTY"包装盒6851个、"LAKME"管子16498个、"VICTORIA'S SECRET"管子338个、"TOOFACED"管子40500个、"SEPHORA"盖子12000个、"ESSENCE"管子38402个、"NARS"盖子200个。经查,犯罪嫌疑人汤某某等人未经商标持有人授权,印制"VICTORIA'S SECRET""HUDA BEAUTY""NYX""ESSENCE""FENTYBEAUTY""NOTE""MAC""STILA""LOVE""NARS"等商标标识的包装品138.83万件,由赵某某、盘某某等犯罪嫌疑人负责灌装、组装假冒知名品牌的唇彩、口红成品178.88万余件,在犯罪嫌疑人李某(男,1992年5月生,江西省贵溪市人)、江某等经营的淘宝网店、国际义乌商贸城曼姿化妆品等店进行销售。8月27日,犯罪嫌疑人汤某某、赵某某、盘某某、余某某(男,1980年5月生,浙江省开化县人)等22人被移送市人民检察院审查起诉。

2019年4月15日,交警对驾驶电动车不戴安全头盔进行整治(包康轩/摄)

【特大虚拟币诈骗案侦破】 2019年6月21日,市民虞某某因6.5万元现金被网络投资平台骗走,向市公安局报案。市公安局当日予以立案,开展侦查。8月14日,公安民警在安徽省、江西省、吉林省、广东省、陕西省、贵州省等地抓获涉案犯罪嫌疑人34人。8月28日,在安徽省抓获犯罪嫌疑人6人。9月、10月,市公安民警分别到安徽省、湖南省、湖北省、陕西省、甘肃省、四川省、山西省、黑龙江省、上海市、广东省等地抓获其余犯罪嫌疑人51人。全国累计查获涉案人员132人。经查,2018年5月,以犯罪嫌疑人夏某某(在逃)为首的犯罪集团,组建深圳澳斯卡网络科技有限公司,之后移址安徽省合肥市,成立达观控股有限公司,下设安徽网智星文化传媒有限公司、马来西亚吉隆坡星球国际公司、四川省成都香港神话世界、成都蓝鼎集团分部、上海革欣能源有限公司等。在全国招募区域代理商,组建区域直播平台。2018年7月,投入运行。平台以高额收益为诱饵,吸引人员入群,参加直播平台听课、到SIE平台"投资"。实施"入金锁仓”手段，切断与投资人联系，清除网络作案痕迹，瓜分入仓资金。不断修改诈骗软件代码，更换诈骗平台名称CFEX、LKF、GDbit等。2019年1至8月，该犯罪集团在马来西亚、韩国等国家架设服务器，以同样的手段对中国居民进行诈骗。2018年8月6日至2019年8月1日，该犯罪集团获锁仓金额5480万美元，受害人837人。犯罪嫌疑人胡某（女，1990年6月生，安徽省岳西县人）、何某（女，1988年4月生，安徽省肥西县人）、杨某某（女，1986年9月生，安徽省霍山县人）等91人分别于2019年11月12日、11月15日被移送市人民检察院审查起诉。

（方胜天　李君瑶）

2019年12月4日，第七检察部检察官到市实验小学、吴宁一小，开展“国家宪法日”法治宣传活动　（市人民检察院提供）

检　察

【概况】　2019年，市人民检察院建设平安东阳，扫黑除恶，深挖根治、除恶务尽；保障民营经济发展，优化法治营商环境，构建“亲清”检商关系；维护民生民利，回应社会焦点，惩治犯罪，确保群众吃得放心、用药安全、安居乐业。发挥审前主导和过滤纠错作用，健全对刑事诉讼的全域监督，确保有罪不纵、无罪不枉；实施民事虚假诉讼专项监督，打击“套路贷”犯罪；探索行政非诉执行监督，推动违建拆除、补植复绿；用好公益诉讼诉前程序，协同行政部门守护蓝天、碧水、净土；关注烈士名誉权益，发布全省首份英烈保护《公益诉讼检察白皮书》。运行“捕诉一体”办案模式，完善落实各项配套机制，促进高效办案、全程监督；立足特色产业发展，设置建筑影视检察部门；推进认罪认罚与少捕慎诉融合对接，推进诉源治理；探索完善法律监督调查核实机制，追诉犯罪精准有力。制定《落实市委“五个关键时期”部署、开展“五个专项”法律监督行动工作方案》，细化服务保障高质量发展15项举措。开展“法治进校园”“国家宪法日”等法律宣传活动。

【刑事检察】　2019年，市人民检察院审查逮捕各类犯罪937件1516人，批捕1149人，审查起诉1684件2589人，提起公诉1863人。展开扫黑除恶攻坚行动，批捕76人、起诉70人，其中，查办黑社会性质组织4个、恶势力犯罪集团3个，对黑恶势力背后的“保护伞”提起公诉2人，立案监督涉黑组织成员7人，其中1人被判处有期徒刑13年。办理虞某某涉黑案、彭某某涉恶案、楼某某涉恶案等一批上级挂牌督办的重特大案件，得到省检察院主要领导多次批示肯定。批捕故意杀人、强奸、非法拘禁、聚众斗殴等严重恶性犯罪157人、起诉119人，批捕盗抢骗、黄赌毒等多发性犯罪603人、起诉961人。制定《公诉案件自行补充侦查实施细则》，组建补充侦查办案组，对重大疑难案件启动自行补充侦查30余件次，成功追诉涉“套路贷”恶势力犯罪团伙9人，2名组织卖淫的“幕后老板”分别被判处有期徒刑5年和11年。

【诉讼监督】　2019年，市人民检察院加强刑事诉讼监督，落实罪刑法定、证据裁判、疑罪从无等规定，对不构成犯罪或者证据不足的依法不批捕65人、不起诉19人、监督撤案5人。监督立案21人，纠正漏捕4人，追诉漏罪漏犯28人，其中被判处5年以上有期徒刑6人、10年以上有期徒刑2人；对不符合法律规定的侦查行为提出书面纠正意见16份。提出刑事抗诉4件，法院改判3件；审查暂予监外执行案件33件，开展捕后羁押必要性审查工作，建议办案部门变更强制措施予以释放59人。提请民事抗诉33件，市人民法院审结改判28件。在民间借贷、“套路贷”等虚假诉讼易发多发领域，向公安机关移送犯罪线索3件14人。在行政强制拆迁、林业资源保护等领域办理行政非诉执行监督案件146件。

【公益诉讼检察】　2019年，市人民检察院办理行政公益诉讼诉前程序案件115件，向市人民法院提起民事公益诉讼3件。将行政部门接受公益诉讼监督等相关工作纳入平安考核，配齐快速检测取证勘查箱、无人机等办案设备，开发“掌上拍”微信举报平台，探索建立公益诉讼巡查机制，提升精准监督能力水平。加强与行政部门联动协作、跟踪落实，督促复垦耕地、林地等3万余平方米，清理有毒有害露天垃圾200余吨，推动上千家单位安装使用污水、油烟净化处理设施。梳理东阳市烈士纪念设施保护现状、问题成因与管理漏洞，发布全省首份英烈保护《公益诉讼检察白皮书》。

【经济犯罪诉讼】　2019年，市人民检察院从电信网络诈骗、侵犯公民个人信息等犯罪领域，批捕146人、起诉

103人;落实食药安全“四个最严”(最严谨的标准、最严格的监管、最严厉的处罚、最严肃的问责)要求,起诉制售假药劣药、有毒有害食品、非法行医等犯罪13人。加强劳动者权益保护,办理拒不支付劳动报酬犯罪8件9人,帮助农民工追回欠薪80余万元。打击破坏市场经济秩序、侵害民营企业权益等犯罪,批捕78人、起诉80人。

【深化机制改革创新】 2019年,市人民检察院在刑事检察部门运行“捕诉一体”办案模式,有效解决职能分散、监督分段、办案责任不清、司法效率不高等问题。完成内设机构改革,加强民事、行政、公益诉讼检察力量。探索重大法律监督事项案件化办理改革,针对公益损害领域不作为、乱作为以及各类诉讼违法行为,开展调查核实工作,综合运用瑕疵通报、检察建议、书面纠正违法、移送犯罪线索等方式,督促责任部门纠错整改。落实认罪认罚从宽制度,对自愿认罪认罚的犯罪嫌疑人,建议市人民法院从宽处理或者作不起诉1234件1557人。联合市司法局健全值班律师法律帮助、社会调查评估等配套机制。

【全国首家建筑影视文化检察部门】 2019年7月12日,市人民检察院设立全国首家建筑影视文化检察部门,统一办理涉建筑、影视文化领域,以及横店公安分局所辖刑事案件,助推东阳工业、建筑业、影视旅游三大产业发展。该部门整合建筑业检察室和派驻横店公安分局检察官办公室的办案力量,受理相关刑事案件135件182人。撰写并发布《横店影视从业人员刑事犯罪调查分析报告》《建筑企业项目经理经济犯罪发案特点、司法难题及预防措施》《关于侵犯建筑企业犯罪案件中的若干问题分析》等多篇调研文章,制作形成《建筑业检察白皮书》。开展“走亲连心、聚力同行”专项活动,通过检察建议、法律体检、预防教育、法治宣讲等多种形式,提示企业法律风险,帮助企业堵漏建制,共建“亲清”检企关系。

【《公益诉讼检察白皮书》】 2019年9月,市人民检察院公益诉讼检察部门会同市退役军人事务局,对全市烈士纪念设施现有数量以及相应管理保护情况开展联合调查,发现市革命烈士陵园内的墓碑、陈列馆、陵园环境存在维护、修缮不当等问题。9月18日,公益诉讼检察部门向市退役军人事务局发出诉前检察建议。市人民检察院制作形成全省首份英烈保护公益诉讼检察白皮书——《东阳市烈士纪念设施保护管理情况调查报告(2019)》。市政府制定《关于加强对烈士纪念设施管理保护工作的通知》,为今后对烈士纪念设施的管理保护工作建立长效机制。

【未成年人保护】 2019年,市人民检察院加强未成年人检察工作,建立涉罪未成年人“观护帮教+技能培训+公益服务”的考察帮扶模式,加强教育挽救,促成回归社会。持续开展“法治进校园”活动,组织送法巡讲16场次,受教育师生2万余人。6月4日,市人民检察院举办“携手关爱,共护明天”未检工作主题开放日活动,邀请少年儿童到检察机关参观,增加对检察机关的了解和认识。市关工委、团市委、市妇联、市教育局、涉未社会团体等相关部门,市人大代表、政协委员、人民监督员等约100人参加活动。

【基层综合治理】 2019年,市人民检察院展开“少捕慎诉、保障权益”专项行动,对轻微刑事犯罪不批捕184人、不起诉381人,促成刑事和解122件。围绕重点风险领域,制订发放检察建议、检察白皮书12份。深化检察环节“最多跑一次”改革,推进“实体+网络+掌上+热线12309”检察服务中心建设。制定《“群众信访件件有回复”制度实施办法》,把“7日内程序性回复、3个月内办理过程或结果答复”的要求落到实处;探索民情民访代办工作,减轻群众诉累。

【司法规范化建设】 2019年,市人民检察院向市人大常委会专题报告公益诉讼、服务保障民营经济等专项工作,落实市人大常委会的审议意见。组织开展“东阳建设者走进检察”等主题开放日活动,面对面通报重点工作,征求监督建议。强化公检法监相互制约,对办理的职务犯罪案件,依法接受监察机关制约;对公安机关提请复议的案件,落实更换承办人重新审查制度;对市人民法院提出的问题意见,及时反馈和落实。设置律师服务接待“一站窗口”与执业权利保障“绿色通道”,畅通检律沟通渠道,听取律师意见,提供电子阅卷服务830余人次。加强检务公开,在网上发布

2019年6月4日,市人民检察院举办“携手关爱,共护明天”未检工作主题开放日活动 (市人民检察院提供)

案件程序性信息3700余条、公开法律文书1600余份。

（曹　越　吴爱晶）

法　院

【概况】 2019年，市人民法院新收各类案件30226件，结案31258件，收案数量居全省第9位，结案数量居全省第10位，法官人均结案数499件，是全省平均数的1.88倍，居全省第4位。服判息诉率91.53%，二审改判发回案件80件，占审结案件总数的0.44%。审执质效连续六年保持在金华市各基层法院前2名。连续七年获全国“在司法新闻、司法理论宣传工作中做出突出成绩的人民法院”称号。

2019年4月28日，市人民法院举办《劳动争议审判白皮书(2014—2018)》新闻发布会

（市人民法院提供）

【刑事审判】 2019年，市人民法院新收刑事案件1177件，审结1199件，惩处犯罪分子1783人。审慎审理重大敏感案件，审结浙江中仑建设有限公司、浙江皮卡王集团控股有限公司、浙江驰成建设有限公司等非法吸收公众存款案，审结翟某某等52人、韦某某等48人、车某某等39人电信网络诈骗等案件。审结抢劫、“黄赌毒”、聚众斗殴、盗窃等刑事犯罪案件422件636人，实刑率86%。审结破坏环境资源刑事案件22件34人。对278名罪行较轻、主观恶性较小、确有悔罪表现的被告人依法判处非监禁刑或免予刑事处罚。对因生产生活和邻里纠纷引发的案件，注重和解工作，化解矛盾。在少年刑事审判工作中，贯彻“教育、感化、挽救”方针，定期回访跟踪帮教，切实保护未成年人合法权益。

【扫黑除恶专项斗争】 2019年，市人民法院审结涉黑恶案件15件107人。判处五年以上有期徒刑46人，其中对被告人王某某等16人涉黑案的首要分子王某某判处有期徒刑24年。与金华中院共同审理全国扫黑办挂牌督办的“杭州滨江虞某某等66人涉黑案”，该案社会影响大、被告人众多，庭审持续近1个月，与公安、财政、宣传、卫健、供电等相关单位配合审结案件。

【民商事审判】 2019年，市人民法院新收民商事案件12816件，审结13195件，解决争议标的额110.87亿元。调解6720件、撤诉3250件，调撤率为62.66%。依法保护妇女、儿童、老人的合法权益，审结婚姻家庭、赡养、继承纠纷案件871件。依法审结劳资纠纷案件533件。审结银行借款、证券、票据、保险类纠纷案件1412件。审结知识产权案件344件。审结涉外、涉港澳台民商事案件42件。

【《劳动争议审判白皮书》首次发布】 2019年4月28日，市人民法院举行《劳动争议审判白皮书(2014—2018)》新闻发布会。发布会上，市人民法院从2014年至2018年劳动争议案件审判情况、案件特点、案件审理中反映的突出问题、应对的对策和建议等四方面通报劳动争议案件审理的具体情况。2014—2018年，市人民法院共受理劳动争议类案件821件，审结813件。受理的案件中，适用简易程序审理的729件，2018年平均审理天数比2014年缩短50.77%，该类案件审理节奏加快，呈现高效化、短期化的趋势。市人力社保局在发布会上介绍2014年至2018年全市劳动仲裁工作情况。

【行政审判】 2019年，市人民法院新收行政诉讼案件98件，审结101件，比上年分别增长88.46%和57.81%。受理审查并执结非诉行政案件64件。联合东阳市政府、金华市婺城法院召开府院联席会议，连续九年发布《行政审判白皮书》，对行政机关在依法行政中存在的问题，有针对性地提出意见和建议，促进行政争议实质性化解。针对政府信息公开领域滥诉现象，提出防范建议，得到省委办公厅采用刊发。邀请全市行政机关负责人旁听行政案件庭审60人次，强化公职人员法治意识。

【执行工作】 2019年，市人民法院为巩固“基本解决执行难”工作成果，构建“自动履行为主、强制执行为辅”的执行工作长效机制。新收执行案件12290件，执结12904件，实际执行率68.21%，比上年增长12.82%，到位标的额21.42亿元。强化审执兼顾意识，做好判后答疑，督促当事人履行义务，自动履行率51.35%。加大对被执行人拒不报告、不如实申报财产等逃避执行行为的惩处力度，公布失信被执行人名单9605条，限制高消费9986人，限制出境6615人次，联合市公安局布控6355人，司法拘留795人次，罚款553人次。开展打击拒执罪专项行动，移送公安机关立案侦查45件48人，审结拒执犯罪案件26件31人，受理拒执罪自诉案件2起。常态化开展凌晨执行行动，震慑失信行为，2月11日，《人民法院报》进行专题报道。

【服务大局】 2019年，市人民法院印发《关于充分发挥审判职能为民营经济发展提供有力司法服务和保障的若干意见》，细化五大方面16条举措，为民营经济健康发展提供司法保障，得到市委、市政府主要领导的批示肯定。开展企业大走访活动，组织法官送法进企，走访企业87家，帮助解决法律问题25个。审结各类企业破产案件76件，完成僵尸企业处置17家，盘活土地资源12余公顷、厂房20.33万平方米。对企业慎用查封、冻结、扣押等措施，最大限度减少对企业正常生产经营的影响。及时向企业发送司法建议，提醒防范生产经营风险。向上级申请设立以服务工业企业为主要任务的六石法庭，获上级批复同意。发挥建筑业巡回法庭优势，实现建筑业纠纷立案、审判、执行一站式办理。加强对东阳市建筑业协会法务委员会的业务指导，其中上门指导6次，开展培训2次。与横店影视文化产业实验区管理委员会建立定期会商机制，沟通交流影视产业发展中遇到的法律问题，解决问题52个。审结影视企业纠纷124件。在横店法庭设立旅游巡回审判站，联合相关部门，一站式化解旅游纠纷24起。

【司法为民】 2019年，市人民法院在立案环节取消家庭成员关系、公安报案记录等4项证明，由法院依职权调取。推广"移动微法院"平台，实现线上立案、线上举证、线上调解，重要案件节点信息实行线上告知。"移动微法院"平台引入案件16387件，文书送达5954件，证据交换785件，执行节点告知10万余次。派团队入驻市社会治理综合服务中心，开展司法确认、信访接待等工作。开展送法进社区、进校园等活动14次。在巍山镇溪口村、大山村和佐村镇西营村设立巡回立案点，方便群众参与诉讼。

【诉源治理】 2019年，市人民法院加强与镇乡街道、市公安局、市司法局、市市场监管局等部门的联动，实现矛盾纠纷多元化解。通过庭村结对、派驻社区法官、设立便民服务点等方式，帮助化解法律难题，助推基层治理法治化建设。法庭参与指导、协助调解辖区内非正常死亡纠纷，实现诉前化解。组织法官加入辖区网格员队伍，为调处纠纷提供法律指导200余人次。推动构建行政主管部门牵头、行业协会组织调解、法院参与业务指导的非诉纠纷化解机制，在诉前批量化解知识产权、商品房预售等案件780余起。促成10家KTV商家与中国音像著作权集体管理协会签订《著作权许可合同》，从源头上减少该类侵权案件。在交警大队设立调解站，联合市公安局、各保险公司化解道路交通事故损害赔偿纠纷328起。发挥在线矛盾纠纷多元化解平台的作用，线上化解纠纷1239件，化解数量居金华市各基层法院第一位。

【办案质量建设】 2019年，市人民法院开展"对标赶超晒拼创"活动。成立案件质量专项评查小组，重点评查涉黑恶、改判、发回重审、指令再审等案件，发布评查通报3期，督促整改提升。定期召开审判委员会和专业法官小组会议，提炼裁判要旨，促进裁判尺度统一，案件质量主要指标二审改判发回瑕疵率0.73%，为金华市各基层法院最低。开展清理长期未结案专项行动，加强节点管理，实行院领导包案督办和月通报制度，实现18个月以上未结案件清零。开展打击虚假诉讼专项行动，建立异常案件信息内部共享平台，发布疑似虚假诉讼、"套路贷"案件428件56人，向公安机关移送线索25件37人，判处虚假诉讼罪8件11人。发布职业放贷人名录3期87人，通报市公安局、市司法局、人民银行等相关部门，构建协同治理工作机制。

（虞天浩）

司法行政

【概况】 2019年2月，市司法局进行重组，原政府法制办公室和原司法局合并成立东阳市司法局（市行政复议局），设8个科室（中心），辖直属乡镇司法所18家，配备司法助理员24人。有律师事务所23家，执业律师184人；有基层法律服务所6家，基层法律工作者47人；有人民调解组织491个，人民调解员2596人。下属公证处和法律服务中心2家事业单位，公证从事人员20人（公证员8人），法律服务中心工作人员4人。市司法局获全省司法行政系统先进集体、档案目标管理省一级单位，省司法厅记集体三等功1次，在金华市司法行政工作综合考评中获第一名，东阳市综合考评优秀等次。连续4年在市级机关部门工作目标责任制考核中获一等奖。

【律师管理】 2019年，东阳市增加律师事务所1家——浙江龙泽（东阳）律师事务所，组织律师参加各类培训5批次46人次。选树金华市律师行业领军人物培养对象1人、优秀专业律师培养对象4人、优秀青年律师培养对象7人。开展办理涉黑涉恶案件专项检查3次，提出整改意见16人次，派员旁听涉黑涉恶案件16件，庭审86场，参与旁听115人次。

【浙江千麦司法鉴定中心金华（正路）所东阳服务站挂牌成立】 2019年3月18日，浙江千麦司法鉴定中心金华（正路）所东阳服务站在东阳市公共法律服务中心正式挂牌成立，该服务站是金华市首家整体进驻县级公共法律服务中心的司法鉴定机构，有5名工作人员在东阳市公共法律服务中心窗口开展日常办公。除录音录像证据鉴定，亲子鉴定、法医毒物鉴定、文书鉴定（包括笔迹和印章鉴定）、指印鉴定、法医病理鉴定、电子数据鉴定等司法鉴定都可以接受咨询和预约。服务站前身为2006年成立的浙江千麦司法鉴定中心金华（正路）所东阳分所，主要提供伤残鉴定服务。

【公共法律服务建设】 2019年，市司法局开展"法律援助在身边"系列法律宣传活动22场次，助力"浙江无欠

2019年7月12日，市司法局到驻地部队开展“法律援助进军营”活动(吴　晖/摄)

薪”县(市)创建，办理农民工讨薪案件77件，挽回损失147.6万元。办理法律援助案件1862件，其中刑事1770件，民事92件;办理法律帮助案件347件。公证处推出“巡回服务，上门办理”“免费公证，扶助老人”“公证宣讲，服务民企”等5项创新举措。解读民营经济31条政策，组织开展专题研究3次。推进企业法律顾问工作，增加企业法律顾问87家，培训企业法律人员249人。开展“小微企业服务月”活动15场，受惠企业80家。

【人民调解】　2019年，市司法局印发《东阳市坚持发展“枫桥经验”实现矛盾不上交三年行动计划任务分解清单》和《东阳市司法局人民调解工作、台账考评细则》，申报命名挂牌个人品牌调解工作室20个，镇乡街道人民调解委员会平均配备2名以上专职人民调解员。各级人民调解组织(不含行业性专业性调委会)受理矛盾纠纷2511件，调处2505件，调解成功率99.77%。

【安置帮教】　2019年，市司法局开展“三个一”(走访一次重点帮教对象、完善一个安帮工作档案、确定一个安置帮教责任人)安帮专项活动。及时建档造册，实行一人一档管理，落实“5+1”(司法所、派出所、村社干部、所在小区负责人、帮教对象亲属和刑满释放人员)安置帮教小组，制定落实帮教措施，根据走访掌握的信息，采取安置帮教措施。

【社区矫正】　2019年，东阳市在金华地区首先完成社工队伍建设，至年末，全市有社工30人。受省司法厅指定承接“311个案矫正”(一人一组、一人一案、一案一策)试点工作，市司法局制定《东阳市社区服刑人员“循证修复”个案矫治工作方案》，全市社区服刑人员违规率比上年下降36%，脱管率、再犯罪率均为零。集成志愿汇APP，社区服刑人员累计开展志愿服务144期3268人次。开展社区服刑人员教育学习48期3783人次。市司法局联合市职业教育学校、汽校职培中心，进行集中培训和考试，11名社区服刑人员获烹饪、面点、茶艺等方面的技能证书。

【法治宣传】　2019年，市司法局制定《东阳市2019年普法依法治理工作要点》，印发《关于构建社会化大普法格局的意见》。开展各类普法活动523场次，发放普法资料21982份。开创“互联网+”法治宣传平台，开通免费掌上法律顾问，增设法律机器人问答、法律咨询意见书、法律法规库等栏目。加强与东阳华数广电网络有限公司的合作，在数字电视首页设立“法治宣传平台”。联合市人大办、市委宣传部制定《关于开展2018年宪法学习宣传活动方案》，组织策划“12·4”国家宪法日暨宪法宣传周普法宣传活动，设计金华市首个普法卡通形象“阳阳”，开通东阳“宪法号”公交车。

2019年12月4日，市司法局推出金华市范围内首个普法卡通形象“阳阳”

【基层民主法治建设】　2019年，东阳市推进民主法治示范村(社区)创建工作，创建金华市级民主法治示范村(社区)25个，创建省级民主法治示范村(社区)7个。建成具有特色的法治休闲广场、法治文化公园、法治文化长廊等12个，启动开展“乡村振兴 法治先行”系列普法宣传活动，全年举办52场，惠及6.5万余人。

【公证】　2019年，市公证处提升公证质量建设，更新办证系统。组织硬件的采购和新办证系统软件的培训学习、模板制作等工作，开展系统的新旧更替工作并在新系统项下办理95%以上的业务。全年办结公证事项12124件，其中民事公证3739件，经济公证7110件，涉外公证1275件。

(潘婷婷)

军　事

人民武装

【概况】 2019年，中国人民解放军东阳市人民武装部（简称市人武部）学习《习近平新时代中国特色社会主义思想学习纲要》《习近平强军思想学习纲要》等，学习十九届四中全会、中央军委基层建设会议精神。通过采取专题宣讲与小课解惑、集中领读与自学研读相结合的方式，开展“传承红色基因、担当强军重任”和“不忘初心、牢记使命”两项教育。协同市退役军人事务局举办“唱响红色经典、铭记光辉历史”主题歌咏比赛，组织参观“江南第一家”廉政教育基地、题词碑林主题文化公园、陈望道故居，开展红色党课教育和重温入党誓词活动，理顺专职人民武装干部（简称专武干部）进出渠道和管理教育机制。

市人武部被省军区评为省级“2018年度战备训练先进单位”，江北街道武装部获评金华军分区“2018年度基层建设标兵单位”，市民兵应急连获评金华军分区“2018年度民兵应急连标兵单位”。

【应急能力建设】 2019年，市人武部探索实践“民兵+民间”应急连编建模式，调整组建全市3大类25小类71支基干民兵队伍，接受军分区检查验收；在市红十字救援队编组市综合救援排；4月17日，在横店通用机场成立全省首支有固定翼运输机的市民兵空中运输分队。开展全省第二届岗位练兵比武暨应急救援能力检验评估，通信专业分队作为标兵分队参加军分区组织的演练比武。年初，组织所属人员进行应急装备普查，摸清各种应急装备的数（质）量情况。市人武部在原有基础上对营区民兵应急连部、训练器材库（室）、民兵训练基地等基础设施进行增补（扩）改建。5月16日，金华军分区对南马镇民兵整组工作进行拉动抽点检查。5月24日，市民兵应急连参加在市民兵训练基地举行的2019年民兵整组点验大会，接受军分区组织的实战背景下战备拉动，人员到点率98%。7月，参加协同保障演习，出动民兵保障陆上作战集群部队过境。8月9日，市人武部党委机关紧急召开防汛抗台专题会议，启动防御第9号“利奇马”超强台风应急预案。市人武部全体机关人员24小时通讯畅通、全程待命；各镇乡街道民兵应急分队做好应急抢险准备，把应急人员、物资、装备、器材落实到位。

【国防动员和后备力量建设】 2019年4月9日，市人武部组织各部委（办）局、“八办”▲成员单位负责人和各基层专武干部召开国防动员数据潜力调查任务部署会。7月末，完成8个方面157类1200余项潜力数据采集、录入和审核工作，梳理形成《东阳市国防动员潜力分析评估报告》。市委常委议军会制定《关于进一步加强国防动员和后备力量建设的实施意见》，组织参观宁波市余姚市基层规范化建设成果，推进基层武装部规范化建设，江北街道、巍山镇、南马镇、歌山镇、画水镇、佐村镇6个镇乡街道武装部首批通过军分区星级达标验收。

▲“八办”：国防动员委员会下设的八个办公室，综合办公室、人民武装动员办公室、经济动员办公室、人民防空办公室、交通战备办公室、政治动员办公室、科技动员办公室、信息动员办公室。

【双拥共建】 2019年7月29日，在浙江省纪念建军92周年暨双拥模范县（市）命名表彰大会上，东阳市首次被命名为“省双拥模范城”，雷锋连原连长虞仁昌被授予“浙江省首届最美退役军人”称号。8月20日，为退役军人服务工作的社会组织——市关爱退役军人协会成立。市人武部全年接待来信来访13件，解决13件，化解矛盾纠纷5起。

3月16日，市人武部机关全体人员参加六石街道“双拥林”植树活动。3月31日，市人武部组织500名民兵配合公安部门完成横店马拉松赛事安保任务。4月17日，会同市双拥办、市税务局在双拥广场开展“送退役军人创业就业税收优惠政策”宣传活动。7月25日，市人武部机关全体党员到城南社区相关街道、店（铺）面开展文明劝导创卫活动。8月10日，市人武部紧急动员市红十字救援队、南市街道和城东街道应急民兵，出动民兵两批130人次，完成到台州市临海市抗击“利奇马”台风任务，受到上级通令表彰。开展学生军训教官业务培训和资格认证，8月11—26日，组织专业教官队伍首次承训并完成7所高中3600名新生军训任务。12月7日，市退役军人事务局、市人力社保局联合举办退役军人及家属专场招聘会，为退役军人及家属搭建就业平台，退役军人及家属300余人参加，达成就业意向116人。

【军事训练】 2019年，市人武部按照"全年统筹、分月集训、提前预告、化整为零"思路，采取集中轮训、在岗训练、以勤代训和联训联演等方式，组织完成专武干部送训、民兵专业技术骨干联训、村居（社区）民兵连长和基干民兵轮训。全年开展军事训练11次。11月14日，市人武部、金华陆军预备役工兵团联合召开筑城伪装营成建制训练工作协调会议。

【安全管理】 2019年，市人武部按照上级要求制订安全学习教育计划、编写安全教育方案，定期将上级下发的各类安全方面的文件内容进行归纳，整理成学习资料进行印发，确保全体人员能够及时领会上级精神和要求。年初，修订完善《人武部安全管理细则》。规范文件传阅、标签、存放、复印管理，清查所有涉密电脑和载体。对印章实行集中管理，严格报批登记使用制度。4月22—26日，市人武部党委带机关开展为期5天的安全隐患大排查。排查以"不漏一点隐患、不漏一项措施、不漏一处死角、不漏一个人员"原则，对照"六项内容"（安全组织、安全教育、安全训练、安全建设、安全制度、安全重点），逐事逐项逐人大排查、大整改、大落实，确保各项工作的落实和各种安全风险降到最低状态。迎接中央军委巡视组对军委国防动员部及所属省军区（警备区）、军分区带团以上单位开展常规巡视督查。10月8日，组织部机关干部职工开展以"人、车、枪、弹、酒、水、火、电、毒、密"等10项内容为主的安全工作自查自纠整治活动。

【"军地联谊会"活动】 2019年4月13日，市双拥办、团市委、市妇联组织25名女青年到驻东某部联合举办第五届"军地联谊会"活动。活动以"奔跑·青春、双拥共建、相约军营"为主题，开展风筝制作、同心穿越、趣味奔跑等互动游戏。其间，活动参加人员观看部队风貌展示片，参观内务，在专业人员指导下拆装枪械等。

【兵员征集】 2019年7月1—19日，市人武部组织干部、文职人员和职工到浙江广厦建设职业技术学院、横店影视学院和部分高中、职业学校开展征兵宣传活动。通过集中宣讲军营故事、动员讲话、面对面解答征集政策法规和优扶政策等方式进行宣传，发放征兵宣传册3000余份。按量保质完成兵员征集任务，大学生比例86.1%，大学毕业生比例11%。横店镇、巍山镇、佐村镇、三单乡超额完成大学毕业生征集指标。8月29日至9月1日，全市应征青年役前教育训练在横店镇国防科技园举行。该次役前训练采取全封闭式军事化管理，主要开展政治教育、队列训练、体能训练、条令知识学习等多个课目。中天高中高三（7）班学生许贝利通过海军航空兵招飞复检。

【"军事日"活动】 2019年11月29日，市人武部组织在海军航空兵某旅基地开展市领导"军事日"活动。观看"红色基因"录像片，参观军营基本设施和建设，观摩部分装备、部分官兵的队列操练和内务设置。活动结束后，市委常委召开常委议军会议，市人武部部长何浩亮汇报年度武装工作。

（王秀文）

武警东阳中队

【概况】 2019年，中国人民武装警察部队金华支队东阳中队（简称武警东阳中队）聚焦新中国成立70周年，常态落实安全工作武警部队"八个规范"要求，开展暑期"百日安全竞赛"活动和"条令年"活动，每日刷新安全计时牌、呼喊安全警示语，每周进行安全提示，每月分析安全形势。金华支队表彰"优秀义务兵"2人、"优秀士官"5人、"优秀基层干部"1人，发展中共党员3人。

【中心任务】 2019年，武警东阳中队与市政府、市公安局和目标单位多次沟通协调，加快推进新营区和"智慧磐石"工程▲建设，至年末，完成新营区楼房建设和基本生活设施保障，"智慧磐石"工程建设做好设备安装及调试前期工作。全年武警东阳中队完成押解勤务80余起，押送羁押人员300余人，其中死刑犯押解任务2起。全年与目标单位开展安全隐患排查工作10余次，消灭安全隐患苗头48处。联合目标单位多次召开联席会议，消除隐患漏洞5处。

▲"智慧磐石"工程：由武警部队党委提出，汇聚外围屏障、信息感知、综合报警、联动联防四个体系数据信息，整合指挥、通信、监控、防护、报警、执勤信息管理等要素，实现本级全维控制、对上融合报送的系统工程。

【双拥工作】 2019年，武警东阳中队开展军民共建活动，做好拥政爱民工作，举办学雷锋活动。投身地方"文明"建设，开展"把驻地当故乡，视人民为父母"的拥政爱民活动，为驻地群众排忧解难、支援建设、抗洪抢险。8月，5名官兵参加临海抗洪抢险工作，解救群众20人次。

多次配合汇报表演工作，利用节假日参加"送温暖、献爱心"、看望慰问孤寡老人、为驻地打扫公共卫生等活动。3月，慰问市敬老院，带去一批价值779元的物资；8月，参加市退役军人事务局举办的"庆八一唱响红色经典，铭记光辉历史"合唱比赛；10月，参加东阳市"升国旗"仪式活动；每季度一次组织官兵开展驻地周边的清扫活动。

【主题活动】 2019年7月，市图书馆向武警东阳中队捐赠习近平系列图书100余册，总价值4047元，图书馆馆长为官兵讲解东阳文化和驻地风俗。"八一"建军节，市委书记傅显明一行到武警东阳中队进行慰问。市退役军人事务局围绕退役军人事务机构组建意义、退役军人事务机构组建情况、退役军人事务机构具体工作、退役军人就业创业相关政策四个方面，为官兵介绍退役军人事务机构的作用和退役军人就业创业相关政策。

（何　仪）

人民防空

【概况】 2019年，市人民防空办公室（简称市人防办）贯彻落实人防法律法规和结建政策，完善行政审批程序，优化工程配建比例，以结建工程为主体，指挥工程和专业配套工程为重点，构建平战一体、互联互通的人防防护体系。结合“5·12”“9·18”防灾防空警报试鸣活动，开展人防法律法规宣传、教育活动。在“东阳发布”微信公众平台、《东阳日报》、东阳电视台等媒体发布公告，邀请媒体对人防演练活动进行报道，向城区和横店的中小学发放人防宣传教材3900套；完善重点镇的人防展览馆和民防教育基地的宣传教育和技能训练功能。

【人防工程建设】 2019年，市人防办完成29个人防工程战时功能和防护等级确定，兼顾人防工程2个，主体结构验收10个，竣工验收备案11个，办理质量监督手续32个，办理易地核实及行政征收审批事项304件，收缴人防易地建设费3582万元，在建人防结建工程63个。市重点投资项目——原东阳二中操场人防自建工程，基本完成工程建设。

【人防工程管理】 2019年，市人防办及时归档人防工程资料，督促各人防工程建设单位完成项目平战转换方案的编制工作；建立完善的人防工程维护管理监督制度，开展已建人防工程“双随机”检查活动，对检查中发现的问题作出督促整改工作，确保人防工程的战时效能不受损失；对在建的人防工程开展定期或不定期的监督检查工作，加大在建人防工程的检查力度和频度，对检查中发现的问题责成并督促整改，确保人防工程的施工质量。

【应急应战准备】 2019年，东阳市实现0603人防工程维护管理常态化，确保0603人防工程各通信信息系统、设备正常运行；每周定期开展视频图像和声音的互联互通、短波电台通信联络训练，年内完成4套防空警报的改造提升；根据省人防办年初下达的考核任务，完成重要经济目标防护试点任务。

【防空防灾专业训练】 2019年，市人防办根据《中华人民共和国人民防空法》和上级人防部门的要求，进行“5·12”“9·18”防灾防空警报试鸣，组织学校、企事业单位开展疏散演练，组织人防队伍开展专业训练，参加金华市人防办组织的民防指挥车跨区域通信保障演练，参与金华市人民防空实战化演习相关活动。

（郭俊峰）

发展与改革

【概况】 2019年，东阳市地区生产总值639.96亿元，按可比价计算，比上年增长5.7%。其中，第一产业增加值17.54亿元，第二产业增加值283.29亿元，第三产业增加值339.14亿元，分别比上年增长0.9%、5.2%、6.4%。三次产业结构比为2.7∶44.3∶53.0。全市固定资产投资175.4亿元，比上年增长5.5%。其中，高新技术产业投资比上年增长29.3%，生态环境和公共设施投资比上年增长14.6%，交通运输投资比上年增长28.7%，民间项目投资比上年增长0.3%。纳入GDP核算的20家规模以上其他营利性服务业企业实现营业收入19.508亿元，较上年同期增长94.99%。横店影视文化产业集聚区获省政府批复，梦上海景区一期正式运营，金甬铁路、杭温高铁开工，推进金义东轻轨东阳段工程建设。横店通用机场改扩建项目正式获批，列入国家“十三五”支持项目清单。《高标准定目标 高效能抓进度——东阳市扩大有效投资推进项目建设成效明显》《信用监测排名一年提升210名——东阳市信用体系建设的主要做法》专报获省领导、金华市主要领导批示肯定。全市出让标准地59宗，总出让面积78.64公顷，实现新出让的工业用地100%以“标准地”形式出让。

【课题规划】 2019年，东阳市开展“十四五”规划编制前期工作。6月，召开“十四五”规划编制工作部署会议；7月，印发《东阳市“十四五”规划编制工作方案》；10月，召开智汇东阳百场沙龙东阳市“十四五”发展座谈会；11月，召开“十四五”规划调研会；12月，召开“十四五”规划思路座谈会。完成《关于推动全市居民生活用管道天然气价格改革调查研究》《聚焦高质量发展、聚力美好新生活——东阳市“十四五”规划初步设想》《我市“标准地”“最多90天”工作进展和问题探究》《我市特色小镇创建现状分析及促进策略探究》等课题报告。

【经济形势分析】 2019年，东阳市发展和改革局(简称市发改局)制订年度国民经济和社会发展计划，围绕经济运行出现的新情况新问题，做好每月、每季的经济形势分析、固定资产投资分析和价格监测分析。健全监测分析制度，完善经济监测网络，召开经济运行监测预警部门联席会议，完成每季度全市经济运行分析报告和140家企业(80家工业企业和60家服务业企业)运行监测调查报告。

【重点项目建设】 2019年，东阳市安排政府投资项目225个，年度计划投资106.3亿元。其中，重点建设项目20个，一般性建设项目205个，重大前期项目18个，一般性前期项目68个。2月28日，全市9个项目参加全省扩大有效投资重大项目集中开工活动，分别是年产6万吨1320毫米超宽幅精密铜板带项目、年产11000万只(套)LED照明系列及116万套LED户外照明灯具建设项目、横店农房集聚区、南马农房集聚区、巍山农房集聚区项目、315省道三门至婺城公路、横店星耀城城市综合体项目、东阳市江北街道健康产业园坡地村镇项目、大都会商业综合体项目，总投资80.3亿元。

10个省重点项目、33个金华市重点项目、9个省集中开工项目均超额完成年度投资计划，分别完成年度计划的164%、153%、203%。2019年，6个项目列入省市县长项目工程。其中，广州街景区旅游休闲文化提升项目、横店年代戏影视拍摄基地项目和年产1.6吉瓦高效PERC单晶电池片项目开工入库，项目落地率居金华市各县市第一。浙江巍华新型建材有限公司年产700万平方米UHPC超高性能混凝土制品项目等2个项目成为省重大产业项目。列入省服务业重点项目计划5个，总投资45.37亿元。列入金华市服务业重点项目12个，总投资231.68亿元。浙江普洛家园药业有限公司CDMO研发设计服务管理平台建设试点确定为浙江省第一批现代服务业与先进制造业深度融合试点。东阳启迪之星孵化有限公司成为“首批金华市大众创业万众创新示范基地”。

【特色小镇】 2019年7月19日，市发改局印发《关于2019年半年度全市特色小镇创建推进情况的通报》。11月9日，市发改局组织召开省级特色小镇创建工作推进会，督促创建主体加快投资进度，市经信局、市科技局、市税务局等9个部门单位参加。东阳木雕小镇在2018年度省特镇办进行的考核中获“良好”，花园红木家居小镇在2018年度考核中获“合格”。东阳木雕小镇被认定为“2019年浙江省数字化试点园区”。

【能源基础设施建设】 2019年，市发改局淘汰整治燃煤锅炉13台。推进3座新建综合供能站建设和5个存量站点综合供能改造，完成1个存量站点改造提升。完成巍山镇新能源示范镇光伏路灯项目和企业屋顶分布式光伏项目建设，完成600户家庭屋顶光伏安装。完成521个汽车充电桩建设。发放分布式光伏发电补助资金352.62万元。完成13个项目的固定资产投资节能评估与审查工作。评选2018年度节电示范、节电先进企业，发放节电先进企业奖励资金100万元。

市发改局推进天然气管道工程，东磐支线线路完成政策处理26千米，管沟开挖、下管22千米，5条隧道全部贯通总长度10.18千米，增加太师岭隧道。横店分输站、马宅镇屠梁、祥旺阀室完成政策处理和征地手续。

【东西部扶贫协作】 2019年10月21日，市委书记傅显明带领市委办公室、市发改局、市住建局、市民政局、市慈善总会等部门领导到四川理县调研东西部扶贫协作工作。5月6日，四川理县县委书记依当措带领招商代表团到东阳市，为理县15个项目进行招商引资。11月4日，四川理县县委副书记、县长王世伟带领理县党政代表团到东阳市开展东西部扶贫协作调研。开展智力帮扶，选派专业技术人才19人到理县进行支教、支医和技术帮带，接收理县到东阳市挂职交流4人。举办干部人才培训班5期，培训干部人才336人次。开展各类技能提升培训班，培训991人次，开设创业致富带头人专题培训3期，培训160人次，鼓励农牧民创业19家，直接带动脱贫215人。组织15家企业到理县举办“春风行动”暨东西部对口帮扶劳务协作招聘会，达成就业意向22人次。实施理县建档立卡残疾人“两不愁三保障”工程、东阳市残联捐赠辅具助力脱贫工程2个项目，帮助350名建档立卡贫困残疾人脱贫，涉及资金88万余元。实施产业发展援建，援助资金1140万元。开展农产品“消费扶贫”工作，在卢宅景区、东白农产品展示展销中心、市政府行政中心分别设立理县旅游和农产品专柜(馆)，销售额370万元。开展慈善帮扶捐助工作，募集捐助资金和物资价值484万余元。

【信用建设】 2019年，东阳市在全国375个县级市城市信用监测月报的排名，从上年的224位提升至14位，上升210位，列全省第三，金华第一。构建覆盖政务诚信、商务诚信、社会诚信、司法公信4个方面21个领域的信用监管制度，制度建设全国排名第一。市信用办和跑改办联合印发《东阳市推行信用承诺制实施方案》，成为金华市首个制定信用承诺制度的县级市。《企业诚信经营承诺书》被国家发改委选为全国32份信用承诺书模板之一，获市场类主体模板评选全国第一。对9986名“老赖”实施限制高消费，限制办理出入境报备6615件，对3508家黑名单企业实施联合惩戒，归集共享合格联合奖惩案例16028例，在全国县级城市中排第二位。鼓励失信主体开展信用修复，有1213家企业移出失信黑名单。开展诚信民营企业、诚信个体工商户等行业诚信评比活动，增加“守合同重信用”企业AAA级7家、AA级33家、A级33家。3月15日，举办“信用让消费更放心”活动，现场发放宣传资料10500份，受理消费者投诉35起、咨询485起。

【价格管理】 2019年，市发改局开展清费减负工作，下调非居民用管道天然气销售价格，减轻企业用气成本1008.82万元。调整一般工商业电价，降低企业用电成本7538.86万元。开展电力市场交易改革工作，推进电力直接交易和市场交易，降低企业用电成本3944.62万元。落实电价优惠政策，清理规范转供电环节不合理加价行为。推进教育收费改革，调整市中天高级中学等5所民办教育收费。规范养老服务、生猪定点屠宰、公共停车场和公墓墓穴价格等收费。推进农业水价综合改革，规范农业水价综合改革用水价格管理。10月10日，召开居民生活用管道天然气价格改革听证会，公布东阳市居民生活用管道天然气阶梯价格的两套方案，建立居民生活用管道天然气阶梯价格制度和居民生活用天然气上下游价格联动机制。

2019年10月10日，东阳市居民生活用管道天然气价格改革听证会召开
（市发改局提供）

【价格监测】 2019年，市发改局定期监测重要商品和服务价格，对富坤批发市场、华润万家等价格监测点实地采价抽查，做好每月3期的民生价格发布和每月的价格分析。制定《市场猪肉价格应急监测工作方案》，成立应急领导小组，开展应急监测，实行隔日一采价、一周一汇总、半月一分析。完成市社会福利院2015—2017年度养老基本服务定价成本监审等4个项目的成本调查监审。

（斯耀宇）

财 政

【概况】 2019年，东阳市财政总收入118.44亿元，比上年增长5.4%，其中一般公共预算收入69.90亿元，比上年增长7.0%。一般公共预算支出98.97亿元，比上年增长11.9%。全年财政收支平衡。

【财政收入】 2019年，东阳市一般公共预算收入占GDP的10.9%，一般公共预算收入占财政总收入的59.0%，其中，税收收入62.40亿元，占一般公共预算收入的89.3%，收入结构保持良好。非税收入总额45.83亿元，其中，国有土地使用权出让收入36.31亿元，一般公共预算收入中非税收入7.50亿元。

【民生支出】 2019年，东阳市民生支出77.78亿元，比上年增长6.4%，占一般公共预算支出的78.6%。加快基础设施建设，统筹安排财政专项资金6.50亿元，支持“四好农村路”、39省道等交通大项目建设，推进南马镇西区污水处理厂二期PPP项目落地。加大稳岗支持力度，落实失业保险援企稳岗政策，安排失业保险基金1.64亿元返还企业，受益企业3456家。提取失业保险基金1.20亿元用于推进职业技能提升培训。巩固城乡义务教育经费保障机制，实施义务教育薄弱环节改善和能力提升工作，全年教育支出22.53亿元，比上年增长12.7%。推进教育基本建设项目47个，投入资金4.10亿元。全市社会保障和就业支出11.89亿元，比上年增长6.3%。提高低保救助补助标准，市城乡低保标准提高至750元/月；特困人员基本生活标准提高至1282元/月，比上年增长14.5%；重度残疾人护理补贴标准，在原标准上浮50%的基础上每人每月再增加200元，提高至950元。实施基层医疗机构财政补偿机制改革，继续推进“医共体”建设。全市卫生健康支出8.99亿元，比上年增长0.4%。提高城乡居民医疗保险财政补助标准，从730元每人每月提高至900元每人每月。

【市企业金融服务中心启用】 2019年3月5日，东阳市企业金融服务中心在市财政局启用，该中心整合企业转贷专项资金、政府产业基金、政策性融资担保、企业财政奖补资金等职能，实现政府对企业的金融服务“一个平台”集成办理，助推“美丽乡村”建设顺利完成；融合财政金融职能，了解企业需求，增强金融服务实体经济能力，为企业提供金融服务。召开先进制造业资本对接会，40余家投资机构、证券公司、银行业金融机构、新型金融组织分别与东阳市80余家工业企业、科技企业进行面对面交流对接。

【国控融资担保公司运营】 2019年3月5日，东阳市国控融资担保公司投入运营，与12家银行开展政策性融资担保合作，全年为397户企业提供担保，担保额度7.27亿元。发挥企业转贷资金“搭桥”作用，全年为179家（次）企业办理转贷业务，使用转贷资金17.98亿元。市财政局制定《东阳市财政专户资金竞争性存放综合评分指标体系（2019年修订）》，激励银行业金融机构加大对地方经济贡献，服务经济发展。

【服务经济发展】 2019年，市财政局实现基金投资19亿元，其中政府产业基金出资5.75亿元。对接生物医药、影视文化等重大产业项目，推动复兴影视基金、百城医药产业基金设立与组建。设立规模1亿元的天使梦想基金，加大对人才创业、初创科技企业的支持。围绕振兴实体经济，重点支持企业技术改进、信息技术应用、金融创新，推行财政奖补“即奖即补”▲，全市下拨各类企业财政奖补资金14.64亿元，其中工业3.68亿元、建筑业6.26亿元、影视业3.11亿元。制定企业减负降本政策，全年为企业减负18.54亿元。清理拖欠民营企业、中小企业账款，全年清偿拖欠账款1.09亿元，清偿率100%。

▲“即奖即补”：指依托多部门联动，以审批环节前置为手段，以后续服务托底保障，财政奖补企业资金拨付文件正式签发后，向企业承诺办理期限为1个工作日，有效缩短拨付时间，让企业少跑腿，不跑腿，少等待。

【乡村振兴战略】 2019年，东阳市推进2019年“一事一议”财政奖补项目立项工作，确定项目实施村69个，总投资7049万元，其中财政补助4118万元。开展农村综合改革试点工作，实施项目16个，财政拨付资金3261万元。开展集成示范区试点建设，实施项目19个，完成投入资金1.3亿元，其中财政拨付资金4000万元。支持小城镇环境综合整治、农村危旧房治理改造、农村饮用水达标提标工程建设，累计拨付财政资金19.12亿元。

【财政管理改革】 2019年，东阳市加大政府性基金预算调入一般公共预算力度，加强部门预算结转资金管理，压缩结转资金规模。全年政府性基金预算调入一般公共预算11亿元，盘活部门历年形成的累计结余资金和各项往来资金4.20亿元。强化政府采购监管，全市实现政府采购预算5.05亿元，实际采购金额4.06亿元，节约资金0.99亿元，资金节约率19.6%。深化“最多跑一次”改革，推行“互联网+政务服务”，梳理“互联网+政务服务”事项6项，零跑率100%。推进部门间办理效率提升，梳理部门间核心办事事项34项。推行“互联网+财政”，完成国库集中支付电子化改革，推进“授权支付”，提高资金支付效率。推进医疗收费电子票据系统应用，全市8家公立医院、5家民营医院完成更新。推进政府投资项目审核"放管服"改革,创新实施"互联网+项目审价"模式,提高项目审核效率,单个项目平均审核时间缩短20%。改革乡镇财政机构,单设财政所(办)17个。推进乡镇财政所(局)规范化建设,改造升级乡镇公共财政服务平台,开展乡镇财政业务人员培训工作,培训近200人次。

【实施绩效管理】 2019年7月19日,市委、市政府制定《关于全面推进预算绩效管理的实施意见》,提出到2022年末全市基本建成全方位、全过程、全覆盖的预算绩效管理体系,提升财政资源配置效率和使用效益,提高预算管理水平和政策实施效果,提升政府公共服务水平,是金华市范围内首个全面推进预算绩效管理的实施意见。实施"533"工程,即对5个镇、3个部门和3个街道开展整体支出重点评价,其他镇乡街道开展自评。组织2019年度50万元以上专项绩效目标申报审核,涉及部门和单位115个,项目260个,财政资金14.53亿元。开展2019年度50万元以上专项绩效自评工作,涉及部门和单位118个,项目290个,财政资金15.23亿元。强化评价结果应用,制作《东阳市财政局绩效评价结果告知书》。市财政局牵头起草《浙江省下级政府绩效评价办法》,为全省提供东阳方案和东阳经验。

【债务风险防范】 2019年,市财政局通过财政预算安排、融资平台转型、规范政府购买服务行为等举措化解隐性债务14.6亿元。做好社保基金保值增值工作,组织资金竞争性存放3期,涉及资金38.2亿元,增加收益1.12亿元。落实土地出让金充实社保风险准备金等规定,全年提取3.99亿元。

(王　彬)

国家税务

【概况】 2019年,国家税务总局东阳市税务局(简称市税务局)组织税费收入162.8亿元,比上年增长9.24%。其中,税收收入116.26亿元,比上年增长5.97%;社保费收入42.69亿元,比上年增长20.19%;非税收入3.84亿元,比上年增长1.11%。全系统有全国模范职工小家、全国工人先锋号、全国巾帼文明岗等3家,浙江省文明单位、浙江省青年文明号、浙江省模范职工小家等5家。在金华市税务学会优秀论文评选中,2篇税收调研论文获奖(《东阳市建筑业营改增三周年效应分析》《论机构改革后基层信息管税能力的提升》)。在国家级媒体刊发稿件20篇,在《浙江日报》等省级媒体刊发40篇,在金华级及东阳级平台刊发165篇,获得各级领导批示19次。

【减税降费】 2019年,市税务局落实减税降费政策,通过成立减税降费工作领导小组、组建工作专班,累计增加减税降费18.55亿元。采取多种方式开展减税降费政策培训工作,举办内部业务培训和测试3次,培训人员1185人次;开展减税降费企业专场培训38场,覆盖纳税人15300余户;推送微信、短信29万余条;面对面辅导纳税人1000余人次,电话辅导企业2万余户次,一对一辅导企业5700余户次,分发减税降费宣传资料70000余份。落实9307户小微企业9311.6万元的多缴退税和45户企业1.2亿元的增量留抵退税,实现应退尽退。全体干部发扬"五加二""白加黑"精神,在金华市范围内率先完成7722户一般纳税人开票系统的升级工作。完善"数据采集、审核校验、汇总上报、核算分析"的全环节工作机制,为党委政府报送减税政策影响分析10次,向纪委、审计等部门报送减税降费效应分析,为市委、市政府合理调整预算方案提供决策依据。全年获得各类领导批示19次,其中《减税降费助东阳建筑行业跑出行业加速度》专报获常务副省长冯飞和副省长彭佳学的批示。

【增值税增加改革】 2019年3月28—31日,市税务局对全市7784户一般纳税人举办13场增值税征收培训辅导会。财政部、税务总局、海关总署联合发布的2019年第39号公告于4月1日起执行。公告显示,增值税一般纳税人发生增值税应税销售行为或者紧扣货物,原适用16%税率的,税率调整为13%;原适用10%税率的,税率调整为9%;同步调整出口退税率及离境退税物品退税率。该项培训分行业、分乡镇开展,以减税降费、深化增值税改革、企业所得税汇算清缴为主题,围绕新政讲解申报表填写方法及对比规则等内容。

【税收征管】 2019年,市税务局开展征期"全过程"管理工作,实行错峰申报,解决慢申报、未申报问题,提高按期申报率,准期申报率在99.8%以上,企业社保费登记率、申报率、入库率等在98.92%以上。登记调整定额户87000余户,实现新定额调整到位、通知到位、征收到位。城乡"两费"征缴系统上线,推进"现金改卡"。完善更新"走出去"企业清册,建立"走出去"纳税人基础信息体系。全年有"走出去"企业23户,境外被投资企业31户,较2018年增加2户,实现非居民税收收入3719万元。推行行政执法"三项制度"(行政执法公示制度、执法全过程记录制度、执法决定法制审核制度),按照行政执法公示清单做到应示尽示。健全完善与人民法院民事执行税费征缴协作机制,收到各级各地法院征询函65件,收到市人民法院分配债权33笔,清偿欠税1639.29万元。完善风控体系,下发各级风险应对749户,入库税款及滞纳金9470万元,"3+3"风险管理模式▲初步形成。全年完成土地增值税清算项目41个,累计入库税款6.95亿元。开展环保税行业税源清查工作,核实64户企业的环保数据,14户企业纳入环保税征收管理。建筑业税收29.86亿元,比上年增长37.2%。做好规范影视行业税收秩序专项工作内部"回头看",影视行业规范工作获国家税务总局驻上海特派办的肯定。

▲"3+3"风险管理模式:3种组织形式做好各项风险应对工作:1.集中应对。针对总局下发的风险应对及行业性、重点项目风险应对,风险管理线所有人员进行集中应对。2.交流应

对。省局下发的风险应对通过各所、分局之间交流应对完成。3.指导应对。市局风险管理股业务骨干配合各所、分局完成相关风险应对任务。采取3种应对方法应对风险任务:1.对低等级风险,主要采取提示提醒方式实施应对,通过电话、短信等渠道对纳税人涉税风险进行提示提醒。2.对中等级风险,采取纳税辅导、纳税评估、税务审计、反避税调查等方式应对。3.对高等级风险,移送稽查局,由稽查局实施税务稽查。

【纳税服务】 2019年,市税务局推进“最多跑一次”改革,140项涉税业务实现100%“网上办”和“跑零次”,其中有78.12%的事项实现“即办”。深化税银合作,与东阳农商银行合作建立“税e站”。开展“税易贷”助力小微企业发展活动,通过税银互动为152户企业办理贷款1.85亿元。启用“新办智能一网通平台”,实现企业开办“一日办结”,5446户新办纳税人通过该平台办理税务登记。推行税务注销“免办”和“即办”服务,利用“互联网+服务”推进企业注销便利化,全年办理1109件。组织“万名党员进万企”“三服务”等活动,累计开展服务180余次,走访企业2059户。

【不动产一体化税款征收】 2019年,市税务局推动不动产一体化税款征收,解决城区垂直房商住两用、乡镇、历史遗留等核价问题,办理一手房交易税款征收5694件、二手房交易4207件、土地转让1657件。

【“无证明办税”改革推进】 2019年,市税务局整合梳理增值税优惠备案等16项“无证明办税”清单,累计为6188户次纳税人办理“无证明”事项。投入使用自助办税终端24台,自助发售发票累计28142户次,自助代开发票累计34156份,全年网上办税率86.22%,纳税人平均等候时间从原来的12.81分钟缩短至7.98分钟,提速30%以上。

【东阳个人所得税APP上线运行】 2019年,东阳市有42177名纳税人通过个人所得税APP进行专项扣除填报。1月1日,《中华人民共和国个人所得税法(2018版)》实施,取得综合所得或经营所得的纳税人,在5000元的基本减除费用和“三险一金”专项扣除外,还可以依条件享受子女教育、继续教育、大病医疗、住房贷款利息或者住房租金、赡养老人专项附加扣除,国家税务总局发布的远程办税端个人所得税APP上线运行。市税务局组织个人所得税培训12场,开展干部培训5场、纳税人培训7场,培训企业2341户。

(朱兰英)

国有资产经营与管理

【概况】 2019年,东阳市国有企业资产总额308.45亿元,负债总额138.58亿元,净资产169.87亿元,实现营业收入25.07亿元,利润总额1.91亿元,净利润1.22亿元。有国有企业110家,国企员工6500余人。5月,完成资本收益金收缴工作,国有资本收益收缴比例30%,收缴国有资本收益金1583万元。全年办理国有企业公开招标采购审核65项,涉及金额1.18亿元。对国企闲置资产分8期进行公开拍租,涉及金额5510万元。

【国有企业营运监管】 2019年,东阳市人民政府国有资产监督管理办公室(简称市国资办)梳理《东阳市国有企业监督管理规章制度选编》,制定《东阳市国有企业投资信息化项目全流程管理规程(试行)》,完成《东阳市国有企业采购管理办法》修订前期工作。市国资办印发《关于2019年国有企业经营目标责任制考核有关问题的通知》,明确考核要求,改革集团考核模式,推进考核全覆盖,对无经营业务收入、纯平台企业等特殊情况的管理进行规范,推进集团化实体经营,支持集团强化管控功能,落实集团管理主体责任。国企负责人薪酬实行年薪制。11月27日,市国资办制定《东阳市国有企业不动产出租管理办法(试行)》,以规范国有企业不动产出租管理。

【闲置国有资产清查与综合利用】 2019年7月3日,市国资办组织召开国有企业闲置不动产清查工作会议,开展全市行政事业单位和企业国有

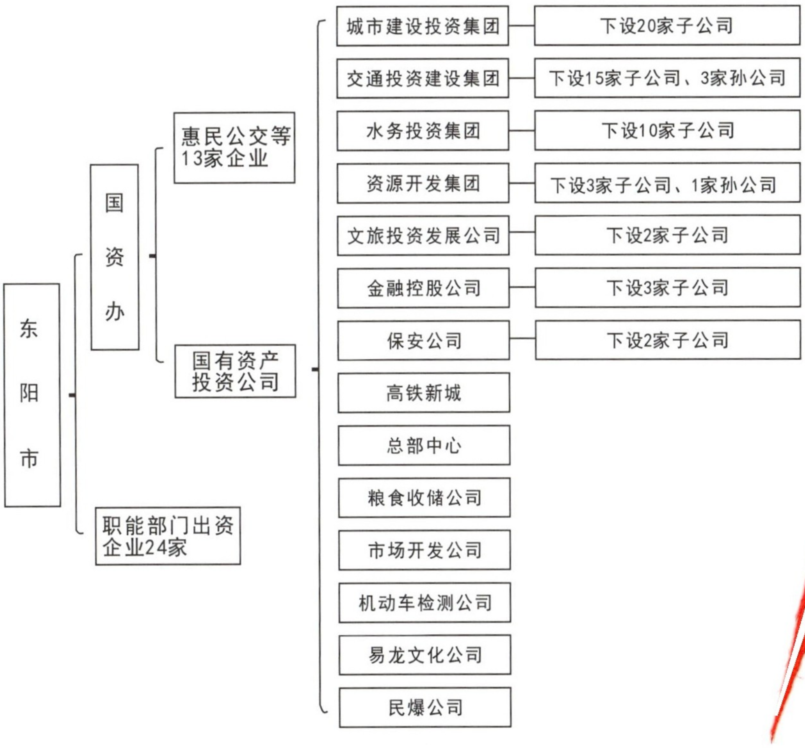

2019年年末东阳市国有企业现有组织架构图

资产清查工作。市国资办建立每月通报制度,联合市财政局、市机关事务管理局、市供销合作总社对全市机关事业单位、国有企业、供销社系统闲置不动产进行清理处置。

全市闲置房产建筑面积约14万平方米。其中,行政事业单位闲置房产3.8万平方米;市机关事务管理局闲置房产0.9万平方米;国有企业闲置房产9.2万平方米;市供销合作总社闲置房产0.1万平方米。闲置土地面积约19万平方米,其中,行政事业单位闲置土地1.3万平方米;国有企业闲置土地17.7万平方米。11月末,完成闲置不动产综合利用工作,该项工作涉及27家单位。其中,21家单位完成闲置不动产综合利用,6家单位明确闲置利用方案。

【国有企业资金监管】 2019年,市国资办制定《东阳市国有企业财务机构和人员管理暂行办法》《东阳市国有企业"资金池"管理办法》《东阳市国有企业"资金池"资金划转审批制度》。"资金池"累计归集资金108亿元,存量资金18.2亿元,实现资金运作收益8812万元。以公开询价的方式进行竞争性存放39笔,累计存放资金54.4亿元,实现收益6129万元;用国企平台"资金池"资金,为入池企业发放借款13笔,累计发放借款5.69亿元,取得借款利息收益520万元;与15家银行签订协定存款协议,取得开放式存款利息收益2163万元。

【国有企业融资规范】 2019年,市国资办协助国企拓展直接融资渠道,以东阳市国有资产投资有限公司(简称市国投公司)为债券发行平台,组织开展三年合并报表审计、资信评级、完善制度等工作,向上海新世纪资信评估投资服务有限公司提供4批总计185项内容的评级调查资料,于2019年11月实现AA+主体信用等级目标,降低债券发行成本。推动东阳市城市建设投资集团有限公司(简称市城投公司)、东阳市交通建设投资集团有限公司(简称市交投公司)开展报表审计工作,为实现AA评级目标做准备。与多家银行、证券公司对接,探讨发债途径。

全市国企融资平台实现增加银行授信批复35.5亿元,增加放款金额24.07亿元,比上年增长201.76%;至年末,国企平台融资总规模达59.2亿元。通过融资机构融资方案比选、利息上浮比例控制等措施,降低融资成本,平均融资成本为5.15%,比上年降低5.33%。

【全民所有制企业改制】 2019年,东阳市有未进行公司制改制的国有企业16家(其中全民所有制企业身份的事业单位8家)。8月6日,市政府办公室印发《东阳市全面完成全民所有制企业公司制改制工作实施方案》,了解企业财务资产状况、人员情况、经营现状以及改制存在的各方面困难,帮助确定改制方向,解决改制中财务资产关系未理顺、人员安置有争议、税收事项难处理等问题。至年末,完成全市14家全民所有制企业公司制改制工作。

【国有企业廉政建设】 2019年,市国资办印发《关于及时报备国有企业"三重一大"决策办法的通知》和2019年党风廉政建设工作计划,与监管企业签订《党风廉政建设责任书》,每月开展国企正风肃纪检查,对国企党组织履行主体责任情况进行重点检查。及时上报党风廉政建设和反腐败工作的落实情况,不定期对国有企业关于上级重大决策部署的贯彻落实情况进行督查。

(张奉珩)

审　计

【概况】 2019年,东阳市审计局完成审计项目78个。审计查出违规资金548万元、管理不规范资金309447万元,审计促进增收节支7212万元,查出非金额计量问题372项,移送纪检监察等部门处理线索14条,被市委、市政府有关领导批示的审计专报18篇次。组织参加金华市内审协会举办的培训107人次,组织全市46个单位、镇街和国企的内审分管领导到厦门大学进行业务培训。年度考核获浙江省先进,金华市优秀,1名审计干部获东阳市担当作为好干部。

【预算执行和资金绩效审计】 2019年,市审计局开展2018年度市级预算执行情况和决算情况审计工作,揭示财税政策落实、政府债务管理、转移支付管理、预算管理、执行和决算编制、重点部门预算执行等方面问题27大类69项。

【产业发展和政策落实审计】 2019年,市审计局组织开展数字经济财政政策落实情况专项审计调查工作,摸清各类财政扶持政策,掌握财政资金投入的规模、方向、结构,揭示问题4大类8项,查出管理不规范金额2630万元,提出审计建议3条。组织乡村振兴政策和资金审计,揭示问题5大方面19项,提出审计建议5条,移送处理事项2起,促进下拨滞留补助资金169.6万元,规范、追回补助资金25万元,促进制度完善4项。

【生态环境和民生保障审计】 2019年,市审计局组织开展浙中生态廊道建设情况专项审计调查工作,揭示问题7大类19项,提出审计建议3条。开展民办教育发展和政策落实情况专项审计调查工作,查出非营利性民办学校资金存放个人账户、出借他人、掐尖招生等11个方面16项问题,提出审计建议4条,撰写审计专报1篇。

【政府投资和重大项目审计】 2019年,市审计局审计项目投资额70亿余元,减少支出和挽回损失7135万元,揭示项目管理、资金使用、政策落实等方面问题150余项,提出审计建议70余条,移送问题线索6起,市领导批示审计专报3篇次。

【经济责任和自然资源审计】 2019年,市审计局开展领导干部经济责任审计工作,跟踪权力运行轨迹、关注权力行使责任、促进完善权力约束制度,落实"三个区分开来"(把干部在推进改革中因缺乏经验、先行先试出现的失误和错误,同明知故犯的违纪违法行为区分开来；把上级尚无明确限制的探索性试验中的失误和错误，同上级明令禁止后依然我行我素的违纪违法行为区分开来；把为推动发展的无意过失，同为谋取私利的违纪违法行为区分开来）。全年开展领导干部经济责任审计项目9个、乡镇领导干部自然资源资产离任审计项目1个，审计领导干部13人，查出违规资金233万元、管理不规范资金6967万元，提出审计建议21条，移送问题线索5起，市领导批示审计专报9篇次。

（杜　瑄）

统　计

【概况】　2019年，东阳市完成名录库、农业、工业、能源、科技、投资、建筑、房地产、服务业、批发零售、住餐、劳动工资、综合核算等专业统计报表。完成人才资源调查、科技进步监测、特色小镇评价、5‰人口抽样、平安浙江满意度调查等专项调查工作。市统计局组织召开各类统计业务培训20余次，1800余人次参加。

【第四次全国经济普查】　2019年，东阳市第四次经济普查领导小组办公室开展第四次经济普查“两员”（指导员和普查员）培训、入户登记、查遗补漏、审核查询、数据验收等各阶段工作。1月，普查正式入户登记。3月至6月，分阶段开展经济普查登记数据质量集中联审。7月，开展普查数据质量考核验收。全市普查登记法人单位14670家，产业活动单位16080家，个体经营户58911户。

【企业统计基础规范化建设】　2019年，东阳市开展企业统计基础规范化建设工作，在全市“四上”单位（规模以上工业、有资质的建筑业和全部房地产开发经营业、限额以上批发零售业和住宿餐饮业、规模以上服务业法人单位）和计划总投资5000万元及以上投资项目（不包括政府投资项目）所属法人单位中开展统计调查单位星级评定和统计人员评先评优。规范化建设工作强化市镇企三级联动。开展示范推广工作，建立不同类型的样板企业20家；9月末，分3组到有关镇乡街道开展督查指导；11月1日，组织开展全市统计工作规范化建设现场观摩推进会，现场观摩3家企业的统计基础规范化建设工作。全年评定三星级及以上统计调查单位259家，优秀和先进统计工作者224人。

【统计监测服务】　2019年，市统计局推行“三三制”统计工作法（将三分之一的工作时间用于做常规统计报表，三分之一的工作时间用于下基层调研指导，三分之一的工作时间用于写统计分析和调研材料），跟踪监测重点经济指标，走访调研各领域企业200余家，撰写统计分析19篇。落实“2+X”协商会商机制，加强与各行业主管部门互动，形成部门统计整体合力。为市人大会议和政协会议提供《东阳经济和社会发展报告》；发布《东阳市2018年国民经济和社会发展统计公报》，每月按时编印和发放《东阳经济月报》并在东阳政府网上发布；完成《2019年东阳统计年鉴》收集编印等工作。

【统计执法检查】　2019年，市统计局对49家统计调查对象开展统计执法检查工作，其中“双随机”检查26家，对4家存在统计违法行为的单位按规定进行行政处罚，对2家企业的违法行为予以通报。

【统计普法宣传】　2019年，市统计局通过会议、培训、报纸、普查等多种形式开展统计普法宣传工作。组织“第十届中国统计开放日”活动，邀请“两代表一委员”、企业主、企业统计员等40余人到统计部门了解统计工作。在“东阳发布”微信公众号开设统计知识课堂，吸引社会各界3700余人次参加有奖竞赛问答。国家统计局东阳调查队组织开展“最美调查员”评选活动，评选出“最美调查员”12人，其中2人入选“浙江调查队系统优秀调查员事迹”。开展“进企业、进学校、进农村、进社区、进市场、进广场”社会普法“六进”活动，9月19日，调查队到浙江广厦建设职业技术学院，为即将从事会计和统计行业的毕业生上“统计第一课”，引导他们树立真实统计、独立调查的统计价值观。

（蒋歆芳）

市场监督与管理

【概况】　2019年，东阳市市场监督管理局完成机构改革任务。推进“最多跑一次”改革，持续优化营商环境；加强食品、药品、化妆品、特种设备等安全监管，保障百姓民生；开展知识产权、质量标准、品牌创建等各项工作，护航企业发展；加强和规范事中事后监管，维护市场秩序。获金华市市场监管系统目标责任制绩效评价优胜单位。

【机构改革】　2019年，根据《东阳市机构改革方案》，市发改局（市物价局）的价格监督检查与反垄断相关职责，市科技局的知识产权保护协调和专利行政执法职责，市商务局的打击侵犯知识产权和假冒伪劣商品以及反垄断等相关职责，相关部门承担的木雕红木家居产业统筹协调、红木家居市场规范管理等职责划入市市场监督管理局。保留市知识产权局牌子，加挂市木雕红木家居产业发展局牌子。不再保留市工商行政管理局、市质量技术监督局、市食品药品监督管理局牌子。落实《东阳市市场监管综合行政执法改革实施方案》，在市市场监督管理局增挂市市场监管综合行政执法队牌子。根据《关于同意在市市场监督管理局横店分局增挂旅游影视中队牌子的批复》，在市市场监督管理局横店分局增挂旅游影视中队牌子。

【市场主体登记注册】　2019年，东阳市新设市场主体25124户，注册资本（金）339.33亿元，分别比上年增长26.79%和35.01%。其中，新设企业6045户，新增注册资本（金）310.81亿元，分别比上年增长22.82%和33.15%；新设个体工商户19079户，新增出资总额28.52亿元，分别比上年增长28.11%和59.24%。全市市场主体总量98890户，注册资本(金)1923.73亿元，分别比上年增长16.85%和17.99%。其中，企业总量25719户，注册资本总额1834.62亿元，分别比上年增长17.54%和17.59%。个体工商户总量73171户，出资总额89.11亿元，分别比上年增长16.61%和26.83%。

【经济监督检查】 2019年，市市场监督管理局推进执法全过程记录制度，案件影像资料存储系统上线运行。以“春安行动”“百日执法”“红盾网剑”“金剑秋风”“蓝剑行动”等系列行动为载体，严格稽查执法，开展市场监管领域扫黑除恶专项斗争。立案查处各类违法案件1228件，罚没款552.55万元，移送公安机关19件，移送其他行政机关53件。配合市纪委监委开展“烟票”专项整治，发挥科队所三级联动机制，利用“互联网+监管”手段对全市卷烟零售经营单位开展专项检查、随机抽查、即时检查。出动执法人员1000余人次，监督检查经营户5000余户次，累计发现“烟票”制售单位20家。开展供电、供气、教育、医疗机构等领域价格检查工作。展开涉企收费专项检查，检查行政事业性单位25家，行业协会17家，转供电主体11家，涉及违规收费金额2674.46万元。受理价格类投诉举报件517件，为消费者挽回损失78万余元。

【小微企业培育】 2019年，东阳市承担省市场监督管理局小微企业培育库建设管理试点项目，制定《东阳市小微企业培育库建设和管理办法》，明确小微企业可被列为培育对象标准、进入培育库流程、移出培育库的情况和频率；东阳市小微企业三年成长计划工作领导小组办公室(简称小微办)成员单位按不同的行业和管理范围，定期向小微办推荐纳入培育库的小微企业。全年增加小微企业5109家，比上年增长24.27%；个体工商户转型升级为企业315家，其中新转公司制企业285家，占比90.48%。东阳市怡乐钓具有限公司、东阳市众览机电有限公司2家企业被认定为省小微企业“成长之星”，东阳国际汽车城电子商务创业园被认定为省小微企业集聚发展“优秀平台”。

【“互联网+监管”改革】 2019年，市政府办公室和市市场监督管理局牵头开展“互联网+监管”改革工作，负责整体推进东阳市31个部门单位的应用工作。全市开通执法人员账号622个，账号开通率100%，掌上执法激活率100%，有效信息推送12488条，认领处理率99.50%，各类型专项检查96501户次，掌上执法检查率99.41%。9月2日，举办“互联网+监管”技能比武竞赛，该竞赛入选金华市“互联网+监管”十大典型案例。

2019年1月17日，市市场监督管理局2019年“春安行动”启动仪式
(陈　敏/摄)

【消费维权】 2019年，市市场监督管理局12315投诉举报中心受理各类投诉举报6161件，为消费者挽回经济损失656.45万元。持续推进“放心消费在东阳”建设，新培育发展放心消费示范单位499家、无理由退货承诺单位340家。深化消费维权机制建设，增设消费维权服务站3家，累计设立“12315”维权服务站74家。发布消费投诉分析3期、消费警示9期。3月15日，在新光太平洋广场举行“3·15国际消费者权益日”大型纪念活动。

【市场主体年报】 2019年，市市场监督管理局开展2018年度各类市场主体年度报告工作，企业应报20380家，年报18801家，查无下落被列入经营异常541家，自然年报率92.25%，工作年报率94.91%；农民专业合作社应报408家，年报279家，查无下落被列入经营异常63家，自然年报率68.38%，工作年报率83.82%；个体工商户应报57416家，年报52942家，查无下落被列入经营异常2585家，自然年报率92.21%，工作年报率96.71%。对东阳市未进行2016年、2017年年报的575家企业进行立案调查。全年吊销企业443家。对被吊销营业执照3年以上未注销的2284家企业启动强制注销程序，对1513家企业发送强制注销告知书。

【“双随机、一公开”】 2019年，市市场监督管理局在浙江省行政执法监管平台建立健全随机抽查“两库”(检查对象名录库和执法检查人员名录库)，入库检查对象40719个，有效检查人员入库193人。全年制定任务49个，其中单部门45个，跨部门4个，任务完成率100%、公示率100%。应检查对象3153户，检查3153户，检查完成率100%、结果公示率100%。参与检查人员895人次。检查发现问题552户，问题检出率17.51%。

【市场改造提升】 2019年，六石农贸市场、横店花厅菜市场、湖溪农贸市场、横店下湖严菜市场4家市场创建为浙江省放心农贸市场。南马镇、马宅镇、虎鹿镇、湖溪镇4家农贸市场进行改造提升工作，累计投入改造资金2400万元，改造市场面积13000平方米，市场管理水平、摊位布局、标识标牌、硬件设施等获得较大提升。

【“守合同、重信用”企业认定】 2019年，市市场监督管理局开展“守合同、重信用”企业申报工作。认定AAA级“守合同、重信用”企业3家，续展11家；认定AA级“守合同、重信用”企业9家，续展15家；认定A级“守合同、重信用”企业1家，续展10家。

【质量建设】 2019年，市市场监督管理局推进“浙江制造”品牌培育和标准强市、质量强市、品牌强市工作。4项浙江制造标准项目立项，12家企业主导制定浙江制造标准发布实施，9家企业完成品字标认证，1家企业完成品字标国际互认。开展质量提升“双百示范”工程，浙江联宜电机有限公司申报先进质量管理方法示范单位，木雕红木产业申报质量提升示范特色产业。御乾堂红木有限公司创建“红木类浙江省中小学生质量教育基地”。开展“质量提升”“质量惠民”“质量整规”三个系列八项行动的“质量月”活动。浙江思科制冷股份有限公司获2019年度金华市政府质量奖提名奖。浙江野风药业股份有限公司、浙江中信红木家具有限公司、花园新材料股份有限公司3家企业获2019年度东阳市市长质量奖（组织），浙江英洛华磁业有限公司粘结磁事业部获2019年度东阳市市长质量奖贡献奖（团队），杜长江（浙江卓木王红木家俱有限公司）获2019年度东阳市市长质量奖贡献奖（个人），浙江南磁实业股份有限公司、浙江浪人工艺品股份有限公司2家企业获2019年度东阳市市长质量奖（组织）提名奖。开展标准化工作，指导南马镇花园村开展“花园村乡村振兴综合改革”省级标准化战略重大试点项目。牵头制定移动餐车管理规范金华市地方标准。运用财政激励政策引导企业主导和参与国际标准、国家标准、行业标准等先进标准的制定工作，横店集团东磁股份有限公司主导制定国际标准2项，主导制定行业标准1项，参与制定国家标准、行业标准10项。增加AAAA标准化良好行为企业1家（横店集团得邦照明股份有限公司）。

2019年9月26日，市市场监督管理局质标科工作人员到吴宁二校开展质量教育进校园活动　（包康轩/摄）

2019年东阳市“浙江制造”标准项目立项名单一览表

表14

序号	立项项目	企业名称
1	变频空调压缩机用高性能钕铁硼磁钢	浙江中科磁业有限公司
2	无线充电用烧结铁氧体片	横店集团东磁股份有限公司
3	间三氟甲基苯胺	浙江巍华化工有限公司
4	松紧带	浙江澳亚织造股份有限公司

2019年东阳市“浙江制造”标准发布实施名单一览表

表15

序号	标准名称	企业名称
1	《深色名贵硬木家具》	东阳市红木家具行业协会

续表15

序 号	标准名称	企业名称
2	《高纯氯化氢焊接气瓶》	浙江金象科技有限公司
3	《电动汽车用高压直流继电器》	浙江英洛华新能源科技有限公司
4	《新能源汽车驱动电机用烧结钕铁硼磁钢》	浙江英洛华磁业有限公司
5	《汽车电子水泵转子用粘结钕铁硼磁体》	
6	《可移动木工立式带锯机》	冀发集团有限公司
7	《铜门用及铜门装饰用铜带》	浙江花园铜业有限公司
8	《磁性塑胶片玩具》	东阳市万利电子有限公司
9	《间三氟甲基苯胺》	浙江巍华化工有限公司
10	《电动轮椅车》	浙江英洛华康复器材有限公司
11	《泳池水下清洗机器人用电动机》	东阳市东政电机有限公司
12	《单晶硅光伏电池》	横店集团东磁股份有限公司

2019年东阳市通过"浙江制造"品牌认证企业名单一览表

表16

序 号	企 业 名 称
1	东阳市御乾堂宫廷红木家具有限公司
2	浙江恒成硬质合金有限公司
3	浙江花园生物高科股份有限公司
4	浙江金象科技有限公司
5	浙江凯文磁钢有限公司
6	浙江石金玄武岩纤维股份有限公司
7	浙江巍华化工有限公司
8	浙江中科磁业股份有限公司
9	浙江卓木王红木家俱有限公司(国际互认)

【产(商)品质量监管】 2019年,市市场监督管理局在生产领域开展烧结多孔砖、针织服装、红木家具101批次抽检工作,不合格1批次,抽检合格率99%。在流通领域开展消防器材、农资、汽柴油、玩具文具、电热毯等125批次抽检工作,不合格13批次,抽检合格率89.60%。联合市消防大队开展消防产品质量抽检工作,监督抽查全市范围内的消防器材销售店的手提式干粉灭火器、消防水枪、消防接口等消防产品30个批次。联合市农业农村局,对全市范围内的农资经销企业进行抽检,抽取化肥、地膜30个批次。完成6家省级发证企业申报资料的受理、先证后核工作。以市政府办公室的名义,牵头召集市教育局、市交警大队、市消防大队等单位,对电动自行车、玩具文具、学生校服等生产经销企业展开检查。对电动自行车新旧国标过渡期相关政策的落实情况进行多轮检查,确保4月15日后无超标电动自行车在市面上销售。组织开展燃气燃烧器具、减

压阀、软管检查工作，重点检查燃气灶是否具有无熄火保护装置，相关产品的标识标注是否齐全规范，检查经营户17家，下架无熄火保护装置燃气灶具36台。

【特种设备安全监察】 2019年，东阳市增加特种设备1500台，至年末，全市在用特种设备15942台，其中在用锅炉369台，在用压力容器2269台，在用电梯10697台，在用起重机械1140台，在用场（厂）内机动车辆1429台，在用大型游乐设施37台，在用索道1条。检查企业869家，排查隐患485项，隐患整改368项，办理案件24起，罚没金额60.68万元。展开危化品相关特种设备、大型空调机组中三类设备、非公路用旅游观光车辆等隐患排查，贯彻落实锅炉安全节能环保工作。每月特种设备定期检验率99%以上。推进“+”安全管理模式，以“用户零费用”模式推广“电梯+互联网”智慧监管，810台电梯安装电梯智慧监管系统。推动“电梯+保险”，新投保单5220份，有参保电梯7500台，人员密集场所全覆盖。增加“互联网+保险+服务”，进行“一梯一体检”，体检电梯52台。

【民生计量】 2019年，市市场监督管理局开展“放心计量”行动，对60余家农贸市场和商场超市的3000余台电子秤、60家加油站的771把加油枪、446辆出租车计价器等用于贸易结算的计量器具实施强制检定，全年强制检定计量器具10603台（件）。开展计量专项检查工作，出动执法人员230余人次，检查农贸市场、大型超市、金银首饰商店160余家，查扣“作弊秤”6台。处理计量方面投诉17起。开展验光配镜行业专项监督检查工作，检查眼镜店76家次，检查验光仪、焦度计、验光镜片箱231台（件），其他计量器具33台（件）。开展千家民企计量帮扶活动，向小微企业开放实验室服务1397批次，计量服务企业21家。

【合格评定】 2019年，市市场监督管理局联合公安、环保等部门每季度对

2019年5月25日，“农行杯”2019年“食品安全 健康相伴”大型公益骑行活动在市节庆广场举行（任海茵/摄）

机动车检验机构进行专项检查，针对检查发现的问题，在现场召集机构负责人、“三类”关键岗位人员、资料管理员和技术骨干，对存在的问题进行原因分析。组织开展检验机构废物处置情况排查工作。会同市水务局对辖区内生活用水器具进行抽检，抽检7个厂家不同品牌的20个规格的坐便器。

【省级食品安全市创建】 2019年，东阳市省级食品安全市创建通过省创建办暗访检查。根据《浙江省食品安全县（市、区）评价细则（2019版）》进行责任分解，落实各部门创建重点工作。每季度召开省级食品安全市创建工作推进会，贯彻落实创建攻坚要求。围绕《2019年东阳市省级食品安全市创建“一月一镇一主题”推进活动方案》，开展省级食品安全市创建新闻通气会暨“你点我检”、大型骑行、民办学校“明厨亮灶”推进会、食品安全宣传周启动仪式暨“防风险消隐患保食安”专项整治行动、镇街创建及规范化建设“回头看”、食品安全法律知识竞赛、食品安全事故应急演练、问题食品集中销毁等活动。全年通过电视、报纸、院线电影前广告、LED屏幕等平台刊登、播放创建公益广告1000余分钟，依托“送电影下乡”活动播放创建省级食品安全市公益广告7500余场，城市公交车20辆移动宣传。投入100余万元建设食品安全科普基地1个、市民广场和亲子公园为中心的食品安全主题公园2个，科普宣传站80个。开展2019年电视台天气预报前特色播报工作，13名市场监管一线工作人员播报食品安全小知识52期；选取22名不同行业代表作为省级食品安全市创建代言人，通过东阳城市频道FM100.2电台、新农村频道电台每日整点循环播放。组织有关宣传咨询、知识讲座等近170场次，发放购物袋、扇子、围裙、纸杯、手机扣等各类创建宣传物资100余万份。

【食品安全治理】 2019年，市市场监督管理局加强餐饮行业监管，推进“明厨亮灶”工程，实现全市148所民办学校“明厨亮灶”全覆盖。创建农村家宴“放心厨房”10家，创建放心消费示范餐饮单位35家。8月下旬，启动“餐饮百日整治”，立案查处餐饮案件886起，罚没金额71.28万元，其中500元以下案件410起，500~3000元案件384起，3000元以上案件92起。完成年夜饭、“两会”、高中学考选考、横店马拉松比赛、第五届中国(东阳)木雕红木家具交易博览会、七夕、首届全国农村社区治理讲习班等10余次重大活动餐饮服务食品安全保障工作，检查餐饮单位178家次，学校食堂43家次，保障人员4.5万余人次。落实“七个统一”（统一规划摊点、统一经营时间、统一餐车式样、统

一营业服装、统一登记培训、统一食安责任险、统一原料定点采购),加强便民餐车监管,组织全市30个摊点130名便民餐车经营业主召开2019年度便民餐车规范经营户表彰会,评选优秀便民餐车经营户25人,发放奖金3.15万元。

开展食品生产流通领域监管工作,创建省级“放心肉菜”示范超市1家(杭州联华华商集团有限公司东阳人民路店)、名特优食品作坊和量化达标小微食品企业14家。随机检查食品生产企业,抽查食品生产企业46家。开展红糖及红糖制品专项整治工作,改造提升红糖小微企业和小作坊10家。开展非洲猪瘟防控执法行动48次,出动执法人员8008人次,检查农贸市场1032家次、肉制品加工企业142家次、冷库73家次,发放宣传资料200余份。

【金华市食品安全事故应急演练】2019年11月12日,金华市暨东阳市食品安全事故应急演练在东阳宝悦君亭酒店举行。金华市食安办成员单位、各县(市、区)食安办以及东阳市食安委各成员单位、市民政局和人保财险东阳支公司、18个镇乡街道食安办、市市场监督管理局全体班子成员及中层以上干部,全市大型餐饮经营企业、2019年农村家宴放心厨房创建单位、城区各中小学校及镇乡街道初高中学校食堂450余人参加现场观摩。

【食品检测】2019年,食药检测中心完成各类食品检测任务3406批次(不含外送),其中,食品监督任务1297批次,风险任务2059批次,委托任务50批次。开展“你点我检九进”活动,开展进企事业单位食堂、市场、配送企业、医院食堂、酒店食堂、养老机构食堂等活动9次,出动70余人次,检测食品210余批次。对全市的各类餐饮单位开展餐饮具消毒效果检测,抽检526批次。强化小作坊监管力度,在各镇乡街道小作坊抽取豆腐16批次、白酒10批次、粉干6批次、羊肉8批次,委托任务50批次,合格2991批次,合格率87.82%。

深化食品快检延伸工程,位于吴宁西街社区、歌山镇西宅村、马宅镇马宅村和佐村镇佐村村的4个农产品快检室检测农产品7040批次,合格率99.93%。开展保健食品“进社区、进乡村、进网络、进校园、进商超”科普宣传活动,出动执法人员1010人次,检查生产经营主体418家次,开展现场科普活动89场,发放宣传册、宣传手袋3672份。

【药品医疗器械化妆品监管】2019年,东阳市建成“送药上山进岛”便民服务点5家,辐射人群18500余人。开展GSP(药品经营质量管理规范)复认证工作,全年完成药品零售企业GSP复认证239家。开展新开办药店GSP认证8家。5家药品生产企业的21条生产线接受省市场监督管理局GMP认证和复认证;2家药品生产企业的4个品种接受国家市场监督管理总局和省市场监督管理局注册核查。办理第一类医疗器械生产(变更)备案4家次、第二类医疗器械经营企业新开备案34家次、网络销售备案2家次、变更备案9家次、注销1家次,受理咨询75家次。结合投诉举报、各类专项检查,检查药品生产企业31家次、医疗器械生产企业19家次、药品批发连锁公司18家次、药店350家次、医疗机构210家次、医疗器械专营企业13家次。开展中药饮片质量集中整治、流通领域特殊药品安全专项整治、打击药品经营过程药师虚挂行为专项行动、医疗器械“清网”行动、无菌和植入性医疗器械专项治理、高风险化妆品生产企业专项整治。在系列行动中,抽检中药饮片16批次,2批次不合格;办结化妆品类举报6起、投诉17件;责令3家医疗器械网络销售企业进行整改。

2019年11月12日,金华市暨东阳市食品安全事故应急演练在东阳宝悦君亭举行 (市市场监督管理局提供)

【不良反应检测】2019年,市市场监督管理局开展ADR、MDR不良反应监测工作,全年审核上报药品不良反应(ADR)报告1322份,完成金华市目标值的143.7%。上报医疗器械不良事件(MDR)报告187份,完成金华市目标值的127.2%。根据《东阳市药品和医疗器械不良反应监测工作管理办法(试行)》的规定,发放2018年药品不良反应报告和医疗器械不良事件监测补助金额4.44万元。推进化妆品“百千万”(“百”指一百条美丽消费示范街,“千”指一千个美丽消费示范市场,“万”指一万个美丽消费示范经营店)示范创建工作,创建化妆品示范商场5家,化妆品示范经营单位48家,完成化妆品不良反应审核上报69份,完成金华市目标值的168%。

【医药产业发展扶持】2019年,市市场监督管理局牵头对东阳市医药企业开展调研,起草《新形势下东阳医药产业发展面临的机遇与挑战》,汇总全市医药企业发展存在的六大困难,对下一步医药企业的发展提出五个建议呈报市政府。结合前期的调研成果，会同市财政局、市经信局、市税务局起草《东阳市扶持医药产业发展若干政策》，12月31日正式发文公布，该文件调整药品分类为国家创新药、改良型新药、生物类似药、仿制药、古代经典名方制剂；增加扶持力度，获得药械批准文号最多获得2000万元奖励，仿制药通过一致性评价的，可获得220万元奖励；考虑企业的研发成本和时间成本，将一次性奖励改为阶段性奖励；对新增获得保健食品、特殊医学用途配方食品、化妆品产品注册证的，奖励资金20万元。

（方立东）

安全生产

【概况】 2019年，东阳市发生各类事故14起，死亡19人，分别比上年下降56.25%、29.63%。其中，工矿商贸企业事故6起，死亡10人；生产经营性道路交通事故8起，死亡9人；全市未发生列入统计口径的生产经营性火灾、水上交通、渔业船舶及铁路路外等事故。事故指标控制在省政府下达的下降20%的目标内；自然灾害实现“不死人、少伤人、小损失”的目标。

【安全制度和应急机制健全】 2019年，市应急管理局坚持市委常委会、市政府常务会议每季一次会商安全生产、消防安全制度，制定《东阳市党政领导干部安全生产责任制实施细则》，规定镇乡街道由常务副职以上人员担任安全生产分管领导，市委、市政府工作部门单位由排名第一副职领导干部分管安全生产工作，安全生产工作实施每月通报制度。除工贸事故外，道路交通事故、消防事故实施“一案双查”制度（主管部门查事故原因，安全生产委员会办公室倒查责任）。调整市应急管理委员会，设立防汛防旱、森林防灭火、防震和减灾救灾、人民防空4个指挥部。在“三定”方案的基础上与市自然资源和规划局、市水务局、市科技局、市林业局、市商务局、市气象局等部门对接，厘清部门之间的职责权限，完成与气象、水务、地质灾害、交通、110指挥中心等专业系统的信息共享。完成机构改革后《东阳市防汛防台抗旱应急预案》的修订；印发《关于做好全市应急预案编制和修订工作的通知》，督促各有关部门、乡镇街道根据机构改革后的职能变化重新修订编制各类预案。

【隐患排查治理】 2019年，东阳市投入整治资金440万元，完成各级政府挂牌隐患34处，其中省级4处、金华市级10处、东阳本级20处，完成率100%；开展各级政府督查发现问题隐患整改工作，下发督办告知书32份，确保75处问题隐患完成限期整改；完成金华市安委会首轮巡查反馈的133个隐患问题和省安委会暗访的24个隐患问题的整改。

【6个领域安全专项整治】 2019年，市安委办开展道路交通安全攻坚战，投入2500万元用于隐患治理和重点路口路段改造，整治975处市级隐患，封闭重点道路隔离开口25个；查处各类交通违法行为59.6万起，查处醉酒驾驶456起、饮酒驾驶1441起，查获货车超载826起、超速15725起、无证驾驶835起。

开展消防安全攻坚战，检查单位2288家，发现并督促整改火灾隐患3058处，下发行政处罚决定书182份，下发临时查封决定书66份，责令“三停”（停产停业、停止使用、停止施工）90家，罚款59.67万元。

开展电动自行车整治工作，安装电气火灾监控系统300余套，建设电动自行车村级公共智能充电桩208座、企业公共智能充电桩600座；印发《关于高层住宅小区使用物业专项维修资金维修消防设施有关问题的实施意见》，全市338幢高层建筑，自动消防设施完好率90.82%。

开展建筑领域安全攻坚战，制定《建设工程“隐患当事故”处置办法（试行）》；成立建筑施工安全联合执法应急处置工作领导小组，明确镇乡街道和相关部门单位职责，推行“风险分级管控”和“隐患排查治理”双重预防机制。在禧御府项目开展风险分级管控和隐患排查治理双重预防机制建设；对全市109个物业小区高层建筑开展4次安全隐患排查整治。

开展危化品整治攻坚战，推进化工园区“五个一体化”（监管一体化、监控一体化、应急救援一体化、社会服务一体化、人流物流一体化）建设，编制化工产业安全发展规划，采用“一站三点，医院联动”▲的模式，在巍山镇建立金华市首家联合气防站。

开展工贸领域安全攻坚战，重点整治“三场所二企业”（有限空间作业场所、可燃爆粉尘作业场所、喷涂作业场所、涉氨制冷企业、机械加工企业），涉氨制冷企业包装间、分割间、产品整理间等人员较多作业场所严禁采用氨直接蒸发制冷空调系统，快速冻结装置设置单独作业间内，作业间内从业人员不超过9人；排查整治涉爆粉尘企业273家，立案查处企业14家，责令停产停业整顿3家；排查整治涉喷涂作业企业269家，关闭29家；金属冶炼企业全部委托机构开展安全生产现状评价，对熔炉、造型、铸造等高危作业点进行风险评估，对存在问题进行系统改造。金属铝粉尘企业全部实行托管，委托中介机构开展风险辨识，制定管控措施，整改提升安全条件。涉粉尘作业场所进行红木企业除尘装置、喷涂作业场所安全整治，制订安全整治标准，关停企业228家，整改隐患12000余处。

开展城市安全攻坚战，采取“用户零费用”的模式推广智慧电梯监管，810台电梯安装电梯智慧监管系统；强化城市桥梁运行检查，每天观测19座桥梁上下部结构裂缝和沉降情况并采集相关数据做好台账；强化城区排水防涝工作，完成38个破损井盖的更换补缺、32个破损窨井底座的修复改造工作，疏通抢险24处，480个异响井盖加装橡胶垫块。检查63处燃气罐装点，发现安全隐患6处，现场整改3处，限期整改3处，查扣气源不明钢瓶14只。

▲“一站三点，医院联动”：以巍山镇专职消防队为气防站，下设浙江巍化化工有限公司、浙江康峰化工有限公司、东阳市巍华制冷材料有限公司气防组（点），各医院应急联动，辐

射全市涉毒害气体事故应急救援服务。

【危化企业安全监管】 2019年,东阳市22家危化生产企业、17家带仓储经营企业在全省率先推行目视化管理;组织全市6家涉燃爆带储罐仓储企业学习华鼎化工储罐安全报警自动灌装系统,其中3家企业安装自动化灌装系统;对照原国家安监总局《关于加强化工安全仪表系统管理的指导意见》规定,对涉及"两重点一重大"(重点监管危险化学品、重点监管危险化工工艺、重大危险源)的4家涉危险工艺企业完成安全仪表系统改造提升;构成一级重大危险源的1家化工企业危险工艺装置安装APC控制系统。

【"安全生产标准化+社会化服务"模式推行】 2019年,东阳市继续推行"安全生产标准化+社会化服务"模式,推进"小升规"企业创建标准化,引导优秀企业提升标准化等级,融合推进双重预防机制建设。筛选15家企业打造安全生产精品企业,实行局领导"一对一"、专家"一对一"工作机制,全市增加标准化示范企业10家,复评企业255家,复评率96.22%;实施社会化服务2032家,增加托管企业549家,比上年增长27.4%;完成双重预防机制建设企业675家;各社会化服务机构签订《东阳市社会化服务目标管理责任书》和《东阳市社会化服务自律承诺书》,按照责任书组织机构检查办公场所、办公设施、制度建立执行、人员配备、工伤保险等情况;在金华市45家社会化服务机构四级考评中,东阳市12家服务机构有3家被评定为一级、8家被评定为二级。

【智能监管】 2019年,东阳市增加安装智慧式用电管理系统2195套,累计安装7401套。运营的5家矿山企业完成在线视频监控系统建设,实现矿山主要作业区域、重点风险区域视频监控全覆盖;23家涉熔炼作业企业基本建成视频监控系统建设,实现实体化运作,实行24小时不间断监控;315家社会单位安装消防远程监控系统,130幢高层建筑接入消防远程监控系统;投入1346万元用于第八期智能交通建设,全市公交车智能视频监控实现全覆盖;5家涉危险工艺企业完成安全仪表系统安装,4家企业完成SIS系统(安全仪表系统)安装设计评审。

【安全生产宣传教育培训】 2019年,东阳市安全生产采取线上线下培训模式。4500余人完成线上学习,学习8万余个学时;举办线下培训16期,培训单位主要负责人1099人、安全管理员979人;线下培训特种作业人员1209人。开展安全生产月、"全国防灾减灾宣传周"等活动。全市组建4支宣讲团队,制作32个PPT,举办讲座26场。横店集团拍摄千人参与的安全版MV《伤不起》,媒体点击量超10万人次;"东阳应急管理"微信公众号进入全国系统百强;《中国应急管理报》刊发千人演练、航空演练新闻;建立首个航空应急救援基地的做法受到新华社、中新网等国家级媒体关注,点击量超50万人次。

【"互联网+监管"执法】 2019年,市应急管理局推行"互联网+监管"执法,入库(互联网监管库)企业20467户,涉及许可证10307个,实现平台("互联网+监管平台")应用"三个100%"(主体标识率100%、任务完成率100%、掌上执法应用率100%)。累计设置受监管主体标注144户,设置完成检查任务16个,设置完成检查152户次;完成跨部门联合检查1次,检查企业3家。

【行政执法】 2019年,市应急管理局立案查处各类安全生产非法违法案件116起,收缴罚没款342.9万元,处罚单位102家,处罚个人14人次,其中事故类案件8起,收缴罚没款101.06万元;移送司法追究刑事责任4人,申请法院强制执行6起。开展红木企业专项执法,结合国家环保督查和市里"飓风整治"行动,查处红木家具行业安全生产违法行为,立案查处41起,罚款34万元。开展安全生产教育培训专项执法,立案查处未经培训考核合格取得相关证书的企业8家,罚款7.2万元。开展特种作业未持证上岗专项执法,立案查处28起,罚款30.1万元。开展"金安一号""金安二号"专项检查行动,检查单位912家次,发现隐患849条,责令停产停业整顿及关闭企业7家,下发整改整理书252分,立案处罚381起,罚款99.4万元。

(张　帆)

海　关

【概况】 2019年,东阳市实现外贸进出口总值216.3亿元,比上年增长4.32%。其中,出口197.8亿元,进口18.5亿元。加工贸易进出口值12.2亿元,其中出口10.1亿元,进口2.1亿元。金华海关东阳办事处监管进出口集装箱29.19万标准箱,查验2443票,查获申报不实案件262起,侵权案件36起,移交办理"两简"案件(简单案件和简易程序案件)250起(其中涉证案件18起),查获率11.83%,查验率1.90%(以上不含公铁港),查获6万余支烟花、361条香烟等重点敏感商品。

【机构改革海关转隶工作】 2019年1月18日,金华海关和原检验检疫队伍全面融合,在东阳市设立综合业务二科和监管三科,各部门人员到位,金华海关东阳办公区对外名称统一为"金华海关东阳办事处"。承担授权范围内东阳辖区进出境卫生、动植物及其产品、食品、化妆品检验检疫和进出境商品检验工作;承担授权范围内东阳辖区企业进出口申报现场综合业务处置、单证验核、海关税款担保、税费电子支付、出入境证单、原产地证签证、海关保税业务管理和贸易统计服务等工作;承担东阳辖区国家禁止或限制进出境货物、物品的口岸监管工作,海关口岸监管环节的反恐、防扩散、出口管制等工作,进口固体废物、进出口易制毒化学品等口岸监管工作;承担东阳辖区海关监管场所内各类进出境货物、集装箱、运输工具的布控、查验、转关、放行工作;承担暂准进出境货物、进出境展览品等的审批管理工作；承担东阳辖区海关监管和物流监控工作等。2018年2月28日，中共十九届三中全会审议通过《中共中央关于深化党和国家机构改革的决定》和《深化党和国家机构改革方案》，决定将质检总局的出入境检验检疫管理职责和队伍划入海关总署。2018年4月20日，全国300余个对外开放口岸检验检疫执法人员统一以海关名义对外开展工作，海关、检验检疫行政审批事项全面整合。

【东阳国际物流园建设】 2019年，东阳市结合义乌国际贸易综合改革试验区框架方案、义甬舟开放大通道、东阳金塘战略合作协议等政策，推进东阳国际物流园发展。以东阳红木产业链为支撑，配合市政府促进红木贸易便利和产业升级。推动东阳木材进口本地化，通过一体化模式报关72批次，货值6000余万元。12月13日，东阳长征公用型保税仓正式运营，是浙江省首家专营木材的公用型保税仓库。压缩货物整体通关时间，联系多部门共同落实压缩时长措施。市场采购全部实施转关模式和出口一体化提前申报模式，对提早抵港货物采用删除并重发运抵报告的方式，规范管理市场采购与一般贸易拼箱业务，整体通关时间进口14小时、出口2.47小时（杭州海关进口42小时、出口2.48小时）。

【依法监管】 2019年，金华海关东阳办事处优化"两简"案件办理流程，规范现场查验异常的案件办理；加强与杭州海关风控局和口岸监管处的联系，结合H986（海关大型集装箱检查系统）集中联网审像应用，针对市场采购小商品特点，与义乌海关联系配合，提高烟花、香烟等敏感商品的针对性，做好市场采购贸易货物出口监管，H986绩效按照213工作日，平均20.2个标箱。按照《海关监管作业场所（场地）设置规范》等文件要求，排查规范海关监管作业场所。强化"新查管"系统（新一代查验管理系统）、单兵系统、智能电子锁的应用，确保监管到位。

2019年9月18日，金华海关东阳办事处与市公安局、市消防大队等部门联合开展核辐射源应急处置演练　　（金华海关东阳办事处提供）

【"国门利剑2019"专项行动】 2019年，金华海关东阳办事处开展"国门利剑2019"专项行动，完善金华海关反恐最小作战单元。9月17日，金华海关组织口岸核辐射处置应急演练，8人参加。9月18日，与市公安局、市消防大队等部门联合开展核辐射源应急处置演练1次，9人参加。

【原产地证签证便利化改革】 2019年4月30日，海关总署决定自2019年5月20日起在全国范围内推广原产地证书自助打印。金华海关东阳办事处向企业推广关于自助打印产地证的政策及操作步骤，组织31家企业参加金华海关举办的原产地证书企业端自助打印培训会。做好产地证系统升级工作，整理上报运行过程中发现的5个问题。推进原产地证智能审单，实现除中国—东盟原产地证书、中国—瑞士原产地证书、中国—巴基斯坦原产地证书几种证书外的即报即放，为企业节省时间。

【"两证合一"改革】 2019年9月23日，商务部、海关总署、中国国际贸易促进委员会联合发布《关于实施对外贸易经营者备案和原产地企业备案"两证合一"的公告》，自2019年10月15日起，在全国范围内全面实施对外贸易经营者备案和原产地企业备案"两证合一"。企业在商务部门办理对外贸易经营者备案时，可同步完成海关原产地企业备案，实现两个备案"一口受理、一次审核、一次备案"。在金华海关东阳办事处醒目位置粘贴公告内容，对到办事处办理业务的企业进行一对一宣讲，在《金华日报》等媒体上进行公告公示。

【食品、化妆品安全监管】 2019年，金华海关东阳办事处开展"3·15"国际消费者权益日、"进口食品安全社区行"等4次现场科普活动，发放宣传资料400余份。加强与市市场监管局合作，开展"防风险消隐患保食安"、省级食品安全市创建考核隐患排查、进口冷藏冷冻食品和反走私综合治理等专项整治行动的现场检查。组织参加东阳市食品安全法律知识竞赛，参加东阳市食品安全大型公益骑行活动。配合市食安办做好省级食品安全市创建各项工作，按要求开展创建申报材料的准备与上报。开展出口化妆品检验工作，检出不合格8批次；落实总署出口化妆品安全监督抽检计划，抽检5批次。

【生物安全】 2019年4月11日，金华海关东阳办事处到吴宁第五小学开展"国门生物安全"进校园活动，为270名师生普及国门生物安全知识。开展检疫性实蝇监测工作，对桔小实蝇、瓜实蝇、地中海实蝇和蛋白诱饵4个监测点开展监测8次，收集实蝇919头（具条实蝇315头、南瓜实蝇587头、桔小实蝇15头、三点棍腹实蝇2头）。开展进口粮库周边杂草监测工作，在东阳粮食收储有限公司上周中心库开展杂草监测工作3次，种类鉴定50余种，与企业人员沟通，指导做好杂草的防治工作。做好粮食安全市长责任制工作，配合市政府开展“进口粮食风险管控”工作，在进口粮食储备管理和疫情防控制度体系建设、进口粮食重大安全防控管理两个方面进行监管。开展非洲猪瘟疫情防控工作，对东阳辖区备案的2家供港火腿企业开展非洲猪瘟疫情风险排查与专项监督检查。东阳辖区出口火腿11批次，重量105吨，货值114万美元，全年开展非洲猪瘟检测9次，全部检测合格。

2019年9月18日，金华海关东阳办事处联合市市场监督管理局对进口冻品、大米、粮油、糖类等大宗消费品进行检查　（胡杨辉/摄）

【进出口商品货物检验监管】 2019年，金华海关东阳办事处完成现场检验的进口商品有X射线乳腺摄影设备、真空高压灭菌柜、热交换器、10批入境空钢瓶等。在“新查管”系统试运行中，按要求开展查验，完成3批入境货物的检验放行，进行相关记录。对出口到也门、伊朗等协议国家的9批商品（一般化工品和制冷剂）进行装运前检验，出具装运前检验证书。强化进出口危险货物及其包装和危险化学品监管，开展出口危险化学品、危险货物及其包装使用鉴定、危险货物及其包装性能鉴定业务，完成4家包装生产企业的代码申请及抽样工作。开展危险化学品及其包装不合格检出工作，检出8批出口危险化学品、7批出口危险货物及其包装使用鉴定不合格，1批出口危险货物及其包装性能鉴定不合格。对辖区3家危险化学品生产企业开展安全排查。

【调研调查】 2019年，金华海关东阳办事处配合金华海关统计分析科对浙江东阳新亚服装有限公司和东阳市圣华工艺品有限公司等多家企业的中美贸易摩擦进行调研。对检认公司提供9000认证咨询服务的2家对象企业进行走访调研，了解企业对技术服务的相关需求。调研辖区进口固体废料企业近几年固废进口情况以及使用处置情况；完成辖区5批出口退运调查；完成6家出口企业受国外技术性贸易措施影响调查工作。配合金华海关保税监管一科组织东阳市进出口企业及加工贸易企业座谈会，了解企业需求，帮助企业更好地运用加工贸易各项政策。

（朱晓斌）

农业 农村 水务

农 业

·综述·

【概况】 2019年，东阳市农林牧渔业总产值27.11亿元，比上年增长2.0%；农林牧渔业增加值18.61亿元，比上年增长2.1%。全年粮食作物播种面积16559公顷，比上年增长5.8%；经济作物播种面积17838公顷，比上年增长2.0%。（张许杰）

【农作物种植】 2019年，东阳市粮食总产量9410万千克，主要粮食作物水稻耕种收综合机械化水平85%。有规模种粮户271户，流转承包耕地面积4680公顷，稻麦复种面积7493.33公顷，其中早稻面积3513.33公顷。全市建立早稻高产示范方12个，面积104公顷，品种主要为“中早39”“金早47”；单季稻高产示范方8个，面积215.33公顷，其中六石街道紫光村、巍山镇沈良村等省级千亩高产示范片2个，面积147.6公顷，品种主要为“嘉丰优2号”“常优2号”“嘉优中科13-1”“嘉禾优7245”等。全年提标改造粮食生产功能区5个，面积381.47公顷。（胡红强）

东阳市蔬菜播种面积7351公顷，总产量1.9亿千克，总产值8.4亿元。全市有常年蔬菜基地29个，面积302公顷；高山（水生）蔬菜基地39个，面积282公顷，基地总面积584公顷。加强基地质量安全整治，在城东街道、江北街道、佐村镇等主要蔬菜种植区组织召开各类放心菜生产技术培训班，培训菜农1050余人次，发放技术资料4520份。对18个重点监管蔬菜基地进行不定期抽检，检查生产记录情况、农药使用情况。（吴云峰）

推广测土配方施肥面积35750公顷，减少不合理化肥施用量11.2万千克。开展标准农田质量提升土壤培肥项目，涉及二等田3293.33公顷，其中1333.33公顷二等田于12月开展验收，经验收，1295公顷二等田达到一等田标准，通过率97.1%。开展沃土工程项目，建立核心示范方4个，6.67公顷以上示范方31个，示范面积673.33公顷。开展冬绿肥种植示范和土壤综合培肥示范，冬绿肥以种植紫云英、油菜为主，部分种植黑麦草，土壤综合培肥主要通过施用商品有机肥和缓控释肥，培肥地力，减少化肥使用。建设农田土壤污染监测预警体系，对15个常规监测点和10个综合监测点进行采样分析监测，据监测情况显示，东阳市农田土壤情况总体良好，其中1个监测点的该点位土壤等级为“警戒性”等级，其余24个点位为“安全”等级。灌溉水中所有指标均符合标准要求；所有农产品重金属均符合国家标准GB2762限量值要求。（王　芸）

东阳市中药材生产总面积3150公顷，总产量698万千克，总产值3.25亿元。其中元胡收获面积1320公顷，比上年下降17%；浙贝母收获面积1056.67公顷，比上年增长34%。开展元胡、杭白芍等中药材种质资源普查和保护工作，抓好品种选育研究、良种提纯复壮工作，建立元胡、杭白芍种质资源圃，扩大杭白芍浙芍1号、元胡浙胡1号和2号的繁育能力，推进中药材良种化进程。（金　怡）

东阳市茶园总面积3240公顷，茶叶产量207.3万千克，产值1.95亿元。其中东阳市特色木禾茶茶园1866.67公顷，无公害茶园面积1466.67公顷。主要有“东白龙井”“东白春芽”等系列产品。组织东白山茶场、市和品茶业有限公司、市木禾茶叶有限公司、玉龙白茶专业合作社4家企业代表东阳市参加第三届中国国际茶叶博览会。（王　霆）

东阳市水果生产面积3803.4公顷，产量4320.9万千克。8月10日，市农业农村局、市文化和广电旅游体育局组织召开东阳市首届缤纷夏季水果节，开展东阳夏季水果的展示展销和品鉴评比等工作，评选出东阳最甜葡萄、最甜梨、最甜桃各1个，评选出东阳好葡萄4个、东阳好梨5个、东阳好桃6个。12月，南马镇下安恬村的“东阳市冠绿精品果园示范基地”成功创建浙江省种植业“五园”的“精品果园”示范基地，基地面积6.33公顷。（王加更）

【渔业】 2019年，东阳市开展渔业资源增殖放流，投放鱼苗677.5万尾。创建省级水产健康养殖示范场2家（金华市横源农业科技有限公司、东阳市葛金荣水产有限公司）。开展渔政执法（包括水产品质量安全）巡查118次，出动执法人员280人次，其中在东阳江橡皮坝至艺海大桥省级增殖放流区开展禁渔专项执法巡查41次。受理电鱼、毒鱼等非法捕捞举报

15起，查处案件9起，收缴电鱼器具10套、网具5副，没收违法捕捞渔获物419尾。12月18日，市农业农村局、市人民检察院、市公安局、市水务局等单位在东阳江中山大桥东侧渔业资源增殖放流点，开展渔业资源修复增殖放流活动。 （杜利鑫）

【农业机械】 2019年，东阳市农机总动力42.18万千瓦，有大中型拖拉机727辆，联合收割机355台，粮食烘干机345台，插秧机303台，粮食生产耕种收机械化水平85.02%。全年办理购补农机具736台（套），受益农户428户，报废拖拉机、联合收割机128台。完成水稻机插作业面积967.4公顷，油菜机收面积180公顷，使用农机购置补贴资金809.12万元，报废补偿资金35.8万元，作业环节补贴资金261.05万元，使用财政补贴资金1105.97万元。增加烘干机8台，烘干粮食6470万千克。

全年推广高速插秧机37台，大中型拖拉机49辆，全喂入联合收割机7台，粮食烘干机8台，高新植保机械3台，茶叶加工机械64台，旋耕机90台，山地轨道运输机70台（套）。举办高新植保机具演示、香榧烘干机械演示、毛芋种植机械演示培训班4期，100人次参加培训。

全市未增加新注册登记上道路拖拉机，办理拖拉机驾驶员培训考试1期，核发拖拉机驾驶证60本，检验合格拖拉机861辆，查处违法违章行为9起。全市年内发生农机死亡事件0起，死亡人数0人，农机事故死亡人数控制在政府和上级业务部门下达的控制指标以内，完成农机监理业务工作各项指标。 （沈婷婷）

【农产品质量安全】 2019年，市农业农村局完善追溯体系建设，189家农产品生产主体被纳入追溯库，实现农业企业、家庭农场、专业合作社及规模种养户等主体生产的主要农产品可追溯。落实产品监测计划，委托杭州绿城农科检测技术有限公司为年度农产品质量安全承检机构，全年抽检蔬菜、水果样品402批次，茶叶13批次，稻米43批次，生猪尿样59批次，畜禽产品77批次，水产品27批次，整体合格率99.4%。开展三品（无公害农产品、绿色食品、有机农产品）认证监管工作，全年通过无公害农产品复查换证6个，通过绿色食品年审企业8家，新申报绿色食品6个，三品认证率55.2%。10月，东阳市被农业农村部命名为“国家农产品质量安全县（市）”。 （叶　凯）

【农业“标准地”建设】 2019年，东阳市开展农业“标准地”▲改革工作，制定《东阳市农业“标准地”工作实施意见》《东阳市农业“标准地”改革工作方案》以及《东阳市农业“标准地”控制性指标和管理操作流程（试行）》。完善农业“标准地”平台建设，建立镇乡街道“六统一”（统一土地流转、统一平台交易、统一产业规划、统一准入指标、统一项目招商、统一监督管理）农业“标准地”建设工作机制。优化生产力布局，调整财政奖补项目政策，优化流转模式和招商举措，推动农业“标准地”招商工作。全年完成农业“标准地”招商项目12个，总投资5800余万元，上报金华市农业“标准地”招商项目7个。全市认定存量农业“标准地”项目123个，面积2140.47公顷；增量农业“标准地”项目36个，面积610.47公顷。

▲“标准地”：符合土地利用总体规划和现代农林业产业发展规划，满足相关控制性指标要求，在土地流转基础上，通过招商引进项目用于发展现代农业的耕地。 （卢超杭）

2019年6月18日，农机手驾驶着拖拉机在城东街道江南自然村的农田里耕种 （包康轩/摄）

·农村经济·

【概况】 2019年，东阳市集体经济总收入216435.38万元，其中经营收入129453.77万元、发包及上交收入37081.71万元、投资收益2885.69万元、补助收入23150.81万元、其他收入23863.40万元；总支出51759.06万元，收益164676.32万元。全市有村经济合作社508个，年收入1000万元以上的村经济合作社34个，500万～1000万元的村经济合作社28个，100万～500万元的村经济合作社184个，50万～100万元的村经济合作社90个，10万～50万元的村经济合作社156个，10万元以下的村经济合作社16个。有经营收益的村经济合作社473个，无经营收益的村经济合作社35个。至年末，村级集体资产总额1435830.97万元，其中流动资产517041.97万元、农业资产1489.03万元、长期资产917299.97万元。村级集体负债总额98401.11万元，其中流动负债71401.76万元、长期负债26999.35万元。

【经济薄弱村消除】 至2019年年末，东阳市消除省定经济薄弱村75个。总收入12万元以上且经营性收入7万元以上行政村345个。全市345个行政村总收入113986万元,村均330.39万元;经营性收入90097万元,村均261.15万元。

【村经济合作社股份制改革】 2019年,东阳市有村经济合作社508个,493个完成股份制改革,占总数的97.05%。共量化资产总额819335.23万元,其中经营性净资产475246.85万元,界定社员股东713403人,核发股份经济合作社证明书468份,产生董事会(社管会)成员3138人,监事会(社监会)成员2102人,股金分红总额12293.56万元。

【农村集体"三资"管理】 2019年,东阳市农村集体资产总额1435830.97万元,其中货币资金396815.69万元,村级集体负债总额98401.11万元,核实所有者权益1337429.86万元。全市508个村经济合作社实行财务公开和会计电算化。

【农村财务管理与审计】 2019年,东阳市开展村级财务审计工作,完成农村财务清理和审计232个村(小区),审计单位资金总额115283.20万元,发现违纪金额205万元,已全部追回。

【农民专业合作社】 至2019年年末,东阳市有农民专业合作社398家,其中种植业265家、林业46家、畜牧业9家、渔业9家、服务业58家、其他11家。有规范化合作社50家。合作社统一组织销售农产品总值8517.68万元。合作社全年经营收入11797.9万元,盈余3740万元。

【家庭农场】 至2019年年末,东阳市有家庭农场566家,其中从事种植业449家、畜牧业14家、渔业27家、种养结合53家、其他23家。有省示范性家庭农场24家,金华市示范性家庭农场52家,东阳市示范性家庭农场47家。家庭农场经营土地面积4486公顷,家庭农场劳动力数量2176人,年销售农产品总值18307.96万元。拥有注册商标的家庭农场35个,通过农产品质量认证的家庭农场46个。

(吴江平)

·新农村建设·

【"美丽乡村"建设】 2019年,东阳市成功创建省级"美丽乡村"示范乡镇2个(东阳江镇、横店镇),省新时代"美丽乡村"精品村29个,特色精品村4个(东阳江镇庆泉村、歌山镇王村光村、虎鹿镇蔡宅村、六石街道枫树下村),历史文化保护利用重点村1个(虎鹿镇厦程里村)。对3个类别141个村(秀美村创建村46个、"百局联百村"活动结对村66个和白溪江沿线村29个)开展"十美村十差村"评选活动8次,评选出"十美村"50个,"十差村"36个(次),年度"最美村"10个。提升"美丽庭院"4000户,增加绿化面积15万平方米,整治"赤膊房"2.8万平方米,增加节点170个,管线整治107个村。推进"美丽风景线"建设,红木长廊南市段完成大联村、雅成村立面改造工程和广丰段立面改造工程,南马段、六石段工程项目完成建设。

(张舜波)

【农村生活垃圾分类】 2019年,东阳市成功创建省高标准农村生活垃圾分类示范村(城东街道单良村、南马镇联合村),完成巍山镇7个垃圾分类项目村建设任务。全年评出垃圾分类月度"最好村"60个,月度"最差村"96个,查处垃圾不分类行为216起,处罚11785元。农村生活垃圾分类处理村覆盖率65%,金华市垃圾分类优秀村覆盖率65%。建设易腐垃圾资源化处理站点22个,配备微生物发酵快速成肥处理机器32台,日处理能力3.3万千克。建设阳光堆肥房170座,日处理能力17吨。湖溪镇垃圾综合处理站月均处理可腐烂垃圾42吨,生产有机肥13.7吨;低温热解机器月处理不可回收垃圾55吨,产出灰渣1.9吨,减量率95%以上。

(叶　俊)

【产业植入】 2019年,东阳市完成首批11个产业特色精品村创建工作。其中横店镇联盟村、城东街道李宅村、虎鹿镇蔡宅村、南马镇瑶仪村、巍山镇古渊头村、江北街道王户口村成功创建省AAA级景区村。江北街道王户口村、六石街道吴良村、三单乡鹤溪村成功创建省AA级景区村。全年举办虎鹿蔡宅旅游文化节、南马瑶仪夏令休闲节等活动20余场,吸引游客80万人次,增加村级集体收入100余万元,农户直接增收260余万元。推进第二批产业特色村创建工作,第二批创建村申报项目70个,总投资额约8000万元,完成土地流转面积351.87公顷,流转率100%。全市有产业植入项目112个,计划总投资164.44亿元,实际投资29.45亿元(政府投资0.30亿元,村投资0.91亿元,企业投资26亿元,个人出资1.67亿元)。创建研学基地(营地)12个,培育休闲观光农业基地20个。创建农家乐特色村7个、农家乐特色点42家、星级旅游点9个。

(张光明)

【扶贫开发】 2019年,东阳市认定低收入农户7216户、10076人。完成全市2018年度低收入农户小额贷款贴息,贴息91333元。完成5个生态乡镇的21个村级基础建设项目。制定《东阳市扶贫资金项目公告公示实施办法》。市农业农村局实地走访调研磐安县玉山镇张村村,针对实际情况开展帮扶,补助完成池塘改造工程和狮子山景观提升工程。

(马嘉俊)

·畜牧业·

【概况】 2019年,受非洲猪瘟疫情影响,东阳市生猪生产下降,其他畜禽饲养量基本稳定。至年末,全市生猪存栏4.97万头,其中能繁母猪0.37万头,出栏12.8万头。存栏生猪50头以上的规模猪场留存76家,存栏生猪2.52万头。全市家禽存栏41.03万羽,出栏91.94万羽。存栏家禽500羽以上的蛋禽场有40个,存栏17.9万羽;出栏家禽2000羽以上的肉禽场有16个,出栏18.9万羽。山羊存栏0.79万只,年出栏1.47万只。牛存栏823头,年出栏933头。

【畜牧业生态建设项目实施】 2019年,东阳市巩固提升5个"美丽牧场”。推进“美丽牧场”建设，东阳市姜山头禽业有限公司美丽牧场通过省级创建验收。

【畜产品安全生产】 2019年，市畜牧局落实国家农产品质量安全县创建工作，落实畜产品生产主体及监管职责分工，加强对畜产品生产主体的生产指导及监督管理工作。宣传畜产品安全知识，规范养殖行为，与全市规模养殖场签订《东阳市动物防疫与畜产品质量安全承诺书》。加强饲料及饲料添加剂、兽药等投入品档案记录检查，未发现使用违禁用品。配合国家、省、市各级的农产品质量安全例行检查，对生猪定点屠宰场、农贸市场、超市以及规模养猪场、养禽场等进行畜产品安全检查。配合畜产品安全例行抽检，抽检猪肉、猪肝、禽肉，禽蛋等53批次，抽检合格率100%。市农业农村局自行抽检委托第三方检测120批次，合格率100%。

【畜禽场污染整治】 2019年，市畜牧局执行巡查制度，确保畜禽养殖场污染治理设施正常运行和排泄物综合利用。开展养殖场排泄物处理利用自查，迎接“蓝天碧云净土”检查以及部省级环保督查组的明察暗访。落实《东阳市畜禽养殖废弃物高水平资源化利用工作方案》，提高畜禽养殖场排泄物资源化利用水平。虎鹿镇新东方农庄开展农牧对接绿色循环体建设。

【动物春秋集中强制免疫】 2019年，东阳市使用猪瘟疫苗48.23万头份，免疫生猪16.7万头；使用猪口蹄疫疫苗26.5万毫升，免疫生猪9.83万头；使用猪高致病性蓝耳病疫苗9.7万头份，免疫生猪6.78万头；使用禽流感疫苗51.4万毫升，免疫家禽74.3万羽；使用牛羊口蹄疫疫苗1.93万毫升，免疫牛、羊1.02万头；使用小反刍兽疫疫苗2万头份，免疫羊0.8万只。

【规模猪场强制免疫“先打后补”试点】 2019年，东阳市根据《浙江省重大动物疫病强制免疫“先打后补”实施方案(试行)》开展重大动物疫病强制免疫“先打后补”工作，经过生猪养殖场自愿申报，市农业农村局对养殖场书面申请材料进行现场核实，确定东阳市吴宁高新种养场和东阳市皇野生态农业有限公司为符合要求的2019年度重大动物疫病强制免疫“先打后补”试点场，按方案对试点场免疫抗体、出栏台账、执行情况等进行监管。

【犬只免疫服务】 2019年，东阳市制定《东阳市规范养犬专项整治行动方案》，重点管理区实行养犬免疫和登记制度，一般管理区实行免疫制度，重点管理区包括吴宁街道、白云街道、江北街道迎宾大道以西、横店镇、南马镇、巍山镇。开展规范养犬专项整治行动，农业部门做好犬只狂犬病免疫指导工作，配合做好犬只排查登记、免疫证牌发放等工作，在市区内确定9个狂犬病疫苗接种点为定点免疫点，市区外组织农村防疫员为各乡镇提供犬只狂犬病免疫服务。全年免疫犬只13361只，发放狂犬病免疫证13361本，现场咨询活动12297场(次)，发放宣传资料8193份。

【动物卫生监督执法】 2019年，市畜牧局办结动物卫生监督执法一般程序案件10起，处罚款18882.8元。

【动物疫病监测】 2019年，市畜牧局在全市范围内监测样品3094份，其中牲畜O型口蹄疫443份，完成全年计划监测任务的111%；H5亚型禽流感500份，H7N9禽流感抗体410份，完成全年计划监测任务的65%；猪瘟428份，完成全年计划监测任务的214%；新城疫265份，完成全年计划监测任务的132.5%；高致病性猪蓝耳病418份，完成全年计划监测任务的418%；血吸虫病监测25份，全为阴性；布鲁氏菌病80份，全为阴性；犬猫检测22份，小反刍疫抗体检测30份，病原检测30份。

【生猪增产保供】 2019年，东阳市制定《东阳市推进生猪产业高质量发展的若干意见(建议稿)》。环保、农业部门按照畜禽禁养区排查要求，对划定的禁养区开展21类问题调查，根据禁养区划定指南，取消部分超出法律法规规定范围禁养规定，制定《东阳市畜禽养殖禁养区划分暂行规定(2020年修订)》。对限养政策进行松绑，实行限养量动态管理，按照治污设施与养殖量相匹配的原则，鼓励养殖场户在养殖场治污和生态消纳能力范围内，扩大生猪饲养量，最大限度释放生猪产能。招商引资推进生猪生产高质量发展，由浙江华统肉制品有限公司和东阳市皇野生态农业有限公司分别建设出栏10万头、5万头的两个标杆性现代化猪场，预计分别于2021年、2022年建成投产。由各镇乡街道会同辖区土管所将符合用地规划和动物防疫条件的地块进行筛选，初选80余公顷拟用养殖用地，供养殖企业选择。

【生猪及生猪产品调运】 2019年，市畜牧局落实生猪及生猪产品调运政策，执行省外生猪和生猪产品“点对点”调运制度，严禁从省外非洲猪瘟疫区及高风险区调入生猪及生猪产品，严禁不按规定调运生猪及生猪产品。全年备案、审核省外调入生猪184批次、23960头，省外调入生猪产品109批次、735174千克。

(杜敏凤 张晓航)

·玉米研究·

【概况】 2019年，浙江省东阳玉米研究所联系对接科技示范基地17个，推广自主选育玉米新品种8个，开展国家产业技术体系、国家重点研发项目子课题、省重点研发项目子课题、省公益项目等科研项目10余项。加强玉米育种、玉米栽培和特色旱粮三大学科体系建设，重视玉米分子育种学科建设。引进博士2人、硕士1人、会计1人。参加全国作物学会、全国玉米竞雄学校培训班等省内外重大会议10余人次。完成2019年度科研经费、成果转化与“四技”(技术开发、技术转让、技术咨询、技术服务)服务等目标任务。通过国家玉米产业技术体系东阳综合试验站平台，与10余家科研院所、公司企业组成玉米产业技术联合体。建设

"浙中综合试验站"微信公众号，示范推广省农科院玉米、水稻、大豆、油菜、豌豆等新品种20余个。浙江省东阳玉米研究所获省农科院科技成果转化业绩促进奖、省农科院优秀基层党建工作创新项目、微党课大赛优秀奖等奖项。

【科学研究】 2019年，浙江省东阳玉米研究所争取到科研经费532.5万元（含省农科院报账经费），增加省重点研发项目、省公益项目、省农科院科技新成果示范项目和省科技特派员项目等6个，承担农业农村部、国家重点研发专项子课题、省育种专项等项目20余个。12月6日，《长三角地区优质特色甜玉米新品种培育与推广应用》获2018—2019年度神农中华农业科技奖三等奖。"浙甜11""浙糯玉16"被列入省主导品种。"鲜食玉米、晚稻'水旱轮作'绿色高效栽培技术"和"鲜食甜玉米'一畦二行'机栽技术"被列入省主推技术。糯玉米新品种"华耐甜糯101"通过广西壮族自治区审定，"浙糯玉14""浙单14"通过浙江省审定。发表学术论文15篇，其中英文B级论文2篇。

【成果推广与科技兴农】 2019年，浙江省东阳玉米研究所参加浙江科技成果拍卖，糯玉米新品系"白甜糯656"、优质高产糯玉米新品种"浙糯玉14"、甜糯玉米新品种"彩甜糯168"3项科技成果拍卖150万元。完成抗性鉴定、农田综合管理等"四技"服务27项，合计147.7万元。建立武义、嘉善、莲都、开化、建德等核心科技示范推广基地17个，推广新品种新技术3540公顷。浙江省东阳玉米研究所有武义县结对帮扶驻村指导员1人、省科技特派员3人。召开武义县大溪口乡甜玉米采摘暨省农科院送科技成果路演下乡现场培训会、"浙甜20"新品种现场观摩会及种植技术培训会、旱杂粮（高粱、粟米）新品种观摩与培训会等会议10余次，培训人员1000余人次，推介水稻防控、猕猴桃、鲜食大豆、玉米、覆盆子、柴叶豆腐等科技新成果10项。

2019年7月2—3日，2019浙江鲜食玉米新品种大会在浙江省东阳玉米研究所召开

（浙江省东阳玉米研究所提供）

【2019浙江鲜食玉米新品种大会】 2019年7月2—3日，由省农业农村厅、省农业科学院主办，省种子管理总站、金华市农业农村局、市人民政府承办，市农业农村局、金华市种子管理站，浙江省东阳玉米研究所具体实施的2019浙江鲜食玉米新品种大会在浙江省东阳玉米研究所召开。大会展示玉米新品种（组合）434个，其中从省内外56家科研育种单位和种子企业征集品种201个（甜玉米86个、糯玉米115个）。从专家组推荐的45个品种（甜玉米20个、糯玉米25个）中评选出优质甜玉米10个、优质糯玉米10个。浙江省东阳玉米研究所自主选育的"浙甜10号""浙甜11"被评选为优质甜玉米，"浙糯玉14""浙糯玉10号"被评选为优质糯玉米。大会举行鲜食玉米产业发展论坛，长三角鲜食玉米产业技术创新联盟成立签约仪式，省农科院作物与核技术利用研究所同杭州种业集团、浙江省东阳玉米研究所同浙江科诚种业有限公司科企合作签约仪式。大会邀请国家玉米产业体系岗位科学家、中国农科院作物研究所研究员李明顺作"全国玉米产业发展报告"，浙江省东阳玉米研究所副所长王桂跃作"浙江省鲜食玉米产业现状和发展对策"的专题报告。

【科研交流活动】 2019年3月19日，CIMMYT首席科学家Felix Manuel San Vicente Garcia、科学家Vijaya Vardhana Reddy Chaikam、科学家张学才和CIMMYT-中国特用玉米研究中心副主任、上海市农业科学院玉米中心主任郑洪建到浙江省东阳玉米研究所考察，拟成立长三角区域鲜食玉米产业技术创新联盟。5月15日，中共浙江省东阳玉米研究所党支部与武义县大溪口乡溪口村党支部结对共建，开展科技兴农服务乡村振兴活动。5月17日，与省农科院病毒学与生物技术研究所党支部结对，开展学科建设学术交流。

（吕学高）

林　业

·综述·

【概况】 2019年，东阳市林业总产值218.6亿元，比上年增长10.0%。1月3日，东阳市林业总场被命名为"浙江省现代国有林场"。6月11日，东阳市被评为2018年度森林浙江建设目标责任制考核优秀单位。11月2日，东阳市被中国林业产业联合会授予"中国（东阳）香文化研究中心"牌匾。11月12日，东阳市成功创建"国家森林城市"。12月31日，东阳市香榧研

2019年2月20日,东阳市创建国家森林城市资料对接会议召开

(杜璟玲/摄)

究所获“浙江省林业技术推广突出贡献集体”称号。东阳市护林员改革工作获常务副省长冯飞的批示,市林业局获浙江省公益林建设成绩突出集体、2018年度全省林业好信息三等奖等奖项。

【森林城市创建】 2019年,东阳市创建金华市森林村庄22个、东阳市森林村庄62个、“一村万树”省示范村5个和推进村44个。2月20日,在市行政中心召开东阳市创建国家森林城市资料对接会议。8月9日,在市行政中心召开东阳市国家森林城市创建工作资料审查会。11月15日,在2019年国家森林城市建设座谈会上,国家林业和草原局授予东阳市“国家森林城市”称号。

(马丹雅)

·林业产业发展·

【林业龙头企业培育】 2019年,东阳市增加国家林业重点龙头企业1家(东阳市明堂红木家俱有限公司)。至年末,全市有国家级林业龙头企业3家(浙江康大实业有限公司、浙江响铃枣业有限公司、东阳市明堂红木家俱有限公司);省级林业龙头企业25家;国家级示范性林业合作社1家(东阳市西垣玉山香榧专业合作社)。

【特色产业】 2019年,确定东阳市级林业产业化建设项目35个,27个项目通过验收。建设香榧示范基地、采穗圃176.33公顷,青枣新建、低产改造27.67公顷,建设花卉苗圃9.27公顷,硬化东白山综合园区林区道路25801平方米,建设生产用房(香榧堆沤房)192.5平方米,发放产业化补助资金245.69万元。协助苗木企业开展新品种和良种的申报工作,“好运来”茶花新品种通过国家林业和草原局新品种保护处授权,被浙江省林木品种审定委员审定为良种。组织25家企业参加第12届中国义乌国际森林产品博览会,5家企业产品获森博会优质产品金奖,6家企业的产品获森博会优质奖。胡祖兰培育的“好运来”茶花参加2019年中国北京世界园艺博览会,获室内盆花展品金奖。4月13—14日,由市林业局主办,市兰花协会和东阳市明堂红木家俱有限公司共同承办的首届东阳“明堂红木杯”精品兰花邀请展在东阳市明堂红木家俱有限公司举行。11月5—6日,第二届全国香榧炒制大赛在松阳县举行,浙江康大科技有限公司获银奖。

【2019第二届中国(东阳)香文化论坛】 2019年11月2日,由中国林业产业联合会、浙江省红木研究会、东阳市人民政府主办,市林业局、市木雕红木家居产业发展局承办的2019第二届中国(东阳)香文化论坛在中国木雕博物馆国际会议厅举行。该论坛以“传承香事文化、促进产业发展”为主题,香文化领域的专家、学者、爱好者参加。中国香文化研究专家吴清作题为《国际国内香文化产业发展现状和趋势》的主题演讲。论坛上举行授牌仪式,中国林业产业联合会授予东阳市“中国(东阳)香文化研究中心”牌匾,中国(东阳)香文化研究中心落户东阳。

【科技兴林】 2019年,市林业局组织“龙凤细榧等优良雄树繁殖与推广”项目参加第19届浙江省科技兴林奖评选活动,获三等奖。市林业局组织开展“一亩山万元钱”林技推广示范行动,完成“香榧高效生态栽培推广示范”,其中新建示范推广示范基地53.33公顷,辐射推广266.67公顷,巩固深化700公顷。12月,东阳市香榧研究所获“浙江省林业技术推广突出贡献集体”称号,杜敏红、厉杏花获“全省林业技术推广突出贡献个人”称号。胡文翠获国家林业和草原局“扎根基层工作,献身林草事业”优秀毕业生、“全省林业技术推广突出贡献个人”、浙江省林业局“最美推广员”称号。

【森林旅游】 2019年,市林业局完成八面山森林公园经营范围调整申报工作,实施乡村振兴战略、全域推进和美乡村建设。7月24日,组织召开东阳市生态文化协会第一届会员大会,产生第一届领导机构。浙中生态廊道东阳白溪江绿道在全省绿道网建设工作现场会上被评为第三届“浙江最美绿道”。

【现代国有林场创建】 2019年1月3日,东阳市林业总场被省林业局命名为“浙江省现代国有林场”。东阳市林业总场开展国有林场改革记录篇《生态脊梁》拍摄工作,整理林场历史原貌、改革历程、发展现状、未来展望4个方面材料。金华市婺城区东方红林场、丽水市白云山生态林场等到东阳市考察学习国有林场创建工作。

【林业“最多跑一次”改革】 2019年,林业窗口受理林业行政许可事项

13391件，办结13391件。将“最多跑一次”事项增加到84项，实现“网上办”率100%、“掌上办”率90%以上、跑零次率100%、即办事项比例70%以上、承诺期限压缩比80%以上、材料电子化率100%。市林业局召开内部证明清理研讨会，至年末，清理证明事项9项，其中直接取消2项、数据查询2项、部门核验4项、告知承诺1项，群众办理林业事项基本实现“无证明”。

【森林食品安全监管】 2019年，市林业局联合省林产品质量检测站抽检51家香榧企业和种植户80个批次的香榧、4家青枣企业4个批次的青枣，检测结果100%合格。结合土壤整治，抽取21个基地41个批次的土壤进行养分检测，指导企业做好土壤改良。

（马丹雅）

·森林资源保护·

【概况】 2019年，市林业局开展“绿卫2019业局禁种铲毒”“雷霆行动”“打击野生动物资源违法犯罪”等专项行动4次。全年办理案件93起，其中办理刑事案件23起，依法对42人追究其刑事责任；行政案件70起，行政罚款179.07万元。2019年5月，市林业局向省林业厅提交《东阳市2018年度森林资源监测自查结果报告》，报告显示：2018年年末，森林覆盖率62.17%，林地面积110499.73公顷，林木蓄积量5775961立方米，乔木林单位面积蓄积量3.99立方米/亩。

【森林防火】 自2019年3月18日起，森林防火值班转交由市应急管理局工作人员值班。市林业局制定《东阳市护林员改革初步方案》《山林看护专项工作承包合同》《东阳市镇乡（街道）护林员考核办法》。通过精减人员（由原先的262人精减到38人）、创新护林员管理模式（将山林看护工作以政府服务外包的模式承包给护林员）、提高薪资待遇（由7000元/年提升至48000元/年）、强化管理、加强宣传培训、明确考核奖惩等措施，组建专职护林员队伍。东阳市护林员改革作为金华市森林防火工作的亮点，得到省委领导的认可，常务副省长冯飞在《浙江政务信息》（专报）第1156期作“经验做法值得各地借鉴”的批示。

【有害生物防治】 2019年，东阳市未发现区域性松毛虫和阔叶树害虫危害。秋季松材线虫病调查显示，全市有松材线虫病疫情面积29773.33公顷，7896个小班，枯死松树41.31万株，枯死松树分布面积有所扩大，数量比2018年同期有所上升。根据调查结果，市政府制定《东阳市2019年松材线虫病防控方案》。在清理病死松树的基础上，加强生物防治力度，推广防治新技术，通过注射松材线虫病免疫剂、施放花绒寄甲、施挂诱捕器、喷撒噻虫啉粉剂等措施进行防治，防治面积1040公顷。市林业局胡中成的“2.3%甲维盐松材线虫病注干防治药剂研发及推广”项目获第19届浙江省科技兴林奖一等奖。

【古树名木保护】 2019年，东阳市计划保护古树200株，专项经费490万元。在虎鹿镇西垣村建设古香榧森林公园，古香榧森林公园一期工程于12月末完工，实施面积45公顷，修建村口文化牌1座，建设文化长廊21米，修建人行栈道3.5千米，设置休憩平台6处、仿古凉亭2座，实际保护香榧古树227株。

（马丹雅）

水 务

·综述·

【概况】 2019年，东阳市完成农业水价综合改革20873.33公顷，实现全市有效灌溉面积100%全覆盖。完成省级“美丽河湖”白溪江六石段、金华市级“美丽河湖”浪坑溪创建工作。全市完成水土流失治理面积12平方千米。加强开发建设项目水土保持监督管理工作，全年审批开发建设项目水土保持方案174个，组织监督检查63次，检查建设项目32个，征收水土补偿费200万元。

【山塘整治】 2019年，东阳市完成横店镇张连塘、南马镇山坞、巍山镇红前、佐村镇上马坑、三单乡蒙坑等15座山塘的综合整治工作。对2018年山塘清查中发现的66座洪水不达标高坝及屋顶山塘制定分类处置方案；对35座完成标准化创建的山塘加大监督管理力度。

【河道治理】 2019年，东阳市推进中小河流全流域治理，建设虎鹿镇、六石街道、马宅镇、湖溪镇、横店镇、南马镇、画水镇7个中小河流治理工程，完成投资17443万元，完成中小河流治理14.6千米。建设农村河道综合整治工程（河道生态修复），完成河边绿化、洁化、美化17.9千米。开展“美丽河湖”创建工作，白溪江10.3

2019年7月25日，东阳市召开农村饮用水达标提标现场会 （王安妮/摄）

千米被评为浙江省级“美丽河湖”;浪坑溪5千米被评为金华市级“美丽河湖”。完成河道划界9.5千米,其中殿下坑1.5千米、玉溪8千米。创建“无违建河道”总长度30.7千米,其中柽溪江19.7千米、白溪江11千米。

【城乡供水】 2019年,东阳市实施东阳市第二自来水厂二期扩容工程、横店水厂二期扩容工程和湖溪镇南江片区联村供水工程。延伸规模水厂管网,完成“一户一表”(一个家庭用户安装一个计量水表,水表安装住宅公共部位,按户计量收费)建设改造3万户。开展八达水厂、厦城水厂、三单水厂和单村供水站的新建前期准备工作,建设里庆供水站、西垣供水站等单村供水工程。全年农村受益人口16万余人。1月17日,东阳市召开农村饮用水达标提标行动动员会。6月12日,市委书记傅显明调研山区饮用水达标提标工作。7月25日,东阳市召开农村饮用水达标提标现场会。

【防汛防旱】 2019年,东阳市降水偏多,年降雨量1876毫米。梅汛期为6月17日至7月17日,市水务局水文雨量站测得全市梅雨期平均降雨量527.3毫米,最大站点东阳江学陶站691毫米(由于站点分布地点和气象雨量站点不同,数据上有差异)。7月9日,东阳市水文站测得建站以来的最大流量821立方米/秒。8月9—11日,受台风利奇马影响,东阳市两座大型水库面雨量创近30年新高。台风利奇马对佐村镇、三单乡影响较大,山区小流域堤防受损较多。全年发送预警短信2770条,70798人次,其中人工发送2164人次。对涉及山洪灾害预警信息,及时向乡镇及应急管理局反馈,督促加强防御。

【水土保持】 2019年,东阳市完成水土流失治理面积12平方千米。加强开发建设项目水土保持监督管理工作,全年审批开发建设项目水土保持方案174个,组织监督检查63次,检查建设项目32个,征收水土补偿费200万元。

【水利标准化管理】 2019年,东阳市列入省水利厅标准化管理的水利工程170个,包含水库(90座)、5万立方米以上山塘(35座)、堤防(6段)、1000千瓦以上电站(12座)、3333.33公顷以上灌区(2个)、农村供水(11座)和水文站(14个)七类。市水务局完成173处水利工程标准化创建任务。东阳市水利工程标准化建设工作形成第三方物业化管理、镇乡街道直接管理、市水务局抽查的管理模式。

【节水型社会建设】 2019年,东阳市推进节水型社会建设,落实用水总量、用水效率和水功能区限制纳污各项措施。落实《东阳市节水型社会建设工作方案》,新建城乡供水管网150千米,改造城乡供水管网360千米,供水管网漏损率控制在9.6%。完成节水器具改造500套,“一户一表”改造3万户。全市有节水型灌区1个、节水型企业11家、公共机构节水型单位33家和节水型居民小区6个。举办“万民河长巡河”大活动、“为了美好生活 建设美丽河湖”主题文艺汇演、“一滴水的旅行”主题亲子活动。

【水资源管理】 2019年,水资源水政科开展水资源管理保护,落实水资源有偿使用制度,征收东阳市水资源费2208万元,征收义乌市水资源公司水资源费735万元。推行计划用水管理制度,开展市自来水有限公司、思源供水公司等12家公共取水户计划用水管理工作,下达计划取水总量10393万立方米,比许可总量少722万立方米。实施水资源论证制度、取水许可制度,将水资源论证、取水许可列入发改、经商等部门项目审批的前置条件。年内无高耗水、高污染企业落地。市水务局联合市国土局开展地下水资源管理工作,控制城区供水管网覆盖区域的地下水资源审批,城区地下水资源管理实行萎缩化管理。

【农村生活污水处理设施运行维护】 2019年,东阳市农村生活污水治理运行维护中心指导全市污水处理设施工程项目建设工作,监督城乡污水治理设施运行和维护工作。东阳市农村污水治理运维工作涉及全市17个镇乡街道,东阳市水务投资集团有限公司接收和运维终端及配套管网1038处,接厂管网自然村275个,受益农户24万户;市水务投资集团有限公司完成农村生活污水设施标准化运维80个;市水务局完成农村生活污水治理专项规划编制,于11月25日经市政府批复实施;市水务局对镇乡街道和东阳市清源排水有限公司进行年中检查和年底考核工作。

(王安妮)

·横锦水库·

【概况】 横锦水库是一座以灌溉、防洪为主,兼供水、发电综合利用的大(2)型水库。控制流域面积378平方千米,总库容2.74亿立方米。2019年,横锦水库集雨区降雨量2146毫米,与多年同期降雨量相比增长40%。横锦水库运行中心完成发电量4697万千瓦·时,向东阳市安全供水5786.55万立方米,向义乌市安全供水4290.39万立方米,灌溉放水1205.1万立方米,实施生态放水3次共1321万立方米。

9月16日,横锦水库运行中心召开主题教育活动部署会议。制定主题教育活动计划,按“六个一”(自学一套学习书目、参加一次集中轮训、开展一次学习交流、召开一次组织生活会、参加一次志愿服务、完成一件实事好事)开展主题活动。组织观看《不忘初心学党章》《学榜样、践初心》等微视频及影片《我和我的祖国》。

【防汛抗台】 2019年,横锦水库运行中心调整成立防汛抗旱领导小组,落实水库安全度汛“三个人、三方案”,形成主要领导负总责、分管领导分工负责、各职能科室配合的防汛责任体系,落实防汛值守纪律,执行汛期24小时值班制度。3月4日,组织开展汛前检查,对水库大坝等水工建筑物、备用发电机组、防汛物资等进行检查。4月15日,对溢洪道五扇闸门进行带负荷启闭操作试运行。各项水利工程设施以良好工况进入汛期。6月5日，组织开展防洪调度演练及应急预案演练。梅汛期、台汛期期间加密水利工程的巡查、检查，确保水库安全度汛。

【开闸泄洪】 2019年，梅汛期雨水偏多，水库高水位运行居多，7月5日，达到全年最高水位164.72米。根据省水利厅批复的控制运用计划和市水务局防洪调度指令，7月4日开闸泄洪，开闸历时325小时，下泄水量11100万立方米；受9号台风"利奇马"影响，8月10日再次开闸泄洪，开闸历时100小时，下泄水量3980万立方米。根据水库蓄水情况和气象情况，在不超汛限水位、保证防洪安全的前提下，横锦水库运行中心通过机组发电、供水等调度，发挥水利工程防洪、发电、供水等功能。

【大坝安全鉴定】 2019年5月28—29日，横锦水库大坝安全鉴定技术审查会在东阳市召开。浙江省水库管理中心、浙江省水利河口研究院、浙江省水利水电工程质量检验站、水利部农村电气化研究所等单位代表和特邀专家参加会议。与会代表和专家查看工程现场，听取鉴定承担单位浙江省水利河口研究院的成果汇报，按《水库大坝安全评价导则》(SL258-2017)的要求，审阅水库大坝安全评价报告。浙江省水利河口研究院完善《安全评价报告》及《安全鉴定报告书》。11月19日，浙江省水利厅出具《大坝安全鉴定报告书》，横锦水库大坝鉴定为一类坝。

【安全生产】 2019年，横锦水库运行中心健全安全生产网络，与各科室签订安全生产责任书。组织举办消防安全知识、安全警示教育培训，参加浙江省水利厅组织的安全责任人视频培训，全年共180余人次参加培训。5月23日，联合东阳江派出所、东阳江卫生院开展反恐、消防、安全生产应急演练。6月，开展"安全生产月"活动，悬挂横幅6幅，组织参加全国水利安全生产网络知识竞赛等。组织开展节假日安全检查、隐患排查、国庆节安保检查等相关专项安全检查16次，安全隐患整改落实14条。开展"防风险保平安迎大庆"安全检查，由班子成员带队开展24小时安保巡查轮值。

【电站安全】 2019年，电站执行安全规章制度，及时对机组设备进行维修养护和隐患整改处理，加强电站安全检查和职工业务知识及安全知识的学习培训。4月3日，电站组织《电力安全作业规程》考试，26人参加考试，合格率100%。10月，开展歌山二级电站2号机组大修工作，12月完成大修工作。至年末，一级电站连续安全运行11995天，二级电站连续安全运行14153天。

【水利工程维修养护】 2019年，横锦水库运行中心根据2018年水库工程年度检查情况，编制2019年维修养护计划。项目维修按照《东阳市水库管理局维修养护实施办法》的要求，经项目评审、询价及招投标等流程，完成渠道清淤、大坝视频监控、渠道管理所管理房(旧办公室)、大坝防浪墙花岗岩铺贴、管理房屋面渗漏、巡查路线标识标牌、溢洪道交通桥护栏加固等工程的维修，开展园林绿化。对渠道巡查中发现的南干渠道+500处渠堤塌方、怀鲁段塌方、红旗支渠漏洞进行修复，对电站35千伏出线线路发热冒气隐患进行维修整改。

【饮用水源保护】 2019年，横锦水库运行中心加强水源地保护，推进水生态文明建设。以"3·22"世界水日、"中国水周"为契机，张贴标语，加强宣传。承担市水务局组织开展的"一滴水的旅行"的接待和解说工作。巡查梓溪引水工程，对巡查中发现的问题予以处理。更换秀石坑出渣洞管理门1扇、标识标牌5块，维修长里进口拦污栅栏杆。加强库面、尾水池、进水口等的巡查，及时清理垃圾漂浮物。组织日常保洁80余次，投入人工350人次，清理垃圾500余吨。

【渔政管理】 2019年，横锦水库运行中心通过视频监控、库面巡逻开展渔政管理，打击非法捕鱼活动。开展联合执法行动，教育劝离钓鱼人员800余人次，收缴游丝350匹、鱼竿150根、大地笼8个。

（杜英萍）

·南江水库·

【概况】 南江水库位于钱塘江流域金华江上游支流南江，坝址位于东阳市湖溪镇南江村上游500米处，距东阳市区36千米，是一座以防洪、灌溉为主，结合供水、发电、养殖等综合利用大(2)型水库。2019年，南江水库坝址以上集雨面积210平方千米，总库容1.19亿立方米。南江水库运行中心完成发电量2427.9万千瓦·时，发电收入938.23万元；完成供水

2019年7月16日，南江水库泄洪 （包康轩/摄）

2204.2万立方米，收入372.03万元，其他收入81.57万元，经济总收入1391.83万元。

【防汛防台抗旱】 2019年，南江水库运行中心按照水利工程标准化管理要求开展防汛各项工作。层层签订防汛安全管理责任书，落实各科室部门相关人员责任，实行领导带班和24小时值班制度。编制《南江水库开闸放水预警方案》《南江水库安全应急预案》等。编制《水库控制运用计划》报市政府防汛防旱指挥部和省水利厅批复。全年降雨量（指南江水库集雨区）2017.7毫米，其中单日最大降雨量148.7毫米，最高水位204.08米，总入库水量3.21亿立方米。汛期雨量比常年偏多，按照水库控制运行计划进行调度，梅汛期5月15日、7月6日，台汛期7月14日、8月10日，出现4次洪水，南江水库运行中心进行防洪调度，弃水8876.67万立方米。

【水利工程维修养护巡查】 2019年，南江水库运行中心编制2019年水库控制运行计划，按要求对大坝泄洪闸、机电设备、备用电源机组开展巡检和维护保养。完成2018年大坝监测资料汇编和分析报告，完成2019年1—11月每月一次大坝安全监测，共六项变形监测（水平、垂直位移）、绕坝渗流每月2次、伸缩缝监测、扬压力监测、坝基渗流监测，监测资料反应变化较小，大坝整体运行状况正常。编制完成2019年维修养护计划，完成大坝背水坡除草、自备发电机维修养护、绿化养护、上坝公路及启闭机等保洁、白蚁防治、大坝监测及分析、坝体伸缩缝沥青井维养及其他零星维修等项目，完成金额406759.5元，其中部分项目未付，金额232760元。完成大后山过水路面修复工程完工验收。委托东阳市迪亚机械厂对大坝机电设备进行全年维修养护，委托浙江省广川咨询有限公司负责对大坝观测和大坝观测资料分析，确保设备正常运行，观测资料和分析资料完整正确。

【安全灌溉】 2019年，南江水库运行中心按照灌区标准化要求开展巡查工作，灌溉期每月和每次大雨后对渠道及水工程进行安全检查；到各镇乡街道联系分干渠渠道疏浚工作；完成北干渠、南干渠、中干渠渠道疏浚工作，疏浚土方7467立方米，其中专项清淤4408立方米，投资28.22万元；暴雨后抢险3059立方米，投资13万元。开展农业灌溉工作，全年大流量灌溉3次、小流量灌溉3次，灌溉水量1732万立方米。渠道维修养护投资56.68万元，其中9.65万元完成招投标，13.5万元未建工程上报准备招投标。东溪水库维修养护投资1.45万元。

【电站安全运行】 2019年，南江水库运行中心按照农村水电站标准化要求开展电站管理，全年没有发生任何安全生产事故。至年末，一级电站发电1991.6万千瓦时，二级电站发电465.6万千瓦时，总计2457.2万千瓦时。枯水期做好一级电站3号机大修和二级电站2号机中修工作，确保设备完好率。

【水库藻类暴发】 2019年4月，南江水库藻类暴发，南江水库运行中心启动蓝藻水华防治应急预案，通过开展围栏打捞，吸水泵抽吸藻类，调配横锦水库、东方红水库设备工作人员处理蓝藻暴发。引进宁波市慈溪市卫诚环保科技有限公司的“生态活水控藻”专利技术，引进3艘生态活水控藻船进行65天的作业，把蓝藻类密度生物量下降90%以上，水体叶绿素a总量低于30微克/升，水体PH降至8.5以下，水体的透明度达80厘米以上，恢复南江水库饮用水功能。全年安排打捞1541人次，清运垃圾至马宅镇垃圾中转站842车、1263吨。至年末，投入水资源保洁资金63.8万元。

【水务联合执法】 2019年，南江水库运行中心联合马宅派出所、湖溪派出所、市渔政管理站、市环保局等部门开展专项整治活动9次。劝离垂钓人员826余人次，教育处理违法垂钓事件17余起，抓获偷鱼人员23人，治安拘留3人。对水库周边违法侵占水域、非法乱倒碴事件进行处理，处理侵占水域事件6起，违法乱倒碴2起，处理教育8人。

【南江水库加固改造工程】 2019年，南江水库加固改造工程开展竣工验收工作，9月末，南江水库加固改造管理房消防工程完成设计工作。12月3日，加固改造工程档案通过浙江省档案局的验收。

【南江水库中型灌区节水配套改造二期工程】 2019年，南江水库二期灌区改造工程概算2698.5万元，灌区结余资金延续工程约390万元。至年末，结余资金建设工程完成100%。

【南江水库大坝安全鉴定工程】 2019年，南江水库运行中心根据《水库大坝安全管理条例》《大中型水库管理规程》等开展南江水库大坝安全鉴定工作。12月，在市财政局公开进行大坝安全鉴定服务采购招标。由中水珠江规划勘测设计有限公司以26万元中标并签订大坝安全鉴定服务合同。

（卢艳丹）

工　业

综　述

【概况】 2019年，东阳市有规模以上工业企业492家，规模以上工业增加值比上年增长5.6%。分轻重工业看，轻工业增长6.0%，重工业增长4.7%；分企业规模看，大型企业增长4.5 %，中型企业增长6.1%，小型企业增长5.3 %，微型企业增长2.1%；分行业看，全市30个行业大类中，21个行业增加值正增长，木材加工和木竹藤棕草制品业、非金属矿物制品业、仪器仪表制造业、农副食品加工业、专用设备制造业、食品制造业、橡胶和塑料制品业、化学纤维制造业、石油加工炼焦和核燃料加工业等行业增长较快，分别增长66.2%、49.4%、31.3%、17.2%、16.0%、15.5%、14.8%、13.8%、11.2%。

规模以上工业销售产值增长6.0%，其中出口交货值增长7.4%。规模以上工业新产品产值比上年增长17.4%，新产品产值率35.1%，比上年提高3.9个百分点。规模以上工业企业主营业务收入比上年增长6.0%；利润比上年增长5.4%；工业企业产品销售率98.8%，比上年提高1.6个百分点。

省级工业新产品通过验收233个，创建企业技术（设计）中心14个，其中，省级3个，金华市级3个，东阳市级8个，累计创建市级以上工业企业技术（设计）中心94家（国家级1家，省级20家，金华市级31家，东阳市级42家）。完成工业投资33.99亿元，比上年增长9.2%。60个市重点技改项目完成投资24.57亿元，完成年度计划的93.39%。“三改一拆”旧厂区改造完成119万平方米，完成年度任务的148.75%。

1月31日，金华市工业转型升级领导小组印发《关于2018年度全市“三名”工程培育等工作等先进单位的通报》，东阳市获金华市“三名”工程培育、金华市重点技改投资项目（机器换人）、金华市“小升规”（小微企业规范升级为规模以上企业）培育、金华市淘汰落后产能“低散乱”▲整治、金华市“腾笼换鸟”▲、金华市“企业上云”6项工作先进单位，浙江花园生物高科股份有限公司、浙江孚诺医药股份有限公司列入金华市亩均税收二十强企业。2月18日，金华市政府印发《关于2018年度全市工业经济工作和市本级银行机构支持区域经济发展考核评价结果的通报》，横店镇、白云街道列入金华市十强工业强镇（乡、街道），横店集团东磁股份有限公司、普洛药业股份有限公司列入金华市十强工业企业，浙江北生药业汉生制药有限公司、浙江英洛华康复器材有限公司列入金华市高成长标杆企业，浙江花园新能源有限公司年产1万吨锂电池铜箔生产线技改项目列入金华市工业投资十强项目。3月11日，市政府印发《关于2018年度全市工业经济工作考核评价结果的通报》，对8个街道镇乡和6个部门工作先进进行表彰；7月11日，在德国博世集团两年一度的全球供应商大会上，横店集团东磁股份有限公司获最佳供应商大奖。8月11日，花园生物公司获“中国创业板上市公司价值五十强”。9月1日，中天控股集团有限公司、广厦控股集团有限公司获中国企业500强；花园集团有限公司获中国制造业企业500强。

9月8日，在2019中国好公司高峰论坛暨中国企业领袖人物峰会上，横店集团创始人、横店四共委主席徐文荣获“中国企业最具影响力商业领袖终身成就奖”。9月16日，金华市委组织部、两新工委、经信局、总工会、企业联合会、企业家协会6部门印发《关于表彰金华市优秀企业家（企业）的决定》，公布2019年20名金华市优秀企业家（金牛奖）、20家优秀企业（金星奖）获奖名单，浙江省东阳市圣华工艺品有限公司董事长徐圣文、浙江花园铜业有限公司董事长潘建锋2人获金牛奖，歌山建设集团有限公司、普洛药业股份有限公司、横店集团得邦照明股份有限公司、浙江海森药业股份有限公司、花园新材料股份有限公司5家企业获金星奖。9月23日，横店东磁党委书记、董事长何时金收到中共中央、国务院、中央军委颁发的“庆祝中华人民共和国成立70周年”纪念章。12月18日，东阳市花园铜业公司列“中国铜棒（排）材十强企业”第七位。

▲“低散乱”：“低”是指无证无照、无安全保障、无合法场所、无环保措施等的工业企业；“散”是指不符合城镇总体规划、土地利用规划、产业布局规划的工业企业；“乱”是指违法违规建设、违规生产经营的，以及使用闲置设施农业用房、教育、农房等非工

业用房进行非法生产的工业企业。

“腾笼换鸟”：经济发展过程中的一种战略举措，把现有的传统制造业从目前的产业基地转移出去，再把先进生产力转移进来，达到经济转型、产业升级。

【政策支持】 2019年5月6日，市政府发布《关于印发〈关于落实工业强市战略 推动工业高质量发展八项措施〉〈关于落实工业强市战略 推动工业高质量发展的政策意见〉的通知》，从降低企业成本、破解企业发展空间、支持企业创新创造、鼓励企业做大做强、加强企业金融服务、做好人才智力保障、提升企业竞争力、加强组织保障8个方面制定24项政策意见，推进工业经济提质增效。

【财政奖励】 2019年8月13日，市财政局、市经信局联合印发《关于下达2019年省工业和信息化发展财政专项资金（第一批）的通知》，下达相关资金188万元，其中，省级传统工艺领军人才奖励1人（10万元）；2019年省装备首台（套）奖励2家企业（各50万元）；2019年机器人购置奖励4家企业（63万元）；2019年省级医药生产能力储备补助1家企业（15万元）。7月24日，市财政局、市经信局印发《关于下达2018年度工业企业技术改造和技术创新项目财政奖励资金的通知》，下达2018年度工业企业技术改造、技术创新等项目财政奖励资金16315万元，其中工业企业技术改造项目奖励14920万元，省级新产品奖励971万元，企业技术中心、工业设计中心奖励125万元，优秀工业新产品、技术创新等项目奖励资金299万元。12月27日，金华市制造业重点细分行业培育工作领导小组办公室印发《关于公布2019年度金华市制造业重点细分行业培育专项激励单位的通知》，确定制造业重点细分行业培育6个专项的激励名单，东阳市获300万元主体培育专项激励。

【行业培育】 2019年4月27日，金华市政府印发《制造业重点细分行业培育实施方案》，东阳市磁性材料、生物医药列入金华市重点细分行业培育计划。7月1日，成立东阳市磁性材料行业培育工作领导小组。7月26日，金华市磁性及石墨烯产业发展大会暨G60科创走廊新材料产业技术创新联盟金华磁性石墨烯分联盟成立大会在横店东磁大厦三楼多功能厅举行。9月27日，市十五届政府第五十八次常务会议，听取《东阳市磁性产业培育方案（2019—2021年）》的起草情况和主要内容的汇报。10月15日，市经信局、市发改局、市科技局等8个部门联合印发《东阳市磁性产业培育方案（2019—2021年）》，细化指标体系、明确培育内容、形成重点任务清单。12月31日，市市场监管局、市经信局、市财政局等4个部门联合印发《东阳市扶持医药产业发展若干政策》，鼓励医药企业创新营销模式、加大研发创新、申报国际注册认证、开展仿制药质量和疗效一致性评价。

2019年5月24日，全市工业强市大会召开　（市经信局提供）

【企业培育】 2019年2月27日，市政府印发《关于2018年度晋星及高成长工业企业的通报》，通报表彰相关企业。7月15日，东阳市经济和信息化局获浙江省2018年度中小微企业培育工作成绩突出集体。11月29日，省工业转型升级领导小组印发《关于公布第一批“雄鹰行动”培育企业名单的通知》，东阳市横店集团东磁股份有限公司列入第一批“雄鹰行动”培育企业名单。12月31日，金华市经济和信息化局印发《关于公布2019年度金华市“隐形冠军”及培育企业名单的通知》，浙江金象科技有限公司、浙江普洛得邦制药有限公司、浙江野风药业股份有限公司3家企业列入2019年度金华市“隐形冠军”，东磁诚基电子有限公司、浙江孚诺医药股份有限公司、浙江微度医疗器械有限公司3家企业列入2019年度金华市“隐形冠军”培育企业名单。

【全市工业强市大会】 2019年5月24日，全市工业强市大会在东阳剧院召开。会议对2018年工业经济工作进行总结，表彰工业强市年度贡献奖、工业强市亩均英雄奖、工业强市年度晋星奖、工业强市行业新锐奖、工业企业品牌奖等企业，对2019年做好工业经济工作进行强调部署。6月15日，市委、市政府印发《关于2018年度工业强市突出贡献单位的通报》，对先进单位通报表彰。

【企业服务优化】 2019年4月3日，市委、市政府印发《关于开展“走亲联心 聚力同行”服务企业专项行动的通知》，组建由涉工部门分管领导组成的助企特派员、镇街班子成员组成的联企干部、各职能部门科室负责人组成的10个专项服务队等三支服务企业队伍，帮助企业破解发展难题。全市开展市领导现场办公活动23次，走访高成长企业90余家，制定专题会议纪要9个，涉及办理事项34个。为88家企业办理转贷132笔次，使用转贷周转资金13.75亿元，减轻企业负担330余万元。组织实施企业培育工程，增加“小升规”企业77家。

【绿色清洁生产】 2019年7月9日，省经信厅公布2018年浙江省清洁生产审核验收合格企业名单，浙江新亚实业有限公司、浙江普洛得邦制药有限公司、浙江横店染整有限公司、浙江康峰化工有限公司、浙江中科磁业有限公司、浙江花园生物高科股份有限公司6家企业名列其中。12月12日，金华市水利局印发《关于公布2019年金华市节水型企业名单的通知》，浙江横店热电有限公司、东阳市北极秀服装有限公司等11家企业入选。

（陆樟镳）

企业技术创新和技术改造

【概况】 2019年3月26日，市委、市政府印发《关于印发2019年度东阳市重点工业项目计划的通知》，确定东阳市60项年度重点项目计划。受理企业投资项目备案261件，3家企业入选浙江省企业技术中心，1个产品被认定为2020年度浙江省装备制造业重点领域首台（套）产品，2个项目入选2019年浙江省重点技术创新项目，9个项目入选2019年浙江省重点高新技术产品开发项目，5个项目入选金华市级技术创新项目计划。

2月28日，省经信厅印发《关于印发“百项万亿”重大制造业项目2019年度实施计划的通知》，浙江巍华新型建材有限公司“年产700万平方米UHPC超高性能混凝土项目（一期）”入选。7月15日，金华市经信局印发《关于表彰2019年“创客中国”浙江好项目中小微企业创新创业大赛金华赛区决赛获奖项目的通知》，东阳市全景网络科技有限公司“全景智慧红木展厅、东阳红木供应商”获三等奖，浙江凯文磁钢有限公司“汽车方向盘传感器用稀土永磁铁氧体磁体”获优胜奖。11月27日，金华市经信局印发《关于公布2019年度市级工业设计中心名单的通知》，浙江盛琦手套有限公司入选。

【入选省“四个百项”重点技术改造示范项目计划】 2019年3月29日，省经信厅印发《2019年浙江省“四个百项”重点技术改造示范项目计划的通知》，东阳市11个项目入选，其中智能化改造示范项目2项，百项新兴产业示范项目3项，百项产品升级和工业强基示范项目3项，百项绿色制造示范项目3项。

2019年东阳市工业企业及项目入选各级技术创新和技术改造情况一览表

表17

级别	省市项目情况	东阳市入选企业和项目	时间
省级	浙江省2018年（第25批）建设行业省级企业技术中心	浙江花园建设集团有限公司	1月17日
省级	浙江省2019年（第26批）省级企业技术中心	横店集团得邦工程塑料有限公司企业技术中心、浙江英洛华磁业有限公司企业技术中心、浙江孚诺医药股份有限公司企业技术中心	10月31日
省级	2019年浙江省重点技术创新项目	浙江埃森化学有限公司除草剂4-氨基-3,6-二氯吡啶-2-羧酸项目研发、浙江英洛华磁业有限公司基于高纯净工艺开发“N50SH”汝铁硼永磁体项目	11月6日
省级	2019年浙江省重点高新技术产品开发项目	横店集团得邦工程塑料有限公司玻纤增强无卤阻燃聚丙烯复合材料、花园金波科技股份有限公司1100千伏输电系统断路器用不锈钢波纹管等9家企业项目	11月6日
省级	2020年度浙江省装备制造业重点领域首台（套）产品	浙江联宜电机有限公司“电机转子自动上漆设LY-RAPE-20”	11月13日
金华市级	2019年金华市级技术创新项目计划	横店集团东磁股份有限公司“无线充电用高磁导率FS700铁氧体片的研发及产业化”等5个项目	4月11日
金华市级	金华市第十八批企业技术中心	浙江北生药业汉生制药有限公司、花园新材料股份有限公司	5月28日

2019年东阳市入选省“四个百项”重点技术改造示范项目计划名单一览表

表18

序号	项目实施企业	项目名称
一、智能化改造示范项目		
1	浙江联宜电机有限公司	年产8万台智能电动轮椅用驱动电机生产线技改项目
2	横店集团东磁股份有限公司	年产6万吨高性能永磁铁氧体预烧料生产线技改项目
二、百项新兴产业示范项目		
3	横店集团得邦照明股份有限公司	年产11000万只(套)LED照明系列及116万套LED户外照明灯具建设项目
4	花园新材料股份有限公司	年产300万平方米高强度模块式新型墙体生产线技改项目
5	浙江英洛华磁业有限公司	年产500吨低重稀土新能源汽车驱动电机专用稀土永磁材料产业化项目
三、百项产品升级和工业强基示范项目		
6	浙江新纳陶瓷新材料有限公司	年产2.4亿片5G通信用高性能电子陶瓷封装材料项目
7	浙江中科磁业股份有限公司	年产6000吨节能电机磁瓦和400万片新能源汽车电机钕铁硼磁钢项目
8	浙江东阳东磁稀土有限公司	年产1500吨高性能稀土永磁材料技改项目
四、绿色制造项目计划		
9	浙江普洛得邦制药有限公司	年产60吨TP200生产线技术改造项目
10	浙江普洛康裕生物制药有限公司	金刚烷胺生产线装备提升及制剂实验室改造项目
11	浙江普洛家园药业有限公司	年产500吨API综合生产线技术改造项目

【入选2019年金华市重点技术改造项目计划】 2019年2月19日，金华市经信局印发《关于印发2019年金华市重点技术改造项目计划的通知》，东阳市49个项目入选，其中，智能化改造项目7项，新兴产业项目15项，产品升级和工业强基项目23项，绿色制造项目4项。

【产品创新】 2019年，市经信局组织申报省级工业新产品(新技术)275项，其中214个产品列入省工业新产品试制计划备案，比上年增长20%，技术性能等水平达到国际先进的25个、国内领先水平69个。2月2日，省经信厅、省财政厅印发《关于公布2018年度“浙江制造精品”名单的通知》，横店集团得邦照明有限公司

2019年东阳市入选金华市重点技术改造项目计划名单一览表

表19

序号	投资主体	项目名称
一、智能化改造项目		
1	浙江联宜电机有限公司	年产8万台智能电动轮椅用驱动电机生产线技改项目
2	横店集团东磁股份有限公司	年产6万吨高性能永磁铁氧体预烧料生产线技改项目
3	浙江中科磁业有限公司	年产6000吨节能电机磁瓦和400万片新能源汽车电机钕铁硼磁钢项目

续表 19

序号	投资主体	项目名称
4	东阳市中元磁业有限公司	年产700吨钕铁硼风力发电电机磁钢技改项目
5	浙江东峰制冷配件有限公司	年产8000万件连接管生产智能化改造项目
6	浙江凯文磁钢有限公司	年产5000吨高性能永磁铁氧体瓦形磁体自动化智能化技术改造项目
7	浙江英洛华装备制造有限公司	年产一万吨核电精铸件技改项目
二、新兴产业项目		
8	横店集团东磁股份有限公司	年产1.3吉瓦高效单晶电池及组件技改项目
9	浙江巍华新型建材有限公司	年产700万平方米UHPC超高性能混凝土项目
10	横店集团得邦照明有限公司	年产11000万只(套)LED照明系列及116万套LED户外照片灯具建设项目
11	浙江花园新能源有限公司	年产1万吨电子电路铜箔生产线项目
12	浙江微度医疗器械有限公司	医用生物材料类医疗器械系列产品产业化建设项目
13	横店集团东磁股份有限公司	年产500兆瓦高效单晶电池及组件技改项目
14	花园新材料股份有限公司	年产300万平方米高强度模块式新型墙体材料生产线技改项目
15	浙江石金玄武岩纤维股份有限公司	年产5000吨连续玄武岩池窑生产线技术项目
16	浙江英洛华磁业有限公司	年产200吨特种汽车用钕铁硼永磁材料技改项目
17	横店集团东磁股份有限公司	年产3300万只铝电解电容器技改项目
18	浙江新纳复合材料有限公司	年产3000-4000吨的FRP复合纤维筋的生产线项目
19	浙江朋诚科技有限公司	年产50套航空关键零部件的高速智能精轧机组设备生产线技改项目
20	浙江中感传感器科技有限公司	年产100万台(套)传感器技改项目
21	东阳市顶峰磁材有限公司	年产9000吨铁氧体和1000吨钕铁硼技改项目
22	浙江恒成硬质合金有限公司	年产50吨高抗弯强度圆棒技改项目
三、产品升级和工业强基重点项目计划		
23	浙江新纳复合材料有限公司	年产2.4亿片5G通信用高性能电子陶瓷封装材料项目
24	浙江东阳东磁稀土有限公司	新增年产1500吨高性能稀土永磁材料技改项目
25	浙江花园铜业有限公司	年产1万吨1400毫米超宽幅紫铜门带生产线技改项目
26	浙江省东阳市东磁诚基电子有限公司	新增年产1.1亿只智能手机等电子数码产品微特电机技改项目
27	浙江华洋缝制有限公司	年产5000万只梭壳的技术改造项目

续表 19

序号	投资主体	项目名称
28	浙江英洛华装备制造有限公司	年产一万套矿山用低合金高耐磨机械配件技改项目
29	浙江同力服装有限公司	年产100万套中高档运动服装生产线技改项目
30	东阳市恒业钢带有限公司	年产5000吨离合器用波形弹簧钢带生产线技改项目
31	冀发集团有限公司	年产20万台925530切割机技改项目
32	花园药业股份有限公司	年产7.5亿粒胶囊剂生产线技改项目
33	浙江骆豪服饰有限公司	年产西服15万套智能制造生产线技改项目
34	浙江金象科技有限公司	年产1200台LPG储罐技改项目
35	浙江普洛生物科技有限公司	年产132吨泰乐菌素生产线技术改造项目
36	花园金波科技股份有限公司	年产150万只汽车刹车系统用特种波纹管生产线技改项目
37	浙江康峰化工有限公司	年产1700吨对氯三佛甲苯技改项目
38	浙江花园生物高科股份有限公司	年产2000吨羊毛酸、羊毛醇生物质燃油项目
39	浙江思科制冷股份有限公司	年产20万套风机盘管生产线技改项目
40	浙江海森药业有限公司	年产260T原料药GMP标准认定二期技改项目
41	横店集团得邦工程塑料有限公司	年产3000吨改性工程塑料生产线技改项目
42	浙江伟成塑胶有限公司	年产300万套智能家电配件技改项目
43	浙江野风药业有限公司	年产30吨卡比多巴原料药生产线技改项目
44	东阳市奥隆机械设备有限公司	年产8台涤纶纺粘热轧针刺机器生产线技改项目
45	东阳弘翔新能源有限公司	东阳市第二生活垃圾填埋场生物天然气发电扩建项目
	四、绿色制造重点项目计划	
46	浙江普洛家园药业有限公司	年产500吨API综合生产线技术改造项目
47	浙江普洛康裕制药有限公司	金刚烷胺生产线装备提升及制剂实验室改造项目
48	浙江普洛得邦制药有限公司	年产60吨TP200生产线技术改造项目
49	浙江筑工科技有限公司	年产30万立方米装配式预制构件生产项目

“LED PAR灯”、横店集团得邦照明有限公司“LED直管灯”、横店集团东磁股份有限公司“FS170铁氧体片”3个产品入选。3月18日，省经信厅、省财政厅印发《关于公布2018年浙江省优秀工业新产品(新技术)项目的通知》，浙江巍华化工有限公司“间三氟甲基苯酚”、横店集团东磁股份有限公司“无线充电用高磁导率FS500铁氧体片”等2个产品列入省二等奖；浙江中元磁业有限公司“高剩磁微特电机磁钢”、横店集团得邦照明股份有限公司“一种支持Beacon的组网蓝牙灯”、横店集团得邦工程塑料有限公司“A60球泡灯高雾度光扩散材料”、浙江联宜电机有限公司“重型轮椅车直流电机”4个产品列入省三等奖。12月30日，省经信厅印发《关于公布2019年度“浙江制造精品”名单的通知》，横店集团得邦照明股份有限公司“LED面板灯”、浙江普洛家

园药业有限公司“盐酸安非他酮”、浙江联宜电机有限公司“主牵拉电机88LYC012048CF5Z”、浙江省东阳市东磁诚基电子有限公司“高灵敏度触觉反馈线性致动器”、横店集团东磁股份有限公司“抗LID掺硼p型单晶电池”、浙江英洛华磁业有限公司“‘双40’钕铈铁硼永磁体”6个产品入选。

（陆樟镳）

数字经济

【概况】 2019年，东阳市进一步巩固省级“两化”（信息化和工业化）融合示范区建设成效，加快信息技术在工业领域的推广应用，入选省数字化车间1个（横店集团东磁股份有限公司“高效PERC单晶电池片数字化车间”）、省级上云标杆企业1家（横店影视股份有限公司），入选金华市数字化车间项目3个（横店集团东磁股份有限公司“高效PERC单晶电池片数字化车间项目”、浙江中元磁业股份有限公司“中元磁业数字化车间项目”、浙江澳亚织造股份有限公司“澳亚织造数字化车间项目”）。实施107个市级“两化”融合项目，兑现“两化”融合奖补资金1418万元，其中列入金华市“两化”融合重点项目25个。推动“企业上云”（企业通过网络，将企业的基础设施、管理及业务部署到云端，利用网络便捷地获取云服务商提供的计算、存储、软件、数据服务，以此提高资源配置效率、降低信息化建设成本、促进共享经济发展、加快新旧动能转换）“用云”（使用云服务），累计3100家，下达2018年度“企业上云”补助资金234万元。

1月13日，金华市经信局印发《关于公布第五批智能化改造示范企业名单的通知》，浙江省东阳市东磁诚基电子有限公司、浙江东峰制冷配件有限公司2家企业入选。6月14日，东阳市数字经济工作领导小组办公室印发《全市推进数字经济发展2019年工作要点》，明确数字经济领域重点工作和发展目标。7月18日，在四川省成都市举行的2019中国电子元件产业峰会上，横店集团东磁股份有限公司获“2019年（第32届）中国电子元件百强企业”。7月26日，数字经济发展专题报告会在市政府三楼报告厅举行。11月25—26日，在中国电子企业协会主办的第九届中国电子高峰论坛暨2019全国电子信息行业优秀企业表彰大会上，横店集团东磁股份有限公司获评“2019全国电子信息行业标杆企业”，横店集团得邦照明股份有限公司获评“2019全国电子信息行业创新企业”。12月30日，金华市工业互联网与数字经济发展大会暨金华市信息化促进会年终分享会在金华瑞莱克斯大酒店召

2019年7月26日，全市数字经济发展专题报告会举行　（市经信局提供）

2019年东阳市工业企业入选各级数字经济示范企业项目名单一览表

表20

级别	省市项目情况	东阳市入选企业和项目	时间
省级	2019年浙江省电子信息产业百家重点企业	横店集团东磁有限公司、横店集团得邦照明股份有限公司入选2019年（第19届）浙江省电子信息制造业业务收入30强和电子信息出口20强	7月12日
省级	2019年浙江省数字化车间智能工厂	横店集团东磁股份有限公司“高效PERC单晶电池片数字化车间”	11月18日
省级	浙江省第三批行业云应用示范平台、第三批上云标杆企业、第五批大数据应用示范企业	横店影视股份有限公司	11月25日
金华市级	2019年金华市“两化”融合重点项目	横店集团东磁股份有限公司“横店东磁智慧物流平台项目”等25个项目入选	9月23日
金华市级	2019年金华市“数字化车间”和“物联网工厂”示范项目	横店集团东磁股份有限公司“高效PERC单晶电池片数字化车间”、浙江中元磁业股份有限公司“中元磁业数字化车间项目”、浙江澳亚织造股份有限公司“澳亚织造数字化车间项目”等3个项目入选“数字化车间”示范项目	9月27日

开，横店集团东磁股份有限公司李明和浙江澳亚织造股份有限公司樊平获评金华市优秀CIO（首席信息官）。

【省区域“两化”融合发展水平评估】 2019年3月18日，省经信厅印发《2018年浙江省区域“两化”融合发展水平评估报告》，东阳市“两化”融合发展指数91.38，居全省第一梯队。其中，基础环境21.29、工业应用42.63、应用效益27.46，工业应用指数进入全省前20位。

【智能制造服务】 2019年，省级工业信息工程服务机构浙江万企动力科技有限公司在东阳市注册成立东阳优云科技有限公司，市国资办与杭州理维科技有限公司合资成立东阳东维信息技术有限公司，向东阳本地企业提供智能制造服务。1月30日，金华市经信局印发《关于公布第五批智能化改造工程服务公司名单的通知》，东阳市澳亚科技有限公司入选。8月，东阳市组织浙江力太工业互联网有限公司、浙江恩大施福软件科技有限公司等7家省级智能制造工程服务公司面向规模以上工业企业开展智能化技术改造咨询诊断，制定智能生产改造方案，完成企业走访调研150余家，完成诊断报告30余个。

【“5G＋工业互联网”平台建设】 2019年1月14日，省经信厅印发《浙江省第一批工业互联网平台推广名单的通知》，横店集团东磁有限公司“磁性材料行业工业互联网平台”入选，为金华市唯一。至年末，完成边缘服务器、边缘网关等部署搭建，接入设备972台（套），基本完成云MES开发，建立数据中台模型。东阳移动与市政府、千祥镇、巍山镇等单位签订战略合作协议，推进“5G+安防”“5G+智慧农业”“5G+美丽乡村建设”“5G+同步课堂教育”等技术合作试点应用，与浙江澳亚织造股份有限公司合作建设东阳第一个5G数字化车间，完成160台织机接入移动5G网络。

【数字经济论坛】 2019年7月26日，东阳文化大讲堂——数字经济发展专题报告会在东阳市行政中心召开，邀请浙江省委讲师团成员、浙商发展研究院高级研究员、省工业和信息化研究院院长兰建平作数字经济专题授课，470余人参加。9月6日，东阳市数字经济与智能制造创新高峰论坛方案在东阳市宝悦君亭大酒店四楼锦越厅举行，160余人参加。12月25日，由市经信局主办，浙商银行东阳支行承办，中国电信东阳分公司、中国移动东阳分公司协办的“5G+工业互联网”发展论坛举行，市经信局与浙商银行金华东阳支行签订战略合作协议，浙商银行金华东阳支行为浙江华洋缝制有限公司授信5000万元。

（陆樟镳）

2019年12月25日，东阳市“5G+工业互联网”发展论坛举行（市经信局提供）

小微园建设

【概况】 2019年，东阳市会同省工信院等专业机构拟定全市产业发展与小微园布局规划，加强与属地镇街的对接联系，分解落实目标任务，落实项目联席及工作专班制度。全市召开专题会议8次，制定会议纪要5份，明确各类办理事项23项；完成建设、改造提升小微园9个，用地总面积28.6公顷，总投资13.63亿元，入驻企业237家。8月22日，市政协政情通报暨“请你来协商”——小微园建设专题会议在行政中心大院东裙楼六楼举行。10月18日，召开全市小微园建设推进会，组织参观江北锦坊小微园和企业培育中心建设。

【小微园认定评星】 2019年8月1日，省小微企业园工作联席会议办公室印发《关于公布第一批审核认定小微园名单的通知》，江北企业培育中心、赛歌小微园两个园区作为生产制造类园区入选。11月7日，省小微企业园工作联席会议办公室印发《关于公布第二批审核认定小微园名单的通知》，南马万洋小微园作为生产制造类园区入选。12月16日，浙江省数字经济发展领导小组办公室印发《关于公布2019年浙江省数字化示范园区和试点园区名单的通知》，江北企业培育中心入选浙江省数字化试点园区。12月31日，金华市工业转型升级领导小组办公室印发《关于公布2019年金华市星级小微企业园名单的通知》，江北企业培育中心入选三星级小微企业园。

（陆樟镳）

工业企业用地清理整治

【概况】 2019年，市经信局完成2018年度用地0.2公顷以上1759宗工业用地亩产效益综合评价工作，会同低效整治办、自然资源和规划局等部门，开展全面排摸、清理整治实施意见制定、低效用地收购收储、关停拆违全面倒逼、高成长无地企业调查等工作，建立工业企业大数据平台，完成“一宗一档”数据平台信息录入2649宗，实施动态监管。对照省下达的230家万元以下低效企业改造提升任务，全部完成出清，盘活土地127.55公顷，增加税收2275.55万元。

【低效工业用地清理整治】 2019年，市政府印发《东阳市低效工业用地清理整治工作实施意见》《东阳市低效工业资产收购实施办法（试行）》，至年末，通过清理整治腾出用地空间233.1公顷，其中3.33公顷以上区块26个，签订《资产收购协议》98宗、158.62公顷，完成农村集体土地复垦立项26宗、33.26公顷，完成农村集体土地征用后用于工业18宗、24.01公顷，完成"腾笼换鸟"13宗、17.21公顷；累计出清亩均税收3万元以下工业用地1112宗，出清率100%。8月6日，市政府印发《关于组建东阳市低效工业用地清理整治工作领导小组专班办公室的通知》，成立工作专班。8月16日，全市低效工业用地清理整治工作动员大会在市行政中心三楼报告厅召开，工商银行金华分行与市政府签署战略合作协议，市自然资源和规划局与相关企业签署资产收购意向书。

【工业企业亩产效益综合评价结果公布】 2019年9月28日，市政府印发《关于公布2018年度工业企业亩产效益综合评价结果的通知》，全市规模以上企业评定A类企业96家、B类企业363家、C类企业26家；规模以下企业地块评定B类地块805宗、C类地块236宗、D类地块233宗。征收差别化电价203.44万元，征收差别化水价、排污费29.28万元。

【零增地低效用地改造专项资金奖励】 2019年7月24日，东阳市零增地低效用地改造工作领导小组办公室印发《关于组织申报东阳市零增地低效用地改造生产项目专项资金的通知》，要求经2017年、2018年度东阳市零增地低效用地改造工作领导小组办公室文件确认，已竣工的零增地低效用地改造生产项目的相关企业进行资金申报。同日，印发《关于组织申报2019年东阳市零增地低效用地改造生产项目的通知》，要求符合东政办发〔2014〕298号文件规定的范围和条件，项目前期工作完成，能够在年末前竣工的工业企业生产性用房改造项目的相关企业进行项目申报。11月1日，东阳市零增地低效用地改造工作领导小组办公室印发《东阳市零增地低效用地改造工作领导小组成员会议纪要》，对2019年度东阳市零增地低效用地改造生产建设项目申报及部分完成项目奖励兑现情况进行明确。11月15日，市零增地低效用地改造工作领导小组印发《关于下达东阳市零增地低效用地改造财政专项资金奖励计划的通知》，安排奖励资金892万元，其中，2016年第三年零增地低效用地改造项目3个、奖励资金94万元；2018年第一年零增地低效用地改造项目8个、奖励资金798万元。

（陆樟镳）

东阳经济开发区

【概况】 2019年，东阳经济开发区（简称开发区）规划控制范围为白云街道、江北街道、六石街道、城东街道行政管辖区域，托管六石街道、城东街道。江北街道迎宾大道以东区域规划、基础设施建设和产业项目落地由开发区统一实施，总面积270平方千米，规划开发面积92平方千米。开发区有工业企业2382家，"四上"企业（规模以上工业企业、资质等级建筑业企业、限额以上批零住餐企业、限额以上服务业企业）499家，其中规模工业企业227家。完成总产值139.52亿元，比上年增长7.82%，完成规模以上工业增加值31.4亿元，比上年增长15.12%；完成固定资产投资69.84亿元，其中基础设施投入5.73亿元；完成税收36.01亿元，比上年增长18.86%。规模以上新产品产值45.4亿元，比上年增长20.73%；完成内资32.86亿元，实际利用外资2603万美元，进出口总额11.23亿美元。增加省级以上高新技术企业36家。

【开发区核心区块】 2019年，开发区核心区块（含六石、上卢）有工业企业490家，完成固定资产投资19.49亿元；完成外贸出口总额10.99亿元，比上年增长1.5%；完成税收5亿元，比上年增长22.1%；完成浙商回归6.36亿元，完成内资7.8亿元，利用外资800万美元。68家规模以上工业企业完成总产值44.19亿元，比上年增长10.21%；增加规模以上工业企业9家，增加限额以上批发业3家、限额以上服务业1家。

【白云商贸园区】 2019年，白云商贸园区完成税收13.95亿元，实现外贸出口27.5亿元；完成固定资产投资21.69亿元，比上年增长33.42%；专业市场实现营业额95.47亿元。51家规模以上企业完成产值32.01亿元，比上年增长10.99%；销售产值31.94亿元，比上年增长12.42%；规模以上工业增加值6.88亿元，比上年增长9%。

【江北高新产业园区】 2019年，江北高新产业园区完成税收11.15亿元，比上年增长61.1%；固定资产投资完成总投资20.78亿元，其中完成工业项目投资3.08亿元；完成外贸出口10亿元，比上年增长13.8%。54家规模以上企业完成产值27.74亿元，比上年增长5.56%；完成工业增加值5.97亿元；规模以上工业用电量8443万千瓦时，比上年增长7.2%；"小升规"企业13家，超额完成目标任务。

【木材交易中心】 2019年，木材交易中心引进中林集团、飞尚集团、鼎筑木业、快牛集团等60余家木材进口商、贸易公司、清关公司入驻，有缅甸花梨、花枝、小巴花、刺猬紫檀、非酸、血檀等数十个名贵木材品种。完成交易额20亿元，上缴税收500万元。

【公用型保税仓库开仓】 2019年7月，东阳市公用型保税仓库经杭州海关审批同意设立。该保税仓库分为两期，一期项目包括配套设施区、硬化堆场以及配套物流服务区，交易区包括标准堆放仓储区、设施配套区，占地1公顷。二期总规划用地面积6.67公顷，项目分为口岸作业区、保税物流区、国际贸易区和综合服务区四大板块。12月13日，全省首个木材专营公用型保税仓库——东阳公用型保税仓库（一期项目）在经济开发区木材交易中心正式开仓运营,当日390立方米澳大利亚酸枝木的货柜装运入库。

(徐振亮)

浙江东阳横店电子产业园区

【概况】 2019年,浙江东阳横店电子产业园区(简称电子园区)完成工业总产值168亿元,比上年增长1.65%;规模以上工业企业实现产值146.8亿元,比上年增长1.5%;规模以上企业完成出口交货值45.21亿元,比上年增长5%;规模以上企业主营业务收入141.5亿元,比上年增长1.2%;规模以上企业实现利税17.5亿元,比上年增长7.2%;规模以上企业利润14.33亿元,比上年增长6%。

【科技创新】 2019年,电子园区企业申请专利1505项,其中发明专利445项,获得授权专利758项,企业年均获授权专利500余件。"污水零直排"园区创建通过验收。电子园区内20个市重点技改项目完成投资6.54亿元,33个市"两化"融合项目完成投资4329万元,旧厂房改造完成9.91万平方米。6个市重点商贸服务项目完成投资5.32亿元。完成企业"小升规"9家,增加国家高新技术企业9家,横店集团与世界500强企业巴斯夫(中国)有限公司签订战略合作协议,横店东磁联合浙江大学等单位共同完成的软磁科研项目获2019年度国家科技进步奖二等奖。入选省级专家型人才7人,创建院士或博士后科研工作站11个;拥有中国驰名商标9只、省著名商标21只。

【基础设施建设】 2019年,电子园区投资250余万元完成园六路(济慈路至科兴路)排水排污管网建设、路面硬化和两边人行道铺设工程以及人道树的种植工程;投资20万元完成园七路(昌盛路至济慈路)排水工程和工业大道(昌盛路至济慈路)排水工程;完成园六路、园七路、园八路人行道工程的初步设计,完成祥和路、园一路人行道工程和工业大道、园九路人行道工程的初步设计和预算审核。

【工业性投入】 2019年,电子园区企业列入市重点技改项目25项(新建22项、续建3项),总投资额218456万元,其中设备投资147303万元。申报市级"两化"融合项目39个(新建25个、续建14个),项目实施预算资金15200万元,全年完成投资8520万元。

【节能环保工作】 2019年,电子园区开展企业"三废"排放情况检查和木雕红木家具行业的环保治理。开展煤气发生炉检查治理,淘汰高污染燃料锅炉68只;开展园区企业雨污分流、截污纳管大检查,实施排水许可证制度,对企业排入城镇管网的污水进行13项指标检测,完成200家企业排水许可证申领;加强园区烟气治理,淘汰高污染燃料锅炉。中央环保督查淘汰改造的园区11家企业19台煤气发生炉完成淘汰拆除或淘汰改造。

【招商引资】 2019年,电子园区在东磁太阳能对面,西环路东侧划出80余公顷土地作为园区招商的拓展平台,进行招商引资。引进内资65230万元,完成浙商回归2.5亿元。招引建筑企业8家,增加税收2200余万元。

(黄燕明)

总部中心

【概况】 2019年,东阳市总部中心大楼入驻律师事务所4家、保险公司6家、科技公司25家、贸易公司5家、建筑设计公司30余家,实现物业出租和各项服务营业收入超3000万元。东阳市总部中心开发建设有限公司(简称总部中心)配合行政服务中心各窗口部门,改进行政服务中心区块的软、硬件环境设施,完善行政服务中心配套的智能化弱电系统,提升相关办公办事区域设备设施,保证各项政务服务顺畅进行。

【招商工作】 2019年,总部中心完善各项招商制度及考核方案,开展招商工作,总部中心自留房产招商率85%。采取电话沟通、上门走访等形式动员企业入驻,引进企业50余家,园区整体入驻率提升约7%。加大园区推介力度,采用园区LED显示屏、微信公众号、《金华日报》《东阳日报》等,宣传总部中心及入驻企业。举办园区企业产品推介,提升入驻总部中心企业的知名度;举办企业对接会,增强企业间交流合作。

(楼晓霞)

木雕 红木家具

综 述

【概况】 2019年，东阳市有木雕红木家具企业1336家，规模以上企业55家，龙头骨干企业17家。增加股份制企业1家（东阳顶鼎红木家具股份有限公司），创新版挂牌企业3家，规模以上企业7家，命名4家2019年度木雕红木行业龙头企业、10家骨干企业。全产业链总产值200亿元。

东阳市连续举办四届的中国（东阳）木雕红木家具交易博览会、举办十三届的中国（东阳）木雕竹编工艺美术博览会成功升格为国家级展会——中国红木家具展览会和中国木雕竹编工艺美术博览会。

【首届中国红木家具展览会举行】 2019年4月26日至5月1日，由中国家具协会、东阳市人民政府共同主办，东阳中国木雕城承办的全国首个红木家具专业展会——首届中国红木家具展览会在东阳中国木雕城举行。展览会总面积30万平方米，邀请参展商203家，其中福建省、江苏省、广东省等外地知名品牌参展商51家，东阳市红木家具企业105家，其他机械类、配套类、服务类参展商47家。邀请经销商、采购商2000余人，引入客流约10万人次。现场成交额约1.45亿元，签订意向订单7.4亿元，引入客流约14.5万人次。展览会期间，举办“放心消费在浙江 购买红木到东阳”启动仪式，推出红木家具免费质量检测和“先行赔付”服务；开展高峰论坛、经销商走企业、“红创二代”新品展、“放心消费跟我走”毅行等10项活动。

2019年4月26日至5月1日，首届中国红木家具展览会举行

（市红木办提供）

【第十四届中国木雕竹编工艺美术博览会举行】 2019年11月2—5日，由中国工艺美术协会、中国林业产业联合会、东阳市人民政府主办，东阳中国木雕城、东阳市木雕红木家居产业发展局承办的第十四届中国木雕竹编工艺美术博览会（简称博览会）在东阳中国木雕城举行。该届博览会以“匠艺回归，只为初心”为主题，展览地点为东阳中国木雕城国际会展中心、东阳中国木雕城国风生活馆和东阳中国木雕城木艺文化馆，展会总面积20万平方米。展品包括木雕、根雕、竹制工艺品、文创产品、紫砂、陶瓷、玉石、玉雕、非遗、字画、特色工艺品、宗教用品、香道用品等。中国工艺美术协会邀请70名中国工艺美术大师和70名中国工美行业艺术大师共同参展，作品155件。巡展作品包括雕刻（玉、木、石）、金属工艺、花画工艺、抽纱刺绣、染织、陶瓷、漆器、地毯挂毯、民间工艺九大品类。以中华人民共和国成立以来的壮美山河、国家领袖、杰出人物、百姓生活、改革开放、“一带一路”等为题材。开幕式上，举行2019年“中国的椅子——匠心·东阳”评奖启动仪式。博览会除大红酸枝、紫光檀等国标红木作品外，还有应用新材料、新技术、新工艺创作的作品，以及多次获国外奖项创作团队选送的最新作品。展会期间，举行中国（东阳）木雕红木产业发展大会、第二届中国（东阳）香文化论坛、庆祝中华人民共和国成立70周年全国工艺美术大师作品巡展、“中国的椅子”创新设计大赛、第十四届

中国木雕竹编工艺美术作品创作大赛、全国木雕竹编工艺美术作品展、第十四届中国木雕竹编工艺美术博览会惠购节、“东阳味道”美食节等系列活动。三大市场及厂家实现现场成交及意向订单超10亿元，引入客流约9.4万人次。

【“东阳红木”号高铁列车运行】 2019年4月16日，由市政府出资、“东阳红木”冠名的高铁列车在杭州东站首发。“东阳红木”冠名的高铁列车，是一列16节编组运行在京沪杭、江浙皖线的高铁列车，具体车次为G7564/G7565（杭州东—金寨）、G7374/7371（金寨—江山）、G46（江山—北京南）、G37（北京南—杭州东），辐射北京、天津、河北、山东、安徽、江苏、上海、浙江等东阳红木家具主要销售区域。车厢内外呈现各种“东阳红木”元素，除重点突出东阳红木家具商标“東”字标外，每节车厢外侧印有“世界木雕，东阳红木”的大字，每个车厢外门玻璃上还贴有“东阳红木家具”的彩贴。在车厢间玻璃门、座椅头片、座位小桌板正反面、行李架上都有相应字样。语音播报也与东阳红木内容相结合。展示宣传东阳红木。

2019年9月25日—27日，2019年中国技能大赛——第二届全国家具雕刻职业技能竞赛浙江东阳赛区选拔赛举行　（红木家具行业协会提供）

【2019年中国技能大赛举行】 2019年9月25—27日，由浙江省人力资源和社会保障厅、东阳市人民政府主办，东阳市人力资源和社会保障局、东阳市木雕红木家居产业发展局、东阳市总工会、浙江省家具行业协会、东阳市红木家具行业协会、东阳市工艺美术行业协会承办的2019年中国技能大赛——第二届全国家具雕刻职业技能竞赛浙江东阳赛区选拔赛暨浙江省木雕工职业技能大赛，在东阳中国木雕城国际会展中心举行。全省各地的160名雕刻能手参加比赛，其中职工组101人，院

2019年中国技能大赛
——第二届全国家具雕刻职业技能竞赛总决赛浙江东阳赛区获奖名单(职工组)一览表

表21

奖 项	姓 名	单位名称
工匠之星·铜奖/全国轻工行业技术能手	虞卫民	东阳市善工红木有限公司
工匠之星·优秀奖/中国家具行业技术能手	蒋达成	蒋达成雕刻工作室
工匠之星·优秀奖/中国家具行业技术能手	李　斌	东阳市御乾堂宫廷红木家具有限公司
工匠之星·优秀奖/中国家具行业技术能手	金雨峰	东阳市明清宝典艺术家具有限公司
工匠之星·优秀奖/中国家具行业技术能手	沈　斌	陆含阳工作室
工匠之星·优秀奖/中国家具行业技术能手	蒋巧刚	至尊宝红木家具有限公司
工匠之星·优秀奖/中国家具行业技术能手	孙　权	孙权手作
工匠之星·优秀奖/中国家具行业技术能手	陈有义	浙江省东阳市吴宁义品雕塑工作室
工匠之星·优秀奖/中国家具行业技术能手	何国春	东阳市金贺工艺品有限公司
工匠之星·优秀奖/中国家具行业技术能手	金　晓	东阳市金贺工艺品有限公司
工匠之星奖/中国家具行业工匠之星	郑志坚	东阳市凤凰于飞木雕工艺品有限公司
工匠之星奖/中国家具行业工匠之星	郭宏军	东阳市旭东工艺品有限公司

2019年中国技能大赛
——第二届全国家具雕刻职业技能竞赛总决赛浙江东阳赛区获奖名单(院校组)一览表

表22

奖 项	姓 名	所在院校
青年工匠之星·金奖	韦乐康	浙江广厦建设职业技术学院
青年工匠之星·银奖	李京霖	浙江广厦建设职业技术学院
青年工匠之星·银奖	单天宇	浙江广厦建设职业技术学院
青年工匠之星·铜奖	叶泽锴	浙江广厦建设职业技术学院
青年工匠之星·铜奖	叶锦辉	东阳市职业教育中心学校
青年工匠之星奖	杜睿哲	东阳市职业教育中心学校
青年工匠之星奖	金　敏	浙江广厦建设职业技术学院
青年工匠之星奖	周鹏鸿	浙江广厦建设职业技术学院
青年工匠之星奖	曹璐璐	浙江广厦建设职业技术学院

校组59人,年龄最小的参赛选手16岁。经过理论考试与实操比赛,职工组产生"工匠之星·金奖"1人、"工匠之星·银奖"2人、"工匠之星·铜奖"3人、"工匠之星奖"30人,共40名选手获奖;院校组产生"青年工匠之星·金奖"1人、"青年工匠之星·银奖"2人、"青年工匠之星·铜奖"3人、"青年工匠之星·优秀奖"20人,共26名选手获奖。

10月25—28日,在福建仙游举行2019年中国技能大赛——"三福杯"第二届全国家具雕刻职业技能竞赛总决赛,浙江东阳赛区选拔12名职工选手和9名院校选手参加。

(陈婷婷　郑文婷)

行业管理

【概况】 2019年,东阳市开展"放心消费在浙江,购买红木到东阳"行动,市木雕红木家居产业发展局开展红木家具异地打假9起。35家生产企业承诺30天无理由退货,323家经营单位作出7天无理由退货承诺。扶持木雕红木企业发展,发放奖励资金。提供木雕红木家居产品质量检验服务。

【机构调整】 2019年3月10日,市委、市政府印发《东阳市市场监督管理局职能配置、内设机构和人员编制规定》,市市场监管局加挂市木雕红木家居产业发展局牌子。相关部门承担的木雕红木家居产业统筹协调、红木家居市场规范管理等职责划入市市场监管局。

【木雕红木产业政策扶持】 2019年,东阳市落实《东阳市木雕竹编红木产业专项扶持资金管理办法》文件规定,对上一年度符合奖励标准的企业进行梳理,联合市财政局下发扶持资金。对上一年度通过环保验收的53家红木规模以上企业发放894万元环保投入奖励资金,对上一年度木雕红木规模以上企业销售额增长和税收增长的47家企业发放奖励资金662.5516万元。

【红木家具产业国家创新联盟成立】 2019年4月25日,"红木家具产业国家创新联盟成立大会暨首届红木家具产业转型与可持续发展高峰论坛"举行,红木家具产业国家创新联盟在东阳市正式成立。红木家具产业国家创新联盟是国家林业和草原局组织开展的科技创新联盟,由中国林业产业联合会作为发起牵头单位,该联盟旨在解决产业发展中的共性关键技术,推动科研与生产紧密衔接,提升产业科技创新水平,是红木家具行业唯一的国家级产学研平台。会上宣布创新联盟秘书处落户东阳家具研究院。高峰论坛邀请到国内知名专家学者,分别针对红木家具产业链的共性问题与关键技术,研判大势、细解规律,探索红木家具产业转型与可持续发展之路。

【东阳家具研究院】 2019年6月28日,东阳家具研究院机构设置通过金华市编办批准,为正科级全额拨款事业单位。研究院聘请国家林业局原总工程师、中国林产业联合会常务副会长封加平为顾问,中国林业产业联合会副会长兼秘书长、中国林产工业协会执行会长王满为专家委员会主任,国家林业局科技发展中心原主任黎云昆、中南林业科技大学教授刘文金、北京林业大学教授赵广杰、深圳大学教授唐开军为专家委员会委员,组建第一届专家委员会,为研究院建设工作提供咨询。研究院通过柔性特聘引进国家百千万人才、全国林草科技创新领军人才、中国青年科技奖获得者、教育部新世纪优秀人才张仲凤教授为研究院副院长,兼任首席专家。

【木雕红木家具产品质量检验】 2019年,浙江省木雕红木家具产品质量检验中心完成检验报告、家具用材检验证书2552份。开放实验室接待人员1200余人次,提供免费咨询服务300余人次。该中心通过由中国合格评定国家认可委员会(CNAS)和国家认证认可监督委员会(CNCA)组织的实验室认可及国家质检中心资质认定二合一现场评审。

(陈婷婷)

行业协会

·工艺美术行业协会·

【概况】 2019年,东阳市工艺美术行业开展特色活动,组织市内企业参加2019中国(温州)工艺美术精品博览会、第九届中国(浙江)工艺美术精品博览会、首届长三角地区工艺美术创意设计博览会、2019中国(杭州)工艺美术精品博览会、第十四届中国木雕竹编工艺美术博览会、第三届中国(安溪)家具藤铁工艺文化博览会等各类展会,获奖作品177件,其中金奖50个,银奖41个,铜奖86个。

9月25日,张节平获"浙江工匠"称号。11月21日,浙江省工艺美术大师杜菊芳的作品《云泽胜景》《山水小品》被省委宣传部选送参展《第二届长三角国际文化产业博览会》。12月25日,浙江省工艺美术大师周桂新的竹雕作品《过年》获第七届浙江民间文艺最高奖"映山红奖"。

【工艺美术专业技术职务任职评价改革】 2019年7月,市工艺美术行业协会参与东阳市职称改革领导小组关于《东阳工美系列不具备规定学历人员专业技术资格评价办法(试行)》的制定。8月,东阳市职称改革领导小组办公室发布《东阳市工艺美术系列中、初级专业技术职务任职资格评价办法(试行)》的通知,该《办法》要求专业技术资格任职按相关规定条件执行(有关工艺美术系列初、中级专业技术资格的学历、资历、直接申报条件、破格申报条件、现场考核、业绩与成果要求等9项内容)。10月,市工艺美术行业协会参与《2019年浙江省传统工艺领军人才推荐工作考评细则》的讨论,为浙江省传统工艺领军人才推荐工作提供行业建议,分别对基础考评、行业贡献考评、技艺评议、综合联评等四大事项的考评分值及分项内容的增减提出意见。

2019年6月20日,中国美术馆展出黄小明作品《心经》

(市工艺美术行业协会提供)

【工艺美术行业师徒关系认定】 2019年3月22日,市工艺美术行业协会根据《浙江省工艺美术行业师徒关系认定细则(试行)》文件,开展2019年度浙江省工艺美术行业师徒关系认定工作。4月30日,完成东阳市工艺美术行业师徒关系的信息汇总及上报工作,其中师傅50人,徒弟451人。新增签订大师带徒协议117份。7月25日,省工艺美术行业协会予以认定公布并报备省经信厅。

【工艺美术技术培训】 2019年3月,市工艺美术行业协会组织会员参加由南京林业大学举办的《传统木雕与现代创造人才培养》培训班,培训班在全国招30人,其中东阳学员9人。4月,省残联委托金华市残联在东阳经济开发区木雕小镇的国家级残疾人职业培训基地(胡先民工作室)举办训练选拔活动,2名选手通过选拔,代表浙江省参加木雕项目的比赛,在第六届全国残疾人职业技能大赛暨第三届全国残疾人展能节中,胡先民工作室学员吴向东获第一名。7月10日,组织3名省工艺美术大师参加由浙江省工美协会和宁波工美协会联合主办的"浙江省工艺美术创意设计高端人才培训班"。11月11日,组织8名会员到上海同济大学参加金华市工艺美术后备人才培训班。

【黄小明木雕艺术展举行】 2019年6月20日至7月15日,由浙江省工艺美术学会主办的"明心慧木——黄小明木雕艺术展"在中国美术馆举行。该艺术展分成"明木""明慧""明心""明道"四个篇章,展出中国工艺美术大师黄小明的近百件木雕精品。艺术展开幕当天举行《中国工艺美术大师全集·黄小明卷》首发式及黄小明木雕艺术研讨会,黄小明向中国美术馆捐赠作品《望月怀远》。

【工艺美术行业交流学习】 2019年7月23日,市工艺美术行业协会召开东阳市工美行业创新发展专题座谈会,会议围绕东阳市工艺美术创新发展的主题进行探讨,谋划工美行业新

2019年7月10日，市工艺美术行业协会组织会员参加“浙江省工艺美术创意设计高端人才培训班”　（市工艺美术行业协会提供）

模式。8月27日，东阳市工艺美术行业协会、东阳市美术家协会邀请当代学者季惟斋教授在东阳市做《释道儒的智慧与现代生活》讲座。11月14—15日，参加金华市经信局、金华协会组织的到泰顺考察工美行业发展状况和新时期协会工作经验，考察泰顺石雕艺术学校的师资力量、后备人才的培养政策。

（徐小红）

·红木家具行业协会·

【概况】　2019年，东阳市红木家具行业协会组织企业参加第41、42届国际名家具(东莞)展览会等展会，组织召开企业劳动用工法律风险防范专题培训、全市红木企业质量提升工作会议暨大数据背景下税收与企业发展战略研讨会、东阳市家具智造系统TopSolid培训班。红木家具行业增加授权专利299项，其中发明专利2项，实用新型专利39项，外观设计258项。9月10日，在中国家具协会成立30周年暨中国国际家具展览会25周年庆典大会上，中国红木(雕刻)家具之都——东阳市被授予“中国家具行业突出贡献单位”称号；东阳市明堂红木家俱有限公司、浙江大清翰林古典艺术家具有限公司、浙江卓木王红木家俱有限公司3家红木家具企业被授予“中国家具行业优秀企业”称号。徐荣桃、金维生、王海良被确定为第五批金华市非物质文化遗产代表性项目——雕花家具制作技艺代表性传承人。

【《深色名贵硬木家具》“浙江制造”团体标准发布实施】　2019年2月22日，由东阳市红木家具行业协会为主起草的《深色名贵硬木家具》“浙江制造”团体标准，经浙江省品牌建设联合会批准发布，于3月31日起正式实施。该标准由金华市标准化研究院牵头，东阳市红木家具行业协会、浙江省木雕红木家具产品质量检验中心以及东阳市明堂红木家俱有限公司、浙江中信红木家具有限公司、浙江卓木王红木家俱有限公司等14家企事业单位共同参与制定，召开8次标准论证会议，2019年1月通过专家组评审。《深色名贵硬木家具》“浙江制造”团体标准规定深色名贵硬木家具的术语和定义、命名和分类、基本要求、技术要求、试验方法、检验规则、标志、使用说明、合格证、包装、运输与贮存及质量承诺等内容。

【第二届“红创二代”新品展】　2019年4月26日，第二届“红创二代”新品展在东阳中国木雕城国际会展中心开幕。该展区由中国东阳家具研究院和市委人才办主办，东阳市红木家具行业协会青年企业家委员会组织承办，展览面积4900余平方米，汇集22家企业的精致展位。展会集中展示青年企业家设计创作的红木家具精品，以及来自其他省市的企业参展作品。

【红木家具产业国家创新联盟秘书处落户东阳】　2019年4月25日，红木家具产业国家创新联盟(简称创新联盟)成立，秘书处设在中国东阳家具研究院(简称家具研究院)。创新联盟由中国林业产业联合会作为发起牵头单位，主要围绕红木家具设计和技术等开展合作与创新，是红木家具行业唯一的国家级产学研平台。创新联盟以联盟为基础，整合红木家具产业链上下游资源，建立专项技术平台，开展联合攻关，共享知识产权，增强红木家具行业自主创新能力，推动产业科学化管理和技术进步。

2019年2月22日，《深色名贵硬木家具》“浙江制造”团体标准发布

（市红木家具行业协会提供）

2019年12月20日，东阳市红木家具行业协会第三届第一次会员代表大会召开
（市红木家具行业协会提供）

【东阳市木雕红木家具行业品牌指导服务站成立】 2019年12月，市市场监管局和市红木家具行业协会根据《浙江省市场监督管理局关于印发浙江省品牌指导服务站建设工作指导意见的通知》，成立东阳市木雕红木家具行业品牌指导服务站，该服务站设在市红木家具行业协会，是浙江省唯一一家关于木雕红木家具的品牌指导服务站，指导木雕红木家具企业的商标专利申请、管理、运用和维权，指导行业市场主体综合运用商标、专利和质量组合策略，全方面、立体化保护木雕红木家具行业知识产权工作，发挥"以品牌拓业、以品牌聚资、以品牌引才"的作用。

【东阳市红木家具行业协会换届】 2019年12月20日，东阳市红木家具行业协会第三届第一次会员代表大会在海德建国酒店召开。大会审议通过第二届理事会工作报告、财务报告、协会章程（草案）、协会会费缴纳暂行规定（草案）、协会财务管理办法（草案）等各项决议。选举产生第三届理事会领导班子，东阳中国木雕城有限公司董事长陈义当选第三届理事会会长。东阳市明堂红木家俱有限公司总经理张向荣、浙江中信红木家具有限公司董事长李忠信、浙江大清翰林古典艺术家具有限公司董事长吴腾飞、东阳红木家具市场总经理曹伟、浙江卓木王红木家俱有限公司总裁杜长江、东阳市双洋红木家具有限公司总经理王海洋当选理事会常务副会长，东阳市御乾堂宫廷红木家具有限公司董事长马海军等11人当选理事会副会长。

【"中国的椅子——匠心·东阳"创新设计大赛】 2019年11月2—5日，由中国林业产业联合会、东阳市人民政府主办，红木家具产业国家创新联盟、东阳市人才工作领导小组办公室、东阳市木雕红木家居产业发展局、中国东阳家具研究院承办的首届中国林业产业创新奖（椅子类）暨2019"中国的椅子——匠心·东阳"原创作品征集评选活动在东阳中国木雕城举行，从全国各地征集的116把

2019年东阳市木雕红木家具企业获省级、金华市级、东阳市级荣誉一览表

表23

荣　誉	受表彰企业
"浙江制造品字标"认证企业	东阳市明堂红木家俱有限公司、浙江卓木王红木家俱有限公司、东阳市御乾堂宫廷红木家具有限公司、东阳市旭东工艺品有限公司、国祥红木家具有限公司、浙江万家宜家具有限公司、浙江浪人工艺品股份有限公司、东阳市雅典家具有限公司
2019年浙江省商标品牌示范企业	浙江卓木王红木家俱有限公司
2019年金华市专利示范企业	东阳市双洋红木家具有限公司、东阳市雍王府家居科技有限公司、东阳市陈王阁红木家具有限公司
2019年度东阳市木雕红木家具龙头企业	东阳市陆光正创作室、东阳市明堂红木家俱有限公司、浙江中信红木家具有限公司、浙江卓木王红木家俱有限公司
2019年度东阳市木雕红木家具骨干企业	东阳市新明红木家具有限公司、浙江大清翰林古典艺术家具有限公司、浙江华盈工贸有限公司、东阳市苏阳红红木家具有限公司、东阳市旭东工艺品有限公司、东阳市凌云阁红木家具有限公司、东阳市双洋红木家具有限公司、浙江浪人工艺品股份有限公司、国祥红木家具有限公司、东阳市御乾堂宫廷红木家具有限公司

“中国的椅子”同台亮相。共有41件作品获奖，其中东阳市获奖作品24件，浙江上汐家具有限责任公司的“上汐椅”获一等奖，东阳市旭东工艺品有限公司的“和平圈椅”、东阳市明堂红木家俱有限公司的“秦时明月”获二等奖，东阳市古艺轩红木家具厂的“明式四出头官帽椅”、东阳市御乾堂宫廷红木家具有限公司的“寒梅素绣扶手椅”、浙江卓木王红木家俱有限公司的“天圆地方椅子”获三等奖。

【红木家具行业交流学习】 2019年4月26日，东阳市红木家具行业协会青年企业家委员会主办的，浙江东阳、广东中山、福建仙游三地红木家具行业青年企业家交流座谈会在东阳市召开，市红木家具行业协会青年企业家委员会、仙游中式美学研习社、中山市大涌镇青年企业家协会共20余名青年企业家参会，讨论和交流分享红木家具行业转型发展的创新思路。

8月16日，由中国东阳家具研究院主办，东阳经济开发区管理委员会、东阳市红木家具行业协会协办的“薪火相传”系列活动“创意设计与应用”讲座暨“红创二代”培训在东阳木雕小镇实训楼举行。该讲座邀请浙江省工艺美术大师陈国华、蒋宝良作题为《构图与创新解析》《浅谈东阳木雕在红木家具上的应用》的主旨演讲。

（郑文婷）

东阳木雕小镇

【概况】 2019年，东阳木雕小镇有省级以上非物质文化遗产4项，亚太地区手工艺大师3人，中国工艺美术大师6人，浙江省工艺美术大师17人。至年末，入驻木雕红木相关企业233家，总投资32.7亿元，其中特色产业投资25.88亿元，占79.1%，完成总产值20亿元。成功创建国家AAA级旅游景区、浙江省中小学生研学实践教育基地、浙江省数字化试点园区。

【获评国家AAA级旅游景区】 2019年，东阳木雕小镇开发特色小镇的文化旅游功能，根据国家AAA级旅游景区创建标准，推进景区功能项目建设，提升景区旅游交通、旅游安全、卫生、邮电、综合管理、资源和环境保护等服务质量、环境质量与景观质量。完善硬件和软件设施，在石马溪两侧，新建、移建、拆建一批明清古建筑（木雕元素为主），打造集步行休闲商业、古建筑展示、木雕工艺为一体的古建景区。12月19日，金华市旅游区（点）质量等级评定委员会下发文件，东阳木雕小镇成功创建国家AAA级旅游景区。

【获评浙江省数字化试点园区】 2019年，东阳木雕小镇推出各种创新服务，以木雕文化为基底，引入科技手段，借助视频监控、计算机、互联网和物联网等现代信息技术和管理方法，将企业、人、事、物等信息集成到同一个平台，实现“信息全面感知、资源全网共享、服务全时可用、事务全程可控”。12月16日，东阳木雕小镇获批“浙江省数字化试点园区”。

【省级研学实践教育基地】 2019年6月，东阳木雕小镇获批东阳市中小学生研学实践教育基地；7月，获批金华市中小学生研学实践教育基地；12月，获批浙江省中小学生研学实践教育基地。东阳木雕小镇成为中南林业大学家具与艺术设计学院研究生实践基地，被市人力社保局认定为木工国家职业技能培训考试中心。全年接待清华大学、浙江大学、金华市汤溪小学、磐安县深泽小学、武义县三角店小学、六石中心小学、六石初中、东阳三中、东阳技校、浙江广厦学院等院校6000余名学生到木雕小镇实训基地体验和学习东阳传统木雕文化，开展“小候鸟”夏令营、中华小鲁班夏令营、海外学子木文化研学等系列研学活动，通过中小学研学、大学生实训实习、木雕从业者职业技能培训考试等举措，促进木雕小镇研学旅行业务发展。

【木雕小镇“第二届千人毅行”活动】 2019年5月17日，由市经济开发区管委会、六石街道办事处、木雕小镇管委会主办的“不忘初心、不负匠心”木雕小镇第二届毅行活动举行，市经济开发区机关部门、辖区企业、工艺美术大师工作室的1000余人参加。毅行路线从木雕小镇实训基地出发，经长松岗工业区、北后周古村落，最后回到木雕小镇，全程10千米，途中设置9块新中国成立七十周年辉煌成就展示板。

【庆祝新中国成立70周年文化艺术主题展】 2019年10月1日，由东阳经济开发区管委会、东阳市文学艺术界联合会主办，东阳木雕小镇、东阳市美术家协会、东阳市工艺美术行业协会承办的“不忘初心，牢记使命”——庆祝新中国成立70周年文化艺术主题展在东阳木雕小镇举行。主题展的作品100余件，涵盖书法、美术、摄影、篆刻、木雕、竹编等，展期14天，吸引6000余人次参观。

（郭厚良）

东阳中国木雕城

【概况】 2019年，东阳中国木雕城实现市场成交额123.35亿元，上缴税费2392.89万元。承办首届中国红木家具展览会、国风生活馆和红木家具馆开业、第十四届中国木雕竹编工艺美术博览会等系列活动。东阳中国木雕城获“中国商品市场百强企业”“东阳市十佳商贸服务企业”和“东阳市服务型企业贡献奖”等称号。6月，中国木雕博物馆被评为“东阳市中小学生研学实践教育基地”。东阳中国木雕城有限公司董事长陈义当选为东阳市红木家具行业协会第三届理事会会长。

【国风生活馆和红木家具馆开业】 2019年9月30日，东阳中国木雕城国风生活馆和红木家具馆二次开业，木雕红木家具行业代表等数百人参加。复星集团以东阳中国木雕城为核心成立国风文化产业集团，对木雕和红木家具等传统工美产品市场进行升级、改造、融合，打造出更能体现中国文化精髓、符合当代审美趣味的家居体验空间。国风生活馆入驻各类工美大师40余人，其中亚太地区手工艺大师3人，中国工艺美术大师4人，浙江省工艺美术大师19人，中国红木艺术大师2人。业态涵盖木雕、根雕、竹编、石雕、刺绣等十余种门类。

【东阳职教中心木雕专业2017级毕业作品展】 2019年12月24日，东阳中国木雕城“双旦嗨潮趴”——“雕花不谢”东阳职教中心木雕专业2017级毕业作品展开幕式在东阳中国木雕城国风生活馆举行，特邀嘉宾浙江工业大学教授李敏、中国工艺美术大师黄小明、学校领导、学生、家长、媒体记者等200余人出席活动现场。该作品展展出40名学生创作的150余幅作品，涵盖木雕、剪纸、国画等工艺和艺术门类。

（陈小红）

2019年4月11日，以“刀木春秋花园铸就”为主题的文化展演在南马镇花园村花园红木家具城广场举行 （包康轩/摄）

花园红木家具城

【概况】 2019年，花园红木家具城总面积近50万平方米，开发建设6期，有“美联家私”“卓木王”“明清御阁”“红天下”等品牌企业2300余家入驻。10月22日，在国家市场监管总局、浙江省人民政府主办的第十一届中国商品市场峰会上，花园红木家具城继续以家具类排名第一的成绩上榜，名列2019年“中国商品市场综合百强”第44位。12月26日，在“中国红木家具‘红品奖’品牌盛典”上再次被评为“红木家具特具影响力专业市场”。12月29日，在北京钓鱼台国宾馆会展中心召开的改革开放“40年40企40人”大会上，中国木材与木制品流通协会授予花园红木家具城“改革开放领军企业”“中国木业百强企业”等称号。

【2019中国·花园红木家具展销会举行】 2019年4月11—13日，由中国木材与木制品流通协会主办、花园集团和东阳市花园红木家具开发有限公司承办的2019中国·花园红木家具展销会举行。4月11日，由万人工匠参与的以“刀木春秋 花园铸就”为主题的文化展演在南马镇花园村花园红木家具城广场举行，来自全国各地的红木家具生产商、经销商及消费者近万人参加。文化展演展示木工、刮磨、雕花等工匠技艺，配以刀木春秋大型舞蹈，结合液晶屏动漫制作，体现花园工匠风雨无阻的精神。展销会期间开发微信端电子开单系统，优化兑奖信息审核系统，缩短客户排队时间，方便客户兑换抽奖券。展销会总成交额13.2亿元。

【花园红木六期家居用品市场开业】 2019年11月12日，花园红木六期家居用品市场开业。市场于2018年10月开工建设，总建筑面积6.5万平方米，分地下一层和地上三层。主要经营大型根雕、木雕、工艺品、大板、竹制品、藤制品、玉雕石雕工艺品、陶瓷工艺品、茶道用品、铜配件、仿古木钟、红木灯饰、仿古门窗、仿古楼梯、木雕贴花、全屋整装、装饰相框、坐垫床垫、红木软装、床上用品、竹凉席枕及其他居家用品。市场内设商铺500余个，季氏家竹、老董木雕、烟台烟钟、艺鹏工艺、浩南大板、宋青空间设计、晨辉木业、武夷木业、宏瑞木业、古月船木、仙根苑、梁雄屏风、骏骏屏风等知名品牌商户入驻。市场参照五星级市场标准进行智能化、科学化、标准化、规范化管理，大型停车场、客梯、货梯、视频监控等配套设施齐全，安装有车辆属性分析系统和人脸识别系统、市场导航系统等。

【“花园购”新零售智慧红木市场上线】 2019年12月15日，由中国木材与木制品流通协会花园红木专业委员会和花园红木家具城联合主办的“花园购”新零售智慧红木市场新闻发布会在花园雷迪森大世界宴会厅举行，60余家媒体及1800余家商户参加。发布会上，“花园购”新零售智慧红木市场启动。商家通过花园智慧展厅实现一店双开，把实体店克隆到线上，让客户远程进入门店；通过雷达实时监控客户动态，自由发布产品，精准筛选意向客户；发布集电子画册、店铺全景、个人名片、智能获客等功能于一体的AI获客名片。该市场软件由花园红木家具城与全景科技合作，经过一年多的技术研发开发完成。

（周姣姣）

建筑业 房地产业

建筑业

【概况】 2019年，东阳市有建筑企业451家，其中特级企业7家，一级企业67家，二级及其他企业377家。建筑企业签订合同额2028亿元，比上年下降29.8%。房屋施工总面积3.32亿平方米，比上年下降15%，其中新开工面积9460万平方米，比上年增长16.9%。完成建筑业总产值1728亿元，比上年下降33.5%，其中在省外实现产值1276亿元，占总产值的73.8%。实现超10亿元建筑市场（以省级为单位）8个，比上年增加2个；超30亿元建筑市场7个，比上年增加3个；超50亿元建筑市场10个，比上年增加1个。实现建筑业入库税金29.8亿元，比上年增长37.24%，占全市财政总收入的25.8%。

中天建设集团承建的位于内蒙古包头的包商银行商务大厦工程和歌山建设集团承建的位于金华市的金华银行财富大厦项目获“鲁班奖”，全市“鲁班奖”小金人增至43座。获“国家优质工程奖”5项、“钢结构金奖”1项。东阳市文物建筑修缮有限公司获“中国民族建筑行业百强企业”称号。中天建设集团列“中国企业500强”第218位，列“中国民营企业500强”第64位，列“中国承包商80强”第8位；广厦建设集团列“中国民营企业500强”第79位；歌山建设集团列“中国承包商80强”第42位。

【建筑业发展经验推广】 2019年3月13日，副省长彭佳学到东阳市考察建筑业“店小二”服务中心，要求省住建厅总结东阳建筑业发展经验并在全省推广。4月23日，全省建筑行业学习东阳经验现场会在东阳市召开，各设区市建设局（委）分管负责人、全省12个建筑之乡建设局主要负责人、相关处室负责人、厅建筑市场监管处负责人50余人参加会议。会上东阳市介绍设立国内首个建筑业专项转贷基金，组建国内首个建筑产业发展联盟，成立首个建筑业“店小二”服务中心，开创公检法联动维权先河，搭建国内首个全产业链、全开放建材集采平台等推动建筑业发展的典型做法。会议提出东阳市“店小二”品牌成为全省的一张金名片，让“店小二”精神成为浙江建筑业的核心竞争力。

【行业招商】 2019年，东阳市招引企业140家，资质落地企业82家，增加纳税企业46家，完成招商税收13.87亿元，比上年增长29.1%。吴宁街道、白云街道、城东街道、千祥镇、画水镇、马宅镇、佐村镇的建筑业招商税收超过5000万元；江北街道、六石街道、巍山镇、歌山镇、湖溪镇的招商税收超亿元。

【建筑材料集中采购】 2019年，东阳建筑供应链服务有限公司增加2个区域配送中心。3月29日，东阳建筑供应链服务有限公司南昌配送中心成立。6月3日，东阳建筑供应链服务有限公司杭州配送中心成立。为市内30余家建筑企业开展服务，业务遍布国内20余个省份的300余个

2019年3月13日，副省长彭佳学（前排右二）考察建筑业“店小二”服务中心
（市住建局提供）

工程项目，累计集采钢筋等建材25余万吨，交易金额超10亿元。

【建筑产业发展联盟】 2019年，市建筑产业发展联盟吸纳天祥建设集团股份有限公司、浙江中垚建设有限公司、浙江省东阳市江南建设有限公司、东阳江城建设集团有限公司、东阳市中驰生态建设有限公司、东阳市中筑建设有限公司为联盟成员单位，其中天祥建设集团股份有限公司为副理事长单位。10月，召开联盟第三季度例会，与中国建设银行签订《战略合作协议》解决境外业务保函问题。

【建筑业“店小二”服务中心】 2019年2月，东阳市成立“建筑房产企业帮扶办公室”，为5家企业成立授信银行联合会商授信机制。3月，东阳人保财险公司入驻建筑业“店小二”服务中心，推出农民工工资支付履约保证保险，开展建筑工程综合保险中的投标、工程履约、欠薪保证保函试点工作。建筑业“店小二”服务中心办理各类建设工程保险2405笔，涉及释放资金8.71亿元，降低建筑企业成本5000余万元。

【公检法联动法务维权】 2019年，市建筑业犯罪侦查中心受理案件30起，立案16起，查处10起，抓获10人次；建筑业检察事务中心办理逮捕案件8件9人，批准逮捕6件7人，受理起诉案件13件14人，提起公诉5件5人；建筑业巡回法庭结案2293件，调撤1477件，挽回企业经济损失20余亿元。

（许　杭）

建筑企业选介

·中天建设集团有限公司·

【概况】 2019年，中天建设集团有限公司（简称中天建设集团）完成产值870亿元，年竣工面积近3800万平方米，承接装配式建筑面积超1000万平方米。至年末，有中级、高级工程师2700余人，注册建造师、注册造价师、注册建筑师、注册结构师等注册类人员2200余人。中天建设集团列中国承包商80强第8位，全年创中国建设工程“鲁班奖”1项（内蒙古包商银行商务大厦工程），国家优质工程1项，全国施工安全生产标准化建设工地7项，省级优质工程33项，省级文明工地129项，省级新技术示范工程15项，省级绿色施工示范工程11项。中天建设集团获“创建上海市建设工程白玉兰奖杰出单位”称号，中天建设集团天津分公司天拖一期（E）地块江坪园项目部获2019年度“全国工人先锋号”称号。

【内蒙古包商银行商务大厦入选“鲁班奖”工程】 2019年12月10日，2018—2019年度第二批中国建设工

2019年12月，入选“鲁班奖”工程的内蒙古包商银行商务大厦（中天建设集团提供）

2019年中天建设集团承建的重点工程项目一览表

表24

序号	单位名称	工程名称	结构层数	合同造价（万元）	建筑面积（平方米）
1	中天一建	金华市区环城西路（婺江大桥–人民西路）优化改造工程三期	道路全长1491米	32256	—
2	中天三建	网易上海西岸研发中心项目工程施工总承包	框剪结构 -1～17层	78000	126896
3	中天七建	网易广州东湖研发基地项目工程施工总承包	框架剪力墙-2～8层	77000	171700
4	天津公司	济南华润中心二期施工总承包工程	框架核心筒	65058	273000
5	城轨公司	杭州地铁10号线一期工程SG10-6	—	99012	—
6	城轨公司	杭州地铁9号线一期工程昌达路车辆段施工Ⅱ标段	—	104000	—

程鲁班奖表彰大会在北京市召开，内蒙古包商银行商务大厦工程入选“鲁班奖”工程。该工程位于内蒙古包头市新都市区，为城市综合体项目，总部办公大楼建筑高度133米，由中天建设集团内蒙古公司总承包，中天恒筑钢构、中天精诚装饰分别负责钢结构工程和装饰工程。12月，内蒙古包商银行商务大厦内的铂尔曼酒店内部装饰工程获2019年全国建筑装饰行业科技创新成果奖。

【万科金域华府DK1(B区)31号楼及地下车库项目获国家优质工程奖】 2019年，由中天建设集团(中天五建)总承包施工的西安万科金域华府DK1(B区)31号楼及地下车库项目获2018—2019年度国家优质工程奖。项目位于西安市未央路与凤城九路交叉口，由一栋高层办公楼及地下车库组成，总建筑面积61156.5平方米，建筑高度99.9米，主体结构采用框架核心筒结构。

【高碑店列车新城项目获四项认证】 2019年，在第23届国际被动房大会上，由中天建设集团(中天四建)承建的被动式建筑综合社区——高碑店列车新城项目获四项认证：由德国被动房研究院(PHI)和国际被动房联盟(iPHA)联合发布的中国首个PHI国际被动房区域认证；由中建联被动式超低能耗建筑联盟审查通过的被动式超低能耗建筑认证；中国工程建设标准化协会审查通过的近零能耗居住建筑质量控制标准；国家“十三五”近零能耗居住建筑示范区工程。该项目总建筑面积27万平方米，由27个单体组成。

(张乐源)

·海天建设集团有限公司·

【概况】 2019年，海天建设集团有限公司(简称海天建设集团)完成产值163.41亿元，承接业务196.69亿元。获全国AAA级安全生产标化工地1项、省级优质工程9项、省级文明工地13项；国家实用新型专利12项、国家级QC成果4项、省级QC成果10项、省级工法5项。海天建设集团获“浙江省百强企业”“浙江省守合同重信用AAA企业”“浙江省优秀企业文化示范单位”等称号。2月13日，海天建设集团与浙江东阳农村商业银行股份有限公司签署《战略合作协议》。

【重点在建项目】 至2019年年末，海天建设集团在建项目总建筑面积1340万平方米；在建工程统计总项目152个，其中包含霍城县中小河流域治理及灌溉渠道建设工程、霍城县萨尔布拉克河流域综合治理、霍城县西部农村饮水建设工程、奉新县文体艺术中心4个PPP项目，东阳市南江生态项目、金华年产7万立方米绿色智能化装配式PC构件生产项目、东阳市博士路隧道项目等12个EPC项目，明珠国际金融大厦、奉贤南桥基地项目、鹿泉梦想家园项目等19个

2019年海天建设集团优质工程项目一览表

表25

序号	工程名称	荣誉称号	表彰单位	表彰时间
1	上饶市公安局业务技术用装修装饰工程	江西省杜鹃花杯	江西省住房和城乡建设厅	2019年3月
2	步阳江南甲第五期1号楼	辽宁省世纪杯	辽宁省建筑业协会	2019年4月
3	步阳江南甲第五期2号楼	辽宁省世纪杯	辽宁省建筑业协会	2019年4月
4	步阳江南甲第五期3号楼	辽宁省世纪杯	辽宁省建筑业协会	2019年4月
5	青浦香花桥街道E-04-01地块商品房项目5号楼	上海市建设工程白玉兰奖	上海市建筑业施工行业协会	2019年8月
6	青浦香花桥街道E-04-01地块商品房项目12号楼	上海市建设工程白玉兰奖	上海市建筑业施工行业协会	2019年8月
7	河池市老虎山片区棚户区改造项目桥卜安置点教育配套设施工程	广西优质结构奖	广西建筑业联合会	2019年12月
8	枫泾镇H3H4地块商品房项目二期K5标	全国AAA级文明标化	上海市建设安全协会	2019年12月
9	南桥基地大型居住社区12-17A-02A地块项目1号房	上海市优质结构	上海市建筑业施工行业协会	2019年
10	南桥基地大型居住社区12-17A-02A地块项目3号房	上海市优质结构	上海市建筑业施工行业协会	2019年

2019年海天建设集团获国家级发明专利情况一览表

表26

序号	专利名称	专利号	发明人	授予专利日期
1	典型单元梁板系统	ZL 2018 2 1004559.1	孟　青、回中兴、郑跃建 吕　杨、徐洁婷、郭　哲	2019年1月
2	自钻式预应力锚杆支护系统	ZL 2018 2 1004895.6	孟　青、回中兴、赵　亮 龚　飞、郭　哲、郑跃建	2019年1月
3	高压喷射灌浆水泥防渗墙	ZL 2018 2 1006976.X	回中兴、孟　青、郑跃建 赵　亮、赵宇剑、刘国迎	2019年1月
4	三角架搭架施工外部悬挑结构	ZL 2018 2 1004170.7	回中兴、孟　青、龚　飞 徐洁婷、郭　哲、郑跃建	2019年2月
5	多跨门架式支撑系统	ZL 2018 2 1004056.4	孟　青、回中兴、蒋冀勇 徐洁婷、郭　哲、郑跃建	2019年4月
6	工程体小质重物品省力转移简易车	ZL 2018 2 1388959.7	应向华、虞斌波、张东山 朱新峰、周跃生	2019年4月
7	一种加气块划槽装置	ZL 2018 2 0791084.9	王湘梁、楼鑫民	2019年1月
8	一种混凝土防漏装置	ZL 2018 2 0791571.5	王湘梁、楼鑫民	2019年4月
9	一种新型建筑工程支撑装置	ZL 2018 2 1509487.6	龚　飞、金美良、龚　华 陈真跃、虞国宏、胡永威 赵　聪、徐兴兴	2019年5月
10	钢桁架	ZL 2018 2 1471454.7	孟　青、回中兴、刘国迎 郑跃建、赵连东	2019年8月
11	梁模板支撑施工系统	ZL 2018 2 1470826.4	回中兴、孟　青、刘国迎 郑跃建、赵连东、吕　杨	2019年9月
12	地质电子地图展示系统	ZL 2018 2 1836795.X	娄　鹏、石伟太 姚　健、田炎良	2019年8月

装配式项目及1个国外项目(泰国芭堤雅市春武里府体育馆)。

【建筑技术观摩交流】 2019年7月27日,海天建设集团在上海市奉贤区南桥基地大型居住社区项目召开现场观摩会,480余人参加。该观摩会推广标杆工程建设,介绍装配式施工质量控制重点。12月9日,广东省佛山市南海区里水镇,南海区住建局组织到保利紫晨花园开展有限空间应急演练现场观摩会,约400人参加,该次演练主要针对电梯井、消防水箱等有限空间发生有毒气体污染,进行紧急救援。

【安全生产月活动】 2019年6月,海天建设集团开展"安全生产月"和"安全生产万里行"活动,以"防风险、除隐患、遏事故"为主题,开展在建工程的消防、救援等应急演练132场次。开展"安全月"宣传活动,制作宣传专栏480项,悬挂大型条幅600条。

(李　沁)

·广厦建设集团有限责任公司·

【概况】 2019年,广厦建设集团有限责任公司(简称广厦建设集团)下辖山西、天津、西安、江西、贵州、安徽等30余家分公司,总资产159余亿元,净资产73余亿元,完成建筑业总产值135余亿元。有各类经济、工程和技术人员7000余人,中高级职称人员2000余人。

【项目观摩会】 2019年6月14日,赣北浮梁县安全生产月现场观摩会

2019年9月26日，由广厦建设集团承建的小百花艺术中心试运营

（广厦建设集团提供）

在广厦建设赣北“金投河滨之城”项目现场召开。7月19日，恒大地产集团京津冀区域观摩会在广厦建设天津公司唐山恒大御海天下项目现场召开，恒大地产集团京津冀区域领导及恒大在建项目骨干200余人参加观摩会。观摩者对该项目的现场管理、现场标化、质量安全表示肯定。

【重点工程】 2019年9月26日，由广厦建设集团承建的世界最大“蝴蝶”型建筑——小百花艺术中心试运营。举行开幕典礼，台北101设计师、小百花越剧场设计师李祖原、《德龄与慈禧》编剧何冀平、作家王安忆、袁敏，以及原浙江小百花越剧团团长、百越文化创意有限公司董事长茅威涛、演员邢岷山、钮晓晴夫妇等出席开幕典礼。小百花艺术中心项目为省重点工程，包括剧场和展厅两部分，其中剧场部分地下2层，地上5层；展厅部分地下1层，地上5层，为大跨度建筑。整个剧场的地下基础为深基坑，设备基坑结构标高为-22.00米。

（韦晓敏）

·歌山建设集团有限公司·

【概况】 2019年，歌山建设集团有限公司（简称歌山建设集团）完成产值152.9亿元。至年末，拥有总资产近70亿元，员工3万余人，各类专业人员近3000人。获“社会信用评价AAA级”“2019中国承包商企业80强”“2019浙商全国500强（114位）”等称号。1月24日，歌山建设集团与杭州千城建筑设计集团股份有限公司战略合作签约仪式在杭州千城建筑设计集团股份有限公司总部举行。

【捐资助学】 2019年11月20日，歌山建设集团向四川省南江县爱心助学捐赠仪式在南江县长赤镇小学举行。歌山建设集团向南江县43所农村中小学校的10557名学生捐赠总价值150万元的运动鞋，向南江县政协爱心扶助中心捐赠爱心助学资金20万元。

2019年广厦建设集团工程获奖情况一览表

表27

序号	获表彰集体	荣誉称号	表彰单位	表彰时间
1	恒大绿洲7号地块房地产项目绿洲嘉园21—24号楼	天津市建筑工程优质结构	天津市建筑施工行业协会	2019年2月
2	恒大绿洲7号地块房地产项目绿洲嘉园26—30号楼	天津市建筑工程优质结构	天津市建筑施工行业协会	2019年2月
3	恒大绿洲7号地块房地产项目绿洲嘉园33—36号楼	天津市建筑工程优质结构	天津市建筑施工行业协会	2019年2月
4	景茂科技园1号楼、2号楼	天津市建筑工程优质结构	天津市建筑施工行业协会	2019年2月
5	萍乡市城市大厦	江西省建筑结构示范工程	江西省建设工程安全质量监督管理局	2019年3月
6	沈阳广厦·绿园3号楼	辽宁省建设工程优质结构	辽宁省建筑业协会	2019年4月
7	新城新兴玉园一标段7号、8号楼工程	2019年度（上半年）“陕西省建筑优质结构工程”	陕西省建筑业协会	2019年7月

2019年歌山建设集团获国家级优质工程项目一览表

表28

序号	工程名称	荣誉名称	表彰单位	表彰时间
1	金华银行财富大厦	2018—2019年度中国建设工程鲁班奖(国家优质工程)	中国建筑业协会	2019年12月

2019年歌山建设集团省级优质工程奖一览表

表29

序号	工程名称	荣誉名称	表彰单位	表彰时间
1	一大街拆迁地块住宅项目(施工)二标段5号、6号楼	2018年度天津市建设工程"海河杯"	天津市建筑施工行业协会	2019年2月
2	新乡绿都塞纳春天22号楼工程	2018年度河南省建设工程"中州杯"(省优质工程)	河南省人力资源和社会保障厅 河南省住房和城乡建设厅	2019年9月
3	洛阳绿都悦府2号、5号楼工程	2018年度河南省建设工程"中州杯"(省优质工程)	河南省人力资源和社会保障厅 河南省住房和城乡建设厅	2019年9月

2019年歌山建设集团获国家级发明专利情况一览表

表30

序号	专利名称	发明人	专利号	授权时间
1	大空间地下室顶板后浇带增设水平缝防水施工方法	刘金亮、于宁、刘勇、暴文达、黄健康	ZL2017 1 0365065.X	2019年4月

【萧山所前镇城南村城中村改造安置房项目EPC工程】 2019年4月24日，歌山建设集团中标由杭州市萧山城市交通开发有限公司开发的杭州萧山所前镇城南村城中村改造安置房项目EPC工程，中标金额16.87亿元。该项目是歌山建设集团承建的最大房建单体项目，建设内容由20栋高层住宅及配套服务用房组成，高层住宅地下设置为一层自行车库，二层储藏室及部分设备用房，其余均为二层地下汽车库。总用地面积172969平方米，总建筑面积586744平方米，其中地上建筑面积372744平方米，地下建筑面积214000平方米。

（朱　杰）

·浙江新东阳建设集团有限公司·

【概况】 2019年，浙江新东阳建设集团有限公司(简称新东阳建设集团)完成建安产值90亿元，承接业务合同金额75亿元。与恒大、碧桂园等国内大型房地产开发商合作，扩张业务规模，全年缴纳东阳市地方税收6082万元，亩产税收552.9万元。2月26日，新东阳建设集团中标首个EPC(工程总承包)工程——"灵璧县汽车站搬迁设计施工一体化工程"。

由新东阳建设集团承建的鱼台中医院项目被评为山东省建筑工程优质结构奖，欧雅右岸春天16~22栋获广东省建设工程优质结构奖。9月26日，新东阳建设集团合唱团在金华市建设系统"中天杯"歌唱祖国歌咏比赛中获银奖。11月1日，新东阳建设集团代表队参加东阳市"二职"杯建筑维修电工职业技能竞赛，获团体比赛二等奖。

【义乌城市有机更新胜利回迁房项目开工】 2019年6月27日，新东阳建设集团承建的义乌市城市有机更新胜利回迁房地块二标段项目举行开工仪式。该项目位于义乌市稠城街道，东依丹溪北路，南邻县前街(规划延伸)，西至香山路，北靠国贸大道，总用地面积9.23公顷，总建筑面积32.22万平方米，概算总投资45.12亿元，容积率2.28，建筑密度33.1%，绿地率30.81%。由24栋13~17层高层住宅和配套商业服务用房组成，安排住宅约1330套。项目地下为局部两层停车库，机动停车数2311辆。

【浙江尖峰药业项目开工】 2019年9月8日，新东阳建设集团承接的浙江尖峰药业有限公司"年产20亿片固体制剂"项目举行开工典礼，浙江尖峰药业是全国百强医药企业，"年产20亿片固体制剂"项目为该集团国际化重点项目，工期400天。项目有12个单体，基础采用旋挖桩基，钢

2019年9月8日，新东阳建设集团承接的浙江尖峰药业有限公司“年产20亿片固体制剂”项目举行开工典礼标　（新东阳建设集团提供）

筋混凝土现浇框架结构，总建筑面积63909.92平方米。

【南雄红色革命陈列馆项目(一期)奠基】 2019年9月18日，新东阳建设集团承建的南雄红色革命陈列馆项目(一期)举行奠基仪式。该项目建筑面积18870平方米，其中地下10840平方米，地上8030平方米，采用砼+钢结构的形式，项目由3个圆柱体组成，工程造价1.09亿元。

（金锦超）

·天祥建设集团股份有限公司·

【概况】 2019年，天祥建设集团股份有限公司(简称天祥建设集团)在建施工面积1500万平方米，在建项目51个，年产值61亿元。至年末，有全资子公司7家、控股子公司2家、参股公司2家和区域公司9家。有员工3万余人，其中管理团队1700余人，工程技术人员600余人，其中教授级高级工程师3人、高级工程师等职称36人，一级建筑师、一级建造师、一级结构师等各类注册工程师80余人。拥有国家级、省级工法8项，实用新型专利50项、发明专利6项。

2月15日，东阳市建筑业工作会议在市行政中心召开，天祥建设集团获东阳市“龙头企业”称号。3月29日，浙江省建筑业行业协会五届二次理事会暨五届二次常务理事会议召开，天祥建设集团获“浙江省建筑业先进企业”称号。

【免模装配一体化钢筋混凝土结构工业化体系发展】 2019年1月5日，国内第一个高层免模装配一体化钢筋混凝土结构工业化体系(简称PI体系)项目——保利紫山公馆PI体系首层混凝土浇灌完成；1月11日，PI结构体系安装与验收方案通过专家认证；3月22日，PI项目正式吊装；4月18日，PI项目主体结构封顶；4月19日，广东省装配式建筑新技术巡礼暨PI技术发布会及现场观摩会举行；12月4日，PI项目主体通过验收；12月，PI团队启动广东地方标准《笼模装配一体化钢筋混凝结构技术规程》编制工作；启动行业标准《免模装配一体化钢筋混凝土结构技术规程》编制工作。

【建筑新技术考察交流】 2019年8月14日，广东省住房城乡建设厅在保利紫山公馆召开“装配式建筑推广工作座谈交流会”，天祥建设集团交流PI项目开展经验。8月25日，广西壮族自治区住建厅主要领导到保利紫山公馆调研。8月27日，佛山南海区住房城乡建设和水利局主办的“2019年南海区新型PI装配式体系观摩会”在保利紫山项目召开，与会人员现场观摩项目实施情况。12月7日，由瑞捷咨询发起的“技术驱动品质·创新提

2019年天祥建设集团优质工程奖一览表

表31

序号	工程名称	获奖名称	表彰单位	表彰时间
1	罗定碧桂园建设项目(5楼、6楼、7楼)	云浮市建设工程优质结构奖	云浮市建筑业协会	2019年6月
2	阳光城丽景湾南区房地产项目A6、A7、A9、A10、A11栋楼及A6、A7、A9、A10、A11栋楼地下室	广西建设工程优质结构奖	广西建筑业联合会	2019年7月
3	森林花园19号、20号、21号、22号、23号楼及地下室	广西建设工程优质结构奖	广西建筑业联合会	2019年7月
4	旭辉·湖山樾1号、2号、3号楼及地下室	广西建设工程优质结构奖	广西建筑业联合会	2019年12月
5	森林花园17号、18号楼及地下室	广西建设工程优质结构奖	广西建筑业联合会	2019年12月

2019年天祥建设集团获国家级发明专利情况一览表

表32

序号	专利名称	专利类型	专利号	授权公告日
1	一种L型带端柱的混凝土剪力墙腔体结构	实用新型	201821056939X	2019年3月
2	一种T型带端柱的混凝土剪力墙腔体结构	实用新型	2018210569370	2019年3月
3	一种T型混凝土剪力墙腔体结构	实用新型	2018210569336	2019年3月
4	一种简易混凝土墙腔体	实用新型	201821056495X	2019年3月
5	一种L型混凝土剪力墙腔体结构	实用新型	2018210569385	2019年3月
6	一种桁架支撑的混凝土墙腔体	实用新型	2018210565219	2019年4月
7	一种钢筋混凝土柱的一体式浇筑成型施工方法	发 明	2015107527655	2019年1月
8	一种钢筋混凝土剪力墙的自平衡整体式模板拼装结构	发 明	201510755679X	2019年7月
9	一种钢筋混凝土梁的自平衡整体式模板拼装结构	发 明	2015107558225	2019年9月

升效率——工程管理创新私享会”现场观摩交流会在保利紫山公馆举行，40余名全国前20强房地产企业高层领导参加。

（楼列伟）

房地产管理

【概况】 2019年，东阳市完成存量房房屋网签4310宗，面积89万平方米；完成商品房网上备案10432套，面积154万平方米；完成商品房预查封、预解封3151套；完成商品房预测成果备案审核24宗，建筑面积238万平方米；出具涉及房改证明328份。

【住房保障】 2019年，东阳市推进公共租赁住房一期项目后续工作，完成整个小区智能门锁系统的建设，完成对小区物业服务企业的招标、进驻，完成小区主入口道路和小区围墙基本建设。增加公租房申请家庭159户，接收市民政局审核完毕档案138户。12月25日，市住建局（市房地产处）开展2019年东阳市公共租赁住房配租抽签仪式。12月，完成135户家庭实物配租，完成年度货币补助、实物配租任务。

2019年12月25日，市住建局（市房地产处）开展2019年东阳市公共租赁住房配租抽签仪式 （市房地产处提供）

【透明售房网运行】 2019年8月6日，东阳市透明售房网试运行。透明售房网投入使用后，全市55家房地产经纪机构实名认证并入驻透明售房网平台，利用该平台开展网上二手房网签业务。

【住房安全管理】 2019年，市房地产处开展公共租赁住房、直管公房安全隐患排查工作，排查公房渗水、开关损坏、门窗破损等问题，定期排查消防灭火器和消防水带的情况，向住户宣传消防安全知识。针对降水、大风等恶劣天气，通过短信平台统一向公租房住户发送提醒信息6次。完成公房加固、维修改造47处。

【白蚁防治】 2019年，市房地产处完成省建设厅下达的有关加强传统村落和历史名城名镇名村白蚁危害的调查工作；新建房屋白蚁预防受理46宗，验收33宗；完成新建房屋白蚁预防工程项目质量督查48场次，推进东阳市白蚁预防工作并确保预防质量达到合同的要求。

【物业管理】 2019年，市房地产处督促全市物业服务小区开展全国文明城市创建工作；对东阳市103个物业服务小区开展消防安全隐患大检查4次，督促开展隐患整改工作；完成17个小区业主委员会成立、变更登记备案工作；完成7个小区物业服务合同备案工作；拨付46宗住宅物业专项维修基金，金额229.44万元；退还5宗住宅物业保修金，金额379.97万元。

（杜 俊）

住房公积金管理

【概况】 2019年7月，金华市住房公积金管理中心东阳分中心档案系统上线，11月接受省级档案达标认定小组考核验收，12月通过省二级达标认定，实现档案数字化管理。11月，全市实现“贷款一件事”中东阳市不动产登记中心的点对点贷款抵押登记。金华市住房公积金管理中心东阳分中心被评为“2019年度金华市住房公积金管理机构工作目标考核优秀单位”。

【住房公积金归集与支取】 2019年，东阳市增加住房公积金开户单位322家，增加缴存职工10140人，实缴净增6516人，归集10.57亿元，比上年增长17.44%；全市支取住房公积金97772人次，支取金额6.69亿元，比上年增长16.55%。至年末，全市住房公积金账户合计75438人，其中实际缴存61380人（其中活跃人数56126人），封存19312人。

【住房公积金贷款发放】 2019年，金华市住房公积金管理中心东阳分中心增加与33个楼盘建立住房公积金贷款合作业务；向1635户家庭发放住房公积金贷款6.93亿元；结清贷款439户，收回本金3.02亿元；本息回收率100%；个人住房公积金存贷比95.17%。

【住房公积金政策调整】 2019年3月4日，金华市住房公积金管理中心成立“无证明城市”工作专班，金华市住房公积金管理中心东阳分中心为专班成员。自2月25日起，对购买、建造、翻建或大修住房的，按规定提取父母、子女住房公积金，取消购（建）房人缴存住房公积金的前置条件。自5月5日起，因购买、建造住房申请提取公积金，申请人及配偶无住房公积金贷款的，自颁发《不动产权证书》之日起一年内予以办理公积金提取。自5月6日起，享受公积金优惠政策的高层次人才应在金华市范围内工作并在所在工作地缴存公积金。享受公积金优惠政策的公积金贷款部分，不实行存贷挂钩。自8月13日起，开展金华市退休“一件事”和逝者“身后事”联办住房公积金业务。自10月21日起，已办理公积金按月还贷提取的，本人及配偶该年再申请同一套住房组合商贷或另一套住房一年一次还贷提取的，予以办理。该年已提取住房公积金的职工，本人及配偶均不能再申办提取还贷业务。

12月23日，金华市住房公积金管理中心规定：自2020年1月1日起，同一人多次变更婚姻关系购房、同一套住房一年内二次（含）以上买卖交易、非配偶或非直系亲属二人以上共同购房，该房已办理提取过住房公积金的，同一年度内不得再次办理住房公积金提取业务。

【民生服务】 2019年8月，金华市住房公积金管理中心东阳分中心在18个镇乡街道的东阳农商银行营业网点挂牌“公积金服务窗口”，公积金政务服务事项办理网点实现乡镇全覆盖。9月，中国建设银行股份有限公司东阳支行入驻市行政服务中心公积金综合服务区，受理公积金贷款业务。11月，向东阳农商银行开放柜面延伸合作业务数据权限。

（任妙旦）

商贸

综 述

【概况】 2019年,东阳市箱包皮具、渔具渔线产业集群列入省第二批产业集群跨境电商发展试点。东阳市引进跨境电商综合服务平台“麒麟计划”,三年计划投入900万元,成为金华地区首批引进跨境电商综合服务平台的县市。加强对商贸服务业项目和小微企业的培育扶持;推进跨境电商体系建设、农产品上行、电商专业村和服务站建设;培育外贸综合服务企业和有效出口主体,鼓励开展国际服务贸易;支持外经企业投保海外投资保险。开展商贸统计工作。组织企业参加第二届国际进口博览会。开展安全生产大检查,出动268人次,检查企业122家次;制定《2019年东阳市成品油市场专项整治工作方案》,明确整治时间、整治目标和整治重点,与市公安局、市市场监督管理局等部门开展联合执法行动。市商务局被金华市商务局评为综合绩效考核优秀单位。

【商贸服务业】 2019年,东阳市社会消费品零售总额302.17亿元,比上年增长7.8%;批发业商品销售额590.17亿元,比上年增长11.2%;零售业商品销售额720.57亿元,比上年增长10.8%;住宿业营业额11.62亿元,比上年增长7%;餐饮业营业额42.78亿元,比上年增长7%。9月至11月,举办东阳市第十一届休闲购物节 。11月2—5日,举办第十四届中国木雕竹编工艺美术博览会,该博览会升格为国家级红木展会。全年举办各类展会29个,总成交额31.64亿元,比上年增长4.49%。9月20日,江北街道瑞州超市开业;9月28日,吴宁街道东方巴黎城商场开业;11月12日,南马镇花园雷迪森大世界酒店和花园家居用品市场开业。浙江横店影视城有限公司和浙江联宜电机有限公司被认定为第一批省级供应链创新与应用试点企业,东门菜场被认定为浙江省公益性农产品市场。全年受理单用途预付卡相关投诉917起,处理783起,转交其他途径处理134起。

【电子商务】 2019年,东阳市完成网络零售额108.6亿元,比上年增长17.9%。完成东阳市首批22家企业孵化培训工作,企业在亚马逊、全球速卖通等平台开店31家;全市有7个镇入选“淘宝镇”,16个村入选“淘宝村”;完善农村淘宝(天猫优品)、邮乐购等农村电商服务体系,实现行政村全覆盖;京东商城“中国特产·东阳馆”开馆运营以来累计上线产品52个,关注人数列金华地区各特产馆第一位。举办东阳市第四届青年创业大赛暨电子商务创新创业大赛,组织参加省市创业创新大赛,获金华市电商创业创新大赛优秀组织奖。

【服务贸易】 2019年,东阳市服务贸易实现进出口总额45.95亿元,其中出口额40.19亿元,进口额5.76亿元。4月,市商务局组织浙江联宜电机有限公司参加第七届中国(上海)国际技术进出口交易会。6月,市商务局组织广厦传媒有限公司、横店影视

2019年6月14日,浙江省跨境电商综试区经验复制推广暨“麒麟计划”东阳跨境电商发展资源峰会在东阳市举行 (市商务局提供)

城、浙江红点影视股份有限公司、东阳大玩家影视传媒有限公司、欢瑞世纪(东阳)影视传媒有限公司、千乘影视股份有限公司、东阳欢娱影视文化有限公司、拉风传媒股份有限公司、东阳辣骄传媒有限公司、东阳大唐影视文化股份有限公司、浙江天意影视有限公司、浙江梦幻星生园影视文化有限公司12家企业参加戛纳杭州影视对接交流活动。6月14日,市商务局联合浙江(杭州)跨境电子商务综试区及浙江国贸数字科技有限公司举办浙江省跨境电商综试区经验复制推广暨“麒麟计划”东阳跨境电商发展资源峰会,组织全市140余家生产企业、销售企业及电商企业参加。10月,市商务局组织东阳传驿人影视文化有限公司、浙江红点影视股份有限公司、东阳欢娱影视文化有限公司3家企业参加法国戛纳影视展。

【对外贸易】 2019年,东阳市外贸进出口总额216.27亿元,比上年增长4.32%。其中,出口额197.77亿元,比上年增长4%;进口额18.5亿元,比上年下降7.88%。全年增加备案外贸企业188家,全市备案外贸企业累计1533家。2019年春秋两季中国进出口商品交易会,东阳市有参展企业120家、展位169个、参展代表600余人,累计成交金额约3865万美元。2019年华东进出口商品交易会,东阳市有参展企业15家、参展代表80余人。组织59家企业参加第二届国际进口博览会,成交金额1555万元。推进“订单+清单”监测预警系统的部署落实,完成484家出口企业全覆盖。宣传推介“义新欧”班列品牌,动员企业组织货源参与“义新欧”班列,全年组织17家企业298.2万美元货源。

【对外经济合作】 2019年,东阳市完成对外承包工程营业额3.53亿美元,占金华市对外承包工程营业额的90%。中方在外劳务人员1412人,雇佣项目所在国劳务人员2451人,雇佣第三国劳务人员2741人。增加境外公司3家,中方对外直接投资备案额305万美元。组织企业参加省对外承包工程业务培训、省“一带一路”论坛、省企业境外投资培训、央企浙企项目对接会等活动,参加企业25家次,累计培训80人次。处理对外承包工程企业境外劳务纠纷3起。

（吕港港）

供销合作

【概况】 2019年,东阳市供销合作总社总经营收入33.6亿元,实现利润4169万元,上缴财政税收2121万元。企业所有者权益29087万元,资产总额5.2亿元,固定资产原值15637万元,固定资产净值7206万元。9月19日,中华全国供销合作总社授予市供销合作总社“2018年度百强县级社”称号(列全国第60位),吴宁供销社获“2018年度基层社标杆社”称号。2019年度综合业绩考评获省供销社、金华供销社系统优秀单位。市供销合作总社牵头创办农民专业合作社25家。其中,获国家级示范农民专业合作社4家,获省级示范性农民专业合作社3家;获绿色产品证书3个和无公害农产品、产地证书10个;创办服务综合体9家、村级综合服务社44家。9月,“东阳市黄田畈供销合作社”更名为“东阳市画水供销合作社”。

市供销合作总社辖属专业公司有方圆农资连锁总公司、日用工业品总公司、废旧物资总公司、土特产果菜总公司、方圆石油化工有限公司、方圆医药有限公司、方圆大药房连锁有限公司、供销电子商务有限公司、西园供销有限公司9家;中等专科学校有市供销学校1所;基层供销社有吴宁供销社、画水供销社、六石供销社、巍山供销社、虎鹿供销社、湖溪供销社、横店供销社、千祥供销社、南马供销社9家。

【方圆农资】 2019年,东阳市方圆农资连锁总公司(简称方圆农资公司)。有农资连锁店76家和加盟连锁店1家。全年完成销售收入3918万元,销售化肥9842吨、农药761吨、农膜522吨,实现利润86.28万元。

方圆农资公司筹备资金1300余万元,购进和落实优质化肥14500吨、农药600吨、农膜380吨。政府惠农采购补贴配方肥和有机肥4500余吨。协助市残联做好2019年化肥配送工作,配送化肥32.7吨,计10万元。10月31日,获东阳市废弃包装物回收和处置3年(2020—2022年)的经营权,全市84个废弃包装物回收点全年回收各类农药废弃包装物373万余件,回收处置重量45吨,支付回收额59万元。举办新产品订货会、产品使用现场观摩会10余场,引进化肥新产品20余个、农药新产品20余个,利用市农业农村局在各农资连锁店的农资信息化平台发布公司新产品、新技术信息。按照市农业农

2019年9月28日,市供销合作总社举办“壮丽70年 奋斗新时代”庆祝东阳市供销合作总社成立70周年文艺晚会（市供销合作总社提供）

村局要求对21家连锁店进行门店规范化装修社。有资产连锁店、加盟连锁店及人民路90号街面房共计90个部门完成承包款、管理费收缴工作，共计105万元。

【方圆医药】 2019年，方圆医药有限公司完成销售7845万元。有员工65人，各类专业技术人员16人，其中药学类技术人员13人，药学及相关专业毕业人员31人，占职工总数的48%。3月，注册地址由东阳市新南路5号变更为东阳市新南路5号(18幢1楼、2楼)。6月，方圆医药有限公司、方圆大药房连锁有限公司通过GSP认证，完成“药品经营许可证”的换证工作，完成102家连锁门店(其中2家主动申请注销)认证现场检查工作。

【废旧物资收购】 2019年，东阳市废旧物资总公司有集散加工中心和收购网点50个，职工62人(在岗职工10人、收购点50人、集散中心门卫2人)。浙中再生塑料集散加工中心有租赁企业19家，其中红木家具厂4家、塑料厂7家、红木锯板厂1家、雕刻厂2家、颗粒厂1家、超市1家、饭店3家，员工300余人。取缔收购网点7家，增加收购网点5家。全年通过网点回收废旧物资46872吨，其中废金属20135吨、废纸19086吨、废塑料7050吨、其他废旧物资601吨。

【防汛物资储备】 2019年，市供销合作总社通过8个物资储备点开展应急救灾物资的储备和供应工作。有防汛麻袋11100个、编织袋17874只、1.5米木桩760根、3米木桩100根、彩条布17件、手套330双、安全帽160个、救生衣200件、抛绳268条、铁锹167把、锄头89把、大榔头13把、救生圈50个、雨鞋126双、雨衣141件、手电筒270个、汽车防滑链20付。全年运送麻袋9000余个、编织袋4000余只。

【蚕桑业务开展】 2019年，土特产公司蚕丝被销售额26.43万元，实现经营利润5.22万元。制定《土特产果菜总公司蚕丝被经营责任制考核办法》，扩大销售，提高效益。4月，与建澜小学、博大幼儿园等学校联合开展校企合作领养彩茧蚕宝宝活动，发放幼蚕2000余份，举办免费派送桑叶簇具、养蚕技术辅导、蚕茧换小礼品、赠送蚕丝被优惠卡、先进表彰等系列活动。

【方圆石化经营】 2019年，东阳市方圆石油化工有限公司(简称方圆石化公司)下辖具备经营汽油、柴油、煤油、润滑油的分支机构(加油站)8个，具备经营柴油、煤油、润滑油的分支机构(加油点)4个，分布在东嵊线、东磐线、东永线及乡镇公路边。全年销售总额10378万元，成品油销量12541吨，其中汽油销量7545吨、柴油4996吨(其中直销配送柴油1995吨)。实现利润1920.4万元，上缴税金955万元。所属站点职工一律统一着装，建立卫生检查领导小组，开展定期、不定期的卫生大检查。

国内成品油开启26次调价窗口，其中16升6降4搁浅。方圆石化公司通过多轮价格上调给企业创造利润180余万元。创新销售模式，通过车主邦能源网络平台，把出租车、网约车、货拉拉等专用车辆引流到公司加油站，成品油月平均销售额约400万元。9月19日，与浙江壳牌燃油有限公司签订战略合作协议。10月11日，方圆石化巍山加油站停业改造，11月13日重新开业。

【职业教育】 2019年，东阳市供销学校普通中专招收新生313人，超过任务数(235人)的33.19%；“2+3”成教招生104人；招收第一批472名远程教育“农村干部上大学”学员，其中300余人报读天津大学。学校修订《学生管理制度手册》，包括学习、行规、安全三大内容和45项行为规范。学校采取期中集训和周末实习相结合的方法，组织19批192人次参加校企合作单位的社会实践活动。6月，举办第二届校园招聘会，100余名学生与用人单位现场达成意向。

【供销电商】 2019年，东阳市供销电子商务有限公司(简称供销电商公司)完成本地农产品及四川省理县扶贫产品经营销售总额461.6万元，农民技能培训收入14.4万元。举办农民技能培训班4期482人次，其中家政服务培训250人次，电商培训133人次，乡村旅游培训99人次。1月，供销电商公司与浙江新田园农产品股份有限公司合作，在杭州市莫干山店开设“东阳东白农产品专区”，推介东阳东白农产品，销售额2万余元。

供销电商公司投资100余万元在东永路6号建立“东阳市东白农产品展示展销中心”，10月初完工。开展进场农产品企业预选、展位布局、内外广告设计施工、各项规章制度制订等工作，加强同参展企业的协调沟通，打造为农便民综合服务平台。

【扶贫攻坚】 2019年6月，市供销合作总社成立对口扶贫工作领导小组，制定《工作考核办法》，明确组织领导机构和具体工作任务分工。7月，通过前期协商沟通，与理县供销社签订合作框架协议，安排工作人员实地考察可供销售的农副产品，并组织运送和开展销售。与东阳市卫生系统、教育系统、市市场监督管理局等部门进行合作，开展扶贫产品的采购销售工作。全年销售配送松茸饮料3000箱、红脆李50吨、糖心苹果70吨以及核桃、牛肝菌、蜂蜜、牛肉干等10余种农副产品的销售配送，完成销售额460余万元。

【农合联体系建设】 2019年7月18日，东阳市农合联召开一届二次理(监)事会议，农合联理事、监事，农合联执委会班子，镇级农合联和市农合联办事处的负责人参加会议，会议改选部分理事监事人选、聘任执委会班子。组建香榧、茶叶产业农合联各1家，吸收会员70余人。推进建设现代农业综合服务中心、村级综合服务社、庄稼医院，完成农业服务中心3家、城乡商贸服务中心4家、庄稼医院4家，有村级综合服务中心128家。启动规范性专业合作社星级评定工作，推动农民专业合作社“空壳社”清理，清理“空壳社”23家，培育星级合作社2家，其中三星级合作社1家（东阳市斗鸡岩香榧专业合作社），二星级合作社1家（东阳市塘里军霞水果专业合作社）。9月，虎鹿镇农合联对部分香榧种植户发放香榧安全采摘网41.5卷，投资金额2.1万余元，惠及种植户39户。

【东阳市供销社社员代表大会】　于2019年12月12日召开，有51名代表参加，大会通过《东阳市供销合作总社章程》，选举产生新一届东阳市供销社理事会理事7人、监事会监事3人。

（王江峰）

粮食流通和物质储备

【概况】　2019年，东阳市粮食供需平衡，粮食价格稳定，粮食流通规范有序，粮食经济稳步发展。全年市内收购政策性粮食22558吨，外调省储备粮4000吨；至年末，粮食收储企业储存各级储备粮6.12万吨，其中省级储备粮1.7万吨；国有粮食收储企业经营收入9334.34万元。东阳市完成全国政策性粮食库存大清查工作。制定《2019年粮食收储企业经营目标责任制考核办法》，与企业签订目标责任书。东阳市粮食安全责任制获金华市考核优秀等次。市粮食和物资储备局完成机构改革取能转隶工作，做好物资储备管理和应急保障各项工作。主汛期之前加强与相关部门的联系沟通，增强防汛值守和应急备勤。根据上级要求，在9月末前完成260吨冻猪肉的市级储备。

【机构改革】　2019年，市委、市政府将市粮食局的行政职能，市发改局、市民政局、市供销合作总社等部门组织实施重要物资和应急储备物资的收储、轮换和日常管理职能划入市商务局，加挂市粮食和物资储备局牌子，不再保留承担行政职能的事业单位市粮食局。按照市委办公室、市政府办公室《关于印发〈东阳市商务局职能配置、内设机构和人员编制规定〉的通知》要求，市商务局内设的粮食和物资储备科，负责拟定全市粮食和物资储备发展规划、粮食购销政策、粮食与物资储备的仓储管理政策和物资收购、销售、轮换计划并组织实施；组织编制粮食流通、加工和物资储备基础设置建设规划；组织实施重要物资的收储、轮换和日常管理；承担粮棉肉糖市场监测预警、统计工作；监督检查全市粮食和物资储备储粮、质量、储存安全、安全生产；负责军粮供应管理。

【粮食收购价格和政府奖励】　2019年，订单早籼谷收购价格参照省级订单早稻收购价格，国标中等质量按每50千克123元的价格进行收购。对订单早籼谷实行政府奖励政策，即对种粮农户、家庭农场、粮食专业合作社社员及合作社联合社按订单每交售50千克早籼谷奖励30元，每亩最高奖励240元。全年兑付粮食订单收购政府奖励金978.06万元。其中，省储备粮收购奖励540万元、市储备粮收购奖励438.06万元。订单外早籼谷（国标中等质量），按每50千克123元的最低收购价格进行保护性收购。

【粮食订单和市外产销协作】　2019年，东阳市早稻订单收购16301吨，是2001年实现订单收购以来的第二个高峰年，订单收购量位于金华各县（市、区）前列。加大粮食预购定金发放力度，为12户种粮大户上门发放粮食预购定金143万元；推行质检、过磅、入库、结算“一站式”收购服务；粮站全程机械化；为售粮农民提供休息区，备好茶水和防暑药品；各收购点做到政策上榜、标准上墙、样品上台，售粮款通过储蓄银行“一卡通”支付。全年在市内收购政策性粮食22558吨。其中，订单早稻16301吨，订单晚稻5589吨，订单外晚稻谷668吨，全部用作省、市储备粮补库或省储备粮外调。外购政策性粮源3455吨（小麦669吨，早籼谷2786吨）。与东三省、河南省等粮食主产区进行粮食产销合作，拓展合作内容和范围，调剂品种余缺。

【储备体系和应急体系】　2019年，市粮食和物资储备局通过采取储备粮规模管理、按期轮换、提升储粮安全水平等措施完善粮食储备体系；根据储备粮的管理规定，制定储备粮的轮换计划。轮换省级储备粮9000吨（轮出5000吨，移库4000吨）、市级储备粮16155吨；早籼谷10051吨、小麦669吨，晚籼谷5435吨。监测粮油市场，采集市场信息，确保30家粮食经营单位维持粮食必要库存量，保证30个应急供应网点、1家应急加工企业、1家应急运输企业的381吨成品粮储备和相应运输能力。

2019年12月12日，东阳市供销社社员代表大会召开（市供销合作总社提供）

【粮食流通监管】 2019年,市粮食和物资储备局落实国务院、省政府制定的有关粮食法规,加强对粮油市场的监测、监管和粮食卫生质量安全监控。按“双随机、一公开”原则,组织针对粮食储存、加工、流通各环节的粮食行政执法检查18人次,检查结果均符合法律法规。开展粮食行业的指导工作,规范从业人员的行为,提高服务意识和质量意识,推进“放心粮油”工程(评审认定放心粮油、培育放心粮油产品、发展放心粮油生产企业、构建放心粮油销售网络以及建立质量检测体系等)。重视军粮供应工作,更新供应的粮油品种,提升服务质量,定期走访驻军部队,征求意见和建议。

【“粮安工程”建设】 2019年,市粮食和物资储备局推进建设“粮安工程”,3个重点项目如期竣工并完成验收。市中心粮库三期工程利用市中心粮库原有场地扩建5幢平房仓,建筑面积6724平方米,计仓容2.5万吨,上半年完成土建设施及室外道路建设,8月完成工程验收。“粮安工程”危仓老库维修改造项目和仓库气密性改造项目完成改造4个仓库(累计完成30个,全面完成改造计划)。至年末,三期配套设施的气密性和横向通风完工并通过验收。

【爱粮节粮宣传】 2019年5月29日,市粮食和物资储备局在黉门广场举办新法规《浙江省粮食安全保障条例》(简称《条例》)专项宣传活动,分发《条例》等宣传资料500余册。10月16日,在六石街道市民广场举办2019世界粮食日宣传活动,宣传内容包括“行动造就未来,健康饮食实现零饥饿”“牢牢守住粮食安全底线”“爱粮节粮、科学消费”“推广科学储粮”“扛稳粮食安全重任,建设粮食产业强国”五个板块,向现场群众解答粮油质量、营养健康、粮油储存等知识;分发《条例》《粮食安全百问》《科学储粮知识问答》《爱粮节粮倡议书》等宣传资料600余册(份)。

(陈俊艳)

烟草专卖

【概况】 2019年,东阳市烟草专卖局(分公司)卷烟批发销量37454.56箱,比上年增长0.49%;含税销售额16.46亿元,比上年增长2.98%;单箱销售额4.40万元,比上年增长2.47%。实现税利47441.01万元,比上年增长2.7%。烟草专卖零售许可证7类事项申办实现“一窗受理、一证通办”“一次都不用跑”。市烟草专卖局获金华市烟草系统“2019年度卷烟打假工作成绩突出集体”称号;“提高运输环节违法卷烟查获量”QC(品质控制)课题获全省二等奖。

【案件查处】 2019年,市烟草专卖局查获各类违法卷烟案件318起,比上年下降24.82%。查获涉案卷烟46962条,比上年增长14%,案值1068.23万元,比上年增长29.80%。其中假私烟20621条,比上年增长58.97%;真烟26341条,比上年下降4.58%;破获4起国标网络案,抓获涉案人员41人。

【烟草专卖零售许可证】 2019年,市烟草专卖局受理烟草专卖零售许可证新办申请1124户,比上年增加14%,其中准予许可912户,不予许可212户。延续736户,比上年减少42.68%;歇业注销849户,比上年增长8.43%。至年末,辖区持证户4952户,比上年增加64户。

【第一起加热不燃烧网络案】 2019年5月21日,市烟草专卖局与市公安局联合侦破陈某洁等人非法经营卷烟案(加热不燃烧卷烟),查获涉案烟弹87.8条,抓获涉案人员7人,涉案金额400余万元。经查,陈某洁等人未取得销售许可,通过微信、快递邮寄的方法,贩卖HEETS牌及万宝路牌电子烟烟弹至浙江省、四川省、黑龙江省、上海市等地。该案被省公安厅批准为省厅督办案件。

【第一起省内跨区协同查获真烟非法流通案件】 2019年,市烟草专卖局与杭州市烟草专卖局共同查获真烟非法流通案件2起,查获省外流入的真品卷烟3898条,案值53万余元,是首起省内跨区协同查获省外真烟的案件。

【烟票专项整治】 2019年9月5日,市委办公室下发《东阳市“烟票”专项整治行动实施方案》的通知。市烟草专卖局落实东阳市委部署的“烟票”专项整治工作,出动检查人员856人次,取缔提供“烟票”的卷烟零售店2家,责令停止卷烟零售业务2家,停止供货8家,批评教育30余家。

(张　玲)

盐业专营

【概况】 2019年,东阳盐业分公司调整多品种盐的销售结构,推广雪涛澳洲雪花盐、绿海多品种盐、蓝海星高附加值的多品种盐品。小包装碘盐、工业用盐销量较上年略有增加。购进各类盐产品6286.04吨,销售各类盐产品6214.75吨,销售比上年增加2602.37吨,其中口食小包装碘盐销售1575.78吨,比上年增加69.38吨,销售澳洲海盐792.23吨,实现利润负36.14万元。因周边县市冲销情况严重,东阳盐业分公司小包装碘盐销量不能提高;印染企业经营困难,工业漂染用盐销售减少。

【盐业推广活动】 2019年5月15日,东阳盐业分公司利用“5·15”碘缺乏病宣传日的契机,与市经济和信息化局、市市场监督管理局等相关部门联合开展碘缺乏病防治宣传活动,宣传优质海盐和澳盐。

【盐产品市场竞争】 2019年,进入东阳市销售的省外盐企业有20余家,其中多家在东阳市设立分公司,销售食用盐品种70个,以低端盐为主。另有高端全系产品进入商场超市、学校食堂,冲击全市食用盐市场销售量。

(龚　俏)

石油经营

【概况】 2019年,东阳市销售汽油、柴油两大类成品油281654.25吨。

其中，汽油200579.68吨、柴油81074.57吨。中国石化销售有限公司浙江东阳石油支公司（简称东阳石油）销售汽油、柴油两大类成品油205263吨。其中，汽油119490吨，柴油85773吨，占全市经营量的72.88%（中石化歌山与怀鲁高速公路加油站，销售经营量不列入东阳经贸部门的数字统计）。东阳石油获“2019年度中国石化销售股份浙江石油公司系统先进支公司一等奖”、2019年度金华石油分公司“先进支公司”称号。

【油价调整】 2019年，国内油价有22次调整。1月14日，调整油价最低，0号柴油6.13元/升，92号汽油6.51元/升，95号汽油6.92元/升，98号汽油7.58元/升。4月26日，调整油价最高，0号柴油6.78元/升，92号汽油7.12元/升，95号汽油7.57元/升，98号汽油8.30元/升。

【经营网点】 2019年，东阳市在营加油站（含加油点）有66座。其中，东阳石油加油站33座，高速公路加油站4座，中石油加油站6座，方圆石化加油站9座，社会加油站点14座。东阳石油有大寺下成品油配送库1座。东阳石油有IC卡联调站31座，站级发卡点和充值点27个，98号高标号汽油业务站17个，烟草门店30家，洗车网点13家，分布在全市的各个区域和各条主要公路上。

2019年6月18日，东阳石油举办中国石化公众开放日活动

（东阳石油提供）

【企业管理】 2019年，东阳石油开展“最美厕所”“样板片区”建设活动，将地方特色跟油站形象融合。组织加油站“微课堂”业务知识培训12次，防恐、消防安全应急预案实战演练1次，开展职业技能鉴定，实行站长、综合岗竞聘上岗，建立星级站长考核制度。6月18日，东阳石油举办以“探秘智慧能源”为主题的公众开放日活动，邀请政府部门代表、群众代表和媒体记者等40人参加，近距离了解油品的储运销过程、数质量管理、防渗改造等绿色环保和服务优化升级环节。加强加油站数质量管理工作，实行专车专运、专罐专用。公司每月一次对每台加油机每把油枪进行计量，市市场监督管理局每半年一次对加油机进行计量。签订HSSE（健康、安全、保障、环境管理体系）管理责任书，落实安全生产责任制。完成片区33座加油站的环境影响评价工作。强化散装汽油加注管理，落实散装汽油实名制登记管理规定。联合市公安局、市市场监督管理局开展成品油市场非法经营大检查，关停横店则坑弄、白云书院、南溪等非法经营场所6处，暂扣大型油罐2个、大型油桶8个、加油机1台、配送车1辆。

（刘欢珍）

旅游

综述

【概况】 2019年,东阳市接待游客2953.65万人次,比上年增长15.15%;旅游收入274.73亿元,比上年增长18.90%。乡村旅游接待游客总人数559万人次。11月,东阳市优途旅行社有限公司注册成立。12月,东阳市横店影视城梦外滩酒店被评为浙江省金鼎级特色文化主题饭店,东阳市龙景庄园被评为浙江省银桂品质饭店。6月、7月,东阳市五洲大酒店和东阳市嘉华大酒店分别退出三星级旅游饭店。全市有AAA级及以上景区6家,旅行社18家,星级饭店10家。

完善卢宅景区配套设施,完成智慧化景区和夜景灯光标识标牌工程,推进步行街管理;丰富景区文化内涵,推广"卢宅故里"品牌,全年接待游客1359443人次,比上年增长300%,门票收入比上年增长87%。江滨景观带文化旅游业态植入成效初显,"夜游东阳"游船项目完成游船船坞、码头和游船配套设施建设,完成《东阳江水上项目可行性研究报告》评审和《东阳江水上项目安全评估报告》编制工作。

2019年东阳市AAA级及以上旅游景区一览表

表33

名称	地址	等级
横店影视城	东阳市横店镇	AAAAA
明清民居博览城	东阳市横店镇明清民居博览城景区康庄南街188号	AAAA
华夏文化园	东阳市横店镇华夏大道566号	AAAA
东阳中国木雕城	东阳市世贸大道188号	AAAA
花园村	东阳市南马镇花园村	AAAA
木雕小镇	东阳市六石街道木雕小镇大师路1号	AAA

2019年东阳市旅行社一览表

表34

名称	地址	星级
东阳市中国旅行社有限公司	东阳市环城北路140号	—
横店影视城国际旅行社有限公司	东阳市横店镇迎宾大道111号	四星
东阳市广厦旅行社有限公司	东阳市人民路儿童公园	三星
东阳市春秋旅游有限公司	东阳市东针路10-1号	三星

续表34

名称	地址	星级
东阳市康嘉旅游有限公司	东阳市黉门前29号二楼	三星
东阳市欣兴旅游有限公司	东阳市金玉巷100号	三星
东阳市旅游有限公司	东阳市和平路16号	三星
东阳市中青国际旅游有限公司	东阳市吴宁街道吉祥路10号	三星
东阳市交通旅游有限公司	东阳市兴平东路500号	三星
东阳市花园旅行社有限公司	东阳市花园工业区花园大道3号	三星
东阳市青年旅行社有限公司	东阳市环城北路127号吉祥路口	—
东阳市望之旅旅行社有限公司	东阳市树德路175—2号	—
东阳市途趣旅游有限公司	东阳市人民路185号6楼	—
东阳市畅游旅行社有限公司	东阳市吴宁东路176号安达楼下	—
东阳市众旅旅游有限公司	东阳市人民路119号西大门北侧	三星
东阳市云美旅行社有限公司	东阳市广福东街1号聚才楼302室	—
东阳易去旅行社有限公司	东阳市江北街道茗田社区高园下村103幢	—
东阳市优途旅行社有限公司	东阳市吉祥路22号	—

2019年东阳市星级旅游饭店一览表

表35

名称	地址	星级
东阳世贸君澜大酒店	东阳市世贸大道190号	五星
横店集团东磁股份有限公司东磁大厦	横店工业区	四星
横店国际会议中心大酒店有限公司	横店工业区	四星
东阳市华厦大酒店有限公司	东阳市南市路359号	四星
东阳市花园大厦有限公司	东阳市南马镇花园工业区	四星
东阳市横店影视城国贸大厦有限公司	东阳市横店镇康庄南路18号	四星
东阳市丰景嘉丽大酒店	东阳市横店镇康庄南路186号	四星
东阳国际大酒店有限公司	东阳市望江路20号	三星
横店影视城影星酒店有限公司	东阳市横店镇医学路77号	三星
横店影视城旅游大厦有限公司	东阳市横店镇万盛街1号	三星

【全域旅游示范市创建】 2019年，东阳市文化和广电旅游体育局(简称市文广旅体局)推进全域旅游示范市建设，制定创建工作方案。成立工作专班，到桐乡市、磐安县等县市考察学习，完成台账资料收集整理。市政府主要领导、分管领导带队到省文化和旅游厅汇报文化旅游发展工作。8月30日，组织召开东阳市省级全域旅游示范市创建工作推进会，部署各项创建任务，指导相关部门单位和镇乡街道做好旅游基础硬件设施建设提升。10月21日，挂牌成立东阳市人民法院横店旅游巡回审判庭和东阳市市场监管局横店分局旅游影视中队。在全市各处以宣传语、宣传片、广告、标语等形式开展创建宣传，在《浙江日报》《钱江晚报》《中国旅游报》等刊发东阳市全域旅游创建专版，在国道、省道和高速出口设立全域旅游宣传景观节点22处。按照浙江省全域旅游示范市创建最新标准开展硬件设施完善和资料台账上报工作。12月24日，省文旅厅检查组到东阳市进行实地检查，将东阳市作为金华地区第一名推荐参加浙江省文旅厅2019年度省级全域旅游示范市评审。

【乡村旅游】 2019年3月29日，以"歌山画水·梦归田园"为主题的2019东阳市春季乡村休闲旅游节在湖溪镇象田村开幕，在活动期间开展油菜田拍卖、风筝节、彩虹跑等活动。7月19日，"歌山画水·梦归田园"东阳市夏季乡村休闲旅游体育节在三单乡鹤溪村开幕。9月28日，"中国农民丰收节"系列活动——东阳市秋季乡村休闲旅游体育节在湖溪镇象田村开幕。各镇乡街道因地制宜举办特色旅游节，如六石街道第五届民俗文化节、黄西塘桃花节、佐村镇第五届乡村旅游节、画水镇水果采摘节、"清凉南马·魅力瑶仪"首届南马镇乡村夏令休闲节、"歌山之约"第三届青枣休闲体育节等乡村旅游节庆活动。通过浙江电视台教育频道《旅游快车》栏目拍摄东阳市乡村旅游节庆活动的微视频，浙江民生休闲频道《出发来浙里》栏目拍摄东阳市南马镇瑶仪村专题报道。

【A级旅游景区建设】 2019年12月19日，东阳木雕小镇通过国家AAA级旅游景区验收。东阳木雕小镇位于浙江省东阳经济开发区核心区域内，规划面积2.9平方千米，建设用地面积133.33公顷，分3期建设，计划总投资55亿元。东阳木雕小镇总体按"两心一带四区多节点"的总体布局，对景区停车场、旅游厕所、标志系统、垃圾箱、安全设施、游客中心等基础设施进行改造。东阳木雕小镇开展职业技能培训、文化创新、中小学生研学等特色活动，游客和学生在小镇零距离接触大师，享受体验式旅游的乐趣。

2019年8月30日，市文广旅体局组织召开东阳市省级全域旅游示范市创建工作推进会 (市文广旅体局提供)

【A级景区镇建设】 2019年，市文广旅体局对照省AAA级景区镇评定标准，对全市18个镇乡街道的文化旅游资源进行排查，确定六石街道、湖溪镇、虎鹿镇为首批省AAA级景区镇创建对象。改造完善3个创建培育景区镇的大型停车场、游客服务中心、导览标识系统，提炼旅游形象标识和宣传口号。12月19日，六石街道、虎鹿镇、湖溪镇通过验收，被金华市文化广电旅游局评为首批浙江省AAA级景区镇(乡、街道)。

【A级景区村庄建设】 2019年，东阳市创建AAA级景区村庄3个，AA级景区村庄24个，A级景区村庄92个。为加快开展A级景区村庄建设，东阳市建立市、镇、村三级联创机制，举办"创A"培训班，聘请专业团队到各个村进行业务指导。市文广旅体局多次组织人员到村庄进行业务指导，帮助乡村解决创建工作中的困难和问题。

【旅游厕所建设】 2019年，东阳市对照《金华市旅游"厕所革命"新三年行动计划(2018—2020年)》目标任务，新建、改建旅游厕所48座，其中创建AAA级旅游厕所3座。推进"互联网+厕所"服务，完成"旅游厕所管理系统"信息更新和"百度地图"旅游厕所电子定位。

【精品民宿建设】 2019年，市文广旅体局在《关于扶持民宿发展的若干意见》的指导下，编制完成《东阳市民宿指导手册》。组织人员下乡指导，解决创建精品民宿中遇到的问题和困难。发放2018年民宿床位奖励资金210万元，新培育民宿27家，民宿集聚村2个。年末，南马镇瑶仪村和佐村镇塘坵村被评定为东阳市民宿集聚村，云海客栈、象素民宿、步舍寻梦民宿被评为浙江省银宿级民宿。

【风情小镇建设】 2019年，虎鹿镇以中国传统古村落蔡宅村为核心，具有明清古建筑群和乡贤能人等人文优势，以雕塑、墙绘、踩高跷等方式凸显特色文化风情，在旅游主管局指导下，蔡宅村采纳专业团队的设计建议，建成游客服务中心、旅游厕所、停车场；完善旅游导览系统，打造传统古街风貌的商业街。年末，通过浙江省文化和旅游厅验收。

（申屠徐超）

旅游宣传

【东阳义乌“双城游”推介活动】 2019年10月15—18日，市文广旅体局联合义乌市旅游与会展管理委员会、横店影视城到重庆市、四川省成都市，开展以“东阳影视木雕·义乌购物美食游”为主题的宣传推介活动。采用“现场推介+剧院促销宣传+观影广告宣传”的推介形式，在重庆和成都市区商业经济圈内的横店电影城举办8场专题推介会。其中，重庆2场、成都6场。结合当地实际，为重庆、成都市场量身打造高铁散拼游、高品质双飞游、自由行等活动线路产品，通过新媒体进行预热互动宣传。推介会后，在影院片头广告、当地主流媒体、线上门户网站等进行一周的宣传。

【宣传活动】 2019年，市文广旅体局开设“东阳文化旅游体育”官方抖音号、官方微博号，在春季乡村休闲旅游节期间举办抖音大赛活动，吸收粉丝1万余人。与广告公司合作，在杭州市、温州市、宁波市、嘉兴市、金华市等地加油站刊登东阳旅游宣传海报。与中国移动合作进行精准营销，全年发送旅游资讯90余万条。与东阳广播电台FM100.2合作，在热门时间段播出东阳旅游宣传内容。与《金报东阳》合作开设《遇见美好》专栏，提前展示未来1周内东阳文化旅游体育活动信息。与杭州维每力公司合作，在杭州东站设置东阳宣传广告，展示东阳旅游形象。7月4日，对接拍摄的《美食兄弟连》节目在浙江卫视播出。9月15日、9月22日，对接拍摄的《星旅途》之《玩转东阳》专题节目在上海都市频道播出。与FM107合作，在热门时段播放东阳旅游宣传信息，开发自驾游群体。8月24—25日，组织“遇见东阳《国学馆》文化之旅——跟着老东阳游遍新东阳”。11月2—3日，组织私家车107“千面东阳”自驾游体验之旅。与浙江电视台教育频道《旅游快车》栏目对接，合作拍摄东阳微视频，除在《旅游快车》栏目播出外同步上架腾讯、优酷等视频网站。

市文广旅体局组织横店影视城、南马镇花园村、卢宅等景区参加第14届中国（义乌）文化产品交易博览会、2019上海世界旅游博览会、第十五届海峡旅游博览会、2019亚洲文化旅游展、G60九城市文旅座谈会、“相约浙中·研学金华”金华研学旅游启动会、2019宁波国际旅展、2019浙江（江苏）旅游交易会、2019中国国际旅交会等各类推介活动。活动期间，各景区通过发放宣传资料、扫码关注赠送旅游纪念品、现场售卖旅游产品等方式宣传东阳旅游。

（申屠徐超）

旅游行业管理

【旅游安全和市场秩序监管】 2019年，市文广旅体局和各旅游企业签订《旅游安全生产目标责任书》，确保责任落实到位。9月26日，市文广旅体局组织全市旅行社在南马镇花园村举办旅游交通安全应急演练。10月25日，在世贸君澜大酒店举办全市旅游行业全域旅游工作推进会暨旅游安全培训会。开展检查行动19次，出动检查71人次，被检查企业95家次，其中联合市公安局、市消防大队、市市场监督管理局等部门检查5次，要求旅游企业及时整改。受理旅游投诉112件，成功结案率为100%，无重大旅游投诉和涉旅安全事故发生。

【旅游技能竞赛】 2019年11月21日，由金华市文化广电旅游局主办，金华市导游协会承办的2019年度金华市“十佳金牌讲解员”和“十佳金牌导游员”决赛举行，各县市区的20名旅游景区（点）讲解员、20名导游员参加。通过景区模拟讲解（导游员增加导游业务技能现场测试）、个人风采展示、才艺表演等比赛环节，横店国际旅行社许金钢获“十佳金牌导游员”称号，横店清明上河图景区吴泳获“十佳金牌讲解员”称号。

（申屠徐超）

东白山生态旅游

【概况】 2019年，东白山省级旅游度假区管委会（简称东白山管委会）理顺东白山茶场管理体制机制，谋划婚纱摄影基地、茶场场部精品民宿特色项目，开展西大门（停车场）重点项目前期工作，美化提升核心区重要节点景观，完善度假区基础设施、配套设施建设，举办节庆民俗活动，保护修复东白山生态，推进东白山度假区建设。全年接待游客58.41万人次，比上年增长22.7%。

【管理体制机制改革】 2019年，东白山管委会配合相关部门单位开展东白山茶场体制机制理顺工作。自6

2019年10月25日，市文广旅体局组织召开全市旅游行业全域旅游工作推进会暨旅游安全培训会

（市文广旅体局提供）

月起,与市国资办、市农业农村局等单位对接,走访市人力资源和社会保障局、市委编办等单位,调研了解国企改制相关政策文件,召开内部会议讨论研究东白山茶场改制工作。市委、市政府成立由市委常委方雪飞牵头的领导小组,多次召集相关部门单位召开协调会,研究东白山茶场隶属关系调整问题。10月30日,召开市十五届政府第十六次常务会议,研究东白山茶场隶属关系调整问题,茶场隶属关系由市农业农村局划转到东白山管委会,按程序向上级主管部门进行报批。

【重点特色项目】 2019年,东白山管委会启动婚纱摄影基地项目策划编制工作。自6月起,围绕"打造婚纱摄影基地和爱情度假酒店"工作目标,收集婚姻基础数据,邀请摄影机构实地调研,召开婚纱摄影研讨会,委托专业机构开展项目策划设计的招投标和策划设计方案编制工作。至年末,完成相应规划编制、度假区总体规划及环境评价修改完善工作。联合专业摄影机构拍摄爱情婚纱宣传海报和纪录片。

东白山管委会启动东白山茶场场部精品民宿策划方案编制工作。按照"打造精品民宿"工作要求,联合市自然资源和规划局、市农业农村局等单位,通过招投标等程序,委托杭州汉乐府建筑规划设计公司开展茶场场部精品民宿策划方案编制工作。

东白山管委会启动西大门(停车场)前期工作。联合市自然资源和规划局、巍山镇、罗山林场和相关行政村对西大门选址进行现场查勘,完成西大门控规编制、西大门停车场一期工程预算编制、西大门用地红线勘测定界、林地现场调查等工作。

【度假区基础建设】 2019年,东白山管委会实施度假区核心区重要节点景观美化提升工程。完成亲水平台亮化、豺狗岩连廊整修、太白峰游步道沿线美化提升、天池观景亭维修工作。联合相关部门完成仙姑殿美化提升方案编制及方案比选工作。自9月起,进行仙女湖周边路灯安装、电缆埋设和垃圾桶设置、太白峰游步道路灯设施完善、重点区域监控布控、重要安全隐患区域标识标牌增设和防护设施安装等节点基础设施提升工程。组织实施东白山茶场至东白山庄段"白改黑"、道路边沟清理和放马坞至豺狗岩段水泥路面铺设工程。配合市交通局完成巍东线(白溪至西垣段)道路拓宽改造工程。

【度假区规范化管理】 2019年,东白山管委会根据现场管理工作需要,完善临时摊位区、放马坞临时厕所、治安岗亭、供水系统、景区LED显示屏、标识标牌等配套设施,加强天池、仙姑殿道观等日常管理。组织实施度假区核心区重要节点、部分景区道路沿线的生态修复,督促东白山风电公司、天池承包方等开展职责范围内的生态修复保护工作,配合市交通局开展岭头至磨水仓等级公路沿线的生态修复保护工作。自6月起,联合市交通局开展岭头至五土坪通景公路交通路线规划等相关工作。10月8日,市政府召集相关部门召开岭头至五土坪公路专题协调会,公路的后续整改由东阳市交通投资建设集团有限公司负责,明确管理等相关事项。

【度假区安保】 2019年,东白山管委会在清明节、端午节、中秋节、国庆节等节假日和暑期周末安排工作人员上山值班,实行监控室24小时值班制度。在七夕庙会和国庆假期期间,召开安保协调会和工作部署会,联合市公安局、市交通局、市农业农村局、市卫健局、市市场监管局、市综合行政执法局、市应急管理局、虎鹿镇政府、巍山镇政府、市红十字救援队开展重点节假日安保工作。七夕庙会、国庆假期期间参加安保人数600余人。在秋季台风影响期间,东白山管委会全体党员干部到现场组织人员撤离疏散,落实人员24小时监控室值守。

【招商引资】 2019年,东白山管委会会同相关部门开展项目招商工作,与无锡灵山文旅集团、杭州昊润资本管理有限公司、中国铁建股份有限公司等多次接触洽谈。根据市委、市政府提出的东白山开发思路,谋划特色项目,结合东白山婚纱爱情摄影基地、茶园精品民宿、景观化茶园打造等重点工作,多方接触意向投资业主,并与意向投资业主进行多次对接洽谈。

【宣传推介】 2019年,东白山管委会开展以爱情为主题的系列特色活动。联合团市委、市广播电视台、市妇联等单位举办针对机关单身青年的"相约东白,牵手浪漫"联谊活动。联合行云山居精品民宿在度假区内举办首场草坪婚礼,在"金报东阳""东阳东白山"微信公众号进行专题报道。联合虎鹿镇、横店影管委等部门单位,利用采茶、端午等节点节俗,举办虎鹿东白茶采摘节和蔡宅端午休闲旅游节。委托东阳日报新媒体中心运营管理"东阳东白山"微信公众号,全年推送东白山旅游资讯43次162条。与市气象局合作推出东白山露营指数。在七夕节期间,联合《东阳日报》举办"恋爱小故事征集"等主题活动。

(曹刚平)

2019年5月25日,东白山管委会联合团市委、市妇联、市广播电视台等单位举办"相约东白,牵手浪漫"单身青年联谊活动 (东白山管委会提供)

影 视

影视管理

【概况】 2019年,浙江省横店影视文化产业实验区(简称实验区)入区企业实现营业收入281.12亿元,比上年增长4.80%;上缴税费27.65亿元,比上年增长5.49%;增加企业133家,入区企业累计1322家;增加工作室29家,入区工作室累计707家;接待剧组310个;接待游客1918万人次。3月18日,省政府印发《关于设立横店影视文化产业集聚区的批复》,同意设立横店影视文化产业集聚区。

东阳欢娱影视文化有限公司戏服展示、短视频制作项目在东阳总部中心落地。东阳市和北京爱奇艺科技有限公司(简称爱奇艺)签订《爱奇艺创意文娱综合中心项目合作框架协议》。博纳影业集团(简称博纳影业)、腾讯影业、爱奇艺、北京复星影业文化传媒有限公司(简称复星影业)、万达影视传媒有限公司、北京开心麻花娱乐文化传媒股份有限公司等影视企业入驻实验区。横店影视文化产业创新服务综合体入选第二批浙江省产业创新服务综合体创建与培育名单。

博纳影业的《红海行动》、东阳正午阳光影视有限公司的《大江大河》、千乘影视股份有限公司(简称千乘影视)的《右玉和她的县委书记们》获中宣部"五个一"工程奖。博纳影业的《烈火英雄》《决胜时刻》《中国机长》3部作品入选"庆祝新中国成立70周年优秀国产新片展映"名单。北京新媒诚品文化传播有限公司的《激荡》、腾讯影业的《都是一家人》等17部电视剧入选"庆祝新中国成立70周年百日展播重点剧目"。华谊兄弟传媒股份有限公司(简称华谊兄弟)、新丽传媒集团、千乘影视3家企业入选"2019—2020年度国家文化出口重点企业目录"。

【横店影视文化产业集聚区设立】 2019年3月18日,浙江省人民政府批复同意设立横店影视文化产业集聚区。该集聚区空间区域包括以横店影视文化产业实验区365平方千米为主体的规划控制区,和由金华市域范围内发展影视文化产业的其他区域组成的辐射带动区,其中核心区面积136平方千米。11月16日,由省文投集团、横店影视股份公司共同发起,浙江省、金华市、东阳市三级金控公司参与,总规模达50亿元的横店影视文化产业集聚区投资基金成立。12月17日,横店影视文化产业集聚区在横店镇召开首次新闻发布会,新华社、中央人民广播电台、《浙江日报》等40余家境内外主流媒体参加该次新闻发布会。会上发布集聚区有关影视优惠政策,自12月17日起,电影及现代、当代、科幻题材类型的影视剧组在横店拍摄,可享受免费使用摄影棚的优惠政策。其他题材剧也可享受相应的优惠政策。举办首批享受优惠政策剧组的签约仪式和金华市影视基地联盟授牌仪式。

【浙江省横店影视产业文联会成立】 2019年3月27日,全国影视领域首个产行业文联——浙江省横店影视产

2019年12月17日,横店影视文化产业集聚区新闻发布会在横店镇举行
(实验区提供)

2019年12月17日，横店影视文化产业集聚区内的摄影棚　(包康轩/摄)

2019年12月17日，横店影视文化产业集聚区内的拍摄基地　(包康轩/摄)

业文学艺术界联合会在横店镇成立，召开第一次代表大会，徐天福当选为第一届主席。成立大会上，举办中国电影导演协会横店创客中心揭牌仪式，中国电影导演协会会长李少红和徐天福共同为中国电影导演协会横店创客中心揭牌。

【东阳市影视拍摄场所协会成立】2019年6月6日，东阳市影视拍摄场所协会成立大会在横店镇举行，会员企业包括摄影棚企业、外景拍摄基地企业和道具租赁企业等39家。会议通过《东阳市影视拍摄场所协会章程(草案)》《东阳市影视拍摄场所协会财务管理制度(草案)》等有关管理办法，选举产生协会首届理事会成员，赵永清当选会长。

【影视文化产业政策服务】2019年4月，实验区会同市自然资源和规划局制定《东阳市影视拍摄外景临时用地审批管理暂行办法》。7月，实验区制定《关于促进横店影视文化产业高质量发展的补充意见》，重新设置专项资金奖励年限比例、兑现周期、范围等，加大对金融、人才、国际化合作等方面的扶持力度。

【影视公共服务平台】2019年，实验区承接省广电局的网络剧、网络大电影的备案立项和完成片审查权限。全年完成电影电视剧备案立项110部，网络大电影、网剧备案立项433部，审查上线(网络)影视剧10部，版权登记50部，对20部影视剧开展创作拍前指导。

【影视文化人才培养】2019年5月，实验区承办由中国文联和中国电影家协会主办的2019中国影协影视版权运营班，全国影视版权领域专业从业人员90余人参加。组织开展横漂公益培训10期，培训4000余人次。组织开展重点影视企业财务总监培训，邀请省中行、省统计局、市税务局等部门领导就外汇政策、统计数据、税务政策等方面开展指导解读。

【横店影视产业协会年度会议】2019年6月14日，以“用情用心用功——创作影视精品，讴歌伟大时代”为主题的横店影视产业协会年中会议在上海市召开，会议对行业当前存在的主要问题和风险防范举措进行研讨，27家会员企业参加会议。12月13日，在北京市组织召开以“守正创新 培根铸魂”为主题的横店影视产业协会年终会议，36家影视企业负责人到场参会，共同探讨影视创作和影视作品“走出去”的新模式、新方向、新策略。

【首届横漂文化节系列活动】2019年6月28日，首届横漂文化节系列活动之“我们都是追梦人”主题演讲比赛决赛举行，决出冠军1人、亚军2人、季军4人、优胜奖9人。12月3日，联合市委“两新”工委、市总工会、团市委等举办的第六届横漂才艺大比拼之2019横漂剧星选拔大赛总决赛在横店华夏文化园景区举行，活动历时1个多月，从300余名初赛选手中选出8名选手参与决赛，决出冠亚季军各1人。

【“横漂”管理服务工作】至2019年年末，在横店影视城演员公会登记注册的“横漂”有8万余人，长年驻扎在横店镇的有8000余人。横店影视产业协会党群服务中心以党建为引领，构建横漂党建工作体系，助力“横漂”实现新发展，双向推进基层治理和产业发展。协会有会员389家，党委下辖党总支1个、党支部13个，有党员124人，其中登记流动党员90余人，先后成立9个剧组临时党组织，有“红色讲师”10人，建有群团组织42个。实验区组织横漂党总支开展电影党课，送党课进剧组，举办庆祝“不忘初心、牢记使命”庆祝新中国成立70周年横漂文艺晚会等系列活动。

【浙江国际青年电影周“横店之夜”】 2019年11月16日，浙江国际青年电影周“横店之夜”活动在横店影视旗下的杭州纷腾电影生活馆举行。华谊兄弟、腾讯影业、复星影业、欢瑞世纪影视传媒股份有限公司等企业在活动现场发布重点影视项目。爱奇艺、复星影业、猫眼娱乐、佳平影业、好酷影视与横店影视文化产业集聚区签订入区协议，阿里云、浙朵云、中国影视后期产业联盟与横店影视文化产业集聚区签订合作协议。

【领导调研影视文化产业】 2019年1月2日，省委常委、宣传部部长朱国贤到横店镇开展“三服务”工作，调研指导横店影视文化产业发展，并组织召开调研座谈会。7月1日，省委常委、组织部部长黄建发到横店镇调研影视文化产业党建工作。7月10日，中宣部常务副部长、电影局局长王晓晖到横店镇调研指导横店影视文化产业发展，并组织召开影视企业座谈会。9月3日，全国政协副主席刘奇葆到横店镇调研，组织召开全国政协“促进电影产业高质量发展”重点提案督办调研座谈会。10月18日，中宣部副部长、国家广电总局局长聂辰席到横店镇调研，组织召开“重大革命、历史和现实题材电视剧创作”座谈会。

（张　刚）

影视旅游

【概况】 2019年，横店影视城接待电影电视剧组310个、广告剧组75个，接待中外游客1918万人次。横店研学获“2019—2020年度中国研学旅行教育实践示范基地”等7项荣誉；秦王宫景区导游组获全国妇联授予的“全国巾帼文明岗”称号；横店马拉松被授予“中国体育旅游精品赛事”。横店影视城旗下各酒店在省市级以上的各类餐饮比赛中获20个集体及个人奖项。横店影视与旅游两大产业受到《人民日报》、新华社、央视财经频道、央视电影频道、央视国际电视台、《环球时报》、中国新闻网、《中国日报》《光明日报》《中国旅游报》等媒体的关注，央级媒体刊播横店内容30余次。

2019年8月17日，梦外滩影视主题公园试营业　（横店影视城提供）

12月18日，横店影视城召开第三届职工代表大会，大会审议并表决通过重新修订的《浙江横店影视城有限公司管理制度汇编》，通报各企业职工座谈会上职工提出的意见反馈和建议采纳的情况。全年开展培训6700余次，参训员工近14万人次，培训对象覆盖全层级岗位。

【梦外滩影视主题公园开业】 2019年8月17日，梦外滩影视主题公园试营业。全年接待游客20万人次。梦外滩影视主题公园集影视拍摄基地、影视主题乐园、影视主题度假酒店、老上海文化博物馆群、影视主题文创空间等于一体，以20世纪20至40年代的老上海为原型，建有如南京路、中山东路、西藏中路、四川路等老上海的街道8条，1∶1还原外滩及苏州河沿岸的上海优秀历史建筑34幢。12月，梦外滩主题酒店获“金鼎级特色文化主题饭店”称号，成为金华市首家金鼎级特色主题饭店。

【《主题公园演艺服务规范》实施】 2019年4月1日，横店影视城作为第一起草单位的《主题公园演艺服务规范》国家标准实施，该项标准是中国首个主题公园演艺服务标准，也是横店影视城继《影视拍摄基地服务规范》《老年旅游服务规范景区》之后参与起草的第三项国家标准。《主题公园演艺服务规范》规定主题公园演艺服务的特色性、专业性、文明性及安全性原则，对演艺活动场地、节目题材及内容等方面提出基本要求，在主题公园演艺涉及的服务组织、服务人员、服务设施、服务流程等方面做出较详细的规定。

【演艺服务】 2019年，“中国旅游演艺之都”——横店影视城拥有特色主题秀24台，街头秀近100个。推出《百老舞汇》《帝国江山》《啼笑洋戏》《女王加冕》，对《梦幻太极》《游龙戏凤》《火烧圆明园》等主题表演秀，《花车巡游》《宫廷献技》等大型行为秀，以及《我来横店当群演》《江南风云》等影视IP互动体验项目进行升级。升级策划推出68个娱乐性强、充满影视元素的行为秀。12月13日，与中国旅游报社、上海戏剧学院联合举办“中国旅游演艺横店高峰论坛”，全年演出10万余场次。

【泛博物馆群建设】 2019年8月，横店影视城海上洋货博物馆项目与梦外滩景区同步对外开放。全年收集老物件藏品3172件、影视藏品5816

件，有老物件藏品23538件、影视藏品42066件。

【场景、摄影棚拓展】 2019年，横店影视城拓展影视拍摄场景，推出春秋唐园1号山、3号山及年代戏基地等多个大型拍摄基地场景；利用梦外滩和产业园项目，丰富年代戏和现代戏拍摄场景；利用外景基地联盟优势，整合周边现代戏与当代戏场景资源。横店影视产业园园区内计划建设29个国际标准摄影棚，依托高标准的自有摄影棚以及规模庞大的社会摄影棚，打造国内最大的摄影棚集聚群。

【演员公会】 2019年，演员公会实施群众演员分类分群分级管理，打造金字塔型的演员梯队，建立群演微信群49个，群内成员5590人。定期开展演员免费培训班，开展培训346批次，上课人数27600人次。全年向各大剧组输送各类演员54.2万人次。

【活动策划】 2019年，横店影视城围绕影视IP策划影视主题活动，实施影视品牌推广策略，从单纯景区营销和传统媒体宣传向影视IP营销和新媒体宣传转型升级，借助OTA(在线旅行社)平台优势、新媒体精准运营及大数据分析，打开市场宣传推广转型思路，举办《致敬经典》系列明星见面会、横店影视节、春节大庙会、暑期“大咖来了”见面会、音乐节、国庆烟花大会等活动。

横店影视城拓展海外市场，开展横店影视节国际交流活动，举办意大利电影展、中意影视文化交流圆桌论坛。

【市场营销】 2019年，横店影视城与腾讯、今日头条、新浪微博、抖音等主流新媒体展开联动营销，加大与大型OTA的合作，以新媒体手法带动销售和营销宣传的转型升级。全年团队销售人数比上年增长9%，网络销售人数比上年增长30%。横店会务通过产品整合和创新，全年销售额比上年增长33%。开拓高铁航空市场，加强与各地大型媒体的活动合作，销售额比上年增长81%。横店成立专门的研学市场运营部和研学课程研发部，建立与户外、培训机构及教育集团的合作关系，推出与培训教育、传统文化相结合的研学产品102个，全年销售额比上年增长47%。

【多元化业务拓展】 2019年，东阳市横店影视城文化创意发展有限公司完成“穿越时空的礼物”和“我们的片场”两大商业空间品牌的梳理，开发“剧中人”等单个和系列自主泛影视IP形象10余个、文创产品1000余种。

微电影研发CP小剧场、影视揭秘小视频、童星学院、公益网大、定制剧等影视体验与少儿影视培训品牌，全案承接抖音、闲鱼、拼多多、喜马拉雅等一线平台的短视频拍摄项目。

浙江横店体育发展有限公司加强自主品牌体育赛事的培育和承办，如横店马拉松、圆明福海畅游、皇宫足球赛、明星篮球赛等。

东阳市横店商品贸易有限公司在原有的成熟性业务基础上，继续健全现有主营业务产品体系，以剧组重点客户为基础，完善剧组木材、五金、硅胶等产品开发，增加影视道具的经营范围，为2020年开展影视道具枪械业务做准备。

东阳市横店影视城餐饮管理有限公司推进餐饮外拓工作，获得集团部分工业企业、文荣医院、横店影视职业学院以及江北街道13个学校的原材料供应业务，提升市场占有率。

【景区服务提升】 2019年，横店影视城加强各景区标准化建设，启动国家AAAAA旅游景区提升工作。推出6S(整理、整顿、清扫、清洁、素养、安全)管理、量化标准服务、优质服务时间等系列管理措施，加大亲情化、个性化、主题化，推出前置式引导、免费换装、全员特色工作服等特色服务。

秦王宫景区通过实行6S和量化管理、调整演出时间和场次、推出演艺秀预约系统、全体员工穿古装、在景区内设立爱心座椅、在等候区派发气球、英雄剧场增加坐垫、汴梁剧场增加儿童增高坐垫、设置残疾人通道等多种方式提升服务。广州街免费换装受到游客欢迎，景区内具有年代特色的街区、建筑、景观、商业和特色演艺节目，让广州街夜游成为热门景点。梦幻谷开展景区“优质服务时间”活动，通过“微笑”“挥手”与游客互动。圆明新园成立综合提升工作组，对园区内的文化、研学、园林绿化、游览内容、餐饮等进行提升。

各个酒店通过三级检查制度，确保服务质量。酒店服务从标准化服务向个性化、亲情化服务转变，再向感动式服务递进，横店影视城下属14家酒店在OTA网站平均得分为4.8分。

2019年3月31日，2019年横店马拉松在横店镇举行　（横店影视城提供）

【横店马拉松】　2019年3月31日，第五届横店马拉松举行，设有全程、半程、穿越、欢乐跑、皇宫跑5大项目，25000人参赛。组委会制作横马主题曲——《横马欢迎你》；推出横马主题形象“横马小英雄”；策划举办横马五周年嘉年华活动。

横店马拉松获2018年度浙江旅游总评榜之年度“旅游+”创新奖；上榜“2018最具影响力马拉松赛事”TOP100，列第77位；上榜“2019最具赞助价值马拉松”TOP100，列第35位，排名较上一年上升20位；晋级中国田径协会铜牌赛事，被授予“中国体育旅游精品赛事”的称号。

（赵菡茵）

2019年10月26日，2019中国(横店)影视文化产业发展大会在横店镇召开

（实验区提供）

2019中国横店影视节

【概况】　2019年10月26—27日，2019中国横店影视节在横店镇举办。该影视节由国家电影局、中国电影基金会、国家国防教育办公室、浙江省电影局、浙江省广播电视局、金华市人民政府、东阳市人民政府、浙江横店影视产业实验区管委会、金华市电影电视艺术家协会指导，浙江横店影视职业学院、横店影视产业协会、浙江横店影视城有限公司主办。影视节包括第六届“文荣奖”评选与颁奖典礼、首届国防军事电影盛典、中国(横店)影视文化产业发展大会、中国(横店)影视产业发展高峰论坛、影视项目投融资对接会、中意影视文化产业交流圆桌论坛、中国影视后期产业联盟交流座谈会、“致敬经典”徐小明影视歌曲演唱会、意大利电影展映交流、横店影视产业发展成果展等多项活动。

【2019中国(横店)影视文化产业发展大会】　2019年10月26日，以“守初心不负人民，强信心再创辉煌”为主题的2019中国(横店)影视文化产业发展大会在横店镇召开，500余家影视企业参会，新华社等60余家媒体进行全程报道。会议发布《2019东阳影视文化产业发展报告》，表彰2019主旋律成就企业、2019影视功勋企业、2019影视金牌企业等获奖企业。省广电局授牌设立“横店网络影视剧审查中心”，与香港贸易发展局签订深度合作备忘。

【国防军事电影盛典】　2019年10月26日，中国电影基金会、浙江省电影局、金华市委宣传部、东阳市人民政府、横店集团主办，横店集团影视文化产业服务中心承办的国防军事电影盛典在横店镇举行。该次盛典与2019中国·横店影视节“双节合办”。盛典活动对进入“国防万映影片扶持计划”的优秀影片、入选2019年度“国防万映”评选活动的微电影优秀作品以及为红色电影事业做出突出贡献的老艺术家进行颁奖，对“国防万映”年度优秀组织和先进单位进行表彰。横店集团获得2019“全民国防教育万映计划”风尚公益奖。盛典上，中国电影基金会为首个服务平台——国防军事电影(横店)创作中心进行授牌。

【中意影视文化交流圆桌论坛】　2019年10月27日，中意影视文化交流圆桌论坛在横店镇举行。意大利普利亚大区文化经济局局长毛罗·保罗·布鲁诺等参加论坛。意方代表对横店影视文化产业的发展及前景给予高度评价，表示将加强交流合作，在相关领域搭建更广泛的互利共赢平台。4月至5月第10届意大利巴里国际电影节期间，横店影视节组委会受意大利阿普利亚电影委员会邀请，派出代表团到意大利巴里考察交流，签署合作备忘录。

【中国(横店)影视产业发展高峰论坛】　2019年10月27日，中国(横店)影视产业发展高峰论坛在横店镇召开，以“坚守 蜕变 引领”为主题，邀请中国艺术研究院电影电视艺术研究所所长丁亚平、浙江大学国际影视发展研究院院长范志忠等专家授课。中国电影艺术家协会主席胡占凡，中宣部(电影局)二级巡视员丁立，浙江省广电局副局长王国富，东阳市领导等出席。

【影视文化项目投融资对接会】　2019年10月26日，浙江横店影视产业实验区管委会、市财政局、市人民政府金融工作办公室和横店影视产业协会主办，浙江横店影视产权交易中心和横店集团影视文化产业服务中心承办影视文化项目投融资对接会在横店镇召开，吸引近200个投融资项目，36家投资机构和21家金融机构参与，项目类型包括院线电影、网络电影、电视剧等，题材涉及故事片、文艺片、纪录片、动画片、竖屏剧等。经过投资机构和专家评审团的初步评选，选出入围项目33个。达成合作项目9个，交易额2.38亿元。

【2019中国·横店影视节暨第六届“文荣奖”颁奖典礼】　2019年10月

27日，2019中国·横店影视节暨第六届“文荣奖”颁奖典礼在横店梦外滩景区百老汇剧场举行。该届“文荣奖”由中国电影家协会副主席、电影制片人于冬担任评委会主席。首次扩大评选范围，取消原来的“在横店拍摄、或由浙江横店影视产业实验区入驻企业出品”规定，国内在2018—2019年内发行首映首播的所有影视作品均可参评。设置电视(网络)剧和电影两个单元，电视(网络)剧单元将网络剧作品和电视剧作品一同纳入评选范围，增设最佳网络剧制片人、优秀网络剧、最佳电影导演、最佳电影编剧、优秀网络电影等奖项。近千名影视企业负责人、颁奖嘉宾、入围作品代表等盛装出席，颁出18个奖项。

2019年10月27日，2019中国·横店影视节暨第六届“文荣奖”颁奖典礼现场 （横店影视城提供）

第六届“文荣奖”获奖名单一览表

表36

单 元	奖 项	获奖作品/获奖人
电影单元	最佳电影	《流浪地球》
	最佳导演	闫 非 彭大魔(《西虹市首富》)
	最佳编剧	俞白眉(《银河补习班》)
	优秀网络电影	《狄仁杰之蚩尤血藤》
电视(网络)剧单元	最佳电视剧	《都挺好》
	最佳导演	陈家霖(《陈情令》)
	最佳男主角	许 凯(《烈火军校》)
	最佳女主角	吴谨言(《延禧攻略》《皓镧传》)
	最佳男配角	李立群(《黄金瞳》)
	最佳女配角	奚 望(《最美的青春》)
	最佳编剧	郭靖宇 杨 勇(《最美的青春》)
	最佳美术指导	杨志家 金 杨(《长安十二时辰》)
	最佳电视剧制片人	于 正
	最佳网络剧制片人	方 芳
	优秀网络剧	《唐砖》
组委会奖	优秀特约演员	张勇民 张海峰 李 华 张海军 贾玉华
	未来之星	刘奕畅 孙安琪 杭程宇 马熙尧
	影视旅游助力大使	王一博 胡 然

（张 刚 赵菡萏）

金 融

综 述

【概况】 2019年年末，东阳市金融机构本外币存款余额1371.7亿元，比上年增长11.41%；金融机构本外币贷款余额938.34亿元，比上年增长11.85%。保险机构保费收入31.8亿元，比上年增长9.52%，其中财产险11亿元，比上年增长4.06%，人身险20.8亿元，比上年增长12.31%。证券公司存量账户数218730户，比上年增长7.49%；证券交易额298.72亿元，比上年增长88.22%。

小额贷款公司发放贷款72.45亿元，贷款余额18.32亿元，净利润1.36亿元，纳税0.61亿元。民间融资服务中心撮合成交31.69亿元，撮合成交余额4.35亿元，成交平均年利率13.71%。民间资本管理公司投资项目3531笔，其中1年以下短期财务性投资3489笔，投资金额105.2亿元；1年以上股权或债券投资42笔，投资金额5.48亿元。

【金融机构】 2019年，东阳市有银行业金融机构20家，其中政策性银行1家、国有商业银行5家、股份制商业银行13家、邮政储蓄银行1家。小额贷款公司7家，民间融资服务中心1家，民间资本管理公司2家，政策性融资担保公司1家（东阳市国控融资担保有限公司），证券公司分支机构8家，保险公司分支机构33家，其中财产保险公司20家、人寿保险公司13家。

（胡楚楚）

金融管理

·金融办·

【概况】 2019年，东阳市制定《关于2019年东阳市货币信贷工作的指导意见》《2019年东阳市银行业金融机构支持地方经济发展考核办法》，开展季度工作考核，优化信贷投向结构。针对中小微企业抵押物不足问题，强化政策性融资担保，推进成立东阳市国控融资担保公司。印发《网络借贷互联网金融分支机构风险排摸现场检查实施方案》，对333家涉及开展金融业务的企业进行梳理，会同公安、市场监管、人行、银保监等部门（单位）组成联合检查组，结合网格员日常巡查等工作，组织开展实地摸排、甄别。完善风险防控制度和转贷制度，执行报批报备制度，规范经营行为、建立风险防控问责机制。组织全市小贷、民融、民资、典当、交易场所和融资担保机构召开金融领域扫黑除恶专项斗争工作部署会，对各单位金融借贷领域扫黑除恶工作情况及宣传工作情况进行总结。参与建立东阳市协同治理民间借贷工作联席会议制度，加强与市公安局、市人民检察院、市人民法院等部门的对接，构建信息共享和金融风险会商机制。

【企业上市培育服务】 2019年，市金融办实施“凤凰行动”计划，该计划以推进企业上市和并购重组为核心，支持企业对接多层次资本市场，拓宽企业融资渠道。市政府主要领导带队到省级有关部门开展协调，化解浙江孚诺医药股份有限公司税务危机，推进企业上市进程；浙江新纳材料科技股份有限公司在集团内部整合后完成股份制改造，进行上市辅导；浙江野风药业股份有限公司完成资产剥离，推进浙江思科制冷股份有限公司、浙江海森药业股份有限公司等上市工作。通过镇乡筛选、中介对接、部门推荐等多种形式挖掘7家上市挂牌后备企业。

【企业股改挂牌和直接融资】 2019年，东阳市增加股份制企业16家，浙江红点影视股份有限公司成功挂牌“新三板”（全国中小企业股份转让系统），4家企业到浙江省股权交易中心成长板挂牌，18家企业到“创新板”（上股交科技创新企业股份转让系统）挂牌。横店集团东磁股份有限公司收购宜宾金川电子80%股权，成为其控股股东。

【企业债券融资】 2019年，市金融办通过向省金融监管局推荐市重点企业参与民营企业债券融资支持计划，以个性化方案支持花园集团等企业发行债券进行融资，实现债市融资72.11亿元。

【投融资对接平台搭建】 2019年3月，东阳市举办企业金融服务中心启用暨先进制造业资本对接会，40余家金融投资机构与80余家工业企业、科技企业进行精准对接，助推企业破解企业融资难、融资贵等问题。10

月,举办横店影视节·影视文化产业投融资对接会,189个影视项目与36家影视投资机构和21家银行代表进行对接,达成投资意向项目9个,交易额2.38亿元。

【金融风险防范化解】 2019年,东阳市定期开展出险企业信用风险排摸,加强政银企对接,加大不良贷款处置力度,巩固"两链"(资金链、担保链)风险化解成效;完善企业帮扶处置机制,将风险企业帮扶与银行降不良、化风险结合,助推银企双方达成利益共同点;跟踪上市公司和重点企业资金流动性风险,与省金融监管局、省纾困基金、省担保集团等对接,向上争取支持,开展帮扶纾困,年内到期债券全部兑付;发挥政府转贷资金和市场化转贷机制作用,解决应急转贷难题。

【建筑业联合会商授信机制建设】 2019年,防控化解建筑业担保互保潜在风险,发挥联合会商授信机制作用,支持建筑企业发展,建立联合会商授信机制建筑企业5家,授信总额98亿元。

(胡楚楚)

·中国人民银行东阳市支行·

【概况】 2019年,中国人民银行东阳市支行(简称人行东阳支行)制定《东阳市2019年货币信贷工作指导意见》(简称《指导意见》),运用再贷款等政策工具引导辖内金融机构聚焦服务实体,全年新增贷款不低于70亿元,提出制造业、小微企业信贷支持具体任务。指导推动应收账款质押工作,拓宽企业融资渠道。争取对法人机构合意贷款的支持,完全保证其放贷需求;争取再贷款支持,为村镇银行争取到1.9亿元再贷款(支农再贷款15000万元、支小再贷款4000万元);对各家银行权限下放情况进行梳理并上报金华中行开展督导。把落实融资畅通工作要求列入综合评价的重要内容,对制造业贷款和小微企业贷款任务没完成的银行综合评价直接降档。对信贷增长目标进行分解落实,通过定期监测,推动按月监测制造业、小微园等贷款投入等任务目标落实,约谈2家工作落实《指导意见》不力的银行。加强金融市场政策宣传和业务指导,推动金融市场业务发展,至年末,全市法人金融机构累计发行同业存单44亿元、发行大额存单22.12亿元。引导和支持非金融企业发行债务融资工具,通过调查摸底,组织专题宣传。全年非金融企业债务融资工具发行规模58.5亿元。开展"百名行长进民企""金融精准助企促发展"企业大走访,走访企业126家,解决融资难题30余条;对全市70家规模以上工业企业融资情况调查,建立一企一档,为21家企业解决融资问题,涉及金额1.5亿元;召开2019年东阳市政银企对接洽谈会,签订50亿元的综合授信协议;联合银保监、市市场监管局开展万家民企评银行活动,推动金融服务民企工作。

【金融"最多跑一次"改革推进】 2019年2月25日,人行东阳支行实施取消企业银行账户许可核准,至年末,共办理备案制账户11240个,日均49个;核查率99.26%;核查不通过281个,不通过率2.52%。办理其他核准制账户1064个(补正不通过25个)。对建行、中信银行取消企业银行账户许可进行巡查,了解银行落实情况。7月,对46项外汇行政许可项目纳入国家政务服务平台,实施国家"互联网+监管"系统监管目录清单动态管理系统,共有包括名录登记在内的9项业务实施网上办理。9月,在全辖外汇指定银行开展资本项目外汇收入支付便利化试点工作。为东磁集团办理跨国公司资金池备案,为提供外债额度、境外放款额度、经常项目资金集中结算管理工作提供便利。11月20日,正式上线运行国库集中支付业务电子化,取消纸质传递。

【金融扶持企业政策落实】 2019年,人行东阳支行开展"优化外汇金融服务,助推浙江外贸高质量发展"专项活动;联合市商务局、中行东阳支行开展外汇政策暨汇率避险研讨会,引导企业正确选择汇率避险产品;建立涉外重点企业库,首期目标50家,由各外汇指定银行开展点对点服务;走访企业,了解企业经营形势和服务需求,加大涉外企业融资支持力度,降低融资成本。建立健全银行降成本的激励约束机制,引导银行主动降低民营和小微企业贷款利率,降低民营和小微企业融资成本。第4季度,全市小微企业加权平均利率5.84%,比上年下降0.51个百分点。贯彻落实《国家税务总局关于深入贯彻落实减税降费政策措施的通知》要求,配合税务部门简化业务流程,为15772户小微企业办理减免退税228.69万元。12月末,建筑业贷款余额59.02亿元,占全部贷款余额的6.29%,影视业贷款余额6.42亿元。

【金融民生服务推进】 2019年,人行东阳支行在巍山镇、虎鹿镇、佐村镇等8个镇乡开展信用县、信用镇(乡)、信用村(社区)"三信"创建工作,参与"三信"创建的镇(乡)达到11个,占全市的61%。11月,佐村镇评为金华市级信用镇(乡),斯光村等6个行政村评为2019—2021年度金华市级信用村(社区)。加强与食安办、信用办的沟通联系,将部分违反食品安全企业名单上报征信系统。推进移动支付便民工程建设,横店影院全国335家门店全部设备改造成功,6月21日正式上线移动支付,至年末,累计交易9.02万笔,金额360.86万元。开展现金服务示范区创建工作,制定《东阳市创建现金服务示范区(城东街道)工作方案》,创建城东街道单良现金服务示范区,10月被人行杭州中心支行评为省优秀现金服务示范区。增加7个征信查询服务点,其中,市区5个(工行行政服务中心、中行、建行、金华银行、农商银行),横店2个(农行、中行)。组织银行对新版人民币的培训和机具设备升级工作,利用微信、美篇等多媒体工具在全辖范围开展新版人民币宣传,普及人民币反假知识。8月30日,在东阳市发行第五套新版人民币。

【金融监管】 2019年，人行东阳支行开展金融消费者权益保护宣传工作，处理金融消费投诉18起，对被举报的侵权行为依法进行查处，对涉诉单位罚款10万元，直接个人罚款2万元。做好信贷资产质押再贷款和再贷款授信额度管理。鼓励地方法人机构积极参与央行内部（企业）评级，指导法人机构将优质贷款纳入央行内部（企业）评级系统，规范银行ETC推广。组织12家推广银行签署《东阳市银行业ETC业务管理自律公约》，促进ETC市场发展。妥善处理ETC投诉案件14起。开展经常项目现场和非现场核查工作。开展企业货物贸易现场核查27家，其中新增现场核查企业21家，到期评估6家，对违反外汇有关政策的16家企业由A类降为B类管理；完成省局下发的货物贸易专项核查名单中的企业（4家）的非现场核查；完成总局和金华中心支局下发的10家企业服务贸易非现场专项核查工作。

【金融风险防控】 2019年，人行东阳支行按月开展不良贷款企业、关停企业、出险企业监测，密切关注辖区不良贷款变化情况；做好月末、季末等重要时点的法人机构合意贷款信贷投放监测，动态掌握法人机构贷款投放情况；建立东磁股份等全市出口排名前列的20家企业的重点监测制度，掌握辖内企业情况。加强对金融机构信用防控工作的指导，通过会议、调研等方式督促银行机构创新不良贷款处置方式、拓宽不良贷款处置渠道，加大不良贷款处置力度，配合做好企业风险处置工作。至年末，全市不良贷款率0.7%。

【金融犯罪打击】 2019年，人行东阳支行邀请上级行对银行、公安、检察院、法院执法部门授课。对上一年打击洗钱犯罪行为的市公安局、市人民法院发放奖励金10万元。全年法院以掩饰隐瞒罪定罪4起。做好可疑交易线索的甄别移送工作，向公安部门移送线索18条，其中立案1起。协助公安破获电信网络诈骗案1起，假美元案2起，金额79.64万美元（折合人民币563万元）。收缴假币（人民币）6255张，金额48.78万元，比上年分别下降26.66%和26.2%。

（吴雪婷）

·金华银保监分局东阳监管组·

【概况】 2019年，东阳市辖内有银行业金融机构20家，其中大型银行6家，政策性银行1家，法人机构2家，股份制银行6家，城市商业银行5家。全市有银行网点201个，银行机构从业人员2780人左右。年内增加浙江泰隆商业银行东阳横店小微企业专营支行和浙江稠州商业银行东阳横店小微企业专营支行2家小微企业专营支行。至年末（银保监口径），全市各项存款余额1317.66亿元，比年初增加133.26亿元，比上年增长11.25%。各项贷款余额948.93亿元，比年初增加99.28亿元，比上年增长11.69%。全市五级不良贷款余额7.05亿元，不良率0.74%，比年初下降0.54个百分点；关注类贷款余额20.28亿元，关注率2.14%，比年初下降0.63个百分点。东阳市辖内寿险公司14家，保费收入20亿元，比上年增长11.78%；财险公司20家，保费收入11.07亿元，比上年增长4.11%。

【机构改革】 2019年5月9日，根据浙银保监办印发的《中国银保监会浙江监管局办公室关于金华银保监分局"三定"方案和县市监管组设置方案的批复》，中国银行业监督管理委员会金华监管分局东阳办事处更名为中国银行保险监督管理委员会金华监管分局东阳监管组，规范简称为金华银保监分局东阳监管组（简称东阳监管组）。5月10日，金华银保监分局辖内各县市监管组统一挂牌成立。东阳监管组主要职责是在金华银保监分局的授权和统一领导下，依法依规独立负责所在县市银行业、保险业机构及其业务活动的监管工作，收集所在县市有关金融风险的信息并向上级机构报告，承担交办的其他工作。

【信用风险监测】 2019年，东阳监管组对县域统计报表进行梳理修订，持续监测不良贷款、大额贷款风险，掌握风险底数。督促银行机构按照银保监分局的要求，按月梳理正常类、关注类贷款欠息企业清单，协助做好贷款企业欠息的约谈，防止逾期欠息的正常贷款进入不良；落实银行风险防控的第一责任人责任，对新发放的贷款并形成不良较多的银行，采取监管挂钩措施。

【资金链、担保链风险化解】 2019年，东阳监管组督促银行业建立常态化监测分析和风险排查机制，分析掌握关键环节、核心企业和介入时机，结合困难企业帮扶工作，形成化解"两链"（资金链、担保链）风险的普适性办法和有效手段。全年化解"两链"风险企业55户，风险敞口比上年减少5.58亿元。

【企业帮扶】 2019年，东阳监管组发挥政府牵头、企业自救、银保监引导、协会会商、银行帮扶、司法护航"六位一体"帮扶机制的作用。多次参与大型建筑企业风险化解会议，会同市帮扶办、住建局、相关银行机构研究制定风险化解方案，阻断风险蔓延。参与按揭项目风险处置协调会，督促银行机构稳妥处置批量违约项目，维护社会稳定。组织召开东阳市银行业建筑企业授信联合会商工作推进会，推动各债权银行分别对新相关企业顺利建立联合会商机制。

【打击逃废债行为】 2019年，东阳监管组加强与银行机构、地方政府、司法机关的信息共享和工作联动，提升各部门风险防控的合力，推动落实跨部门失信联合惩戒机制，开辟金融案件快立、快审、快判、快执通道，扩大简易程序适用范围，开展依法保护银行债权、打击逃废银行债务活动。

【不良贷款处置】 2019年，东阳监管组督促全市银行业加大处置化解力度，督促辖内各分支机构加强与上级行以及资产管理公司的沟通，争取打包转让指标规模；督促法人银行机构通过提足拨备、限制分红等措施，夯实发展基础，加大核销力度。依托政府在风险处置中的综合协调作用，加强银行业机构同相关部门、司法机关之间的联动协作，合力推进金融风险化解工作，提升不良贷款的处置效率，全年共处置不良贷款13.30亿元。

【法人机构监管】 2019年，东阳监管组对东阳农商银行和东阳富民村镇银行两家小法人机构履行属地监管责任并开展重点监管。按照非现场监管流程开展工作，持续、全面收集机构经营管理和风险信息，了解机构经营发展和风险状况。开展日常监管分析和风险提示，关注风险变动，按季开展风险分析评估。引领政策落地，督促机构落实监管要求和目标，开展三方会谈、审慎监管会谈，传递监管要求；列席董监事会，掌握董监事、管理层履职情况；走访机构网点，了解机构实际经营状况。督促机构整改各项检查问题，通过检查和督导，提出监管要求。

【保险机构监管】 2019年，东阳监管组走访辖内规模较大的保险机构，了解辖内保险业发展情况。指导保险机构做好服务保障工作，在台风“利奇马”来袭期间，东阳监管组督促辖内保险机构提前做好抗台准备，灾后会同保险机构实地踏勘水稻受损情况，督促保险公司加速灾后农险理赔查勘、赔款兑现工作，帮助受灾农户恢复生产生活。

【金融服务】 2019年，东阳监管组推进“融资畅通工程”，推进银行业“敢贷、愿贷、能贷”机制建设，对东阳市辖内部分机构工作落实情况进行督导，提升金融服务能力。引导辖内各银行业金融机构将信贷资源向小微企业倾斜，单列信贷投放计划，建立小微企业信贷资源配置的量化监测制度，逐步实现小微企业贷款占比与其在当地经济的占比相适应。要求法人银行机构在年初以完成“两增”目标为导向，单独制定普惠型小微企业信贷计划，按月监测“两增两控”目标完成情况，在确保风险可控的基础上加大投放力度。

【企业融资负担减轻】 2019年，东阳监管组引导银行机构持续推广“转贷通”“年审制”等续贷政策，严格规范收费行为，防止发生不合理收费，禁止收费质价不符和无服务的乱收费；对必要的收费项目，按照互利共赢的原则，合理稳妥定价。引导创新融资工具、拓宽融资渠道、优化融资方案，为企业降低融资成本。

【银行保险机构“无证明城市”改革】 2019年，东阳监管组推动银行保险机构落实“无证明城市”改革。对银行保险机构开展查询核验系统操作转培训；参与查询核验事项精细化集中办公，梳理完善取消证明清单，优化办理流程；指导银行保险机构做好改革自查工作，参与专项督查，督促机构做好问题整改；定期做好数据统计和典型案例报送工作。

【信贷便利化工作推进】 2019年，东阳监管组指导银行机构在风险可控的前提下精简申请材料、优化办贷流程、提高办贷效率，达到政府部门要求的目标；协调银行机构配合市委改革办做好优化营商环境“10+N”行动。（王颂洁）

银行业

【概况】 2019年，东阳市金融机构本外币各项存款余额1371.7亿元，比上年增长11.41%，比年初增加140.53亿元。本外币各项贷款余额938.34亿元，比上年增长11.85%，比年初增加99.39亿元。（吴雪婷）

【中国农业发展银行东阳市支行】 2019年，中国农业发展银行东阳市支行各项贷款余额6.03亿元，日均贷款余额7.77亿元；存款余额2.6亿元，日均存款余额1.55亿元；不良贷款余额0万元，比年初下降3629亿元；实现账面利润2494.76万元。发放粮食储备贷款9300.18万元，支持轮入、调入省级和市级储备粮25155吨，用于早籼谷、小麦及晚籼谷吨轮入、轮换，保证本地粮食收储、增储任务完成。（孙炜翔）

【中国工商银行股份有限公司东阳支行】 2019年，中国工商银行股份有限公司东阳支行（简称工行东阳支行）各项存款余额184.89亿元，各项贷款余额111.93亿元，不良贷款余额1.22亿元，不良率1.09%。

工行东阳支行结合东阳经济特色，将影视、红木、建筑及小微企业等确定为重点信贷投放对象，对公贷款增加10.11亿元。全年通过审批2个棚改项目、物产中大污水处理等项目融资合计12亿元，其中6.56亿元年内发放，存量项目发放6.3亿元，合计发放12.86亿元。向上级行争取新领域优质客户的资源，拓展普惠户数56户，金额8346万元。向上级行争取获得小微信贷业务审批权限，加快小微贷款发放速度。设立小微金融业务中心，对抵押方式融资，且抵押物为住宅或工业出让房地产的存量小微企业，实现一条龙服务、一站式审批的绿色通道。由市金融办召集，对3户大型企业实行联合会商，共同商定银行授信，化解企业担保圈风险。利用现金清收、批量转让、核销等压降不良贷款6917万元。（蒋晓聪）

【中国农业银行股份有限公司东阳市支行】 2019年，中国农业银行股份有限公司东阳市支行（简称农行东阳市支行）各项存款余额247.26亿元，比年初增加12.96亿元，各项贷款余额149.82亿元，比年初增加21.04亿元，不良贷款余额为4518万元，不良率0.30%。

农行东阳市支行制定《支持民营经济高质量发展行动实施方案（2019—2021）》《服务实体提质年实施活动方案》，修订完善《东阳市支行客户经理考核激励办法》，通过与市市场监管局签署全面战略合作协议、参与政银企对接洽谈会等的融资对接活动，提升融资覆盖面，增加公司类贷款10.74亿元。推行法人信贷预审批制度，提高信贷周转效率，通过运用“连贷通”“智动贷”等特色产品，为企业节约转贷成本逾百万元。农行东阳市支行贷款年化利率4.88%，比年初下降0.28%；对小微企业执行较为优惠的利率，小微企业贷款年化

2019年东阳市银行业金融机构情况一览表

表37

机构分类	单位名称
政策性银行(1家)	中国农业发展银行东阳市支行
国有商业银行(5家)	中国工商银行股份有限公司东阳支行 中国农业银行股份有限公司东阳市支行 中国银行股份有限公司东阳支行 中国建设银行股份有限公司东阳支行 交通银行股份有限公司金华东阳支行
股份制商业银行(13家)	东阳市农村商业银行股份有限公司 金华银行股份有限公司东阳支行 兴业银行股份有限公司金华东阳支行 中信银行股份有限公司金华东阳支行 平安银行股份有限公司金华东阳支行 浙江稠州商业银行东阳支行 浙商银行股份有限公司金华东阳支行 上海浦东发展银行股份有限公司金华东阳支行 浙江东阳富民村镇银行股份有限公司 浙江民泰商业银行金华东阳支行 恒丰银行金华东阳支行 浙江泰隆商业银行金华东阳支行 台州银行股份有限公司金华东阳支行
邮政储蓄银行(1家)	中国邮政储蓄银行股份有限公司东阳市支行

(胡楚楚)

2019年年末东阳市各银行业金融机构存贷款余额(本外币)统计表

表38 单位:万元

金融机构	年末存款余额			年末贷款余额			
	合计	单位存款	个人存款	合计	短期贷款	中长期贷款	票据融资
农业发展银行	23528	23528	—	60258	18258	42000	—
工商银行	1843249	690262	1145345	1119284	461146	658139	—
农业银行	2472645	876842	1589871	1498197	967984	530175	38
中国银行	835543	370657	461016	988302	583906	402401	1995
建设银行	1179874	604713	573062	1004683	591972	361744	50966
农商银行	3752990	1274257	2388297	2504470	1491745	1012724	—
富民村镇银行	131527	60225	71302	197296	157065	40231	—
金华银行	471790	366857	104730	271018	175418	74570	21030
邮政储蓄银行	1234979	20506	1213533	294139	137837	156302	—
兴业银行	225995	185509	39680	240950	187610	53340	—

续表 38

金融机构	年末存款余额			年末贷款余额			
	合计	单位存款	个人存款	合计	短期贷款	中长期贷款	票据融资
交通银行	153625	114128	39471	166674	85861	80813	—
平安银行	29372	1927	27251	26794	26794	—	—
稠州银行	159438	71307	77401	102226	60293	41833	—
浙商银行	223634	139541	84092	273776	183944	89832	—
中信银行	254854	202260	52583	371448	192879	178569	—
浦发银行	115458	75443	39840	122416	50704	71712	—
民泰银行	57428	21253	36175	52087	40918	11169	—
恒丰银行	48322	42126	6196	22126	11483	10642	—
泰隆银行	32512	10897	21615	35174	33078	1938	158
台州银行	18143	10575	7568	32073	28264	3549	260
合计	13264908	5162814	7979028	9383391	5487159	3821683	74448

说明:各行存款金额不包含代理财政性存款

(吴雪婷)

利率4.85%,比年初下降0.66%;对符合人行定向降准口径和银监普惠口径的小微企业贷款利率给予大幅优惠。9月12日,农行东阳市支行为东阳市外国语学校成功办理全省首笔商户授权支付业务。(张永超)

【中国银行股份有限公司东阳支行】 2019年,中国银行股份有限公司东阳支行(简称中行东阳支行)本外币贷款余额98.93亿元,比年初增加1.61亿元,其中普惠金融余额19.6亿元,比年初增加3.31亿元;本外币存款余额90.8亿元,比年初增加9.7亿元。为各类企业叙做授信总量145.29亿元,使用授信58.28亿元。

中行东阳支行邀请上级行对接当地政府项目,为高铁新城棚改项目投放授信4800万元,推进金店棚改项目、上卢农房集聚区项目。对市政府重点民营企业项目给予授信支持,为花园新能源项目投放授信3亿元,推进伟明环保生活垃圾处理项目。对民营企业给予帮扶,帮扶企业12家,涉及金额14亿元。授信建筑企业12家,贷款余额7.5亿元,保函余额7亿元,项目经理贷款10亿元;支持建筑企业"走出去",为东阳三建新增开具海外保函3.3亿元,累计余额6.3亿元,为海天建设开具境内外联合履约保函8000万泰铢,为广宏建设新增授信。推行"影视通宝"产品,为20余家影视企业提供授信支持,贷款金额超30亿元,支持影视剧逾160部。为4家影视企业解决海外股权收购款结算1.08亿美元。成立普惠事业中心,普惠金融贷款余额19.60亿元,增加3.31亿元。下调小微企业贷款利率,下降幅度100BP(利率基点),普惠型小微企业的贷款利率最低4%。推广"报关通宝""科技通宝""税务通宝"等可配套信用担保产品,解决企业担保难、抵押物不足的问题。(张　瑜)

【中国建设银行股份有限公司东阳支行】 2019年,中国建设银行股份有限公司东阳支行(简称建行东阳支行)全口径存款(时点)余额138.23亿元。比年初增加12.71亿元。其中对公存款余额67.39亿元,比年初增加4.77亿元;个人存款70.83亿元,比年初增加7.94亿元。支行各项贷款余额100.47亿元,比年初增加6.66亿元。贷款不良额4472万元,比上年下降514万元,不良率0.45%,比年初下降0.09%。对公不良贷款余额4.5万元,不良率接近0。中间业务净收入7430万元,系统份额18.31%,比年初提升1.88个百分点。其中,对公中间业务净收入3739万元,系统份额22.89%,比年初上升4.46个百分点;个人中间业务净收入3691万元,系统份额15.23%,比年初上升0.56个百分点。实现主营业务收入3.52亿元;实现拨备前利润2.7亿元,完成计划进度95.2%;实现经济增加值0.75亿元,系统份额21.93%,系统县市支行份额46.57%。对公有效客户11150户,比上年增加861户,增长8.37%。增加重点机构账户6户,重点机构客户定期账户5户,社团非企业账户3户,幼儿园客户2户,民宗账户开户8户,银医通客户营销3户,银校通客户营销1户,电子功德箱10户;个人有效客户44.61万户,比上年增加3.48万户,增长8.47%,增速排名系统第二位，年度目标完成率88.61%，系统内排名第二。个人产品覆盖度平均每个客户5.53项，比上年提升0.23项。移动金融交易量占比96.90%，比上年提升2.11个百分点。AUM大于0.2万客户数占比64.86%，位居系统第一。完成ETC签约13301户。

建行东阳支行践行普惠金融，推进“裕农通”(是指建行在县域乡村指定合作商户服务点布放银行卡受理终端设备或“建行裕农通”APP，向借记卡持卡人提供助农取款、现金汇款和余额查询、转账汇款、代理缴费等服务功能)乡村全覆盖工作。在全省建行“裕农通”村村通行动中，实现县域193个行政村全覆盖，省行口径乡村覆盖率129%，总行口径104%。防范员工操作风险，强化提升会计稽核工作质量和水平，会计稽核差错率比上年下降50.9%，低于金华分行系统55%，居金华分行系统第1位。（黄湘乔）

【浙江东阳农村商业银行股份有限公司】 2019年，浙江东阳农村商业银行股份有限公司（简称东阳农商银行）各项存款余额375.3亿元，各项贷款余额250.45亿元，分别比年初增加26.45亿元和38.93亿元，占东阳市金融机构市场份额的27.36%和26.69%。不良贷款率0.91%，连续四年获银监会2C级监管评级。获2019年度省级平安单位，浙江农信系统2019年度浙江农信金融市场业务优秀单位、浙江农信系统2019年度反假货币宣传竞赛三等奖、浙江农信系统信息宣传先进集体，1家支行获“省级先进团支部”，1家支行获“2019年度浙江农信系统品牌文化示范网点”。

东阳农商银行助力乡村治理，代理全市“三资”(农村集体所有的资金、资产和资源)业务，投放乡村振兴领域贷款205亿元，普惠签约授信总额569亿元，被市政府授予“乡村振兴主办银行”。设立丰收驿站320个，服务人数18万人次，办理业务52.35万笔；选派金融顾问372人，组建村级信用小组538个，信用小组成员人数1651人，拓展存贷款日均2.5亿元；增加普惠签约2.14万户，普惠签约率提升6.07个百分点。创新“阳光·信义”贷款产品，累计向近1万户家庭发放“阳光·信义”贷款19亿元，获监管部门肯定并在金华全市推广。小微企业贷款余额144.04亿元，比年初增加21.8亿元；与6个小微园开展业务合作，授信总额21.5亿元，支持小微园入园企业128户，发放贷款5亿元；开展民营企业“百千万”助力工程▲，降低小微企业信用、保证贷款利率，全年让利近9000万元。

东阳农商银行成立大数据管理中心，布局数字化转型工作，对ETC业务、存款客户年龄结构、存贷款结构等开展多维度分析；完成挂图作战辅助管理系统、普惠金融管理平台人口基础信息管理项目、省人社厅代发项目丰收互联本地生活自助服务、垃圾分类服务系统等24个项目的开发。互联网客户数38.4万户，比年初增加7.6万户；互联网业务渗透率44.30%，比年初增长6.8%，互联网价值客户（含转账）全年月均6.1万户，比年初增长51.4%。

东阳农商银行推进全面风险管理体系建设，放宽小额贷款不良余额容忍度至1.5%，小微企业贷款不良余额容忍度至1.8%；不良资产管理中心收回不良贷款1.83亿元。开展对离岗休养员工专项排查、员工行为管理系统应用及个人重大事项报告等员工行为专项检查，以及员工经商办企、对外提供担保检查等，监管风险行为，降低经营风险；构建审计问题整改机制，加强审计监督及内控检查结果运用。

▲民营企业“百千万”助力工程：“百”就是要组织开展“五个一百”活动，强化精准服务，进一步提振民营企业发展信心。“五个一百”活动，即百场座谈、服务百家龙头企业、百名处长讲政策、百名行长进企业、百家龙头企业结对。“千”就是三年全省统筹千亿各级政府性资金，着力在技术改造与实体经济发展、产业创新平台建设与研发、优化企业融资环境、开拓海外市场等方面加大扶持力度，为民营经济增氧、造血、强体。“万”就是三年全省撬动万亿社会资本，新增五千亿元用于小微企业贷款，助力企业降本减负五千亿元。（贾琳巧）

【金华银行股份有限公司东阳支行】 2019年，金华银行股份有限公司东阳支行（简称金华银行东阳支行）各项存款余额47.18亿元，各项贷款余额27.10亿元，不良贷款余额4009万元，实现无经济案件、无刑事案件、无重大责任事故的“三无目标”。金华银行东阳支行被浙江省公安厅授予“第六轮省级安全评估优秀单位”，支行营业部获“中国银行业文明服务规范四星级营业网点”的称号。

金华银行东阳支行增加各类贷款9.72亿元，比上年增长216%，上缴各类税费合计1507万元。推出纯线上产品“税信e贷”、继续开展“小微通”循环贷、“小微通”订单贷等产品业务，推行无本转贷“转贷宝”和“年审制”贷款服务项目，总余额2.8亿元，为中小企业减少转贷成本658万元。将城区两个网点搬迁到巍山和六石，加大城乡接合部、成熟社区的金融服务力度。开展市民卡推广服务工作，发卡24万余张。（俞洁慧）

【中国邮政储蓄银行股份有限公司东阳市支行】 2019年，中国邮政储蓄银行股份有限公司（简称邮政储蓄银行东阳市支行）年度经营绩效考核位于金华辖内第1名，各项存款余额123.47亿元，各项贷款结余40.36亿元，不良贷款结余2190万元，不良率0.54%。邮政储蓄银行东阳市支行获2019年“第六轮安全评估金华市级先进集体”，东阳市支行综合管理部获中国人民银行杭州中心支行和浙江省公安厅颁发的“2018年度浙江省打击整治假币违法犯罪专项行动成绩突出集体”称号，直属营业部获省级“青年文明号”称号，横店镇支行获金华市级“青年文明号”称号。

邮政储蓄银行东阳市支行加大信贷投放，稳步提高小微金融资源配比；降低服务门槛，有效扩大小微企业贷款覆盖面；降低企业所需的融资成本、缩短审批时间提高效率、不断扩大服务小微企业客群等方式，加大小微企业的扶持力度。针对小微企业融资需求的特点，围绕“平台机构、产业园区、核心企业、城市商圈”四个重点获客渠道开拓市场。持续推出走访小微企业活动，举办客户座谈、产品推荐会共10余场。（虞旭凯）

【兴业银行股份有限公司金华东阳支行】 2019年，兴业银行股份有限公司金华东阳支行(简称兴业银行金华东阳支行)本外币一般性存款余额22.60亿元，较年初增加1.60亿元，增长7.62%；本外币贷款余额24.10亿元，比年初增加5.76亿元，增长31.41%；不良贷款率2.07%；关注类率0%。支行继续保持浙江省“青年文明号”、浙江省“巾帼文明岗”、金华市“文明单位”、金华市“创安”先进单位、东阳市十佳“银行业金融机构群众满意服务窗口”等称号。2019年，获评金华市银行业金融机构第六轮安全评估“优秀单位”。5月，下辖城南社区支行成功堵截一起疑似电信网络诈骗案件。

1月23日，兴业银行金华东阳支行下辖社区支行小康路社区支行搬迁至东阳市双岘路38号并更名为金华东阳城南社区支行。城南社区支行为社区居民提供代收代缴、“安愉人生”养老服务方案、电子汇款、各类签证代办等综合金融服务。至年末，城南社区支行办理借记卡5844张，综合金融资产余额达4.73亿元，个人贷款余额1.88亿元。

1月，兴业银行金华东阳支行为横店集团发行人民币公募债券1单，金额5亿元，期限280天，利率3.92%。10月，兴业银行金华东阳支行在金华市的首笔线上融资业务“快易贷”，授信额度102万元。至年末，民营企业贷款余额163877万元，比年初增加37366万元，其中，小微企业贷款余额42655万元，比年初增加20920万元。（孙金燕）

【交通银行股份有限公司金华东阳支行】 2019年，交通银行股份有限公司金华东阳支行(简称交通银行金华东阳支行)本外币各项存款余额15.39亿元，各项贷款余额16.67亿元。

交通银行金华东阳支行开展公司客户走访工作，走访公司授信客户及拟授信客户45户，完成全年进度的167%。增加表内理财1200万元，增加贷款提用3.7亿元，增加对公存款3.7亿元。开展二维码业务。增加商户近120户，其中净增有效商户105户，列分行商户净增有效户第一名。促进基层营业机构转型发展，推进网点优柜压柜。推动网点服务新模式，配置2台智易通、1台现金循环机、2台手持终端等设备，引导客户自助办理业务。推进会计达标升级，加强会计风险控制，确保安全营运无事故。推进会计达标示范行创建，成为金华分行4家省级会计达标示范网点之一。（楼梦楠）

【平安银行股份有限公司金华东阳支行】 2019年，平安银行股份有限公司金华东阳支行各项存款余额29372万元，比年初增加6359万元；各项贷款余额26794万元，比年初减少57936万元；不良贷款率为零。（贾学芬）

【浙江稠州商业银行东阳支行】 2019年，浙江稠州商业银行东阳支行(简称稠州银行东阳支行)各项存款余额15.94亿元，各项贷款余额10.22亿元，贷款不良率为0.02%；全年创利3405万元，上缴各项税收535万元。年末全行小微企业和个体工商户贷款余额9.15亿元，占比89.53 %。在浙江稠州商业银行总行发布的“2019年支行业务发展评价季度通报”中，连续四个季度排名列综合性支行第一。被浙江稠州商业银行金华分行评为先进集体。年内推出“税易贷”等网络线上信贷产品。对原有的“市民贷”等小微零售信贷产品进行优化改造，增加自助循环的借款方式，提升小微企业和个体工商户的用款与还贷的灵活度。10月21日，横店小微企业专营支行开业。（吴晓宏）

【浙商银行股份有限公司金华东阳支行】 2019年，浙商银行股份有限公司金华东阳支行(浙商银行金华东阳支行)本外币存款余额22.36亿元，比年初增加4.81亿元；本外币贷款余额27.38亿元，比年初减少3.5亿元；五级不良贷款余额815万元，比年初减少1574万元，下降65.89%，其中公司不良贷款余额实现清零；不良贷款率0.29%，比年初下降0.48%，下降62.34%，无经营事故。浙商银行金华东阳支行获浙商银行金华分行2019年度突出贡献奖；蒋翔、施红燕获浙商银行金华分行营销标兵；吕丽明获浙商银行金华分行先进员工。

9月26日，浙商银行金华东阳支行落地浙商银行金华分行辖内首单银联动“回租通”(基于应收款的创新金融产品)业务；12月27日，落地浙商银行金华分行辖内首笔“直租通”(基于应收款的创新金融产品)业务。浙商银行金华分行成为全总行第四家实现“回租通”“直租通”双落地的分行。（吕丽明）

2019年12月25日，东阳市经济和信息化局、浙商银行金华东阳支行战略合作签约仪式（浙商银行金华东阳支行提供）

【中信银行股份有限公司金华东阳支行】 2019年，中信银行股份有限公司金华东阳支行（简称中信银行金华东阳支行）各项存款余额25.48亿元，比年初增加2.88亿元；各项贷款余额37.14亿元，比年初增加5.89亿元，余额存贷比146%，比上年增长7个百分点。不良贷款余额1901万元，比年初减少195万元，不良率0.51%，低于全市平均不良率0.23个百分点。4月，中信银行南市路自助银行搬迁至总部中心，正常对外营业。向上级行争取信贷规模，支持东阳当地交投、国投、城投等国资企业获批东阳市国有资产投资有限公司集团授信16.9亿元，获批全省首个政府隐性债务置换项目。采用帮扶资金企业转贷金额1.35亿元。经营目标考核得分居异地经营机构第一名，连续第七年被中信银行义乌分行评为“先进经营单位”。在2019年杭州分行组织的“勇攀高峰 献礼行庆”零售业务专项竞赛活动中，中信银行金华东阳支行获第二阶段零售管理资产“勇攀高峰优胜网点”称号。　（王　英）

【上海浦东发展银行股份有限公司金华东阳支行】 2019年，上海浦东发展银行股份有限公司金华东阳支行（简称浦发银行金华东阳支行）各项存款余额11.55亿元，比年初减少5.94亿元；各项贷款余额12.24亿元，比年初减少0.33亿元；总资产18.17亿元；总负债18.22亿元；不良贷款率3.88%。获金华市“平安单位”称号。

浦发银行金华东阳支行推出满足小微企业发展需求的“房抵快贷”金融产品，该产品拥有申请资料简单、审批速度快、额度高、利率低等特点。支持对单户授信500万元及以下小微企业使用再贷款、再贴现等货币政策工具和小微企业专项金融债等金融市场工具，鼓励发行小微企业金融债券。普及金融消费者的金融知识，提高群众反洗钱、防诈骗意识。全年开展专项主题宣传活动6次，发放宣传资料2000余份。　（吴佳佳）

【浙江东阳富民村镇银行股份有限公司】 2019年，浙江东阳富民村镇银行股份有限公司（简称东阳富民村镇银行）各项存款余额13.15亿元，比年初增加6.57亿元，完成年度任务的286%；日均存款余额10.07亿元，比年初增加4.15亿元，完成年度任务的218%。各项贷款总额19.73亿元，比年初增加2.52亿元，比基数增加3.05亿元，完成全年任务的102%；贷款户数5161户，比年初增加638户；户均贷款余额38.23万元。五级不良贷款余额572.15万元，不良率0.29%。实现经营利润4751.46万元。资本充足率19.65%；核心资本充足率18.52%；计提拨备5095.8万元，拨备率2.58%，拨备覆盖率890.64%；各项主要监管指标全部达标。四家网点借记卡发放11188张，存款户数17174户。获发起行富民系“优胜村镇银行”以及“全国百强村镇银行”等称号。　（陈　超）

2019年3月15日，浦发银行金华东阳支行举办金融消费者权益知识户外宣传教育活动　（吴佳佳/摄）

【恒丰银行股份有限公司金华东阳支行】 2019年，恒丰银行股份有限公司金华东阳支行（简称恒丰银行金华东阳支行）存款余额48320万元，贷款余额22126万元，贷款不良率为0。推出个人消费类贷款“恒信易贷”，5月推出24小时线上出账功能。获金华市“智安单位”称号。　（郭佳佳）

【浙江民泰商业银行金华东阳支行】 2019年，浙江民泰商业银行金华东阳支行（简称民泰银行金华东阳支行）贷款余额52087万元，比年初增加20018万元，比上年增长38.43%，存款余额57428万元，比年初增加25475万元，全年实现净利润982万元。

民泰银行金华东阳支行符合“两增”类（小微企业贷款的户数和余额的增量）统计口径客户654户，贷款金额28970万元。发放“续贷”业务42笔，涉及贷款金额2756万元。给予部分小微客户延长贷款期限，采用中长期贷款形式发放贷款，发放中长期贷款220户，金额11169万元。开展“红百合”金融志愿服务，在江北街道开展各类金融知识宣传活动，提高民众金融安全防范意识。　（严巧巧）

【浙江泰隆商业银行金华东阳支行】 2019年，浙江泰隆商业银行金华东阳支行（简称泰隆银行金华东阳支行）各项存款余额37500万元，各项贷款余额38222万元，实现账面利润473万元，比年初增加601万元。5月16日，设立小微专营支行——横店支行。

泰隆银行金华东阳支行落实“党建+金融”普惠金融示范村项目，推出“先锋贷”“先锋卡”特色信贷产品，与全市5个乡镇开展“党建+金融”示范乡（镇）合作，为3个村开展“整村授信”。建立PAD金融服务站，将移动互联网技术和小微金融业务相结合，通过PAD设备实现现场办理各类信贷业务，70%的信贷业务实现线上操作。线上预约企业开户，企业客户通过微信公众号填写基本信息、上传开户资料影像等实现线上预约网点开户。客户凭资料原件在10天内到预约网点即可快速调取预录信息，实现一次性开户。（沈田阳）

【台州银行股份有限公司金华东阳支行】 2019年年末，台州银行股份有限公司金华东阳支行各项存款余额18143万元，其中储蓄存款余额7643万元；各项贷款余额32073万元，不良贷款率为0.11%。（陈梦玲）

证　券

【概况】 2019年，东阳市有证券公司分支机构8家，存量账户数218730户，比上年增长7.49%，环比增长0.35%；12月份新增开户数789户，比上年增长9.43%，环比增长80.55%；证券交易额298.72亿元，比上年增长88.22%，环比增长27.08%；保证金金额12.55亿元，托管市值余额193.98亿元，净流量（流入—流出）1.31亿元。私募理财产品销售数0.31亿元，月末融资余额10.84亿元，融券余额0。（胡楚楚）

【浙商证券股份有限公司东阳环城北路证券营业部】 2019年，浙商证券股份有限公司东阳环城证券营业部客户数85114户，存量资产90.7亿元。完成A股、基金和两融类交易总量1546亿元。营业部期货IB业务完成交易量达234.2亿元，存量资产达3350万元。融资融券业务日均规模达6.5亿元。销售各类基金和理财产品6亿元。（蒋舒蓓）

【中信证券股份有限公司东阳吴宁西路营业部】 2019年，中信证券股份有限公司东阳吴宁西路证券营业部代理沪(深)股票、基金、债券、权证、三板及期货代理等证券相关业务，营业收入1831.98万元，被市政府评为“2019年度纳税百强企业”。（王倩倩）

【方正证券股份有限公司东阳吴宁东路营业部】 2019年，方正证券股份有限公司东阳吴宁东路营业部业务范围涵盖证券经纪、期货经纪、投资银行、证券自营、资产管理、研究咨询、IB业务、QFII业务、融资融券、直投业务、证券投资基金业务、场外市场业务、质押式报价回购业务、代销金融产品业务、受托管理保险资金业务、新三板做市业务、收益凭证业务、私募客户资产托管业务、互联网证券业务试点及证监会核准的其他业务。完成A股、基金交易总量268亿元，手续费收入461万元，托管市值8.6亿元，存量客户账户30772户，信用账户204户。（周慧君）

【财通证券东阳甘溪西街营业部】 2019年，财通证券东阳甘溪西街营业部隶属于金华分公司，信息系统建设模式为C型的二级营业部，经营证券经纪业务、证券投资咨询、融资融券业务以及证券投资基金代销、金融产品的代销，证券承销与保荐，营业面积约80平方米。开户1323户，核心客户数10户，增加资产4200万元。A股总交易量59.4亿元，客户交易结算资金余额1275万元，指定与托管证券市值2.2亿元。（王　挺）

【金元证券股份有限公司东阳中山路证券营业部】 2019年，金元证券股份有限公司东阳中山路证券营业部为C类营业部，经营范围包括证券经纪业务，证券投资咨询，融资融券业务以及证券投资基金代销、金融产品的代销和股票质押业务等。营业部增加客户总数75户，增加信用账户1户；托管资产1.9亿元，交易量131.5亿元；总收入126.07万元，利润16.93万元。（吴大成）

【中国银河证券东阳十字街证券营业部】 2019年，中国银河证券东阳十字街证券营业部内设交易运行部、综合管理部、营销部三个部门，新开客户1577户，融资融券账户11户，引进客户资产10.96亿元，总成交量51.60亿元。（黄莺歌）

【东方财富证券有限公司东阳人民路证券营业部】 2019年，东方财富证券有限公司东阳人民路证券营业部主要经营证券经纪、证券投资基金代销、证券投资咨询、代销金融产品、融资融券等业务。年末存量账户522户，总交易额194820.82万元，保证金金额327.44万元，托管市值余额494.83万元，年末净利润-64.38万元，纳税总额0.17万元。（金向乐）

【浙商证券股份有限公司横店万盛北街证券营业部】 2019年，浙商证券股份有限公司横店万盛北街证券营业部客户数10150户，日均资产约14.7亿元，完成A股、基金和两融类交易总量约140亿元。配合市政府开展企业对接资本市场的宣导工作，成功动员4家企业挂牌浙江股交中心基础层创新板。成功承揽1家企业在浙江股权交易中心成长板挂牌业务。（蔡　虹）

保险业

【概况】 2019年，东阳市有保险公司分支机构33家，其中财产保险公司20家、人寿保险公司13家。保费收入31.8亿元，其中财产险11亿元，比上年增长4.06%，人身险20.78亿元，比上年增长12.31%；赔款支出10.37亿元，其中财产险6.26亿元、人身险4.11亿元。（胡楚楚）

【中国人民财产保险股份有限公司东阳支公司】 2019年，中国人民财产保险股份有限公司东阳支公司内设综合部、财务部、业管部、理赔部等13个部门，编制员工140人，营销员71人。保费收入3.31亿元，处理各类赔案35146件，赔款2.49亿元。年内两次启动“直升机救援”服务项目，为客户打通“生命线”。开展政保合作，承保精神病人监护人责任保险、市政公用公众责任保险、公安局民警意外保险，扩大东阳当地民生保障措施。承办建设工程综合保险，陆续落地投标保证保险、农民工工资保证保险、工程履约保证保险3个险种，助力东阳建筑企业。（朱佳惠）

【中国平安财产保险股份有限公司东阳支公司】 2019年，中国平安财产

2019年东阳市保险业运行情况统计表

表39 单位:万元

保险公司		保费收入	比年增长(%)	赔款支出	赔付率(%)
财产险	全市财险合计	110158.34	4.06%	62647.17	56.87%
	人保财险	33120.50	-19.47%	24370.53	73.58%
	太平洋财险	10824.30	3.32%	5692.27	52.59%
	平安财险	30048.07	21.39%	15217.37	50.64%
	天安财险	2118.45	26.96%	1089.97	51.45%
	中华联合财险	2436.21	32.10%	1051.92	43.18%
	大地财险	6180.98	12.97%	3232.12	52.29%
	阳光财险	2631.07	31.60%	1401.42	—
	中银保险	605.98	30.89%	279.38	46.10%
	亚泰保险	333.6	279.00%	54.13	16.23%
	人寿财险	10374.83	23.90%	4258.77	41.05%
	华泰财险	112.58	2.11%	—	—
	长安保险	1172.07	19.30%	780.16	70.99%
	安诚财险	1950.84	134.23%	525.93	26.96%
	浙商财险	910.13	-36.69%	961.98	105.70%
	紫金财险	992.01	2.88%	442.92	44.65%
	永安财险	707.27	50.28%	265.00	37.46%
	太平财险	3510.28	37.95%	1471.63	41.92%
	安邦财险	408.73	-56.95%	670.73	164.10%
	华安财险	656.95	77.17%	—	—
	都邦财险	1063.49	4.33%	880.94	82.83%
人寿险	全市人寿合计	207849.56	12.31%	41053.14	—
	中国人寿	125524.42	15.77%	27759.23	—
	太平洋人寿	8463.15	-3.12%	1393.97	—
	平安人寿	40608.66	8.42%	6245.45	—
	太平人寿	6229.81	5.17%	0	—
	人民人寿	10953.97	5.55%	4344.88	—
	信泰人寿	993.59	22.07%	144.21	—
	幸福人寿	425.43	-20.40%	41.12	—
	泰康人寿	4462.31	48.78%	221.46	—

续表 39

保险公司	保费收入	比年增长(%)	赔款支出	赔付率(%)	保险公司
人寿险	新华人寿	5409.5	8.48%	692.35	—
	民生人寿	214.31	-6.70%	70.39	—
	中德安联人寿	785.89	-23.82%	75.19	—
	华泰人寿	792.94	-7.98%	0	—
	合众人寿	1487.31	55.37%	64.89	—
	农银人寿	1453.01	2.29%	0	—
	阳光人寿	45.26	-85.27%	0	—

说明:数据由金华市保险业协会提供

保险股份有限公司东阳支公司内设经理室、综合管理部、业务部、车商部、直诵通渠道、客服理赔部6个部门,东阳区域设东阳、横店、南马网点。完成保费收入30048.07万元,比上年增长21.39%;赔款支出15217.37万元,比上年增长50.64%。 (李 芊)

【中国大地财产保险股份有限公司东阳市支公司】 2019年,中国大地财产保险股份有限公司东阳支公司推进科技转型,全球首个基于"云架构+微服务"的核心系统"筋斗云"于7月26日上线。完成保费收入6180.98万元,比上年增长12.97%。其中,车险5502.38万元,企财险69.09万元。 (金芝丹)

【中国人寿保险股份有限公司东阳市支公司】 2019年。中国人寿保险股份有限公司东阳市支公司内设个险部、银保部、团险部等5个部门,下设城区12个职场、9个农村营销服务部。实现总保费收入13.94亿元,占全市寿险市场份额60.39%。受理各类理赔案件33806件,赔付金额7562.8万元。获系统全国县域"双百强"和大短险八星级会员单位。 (韦 华)

【中国太平洋人寿保险股份有限公司东阳支公司】 2019年,中国太平洋人寿保险股份有限公司东阳支公司实现保费收入8463.14万元,理赔支出561.56万元,正式员工13人,代理制员工187人。 (马一超)

新型金融组织

【小额贷款公司】 2019年,东阳市有小额贷款公司7家,总注册资本16.5亿元,贷款余额18.32亿元;年化加权平均利率15.63%;逾期贷款余额5亿元;逾期率27.37%。发放贷款72.45亿元,比上年增长31.7%;净利润1.36亿元,比上年增长16.84%;纳税0.61亿元。年内金立小贷减资0.5亿元。 (张超男)

【民间融资服务中心】 2019年,民间融资服务中心出借需求登记余额20.31亿元,借入需求登记余额161.05亿元,撮合成交余额4.35亿元,其中自有资金匹配1.06亿元,委托资金匹配3.3亿元,成交平均年利率13.71%。2014年5月开业至2019年末办理转贷业务5761笔、金额114.34亿元。 (张超男)

【民间资本管理公司】 2019年,东阳市有民间资本管理公司2家,注册资本1.5亿元。增加定向集合资金募集项目8期,投资总额1.88亿元,为东阳市钜银民间资本管理股份有限公司(简称钜银民资)开展投资。完成短期性财务投资(含转贷业务)2694笔,其中东阳市花园民间资本管理股份有限公司340笔,投资金额6.33亿元,年末余额4162万元;钜银民资2354笔,投资金额71.41亿元,年末余额5872万元。 (许安然)

【典当公司】 2019年,东阳市有典当公司8家,注册资本13000万元。典当金额6810.61万元,年利息及综合服务费收入293.99万元,动产质押典当业务余额888.42万元,平均单笔业务金额7.28万元,业务笔数936笔。 (许安然)

【东阳市国控融资担保有限公司】 2019年年末,东阳市国控融资担保有限公司(简称市国控担保公司)在保小微企业及"三农"户数261户,在保余额4.4亿元,累计为小微企业及"三农"担保397笔,担保余额7.3亿元。与12家银行签订合作协议,担保授信额度从5亿元增加到20亿元。创新开发"惠农保""小微园·入园保""影视保"等多项专项担保产品,"惠农保"担保55户,担保金额1360万元;"小微园·入园保"担保3户,担保金额300万元。市国控担保公司成立于2018年12月,注册资本3亿元,是东阳市唯一一家国有独资的政策性融资担保公司。公司主营融资性担保业务,主营全市小微企业和"三农"的融资性担保业务,促进全市金融生态体系健康发展。公司为省担保集团再担保体系成员之一,有员工9人。 (许嘉楠)

城乡建设与管理

自然资源管理

【概况】 2019年，东阳市获得增存挂钩、跨省调剂、重大产业奖励、地质灾害等用地指标512.87公顷，居金华市前列。控规编制覆盖率100%，全市基本实现控规全覆盖。完成规划项目论证56项，规划公示967项，规划报批132项，出具规划条件158件。核发建设项目“一书三证”（建设项目选址意见书、建设工程规划许可证、建设用地规划许可证、乡镇建设规划许可证）6131件。完善城市环卫、绿地、公共交通等配套设施布局，完成专项规划6项。消化处置批而未供土地333.2公顷；盘活存量434.9公顷；低效用地再开发268公顷；闲置土地处置39.2公顷。出让土地143宗，面积149.6公顷，出让金162438.16万元。完成土地征收项目298个，面积486.3公顷。完成14个乡镇、65个村被征地农村基本养老保障参保条件审核，办理参保对象2216人。

【土地开发整理】 2019年，金华市下达垦造耕地任务98.67公顷，垦造水田任务89.33公顷，农村土地综合整治项目任务7.60公顷，耕作层剥离任务33.33公顷。至年末，东阳市增加垦造耕地面积111.62公顷，完成垦造水田101.24公顷、农村土地综合整治项目44.72公顷、耕作层剥离40.07公顷。

【自然资源监察】 2019年，市自然资源与规划局开展土地卫片执法检查整改拆除工作，整改违法图斑110宗，占地28.4公顷；查处违法图斑37宗，占地7公顷；移交其他部门查处6宗，占地面积1.46公顷，违法耕地占比1.10%。完成“大棚房”整治项目25个，涉及面积5.7公顷。登记办理群众信访诉求1097件。

【矿产资源管理】 2019年，东阳市采矿权总量控制在金华市自然资源和规划局下达的指标内，全市持证矿山总数13家。创建国家级绿色矿山1家（东阳市防军萤石矿棺材坞矿井）。至年末，有国家级绿色矿山3家（东阳市忠信堂萤石矿、东阳市佐村萤石矿、东阳市防军萤石矿棺材坞矿井）。完成23家废弃矿山的“三年清零”治理任务。

【地质灾害隐患点治理】 2019年，市自然资源与规划局消除地质灾害隐患点15处，完成省政府下达的民生实事任务的136%。其中增加工程治理任务1处（虎鹿镇尚周村工程治理项目），减少受威胁人数400人；增加避让搬迁任务1处（千祥南王坑三联支百坑3号南侧山坡避让搬迁项目），减少受威胁人数21人。核销地质灾害隐患点22处，任务完成率110%。工作总量列金华市第一位。

【测绘与地理信息服务】 2019年，市自然资源与规划局开展东阳市地理国情普查“一区两率”（城市建成区、绿地率、绿化覆盖率）工作，调查60平方千米精细地名地址。办理2019年基础测绘成果使用许可6次，提供测绘成果总价值1200余万元。开展第三次国土调查（简称三调），三调初步成果全检错误率0.95%，一次性通过国家审查，三调成果质量在《浙江省第三次国土调查百日攻坚行动情况通报》文件中受到表彰。

【综合审批】 2019年，市自然资源与规划局配合推进“无证明城市”建设，取消农房审批中的婚姻关系证明、拆除证明、户口性质等6项证明材料。完成临时建设用地规划许可8本，完成临时改变房屋用途审批12个，规划核定确认22个，完成临时用地审批15宗，设施农用地备案4宗，镇乡公共设施（公益性事业建设用地）审核16宗。

【农房确权登记】 2019年，市自然资源与规划局推进农村宅基地及住房确权登记发证工作，制定《东阳市农村宅基地及住房确权登记历史遗留问题处理指导意见》《农房登记工作方案》《农房登记发证工作手册》《农房确权登记百日攻坚行动方案》《关于进一步明确农房确权登记发证工作相关事项的通知》《东阳市农房确权登记发证有关问题整改工作方案》；成立农房登记领导小组；完成测绘权调单位的招投标工作；完成权籍调查监理项目招标工作；多次召开东阳市农村宅基地及住房确权登记发证工作推进会。完成权籍调查农户数138410宗，完成农房发证数89666宗，完成率85.31%。

【不动产登记】 2019年,东阳市实现不动产登记与水电气联动办理,不动产抵押登记"一次不用跑"。一般登记办理时限压缩至4个工作日,抵押登记工作时限压缩至2个工作日。发放不动产权证书73059本,不动产登记证明31580本,办理注销登记14308宗,查封登记2372宗、解封1308宗,办理不动产信息查询135891件。

(王玫瑰)

城乡建设

【概况】 2019年,东阳市成功创建国家园林城市。农村危旧房改造和农房集聚区建设继续推进,拆后重建加快实施,推动城区、横店镇、巍山镇、南马镇4个农房集聚区一期建设,完成选房工作。深化小城镇环境综合整治工作,在15个镇乡街道全部通过省级小城镇创建考核的基础上,印发《小城镇环境综合整治长效管理实施办法(试行)》,建立健全长效管理机制,巩固小城镇环境综合整治成果。推进海绵城市和五水共治工作,起草海绵城市实施意见,完成25个小区截污纳管工程建设,完成第二污水处理厂周边纳管77个小区的创建工作。完成绿道建设38公里,其中东阳白溪江绿道被评为浙江省"最美绿道"。画水许宅村和佐村岱溪村通过美丽宜居示范村省级验收。

【行政审批】 2019年,市住房和城乡建设局(简称市住建局)行政审批办件量742件。其中,三级及以下房地产开发企业资质核准71件,房地产评估机构资质备案4件,商品房预售许可核准48件,建筑工程施工许可216件,燃气类事项1件,市政类事项125件,园林类事项29件,污水排入排水管网许可证核发248件。城建档案查询76人次,利用档案270卷;新入工程21个、2424卷。持续工程建设项目审批制度改革,建设、消防、人防审批事项实行"多合一"审批,用电、用水、用气报装实行便利化,配置全省统一的工程建设项目审批管理系统,办理时限压缩在90天内,100%实现网上办理。经市长办公会议研究通过,《关于进一步深化建设工程审批制度改革促进审批提速增效的意见(试行)》于12月印发,意见在优化施工许可办理、做好消防审批衔接、解决历史遗留问题等方面做出明确规定。

【公共服务设施建设】 2019年,城投集团会同吴宁街道、白云街道、江北街道完成25个小区截污纳管项目工作,完成通江路、红椿巷、棋盘街、镇圣巷、城南东路、解放路、东街、西街道路改造,完成望江北路、树德路、江滨北街道路改造前期工作。完成体育公园一期工作,推进园林绿化建设,成功创建国家园林城市。推进生活小区"污水零直排区"创建,指导开展各镇乡街道36个小区污水零直排区的创建。

【小城镇环境综合整治】 2019年,东阳市小城镇环境综合整治实施项目1121个,开工项目1121个,完工1121个,完工率100%。开展以"环境卫生、道乱占、车乱开、房乱建、线乱拉、低小散"等为重点的专项治理工作。1月,15个镇乡街道通过小城镇环境综合整治省级达标创建。印发《小城镇环境综合整治长效管理实施办法(试行)》,建立小城镇长效管理机制。

【危旧房治理改造】 2019年,市住建局验收通过32户"三类人员"(低保户、特困人员、贫困残疾人家庭)的农村危房改造,发放补助资金29.6万元。完成规划编制、国土审核,高标准编制村庄规划785个,完成宅基地审批42888户。启动拆后重建,定桩放样村庄829个,定桩放样20602户,农户宅基地排基到户率90.79%。扎实推进城区、横店镇、巍山镇、南马镇4个农房集聚区一期建设,一期集聚总占地面积21万平方米,总建筑面积60.04万平方米,可安置4700余户。至年末,四个农房集聚区一期项目均已完成主体结构结顶。至年末,城区、横店、巍山、南马四个农房集聚区完成全市集聚安置任务数10028户中4600余户选房安置。

【城中村改造】 2019年,东阳市开展城中村改造工作,至年末,金店棚户区改造项目(二期)拆除301户,面积60000平方米,基本完成整村拆迁任务,发放征收安置款约3.2亿元。高铁新城槐堂区块完成拆除共300户,79000平方米,拆除率99%。

(许 杭)

综合行政执法

【概况】 2019年,东阳市综合行政执法局办理一般程序案件3202件,收缴行政罚没款2108.26万元;参与拆除违法建筑827宗,建筑面积42.83万平方米;数字城管平台派遣处置件43782起,结案43768起,结案率99.91%(其中综合行政执法局职责30027起,结案率99.96%);拆除各类户外广告2031块(幅);受理行政许可7932件,收取各类规费129.67万元;受理信访2409件、96310举报投诉2339起;承办市人大代表建议和政协提案60件。

【机构改革】 自2019年1月14日起,市综合行政执法局继续承担城市管理相关职责,加挂市城市管理局牌子,负责统筹协调和指导监督全市综合行政执法,深化行政执法体制改革和推进跨部门跨领域综合行政执法。1月21日,市综合行政执法局(市城市管理局)正式挂牌。3月10日,市委办公室、市政府办公室联合印发《东阳市综合行政执法局职能配置、内设机构和人员编制规定》,明确市综合行政执法局实行"局队合一"体制,内设10个科室(处、中心)、1个直属机构,辖市环境卫生处、市市政公用处2家事业单位,在全市18个镇乡街道及经济开发区设置19个派驻中队,以市综合行政执法局名义依法行使有关行政执法职权,有工作人员1661人,其中执法干部在编243人,事业在编124人,编外人员1294人。12月5日,除六石中队外,各派驻中队完成挂牌仪式。

【职能划转】 2019年8月5日,市政府发布《关于公布综合行政执法工作行政处罚相关事项的通告(第一批)》,明确市综合行政执法局在东阳市行政管辖区域范围内集中行使市容环境卫生方面、城乡规划方面、园林绿化方面、市政公用方面、工商行政方面、环境保护管理方面的法律、法规、规章规定的全部或部分行政处罚及相关行政监督检查、行政强制权,总计163项,该通告9月6日正式施行。8月31日,市政府发布《关于实行城市化管理区域的通告》,明确东阳市18个镇乡街道部分区域自10月1日起实行城市化管理范围。实行城市化管理的区域,参照适用相关城市区域内的法律法规以及规章的规定。

2019年4月21日,市综合行政执法局新式执法车辆授车仪式举行

(市综合行政执法局提供)

【中队规范化建设】 2019年,18个派驻镇乡街道中队、1个经济开发区中队和1个机动执法中队独立办公场所选址基本完成,部分中队开始装修施工。制定《中队规范化建设制度汇编》,制定19项工作制度、规定,内容涵盖党建工作、队伍管理、执法业务、执法保障等各个方面。配备执法移动终端、电脑、执法车辆等单员、单车执法装备,采购216台执法移动终端、20台电脑、10台打印复印一体机、100台对讲机,配备12辆皮卡式执法执勤车、1辆运输车、1辆通讯指挥车,更新12辆执法执勤车。

【执法办案】 2019年,市综合行政执法局制定《关于规范违法建设函告制度的通知》《行政处罚案卷管理规定》《行政执法检查工作方案》《"三色单"三步工作法制度》等相关制度。坚持法制员、法制科、局长办公会案件三级审核制度,对230件重大案件进行集体讨论,对32起重大案件报市司法局备案。推行"三色单"工作法,对城市管理领域易发、频发的违法行为,首次发放粉色温馨提示,第二次发放黄色告诫书,第三次发放白色限改通知书或处罚决定书,全年发放粉色温馨提示单1618份、黄色告诫书429份、处罚决定书152份。

深化非接触性执法,建立流动摊贩、街边店铺、渣土运输车辆等基础信息库,对当事人不配合的,运用执法记录仪等设备保存的音视频资料,形成完整证据链,依法作出处罚,办理零口供案件60余件。应用"浙政钉·掌上执法"系统,探索"规范监管""精准监管""联合监管""公平监管"等新型监管方式,推进双随机抽查;以省综合执法办案系统为依托,全面推行网上办案,网上办理一般程序案件2990件。市公安局派驻综合行政执法大队开展执法护航工作,当场调解纠纷25起,牵头查处阻碍公务案件19起,其中刑事拘留1人,治安拘留12人,罚款3人。

2019年11月13日,市综合行政执法局执法人员运用"浙政钉·掌上执法"系统对东阳市某餐饮店进行检查 (市综合行政执法局提供)

【普法宣传】 2019年,市综合行政执法局开展执法"进社区、进学校、进企业、进工地、进商户"活动186次。推行以案说法,在"东阳综合行政执法"微信公众号上推出以案说法系列,对职能范围内的各类违法行为,以案例的形式进行曝光,发布典型案例60余起,阅读量8万余次。

【助力全国文明城市创建】 2019年,市综合行政执法局以"文明创建再深化·整治提升再出发"系列活动为载体,开展"市容环境整治、基础设施提升、文明理念践行”三大行动。落实工作例会、网格管理、共建活动、每日督查、领导晨查(夜检)等制度,每日6:30—22:30不间断开展创文工作。对流动摊贩、超门窗经营、乱堆乱放等行为进行严管重罚。根据《金华市城市市容和环境卫生管理规定》《金华市文明行为促进条例》,对发放商业性传单、从建筑物内向外抛洒物品、擅自占用公共停车泊位、公共场所屠宰家禽等不文明行为进行立案处罚。5月15日至年末,办理一般程序案件2226件,处罚金额127.78万元。金华精品街六次考核成绩均达到96分以上,市容部分裸分排名金华各县市前三。

【文明养犬】 2019年5月,市综合行政执法局制定《全市规范养犬专项整治方案》。利用新闻媒体、报纸杂志、专场活动、进村(社区)入户等形式,发放宣传资料12.4万份,签订公职人员养犬承诺书18305份。启用线上养犬登记平台,通过关注“东阳综合行政执法”微信公众号,实现办证登记零跑腿,收到申请10432次,办理犬证9466张。自6月1日起,对各类违规养犬行为实行顶格处罚,查处违法行为183起,处罚金额4.28万元,收容犬只2667只。

【“四位一体”治理体系】 2019年8月19日,市综合行政执法局、市公安局、市自然资源和规划局、市住房和城乡建设局、市交通局、生态环境局东阳分局联合制定《关于建立“采矿、制砂、运输、工地”四位一体联合管理执法机制的实施意见(试行)》,成立“四位一体”管理办公室。完成建筑渣土运输企业预登记申报及申报企业验收工作,完成26家企业的申报登记。指导建筑渣土运输协会完成换届选举。开展建筑渣土运输严管整治,对沙场、工地、路面联合巡查280余家(点)次,拟发交办单5件、整改通知11份,查处各类违规行为1800余件。

【建筑垃圾规范化处置】 2019年,东阳市建立城区建筑垃圾便民收运服务机制,统一服务电话、统一平台调度、统一收费价格。启用建筑垃圾回收处理场,规范分类处理,对大件垃圾、生活垃圾、建筑垃圾进行分类。调度中心收到处置请求电话407起,回收处理场进场车辆8517车次,处理建筑垃圾9.6万吨。查处城区范围内违法运输、处置建筑垃圾类案件225起,处罚金额50万元。

【环境治理】 2019年,市综合行政执法局牵头落实烟花爆竹禁燃规定。设置值守点332个,设立禁燃防控队伍432支,发放禁燃福字门贴6万份、宣传单2万份,推送禁燃短信3.7万条,开展宣教1.4万次,参与宣传、防控人员2027人次,查处违规销售、燃放案件3起。落实餐饮油烟污染治理,加强日常执法检查,实现城区乡镇全覆盖,排摸全市餐饮单位3821家,其中产生油烟2472家,净化装置安装率100%。治理秸秆焚烧,加大秸秆露天焚烧防控工作和执法力度,发放宣传告知单3000余份,扑灭秸秆焚烧600余次,立案查处24起。深化环保督察整改,组织开展环保信访件“回头看”工作。对省环保督察涉及生活垃圾和建筑垃圾处置的3项问题开展整改销号工作,落实环境卫生处2项中央环保督察信访件整改完成情况的公示牌设置。

(孙　柳)

城市管理

【概况】 2019年,东阳市城区生活垃圾分类覆盖率87%,垃圾回收利用率40%,垃圾无害化处理率100%。处理城乡生活垃圾44.4万吨,日处理1215.88吨;城区清扫保洁面积1091万平方米,机械清扫面积477.5万平方米;园林绿化养护面积282万平方米;维修人行道3.62万平方米、盲道1.34万平方米;疏通雨污水管网215.56千米;更换路灯电器光源7460套;各燃气公司开展瓶装燃气实名登记1646020次,入户安检198512次,告知用户整改安全隐患37061起。

【城区生活垃圾分类】 2019年8月,东阳市城区生活垃圾分类收集、处理试点工作领导小组编制印发《2019年东阳市城区生活垃圾分类工作计划》,明确工作任务和工作职责。加大宣传培训力度,用好“报、网、端、微、视、屏”各类媒介资源,开展进机关、进商场、进社区等“八进”活动,在东阳市级以上主流媒体、网络发布宣传报道62篇、播放分类公益广告3300余次,设置垃圾分类知识围挡3000余处、沿街LED垃圾分类宣传标语200余处、垃圾分类宣传牌4000余块、单立柱花草牌2000块,发放宣传手册18万册。开展居民小区、机关

2019年9月,东阳市中天世纪花城小区建成3个垃圾分类投放点位
(市综合行政执法局提供)

部门、企业等情况调查摸底工作，发放分类垃圾桶14万组，分类指导、检查20余次，考核通报12次。建成并运行第一批“两定四分”（“两定”指定点、定时，“四分”指垃圾分为可回收物、易腐垃圾、其他垃圾、有害垃圾）小区（10个）、“定时定点”投放点位100余个，设置分类清运点38个，增加分类收集车10辆；完成3个省级高标准示范小区（中天世纪花城北区、艺海花城、希宝广场）和1条定时定点示范商业街（吉祥路）创建；配合完成市生活垃圾综合利用项目前期建设。查处垃圾未分类案件3166起，罚款48.08万元。

【国家园林城市创建】 2019年，市综合行政执法局开展迎检方案制定、线路安排、遥感实地复核8个点位情况说明、三级台账资料备查等相关准备工作。完成城区各大公园绿地绿线图、警示牌、导览图、温馨提示牌、游园须知、界桩、古树名木保护牌、防灾避险图、植物名录等标识标牌的安装。10月11—12日，创建国家园林城市专家组到东阳市，对综合管理、绿地建设、生态环境等55个创建指标进行现场考核检查。12月30日，住建部城市建设司发布《关于2019年国家园林城市系列拟命名名单的公示》，东阳市入选。

【环卫管理】 2019年，东阳市机械化清扫面积477.5万平方米，机扫率65%。其中城中、江北机扫面积295万平方米，白云2个市场化公司（深圳市德纯物业东阳分公司、侨银环保科技股份有限公司东阳分公司）机扫面积182.5万平方米。招标采购4辆钩臂车和20个移动箱、2辆餐厨车、5辆压缩车、1辆护栏清洗车，有各类环卫作业车辆256辆。改造4座公厕（中山中路公厕、江滨公厕、南大门公厕、平川西路公厕）和4座垃圾中转站（艺海中转站、城南中转站、勤俭中转站、亭塘中转站）。填埋城乡生活垃圾44.4万吨（城区25万吨、镇街19.4万吨），日均1215.88吨。加强填埋气收集处理，发电厂在原有处理规模上扩容3台发电机组，收集填埋气处理发电2416.8万度，日均6.62万度。

【市政设施维护】 2019年，市综合行政执法局维修人行道36205.8平方米、人行道侧石6910.84米、破损沥青道路14674.75平方米、盲道13412.3平方米、混凝土3449.31平方米。更换破损雨污水窨井盖459个，维修改造破损窨井底座345个，加装窨井防护网230个，异响井盖加装橡胶垫块710个；清淤、疏通13330个窨井、检查井；清捞提升泵检查井620人次；疏通雨污水管网215.56千米、防汛疏通抢险219处；改造积水点、污水外溢点29处，河道冲洗83次。

公园广场地面维修大理石板、青石板585平方米，修复破损地砖156块，更换雨水盖板135块，整修绿化带侧石256米，安装汀步136块、圆柱头53个，更换木地板374根，木栏杆加固34根，安装木塑板227块，维修石凳、木椅203张，整修树池1115个。开展城区19座在管桥梁的日常检查、日常养护维修、数据采集、拍照存档及59座桥梁的检测工作；完成迎宾大桥伸缩缝整体更换维修加固项目施工；完成西岘桥拆除重建项目。

2019年10月12日，创建国家园林城市专家组到东阳市实地考核

（市综合行政执法局提供）

【园林绿化管理】 2019年，东阳市建成园林绿地面积1553.44公顷，绿地率35.87%，绿化覆盖率40.31%，人均公园绿地面积13.28平方米。修剪灌木351.86万平方米、草坪割草232.9万平方米、整枝14718株、行道树抹芽3462株；补种乔木179株、灌木27.49万株、地被植物7445平方米；病虫害防治乔木14537株、灌木81.79万平方米；乔木施肥39257株，草坪、灌木施肥102.19万平方米；乔木涂抹石硫合剂77079株；喷洒除草剂8.73万平方米、清理枯枝、落叶3万平方米。

11月，歌山画水公园月季苑改造增种俄州黄金、梅郎口红、节日礼花、胡佛总统等8个月季品种8万余株。在迎宾大道、市民广场、百工园等区域增植早樱、香樟、桂花等乔木570株，改造灌木36.9万株、地被植物9200平方米。根据金义东市域轨道交通建设工程工作要求，移植迎宾大道、江滨南街等区域的乔木1553株。为配合白云街道道路提升需求，移植汉宁西路灌木4万余株。

【路灯管理】 2019年，市综合行政执法局更换辖区道路和小区路灯电器光源7460套、铜电缆2937米、铝芯线1424米、护套线689米，预埋管线208米。三桥两岸及8个公园更换电器光源521套，公园系统故障排查修复119处；两岸内湖更换线条灯967根、小射灯212套；人民桥波浪灯更换69根、点光源更换187套；更换电源和驱动57套；排查修复控制箱、架空线路、电缆故障849处;矫正安装歪斜灯杆、破损灯头89处;应急处理被撞灯杆66起;监控中心开关灯1286次,报警派工及接受群众报单774起;解决RTU故障和维护维修工作127处。增设市行政中心南侧道路路灯19杆、安装管线800米;增设江滨公园、南山公园等11处亮化控制箱接地体;增补路灯配电箱警示标志182处。根据金义东市域轨道交通建设工程及城投建设要求,完成世贸大道36盏路灯及部分线缆的拆装工作;配合东阳市交通投资建设集团有限公司迁移迎宾大道1号箱、横穿管敷设、临时照明配电等工作;39省道改造路段路灯迁移7处;拆除迎宾大道平面改立交路段东、西两侧路灯及路口临时照明配电工作。

2019年7月,吴宁街道麻车埠连片违建区块拆违后航拍图

(市"三改一拆"办提供)

【燃气行业管理】 2019年,市综合行政执法局落实安全生产责任制,开展多轮次的隐患排查和整治工作,确保燃气行业安全生产形势稳定。会同市公安局、市市场监督管理局等部门,开展燃气联合执法。查扣非法改装15千克钢瓶79个、来源不明50千克钢瓶10个、非法储存钢瓶45个、问题钢瓶70余个、外地钢瓶14个。联合金华市燃气行业协会、各燃气公司开展瓶装燃气配送工继续教育培训,培训150余人。打击配送工非法经营行为,取消8名瓶装燃气配送工配送资格。完成燃气工程开挖许可审批12件,竣工验收备案审核23件。

(孙 柳)

"三改一拆"工作

【概况】 2019年,东阳市拆除违法建筑176.9万平方米,"三改"235.27万平方米(改造旧住宅区101.12万平方米、旧厂区110.55万平方米、城中村23.60万平方米),分别完成金华市年度任务数的147.42%和157.05%。吴宁街道麻车埠区块、歌山镇骆店村等18处0.67公顷以上集中连片违建区块完成整治拆除,腾出用地空间21.63公顷,拆除1000平方米以上违法建筑232宗,面积138.82万平方米。

【专项拆违行动】 2019年,市"三改一拆"办配合国土部门,开展违建别墅清查整治工作,拆除群众反映强烈的违建别墅3处。开展影响消防安全违法建筑专项整治行动,拆除72宗2.16万平方米。核查应关停而未关停到位的红木企业97家,拆除违建建筑12家、5300平方米。

【拆后重建监管】 2019年,市"三改一拆"办加强拆后重建监管,联合国土、规划等部门每周巡查督查,推进市、镇、村三级网格化动态巡查,及时发现违法建筑并处置。组织抽查165个村次,整改拆除不按规划方案建筑69处。

【"四边三化"工作】 2019年,市"三改一拆"办开展全域整治工作,制订全域整治工作方案,整改落实"两路两侧"(公路、铁路两侧)的环境问题。完成省、金华交办以及市级排摸的问题点位整改133宗,拆除各类违法设置、破损广告217处。开展省精品线创建工作,打造精品示范样板道路1条(211省道红木长廊精品线)。

【"无违建"创建】 2019年,市"三改一拆"办选取10个工作重点难点村(小区)进行整治督办,推进"无违建"落后村的拆违工作。在"十美村"创建、危旧房拆后重建示范村创建过程

2019年8月6日,省重点工作第1督导组对东阳市"三改一拆"工作进行二轮督导

(市"三改一拆"办提供)

中，将“无违建”作为考核验收的重要标准，实行“一票否决”，推动村庄环境综合整治，提升人居环境。

【省重点工作督导】 2019年8月6日、11月26日，由省委办公厅副巡视员章燕萍带队的省重点工作第1督导组两次到东阳市，对“三改一拆”工作进行二轮督导。督导组对东阳市“三改一拆”“无违建”创建工作推进情况、存量违建处置及增加违法建筑管控情况进行督导。

（金 靓）

高铁新城

【概况】 2019年，高铁新城管委会围绕市委全会作出的“五个关键时期，八方面关键作为”的部署，落实市委、市政府对高铁新城提出的“建场站、引产业、撑框架、一体化”的总要求，谋划推进。打造“旅游为表、影视为里、社区为体、文化为魂”的具有东阳特色的未来社区，该项目由市政府上报省发改委申报试点。槐堂棚户区改造集聚安置区项目提前2个月完成全年计划，列入省重点工程，上报保障性安居工程2020年中央预算内投资计划储备项目，是全市第一个入国家库项目。位于高铁新城由浙江亿和影视制作有限公司建设的影视后期制作公共服务平台被列入省重大产业项目（第一批）名单。获棚户区改造政府购买服务银行融资贷款授信5.7亿元，申报住房城乡建设部、财政局棚改专项债券4亿元，到位资金70800万元。获2019年中央财政城镇保障性安居工程专项资金485万元，占全市的70%。

【槐堂棚户区改造项目】 2019年，槐堂棚户区改造集聚安置区A地块一期总建筑面积212804平方米，其中地上156976平方米，地下55828平方米。完成施工图图审，完成场地平整土石方开挖约30万立方米，地下室土石方开挖15万立方米，进入地下室施工阶段。完成A地块一期4.6公顷用地预审、划拨供地，能源技术评价、建设工程规划许可证和施工许可证的办理。上槐被征收房屋拆除地块4.92公顷（其中A地块一期1.88公顷，C地块3.03公顷）集体建设用地转征国有手续上报审批。高铁新城管委会启动上槐棚改区房屋腾空工作，上槐300户通过腾空验收，房屋腾空率99.34%，完成上槐腾空房屋拆除工作。完成安置房户型设计方案入户书面征求被征收人意见的工作，征求率100%。在上槐改造项目房屋征收、拆除工作开展期间，引发家庭纠纷4起、堂屋纠纷9起。联合街道、村、相关职能部门，邀请政策专家、法律顾问，共同拟定民事调解意见。

2019年11月4日，高铁新城槐堂棚户区改造项目施工现场 （包康轩/摄）

【农房改造集聚安置区工程】 2019年，高铁新城农房改造集聚安置区（一期）规划用地4.74公顷，其中3.76公顷上报审批。规划总建筑面积189930平方米，其中地上建筑面积144794平方米，住宅967套。高铁新城农村危旧房改造集聚安置区项目需开挖土方48873立方米，宕渣资源量314573立方米，预计开挖费用支出1200万元，将土石方开挖工程施工承包权与宕渣资源矿业权“两权合一”同时公开招标，获宕渣出让收益372.77万元，为该项目节省投资1500万元。完成施工图图审、造价编制和财政审核，以及施工招标工作。

【博士路隧道工程】 2019年，东阳市推进博士路隧道、西气东输天然气高压管、金义东轨道交通地下隧道立体交叉大型项目建设。项目涉及西气东输天然气高压管迁移调整方案通过论证，比原迁移方案预计节约投资约1000万元。完成新迁移方案安全评估、施工图设计、财政审价和施工招标工作。会同市自然资源和规划局完成项目部用地的选址，会同南市街道办事处完成项目部土地租用、清表划地工作，项目部进场施工。

【“两横”“两纵”道路建设项目】 2019年，高铁新城规划建造两条东西向道路（站前南路、站前北路）、两条南北向道路（东一路、西一路），道路总长16839米，总投资约53257万元，总用地76.08公顷，其中农用地39.71公顷，占52%；农用地中涉及农保用地32.71公顷，一般农田7公顷。完成站前南路、东一路道路设计招标、方案编制和项建立项。

【影视产业制作中心项目】 2019年，影视产业制作中心项目规划用地面积100公顷，一期用地16.4公顷，建设规模18.2万平方米，总投资约12亿元。

高铁新城管委会与北京爱奇艺科技有限公司、江苏亿和影视科技有限公司、中青旅等影视公司签约；会同横店影视文化产业实验区管理委员会与华谊兄弟传媒股份有限公司、博纳影视集团股份有限公司、欢娱影视文化有限公司、天一集团等有投资意向的企业进行洽谈。爱奇艺创意文娱综合中心项目第1期5.67公顷指标用地会同市统征办、城东街道实施土地征用工作,编制建设方案。

【南市白虎里骨灰存放堂项目】 2019年,南市白虎里骨灰存放堂项目完成主体工程施工。该项目位于南市街道大潮村白虎里生态公墓西侧,存放堂建筑面积1434平方米,可存放15000穴,总投资450万元。发布"入室为尊"的无坟化治理政策,村干部和村民统一思想实施骨灰存放。

【未来社区项目】 2019年,按照《浙江省未来社区建设试点工作方案》的要求,市政府向省发改委申报未来社区项目试点。该项目位于杭温高铁东阳横店站西侧,社区规划单元面积68.5公顷,其中试点实施单元面积31.6公顷,涉及改造面积50.9公顷,安置人口6000人,建成后形成建筑面积70.6万平方米、绿化面积6万余平方米、社区人口9000人的未来社区。

(吴　爽)

五城同创

【概况】 2019年,东阳市推进全国文明城市创建工作,成功创建国家园林城市和省级生态文明教育基地,通过病媒生物防制"四害"(老鼠、蟑螂、苍蝇、蚊子)密度C级评估。市委书记、市长开展文明城市创建等五城同创工作专题检查或听取工作汇报14次,市人大、市政协组织视察各1次。市领导每周晨查共计63次,其他专项检查5次。向各镇乡街道、职能部门发放履职通知书116期,提出整改问题1394项,到期整改率73%。在各个媒体分别设立不文明行为曝光台,曝光54期。在全市公职人员中推广运用志愿汇APP,将志愿服务列入年终考评内容。制订实施每周三文明交通劝导制度,每周组织督查通报。实施公务车辆、公职人员私家车交通违法定期通报制度,年内通报19期,曝光3195人次,媒体曝光2期。对违章3次及3次以上的人员由市纪委进行约谈。

【城市创建工作】 2019年,市委、市政府组织召开国家卫生城市创建、国家园林城市创建、全国文明城市创建的动员会、部署会、推进会、现场督办会和迎检大会,部署落实工作任务。督办新建园林绿化项目开工3项,完成新建及提升改造绿化园林工程27项及8696棵行道树增植任务。提前计划国家卫生城市复审工作,及早分解落实国卫复审各项任务。组织开展"公益广告征集评选""随手拍短视频"等征集活动,征集作品640余件;制作发布通讯铁塔公益广告54座、街头小品4处、路灯杆自创特色公益广告350幅、"文明如厕""文明餐桌"宣传牌等11595块,完成楼道美化宣传试点工作;制作印刷创文公益广告集锦。组织开展"文明见于细节,创建从我做起"市长跑协会助力全国文明城市创建活动、植树节"创建园林城市,共建绿色东阳"全民植树活动;继续开展公职人员带头践行"文明出行、文明居住"活动和公职人员带头参加志愿服务活动。组建创文工作专班,制定《创建工作责任分解表》《实地测评点位考察要求》《职能部门创建工作任务清单》等,项目化推进各项测评指标的落实。完善共建机制,建立"部门单位包干小区"共建机制、每周5次文明共建制度等。

【道德建设】 2019年,东阳市评选出第六届道德模范9人、提名奖获得者10人,推荐入选金华市第六届道德模范2人,推荐入选浙江好人4人、金华好人9人。开展"道德模范宣讲五进"活动,落实《东阳市道德模范奖励帮扶实施办法》,组织"扣好人生第一粒扣子""新时代好少年"学习宣传、乡村学校少年宫建设等未成年人思想道德建设活动。完成18个镇乡街道、199个文化礼堂建设村的实践站所建设和挂牌,建成市级实践中心1个、实践点13个,示范实践所4个、示范实践站8个。在东阳电视台开设"新时代文明实践电视道德讲堂",每周由草根主讲人用东阳方言讲述群众身边的文明故事;将新时代文明实践工作情况纳入工作责任制考核,列入文明镇村、文明社区考评。评选表彰100个市级文明美丽家庭,创建东阳市级文明校园56个、金华市级文明校园34个。组建文明单位创文责任联盟,组织32家省级以上文明单位,设计助力创文特色活动载体,并结对非文明村。申报创建浙江省健康促进学校50家,其中金牌1家、银牌9家、铜牌40家,市外国语小学通过健康促进学校(金牌)省级复审;第七人民医院和花园田氏医院通过健康促进医院金华市级考核,并迎接省级考核。开展健康家庭创建试点工作,申报健康家庭户267户。开展控烟履约工作,申报无烟单位5家。

【基础建设】 2019年,市五创办组织实施"文明创建再深化整治提升再出发"29项活动,开展"扫雷填坑"(修复人行道砖松动和破损、城市道路坑洼等)行动,修复人行道9573平方米、沥青路面14526平方米,积水改造11处。开展空闲地整治、植绿补绿工作和电动车专项整治。施划机动停车泊位27318个、非机动车停车泊位1249平方米、自行车图案2000个,施划热熔反光标线5000平方米,安装道路隔离护栏5788米。完成公园绿地标识标牌和管理宣传牌的制作安装,安装各类标牌1396块。

【环境改造】 2019年,东阳市江滨景观带文化产业总体策划基本完成。卢宅文化休闲园项目进展顺利。浪坑溪、神道门等街心公园,望江体育公园开工;江滨公园、南山森林公园、巧溪等绿道连通工程进展顺利;吴宁三中、吴宁镇中地下停车场建设有序推进。湖溪镇入选"美丽浙江魅力示范点",东阳市生态环境公众满意度全省排名第49位,比上年提升2位。南马镇、巍山镇、湖溪镇、东阳江镇、佐村镇、三单乡6个乡镇的国家卫生乡镇创建通过省级考核,上报全国爱国卫生运动委员会办公室。

【除害工作】 2019年，东阳市建设室外灭鼠毒饵站2000座，对城区室外64座大型灭蚊灯进行整修，委托金华市疾控中心对城区蚊、蟑抗药性进行监测。全年成功应对9起输入性登革热疫情。启动南市街道梨枫村无蚊村创建试点工作，并成功创建。组织开展“健康东阳 灭蟑行动”活动，根据“政府出资支持、群众自愿参与、专业人员上门服务”的原则，为4个试点社区（城南社区、江滨社区、接官亭社区、茗田社区）申请的1097户居民户提供上门免费灭蟑服务。

（吕楚麟）

供电

【概况】 2019年，国网浙江东阳市供电有限公司（简称东阳供电公司）完成固定资产投资13458.58万元，其中电网建设与改造投资13170万元；总产值310830.53万元，资产总额116850.61万元，固定资产净值98578.17万元，利润总额2160.44万元，资产负债率36.71%。营业收入310830.53万元，其中售电收入307287.96万元。营业成本309129.23万元，其中购电成本255508.58万元，输配电成本51771.56万元，其他成本及费用1849.09万元。销售利润1697.00万元，上缴增值税9714.73万元。成功申请3个发明专利、8个实用新型专利，授权8个发明专利、3个实用新型专利。“电力设备过热故障智能监测与诊断系统研究与应用”获省公司2019年度县级供电企业科技成果三等奖。“分布式智能架构的配变台区三相不平衡治理优化控制技术研究及应用”获2019年度国网浙江省电力有限公司科学进步奖三等奖。

东阳供电公司综合绩效列金华公司各县（市、区）第4位，获金华公司年度精神文明建设先进单位，保持“浙江省文明单位”称号。“幸福蜗居”项目获省志愿服务项目大赛银奖市志愿服务项目大赛金奖，该项目负责人虞向红入选“金华好人”“金华市道德模范”。探索形成“电力+影视”的品牌形象宣传模式，微电影《恋上一座城》《等灯》《回响》《爷爷的勋章》分别获中国电力工程新闻奖十佳融合创新奖、中国能源微电影大赛最佳创意奖、全国品牌故事大赛二等奖、全国职工微影视大赛故事片金奖。

【电网建设】 2019年，东阳市境内有500千伏变电所1座，主变压器2台，变电容量2000兆伏安；220千伏变电所3座，主变压器7台，变电容量1440兆伏安；110千伏变电所18座，主变压器36台，变电容量1750兆伏安；35千伏变电所4座，主变压器8台，变电容量71兆伏安；500千伏线路4条；220千伏线路12条；110千伏线路37条，线路总长311.55千米；35千伏输电线路19条，线路总长198.44千米，其中小水火风电专线9条；10千伏配电线路392条，总长4283.63千米，电缆长度1093.48千米，其中公用线367条；配电变压器11474台，配电容量4447.74兆伏安，其中公变4481台，容量1849.99兆伏安；10千伏开闭所96个，环网柜224个，高压分支箱25个，柱上开关3185个；发电企业46家，其中火电1家，光伏14家，小水电31家，风电1家，新能源1家，发电机装机容量191117千瓦。东阳供电公司建设动力电池光伏站，容量999千瓦；建设东磁稀土光伏站，容量939千瓦；建设弘翔新能源发电厂三期，容量2700千瓦。建设和改造17条主线路的配网设备；建设和改造开闭所、环网柜34座，配变250台，新建和改造柱上开关、高压分支箱433个。年内有退役电站4个：景山电站，容量360千瓦；洋坑一级电站，容量100千瓦；洋坑二级电站，容量160千瓦；洋坑三级电站，容量160千瓦。

东阳供电公司开展甬金铁路牵引站、金义东轻轨接入项目前期工作，基本完成110千伏亭塘输变电工程前期收资工作；完成220千伏大坑输变电工程初设批复和施工图审查。完成东阳生活垃圾焚烧发电项目可研评审，投运110千伏屏岩变、110千伏湖溪变。完成配电网滚动规划和配电网“三年行动计划”修编工作。10千伏花园线、高科线改造工程获省公司配电网十佳优质工程。建设10千伏线路14条，增加供电能力8.4万千瓦，增加配变或配变增容248个台区，增加供电能力15.62万千瓦。

5月30日，110千伏屏岩变投运，变电站主变容量2×5万千伏安；110千伏金屏1441线投运，线路长度7.934千米；110千伏金岩1442线投运，线路长度7.824千米。7月14日，110千伏湖溪变投运，变电站主变容量2×5万千伏安；110千伏东安1627湖溪支线投运，线路长度3.975千米；110千伏金岩1442湖溪支线投运，线路长度11.998千米。

2019年5月30日，110千伏屏岩变投运 （包康轩/摄）

【供电用电】 2019年，东阳市供电量550934.78万千瓦·时，售电量532884.83万千瓦·时。全社会用电量540509.19万千瓦·时，其中第一产业用电量2324.18万千瓦·时、第二产业用电量358707.25万千瓦·时、第三产业用电量84208.82万千瓦·时,城镇居民生活用电量37561.19万千瓦·时、农村居民生活用电量57707.75万千瓦·时。全市用电户数399559户,其中城乡居民用电户349279户。最高供电负荷1024800千瓦,负荷率82.89%,综合线损率3.28%。城市供电可靠率99.9579%,农网供电可靠率99.962%,农网综合电压合格率99.953%,电费回收率100%。

【供用电服务】 2019年,东阳供电公司推广"智能电管家"供电服务品牌,拓展浙里办APP电力服务板块,上线支付宝办电小程序,推广网上国网APP运营。实现16项简单业务"一次都不跑",5项复杂业务"只跑一次"。派员入驻总部中心工程建设(投资)项目审批综合服务窗口,配合"无证明"城市建设,取消8项证明材料。

东阳供电公司组建综合能源事业部并成立光明电建综合能源服务中心,推进南马红木小微创业园综合能源服务等重点示范项目落地实施。开展新能源汽车充电设施建设,在东阳市全域布局充电桩基础网络。在东阳市城乡公交总场充电站配置1250千伏安的箱式变压器和28台交流充电桩,满足东阳市城乡公交总场60余辆电动公交车的充电需求;市交通投资集团建设的市区8个充电场站98个充电桩投入使用。

2019年11月28日,金华横电配售电有限公司成立(东阳供电公司提供)

【东阳市增量配电业务试点】 2019年,东阳市增量配电业务试点规划区域面积1.81平方千米,位于横店镇西部,试点区域属影视文化创意产业中心,该试点区域建设35千伏及以下增量配网项目5项,其中35千伏配网项目1项,10千伏配网项目4项,总投资4459万元。该试点是国家发改委、国家能源局批复的首批增量配电业务改革试点之一。年内开展横店东阳增量配电项目招投标工作,浙江综合能源服务公司与浙江横店城市公共服务有限公司(横店集团下属子公司)以联合体形式中标。

【金华横电配售电有限公司成立】 2019年11月28日,金华横电配售电有限公司在横店镇揭牌成立,成为浙江省首家引入民营资本的混合所有制配售电公司。金华横电配售电有限公司由国网浙江省电力有限公司与横店集团控股有限公司共同投资,国网浙江电力占65%股权,横店集团占35%股权。11月26日,金华横电配售电有限公司申领电力业务许可证,主要承担国家首批增量配电改革试点——东阳市增量配电试点区域范围内的配电设施建设、运营及维护,电力供应与销售、电力普遍服务和保底供电服务,开展市场化售电及综合能源服务等业务。

(陆俊英)

生态环境

生态建设

【绿化造林】 2019年，东阳市完成平原绿化161.4公顷，占任务数的112.6%；山地造林28.33公顷，占任务数的141.7%；迹地更新56公顷，占任务数的140%；森林抚育691.67公顷，占任务数的103.8%；四旁植树27.5万株，占任务数的137.5%。至年末，建设珍贵彩色森林1972.6公顷，占任务数的100.3%；建设浙中生态廊道彩色林带36.7千米，种植珍贵树种41.4万株，完成珍贵树种造林283.33公顷。全民义务植树尽责率86%以上。2月11日，市四套班子领导带领市级机关各部门主要领导、白云街道及市自然资源和规划局班子成员在望江体育公园开展新春植树活动。3月12日，市林业局、市总工会、团市委等部门在望江体育公园开展义务植树活动。3月16日，市绿化办联合东阳日报社和江北街道在八华北路以西、临江大桥北端地块开展“千人植树·万人护绿”义务植树活动。

【生态公益林建设】 2019年，市林业局更新完善公益林矢量数据库，完善图、表等相关资料，实现林地一张图。开展公益林建设管理十五周年宣传工作，委托国家林草局华东调查规划设计院编制《东阳市公益林建设与效益公报（2019）》，组织摄制宣传视频《山清水秀 歌画东阳》。组织编制公益林发放清册，拨付2019年森林生态效益补偿资金2340.86万元。至年末，全市公益林优质林分面积38199.73公顷。

2019年3月12日，市林业局、市总工会、团市委等部门在望江体育公园开展义务植树活动 （杜璟玲/摄）

【南山森林公园建设】 2019年，市林业局完成《东阳市南山省级森林公园总体规划（2018—2027年）》修编工作。推进三期工程建设，解决施工范围内涉及的各经济合作社的矛盾纠纷及历史遗留问题，拆除违章建筑2200平方米；东岘峰至白石冈游步道连接工程、东岘峰游步道修缮工程、东岘峰山脚改造工程、三期景观林改造工程等基本完工，全年完成工程投资额1500余万元。

【省级湿地公园建设】 2019年4月，市林业局组织对2018年东白山省级高山湿地公园建设项目进行验收。全年争取到湿地保护与修复项目省级补助资金190万元，用于东阳江省级湿地公园建设，对学士大桥和泗渡溪之间的河道进行生态修复。7月17日，完成该项目的公开招投标工作，杭州晨航环境工程有限公司中标，12月完成项目验收。全年对东阳江省级湿地公园开展巡查120余人次，发现东阳江湿地公园内毁湿种菜、破坏湿地植物、湿地功能退化等问题并全部解决。

【省级自然保护区建设】 2019年4月，市林业局制定《东阳东江源省级自然保护区生物多样性保护及设施建设项目方案》，方案内容包括建设信息管理中心，安装智能网络红外摄像机104台、防火云台红外热成像监控摄像一体机2台;进行勘界定标(立标),编制保护区勘界报告,设立界桩、界碑、界牌等236个(块)。项目资金383万元。建立和完善公益林分类补偿制度,维护林权所有者合法权益,对东阳东江源省级自然保护区集体林实施国家租赁。东阳东江源省级自然保护区有集体公益林2147.33公顷,分属八达、天秀、尚锦、黄铺、金铺、岭下、东风、庆泉、尚舒9个行政村,9月,市林业局和上述各村签订集体林租赁合同,每亩年租金43.2元,需发放资金139余万元。

【野生动植物保护】 2019年4月23日,市政府印发《关于规定我市陆生野生动物禁猎期、禁猎区及禁猎工具和方法的通告》,明确规定东阳市陆生野生动物禁猎期、禁猎区及禁用猎捕工具和方法。开展民警入课堂和"爱鸟周"等野生动植物保护宣传活动,全年救护国家级陆生野生动物梅花鹿1只、猫头鹰63只、大雁8只、黑天鹅1只;省级保护动物白鹭(夜鹭)80只、珠颈斑鸠5只、刺猬5只、鹊鸲2只、黄麂2只、蓝孔雀1只。

(马丹雅)

环境保护

【概况】 2019年,东阳市环境空气$PM_{2.5}$平均浓度为30微克/立方米,比上年下降11.8%,空气质量综合指数3.46,比上年下降7.2%,两项指标排名列金华地区第二位;空气质量优良率92.6%,较上年全年提高3.8%;城区SO_2(二氧化硫)、NO_2(二氧化氮)、PM_{10}(可吸入颗粒物)、$PM_{2.5}$浓度同期呈下降趋势,达国家二级标准;CO(一氧化碳)、O_3(臭氧)浓度达国家二级标准,空气质量良好。两江流域7个省、金华市控地表水断面水质年均值均达Ⅲ类,100%满足功能要求,跨行政区域河流交接断面水质考核结果良好,市级饮用水源地水质月均值达Ⅱ类水质标准。水环境质量稳定。完成84家重点行业企业用地信息调查;4个企业的6个疑似污染地块经过场地调查,其中3个疑似污染地块确定为污染地块,有2个地块开展风险管控,1个地块开展治理修复。环境风险总体可控,排查环境安全隐患157个,完成整改157个,增加企业应急预案备案141家。

【污染物排放总量控制】 2019年,东阳市化学需氧量需削减3.0%(180吨),氨氮需削减3.0%(30吨),二氧化硫需削减3.5%(140吨),氮氧化物需削减4.5%(105吨),全年累计完成化学需氧量削减5.5%(350吨),氨氮削减3.6%(35吨),二氧化硫削减10.2%(420吨),氮氧化物削减13.2%(310吨)。完成重点减排项目2个以及其他减排项目30个,超额完成年度减排目标。

【第二次全国污染源普查】 2019年,东阳市开展第二次全国污染源普查工作,为准确判断全市当前环境形势,制定实施经济社会发展和环境保护政策、规划,改善环境质量,加快推进生态文明建设,补齐全面建成小康社会的生态环境短板提供依据。2017年11月,东阳市成立以副市长楼国民为组长的市第二次全国污染源普查领导小组,有成员单位20个(市政府办公室、市统计局、市农业局、市交通局、市水务局等),市第二次全国污染源普查领导小组办公室(简称市普查办)设在金华市生态环境局东阳分局。2019年8月,市普查办完成全市12719家工业企业、27家畜禽养殖场、681家集中式处理设施、65家加油站等固定源普查。

【环保督察问题整改】 2019年,东阳市完成中央环保督察反馈问题整改任务5个,剩余1个问题整改推进中,按计划于2020年前完成整改;164件交办信访件全部完成整改。生态环境部华东督察局暗访发现3个问题整改到位,排查上报的突出生态环境问题整改到位5起,剩余2起按计划推进整改中。省级环保督察反馈需要整改的23个问题完成整改16个,122件交办信访件完成整改120件,剩余问题推进整改中。在全市范围开展突出环境问题排查,每周调度各镇乡街道的排查、整改情况。

【第二轮中央环保督察迎检】 2019年10月30日,东阳市召开第十五届政府第六十次常务会,通报第一轮中央环保督察进展,部署重点工作。开展红木行业规范化管理专项整治工作,全市红木企业进行行业职业卫生专题培训5场,开展突出生态环境问题排查及整改工作等。完善六项制度,推进长效常态整改监管工作;生态环境东阳分局制定《东阳市环境违法行为有奖举报暂行办法》。对特色行业重点问题开展"回头看"工作,全年涉特色行业类信访举报66件(木雕红木64件、涂膜2件),比上年下降75%。

【生态保护与创建】 2019年,生态环境东阳分局完成《东阳市生态文化建设大纲》编制,成立生态文化协会。全市12个乡镇全面履行生态环境状况报告制度。创建省级"绿色家庭"1家,金华市级"绿色家庭"10家。生态廊道绿道工程全线贯通,白溪江绿道入选"浙江省最美绿道",湖溪镇获"美丽浙江魅力示范点"称号,南马镇花园村成功创建省级生态文明教育基地。生态环境公众满意度全省排名较上年提升2位。

【环境监管与执法】 2019年,生态环境东阳分局检查企业5495家次,立案450起,比上年同期增长44.2%;处罚款2102.5万元,比上年同期增长74%;查封扣押、行政拘留等五类配套案件53起,比上年同期增长29%;涉嫌环境犯罪移送公安3起,采取刑事强制措施6人,涉行政拘留案件1起。东阳市生态环境执法工作以县市考核第一名的成绩被省厅推荐参加全国先进评比,生态环境东阳分局获2019年全国生态环境保护执法大练兵表现突出集体。

(厉颖蕾)

"五水共治"

【概况】 2019年,东阳江、南江全流域水质持续巩固提升,境内国控断面

1处(义东桥)、省控断面3处(横锦大桥、义东桥、岩下大桥)、金华市控断面3处(许村、三景头、方塘)、县控断面1处(南江水库大坝)交接断面水质常年保持在三类水以上。白溪江六石段成功创建省级"美丽河湖",浪坑溪成功创建金华市级"美丽河湖"。白溪江六石段生态治理理念及实践获副省长彭佳学批示。

【"污水零直排区"创建】 2019年,东阳市持续推进"污水零直排区"创建工作。至年末,六石街道、城东街道、虎鹿镇、东阳江镇、马宅镇、佐村镇、三单乡完成镇乡街道类"污水零直排区"创建工作;经济开发区、横店电子产业园区2个省级工业园区和106个生活小区完成"污水零直排区"创建工作。

【污水处理工程建设】 2019年,市污水处理厂污水处理能力从19.5万吨/日提升至23.5万吨/日。处理量2万吨/日的市第二污水处理厂一期二阶段、处理量2万吨/日的南马镇西污水处理厂二期进水试运行。

【截污纳管工程】 2019年,吴宁街道、白云街道、江北街道完成21个小区的截污纳管工程建设,城区79个小区累计完成70个小区截污纳管工程建设。排查市第二污水处理厂周边经济开发区、江北街道、城东街道、六石街道的管网,排查并完成问题整治65处,确保雨污分流。

【镇村污水治理设施建设】 2019年,东阳市推进农村生活污水治理设施建设,推进农村污水设施标准化建设,完成150个农村标准化运维终端建设。全市接收运维1106个村庄的终端和配套管网,受益农户近23万户。歌山镇污水处理站投资1300万元建设活性焦吸附工艺设备,出水达到城镇污水处理厂一级A标准。

【"河长制"工作】 2019年,东阳市有县级河长4人,乡级河长149人,村级河长271人,设立河长公示牌508块,设立塘(沟渠)长、库长公示牌3618块。东阳市村级河长巡河纳入省级基层治理河长通多通融合试点。8月19—23日,全市18个镇乡街道287条村级河道271名村级河长进行掌上基层APP培训工作,覆盖率100%。全市河长巡河率100%,三级河长巡河17000余次,上报巡河问题1240余处,问题处理率99.8%。

【农饮水达标提标工作】 2019年,东阳市通过扩大水厂规模、延伸水厂管网、建设优质水源、推进"一户一表"等措施,完成农饮水达标提标11.42万人(任务8.1万人),达标人口覆盖率从80.7%提高至93.5%。东阳市农饮水工作得到省水利厅的肯定,副厅长冯强到东阳市调研该项工作;水利部权威媒体《中国水利报》刊登东阳市的做法;在10月28日召开的全省农村饮用水达标提标现场会上,东阳市被纳入典型经验与工程案例进行推广;10月28日,《浙江日报》刊登文章《为民而建,尽显惠民本色》,推广东阳市农村饮用水工作成绩和做法。

【"五水共治"志愿督查活动】 2019年,东阳爱盟配合市"五水共治"办开展监督、治理、宣传"五水共治"工作,每周安排志愿者巡查河流2条,至少上传问题照片5张,每月督查1条市级以上的河流(东阳江、南江、白溪江),按"二明一详"(地址明、问题明、照片详)要求将发现的问题上报至市"五水共治"办,由市"五水共治"办督办整改。全年参与人数150人次。

(王业雄　白小琴)

浙中生态廊道建设

【概况】 2019年,东阳市浙中生态廊道——绿道累计连通224千米,占绿道建设总长(277千米)的81%,串联市内人文景观节点、体育场地、古建筑古迹、影视拍摄地(不包括横店影视城区块)等113处;完成绿道建设38千米,建成驿站、节点公园等配套设施9处;推进廊道建设项目27个,完成投资56.41亿元,占全年计划完成投资的137.16%。4月,完成东阳市浙中生态廊道建设宣传片制作。11月13日,在全省绿道网建设工作现场会上,浙中生态廊道东阳白溪江绿道获评第三届"浙江最美绿道"。

【生态廊道精品示范段建设】 2019年,东阳市推进实施27个生态廊道项目,结合重点,打造精品示范段,辐射提升全市生态廊道品质。打造东阳江何宅大桥—双江口江滨景观带约23千米,将沿线先锋公园、亲子公园、体育馆、红枫林养生中心、竹林影视拍摄基地及教育集聚区等有机串联;依托省级湿地公园良好的生态环境以及东方伊甸园花海、吴良竹林影视拍摄基地、岣界尖西周古墩墓群等优势旅游资源,结合古渊头"义塾文化",打造白溪江绣屏院大桥—泮田桥生态耕读示范段约30千米(含乌竹溪约8千米);打造南江溪南大桥—岩下山水示范段约6千米,此段以山水景观秀美闻名,其间山体绿道、亲水步道贯穿,配套设施完善,将沿线的美丽乡村、美丽田园、节点、驿站等有机串联成一条精品乡村风景线;打造柽溪江夏居村—红阳村—云头村产业人文示范段约17千米,此段以栈桥式绿道连接居多,串联起周边的中草药、草席、箱包等多个种植、制造产业基地。

【绿道建设】 2019年,东阳市浙中生态廊道建设领导小组办公室(简称市廊道办)梳理绿道建设79处堵点,其中水利工程段14个、其余堵点65处。至12月,除水利工程段外55处堵点完成建设,完成率84.6%。绿道累计连通224千米,占绿道建设总长(277千米)的81%,对外衔接相邻县市,完成南江东阳与义乌、东阳与磐安、柽溪江东阳与永康连接点建设,实现金华都市区绿道闭合圈东阳段74.04千米全线贯通,加快融入金华都市区绿道闭合圈。

【廊道配套设施建设】 2019年,市廊道办开展廊道亮化美化工作,结合节点、湿地公园形成区域化块状特色绿化,实现"一村一景、移步换景",开发并推广智慧廊道导览系统,提升廊道服务水平，打造“贴心民生廊道”。分级建设驿站、观景平台等综合服务场所，建成吴良驿站、林头驿站、红阳驿站以及溪南节点、虎鹿夏溪头公园、巍山三村节点公园、夏屠长廊公园、先锋公园；开展绿道标识标线标牌设置及城区段江滨景观带标识标牌更新工作；结合当地特色，做好绿道沿线文旅及产业指引牌设置；增加与公路交叉口的警示标识、震荡波、红白斑马线及隔离桩等安全设施；完成视频监控设计方案评审，完成东阳江镇段监控系统建设。

2019年4月6日，白溪江六石街道吴良村绿道，浙中生态廊道吴良驿站标识标牌 (葛跃群/摄)

2019年12月10日，东阳江歌山镇林头村段指引指示牌（市廊道办提供）

东阳市浙中生态廊道智慧导览系统手绘图 （市廊道办提供）

【廊道品牌建设】 2019年，东阳市以“廊道+产业”“廊道+旅游”“廊道+文创”等形式，结合“生态、休闲、文创”建设廊道品牌。评选“东阳味道”，以生态廊道为脉络挖掘沿线特色美食，建设风情特色小吃品牌；开展产业植入，推出南马“清凉南马 魅力瑶仪”乡村夏令休闲节、湖溪“通晓六艺 品阅象田”古道研学活动、城东街道李宅花灯节、画水洪塘水果采摘节等主题旅游产品，开发乡村旅游品牌；开展“东阳影视木雕·义乌购物美食游”，全民参与文创、娱乐品牌建设。

【领导调研】 2019年1月3日，省人大常委会副主任赵光君到东阳市视察，现场调研浙中生态廊道——歌山林头垂钓中心。1月17日，省美丽浙江建设和“五水共治”考核组一行到东阳市调研考察歌山林头垂钓中心。3月13日，金华市副市长祝伦根到东阳市调研，检查南马镇红阳村、歌山镇林头村、六石街道吴良村三处廊道节点建设情况。

(周婷婷)

综　述

【概况】 2019年,东阳市综合交通固定资产计划投资45.96亿元,其中公路建设16.88亿元。推进交通重点项目3个,重大前期项目3个,一般性项目17个,一般性前期项目3个。至年末,全市公路总里程2459.666千米,公路密度140.79千米/百平方千米。全市完成客运量1560万人次,旅客周转量59769万人千米,货运量1559万吨,货物周转量75341万吨千米。全年完成城市公交营运里程811.3万千米,城乡公交行驶里程1306万千米。在2019年全省各县(市、区)普通国道省道路况检测评定中,东阳公路PQI(路面性能指数)均值95.55,优良路率100%。

1月8日,由市交通运输局、市东阳市交通投资建设集团有限公司(简称市交投集团)主办,市文化馆协办,以“圆梦幸福路”为主题的“献礼改革开放四十周年、市交通运输系统文艺汇演”在东阳剧院举行。

【体制改革】 2019年10月18日,东阳市交通运输综合行政执法队挂牌成立。东阳市事业单位改革领导小组批复37省道、39省道东阳征费所退出序列改革方案,批复东阳市交通设计所、东阳市汽车综合性能检测站撤销事业建制改革方案。

【“最多跑一次”改革】 2019年,交通部门深化“最多跑一次”改革,通过政务服务网实现交通办理事项100%,掌上办理事项实现100%,达到零次跑100%目标,事项承诺期限平均值1.93天。全年行政许可审批办理1560件,道路运输证年审1211件,从业资格证发证1579本。

(李健军)

交通基础设施建设

【交通重点工程】 2019年,217省道(39省道)东阳市十里头至官清段改建工程完成投资4.38亿元,完成路基工程的90.5%,项目累计完成投资14.45亿元。路线全长15.7千米,其中主线长12.3千米,概算总投资16.3亿元。项目控制性节点——西岘峰隧道(全长3002米)于10月8日全线开挖贯通。

三门至婺城公路东阳南市至画水段改建工程完成投资4.16亿元,完成路基工程的19%,累计完成投资4.26亿元。路线全长9.36千米,项目概算8.96亿元。

351国道兴平路口(原37省道)平改立工程完成投资9911万元,完成总工程量的52.2%,累计完成投资10361万元。项目主线全长1864米,新建桥梁1座(706米),概算总投资1.8亿元。

【重大前期项目】 2019年,351国道磐安安文至东阳马宅段改建工程项目完成设计初稿。项目起点为磐安汽车站附近,终点为东阳市马宅镇,路线全长11.34千米,一级公路,路基宽22.5米,估算投资16.33亿元。其中东阳段全长7.31千米,其中主线长5.33千米,估算投资10.93亿元。

义东高速公路江北至南市段工程项目完成施工图批复,临建工程于

2019年6月24日,217省道(39省道)东阳市十里头至官清段改建工程(西岘峰隧道进口段)

(张　庭/摄)

12月开工。义东高速公路全线采用双向六车道高速公路标准,路基标准宽度33.5米,设计速度100千米/小时,该项目起点与甬金高速相接,通过湖田枢纽与义乌疏港高速相接,路线总体走向为北向南布设,分别经过义乌市廿三里镇和东阳城区,路线终点为西甑山隧道出口附近,路线全长10.70千米,全线主线设桥梁1座(7013米)、隧道1座(3280米),总投资45亿元。

义东高速公路南市至南马段工程项目进展至工程可行性文本编制,筹备召开踏勘论证会。该项目起点位于南市街道境内西甑山隧道出口,顺接义东高速公路江北至南市段,经南马至王店枢纽,与东永高速相接,路线全长23.3千米,总投资53.2亿元。

【一般前期项目】 2019年,351国道东阳周官至山口段改建工程完成项目建议书批复。项目主线起于东阳周官,与351国道(迎宾大道)相接,主线以高架桥形式上跨人民北路、中山北路、关山北路、望江北路,辅道与各被交道路平交,主线终点位于埠头村东侧的东阳与义乌交界处,主线全长6.9千米,设分离式立体交叉1处、互通式立体交叉4处,主线采用双向六车道一级公路技术标准建设,设计速度80千米/小时。

东阳市519县道后葛线南马镇区段改建工程(一期)项目在沟通协调土地占补平衡事宜。采用一级公路技术标准建设,路线全长2.2千米,路基宽24.5米。

东阳市525县道大永线公路提升改造工程项目完成概算批复,预算送审中。路线全长6.9千米,结合万里美丽经济交通走廊创建工作,实施水泥混凝土路面"白改黑"、涵洞改造、交安设施及其他附属工程等内容。

【项目管理模式首创】 2019年4月28日,351国道兴平路口平改立工程动工建设,该项目是全省首个集设计施工总承包、"代建+监理"、甲供材料、第三方试验检测等多种新型模式于一体的公路项目。

【世展交通循环产业园】 2019年,世展交通循环产业园项目位于南市街道梨枫、石盆、朱山、高城等村,项目总投资1.5亿元。绿色环保骨料生产线为该产业园的一期项目,占地2公顷,台时产量400~500吨,年产150万吨,是东阳市严格按照绿色标准安装的规模化、环保化、智能化生产线。

【绿色交通出行产业】 2019年,市交投集团建成城区一期新能源汽车充电场站8个、公交充电场站1个,铺设充电桩142个,分时租赁系统及充电场站于6月上线运营,投放新能源汽车224辆,形成该产业二期规划方案,歌山镇、南马镇中心镇站点启动建设。

【综合供能服务站】 2019年,市交投集团完成2座加油站招标工作并开工建设,招拍挂新增1座加油站(金鸡笼加油站);与浙江省能源集团有限公司合作的3座综合供能服务站完成服务站主体建设。

(李健军)

公路管养

【公路管理】 2019年,东阳市境内公路总里程2459.666千米,其中按行政等级分,国道119.798千米,省道161.163千米,县道595.08千米,乡道914.523千米,专用公路13.399千米,村道655.703千米;按技术等级分,高速公路95.19千米,一级公路75.787千米,二级公路360.897千米,三级公路88.463千米,四级公路1839.329千米;按路面等级分,水泥混凝土1750.598千米,沥青混凝土626.703千米,简易铺装路面78.019千米,未铺装路面4.346千米。公路桥梁总计728座35417.44延米,隧道38道29790延米。

【"四好农村路"建设】 2019年,东阳市16个镇乡街道完成2019年度"一镇一路"乡村示范路创建工作。东阳江镇和虎鹿镇通过2019年度金华市"四好农村路"示范乡镇验收,高水平"四好农村路"示范县创建接受金华市初审。12月31日,东阳市被浙江省综合交通改革与发展领导小组办公室评为2018年度全省美丽经济交通走廊达标市。东阳市完成新改建农村公路4.12千米,路面维修125.11千米,安防工程38.8千米,改造危桥病隧6座。

【公路养护】 2019年,公路部门完成清扫路面21万千米,修补坑洞1.8万平方米,清理边沟2.63万千米,清理路肩3.6万千米,绿化修剪6800千米,行道树刷白5.8万株,清理塌方3152.2立方米,修建涵洞9道计151米。公路路况稳定,年平均公路技术状况优良率比上年同期有所提升,国道省道好路率91.22%,县道好路率86.11%。21条国省道和重要县道共计372.622千米,分南北两片分别承包给杭州新绿盾环境技术工程有限公司和温州城保清运有限公司负责日常保洁。

【养护工程】 2019年,总投资350万元计6.4千米的诸东线公路预防性养护工程完工,2019年事故多发点(段)整治工程完工,2019年干线公路标志标线增设工程、平安大道创建工程完成年内目标,100千米农村公路大中修工程完工,10座危旧桥梁加固改造工程完工。

【路政管理】 2019年,路政上路巡查7537人次,清理堆积物3055立方米,拆除非公路标牌942(幅)块,整治马路市场流动摊贩1222个,查处路产损坏案件392件,上路巡查率100%、查处结案率100%、准确率100%,无行政复议和行政诉讼案件。根据百日专项整治行动和市"四位一体"整治等要求,开展路政治污和超限超载整治工作,全年查处公路污染车辆1124辆次,查处违法超限运输车辆951辆次,卸载货物3143.3万千克。开展路政宣传月活动,加强公路标志标线管理。

【桥隧管养】 2019年,加强县道以上公路桥梁、隧道日常巡查和经常性检查,日常检查桥梁988次/座,隧道40

次/10条;经常性检查桥梁248次/座,隧道10条/10次。每月日常检查桥梁、隧道4次,每月经常性检查桥梁、隧道1次。组织开展公路桥梁、隧道、长下坡安全防护能力普查专项行动,建立桥梁数据库,完善桥隧档案。对253座桥梁制作专属二维码,工作人员通过专属软件扫描"二维码"可以了解该桥梁概况。

【公路服务站】 2019年,公路部门推进国道省道、县道、乡道公路服务站建设,李宅、城东、大联3个国道省道公路服务站对外开放,完成烈光坞、赵楼、马宅、廊下4个县道公路服务站及楼勾、下金宅、光里湖、前宅、上陈、楼西宅6个乡道公路服务站建设。

【公路应急抢险】 2019年,公路部门开展应急抢险工作,组织公路站养护路政人员对各辖区进行巡查,启动应急预案,确保应急保畅人员、物资和设备全部到位,做好极端天气的应急抢险保畅工作。针对第一季度"雨雪冰冻"天气,公路部门成立抗雪保畅应急分队,落实24小时值班制度,时刻关注各线路通阻情况,加强路面巡查力度,应对公路"雨雪冰冻"灾害,第一时间抢通主要公路,保障道路通行;针对强降雨、台风天气,公路部门对危险山区路段提前进行封道,分组到辖区各路段巡查,及时处置路面隐患。全年投入抢险人员920人次、各类抢险机械127台班,抢通封闭道路30条,投入抢通经费300余万元。

(李健军)

交通管理

【概况】 2019年,东阳市有营运车辆1147辆,其中客运班车220辆、旅游包车92辆、城区公交车190辆、城乡公交车169辆、出租车476辆。有城区公交营运线路58条、城乡公交营运线路119条。全市有出租车公司3家,客运线路跨省15条,日发11.3个班次;跨地市40条,日发82个班次;跨县市24条,日发355个班次。349个行政村开通公交车(班车),通达率100%。

【城际公交开通】 2019年,东阳市推进县域周边区域融合发展,开通6条城际公交。1月8日,开通东阳山口至义乌廿三里公交线路;4月2日,开通巍山至磐安岭口公交线路;4月27日,开通千祥至磐安公交线路;8月26日,开通千祥岭脚至磐安新屋公交线路;9月17日,开通东阳至永康公交线路;11月,开通东阳至磐安公交线路。

【市内公交建设】 2019年,市交通运输有限公司和市惠民公共交通有限公司采用新增公交、线路调整、线路延伸、增加班次等方法提升城市、城乡公交通行能力,开通运营东城行APP,合理设置城区公交站点,城市公交800米站点覆盖率95%,城市公交分担率16.9%。9月1日,开通东站至东阳二中定制公交。全年建设乡镇运输服务站5个、港湾式停靠站56个。完善城郊公交出行覆盖率,六石公交首末站启用,该首末站位于木雕小镇游客接待中心东北侧。

【绿色节能交通】 2019年,交通部门推动绿色共享,增加新能源公交车75辆,更新农村客车18辆,注销国Ⅲ柴油营运货车营运146辆。实现城市公交移动支付全覆盖,支持市民卡、银联卡、手机PAY等便捷移动支付功能。推广维修行业APP管理模式,督促一类维修企业上传"汽车电子健康档案"。4月26日,市交通运输有限公司投资近4000万元购置的60辆城乡公交新能源车辆交车仪式在城乡公交总场举行。

【出租车管理】 2019年,东阳市增加网约车153辆,更新和增加新能源和清洁能源出租车77辆,增加网约车线下服务公司5家。落实出租车月度召回检查制度,召回检查出租车5439辆次,停业整顿26辆次,整改395辆次。严格出租车考核制度,处理出租车投诉594件,换发服务监督卡322本,找回和上交失物72件。

【现代物流业】 2019年,运管部门开展"十四五"物流业发展规划前期准备工作,落实相关扶持政策。开展2018年度现代物流"三强企业"评选工作,东阳市震宇物流有限公司、东阳市交通物流有限公司、浙江盛泰天顺物流有限公司被评为2018年度现代物流"三强企业"。根据示范点、标准点及普通点3个档次,联合邮政部门进行个性化建设,建设农村物流服务点128个。

【道路专项整治】 2019年,运管部门开展多项稽查行动。开展春运集中整治行动,出动执法人员920人次,稽查车辆205次,检查车辆近1900辆,查处违法违章行为17起。开展非法网络预约出租车专项整治行动,出动执法人员182人次,检查车辆216辆,查处网约出租汽车非法经营行为20起。开展道路客运包车交叉稽查行动,出动执法人员48人次,检查车辆85余辆。开展道路客运市场专项整治行动,重点打击"10座以上租赁客车违规经营"和"站外组客"非法行为,出动执法人员334人次,检查车辆377辆。开展国庆长假集中整治行动,出动执法人员199人次,立案查处违章21起。开展百日专项整治、打击规范云贵川包车非法组客、成品油市场及涉枪涉爆风险隐患排查等整治攻坚行动。

【车辆征费】 2019年,东阳市落实"绿色通道"车辆免费政策和重大节假日小型客车免费通行政策,做好节假日期间小型客车免费通行准备工作,开通专用车道,确保安全畅通,各个重大节假日免征小型客车101695辆次,免征车辆通行费195.28万元。

【交通设计】 2019年,市交通设计所完成产值330万元,完成农村公路大中修工程,其中县道项目13个,设计里程72.09千米;乡道项目22个,设计里程34.36千米;村道项目14个,设计里程18.66千米;农村公路生命防护工程项目17个,设计里程38.75千米。

【安全生产】 2019年,运管部门召开安全生产例会18次,检查“两客一危”(客运班车、旅游包车、危货运输车)企业及客运站场163家次,发出安全事故隐患督查通知书8份,及时完成整改。推广“两客一危”车辆智能视频监控报警装置改造,至年末,完成安装率60%以上。利用综合监管平台,开展“两客一危”营运车辆日常安全监管,强化营运车辆的GPS监管和危化车辆电子路单管理,约谈“两客一危”企业4次,立案处罚13次。强化汽车客运站“三口一场一厅”(进出站口、安检口、检票口、停车场、候车厅)等重点部位安全防范工作,落实旅客购票实名制,8月,汽车东站、汽车西站启用人脸识别系统。

【交通安全综合治理】 2019年,公路部门开展“关爱生命,远离车祸”交通安全综合治理大会战,完成省级、金华市级、东阳市级事故黑点整治14处、绿化修剪或移除400处、封口除患25个路口。投资1300万元,完成花墩塘路口改造、东阳市2019年交通安全综合治理大会战交安整治工程、绿化带隔离栅栏工程,完成211省道诸东线长下坡治理、10个信号灯增设和1个路口优化工程,完成217省道与花廿线交叉口改造工程。

【运输安全监管】 2019年,运管部门完成运管综合监管系统扩建项目,新建视频监控探头55个,运管中队智能执法终端配备率100%。驾培行业利用驾培监管平台强化学时监督检查及照片差异比对,处理违章案件73起;12吨以上重载营运货车1222辆,卫星定位装置入网率100%。

【公交安全】 2019年,市交通运输有限公司和市惠民公共交通有限公司制定各类应急预案,层层落实安全责任,利用公交智能调度系统、视频监控等高科技设备,形成人防、物防、技防相结合的公交内部防控网;实行客服岗位绩效考核和驾驶员星级考核制度,开展安全生产月活动、车辆营运安全专项整治、驾驶员规范操作、特殊天气警示教育和应急处置综合演练。

【车辆检测】 2019年,东阳市汽车综合性能检测站完成车辆年审检测35310辆,其中环保检测33296辆,二级维护检测2524辆,事故车检测303辆,年审检测首次上传通过率97.08%。

【质量监督】 2019年,交通质监部门完成辖区内受监督项目7个,建安投资约7亿元,监督覆盖率100%。对新开工项目及时办理监督通知书,交底覆盖率100%。开展质量监督检查44次,综合执法大检查2次,签发质量监督抽查意见书20份,受监督项目工程质量总体处于可控状态。

【水上运输】 2019年,横锦渡口完成正常航班3266班次,完成客运量11.03万人次,周转量88.24万人千米,实现水上运输第33个安全年目标。制订春运安全应急预案、水上突发事件应急预案、“三防”工作应急预案和抗冰雪防滑防冻灾害应急预案等,开展安全生产风险防控和隐患排查治理百日行动,确保水上运输安全。

【交通热线服务】 2019年,交通部门利用“12328”交通服务热线、行风热线、“8890”便民服务平台,做到事事有回应,件件有落实。全年受理咨询投诉2299件,其中“12328”交通服务热线815件,“四个平台”973件,“信访平台”511件,办结2275件,办结率99%,首次办结满意度99.27%。“12328”交通举报投诉中心执行24小时值班制度,第一时间与投诉举报人、咨询服务对象沟通,及时反馈、及时解答各项问题,为群众提供服务。

【东城行APP】 2019年12月11日,“‘云’集东城、‘行’便东阳”东阳智慧公交东城行APP发布暨六石公交首末站启用仪式在市民广场举行。东城行APP二维码粘贴在城市公交车厢内、所有电子站牌以及自行车网点,市民通过扫码下载,既可以扫码乘公交、租自行车,又可以通过输入起点和终点,自动规划便捷的乘车路线、实时查看公交车位置信息等。

(李健军)

铁路建设

【概况】 2019年,东阳市推进金义东市域轨道交通(东阳段)、金甬铁路(东阳段)、杭温高铁(东阳段)3个重点项目,3条铁路总里程101.43千米,总投资约212亿元,全年完成有效投资29.8亿元。市铁路建设办谋划东阳铁路路网的规划发展及站场周边配套设施规划、设计、建设等工作。

【金义东市域轨道交通(东阳段)工程】 2019年,金义东市域轨道交通(东阳段)工程全线开工,完成有效投资15.2亿元。完成第一批开工段(土建04标、土建07标、土建05标)土建工程95%,完成第二批开工段(土建17标,土建18标)土建工程的30%。

【金甬铁路(东阳段)工程】 2019年,金甬铁路(东阳段)工程完成有效投资5.4亿元。6月,完成土地组件上报工作;10月11日,中铁北京局中标;11月11日,完成征地补偿相关规费的支付;12月,获自然资源部批复;完成房屋拆迁评估工作。

【杭温高铁(东阳段)工程】 2019年,杭温高铁(东阳段)工程完成有效投资9.2亿元。10月,完成被征收企业征迁工作的10%,先行用地段开工建设;11月,完成土地组件报批工作,完成安置地的规划设计工作。

(包一诺)

邮政 通信

邮 政

【概况】 2019年，东阳市邮政分公司(简称东阳邮政)实现业务收入3.47亿元，完成计划数的100.91%，比上年增长19.33%，规模列全省县市单位第7位，其中，金融业务收入1.58亿元，完成年计划的100.63%，比上年增长9.15%；寄递业务收入1.56亿元，完成年计划的100.42%，比上年增长51.96%；邮务类业务收入1889.04万元，完成计划数的102.47%，比上年增长0.67%；电商业务收入997万元，完成计划数的103.21%，比上年增长7.76%；其他收入259.46万元，完成计划数的93.16%，比上年下降0.04%。完成经营性利润上缴3975万元，列全省县市单位第3位。1月27日，东阳邮政西牌楼营业所通过移址改造，重装开业。东阳邮政开展国庆70周年庆祝活动等重大活动期间的寄递渠道安全服务保障工作。10月9日，东阳邮政开展第50届"世界邮政日"宣传活动，向市民宣传新版人民币、反诈骗、邮政业务，解答办理邮政工作中遇到的问题。

1月10日，省邮政公司金融业务部人员到东阳邮政调研金融业务发展，走访网点进行指导。7月18日，省邮政公司寄递事业部人员到东阳邮政调研物流业务发展。

【传统邮政业务】 2019年，东阳邮政实现传统邮政业务收入1889.04万元。其中，函件业务收入363.11万元，完成计划数的87.92%，比上年增长1.59%。拓展线上渠道，开展扫黑除恶宣传工作，形成"朋友圈"新媒体、中邮广告收入9.88万元。集邮业务收入310.01万元，完成计划数的103.34%，比上年下降28.60%。利用第四套人民币退币热潮，销售小全套100套，产生收入8.8万元。报刊业务收入1178.23万元，完成计划数的104.45%，比上年增长12.42%。实现邮教合作项目收入125万元；完成2020年度报刊大收订流转额3767.33万元，完成率100.01%。

【金融业务】 2019年，东阳邮政推进网点轻资产转型，推进"三个百万工程"(手机银行新增激活确保100万户以上，银联云闪付和第三方支付各绑定100万户以上)，推进"活期十大抓手"(抓四张卡、抓代发工资、抓商户收单、抓客户消费场景、抓生活缴费、抓信贷类业务关联还款、抓期交定投类产品营销、抓证券交易三方存管业务、抓保证金存款产品、抓线上开户场景)，推进智能平台应用。10月25日，东阳邮政金融2019—2020跨年度劳动竞赛举行。至年末，储蓄余额规模109.68亿元，全年净增9.81亿元。价值存款规模97.67亿元，占比89.04%，比上年下降4.3个百分点；活期存款占比21.04%，比上年下降4.72个百分点；三年期存款占比8.92%，比上年提高3.92个百分点。市场占有率13.79%，增加存款市场占有率9.59%。完成折算保费4.09亿元，完成年计划的108%，其中中邮期交保费4789万元，为计划数的101%，中邮长期险完成1466万元，为计划数的132%，实现业务收入1962.23万元，比上年增长24.57%，单件保单保费提升1.6万元。销售基金1314万元，理财产品日均保有量5.03亿元。2019年，手机银行激活3.21万个，"云闪付"签约2.78万户，第三方支付绑定2.93万户，ETC办理4308个。

【农村电商业务】 2019年，东阳邮政建成"邮乐购"店770个，其中商超型500个。建成优质掌柜373个，完成率192.27%。开展邮掌柜年货订货会、"开春大集市"等线上线下活动，实现批销业务金额3224万元，完成年计划的105.24%，实现分销收入859万元，完成年计划的107.48%。建成"白云"邮乐小镇，其中中心店1家，拓展"邮乐购"店86家，实现批销业务金额372万元，比上年增长60%。建成"邮乐购"店包裹自提点163个，改善投递组网模式，增加站点客流量；发放掌柜贷73笔，POS收单153户。

【寄递业务】 2019年，东阳邮政完成寄递业务收入1.56亿元。快递包裹收入8200.4万元，完成计划数的107.35%，比上年增长46.02%；全年业务量3210万件，比上年增长106.33%，其中长三角业务量727.9万件，比上年增长106.30%。标准快递收入802.95万元，完成计划数的93.10%，比上年增长25.96%；国际小包收入3495.24万元，完成计划数的

2019年11月11日,东阳邮政工作人员在收寄包裹　　(东阳邮政提供)

88.22%,比上年增长9.32%;国际业务收入2983.64万元,完成计划数的102.28%,比上年增长56.23%。物流业务收入164.12万元,完成计划数的182.37%,比上年增长125.57%。

【邮政扶贫惠农】 2019年,东阳邮政发展扶贫能手3人,帮助销售扶贫农产品30万元,建成"邮乐邮善"慈善超市7家;实施"绿色邮政"三年行动规划。6月28日,东阳邮政联合东阳市邮储银行、市农业农村局召开惠农合作推进会,为农民专业合作社提供惠农合作社贷款、惠农合作社保险、电子商务、急速达、高质量运输渠道等现代农业服务。全年销售六石"粮二代"大米1.79万千克,销售"姜山头"土鸡蛋3658盒、23.78万元,为惠农合作社投保财险800余单。

【"警医邮"业务开展】 2019年6月,建立"警医邮"专项费用机制,由免费的"快递跑"代替"群众跑",实现"政府买单"快递费,即群众在东阳邮政便民服务点办理"警医邮"业务过程中所产生的邮寄费用,将通过政府购买服务的方式,由市财政统一筹集、划拨。全年服务市民6.82万人次。

(严　宣)

中国电信股份有限公司东阳分公司

【概况】 2019年,中国电信股份有限公司东阳分公司(简称中国电信东阳分公司)完成主营收入2.14亿元,基础收入同比增长率列金华全区第四位;宽带新增完成率列金华全区第四位;手机用户净增完成率列金华全区第三位;天翼高清ITV(交互式网络电视)净增完成率列金华全区第二位。中国电信东阳分公司被中国电信股份有限公司金华分公司评为"2019年度'云行动'先进经营单元"。网络部客户支撑中心获中国电信股份有限公司金华分公司"工人先锋号"称号。江北营业厅被评为东阳市巾帼文明岗。

【电信信息基础设施建设】 2019年,中国电信东阳分公司开通LTE站点43个、C网站点5个,开通35个室分场所44个RRU、311个PRRU。建设布放直放站93个,MR覆盖率提升4%。增加GPON口448个,城域网出口带宽扩容至420千兆。

【信息化项目建设】 2019年,中国电信东阳分公司实施公安社会治安监控、交警智能交通项目、市生态环境局污染源自动监控等6个规模型信息与通信技术项目(ICT项目)建设。签约建设小微ICT项目164个,包括市退役军人事务局、巍山镇怀鲁村等大屏改造项目16个;歌山镇上蒋行政村、南马镇新南村、巍山镇光里湖村等"美丽乡村"建设项目9个;东阳农商银行、阳光液化气公司等智安街区项目5个;千祥镇、马宅镇等养老中心残联平台项目20个。

中国电信东阳分公司助推数字政府建设,实现人力资源和社会保障信息中心、财政局、公共资源交易中心、党员服务中心、自然资源和规划局、人力资源和社会保障局等系统在"政务云"上的部署。实现生态环境局高清平台搭建及48家环保单位监控接入建设。助推数字城市建设,推进"互联网+民生服务",实现共享汽车系统、自来水缴费系统上云;推进"互联网+旅游",实施应用卢宅景区视频监控、Wi-Fi巡更、停车服务、广播票务等系统;推进"互联网+影视",助推横店视频移动电影院上云。推进"智慧校园"建设,通过"桌面云""天翼云"等实现校园生活服务系统上云应用。

【5G发展】 2019年4月27日,在第四届"万步有约"健走激励大赛浙江省暨东阳市启动仪式上,中国电信东阳分公司首次采用5G无线传输方式直播4K视频信号,保障市民广场全程通信服务安全。10月31日,在2019中国国际信息通信展览会上,中国电信发布5G资费套餐,以及天翼云VR、天翼云游戏、天翼超高清视频、天翼云电脑等特色应用,5G进入商用时代。中国电信东阳分公司江北营业厅作为金华地区电信5G首发厅,对外开售天翼5G套餐。

【网络通信应急保障】 2019年,中国电信东阳分公司完成第四届"万步有约"健走激励大赛5G直播等活动的现场通信保障工作。完成东阳市"两会"期间,中考、高考期间,横店马拉松、东白山七夕期间、台风"利奇马"影响期间的通讯保障工作。

【战略合作】 2019年6月18日，中国电信东阳分公司党委与浙江广厦建设职业技术学院党委“党建翼联”合作签约仪式举行。7月25日，中国电信东阳分公司与中国建设银行东阳支行签订“党建翼联”合作协议。11月7日，中国电信东阳分公司与国网浙江综合能源有限公司金华分公司、国网浙江东阳市供电有限公司小微园区综合能源服务信息化战略合作协议暨“党建翼联”合作协议签约仪式举行。

（卢美玲）

2019年11月7日，中国电信东阳分公司与国网浙江综合能源有限公司金华分公司、国网浙江东阳市供电有限公司签订“小微园区综合能源服务信息化战略合作暨‘党建翼联’”合作协议

（中国电信东阳分公司提供）

中国移动通信集团浙江有限公司东阳分公司

【概况】 2019年，中国移动通信集团浙江有限公司东阳分公司（简称中国移动东阳分公司）完成运营收入7.92亿元，通话用户规模97万户。下设四部（市场部、政企部、网络部、综合部）七分局（吴宁、白云、横店、江北、南马、巍山、千祥），有员工200人，自办营业厅29家（含12家加盟厅），社会签约渠道385家，辐射各镇乡街道，全市行政村移动网络覆盖率100%。

【党建和创联盟成立】 2019年8月30日，中国移动东阳分公司联合中国工商银行东阳支行、国网浙江东阳市供电公司、中国人民财产保险股份有限公司东阳支公司、浙江省烟草公司东阳市公司、市中医院、市城市建设投资集团有限公司、横店集团东磁股份有限公司7家单位党组织，成立“汇东阳 心服务”党建和创联盟，在基层党建、项目合作、服务活动等各方面互学互鉴、互融互通。举办5G高峰论坛、智慧家年华等活动，共同打造党建和创联盟，形成区域化党建新方式。

【东阳首个5G数字化车间】 2019年，浙江澳亚织造智能化车间改造项目申报通过金华市经信局2019年度金华市“数字化车间”示范项目，车间160台织机安装传感器和控制平板，通过8台5G CPE（客户前置设备，实际是一种接收移动信号并以无线Wi-Fi信号转发出来的移动信号接入设备）接入移动5G网络，结合移动云计算平台，实现织机的控制和管理。

2019年8月30日，“汇东阳 心服务”党建和创联盟签约仪式举行

（中国移动东阳分公司提供）

【横店马拉松5G应用】 2019年3月，中国移动东阳分公司在横店镇开通试用东阳市第一个5G基站以助力横店马拉松，横店马拉松是全省首个采用5G网络直播形式的赛事。5G无人机直播和VR沉浸式短视频体验是该次5G试点的体验项目，5G无人机直播在100米的高空无人机场景中能提供高达1.5Gbps（交换带宽）的接入速率，游客和参赛者能够通过大屏幕看到实时高清且流畅的画面。VR沉浸式短视频是由现场游客在绿幕前即兴表演一段小视频，根据已经制作完成的影视素材进行人像合成后使用5G回传，快速生成“人在片中”的沉浸式传播小短片的体验模式。

【助力“美丽乡村”建设】 2019年，中国移动东阳分公司对14个镇乡街道的18个点位进行“线乱拉”整治，完成三单、佐村、南市街道大联、巍山镇区、南马坦阳路、湖溪（南湖路、环镇北路）、城东街道李宅社区、歌山、虎鹿、东阳江、六石、画水等点位的光缆“上改下”和宽带入户“线乱拉”整治工作。在“百局联百村”活动中对接南市街道梅塘村，中国移动东阳分公司协同其他运营商，帮助梅塘村整改整体管线；邀请专业人员对梅塘村主干道、重点区块进行绿化、美化、序化的指导规划；推动各项移动业务服务进村。

（蒋嘉峪）

科学技术

综　述

【概况】　2019年,东阳市高新技术产业增加值70.29亿元,高新技术产业投资额24.16亿元,省科技型中小企业442家,国家高新技术企业118家,市级以上企业研发中心110家。认定省科技型中小企业99家,比上年增长32%。增加省级企业研发中心1家(花园新材料股份有限公司),金华市级研发中心18家。市科技局联合市财政局、金华银行东阳支行、人保财产保险公司东阳分公司对东阳市的科技型企业发放贷款6笔,发放科技信用贷款730万元。引进国家高级技术人才1人,6家企业引进博士8人。横店集团东磁股份有限公司李玉平被评为2019年浙江省万人计划杰出人才科技创新领军人才;浙江微度医疗器械有限公司何晓东、花园新材料股份有限公司邵徐君被评为金华市科技新婺商;国家高级技术人才王东升与东阳市水务投资集团有限公司签约合作。

【机构改革】　2019年3月10日,市科技局进行机构改革,原知识产权工作的职能划入市市场监督管理局,防震减灾工作职能划入市应急管理局;原外国专家局工作职责由市人力资源和社会保障局划入市科技局。市科技局是市政府工作部门,为正科级。机构改革后,市科技局内设办公室、规划与产业科、合作与监督科(外国专家局)3个科室。行政编制8人,设局长1人,副局长2人,中层领导职数3人。

【省高新园区创建】　2019年,市科技局开展省级高新园区创建工作。8月,市科技局向省政府上报省级高新园区创建方案;10月,省科技厅发函征求省发改、经信等6个部门意见;12月,经省政府同意,成功创建省高新园区。创建中的东阳磁性电子高新技术产业园区,分为横店和长松岗两个片区,总面积11.883平方千米(横店片区9.535平方千米,长松岗片区2.348平方千米)。园区以磁性材料为核心,重点围绕电子元器件、新材料、生物医药、医疗器械等主导、优势产业,按照"布局合理、用地集约、产业聚集"要求,立足科学发展,着力自主创新。

【2019年增加各级各类企业】

国家高新技术企业42家:

东阳市佳先机械制造有限公司
浙江田博工贸有限公司
浙江英洛华康复器材有限公司
浙江全方音响科技有限公司
浙江可瑞斯环保科技有限公司
东阳市江南电磁有限公司
浙江新纳陶瓷新材有限公司
东阳市环球钢带有限公司
东阳市真牛针织服饰有限公司
东阳市红太阳电声有限公司
东阳市非凡电器有限公司
东阳市广信钢带有限公司
浙江英洛华安全技术有限公司
浙江揽盛通信科技有限公司
东阳市凯达塑业有限公司
浙江省东阳市荣盛橡塑制品有限公司

2019年4月3日,G60科创走廊新材料产业技术创新联盟举行首次成员大会
(市科技局提供)

浙江筑工科技有限公司
浙江恒铝科技发展有限公司
浙江泰尔塑业有限公司
浙江好视佳反光材料有限公司
浙江省水电建筑机械有限公司
浙江雪丽日用品有限公司
东阳市欧忆包装有限公司
浙江省东阳市弄潮制衣有限公司
东阳市双燕设备有限公司
浙江宇能实业有限公司
东阳市燃气有限公司
东阳市吴刚针织有限公司
东阳市通强磁钢有限公司
东阳市中兴电机有限公司
东阳市鑫辉金银线有限公司
浙江诺华陶瓷有限公司
浙江朗泰环境工程有限公司
浙江菲尔特工贸有限公司
浙江水中花针织内衣有限公司
东阳市甘特电气有限公司
东阳市天力磁电有限公司
浙江新纳材料科技有限公司
金华市巨久金属包装制品有限公司
浙江东驰钢结构有限公司
浙江正蓝节能科技股份有限公司
东阳市银海磁业有限公司

省级高新技术企业研发中心1家：

花园新材料股份有限公司

金华市高新技术企业研发中心18家：

浙江南磁实业股份有限公司
东阳市华能新型建材有限公司
浙江朗晟橡塑有限公司
浙江省东阳市剑华磁业有限公司
东阳市金陵机械有限公司
东阳市顶峰磁材有限公司
浙江富鸿科技有限公司
东阳市衡班机电有限公司
东阳市恒达金属波纹管有限公司
东阳市亿力磁业有限公司
东阳新东煌服饰有限公司
东阳市红太阳电声有限公司
东阳市甘特电气有限公司
浙江雪丽日用品有限公司
浙江省东阳市荣盛橡塑制品有限公司
东阳市凯达塑业有限公司
浙江广厦建设职业技术学院
浙江红点影视股份有限公司

省科技型中小企业99家：

东阳市欧思睦环保科技有限公司
金华市天凌空气净化膜有限公司
浙江东阳市东通电器厂
东阳市长松磁性材料有限公司
东阳市康恩贝印刷包装有限公司
东阳市长鑫拉链有限公司
东阳市富士星涂料有限公司
浙江诺华陶瓷有限公司
金华市巨久金属包装制品有限公司
国祥红木家具有限公司
东阳市诰源闪光材料有限公司
东阳家高塑业有限公司
东阳市宝纱纤维有限公司
东阳市晨鹰线业有限公司
东阳市德堡壁纸有限公司
东阳市东普缝配制造厂
东阳市好源纸杯厂
东阳市合兴金银丝材料有限公司
东阳市红丽工艺品有限公司
东阳市宏丰磁业有限公司
东阳市华乐电子有限公司
东阳市华韵相框有限公司
东阳市佳斯米工艺品有限公司
东阳市金螺泵业有限公司
东阳市凯丽达印刷有限公司
东阳市快乐之星工贸有限公司
东阳市莱诺墙纸有限公司
东阳市利和农林科技有限公司
东阳市路德威皮件有限公司
东阳市梦雅家纺有限公司
东阳市乔老爷家具有限公司
东阳市亲情树服装有限公司
东阳市顺达染整有限公司
东阳市泰康文体用品有限公司
东阳市韦邦家俱有限公司
东阳市新亚钢带厂
东阳市鑫宇金银线有限公司
东阳市秀之美针织服饰有限公司
东阳市轩轩金银线有限公司
东阳市振磊塑胶有限公司
东阳维塔斯音响设备有限公司
浙江东阳君邦科技有限公司
浙江东阳市东元食品有限公司
浙江富新太阳能有限公司
浙江好视佳反光材料有限公司
浙江林商衣架有限公司
浙江省东阳市博乐液压机械有限公司
浙江省东阳市华厦家具有限公司
浙江东阳泰和制衣有限公司
浙江省东阳市万得福炊具有限公司
浙江盛世吴宁食品有限公司
浙江伊朵服饰有限公司
浙江银达生物技术有限公司
浙江卓诗琳服饰有限公司
东阳市诚意达电子有限公司
东阳市恒阳电子有限公司
东阳市佳诚硬质合金有限公司
东阳市佳音电磁厂
东阳市捷邦磁材有限公司
东阳市利明磁业有限公司
东阳市瑟达磁业有限公司
东阳市兴达磁钢厂
东阳市晶鑫钢化玻璃有限公司
东阳市宏兴金银丝有限公司
东阳市何氏电路板有限公司
东阳市禾川线业有限公司
东阳市金杯铝材厂
东阳市金密钢带有限公司
东阳市金球包装有限公司
东阳市金硕工贸有限公司
东阳市横店渝达雕刻厂
东阳市巨之星烫纸有限公司
东阳古森家具有限公司
东阳市龙辉金银丝厂
东阳市螺山休闲用品有限公司
东阳市奇好文具用品有限公司
东阳市草之语工艺品有限公司
东阳市盛丰机械有限公司
东阳市现代钓具有限公司
东阳市信高箱包厂
东阳市兴成红木家具有限公司
东阳市豪派木业有限公司
东阳市星晖皮具有限公司
东阳市宇鹏制衣有限公司
东阳市远达红木家具有限公司
东阳市远航车辆检测有限公司
东阳市卓恒红木家具有限公司
金华九和环境检测有限公司
浙江东阳市长松玻璃制品有限公司
浙江合旺香榧有限公司
浙江华杰材料科技有限公司
浙江省东阳市祥丰实业有限公司
浙江省东阳市祥裕箱包有限公司
浙江省东阳市宣得纺织科技有限公司

浙江省东阳市雄风皮具有限公司
浙江兆和管业有限公司
浙江志成工艺墙纸有限公司
浙江志达服装有限公司
浙江中信红木家具有限公司

（刘　静）

科研活动

【G60科创廊道建设】 2019年4月3日，由G60科创走廊联席办、金华市政府主办的G60科创走廊新材料产业技术创新联盟第一次成员大会暨产业高峰论坛在横店镇举行。论坛以“把金华打造成为新材料产业发展高地”为主题，300余人参加。大会审议联盟章程，专家委员会聘请部分新成员。联盟发起单位横店集团东磁股份有限公司被推选为首任理事长单位。增加高新技术产业项目5项（投资1亿元以上），飞地研发机构1家（上海裕缘生物医药研发有限公司）。

【科技成果】 2019年，市科技局完成科技成果登记53项。对企业开展调查研究，组织申报各级各类科技项目和科技奖励：东阳市奥隆机械设备有限公司的国际合作项目和东华通用航空有限公司的项目被省科技厅立为2019年省重点研发计划项目；横店集团东磁股份有限公司（第二完成单位）与浙江大学合作的“功率型高频宽温低功耗软磁铁氧体关键技术及其产业化”项目获2019年国家科技进步二等奖。

【科技合作项目对接活动】 2019年，东阳市征集企业技术难题、技术人才需求140项，完成浙江省众创空间备案1家、金华市众创空间备案2家、金华市级科技孵化器1家。加强科技合作与交流，促进科技成果转化产业化，制定各类科技合作活动方案，开展校企科技（人才）合作洽谈和交流。分别组织企业到中科院苏州纳米所、中科院兰州化物所苏州研究院，浙江科技学院等高校院所，山西省晋西集团、北方自动控制技术研究所、淮海工业集团等军工单位开展科技项目（人才）合作洽谈活动。以浙江大学、浙江工业大学、浙江科技学院、浙江工商大学、中科院兰化所义乌功能材料中心东阳技术转移中心为依托，邀请高校院所专家教授到东阳市为企业开展技术服务，举办磁性电子、生物医药、智能制造、新材料等产业5个专场技术对接活动。参加省网上技术市场活动周及春、秋两季科技成果竞价（拍卖）会，横店集团得邦照明股份有限公司3个项目竞价成功。组织企业参加第十八届金华工科会4个专场对接、项目现场换约仪式和创新挑战赛活动；发挥东阳科技大市场网上技术市场服务平台，规范网上技术市场交易，完成市场交易额6.87亿元。

（刘　静）

2019年科技计划项目及新产品一览表

表40

序号	项目名称	承担单位	计划类别
1	新型无线充电用磁性材料与器件研发及应用——高频低损耗纳米晶软磁合金材料与器件研发及应用	横店集团东磁股份有限公司	2020年省重点研发计划项目
2	集成电路制造高端装备关键零部件——大尺寸晶圆制造设备用静电吸盘研发及产业化	浙江新纳陶瓷新材有限公司	2020年省重点研发计划项目
3	高性能工程塑料与改性材料研发及应用-低温耐磨PA66/GF复合材料开发及其在轨道交通中的应用	横店集团得邦工程塑料有限公司	2020年省重点研发计划项目
4	国际合作技术研发与示范推广项目-4.2米宽幅SSMS型高端无纺布生产设备关键技术研究及应用	东阳市奥隆机械设备有限公司	2020年省重点研发计划项目
5	飞行航行器应用系统-海洋环境航空综合探测系统技术开发及产业化	东华通用航空有限公司	2020年省重点研发计划项目
6	国内首仿维氟酮乳膏与原研产品质量疗效一致性的研究评价	浙江孚诺医药股份有限公司	金华市科学技术研究计划工业类重点
7	射频隔离器用高性能YIG微波铁氧体材料研发	横店集团东磁股份有限公司	金华市科学技术研究计划工业类重点
5	新能源汽车驱动电机用钴铽耐高温钕铁硼磁钢研发	浙江南磁实业股份有限公司	金华市科学技术研究计划工业类重点
7	益生菌防治大动脉粥样硬化型缺血性脑卒中的临床研究	东阳市人民医院	金华市科学技术研究计划社发类重点
8	血清25(OH)维生素D3缺乏和早产儿RDS患儿外源性肺表面活性物质使用风险的相关性研究	东阳市人民医院	金华市科学技术研究计划公益类项目

续表 40

序号	项目名称	承担单位	计划类别
9	本地区 INH 和 RFP 耐药危险因素分析及耐药结核病诊断流程优化研究	东阳市人民医院	金华市科学技术研究计划公益类项目
10	运用医共体模式提高急性脑梗死静脉溶栓速度的研究	东阳市人民医院	金华市科学技术研究计划公益类项目
11	基于马尔科夫模型评价华法林用药依从性对心房颤动患者疗效的影响	东阳市人民医院	金华市科学技术研究计划公益类项目
12	尿道分离大肠埃希菌 mcr-1 的检测及 usp、hlyA 毒力特征分析	东阳市人民医院	金华市科学技术研究计划公益类项目
13	乳腺癌改良根治术后大分割放疗的前瞻性Ⅲ期临床研究	东阳市人民医院	金华市科学技术研究计划公益类项目
14	阿尔茨海默病(AD)中 pLG72 对线粒体氧化功能的影响及作用机制研究	东阳市人民医院	金华市科学技术研究计划公益类项目
15	UGT1A1 基因多态性和伊立替康不良反应及疗效的相关性分析	东阳市人民医院	金华市科学技术研究计划公益类项目
16	盆底生物反馈电刺激联合中药治疗肾气亏虚型压力性尿失禁的临床研究	东阳市中医院	金华市科学技术研究计划公益类项目
17	恢刺拮抗肌治疗缺血性卒中后痉挛性瘫痪的疗效观察	东阳市中医院	金华市科学技术研究计划公益类项目
18	HIF-1a 经 PI3K/Akt 通路调控 CD133 促进结直肠癌侵袭与转移的试验研究	东阳市中医院	金华市科学技术研究计划公益类项目
19	关节镜辅助下 tightrope 弹性内固定与锁骨钩钢板内固定治疗肩锁关节脱位的临床疗效对比研究	东阳市红十字会医院	金华市科学技术研究计划公益类项目
20	输尿管结石性息肉在输尿管镜下碎石术后旷置的临床观察	东阳市红十字会医院	金华市科学技术研究计划公益类项目
21	中药热敷联合眼周穴位按摩治疗干眼的研究	东阳市妇幼保健院	金华市科学技术研究计划公益类项目
22	闭合复位 PFNA 钉内固定治疗高龄股骨粗隆骨折患者的临床研究	东阳市横店医院	金华市科学技术研究计划公益类项目
23	农村妇女乳腺癌与宫颈癌筛查效果及其改善策略研究	东阳市人民医院巍山分院	金华市科学技术研究计划公益类项目
24	院前预谈话对缩短急性缺血性脑卒中静脉溶栓治疗患者及家属决策时间的影响分析	东阳市人民医院巍山分院	金华市科学技术研究计划公益类项目
25	高频超声精准定位下 PRP 注射结合冲击波治疗肩袖部分损伤的临床对照研究	横店文荣医院	金华市科学技术研究计划公益类项目
26	β-catenin 信号通路在哮喘气道重塑过程中的作用研究	横店文荣医院	金华市科学技术研究计划公益类项目
27	扫描式葡萄糖监测系统对产褥期糖尿病患者自我管理行为的影响研究	横店文荣医院	金华市科学技术研究计划公益类项目

科普交流

【全国科普日活动】 2019年9月18日,市科协在黉门广场举办以“礼赞共和国、智慧新生活”为主题的全国科普日活动,市红十字会、农学会、畜牧兽医学会等19个协会、学会的工作人员及科普志愿者等100余名专业技术人员参加。开展科普咨询服务、科普展览、科普资料及实物赠送等活动,向市民宣传科普知识,现场解答市民疑问,为群众进行义诊和健康检查等。活动现场发放科普资料91种8000余份,展出科普展板70余块,向市民发放科普宣传纸巾、垃圾袋等物品。

【科普宣传】 2019年,市科协通过报纸、电子显示屏、画廊、手机客户端等传媒传播科学知识。在《东阳日报》开设《科普之窗》专栏,每月刊登2期,全年刊出24期;在《东阳日报》阅报栏开设10组“东阳籍院士专栏”,滚动播出院士事迹;全市25座科普宣传画廊更新4次,宣传普及科学知识;市科协主办的《东阳新科技专刊》每月刊出1期,全年刊出11期,每期印刷5000份,赠阅面覆盖全市各机关单位、各乡镇街道、各行政村、社区、学校以及重点企事业单位和“两代表一委员”;手机客户端《歌画东阳》科协站点每周推送《科普大篷车》视频节目2期,全年推送96期;在华数电视主页上开设《科协之窗》;在《金报东阳》开设《科普宣传》专栏,每月2期;参与东阳科技馆建设研讨,邀请专家对科技馆展陈设计方案进行修改。

【基层科普建设】 2019年12月,由市科协、市财政局、市纪委第四纪检组等相关部门领导组成的验收专家组一行,到申报创建“东阳市农村科普示范基地”的相关基地,开展实地检查和评审认定工作。市科协印发《关于命名东阳市农村科普示范基地的通知》,命名东阳市吴宁陈展刚花木场、东阳市王村光农业科技发展有限公司、东阳市惠谷香榧开发有限公司、东阳市同福农林发展有限公司、东阳市绿晨蔬菜有限公司、东阳市塘里军霞水果专业合作社、东阳市鑫锋农林开发有限公司7家单位为“东阳市农村科普示范基地”。

【科普进校园活动】 2019年3月29日,市科协邀请宁波大学校长沈满洪到虎鹿镇中举办“智汇东阳·聚力创新”报告会,向全校师生和部分家长作题为《新时代教育的使命与担当》的演讲。4月1日,邀请中科院物理研究所首席科学家曹则贤到东阳中学作题为《科学家是怎样工作和生活的》科普报告会。9月17日—20日,邀请中科院老科学家李建军到巍山镇中、塘西小学、吴宁五校、横店三校、吴宁一校、第二实验小学、外国语小学、湖溪高中8所学校作题为《恐龙灭绝的原因》科普巡回报告。

【科普教育特色学校创建】 2019年12月,市科协联合市教育局综合验收东阳市科普教育特色学校,印发《关于命名科普教育特色学校的决定》,命名湖溪高级中学、吴宁第四小学、马宅镇中心小学、横店镇荆江幼儿园4所学校为“东阳市科普教育特色学校”。

(朱金灵)

知识产权管理

【概况】 2019年,东阳市专利申请量和授权量分别是4615件和2677件,发明专利申请量和授权量分别为1194件和428件。至年末,有效发明专利1461件,每万人发明专利拥有量17.31件,列金华各县市第二。增加国家知识产权优势企业1家、金华市专利示范企业27家,培育省级知识产权保护规范化市场1家(东阳中国木雕城)。完成专利权质押贷款6笔,登记额29747万元。完成PCT(专利合作条约)申请9件,通过知识产权贯标企业5家。全年东阳市商标授权量4491件,增加浙江省商标品牌示范企业2家、金华市商标品牌示范企业8家,成功注册集体商标“東”字标,完成商标权质押登记3017万元。

【专利奖补资金兑现】 2019年,东阳市财政下拨2018年专利项目奖励补助资金1303.76万元,百余家企业获得奖补资金。其中,用于授权专利和专利维护费补助资金974.51万元,知识产权维权援助30万元,新认定的各级专利示范企业奖励114万

2019年浙江省、金华市商标品牌示范企业一览表

表41

序号	企业名称
省级	
1	横店影视股份有限公司
2	浙江卓木王红木家俱有限公司
金华市级	
1	普洛药业股份有限公司
2	浙江中科磁业股份有限公司
3	东阳市小太阳照明有限公司
4	东阳市姜山头禽业有限公司
5	浙江揽盛通信科技有限公司
6	东阳市万利电子有限公司
7	浙江省东阳市东元食品有限公司
8	浙江嘉豪皮带有限公司

2019年金华市专利示范企业一览表

表42

序号	企业名称
1	浙江花园建设集团有限公司
2	浙江野风药业股份有限公司
3	浙江英洛华康复器材有限公司
4	浙江新纳材料科技有限公司
5	东阳市康恩贝印刷包装有限公司
6	花园新材料股份有限公司
7	东阳市顶峰磁材有限公司
8	东阳市金陵机械有限公司
9	东阳市奥隆机械设备有限公司
10	浙江东峰制冷配件有限公司
11	浙江东阳市三星实业有限公司
12	东阳市亿力磁业有限公司
13	东阳市科灵装备制造股份有限公司
14	浙江朗晟橡塑有限公司
15	东阳市真牛针织服饰有限公司
16	浙江省东阳市剑华磁业有限公司
17	浙江揽盛通信科技有限公司
18	浙江雪丽日用品有限公司
19	东阳新东煌服饰有限公司
20	浙江澳亚织造股份有限公司
21	东阳市永美链条有限公司
22	东阳市双洋红木家具有限公司
23	浙江埃森化学有限公司
24	东阳市雍王府家居科技有限公司
25	东阳市陈王阁红木家具有限公司
26	东阳市怡乐钓具有限公司
27	东阳市甘特电气有限公司
28	浙江花园建设集团有限公司

2019年东阳市专利申请和授权情况统计表

表43　　单位:件

申请量				授权量			
发明	实用新型	外观设计	合计	发明	实用新型	外观设计	合计
1194	1999	1422	4615	428	1154	1095	2677

元,专利服务券应用项目抵免160.25万元。

【各级示范认定及复核】 2019年,横店集团英洛华电气有限公司被认定为国家知识产权优势企业,横店集团东磁有限公司、浙江联宜电机股份有限公司、浙江恒成硬质合金有限公司通过国家知识产权示范(优势)企业复核。浙江花园建设集团有限公司等27家企业被认定为金华市专利示范企业。浙江卓木王红木家俱有限公司和横店影视股份有限公司被认定为省级商标品牌示范企业。普洛药业股份有限公司等8家企业被认定为金华市商标品牌示范企业。

【各级专利奖项】 2019年,横店集团东磁有限公司的发明专利《ZL201510005430.7用于晶体硅太阳能电池抗LID和PID的PECVD镀膜和烧结工艺》获二十一届中国专利优秀奖,《ZL200610051943.2一种高饱和磁通密度低损耗MnZn功率铁氧体及其制备方法》获浙江省专利金奖,是金华地区唯一。

【知识产权执法行动】 2019年,市市场监管局加大知识产权保护力度,开展专利真实性、商标使用行为"双随机一公开"检查,深入开展"双打"行动(打击侵犯知识产权和制售假冒伪劣商品专项行动),全年查处商标侵权案件115起,案值100.81万元,罚没款154.09万元,没收销毁侵权商品1053104件;处理专利侵权纠纷3起。

【知识产权宣传培训】 2019年4月26日,市市场监管局联合市人民法院在东阳中国木雕城开展"世界知识产权日"宣传活动,对专利相关法律法规、政策信息以及侵权维权等事宜进行重点宣传。全年开展知识产权培训3次,邀请同济大学、中国社会科学院在知识产权领域的知名教授对全市500余家红木企业负责人进行专利方面的针对性培训。

(俞文良)

教育

综述

【概况】 2019年,东阳市有中小学幼儿园296所,在校(园)学生(幼儿)164350人。其中普通高中13所,在校学生16855人;职业中学5所,在校学生6862人;初中36所,在校学生30263人;小学85所,在校学生71001人;特殊教育学校1所,在校学生119人;幼儿园156所,在园幼儿39250人。中小学幼儿园教职工12611人,其中专任教师10352人。退休教师3681人,离休9人。中小学幼儿园占地总面积479.13万平方米,生均面积29.15平方米;校舍建筑面积242.03万平方米,生均面积14.73平方米。7月,市教育局被确定为浙江省区域整体推进智慧教育综合试点单位,为金华市唯一的县级单位。11月,《浙江省区域整体推进智慧教育东阳市综合试点实施方案》通过专家论证,按照专家组意见进行修改完善。11月4日,《人民日报》发表《小城缘何走出万名教授》2000余字长文,报道东阳市近30年教育发展成就;11月20日,《浙江日报》专版刊发《汇聚东阳人才智慧 助力家乡发展建设》报道东阳教育。12月,浙江省2018年教育现代化发展水平监测结果出炉,东阳市得分列金华市第3位。市教育局获2019年度全省教育工作业绩考核优胜奖。

【全市教育大会】 2019年9月8日,东阳市教育大会在东阳剧院举行,1200余人参加会议。会议主题以"东阳教育,人人向往"为目标,通过"基础教育创体制,高等教育建高地,东阳教育优生态",推动教育全面振兴,加快推进教育现代化。会议播放东阳教育宣传片《打造人人向往的东阳教育》,该片展示近年来东阳教育事业取得的成绩。大会对优秀教师和先进集体进行表彰。9月9日,市委、市政府印发《关于进一步优化教育生态加快推进教育现代化的若干意见》,制定关于加强教育保障工作的13条举措,推动东阳教育的高质量发展。

2019年9月8日,东阳市教育大会在东阳剧院召开　　(市教育局提供)

【教育投入】 2019年,东阳市按年初预算指标下达教育专项经费,提高资金使用效益。下拨中小学幼儿园基建专项资金4.08亿元,用于全市中小学校舍建设与改造;下拨公办幼儿园专项资金3130万元,同步落实相关融资工作,保障公办幼儿园建设。11月,制定普通高中生均公用经费标准,以制度促保障促发展。按照市教育大会精神,落实教育保障13条,确保教育经费的"三个增长、两个提高"▲,落实教育经费的"两个只增不减"▲。

▲"三个增长":财政对教育拨款的增长比例高于地方经常性财政收入的增长比例,生均预算内教育事业费逐年增长,生均预算内公用经费逐年增长。"两个提高":财政对教育拨款占财政支出的比重,国家财政性教育经费占国内生产总值的比重。

▲"两个只增不减":确保一般公共预算教育支出(含学校安全风险防控经费)逐年只增不减,确保按在校学生人数平均的一般公共预算教育支出逐年只增不减。

【教育建设项目】 2019年2月,市政府发布《东阳市2018—2022年义务教育学校布局调整规划》，明确到2022年，全市公办初中33所、小学68所。5月，制定《东阳市农村幼儿园补短提升工程实施方案（2018—2022年）》，计划五年内分期分批完成23所农村幼儿园改、扩建和新建，促进农村学前教育整体质量达到城区平均水平。“加快建设幼儿园、中小学”列市政府十大民生实事首位。年内计划开工新建幼儿园9所、中小学3所，实际开工新建15所；计划完工学校（幼儿园）7所，实际完工学校（幼儿园）7所；35个改造项目全面如期开展，计划完成21个，实际完成28个；计划增加幼儿园学位2000个，年内增加2190个，计划增加中小学学位4000个，年内增加4320个。

【捐资助学】 2019年，东阳市奖教奖学基金总数近60个，总金额6亿元。4月29日，虎鹿镇中首届“志成教育基金”捐赠仪式暨颁奖典礼举行。该基金由校友程国华出资200万元设立，设“星级教师奖”和“志成英才奖”，奖励虎鹿镇中优秀教职员工和学生，每年发放一次，奖励金额10万元。6月8日，上海东阳商会常务副会长、浙江喔刷信息科技有限公司董事长、槐堂初中校友金向华向槐堂初中捐赠200万元，成立“槐堂初中金向华教育基金”，将每年运作的收益用于奖励优秀师生。6月30日，市慈善总会·华能奖教奖学基金签约仪式暨六石初中、六石中心小学第一届优秀园丁颁奖典礼举行。“华能奖教奖学基金”由市华能新型建材有限公司董事长王海眉捐资400万元设立，将每年基金收益20万元奖励六石初中、六石中心小学的优秀师生。9月3日，巍山教育发展基金成立大会暨首届颁奖典礼在巍山高中举行，该基金是由徐国强、赵纯心、赵允良等巍山镇乡贤捐赠成立，委托市慈善总会管理。大会审议通过发展基金章程及审议奖励办法，选举产生首届理事会，赵纯心被选为理事会会长。对巍山镇幼儿园、小学、初中、高中的700余名师生进行奖励。举行第十三届东阳福龙教育基金会颁奖典礼、第五届“赵纯心奖教奖学基金”颁奖典礼、上海东阳人联谊会（商会）助力东阳公益捐赠仪式、马宅镇教育发展基金第五届颁奖仪式、第三届“何品苏奖教基金会”颁奖大会、第七届“赵惠仁奖学金”颁奖大会、东阳中学复星教育基金颁奖典礼等。

2019年9月3日，巍山教育发展基金成立大会暨首届颁奖典礼在巍山高中举行
（市教育局提供）

【“互联网+义务教育”工作】 2019年，东阳市搭建整合城乡同步课堂、远程专递课堂、教师网络研修、名师网络课堂等帮扶形式平台，推进浙江省政府十大民生实事“互联网+义务教育”工作。4月23日，市教育局承办金华市“互联网+义务教育”中小学校结对帮扶工作推进会，参会人员观摩“互联网+义务教育”的名师网络课堂、城乡同步课堂、远程专递课堂、教师网络研修4种帮扶形式。5月，对结对学校的录播教室、互动显示屏等装备进行升级改造；搭建整合城乡同步课堂等4种帮扶形式于一体的软件应用支撑平台，以网络学习空间为中心入口，集于东阳教育资源公共服务平台。11月6日，东阳市“互联网+义务教育”中小学校结对帮扶工作暨省义务教育学校“城乡携手、同步课堂”东阳试点2019年工作交流会召开。12月16—17日，省教育评估院专家组到东阳市进行“互联网+义务教育”结对帮扶的现场绩效评估。横店小学教育集团的横店、南上湖、横祥和任湖田4个校区形成集团内结对，共享优质资源。横店镇第二小学与横店镇爱心学校结对，为民工子弟学校开设专递课堂。全年有48所学

2019年4月23日，金华市“互联网+义务教育”中小学校结对帮扶工作推进会召开
（市教育局提供）

校签订帮扶协议，至年末，开展同步课堂796节，参与师生57146人，远程专递课堂573节，参与师生65063人次，教师网络研修128次，参与教师2620人，名师网络课堂71次，参与教师2266人。组织11次东阳市级“互联网+义务教育”中小学结对帮扶推进会；5个案例入围省级“互联网+义务教育”典型案例；18篇宣传报道发表于省级以上媒体。12月，中央电视台在理县现场拍摄报道巍山镇中心小学与四川理县上孟小学的儿童诗同步课堂。

【教育信息化工作】 2019年，东阳市开展浙江省政府数字化转型试点项目——之江汇教育广场系统之网络学习空间人人通规模化应用试点工作。4月3日，教育部公布2018年度网络学习空间应用普及活动优秀区域和优秀学校的名单，东阳市和巍山镇中心小学分别成为金华市唯一的网络学习空间应用普及活动优秀区域和优秀学校。6所学校成为省级网络学习空间应用典型学校。13个教师空间成为2019年省精品空间，40个教师空间成为省特色空间，11个学生学习空间成为省优秀学习空间。全市有3名教师成为省之江汇教育广场省级讲师团成员；成立由21人组成的东阳市级空间应用讲师团；召开空间应用推进现场会与展示会9次，举行区域级培训场次28次；将空间应用列入学校考核，有90%以上中小学教师能应用网络空间开展教与学活动。10月25日，市第八届中小学教师教育技术应用创新大赛举行，有28名小学数学、科学学科的教师参赛。11月13—14日，中央电化教育馆到东阳市调研指导教育信息化工作，对省区域整体推进智慧教育东阳市综合试点的实施方案提出指导意见。12月，市实验小学教师许小鸽作品《鸽子姐姐讲分数》，在第二十三届全国教师教育教学信息化交流活动中获基础教育组教师网络空间应用案例一等奖。

【学生资助】 2019年，东阳市贯彻落实各项学生资助政策，推进精准资助。秋季开始，义务段贫困非寄宿生享受寄宿生标准50%的困难生活补助，即小学每人每年500元，初中每人每年625元。全市资助16618人次，金额653.73万元。其中学前教育153人次，金额40.71万元；义务段营养餐2139人次，金额106.95万元；义务段生活补助746人次，金额26.38万元；普通高中国家助学金379人次，金额37.9万元；普通高中特困学生免学费222人次，金额28.64万元；中职学校国家助学金342人次，金额34.2万元；中职学校免学费12637人次，金额378.95万元。

【考试招生】 2019年，东阳市完成中考(含体育、实验、信息技术)、高考、学考选考、成人高考、自学考试、全国计算机等级考试、英语等级考试、新教师招聘考试、书画等级考试等19次考试，报名总数76305人(普通高考7090人、高职考581人、中考8964人、成人高考1096人，教师招聘1952人、学业水平和选考科目考试24746人、自考及各类证书考试3862人、其他考试28014人)，5643个试场，194153课次。普通高中录取5674人，为各类学校招生录取组建纸质和电子档案16880份。完善中考综合素质评价体系，调整信息技术考试题库，增加考试题量及知识面，与普职高信息技术教学做好衔接。中考体育考试首次采用成绩智能化测量仪器，考试成绩由机器自动录入、生成和存储，提高考试效率，保障考试公平、公正。推进“最多跑一次”改革向考试招生服务领域延伸。中考实行网上报名，中高考加分确认实行“一证通”，教育考试的报名、缴费、准考证打印、成绩查询、录取等实行网络化、电子化一站式服务。

【教师队伍建设】 2019年，市教育局完成学校、教师、校长三年发展规划，制订“班主任、骨干教师、校长”三支队伍建设三年行动计划，建立完善各级各类专业人才培养库。实施名师

2019年东阳市学校教职工基本情况一览表

表44

学校	教职工数(人)	专任教师数		学历				职称			年龄结构							
		合计(人)	其中女(人)	合格人数(人)	合格率(%)	超标人数(人)	超标率(%)	高级人数(人)	中级人数(人)	初级人数(人)	24岁及以下	25至29岁	30至34岁	35至39岁	40至44岁	45至49岁	50至54岁	55至59岁
小学	3996	3827	3108	3827	100	3813	99.63	176	1846	1539	287	925	954	686	466	265	158	86
初中	2312	2246	1442	2246	100	2193	97.64	411	1037	642	159	298	361	278	315	304	343	188
高中	1505	1365	765	1347	98.68	147	10.77	322	436	422	135	245	186	190	221	144	160	84
职中	535	459	229	449	97.82	32	6.97	132	186	81	89		43	66	133	61	43	24
幼儿园	4221	2413	2399	2413	100	2366	98.05	15	186	1156	—	—	—	—	—	—	—	—
特殊教育	42	42	35	42	100	42	100	5	17	16	4	14	12	4	2	4	1	1

名校长培养计划，暑期分批组织校长、园长到华南师大、杭州市等地开展干部创新管理高级研修。组织全体中小学教师学科业务素质考试，开展青年教育骨干选拔活动，组建青年教育骨干培训班。开展市中小学（幼儿园）骨干教师和优秀班主任评选，评出骨干教师800人，校级优秀班主任500人，市级班主任200人。评出东阳市级教坛新秀77人，获评金华市教坛新秀15人，省级教坛新秀5人，金华市第七批名校长1人、第七批名师2人，人数、比例均列金华第一。评出东阳市最美教师13人，获评金华市最美教师2人、金华市最美教师提名奖2人，全国模范教师1人，浙江省师德先进个人1人，金华市师德标兵1人，金华市师德先进个人5人。年内招聘新教师220人，其中义务教育段学校174人，幼儿教育46人。进一步完善《东阳市义务教育学校校长教师流动工作实施细则》，全市交流校长11人、教师140人（其中骨干教师32人、普通教师108人）。继续实施城区新教师支教制度，城区义务段学校26人下乡支教，高中段39人兼职支教。7名教师援疆，2名援藏，3名援川。初定一级教师14人、二级教师387人、三级教师25人。评审通过正高级教师2人（吴宁镇中孙超群、教研室许志芳）、高级教师77人、一级教师284人，讲师2人，二级教师73人，研究实习员1人。

【政务服务保障】 2019年，市教育局推进数字化背景下工作流程再造，利用钉钉创新各项审批程序，实现最多跑零次，提高办事效率。党政干部因公外出、学校租用旅游包车集体外出、教职工集体外出活动车辆、中小学生研学旅行活动备案、教师集体外出学习交流、党员集体外出学习交流、学生集体外出、办公用房等事项均使用钉钉审批实现零次跑。在“互联网+政务服务”权力事项库里领用教育局相关权力事项，开展事项维护及办事指南更新工作；推行事项“网上办理”，实现民生事项“一证通办”比例100%；通过浙江政务服务网实现全程网上办理的事项比例100%；依托浙里办APP开通掌上办理渠道的事项比例100%；通过学校代办、双向快递、在线办理等方式实现“跑零次”事项比例94%。通过浙江政务服务网或浙里办APP提供区域特色教育公共服务2项，分别为中考成绩查询与义务教育段学生报名。

【教师资格认定】 2019年，市教育局组织春、秋季两次教师资格认定工作。启用新版《教师资格认定申请表》，综合运用“数据共享、部门核查、优化精减”三种方式，简化认定材料。申请表采用《个人承诺书》，其中涉及申请人提交的无犯罪记录证明材料，改为“认定机构向公安机关核查”；工作单位或人事关系证明改为居住证，不需申请人盖章开具证明；在实行个人材料承诺制的基础上，取消原先须提供的身份证、学历证书、教师资格考试合格证的复印件和普通话水平测试等级证书。申请人通过网上核验后，只需带身份证、户口本（居住证）和本人照片即可办理现场审核。全市通过幼儿园、小学、初中教师资格认定739人，比上年增长39%。

【平安校园建设】 2019年，市教育局印发《东阳市教育系统安全工作岗位责任制实施办法》，将年度校园安全工作列入学校年终考核并实行倒扣分无上限制度。分级分层签订年度安全工作目标管理责任书、交通安全责任书、消防安全责任书和食品安全管理责任书等。执行《浙江省中小学幼儿园安全防范工作实施细则》要求，提升学校“三防”建设（人防建设、物防建设、技防建设）水平。配足配齐“八个一”防护器材▲，开展校园防暴器械使用演练。开展示范性校园警务室建设，落实外来人员车辆查验登记制度。规范CK报警系统、校园视频监控系统的管理与使用，实现校园平安监控全覆盖。制定安全教育计划和安全工作行事历，确定每月安全教育主题与要求。结合“中小学安全教育日”“交通安全宣传日”“消防安全宣传周”和“食品安全宣传月”等活动，开展交通安全、消防安全、饮食卫生、预防溺水、心理健康和传染病防控等专题安全宣传教育活动，普及安全常识提高师生安全意识。落实教育部印发的《中小学幼儿园应急疏散演练指南》，建立健全安全应急演练预案，每次制定演练活动的计划及方案，组织全体师生参与，提高应急处置能力。按照《金华市学校食品安全提升规划（2017—2019年）》《东阳市创建浙江省食品安全市工作方案》要求，推进食品安全教育进课堂，提高师生食品安全知晓率。深化“百万学生饮食放心工程”建设，规范大宗物品采购。加大“阳光厨房”建设力度，与市市场监管局合作，加强对学校食堂卫生状况及操作规范执行情况的检查，防范校园食品安全事件发生。落实消防安全责任制，明确各岗位消防安全职责。开展每日防火巡查和每月防火检查、火灾隐患整改。完善学校消防器材配备与日常维护，保持消防设施器材齐全有效，做到消防通道、人员疏散通道和安全出口畅通。加强联合执法，建立多部门参与的校园周边网格化管理制度，净化校园周边环境；加大校门口三无车辆整治，做好交通安全法制宣传，严防学生上下学期间乘坐非法接送车和非法驾驶机动车；加强校园上放学时段安全管理，建立家长志愿护学岗、专职保安持械在岗执勤的防范体系；采取错时放学、警校联动等，缓解城区、镇区所在地学校上学、放学时段校门口道路交通拥堵状况。通过签订责任书、知识讲座、主题班会、致家长一封信、新媒体等，开展防溺主题宣传；加大防溺教育宣传家校合作力度，提升家长防溺监护责任意识；推动防溺联席会议、村校联动等机制建设，建立健全防溺安全体系，实现校地联合防控，做实做细学生防溺水工作。

▲“八个一”防护器材：防暴头盔（1顶/人）、防护盾牌（1副/人）、防刺背心（1套/人）、防割手套（1副/人）、橡胶警棍（1支/人）、强光电筒（1支/人）、自卫喷雾剂（1支/人）、安全钢叉2套。

【校监会监督】 2019年，市教育局发挥校务监督委员会（简称校监会）监督作用，注重源头、重点领域和时间节点的监督。校监会主任列席校长办公会,参加学校"三重一大"事项研究,对涉及学校、教师、学生利益问题的决策过程进行监督;在学校工程建设、食堂承包等重点领域开展监督;把握学校有关工作时间节点,及时开展对教师职称申报、教师评优评先、新生招生等重大事项的监督。全市校监会共列席校务会议425次,召开座谈会124次,发放调查问卷1985份,收集各类意见和建议241条,参与监督事项365个(次),审核票据金额1384余万元,监督重大经费使用114笔计768万元,大宗物品采购45次计356万元,发现并整改问题23个。

【教育科研】 2019年,市教育局开展"基于课题、针对问题、改进破题"的课题课评选,提出"三小"(小命题、小讨论、小反思)教研模式,要求学科教研员对教研活动设计更贴近教学实际、更具独特视角,提升教研的实效性。建构"市、联盟、学校"三级教研管理体制,初步形成市级引领、联盟拓展、校级深化的教研新常态,促进县域教研从分散型走向融合型,从单一型走向复合型。各教学联盟共开展教研活动60余次,1000余名教师参与说课、评课。3月,举行"2019年春季教育科研工作会议暨教育科研大组成立仪式",以中小学、幼儿园学段为单位,成立5个"东阳市教育科研大组",聘任8名"科研导师"。5月,承办金华市教育科研优秀成果推广会暨《以变促学:小学变易教学研究》首发式,各县(市、区)教科研骨干200余人参加活动。9月,举办全市中小学幼教科室主任高级研训班,123名教科室主任参加培训。12月,2018年度浙江省教育科研优秀成果公布,三单乡中小学胡润平负责的课题《教师驻村:乡村学校家校合作共育新模式的建构》获一等奖,市外国语小学马笑莲负责的课题《基于全息理念的小学德育整合策略研究》获二等奖,吴宁二校楼美刚负责的课题《应用智能学习工具探索"虚实课堂"的学校行动》、南马中心幼儿园贾凤光负责的课题《幼教联盟:农村镇域幼儿园发展共同体建设研究》获三等奖。全年完成省级课题7项、金华市级课题85个、东阳市级课题172个,获金华市2019年度国家基础教育改革教师小课题成果一等奖5个、二等奖10个、三等奖8个。参加金华市2019年"课程改革"论文大赛,获一等奖32篇、二等奖69篇、三等奖64篇。参加金华市第十二届教育科研专题论文大赛,获一等奖30篇、二等奖66篇、三等奖119篇。

2019年东阳市获省、金华市级教科研先进集体和先进个人一览表

表45

奖项名称	获奖单位(个人)
浙江省教科研先进集体	吴宁五校
浙江省教科研先进个人	市第二实验幼儿园斯婷、花园外国语学校包莉莎、南市槐堂小学周君芳、吴宁一中马俊
金华市第十届教科研先进集体	东阳中学、白云初中、巍山镇校、横店镇校
金华市教科研先进个人	市实验幼儿园楼美英、南马中心幼儿园贾凤光

【心理健康教育】 2019年,东阳市有省心理健康教育示范校15所。公办学校完成年度省标准化心理辅导室创建任务,市外国语学校、市第三高级中学、湖溪高级中学、吴宁一中、中天国际小学5所学校获"2019年浙江省心理健康教育示范校"称号。市教育局印发《关于2019年中小学生心理危机预警信息的通知》,完成对心理高危学生的筛查工作,制定干预方案并报市心理健康指导中心。举办两期中小学心理健康教育教师上岗C证培训,培训教师515人。至年末,全市中小学5444名教师取得浙江省心理健康教育上岗C证,占全市专职教师的82.2%。200余名教师取得省心理健康教育上岗B证。20余名教师持有国家二级、三级心理咨询师证,8人取得省心理健康教育上岗A证。东阳中学、市职教中心等多所学校安排专职心理健康教育教师。制定《东阳市心理健康教育"十项常规"》,保证学校心理健康教育工作常态化运行。

【语言文字工作】 2019年,市教育局承办东阳市"走进春风里"中华经典诵读大赛、金华市中华经典诗文诵读大赛。市外国语小学2个诵读节目入选教育部、国家语言文字工作委员会举办的中华经典诵读大赛。在省"经典诵读"大赛中,市外国语小学《百合花开》《记得吗? 你的祖先名叫炎黄》分获小学学生组和教师组二等奖,吴宁一校《天上的街市》获小学学生组三等奖。在"迦陵杯·诗教中国"诗词讲解大赛中,吴宁三中教育集团李沁《六朝金粉 十里秦淮》获初中教师组优秀奖。中天初中学生金昕参加第四届全国学生"学宪法 讲宪法"活动浙江赛区遴选赛获小学初中组个人演讲比赛第一名。组织全市中小学生"我爱您,祖国"主题演讲、小学生普通话比赛。

【《浙江方言资源典藏·东阳》出版】 2019年1月,《浙江方言资源典藏·东阳》由浙江大学出版社出版,纸质图书内容包括方言概况、语音、词汇、语法、话语、口头文化等内容,有1000个单音字、1200个词汇、50个语法例句以及若干歌谣、谚语、婺剧、故事等。融合立方书技术,以二维码的形式呈现东阳语保专家团队采录的相关音视频,创新方言资源的呈现和保存模式。只需扫一扫二维码,读者就能零距离感受东阳方言的魅力。2016年,东阳方言被列入教育部、国家语委启动的"中国语言资源保护工程"浙江省第二批调查点,由浙江师范大学专家团队通过纸笔记录、录音、摄像等方式,全面调查、采集、整理东阳方言的原始数据。市教育局协助筛选招募8名东阳方言发音人、4名口头文化发音人和3名地方普通话发音人,帮助专家团队完成音像录制。

2019年8月12日,东阳市大学新生第一课在东阳剧院开课,市委书记傅显明(左一)与1000余名准大学生们进行交流 (市教育局提供)

【东阳市首届大学新生第一课】 2019年8月12日,东阳市首届大学新生第一课在东阳剧院开课。市委书记傅显明以《适应 自律 责任 坚持》为题,与1000余名准大学生们进行交流,勉励大家树鸿鹄之志,继承先贤"土布衫、霉干菜"精神,勤学苦读,以回报社会、家乡。大学新生课上,对东阳市十佳优秀高中毕业生进行表彰;优秀大学生韦翔、郭恬子分享大学学习生活经验;2019年大学新生代表徐帆发言;东阳中学教师蒋一平给大学新生赠言。

【东阳中学教师蒋一平受到习近平接见】 2019年3月18日,东阳中学教师蒋一平在北京人民大会堂参加由中共中央总书记、国家主席、中央军委主席习近平主持召开的学校思想政治理论课教师座谈会,受到习近平的接见。蒋一平是东阳中学政治学科主任、德育处副主任,从教20年,先后获浙江省教坛新秀、全国优秀教师、全国中小学优秀德育课教师等称号。是全省唯一受邀参会的高中思政课教师。

(陈全洪)

学前教育

【概况】 2019年,东阳市有幼儿园156所(其中教育部门办51所),班级1339个,毕业生13600人,招生10138人,在园幼儿39250人(其中女生18253人),园均规模252人。教职工4221人,其中专任教师2413人。幼儿园总占地面积440611平方米,生均11.23平方米,总建筑面积341405.18平方米,生均8.7平方米。围绕"民办幼儿园的规范优质管理年活动"中心,开展"小学化专项治理""阳光食堂专项整治""师德演讲"等活动。完善"政府主导、公办扩容、民办导优"机制,完成《东阳市幼儿园专项布局(布点)规划(讨论稿)》,完成小学附设幼儿园纳入公办管理体制,优先保障幼儿园建设土地指标14公顷和幼儿园建设经费7.5亿元,通过"加快公办园建设""提升薄弱幼儿园""租赁村集体房屋办公办园"等方式,加速推进优质公办资源扩容。完善《普惠性民办幼儿园认定与复核工作办法》,评定普惠性民办幼儿园12所,完成31所普惠园复核工作;继续实施《幼儿园等级提升工程方案》,提升等级园覆盖面。公办园幼儿覆盖率提升到40.28%,学前三年入园率99.8%,等级园比例96.15%,其中一、二级园覆盖率53.83%,等级普惠性幼儿园覆盖率89.9%。5月,主题为"科学做好入学准备"的东阳市2019年学前教育宣传月活动启动。6月,市实验幼儿园和千祥实验幼儿园举行结对授牌仪式,两园代表签约并交换文件。11月,东阳市2019年幼儿园优秀课程故事现场会分享会举行,经各镇乡推选的25名优秀教师参加分享,200余名园长、骨干教师现场学习。11月,市教育局在教师进修学校举办幼儿园责任督学研训班,加强幼儿园教育督导工作。

2019年6月3日,浙江省人大常委会副主任李学忠(前排中)到东阳市开展执法检查工作 (市教育局提供)

【《浙江省学前教育条例》实施情况执法检查】 2019年6月3日,省人大常委会副主任李学忠带领检查组到东阳市对《浙江省学前教育条例》实施情况开展执法检查。李学忠一行走访调研歌山镇中心幼儿园、市实验幼儿园东景园区，了解办园规模、教育理念、园区特色、师资力量、硬件设施和东阳学前教育的发展现状等情况。重点检查政府及相关部门责任落实、学前教育公共服务体系建设、学前教育经费保障与扶持、幼儿园办园质量监管等情况。

【城镇小区配套幼儿园治理】 2019年，东阳市实施《东阳市城镇住宅小区配套幼儿园治理方案》，引导民办小区配套幼儿园办成普惠性幼儿园，参与新建住宅小区配套幼儿园的规划建设。逐步治理存量问题，按计划完成3所小区配套幼儿园转为普惠性幼儿园。第二轮摸排增加11所治理园，计划2020年末完成。10月23日，市城镇小区配套幼儿园治理工作中期推进会召开，明确复核摸排治理范围，落实治理方案与举措。市编办、市发改局、市民政局、市自然资源与规划局、市住建局、市市场监管局、市行政执法局及吴宁街道、白云街道、江北街道、横店镇、南马镇等部门和单位分管领导参会。市教育局、市自然资源和规划局、市住建局等部门按照相关法律法规和文件要求，结合实际情况，明确摸排治理范围。围绕城镇小区配套幼儿园的规划位置、规模、装修、产权、规费等问题，修订完善《小区配套园建设管理办法》。

【学前师资培育】 2019年，东阳市实施《全市学前教育骨干教师队伍三年建设规划》，加大骨干教师培养力度。3月、10月在市实验幼儿园和市第二实验幼儿园(简称市实验二幼)2个孵化基地园举办2期骨干教师研修班，每期18名骨干教师参加为期2个月的脱产学习与培训，采用理论引领与实践操作相结合的模式安排每周培训活动，经培训后的骨干教师回到原乡镇开展二级培训。举行幼儿教师资格证考前培训班，130余人取得教师资格证。6月4日，浙江师范大学杭州幼儿师范学院与市教育局、市实验二幼三方签订《共建协议书》，确定市实验二幼为“浙江省教师发展学校”(在中小学校建制内，由高等学校和中小学校合作建立，旨在促进教师专业培养和培训的教学研合一共同体)。

【幼儿园课程建设】 2019年，东阳市形成“行政全面推动”“教研精细指导”“园长第一负责”的区域幼儿园课程改革体系，开展课程建设活动。9月16日，东阳市2019年下半年幼儿园园长及骨干教师课程领导力提升班开班，首批课改园园长及第二批骨干教师研修班学员共70人参加培训。市实验二幼案例《“中山大桥”的搭建故事》入选全国幼儿园优秀游戏活动案例；市实验幼儿园和市实验二幼园本课程被评为省精品课程；南马镇“幼教联盟”助推农村幼儿园课程改革经验代表金华市在全省推进幼儿园课程改革第三次研讨会上作典型发言。

(陈全洪)

义务教育

【概况】 2019年，东阳市有小学85所(其中教育部门办77所)，教学点4个，班级1784个，毕业生11100人，招生12956人，在校学生71001人(其中女生31702人)，校均规模835人。教职工3996人，其中专任教师3827人；小学总占地面积1704076平方米，生均24平方米，建筑面积777985.78平方米，生均10.96平方米。初中36所(其中教育部门办32所)，班级680个，毕业生9207人，招生10390人，在校学生30263人(其中女生14003人)，校均规模841人；教职工2312人，其中专任教师2246人；初中总占地面积1241310平方米，生均41.02平方米，建筑面积617216.27平方米，生均面积20.40平方米。小学学龄人口入学率、小学升初中比例均为100%，初中入学率、巩固率均为100%，初中毕业生升入高中段比例99.01%。市教育局部署疑似失学儿童情况核查和劝返复学工作，年内完成3次共698人次的劝返工作。9月，市教育局、市妇联联合成立“东阳市因爱家庭教育引航站”，重点解决家庭教育中遇到的各种疑难问题。10月，制定《东阳市教育局关于进一步抓好东阳市中小学进校园活动规范管理的通知》，明确严格执行进校园活动清单管理，科学统筹安排进校园活动，营造清静净心的校园环境。

【学后托管全面开展】 2019年2月14日，市教育局联合市发改局、市财政局、市人力社保局等有关部门联合制定《关于进一步规范小学放学后校内托管服务工作的实施意见》，在全市所有小学1—6年级开展学后托管服务，增强教育服务能力，对各校的托管工作及托管结束后交通堵塞的问题开展调研，提出对策。全市共有86所小学开展学后托管服务，36805名有接送困难的孩子参加学后托管。各校托管服务在做到安全保障和“三个不”(不上基础性文化课、不集中辅导、不加重学生课业负担)的前提下，实施“一校一方案”，以自主阅读、课后作业、体育锻炼、社团活动等形式开展。

【小学“五好学生”评价改革】 2019年，东阳市全面深化中小学教育质量综合评价改革，印发《关于在全市小学实施“五好学生”评价的通知》，在处理德与才的关系、全面落实立德树人根本任务方面开展探索。新的评价内容主要包括品德表现、学业水平、身心健康、艺术素养和劳动实践等，评价内容和方式体现学生在各类活动和学科学习中的过程表现，并建立小学生综合素质评价的成长记录档案，记载学生学习成长的过程与轨迹，引导家长和教师更关注学生成长的过程。10月18日，浙江省教育厅党委书记、厅长陈根芳对东阳市在小学开展“五好学生”评价的做法作出批示肯定。10月24日，市教育局召开举行“五好学生”评价推进会。10月末，各中心小学完成各校“五好学生”评价实施方案。

【义务教育段阳光招生】 2019年，东阳市义务教育段中小学招生实施网上报名。5月15日，发布东阳市2019年义务教育段学校阳光招生入学工作实施意见；5月23日，网上报名开启。市义务教育段招生系统以政务平台和浙里办APP为入口,家长可以通过web端使用政务平台账号统一登录报名,或使用浙里办APP直接报名。招生系统与市大数据中心对接,根据招生条件实时、自动获取大数据系统提供的户籍、房产、学籍、社保、企业等信息,减少家长填写内容,保证信息的真实性。大数据系统中获取的信息,即视为可靠信息,家长无须提供证件等相关资料,无须到学校现场核证,学校无须去相关部门核实数据,实现家长、学校双方"零跑腿"。全市通过招生系统报名21112人,大数据系统准确提供15011名学生的数据,71%新生"零跑腿"完成报名。

【"书香校园"建设】 2019年,东阳市增加校园书籍131248册,小学图书藏书2289721册(生均32.2册),初中图书藏书1436804册(生均47.5册)。组织"营造书香校园"联盟学校经验分享会、"书香校园"联盟读书研讨会和"书香校园"联盟之格律诗词展示活动。公布并表彰"十佳最美校园书吧"(东阳中学、东阳三中、市外国语小学、吴宁一校、湖溪镇中心小学、巍山镇中心小学、斯村小学、实验幼儿园、第二实验幼儿园、江北实验幼儿园)、"十佳最美读书人"(东阳中学吴巧阳、外国语学校陈东辉、市外国语小学余云仙、吴宁二校李琳莹、江北小学教育集团茗田校区徐新云、横店小学教育集团横店校区陈刚亮、湖溪镇中心小学李小凤、第二实验幼儿园施旭红、江北实验幼儿园王旭君、画水中心幼儿园马利亚)。

【新教育实验】 2019年,东阳市144所新教育实验学校常态化开展联盟展示与研讨活动,全市25个新教育实验行动联盟开展活动,举行联盟盟主论坛,开展校本化实践。1月,市教育局公布2018年度市新教育实验优秀盟主学校、优秀盟员学校、优秀种子教师名单,吴宁一中等13所学校被评为"2018年度新教育实验优秀盟主学校",吴宁五校等3所学校被评为"2018年度新教育实验优秀盟员学校",市实验小学许小鸽等11名教师被评为"2018年度新教育实验优秀种子教师"。推选首批50名种子教师到江苏海门新教育研究院培训,选派60余名种子教师到福建省厦门市、江苏省海门市、山东省日照市、江苏省新沂市等地参加新教育会议。组织教师参加全国各类新教育赛事,在上年度新教育生命叙事大赛中,东阳教师获特等奖3人、一等奖2人、二等奖3人;在2019年人文教育行动叙事评选中,东阳市推荐作品获特等奖1个、一等奖1个、二等奖3个。

2019年东阳市新教育实验工作获奖名单一览表

表46

奖 项	获奖单位(个人)
全国新教育实验优秀实验学校	江北初级中学、吴宁第一小学、巍山第一小学教育集团巍山校区、第二实验小学、画水中心小学、市第二实验幼儿园
全国新教育实验2019年度智慧校长提名奖	市外国语小学卢雁红
全国新教育实验2019年度榜样教师提名奖	南市街道南溪小学杜黎明
全国新教育实验先进个人	江北初级中学金海强、上卢初中徐泽淦、千祥中心小学邓樾、巍山第一小学教育集团巍山校区金小莉、南市街道南溪小学潘培梁、市第二实验小学吴晓宏

【少先队建设】 2019年10月,东阳市依托市青少年宫成立市红领巾学院。该学院是团市委、市教育局为推动少先队改革发展而打造的少先队思政第一品牌,也是全市少先队员启蒙马克思主义思想的重要阵地;以全市少先队员为培养对象,开设特色课程,举办教育培训,组织实践锻炼。12月,由共青团金华市委、金华市教育局、金华市少工委命名的"沈兵少先队名师工作室"举行揭幕授旗仪式。该工作室践行"五一常规"(精读一本书、展示一活动、开好一讲座、分享一案例、领衔一课题),开展以"理论学习中心、科研孵化基地、培训展示平台、新教育红辅沙龙、家校合作桥梁"为特色的"红辅学盟"活动。工作室8名核心成员进入学校,开展少先队活动。

【艺术教育获奖】 2019年1月,在"浙"里最美——"纪念改革开放四十周年"浙江省小学生摄影作品征集活动中,有11件作品获奖,其中3件作品获一等奖、2件作品获二等奖、4件作品获三等奖、2件作品获优秀奖,市教育局和市实验小学获优秀组织奖。11月,在浙江省中小学生艺术节中,市外国语学校、吴宁二中、外国语小学、第二实验小学的4个节目获艺术表演类一等奖,怀鲁初中、吴宁五校等7个美术作品获艺术作品类一等奖,市外国语学校获优秀组织奖,吴宁二中阿卡贝拉节目《青春修炼手册》参加现场展演并在颁奖晚会上汇报演出。浙师大附属东阳花园外国语学校参加第八届全国健身操舞总决赛获小学乙组轻器械健身操舞特等奖、一等奖,有氧健身操舞二等奖。市外国语学校、银田小学被评为金华市第八批艺术特色学校。

【校园体育】 2019年,东阳市增加全国足球特色学校1所(南市街道大联小学),总数增至8所;增加浙江省级足球特色学校2所(虎鹿镇中、南湖小学),总数增至16所。吴宁四校在浙江省第五届青少年阳光体育运动会中获田径比赛团体总分第二名。巍山镇怀鲁小学参加省第五届青少年学生阳光体育运动会网球比赛获男甲团体季军、男乙团体冠军、女甲团体亚军，居团体综合分榜首。12月12日，全市260余名中小学专职体育教师在巍山镇中心小学教育集团巍山校区参加“新时代，走好体育之路”课堂教学观摩活动。组织全市中小学足球、健身气功“八段锦”、田径运动，篮球比赛及冬季长跑活动。

【近视防控】 2019年5月，市教育局联合市卫生健康局等部门制定《关于全面加强儿童青少年近视防控工作的意见》，组织吴宁一校等12所学校及4所幼儿园开展近视调查。7月，发出致家长一封信——《齐心协力，打好暑期近视防控战》。9月，召开学校健康卫生工作会议，部署近视防控工作。组建学校近视宣讲员队伍和微信群，共享近视防控知识和经验。利用智慧型校园可视化综合管理平台，督查、通报学校大课间活动情况。12月，举行东阳市2019年第二次儿童青少年近视调查活动，推荐吴宁一校、市实验小学参加“金华市儿童青少年近视防控示范学校”评选。

【中小学研学实践活动】 2019年，市教育局制定《关于推进中小学生研学旅行的实施意见》《关于组织开展2019年东阳市中小学研学实践教育基地、营地申报认定工作的通知》《关于公布2019年东阳市中小学研学实践教育基地营地名单的通知》，年内认定木雕小镇等10个东阳市级研学基地、2个研学营地。至年末，全市创建国家级研学基地1个、省级研学基地3个、研学营地1个，金华市级研学基地5个、研学营地2个，东阳市级研学基地10个、研学营地2个。各中小学按照上级有关研学旅行的实施意见，把研学实践活动纳入学校年度教育教学计划，到各研学基地(营地)组织开展“军事”“科技”“学农”“体能拓展”“传统文化教育”等研学实践活动180余次，参加师生7.9万余人次。

(陈全洪)

高中教育

【概况】 2019年，东阳市有普通高中13所(教育部门办6所)、班级376个、毕业生5726人，招生5533人，在校生16855人(其中女生8628人)，校均规模1297人。教职工1505人，其中专任教师1365人。教育部门办普通高中毕业生3237人，招生3085人，在校学生9450人，教职工858人，其中专任教师832人。学校占地面积1047308平方米(生均62.14平方米)，校舍建筑面积511207平方米(生均30.33平方米)。有2万余名学生参加高中学考和选考，完成学考、选考96838课次。普通高中学业考试合格率99%。报名参加普通高校招生考试7090人，一段上线1674人，其中市属高中文化课总分一段上线1304人(不含体艺类、三位一体)，上线比例35.6%。东阳中学有近80名学生被C9名校(北京大学、清华大学、复旦大学、上海交通大学、南京大学、浙江大学、中国科学技术大学、哈尔滨工业大学、西安交通大学)录取，有近330人进入“双一流”(世界一流大学和一流学科)高校。有5名高中毕业生被录取为飞行员，其中中国民航大学2人，中国民用航空飞行学院3人。12月，东阳中学校友吴刚当选为第六届中国青年科技工作者协会会长，是继潘建伟之后，再次当选为该科协会长的东阳中学校友。

【东阳中学教育改革试点】 2019年7月，省教育厅、省人力社保厅印发《关于做好2019年中小学教师职称自主评聘改革试点工作的通知》，东阳中学被确定为中小学教师职称自主评聘改革试点学校。制定《浙江省东阳中学2019年中高级职称自主评聘工作方案》，推进东阳中学人事改革。7月，东阳中学被确定为浙江省学校整体推进智慧教育综合试点单位，改革创新智慧教育。

【高中学科竞赛获奖】 2019年，东阳中学学生参加浙江省第十六届中小学生智能机器人比赛，吕承轩、张蒙婕的WER项目获一等奖(第一名)，晋级全国决赛；奚子为、陈俞朵的Bot-Ball项目获一等奖；陈则宇虚拟机器人项目获二等奖。胡江浩在第36届中学生物理竞赛全国决赛中获银牌。

【东阳中学校友会成立】 2019年12月31日，东阳中学校友会员大会暨校友会成立典礼在校报告厅举行。潘德炉、黄柏富等近百名海内外校友代表、历任老校长老书记、离退休老师和师生们参加。大会审议通过《东阳中学校友会章程》，选举产生校友会第一届理事会主要机构成员。杜新阳当选为校友会会长。郭广昌、潘建伟、吴刚等校友发来视频祝贺。清华大学、北京大学、中国科技大学、复旦大学、上海交通大学、浙江大学、南方科技大学、香港中文大学(深圳)等高校发来贺信。

【东阳二中校友任其龙增选为中国工程院院士】 2019年11月22日，中国工程院公布2019年增选院士名单，东阳二中75届校友、浙江大学化学工程与生物工程学院教授任其龙在列。任其龙是东阳二中第二位院士校友，是东阳市第13位院士。任其龙出生于1959年1月，白云街道人，1975年毕业于东阳二中，先后在浙江大学获学士、硕士和博士学位。自1982年起一直在浙江大学工作，长期从事化工分离领域的应用基础研究和工程实践，创建分子辨识分离工程平台技术，实现生物基原料到高端化学品的高效制造。以第一完成人身份获国家技术发明奖二等奖2项、省部级一等奖2项，曾获发明创业奖、赵永镐科技创新奖等奖励；主持国家重点研发计划项目等国家级项目十余项，发表SCI/EI收录论文200余篇，获授权发明专利90余件；建成有国际影响力的化工分离创新团队，对我国化工、制药等行业的绿色生态转型发展做出贡献。

【东阳二中高新科技教育馆开馆】 2019年9月14日，东阳二中高新科技教育馆正式开馆。该校园高新科技教育馆分精神堡垒、高新科技装备展区等版块，陈列航天、航空、舰船、兵

2019年东阳市普通高中办学基本情况一览表

表47

学校名称	学校数（所）	在校学生数（人）	教职工数（人）			学校占地面积（平方米）		校舍建筑面积（平方米）		藏书量（册）		计算机（台）
			总数	专任教师	高级教师	计	生均	计	生均	计	生均	
合计	13	16855	1505	1365	322	1047308	62.14	511207.26	30.33	1024885	60.81	5674
教育部门办	6	9450	858	832	279	615956	65.18	272509	28.84	572672	60.60	3662
东阳中学	1	2258	240	227	95	184268	81.61	82004	36.32	163956	72.61	1056
东阳二中	1	2158	182	179	59	151355	70.14	74040	34.31	107910	50.00	662
巍山高中	1	1892	154	152	54	93900	49.63	38073	20.12	123500	65.27	707
东阳三中	1	1107	100	96	19	59168	53.45	33902	30.63	64518	58.28	507
南马高中	1	1344	114	111	33	80629	59.99	30479	22.68	77700	57.81	458
湖溪高中	1	691	68	67	19	46636	67.49	14011	20.28	35088	50.78	272
民办	7	7405	647	533	43	431352	58.25	238698.26	32.23	452213	61.07	2012
市外国语学校	1	1237	115	114	22	82137	66.40	56367	45.57	107336	86.77	811
中天高中	1	1539	126	105	3	66600	43.27	38787	25.20	88062	57.22	405
顺风高中	1	2230	196	151	3	86100	38.61	48500	21.75	111500	50.00	204
横店高中	1	1214	103	78	11	64600	53.21	32280	26.59	78000	64.25	330
利民高中	1	1057	73	57	0	52026	49.22	15330	14.50	53045	50.18	184
尚学传麒	1	3	10	6	0	35333	11777.67	8135	2711.67	7420	2473.33	40
花园外国语	1	125	24	22	4	44556	356.45	39299.26	314.39	6850	54.80	38

器等高新科技装备模型近60件，其中有长征系列运载火箭、神州系列飞船、“飞豹”系列战机、运20大型运输机、辽宁号航空母舰等大国利器。展馆由79届校友、浙江中振商贸有限公司董事长徐振华出资设计建造，场馆展品由79届校友、原国防科工委秘书长，河南省委常委、常务副省长黄强捐赠。

【南马高中校友蒋虎向母校捐赠量子科学实验卫星模型】 2019年10月29日，北斗导航卫星系统工程、“墨子号”量子科学实验卫星工程的参与者，中国科学院教授蒋虎向母校南马高中捐赠量子科学实验卫星模型。蒋虎是该校87届校友，在中国科学院微小卫星创新研究院从事科学卫星总体技术研究。该校校史馆拥有航母、核潜艇、战斗机、坦克、战车及量子科学实验卫星等国之重器模型。

（陈全洪）

中等职业教育

【概况】 2019年，东阳市有中等职业学校5所（教育部门办2所）。班级161个，毕业生2131人，招生2638人，在校学生6862人，校均规模1372人。教职工535人，其中专任教师459人；硕士32人（其中市职教中心东技校区24人），占专任教师总数的6.97%；学校占地面积347739平方米，生均50.68平方米；建筑面积163753平方米，生均23.86平方米。高职参考866人，上线录取833人，上线率96.2%。其中单考单招上线440人，自主招生16人，“3+2”五年一贯制录取377人，本科录取14人。

【中职竞赛获奖】 2019年，市职教中心参加第二届全国院校装配式建筑仿真应用技能大赛获模具项目一等奖。在第二届全国家具雕刻职业技能大赛中，该校学生叶锦辉、杜睿哲获"青年工匠之星"称号。市职教中心东技校区获东阳市级以上奖项113个，其中技能竞赛获全国一等奖、铜奖各一个，获金华市一等奖及以上16个；学生男子篮球队、男子足球队、田径运动队获东阳市冠军。二职校区教师获省级奖1人次，金华市级17人次；学生获省级奖2人次，金华市级12人次。

【职教教师培育】 2019年，市职教中心成立31个名师工作室、党员匠心教师工作室，组建比赛活动项目团队，开展优质课集体磨课，为参评教坛新秀教师把脉，带动全校教师专业成长。在浙江省中职学校教师技能大赛金华市选拔赛中，该校3名教师晋级省赛，邓玉荣获第二届浙江省黄炎培职业教育奖"杰出教师奖"，韩琴获评浙江省教坛新秀，何挺、韩琴获评金华市教坛新秀，马惠英等8名教师获评东阳市教坛新秀。

（陈全洪）

特殊教育

【概况】 2019年，东阳市有特殊教育学校1所，有教学班11个。毕业生23人，招生21人，在校学生119人(其中女生28人)。教职员工42人，其中专任教师42人。市特殊教育学校占地10270平方米，生均面积86.3平方米；校舍建筑面积8722.46平方米，生均面积73.3平方米。3月，市教育局印发《关于同意设立市特殊教育学校学前部的批复》。9月，市特殊教育学校招收第一届特教学前班，教学点设在市中医院儿童康复中心，采用普通幼儿园托班时间表教学，固定外派两名学前教育专业教师现场授课。全市投资新建特殊教育资源教室12个，累计18个(5个被命名为金华市合格资源教室)，实现每个镇乡街道一个资源教室的目标。在校内新建陶艺室和种植基地，改建烹饪室、家政室。开发《洗车》《家常菜制作》等职教校本课程。市特殊教育学校被评为"三进三服务"浙江省学生资助工作优秀典型单位、金华市五星基层党组织、东阳市教育系统党建工作特色党组织。市特殊教育学校李丹芬被教育部、中残联授予"全国特教园丁奖"，获评东阳市"最美教师"；赵婵君被评为金华市教坛新秀，蒋凌霞被评为东阳市师德先进个人。

【浙江省特殊教育标准化学校评估】 2019年4月，市特殊教育学校网上申报全省第一批特殊教育标准化学校。6月19日，浙江省特殊教育标准化学校评估组到该校实地评估验收，查阅台账资料、实地考察、召开座谈会，从场地保障、设施设备保障、经费保障、师资保障等方面对学校工作全面评估。对学校的党建品牌、医教结合、主题教育、普特融合、教育宣传等工作表示肯定。12月，市特殊教育学校被认定为"浙江省第一批特殊教育标准化学校"。

【特殊教育调研】 2019年10月17日，在浙江省特殊教育教研员姜卫英带领下，由省内各地市特教教研员组成的特殊教育调研组，到东阳市调研特殊教育教学质量提升以及随班就读等工作，肯定东阳市促进特殊教育教师专业化成长举措多、"随班就读"人数比例高，符合融合教育的发展趋势。

（陈全洪）

成人教育

【概况】 2019年，东阳市完善三级终身教育网络，形成以市社区学院为龙头，18所镇乡街道成人文化技术学校(简称成技校)、中高职院校为骨干，村(居)市民学校为基础的终身教育格局。市社区学院和吴宁街道、横店镇、南马镇、巍山镇、歌山镇5个成技校，经市委机构编制委员会批复同意单独设置为全额拨款公益一类事业单位。各成技校增挂"老年开放学校"牌子，将老年教育列为学校重点工作。确定首批10个东阳市市民终身学习体验基地、20个市社区教育示范教学点和5个老年教育示范教学点。各成技校整合各类资源，送课程培训、服务活动进文化礼堂，开展培训和活动162场，居民参与24100余人次。全市25个受理点在省终身教育学分银行新开户24414人，导入学习银行成果216478人次。全市自学考试(学历考试)报考1837人，4400课次，合格801人。毕业56人(本科50人、专科6人)。自学考试(非学历考试)报考3933人。其中，报考全国英语等级考试1760人，获证59人；报考书画等级考试221人，获证185人；新教师招聘笔试1952人，3904课次。10月，举行市全民终身学习活动周暨第三届社区教育文化节启动仪式，开展活动62项，参与者34900余人次，通过百姓学习之星等项目表彰54个先进个人及集体。

【成教师资培养】 2019年，市教育局将成教师资培训纳入浙江省教师培训继续教育管理平台。4月，举办市社区教育高级研修班，组织各成技校校长、成教干部到长兴县实地考察学习先进经验。11月，开展终身教育学分银行负责人及操作员培训，邀请专家专题讲座，到宁波镇海实地学习。浙江电大东阳学院教师谢锐兵获评全国"中青年社区教育教学新秀"。市社区学院朱燕红、千祥成技校吴江丽获评浙江省社区教育优秀工作者，巍山镇成技校张立梅参加"第二届浙江省社区教育教师技能比赛"获三等奖。

【成人教育品牌建设】 2019年，东阳市各镇乡街道成技校形成"一校一品"(一个成技校一个成人教育品牌)格局。千祥镇成技校"文艺千祥"培训项目被浙江省教育厅立项为成人教育品牌项目；巍山镇成技校"基于社团活动，开展成人教育的策略研究"被列为金华市教育科研规划家庭教育课题并结题。歌山镇成技校消防安全教育服务地方企业，湖溪镇成技校的居民素质教育、东阳江镇成技校的合唱团成为地方特色品牌，江北街道和虎鹿镇成技校的国学教育、三单乡成技校的武术教育注重传承弘扬传统文化，东阳汽校的烹饪培训、浙江电大东阳学院的农村实用人才培训服务乡村振兴；市社区学院的《“两库一讲”送课进文化礼堂的实验》、南马镇成技校的《瑶仪陶文化终身学习体验模式探索》被立项为浙江省社区教育实验项目。

【职校社会培训】 2019年，市职教中心东技校区服务公司开设职业研学体验活动，2000名学生参加电子百拼等5个项目的职业体验活动。增加危险化学品生产企业主要负责人安全知识培训等4个安全培训项目，4月、5月各组织两期培训。开设劳动关系协调师二级、三级的培训项目，培训101人次。市职教中心二职校区下辖的东阳驾校和李宅技能培训学校，开展驾驶员培训1000余人次、建筑工培训5000余人次、烹饪培训80余人次。南山交通培训学校组织双证培训2980人次，茶艺师培训9期、450人次，面点师培训14期、960人次、烹调师培训10期、600人次，农村劳动力素质提升培训740人次，家务管理培训1000人次，交通消防安全培训3000人次。

（陈全洪）

高等教育

·浙江广厦建设职业技术学院·

【概况】 2019年，浙江广厦建设职业技术学院（简称广厦学院）设6个二级学院，36个专业，全日制在校生8208人，教职工663人，专任教师490人，正高级职称的专任教师32人。招生2938人，毕业生3579人。学校占地面积491593.8平方米，建筑面积292233.42平方米，图书馆藏书110.2万册。录取新生3359人，实际报到3092人，报到率92.05%。毕业生初次就业率97.87%。获全国职工教育培训优秀示范点、全国特色教育示范单位、中国社会组织评估等级AAAAA单位、浙江省文明单位、浙江省平安校园、浙江省教科研先进集体及浙江省高校实验工作先进集体，被教育部和建设部列为建设行业技能型紧缺人才示范性培养培训基地，设有建设行业特有工种国家职业技能鉴定所。建筑工程学院建筑工程技术党支部入选首批“全省高校党建工作样板支部”和教育部首批“全国高校党建工作样板支部”。12月2日，广厦学院申报的“木雕陈列馆，留住成长记忆”项目获第四届浙江省高校“教职工文化品牌”项目。12月17日，浙江省档案局发文，广厦学院档案室获浙江省“示范数字档案室”。在省级以上媒体发稿79篇，国家级主流媒体刊发稿22篇，获全国高校校报好新闻奖4项，省高校校报好新闻奖6项，获东阳市政府颁发的2019年度“飘萍新闻奖”二等奖，策划的视频新闻《高校师生这样为祖国献礼》获省委宣传部组织的省级视频大赛三等奖。孙丽雅获浙江省第六届师德先进个人。

11月16日，中国科学技术大学教授、博士生导师，九三学社中央青年工作委员会副主任，上海市青年联合会第十二届委员会副主席陆朝阳被聘为广厦学院客座教授。

【广厦学院被教育部列入本科层次职业教育试点】 2019年9月16日，浙江省高等学校设置评议委员会专家组到广厦学院进行升本评估。10月17—19日，全国高等学校设置评议委员会专家组8人考察学院申报开展本科层次职业教育试点工作。12月26日，教育部同意浙江广厦建设职业技术学院升格为本科层次职业学校，学校名称暂定为“浙江广厦建设职业技术学院（本科）”，开展本科层次职业教育试点。浙江广厦建设职业技术学院升格为本科高等学校，成为浙江省首个本科层次职业教育学校，全国首个以建筑类专业为主的本科层次职业教育学校。

【教学改革】 2019年，广厦学院完成首批10个拟申报本科职教试点专业相关建设。推进20个专业150余个内涵建设项目、28门精品在线开放课程建设、13个重点实训室建设项目、21个技能竞赛重点培育项目、15个教学创新团队建设项目、25门本科重点培育课程、11本新形态教材以及各级各类教改课改项目的实施。7月1日，教育部《高等职业教育创新发展行动计划（2015—2018年）》项目认定结果公布，广厦学院建筑工程技术、工程造价认定为骨干专业，智能制造技术实训基地、建筑技术实训基地、建筑工程管理信息化实训基地认定为示范性实训基地，木雕技能大师工作室认定为国家级技能大师工作室。获批省级新形态教材9项（11本），获批省级“1+X”证书制度试点1个、省级教学改革项目6项、省级产学协同育人项目1项。学生在省级及以上竞赛中获奖146项，比上年增长64%，其中获国家级学科技能一等奖1项，二等奖1项，三等奖1项，省级学科技能竞赛一等奖6项，教师在省级及以上竞赛中获奖14项。

2019年9月16日，浙江省高等学校设置评议委员会专家考察木雕专业学生实训现场
（广厦学院提供）

【科研与社会服务】 2019年,广厦学院获省自然科学基金项目1项,获批省哲学社会科学项目2项,获金华市政府优秀论文一等奖1项,获批金华市高新技术研究开发中心1个。横向科研到账经费超800万元,社会服务到账经费500余万元。核心期刊论文刊发数比上年增长60%,省部级以上科研课题立项比上年增长30%,专著数比上年增长20%,各级科研获奖数比上年增长33%。签订校企合作协议96份,企业设立奖学金涵盖专业29个,校企共建10个协同创新团队,成立1个产学合作联盟,5个产学研合作基地,13个校外实践基地,为政府部门提供咨询报告28篇。建筑业培训12951人,比上年增长37.8%,网络教育招生1505人,比上年增长34.7%。

【师资队伍建设】 2019年,广厦学院制定、修订《"双师型"教师认定、考核试行办法》《外聘兼职教师管理办法》《本科访学进修管理办法》《学历提升管理办法》等师资建设管理文件,创新人才引进机制,制定师资引进规划,推行人才引进二级管理。引进10余名本科院校高层次人才,支持和鼓励教师参加访问学者、访问工程师、下企业实践以及"1+X"制度试点师资培训等项目,联系省内相关本科院校开展访学进修。选派205名教师参加各类师资培训,组织5个名师工作室、47名骨干教师终期考核。组织新教师入职和教学技能培训,新教师获教师资格证比例92.3%。

【学院基础设施建设】 2019年,广厦学院完成建筑结构实验楼、办学成果展示厅、健身房、学生事务中心建设项目。完成13个重点(亮点)实验室建设项目。建成现代工程技术协同创新中心、建筑工程管理信息化协同创新中心、虚拟现实协同创新中心、智能制造协同创新中心、数字贸易与产教融合协同创新中心5个协同创新中心及鲁班工坊、艺源室内空间设计实训室、摄影与摄像艺术实验实训基地、大学物理4个基地,建造、改造实验实训室63个。其中实验实训仪器设备投入3275.79万元。完成数字监控和车辆自动识别管理系统升级改造。4月1日,广厦学院"十三五"规划建设重要工程建筑结构实验大楼开工。项目投资近8000万元,总建筑面积5488平方米,其中地上4层,地下1层。

【学生志愿者服务塞内加尔】 2019年7月15日,广厦学院建筑工程学院10名志愿者利用暑假时间参与塞内加尔盖迪亚瓦耶市为期两个月的"助力郊区"的修缮校舍工作。志愿者利用专业知识和技能,帮助塞方修缮改造校舍30余间,完成志愿服务任务,被新华社、"学习强国"学习平台等媒体专题报道。

(张雷珍)

2019年8月15日,广厦学院志愿者参与塞内加尔盖迪亚瓦耶市的"助力郊区"修缮校舍工作 (广厦学院提供)

·浙江横店影视职业学院·

【概况】 2019年,浙江横店影视职业学院(简称横店影视学院)下设影视表演、影视制作、影视美术、影视旅游、影视经济、继续教育6个二级学院,有摄影摄像技术、广播影视节目制作、戏剧影视表演、影视编导、人物形象设计、导游、会计、空中乘务等24个专业,其中省级优势专业、省级特色专业8个,省级现代学徒制试点1个。学校教职工总数375人,其中专任教师284人。硕士及以上学历189人,占专任教师比例67%;中级职称82人,占专任教师比例29%;高级职称57人,占专任教师比例20%。引进专任教师和行政人员47人,聘请外聘教师144人,聘请20名影视行业专家为学校客座教授。完成十三五省高职高专专业带头人培养等4个层级4大类10项人才项目。招生2560人;在校生6301人,其中普通专科生5767人、成人专科生534人;毕业生1828人。毕业生初次就业率超过98%,毕业生创业率列全省高职院校第二。建有63个校内实训室和74个校外实训基地,其中浙江省"十三五"高职示范性实训基地4个。广播影视节目制作专业被教育部认定为"高等职业教育创新发展行动计划(2015—2018年)"骨干专业,校内实训基地"影视制作梦工场"被认定为"高等职业教育创新发展行动计划(2015—2018年)"生产型实训基地。

【教学科研】 2019年,横店影视学院教师获省级微课竞赛一等奖2人、二等奖1人、三等奖1人;获浙江省高校教育信息化优秀案例2项。建设具有横店影视特色的资源库——影视资源数据库。申请增设"休闲体育"专业;增设"休闲服务与管理"专业"茶营销与管理方向"方向。开展校企合作授课14门,校企合编教材6

2019年横店影视学院师资人才项目和培训项目一览表

表48

类 别	项 目	人数(人)
省级人才项目	十三五省高职高专专业带头人培养对象	5
	2018年省访问工程师结业	13
	省访工校企合作项目结题	5
	2019年省访问工程师申报	11
	2019年省访工校企合作项目立项	4
金华市人才项目	金华双龙人才季度考核、经费审批	1
东阳市人才项目	东阳市影视特殊人才	2
校级人才项目	优秀青年教师培养对象	3
	优秀骨干教师培养对象	10
	教科研拔尖人才培养对象	12
培训项目	新教师培训	38
	学历提升	7
	业务培训	170
	挂职锻炼	131

本。纵向课题确认立项118项;开展横向课题29项,合同成交金额129万元;论文发表419篇,其中核心期刊9篇。

【学生获奖】 2019年,横店影视学院组织学生参加各级各类技能竞赛56项,累计获奖300个,其中一类竞赛获奖120个,包括2019年全国职业院校技能大赛高职组艺术专业技能(声乐表演)二等奖等。在浙江省大学生投资理财技能大赛中,获得的一等奖数量占赛事一等奖总数的28%;在第十一届浙江省大学生职业生涯规划与创业大赛中,横店影视学院推选的4个作品获奖。

【校园文化】 2019年,横店影视学院组织"中国好声音"全国海选·横店专场活动、"雷锋月"系列活动、"红五月"主题系列活动、社团艺术专场活动、跳蚤市场活动、高雅艺术进校园活动等校园文化活动125场。"青牛奖"赛事评选和颁奖活动成为学校教育教学和人才培养工作的重要组成部分。组织评选"首届十佳大学生""第二届十佳文明寝室""十佳文明班级",以先进典型带动普遍进步。邀请全国"时代楷模"曲建武教授作先进事迹报告会。举办纪念五四运动100周年暨学校共青团先进表彰大会。举办第十三届学生田径运动会,有18人次打破10项运动会个人记录,4个接力比赛项目记录被刷新。组织评选出影视社、国旗班、茗韵茶社、汉学社、团舞社5个精品学生社团。组织学生参加各类志愿者活动5000余人次。与横店文荣医院共建青年志愿者服务基地,实现志愿者服务常态化。

【毕业就业】 2019年,横店影视学院修订完善二级学院就业工作考核办法,2019届毕业生总就业率98.89%,签约率94.76%。面向1800余名2019届毕业生和2000余名2020届实习毕业生举办校园招聘会,吸引近300家用人单位进场招聘,涵盖新媒体、摄影、表演、舞蹈、模特、音乐、美术、酒店、营销、电商、会计等众多行业,提供有效就业和实习岗位5000余个。组织92名应届毕业生到温州市参加大学生和高技能人才双选会。

【合作交流】 2019年,横店影视学院选派学生出国(境)交流,6名学生到台湾大仁科技大学进行为期一学期的学习,3名学生到韩国又松信息大学学习,影视制作学院14名师生到香港浸会大学学习。接待境外高校学生访问交流200余人。4月22日,"心系家国 关爱之旅2019"香港荃湾青年会访问团、台湾16所大学学生到横店影视学院进行为期5天的影视文化交流。11月16—17日,"浙里寻梦·遇见横店"在浙台湾大学生影视文化体验营在横店镇举行。

12月9日,横店影视学院、韩国又松信息大学在横店镇举行主题为"东亚·季风"的人物形象设计专业毕业设计作品联合展,横店影视学院人物形象设计专业的毕业生展示100余套风格各异的服装作品,韩国又松信息大学10名师生带来5套服装作品。11月,邀请由意大利萨伦托大学、电影制作公司等6人组成的访问团到横店影视学院举办"中意影视文化教育国际论坛",与师生进行学术交流。《石头剪子布》《幕间休息》等师生影视作品在意大利菲乌吉电影节、澳大利亚第八届金考拉国际华语电影节中,获"最佳编剧奖""最佳短片奖"。

(董永芳)

文化 传媒

文 化

【概况】 2019年,东阳市文化和广电旅游体育局(简称市文广旅体局)组织召开19个特色文化小组副组长会议,部署开展项目比选、创意比拼、推进比武活动。整合优化特色文化,梳理汇总特色文化项目任务清单,研究确定设施类、传播类、活动类等重点特色文化项目14个。优化调整与市广电台合作开办的《文化东阳》栏目,制作展现东阳教育文化、建筑文化、古宅文化的专题片;与《金报东阳》合作开办"预见美好"专栏33期,宣传推介每周文化旅游体育活动。策划制作《激发文化动能·增强发展优势》专题宣传片,综合展示东阳市文化优势转化的工作成效。历史廉政婺剧《东阳马生》成功公演,受到"学习强国"浙江平台"百灵"频道首页推荐。

推进"最多跑一次"改革,文旅体窗口事项纳入"无差别"全科受理窗口。推进"无证明城市"改革,梳理出3项证明、6个事项的"无证明"清单。梳理部门内部"最多跑一次"事项,制定涉及文物工程审批类"最多跑一次"办事指南。文旅体窗口全年办结599件,承诺时限内办结率100%。

【文化设施建设】 2019年,东阳市推进文化设施建设,通过浙江省基本公共文化服务标准完成情况达标验收。开启"三馆一区"文化综合体——东阳长庚童方城模式尝试,建成文化馆乡镇分馆7个,图书馆特色分馆4个、乡镇分馆7个、城市书吧(悦读吧)8个。完成省公共文化"十百千"提升工程确定的1个重点镇乡街道和19个公共文化服务重点村的整改提升工程。推进18个综合文化站服务效能提升工作,建设基层综合性文化服务中心20个,指导巍山镇甲坵村和湖溪镇镇西村创建浙江省文化示范村。江滨文化中心(文化馆)项目完成施工图设计、工程预算编制。

【文化服务】 2019年,市文广旅体局提升文化服务效能,调动社会力量参与文化决策和文化建设。3月27日,东阳市文化馆、东阳市图书馆理事会成立,通过理事会章程,向理事会成员发放聘任书。5月,东阳市美术馆(卢甫圣美术馆)开馆进入试营业。推进数字文化馆、数字图书馆、文化信息共享工程等数字化提升工作,构筑覆盖城乡的文化服务网络。制订下发农村文化礼堂服务菜单,实现文化产品和服务供需有效对接。通过公开招考方式向市文化馆乡镇分馆派驻文化下派员6人。指导成立基层"三团三社"(合唱团、民乐团、艺术团、文学社、摄影社、书画社)等各类文艺团队126支,开展各项培训及展示展演活动。建设文化志愿者队伍,开展文化志愿服务活动和新时代文明实践活动。

【文化惠民】 2019年1月,由市文化馆主办的"放歌新时代·文化进万家"送春联活动在佐村镇、三单乡、六石街道、好乐多广场、木雕小镇、汽车西站、长庚童方城分馆等地举行,20余名书法家为市民手写春联并免费赠送。举办百姓文化艺术节、黉门颂读等特色文化品牌活动。4月,江滨景观带群众文化活动场馆对外开放,文化志愿者每天在民乐广场、声乐舞台开展公益性文化演出,在民乐广场演出116场,在声乐舞台演出107场,在"艺苑作坊"举办公益性艺术培训56场。"周末惠民剧场"全年演出48场。举办庆祝新中国成立70周年、廉政教育、"不忘初心·牢记使命"主题教育、扫黑除恶宣传、社会主义核心价值观宣传等展览展示活动40余场,阅读推广活动61场,文化走亲(县级以上)9次,送戏下乡220场,送电影下乡7805场,送书下乡84198余册次,送展览讲座下乡230场次。

【文化市场管理】 2019年,市文广旅体局加强文化旅游体育市场监管。制定《东阳市文化和广电旅游体育局安全生产管理制度》,对全市星级饭店、旅行社、摄影棚、"九小场所"、体育场馆开展安全生产隐患排查和创文氛围检查,全年检查场所900余家次,发现安全生产隐患92处,全部完成闭环整改。加大重要节点安全防控,确保"迎大庆"期间文旅体市场安全有序。加强安全生产培训,开展全行业集中培训4次,参训2000余人次。开展消防安全模拟演练进企业8次,指导文广旅体行业经营单位每季度开展1次以上消防安全演练。推广智慧用电项目,开展电气装置安全监测151家，安装智慧用电项目31家。

强化事中事后监管，完善网格、行业、片区监管机制。推进“互联网+监管”，应用掌上执法系统，录入执法事项。强化线上线下内容监管，开展网络游戏市场和网络出版物市场监管工作。加大执法巡查力度，全年出动1830人次，检查场所3966家次，查处违法案件22件，取缔“黑广播”2起，查缴广播设施设备2套，查缴非法出版音像制品358余册（盒）、非法书刊200本。开展创建全国文明城市网吧控烟专项行动，抽调人员组建网吧控烟专班入驻网吧，执行控烟宣传劝导1600余人次。开展非法卫星地面接收专项整治工作，收缴非法接收设备及非法卫星接收天线320座。（单望阳）

【群众文化】 2019年，市文化馆组织、辅导各类文化活动330余次。1月，举办“放歌新时代·文化进万家”春节系列文化敬老慰问演出。1月8日，在东阳剧院举行“圆梦幸福路”文艺汇演。1月18日，在单良村文化礼堂举办“美好家园·美好生活”东阳市2019农村文化礼堂“我们的村晚”。1月20日，在东阳剧院举行2019童梦飞翔鹏程万里——“鹏程杯”东阳市第二届少儿春晚。1月26日，与中国小康委、农林卫视、全国乡风文明网、浙江艺术职业学院在横店秦淮八艳大剧场共同举办2019第七届全国村晚。1月30日，在东阳剧院举办东阳市第七届“希望之星”表彰大会文艺演出。4—11月，举办“全民欢歌庆华诞·共享文化新时代”庆祝新中国成立70周年系列大型文艺演出活动10余场，举办第二届世界东阳人发展大会大型文艺晚会，“壮丽70年·奋斗新时代”东阳市镇乡（街道）文艺汇演。文化走亲“送出去”5场，“迎进来”5场。选送节目参加第五届全省农村文化礼堂“我们的村晚”，获优秀表演奖、优秀创作奖，并参加全国第七届村晚文艺演出；选送节目参加金华市2019百姓合唱大赛，获金奖1个、最佳人气奖1个；选送节目参加浙江省第六届乡镇（街道）社会艺术团队文艺汇演，获银奖。在金华市第六届“文化礼堂杯”排舞大赛暨第十一届排舞大赛中获优秀组织奖；在全省农村文化礼堂“村晚”编导培训成果展演活动中获优秀组织奖。

全年举办各类文艺辅导、培训61次，学员5万余人次。在婺剧、越剧、广场舞培训基础上，增加古琴、萨克斯演奏培训。其中，5月14日至9月12日的“智汇东阳百场沙龙”，以文化沙龙的形式开展培训。（程雪晴）

【图书阅览】 2019年，市图书馆增加图书45779册，实现馆藏50万册和全市人均新增馆藏0.05册的目标。增加借书证2063张，累计有效借书证25670张。图书流通383006册次，总流通480531人次。建设东阳木雕数据库，收集、整理东阳市104处古建筑数据库，其中国保单位5处，省保单位8处，东阳市保单位91处。数字资源浏览量1070027人次。在卢宅景区增设读书角，在富嘟酒店成立富嘟书吧，在城西银泰城建立购物休闲自助悦读吧。建设横店自助悦读吧，完成画水镇图书馆分馆建设。至年末，东阳市图书馆有乡镇分馆7个，特色分馆4个，自助悦读吧2个（市图书馆、银泰城），休闲书吧6个。改善无障碍设施，在市图书馆一楼开设自助阅读的报纸、期刊区域，在三楼特设母婴室。

全年举办各类阅读活动230场，其中分馆、书吧开展活动130余场，参与157159人次。为老年读者设立“二十四孝图片展”“重阳节书画展”等特定人群展，在市民讲堂举办健康、养生、饮食保健等视频讲座。举办“书香润童心”阅读推广品牌活动，在暑期开展“工艺人生·名宅故事”系列活动，组织小小志愿者到卢宅、雅溪、北后周等地体验道情、米塑、竹编等非遗文化。举办“我和我的祖国·黉门经典诵读”系列活动，诵读国学经典。编写《东阳百家姓》地方文献。蒲公英志愿者队伍达200人，全年参与图书馆雷锋志愿服务站、阅读活动和日常接待等志愿服务时间2580小时。（杜晓娟）

【文物保护】 2019年，东阳市推进文物平安工程。6月6日，全市业余文保员暨消防安全培训会议召开。6月，处置完成市级文物保护单位达德堂7只梁垫失窃事件。7月，完成白坦务本堂之菊庄厅、三立堂安防监控工程。8月，原东阳市文物保护单位管理所更名为东阳市文物保护所。10月7日，国务院公布紫薇山民居、白坦民宅（务本堂、福舆堂）、史家庄花厅为第八批全国重点文物保护单位，东阳市有国家级文物保护单位6处、省级文物保护单位10处，文物综合评估列全省第八名。全年投入1300余万元，完成古建筑修缮36处。白坦务本堂之菊庄厅、三立堂修缮工程通过初步验收。投入10万元，对史家庄花厅、上安恬懋德堂、下石塘德润堂等省级文保单位进行白蚁灭治，挖出蚁巢243个，消除蚁患。完成2018年新公布的63处市级文保单位和文保点文物保护标志碑的设立，划定101处市级文物保护单位的保护范围和建设控制地带，整理上报1000余处不可移动文物的基础信息。10月21—25日，对上卢上坟头窑址进行抢救性考古发掘。10月，更换省级以上文保单位独立式烟感报警装置电池，建成两个微型消防站。11月，上安恬懋德堂、李宅村古建筑群、厦程里位育堂3处省保单位消防工程通过初步验收。12月，完成白坦福舆堂、蔡希陶故居、紫薇山民居等电气线路改造。增加、更换ABC灭火器400个，灭火器箱300个。完成省级以上文保单位消防工程改造。全年参与文物安全检查、巡查800余人次，巡查文保单位（点）300余家次。配合省考古所开展抢救性考古发掘，出土北宋时期马蹄形窑。（吴姚红）

【博物馆事业】 2019年，东阳市博物馆和中国木雕博物馆免费对外开放，全年接待观众30余万人次，团队135批次，提供讲解服务755批次，其中省部级领导参观53批次，高级别接待15批次。馆藏42件珍贵文物入选省级以上展览。推进馆校合作，举办地球日科普周、“5·18”国际博物馆日、自然和文化遗产日、“迎国庆、制国旗”等活动10余场，举办临展或特展6场，其中庆祝新中国成立70周年“时光印记——1949年以来东阳经济社会发展变迁物证展”被列入全市党员“不忘初心、牢记使命”主题教育学习内容，接待参观单位80余家。（刘佳佳）

【非遗保护】 2019年，东阳市加强非遗宣传展示，引进浙江新闻联播栏目组、央视《乡土》节目到东阳市拍摄宣传。加强非遗传承与培训，开展国家级非遗项目、省级非遗旅游景区和金华市级非遗传承人推荐申报工作。组织参加国家级非遗展览4次，省级3次，金华市级15次。卢宅非遗街区开业，入驻运营场馆15个。举办“卢宅系列民俗文化节”“非遗集市”等非遗系列活动100余场、曲艺表演80余场、非遗学堂40余场，组织公益性活动100余场，惠及市内青少年2000余人。接待省内外考察学习团20余个，接待国内外研学游团队50余个，参观民众10万余人。开展与学校、社会团体的合作，设立校外非遗“研学游”基地。开展“婺风遗韵”美丽非遗进文化礼堂3场，非遗街区曲艺专场演出80余场。组建东阳市曲艺协会，编撰非遗丛书，构思创编《马生笃学》舞台剧。

东阳市制定《关于推进保护传承东阳传统民居营造技艺的若干意见》，落实传统民居营造相关非遗项目与传承基地补助政策，支持相关传承人开展传承活动。举办中意联合传统村落设计调研——走进东阳市坑口村、徽派传统民居营造技艺——传统营造下的传承与实践、中挪（威）传统营造技艺国际研究对话、同济大学东阳实训基地实训、古建筑（传统民居）营造技艺、科技保护技术研习班、“中国乡村建设研究人才培训”活动、广南保护中心龙胜县工匠的调研实训等活动10余场，参训400余人次。接待省内外考察团、交流团10余次。3月，文化和旅游部非遗司相关领导到东阳市调研传统工艺工作站活动情况。12月22日，原文化和旅游部副部长项兆伦到东阳市调研传统工艺工作站和非遗街区。（单望阳）

图书销售

【概况】 2019年，浙江东阳市新华书店有限公司（简称新华书店）完成总销售额1.02亿元。至年末，有小连锁11家，分布在江北街道、白云街道、六石街道、横店镇、巍山镇、湖溪镇、千祥镇、南马镇、画水镇、市区人民路、市区第一百货购物中心。经营范围在图书报刊、电子出版物等基础上，增加食品经营，餐饮服务，家具，健身器材，日用百货，玩具，工艺品，展览、场地租赁服务，组织文化艺术交流互动。

【店校合作】 2019年，新华书店保持店校合作模式，在卖场设立实验小学、吴宁二校、外国语小学3个学校的阅读专柜，与吴宁二校合作每周一次书城小义工；与实验小学合作各年级的“悦读乐赛——我爱记诗词”知识竞赛。吴宁二校各年级学生到校外阅读实践活动基地——新华书店开展“携手书城 畅游书海”吴宁二校阅读实践活动。

【书店活动】 2019年，新华书店创新营销方式，以微信推文形式推出每周书单、书城荐读、阅读光影等。“4·23”世界读书日活动期间，新华书店策划购书优惠、“那时正好”曹靓娴阅读分享会、“寻找最美阅读者”等系列活动。10月19日，新华书店邀请作者王秋珍到东阳书城开展新书《雪的心里，藏着一个春天》分享会。4月和10月，新华书店邀请作家张之路、赵丽宏到吴宁六校、吴宁一校、江北小学、江北二小等10所学校做阅读讲座，分享阅读成长的故事。

【东阳新华书店·Xin-An书吧开放】 2019年1月，由市新华书店有限公司投资、东阳中学提供场地建设的“东阳新华书店·Xin-An书吧”在东阳中学校园内开放。该书吧是金华市首家中小学校园书吧，东阳市首家校园实体书店。6月，“东阳新华书店·Xin-An书吧”获东阳市“十佳校园书吧”；10月，在浙江省出版物发行业协会组织评选的“书韵飘香·阅动浙江”2019浙江阅读风采评选活动中，“东阳新华书店·Xin-An书吧”被评为浙江省十大“最具风采校园书店”之一；在“2019新时代杯·中国书店年度致敬盛典”中，“东阳新华书店·Xin-An书吧”获“年度校园书店”称号。（林彦均）

广播电视

【概况】 2019年，东阳市广播电视台（简称东阳广电台）设电视栏目17个，广播栏目23个，直播《行风热线》

2019年1月15日，位于东阳中学济慈楼的东阳新华书店·Xin-An书吧
（新华书店提供）

2019年8月21日，八婺清风——《行风热线》特别节目播出 （王 越/摄）

189期，反映问题2011件，联动《阳光行动》、“8890”平台播出稿件636篇。5月7日，市委宣传部与东阳广电台联合摄制的《我和我的祖国》大型MV首播。7月29日，《东阳乡贤》栏目开播。8月21日，八婺清风——《行风热线》特别节目播出。9月13日，台湾新闻代表团到东阳广电台考察广播电视工作。9月19日，东阳市第六届道德模范颁奖典礼在东阳广电台举行。

【广播电视宣传】 2019年，东阳广电台策划新中国成立70周年、“不忘初心、牢记使命”主题教育、文明城市创建、乡村振兴、扫黑除恶、“最多跑一次”改革、文化优势转化为发展优势等主题宣传，开设“壮丽70年 奋斗新时代”“向人民报告”“创建全国文明城市曝光台”“扫黑除恶在行动”等专栏20余个，播出各类稿件8600余篇，公益广告宣传播出时长800余个小时。

东阳广电台稿件被金华台采用1230条，被省台采用38条，被中央台采用15条，推出《书记原音》《我和我的祖国》《吕挺回家》等作品。作品《百家访谈节目：改革开放四十年电影的变迁》获浙江省广播电视节目播音主持类三等奖，13件作品获金华市广播电视节目奖一等奖、二等奖、三等奖。

策划推出《百家访谈》《唱响祖国》《听见奋斗的声音》《东阳红色故事》等广播节目，举办“金猪送福”“主播带你游吴哥”“荧光夜跑”“中秋诗会”等线下活动，“东阳城市广播”在全国都市广播排名中列13位，在全省县级台排名中列首位。推出《东阳乡贤》电视节目，播出韦立汝、沈满洪等16名乡贤；围绕节庆活动、信息资讯、突发事件、民生实事等，报道抗击台风“利奇马”、乡村休闲旅游、文明养犬、非遗文化传承等新闻。

【新媒体融合发展】 2019年，“歌画东阳”微信公众号粉丝量11.4万人次，阅读量195万人次；歌画东阳APP注册用户比上年增加4930人次，累计用户87714人次；新媒体矩阵中的“蓝媒号”、今日头条、西瓜视频、一点资讯、“企鹅号”点击量综合累计2400余万次，其中《东阳4岁男孩被吹成“气球人”》点击量257万次，《凉山森林火案告破》点击量96万次。东阳广电台在“蓝媒号”上发稿1383篇，其中蓝媒头条采用东阳广电台稿件12篇，参与蓝媒视频制作3次，栏目直播1次。向“学习强国”供稿，《我和我的祖国》等22条稿件被平台采用。

开展直播活动，直播筑梦东磁、东阳“两会”、画水水果采摘节等活动34场，策划制作《听市长报告原声，感受东阳新时代奋发最强音》等多个H5（指第5代HTML，也指用H5语言制作的一切数字产品）、《木雕小镇毅行》等微视频、《记者 记着》MV，开展“共同绿化亲子活动”等活动。

【融媒体中心建设】 2019年7月30日，东阳市融媒体中心在东阳广电台挂牌成立。配合市委宣传部开展融媒体中心建设，经过多轮融媒体中心方案论证会和实地考察，制定融媒体中心建设方案，完成融媒体指挥中心招投标和施工建设，“中国蓝云”使用和云非编建设项目完工。

【开拓经营】 2019年，东阳广电台通过“广电+旅游”“广电+活动”等形式，创新策划，开拓市场，承办和组织春节团拜、春季旅游节、“相约东白，牵手浪漫”主题相亲、母婴婚庆博览会等活动。文艺专题部拍摄制作《大美东阳》《生态廊道》《电影党课》等专题片23个，录制全市干部大会、应急救援队演练、东阳中国木雕城诗会等活动17个。新媒体在原有基础上承接“东阳市文化馆”微信公众号的运营，策划第二届培训机构展演、三木教育成立15周年晚会等活动，与经济开发区、吴宁街道达成入驻APP站点对接，拓展新媒体创收渠道。

（吴宛凝）

广电网络

【概况】 2019年，东阳市华数广电网络有限公司（简称东阳华数）优化落实组织架构、员工配置、绩效考核、薪酬管理等制度，合理配置“人、财、物”。全年收入1亿余元，通过金华市文明单位复审。完成省公司客服体系考核，连续三年获浙江省有线广播电视运营服务考核优秀奖。实施“广电低保”工程，为全市7174户低保用户减免视听维护费180余万元，为5375户优抚对象减免视听维护费70余万元。

【广电网络传统业务建设】 2019年，东阳华数完成勘察设计工程468个，应急抢修工程741个，信息类客户化工程284个，网络改造工程25个。建设网络工程109个，覆盖用户8290户。全市签订数字电视互动村业务

25个,发展用户3000余户。推出“互动回放”小包、“影视剧点播”小包两个分类套餐,增设“Z79互动包年套餐”。加强值班巡检,确保前端机房24小时值守,完成各项安全播出保障任务。完成巡维护杆线和管道2280条、6960米,抢修市干光缆电缆线路10起,更换电杆6根,抢修熔接光缆480芯。

【广电新业态推广】 2019年,东阳华数加大电视机的合作及推广力度,1月、6月、11月开展3场内购会,销售总额536万元,销售美好生活套餐354个。打造智能家居体验厅,与新华三集团、杭州海康威视股份有限公司达成销售协议,开展智能门锁、家庭组网等销售工作。东阳华数开展天猫活动7次,以电台、公众号、朋友圈、海报等渠道进行宣传,完成省公司销售任务的150%。

【市政项目合作推进】 2019年,东阳华数完成市行政服务中心各乡镇18台自助服务终端签约、安装调试及自助服务终端软件平台单一来源投标工作;完成生态廊道林头垂钓中心的治安监控项目;跟进市公安局雪亮工程项目,承接实施680个点位的治安监控新建项目以及推进技防村维保工作。推进技防村联网改造项目,完成171个村的合同签订。

(徐瑞玲)

纸媒体

·东阳日报社·

【概况】 2019年,《东阳日报》出版345期,期发数40050份,订阅价288元/年。营业总收入6895万余元,上缴税收480万元,利润1100万元。至年末,东阳日报社净资产10918万余元。《东阳日报》为对开双面彩色报纸,每周出版7天,周一至周五为对开8版,周六为对开4版,周日为四开16版。东阳日报社全媒体运营中心承办东阳市第四届青年创业创新大赛。下辖的中国少年新闻学院东阳分院组织开展各类活动300余场。8月,征订《青苗》周刊6.2万份,比上年增加9000余份。

2019年2月13日,《东阳日报》社承办的中天集团中天集团第21届文化体育节“奔向未来2019中天劲跑”活动现场 (包康轩/摄)

东阳日报社机关党支部获金华市“五星基层党组织”称号。东阳日报社获2019年度全国传媒经营“金推手”奖优秀单位奖和2019年度东阳市先进单位。《东阳日报》获浙江省县市区域报“十强报”称号。“东阳日报”微信公众号获浙江省县市区域报“十佳新媒”。史莹、李伟东被评为“第五届中国县市区域报百佳报人”;单昌瑜被评为浙江省县市区域报人物奖“最佳经营人物”;王再新被评为2019年度浙报集团优秀人物;王健被评为2019年“浙报先锋”——好党员;郭好进被评为金华市优秀新闻工作者;杜丹、包韩卿、张耀、杜思远、杜倩被评为东阳市“优秀新闻工作者”。

东阳日报社选送的《超燃!70秒看东阳70年巨变》获浙江省县市区域报“红遍浙江”融媒体作品大赛一等奖、“融媒体见美好”优秀短视频奖、2019年度东阳市“十佳新媒体作品奖”。选送的《红遍东阳》《善事汇》《70有我更青春》获2019年度东阳市“优秀新闻栏目”。

【市融媒体中心挂牌】 2019年7月25日,市委、市政府印发文件,整合东阳日报社、东阳市广播电视台、东阳新闻网、东阳市网络新闻宣传管理中心等媒体资源平台,成立东阳市融媒体中心,保留东阳日报社、东阳市广播电视台牌子,相关人员、资产、职能等一次性划归市融媒体中心。7月30日,市融媒体中心在市广播电视台大楼举行挂牌仪式。

【中心工作宣传报道】 2019年,东阳日报社加大策划力度,创新方法手段。在市“两会”期间,策划推出报纸专版38个。8月,市委十五届六次全会召开,东阳日报社连发3篇评论员文章,用2个版面对市委书记傅显明的报告进行解读,以“牢牢把握关键时期的发展机遇·撸起袖子加油干”为专题,用7个版面对“五个关键时期”的重大研判进行后续跟进。《东阳日报》推出“不忘初心 牢记使命”“创建全国文明城市”“扫黑除恶 弘扬正气”“文化优势转化为发展优势”“最多跑一次 比拼一件事”“强化综合整治 打造美丽城镇”“百局联百村 共建美丽乡村”“决胜百日攻坚 建设平安东阳”“木雕红木行业环保整治”“低效工业用地清理整治”等栏目。

【媒体融合】 2019年1月,东阳日报社投资建立全媒体指挥系统。2月13日,《东阳日报》社承办中天集团第21届文化体育节活动,利用全媒体手段报道活动。3月,东阳日报社制作的视频《东阳乡下惊现一只31年前的火腿,还能吃吗?》,全网点击量超80万人次,其中“今日头条”上点击量

59万人次。东阳日报社利用“直播东阳”平台进行40余场直播，其中视频直播25场。《东阳日报》总用户数超150万个，其中“东阳日报”微信公众号用户数34万个。微信公众号浏览量超10万稿件有5条，新闻客户端浏览量超30万稿件有12条。东阳新闻网获2019年度浙江在线“十佳支站”。在2019年全省首届新媒体创意技能大赛中，东阳日报社选送的短视频《美哭！汉服小姐姐漫步卢宅，带你穿越上下五百年！》获三等奖。

【东阳解放70年专题报道】 自2019年4月23日起，东阳日报社开设“壮丽70年 奋斗新时代”栏目，以系列主题报道形式，反映70年来东阳市经济建设和社会发展所取得的成就和发生的变化。5月8日，推出8个版的《解放七十年 致敬新时代》纪念专刊。7月16日，东阳日报社组织启动“红遍东阳——壮丽70年，奋斗新时代，庆祝新中国成立70周年”大型采访活动，全体采编人员实地采访市内19个红色地点，活动历时两个半月。10月1日，推出140个版面的《大美东阳》纪念特刊，从“发展美”“产业美”“人文美”“生态美”“生活美”五个方面，展示东阳解放70年来发生的变化。

（王　健）

·金华日报社东阳分社·

【概况】 2019年，《金报东阳》全年刊出194期，推出《金报东阳》创刊6周年特别报道，从记者自述、关注东阳铁路、工业、教育、健康等角度出发，回顾记者的成长路以及东阳6年来的发展成就。《打造高效 阳光 贴心的“政府会客厅”》《东阳“土专家”获国家级非遗保护先进个人》《文创产品走出去 横店“活”起来》《东阳歌山镇王村光村：昔日荒林变成“致富林”》《这个季节来东阳，你必须要尝尝这个味道》《东阳：金秋，正是香榧上市时》《2019中国·横店影视节将举行 25部作品角逐“文荣奖”》《数字经济成东阳发展“新引擎”》等稿子被学习强国采用。

《阿挺，我们接你回家了》获2019年度金华市新闻奖一等奖，《东阳理县共携手 书写绚丽“双城记”》获2019年度金华市新闻奖三等奖。金华日报社东阳分社选送的《东中教师蒋一平受习近平总书记接见》《阿挺，我们来接你回家了》《瞄准5G通信市场 站上行业制高点 东阳这家企业为何被华为、诺基亚看上？》《东阳画家患病倒下 妻子“卖画救夫”》4件作品获2019年度东阳市“飘萍新闻奖”。选送的《今天，烈士吕挺归乡！让我们一起接他回家》《70张东阳人和天安门的合影，暖心！祝福祖国繁荣昌盛》2件作品获2019年度东阳市“十佳新媒体作品奖”。《老干部话当年》被评为2019年度东阳市“优秀新闻栏目”。

2019年8月19日，东阳迎接烈士吕挺回家现场　　（包　涵/摄）

【新中国成立70年宣传报道】 2019年，金华日报社东阳分社开设“壮丽70年 奋斗新时代”专栏，内容涵盖东阳市被列为全国产茶重点县之一、东阳火腿获国家金质奖、万人共建横锦水库等。9月27日，《金报东阳》推出《70张东阳人和天安门的合影，暖心！祝福祖国繁荣昌盛》，该组策划以宣布新中国成立的天安门城楼为聚焦点，以70张各个时期东阳人和天安门的合影图片为呈现形式，推出特刊版面和H5的两大主打作品。9月30日，该专题内容被“学习强国”平台采用。

【热点宣传报道】 2019年，金华日报社东阳分社强化新闻采编策划，倡导“内容为王”，采用“传统媒体+新媒体”方式。8月15日，记者倪远山采写的《被全省人民牵挂的这名消防员是东阳人》，在金华新闻客户端首发，阅读量28万人次，在“金报东阳”微信公众号上的阅读量4.1万人次。8月19日，《金报东阳》推出《今天，烈士吕挺归乡！让我们一起接他回家》，作品总浏览量2612846次，总访客量1183214人（不计重复访问），总分享数101388次。8月20日，《金报东阳》头版推出长篇通讯《阿挺，我们接你回家了》。在东阳市各媒体中首发东阳教师王敏捐器官的新闻，微信公众号点击率6万人次。

【专版专题策划】 2019年，金华日报社东阳分社推出《争当工业经济发展排头兵》《信义值千斤，沐浴“阳光”获取能量》《花园工业发展系列》等专题专版报道；创新形式，通过视频短片、文字、图片三者内容相结合的方式，为国网东阳供电公司策划刊发1组师带徒报道；在助残日，为市残联策划刊出《他们，被世界温柔以待》；根据市行政执法综合管理局的工作特点，策划刊出《聚焦“文明养犬”》专题；以市委、市政府关注的工业经济为重点，策划东阳工业经济大会专版《东阳工业经济向高质量发展迈进》。11月，金华日报社东阳分社采编团队围绕“东阳——理县”扶贫协作和对口支援工作进行策划，采编团队到理县采访人物、村庄20余个，完成《东阳理县共携手 书写绚丽"双城记"》稿件。

（张益晓）

新媒体

【概况】 2019年，东阳新闻网完成改版工作，接入媒立方系统（国内党刊界第一个融刊、报、网、端、云为一体的"中央厨房"）。全年编辑发布新闻稿件1.1万余条，开设网络新闻专题25个，日均阅读量5.6万人次。东阳新闻网被评为"浙江在线2019年度十佳支站"。《70有我更青春》被评为2019年度东阳市"优秀新闻栏目"。

【专题制作与传播】 2019年，东阳新闻网报道市委、市政府中心工作和重点项目。综合性报道争创全国文明城市工作，制作《争做文明人 共建文明城》《创建全国文明城市 建设幸福美好家园》等专题；跟进报道开展扫黑除恶专项斗争，创造安全稳定社会环境的工作动态，制作《扫黑除恶》专题；跟进东阳市文化优势转化为发展优势步伐，开展解释与宣传活动，制作《文化优势转化为发展优势》专题；在"全民禁毒宣传月"期间，制作《祖国有我 禁毒有我》专题。以庆祝新中国成立70周年为主线，推出《壮丽70年·奋斗新时代》《解放七十年 致敬新时代》《红遍东阳——壮丽70年，奋斗新时代，庆祝新中国成立70周年》《70有我更青春》等专题。其中"红遍东阳"大型采访活动，历时两个半月，以东阳党史为线，对16个红色地点做全方位报道，挖掘70年来社会巨变及村民理念、行为、生活方式等方面的深层次变革；制作《70有我更青春》专题，涵盖"青·听"总书记给青少年的知心话、优秀青年代表专访等内容。开设《吕挺烈士 魂归故里》专题，对处置湖州市安吉县鹤鹿溪村西苕溪水域群众落水事故中不幸英勇牺牲烈士吕挺进行宣传报道。

【视频品牌打造】 2019年，东阳新闻网加强视频制作队伍，开展各类视频业务，打造视频品牌，拍摄各类视频200余个。市"两会"期间，推出《2019年东阳两会代表委员在行动》《东阳进入"两会"时间，市民期待这些事》《"两会"融媒访谈》等系列视频；制作体验类新闻报道，在横店机场拍摄《我从3000米高空一跃而下》视频，拍摄"东阳红木"号高铁开通当天的《带你探秘首趟列车》视频；拍摄的《美哭！汉服小姐姐漫步卢宅，带你穿越上下五百年！》获浙江新闻工作者协会组织的新媒体创意大赛三等奖；拍摄《迈进一小步 文明一大步》创文类视频；拍摄《最好的礼物》《东阳灰渍粽的做法》等视频；视频《东阳乡下惊现一只31年前的火腿，还能吃吗？》，全网点击量超80万人次。全年开展图文+视频直播40余场，其中视频直播20余场，包括2019东阳市"两会"、全市干部大会、中天集团第21届文化体育节、2019青春花Young跑、健康课堂等。

2019年8月15日，"红遍东阳——壮丽70年，奋斗新时代，庆祝新中国成立70周年"大型采访活动城东街道李宅采访现场 （包康轩/摄）

【宣传形式和渠道创新】 2019年，东阳新闻网推出H5《东阳2019年要干这些大事，一起来"跳"重点》，以微信小游戏"跳一跳"为基础，读者每跳一步都会出现与《政府工作报告》相关的内容，在游戏中"跳"懂《政府工作报告》；H5《快搭上这趟神奇的列车，2019年东阳十大民生实事抢先看》，以乘坐列车的视角带读者开启2019年的旅程，指尖轻滑屏幕，列车启动，沿途是新鲜出炉的2019年十大民生实事；东阳解放70周年当天，推出H5《今天，东阳解放70周年》。

【新闻网与部门合作活动】 2019年，东阳新闻网组织开展线上线下活动。2月2日至5月10日，联合市文广旅体局开展旅游业十大评选活动，评选出3家优秀景区、5家优秀星级饭店、4家优秀旅行社以及镇乡街道旅游工作推进奖、优秀乡村旅游产品优秀营销团队等称号。3月22日，与市水务局合作参加世界水日活动的宣传。5月11日至6月20日，开展"步阳·玺御府"杯热血小鼓手东阳选拔赛活动，评选出幼儿组、儿童组和少年组的冠军、亚军和季军。6月10日至7月20日，联合市五创办开展文明行为随手拍短视频征集活动，征集视频50余个，评选出一等奖1人、二等奖3人、三等奖6人。7月至8月，配合东阳经济开发区开展"小候鸟计划夏令营"活动。9月20日至22日，承办2019浙江省县市区新媒体发展论坛。

（黄　祥）

卫生与健康

综　述

【概况】　2019年,东阳市有医疗卫生机构535家,其中市级医疗卫生单位20家,社区卫生服务中心(卫生院)16家,卫生服务站105家,一体化村卫生室180家,门诊部8家,个体诊所、厂矿医务室206家。有三级乙等医院2家(市人民医院、市中医院),二级甲等医院3家(市人民医院巍山分院、横店文荣医院、市妇幼保健院),二级乙等医院4家(横店医院、市红会医院、花园田氏医院、市第七人民医院)。9家医院通过平安医院创建。有省示范社区卫生服务中心1家(六石街道社区卫生服务中心),甲等卫生院4家(南马镇中心卫生院、画水镇中心卫生院、千祥镇中心卫生院、湖溪镇中心卫生院),乙等卫生院6家(佐村镇中心卫生院、歌山镇卫生院、东阳江镇卫生院、虎鹿镇卫生院、马宅镇卫生院、三单乡卫生院),社区卫生服务中心(卫生院)通过省规范化创建。全市医院开放床位5123张(含民营医院1455张),其中综合性医院3311张,中医院420张,市妇幼保健院350张,市第七人民医院250张,社区卫生服务中心(卫生院)165张,其他专科277张。有各类卫技人员7292人,执业(助理)医师2878人,注册护士2758人,医护比例1∶0.96;具有高级职称819人,中级职称1675人。医疗卫生单位固定资产总值19.94亿元,房屋建筑面积88.36万平方米,其中业务用房59.70万平方米。　(汤玮亮)

【医共体建设】　2019年,东阳市进一步加强医共体内涵建设,完善经济及日常运行管理,推进质量管理和培训体系建设,提升基层服务能力;创新慢病管理方式,推进数字血压上线工作,实施慢阻肺专病管理等医防融合工作。基层医疗机构门急诊人次比上年增长13.94%,职工收入比上年增长11.67%。东阳市公立医院综合改革和医共体建设分别获国务院和省政府落实有关重大政策措施真抓实干成效明显地方表彰,医共体模块化培训得到副省长成岳冲圈阅批示,东阳市医共体管理中心获中共东阳市委“拼争抢创好团队”表彰。　(叶寄生)

【医院规划建设】　2019年,东阳市根据《东阳市城区医疗机构布局专项规划(2016—2020)》等规划,构建完善医疗服务体系,实施全市城区医院布局调整。省重点建设项目市中医院迁建工程,总投资4.74亿元,完成主体结构结顶,进入二次结构施工;市妇幼保健院保健楼项目,投资1.7亿元,完成地上六层、七层结构,完成地下通道二次衬砌施工60%;市医共体和市人民医院配套项目完成地下结构施工,进入主体结构施工,部分楼层达到7～12层;市第七人民医院病房大楼项目主体结构结顶,进入装修阶段;市人民医院巍山分院拆建门急诊综合楼项目完成招投标;基层卫生

2019年2月22日,国家卫健委体改司司长梁万年(前左二)在东阳市调研医共体工作　(侯晓锋/摄)

院能力改造提升工程分三年实施，部分卫生院完成改造；南马镇、南市街道、画水镇等卫生院的基建项目按年初计划推进；佐村镇中心卫生院公共卫生综合楼、千祥镇中心卫生院宿舍楼基本完成，进入最后收尾阶段；生物医学实验室和结核菌实验室改造工程、金华职工中等卫生学校维修改造项目等项目竣工投入使用。（严辉亮）

【卫生监督】 2019年，卫生监督所有监督对象3404余个（不包括存在职业病危害企业），从业人员1.57万余人（不包括接触职业病危害因素从业人员）。监督监测各类监督对象7883家次，协管巡查各类监督对象8339家次。立案查处违法案件393起（其中简易程序案件89起），作出处罚355起，收缴罚没款1233080元，移送公安追究刑事责任案件13起，受理各类投诉举报96起，无行政复议案件，无行政诉讼案件，未发生突发公共卫生事件。卫生监督所连续17年保持“金华市文明单位”称号。（卢　涵）

医疗和科研

【概况】 2019年，东阳市开展“优质服务基层行”活动，制定《东阳市“优质服务基层行”活动实施方案》。7月，召开全市基层医疗机构院长工作会议，对创建工作进行动员部署和业务培训；18家乡镇卫生院（社区卫生服务中心）对照标准开展自评自查，6家乡镇卫生院和4家社区卫生服务中心自评达到基本标准，南马镇中心卫生院自评达到推荐标准。10月，东阳市接受金华市级复核组的复核，抽查江北街道社区卫生服务中心、六石街道社区卫生服务中心、千祥镇中心卫生院、湖溪镇中心卫生院、南马镇中心卫生院5家基层单位参与复核并通过评审。8月，东阳市成立创伤、脑卒中、胸痛、高危孕产妇救治、危重儿童救治和中医等六大市级诊疗中心，提升全市急诊的应对水平和综合的救治能力。在全市范围内开展第六周期医师定期考核工作。考核工作自8月起，11月结束。全市2864人参加考核，其中简易程序1731人，一般1133人，考核合格2856人，8人考核不合格。省卫健委在2018十大项目的基础上推出基层看病更放心、疫苗接种更透明、检查检验更省心、刷脸就医更便捷、费用结算医后付、医事服务一站式、出生服务一体化、健康服务一卡通、用血服务不用跑和“互联网”+更丰富等新十大项目，东阳市按照省里规定的时间节点持续推进，建立专门的工作专班，定期梳理、定期通报工作进展，至年末，十大任务完成。在推进医疗服务领域“最多跑一次”改革中，东阳市报送的材料，在省委改革办“最多跑一次”微信公众号《竞跑者》上以“新生儿‘五证通办’、一站式看病、一体化急救、东阳医疗卫生服务这样‘加速跑’”为题进行推送，重点对东阳市的新生儿“五证通办”、一站式就医、一体化急救、信息共享以及提供人性化的便利等方面向全省进行推广。

市人民医院潘新灵主持的《miR-361-5p等miRNA对鸟分枝杆菌复合群疾病的早期诊断和感染中的作用机制研究》获国家自然科学基金资助项目批准立项。（叶寄生）

【医学重点学科建设】 2019年，市中医院的针灸推拿、护理学和市妇幼保健院的儿科获浙江省“十三五”中医药重点专科；市人民医院的心血管病、神经病学获2019年金华市医学重点学科（一类），乳腺外科学、重症医学获2019年金华市医学重点学科（二类）。四个学科通过验收，金华市优先发展重点学科1个：市人民医院的胸外科学（乳腺外科）；金华市扶持发展重点学科3个：市红十字会的整形外科学（手足）和结石病学，市妇幼保健院的中西医结合儿科学。（叶寄生）

【中医药发展】 2019年，市卫健局成立中医药管理科，负责中医药的继承、创新和中西医结合工作，统筹协调中西医发展，暂配置1人。推进名中医工作室建设，组织13名省、市级名中医和4名中医骨干在14家基层卫生院（社区服务中心）建立名中医工作室，通过3年时间为每一个基层卫生院培养2～3名中医专业后备人才，提升全市基层中医药医务人员的理论和实际水平，全年派出名中医、骨干专家300余人次。申报省市科研课题40项，获批13项。举办省市级继续教育学习班10项，培训人员800余人次。开展中医药文化进农村礼堂活动，组织中医专家开展健康咨询和大型义诊活动20余次，服务群众2000余人，免费赠药近3万元。（吕斐佺）

公共卫生服务

【概况】 2019年，东阳市居民平均期望寿命为80.37岁，其中男性78.27岁，女性82.62岁。死因顺位排在前5位的依次为恶性肿瘤、脑血管病、心脏病、呼吸道疾病、损伤和中毒。慢性病报告发病率分别为糖尿病482.63/10万，冠心病急性发作76.18/10万，脑卒中513.36/10万，慢性阻塞性肺疾病（40岁及以上）844.96/10万，恶性肿瘤496.29/10万，前10位恶性肿瘤顺位排序依次为肺癌、甲状腺癌（比上年前移一位）、肠癌、胃癌、肝癌、前列腺癌、乳腺癌、宫颈癌、食管癌和肾癌（排入前十）。发病前10位恶性肿瘤占全部恶性肿瘤的76.46%。

【传染病防治】 2019年，东阳市通过网络直报系统报告法定传染病20种8422例（51例HIV不计入总数），年报告发病率为1003.93/10万，发病数与2018年(7333例)相比上升14.85%。其中，甲类传染病(霍乱)1例，发病率为0.12/10万；乙类传染病13种1404例，报告发病率为167.36/10万，发病数比2018年(1511例)下降7.08%。乙类传染病报告发病数居前五位的分别为肺结核（473例）、病毒性肝炎（375例）、淋病（229例）、梅毒（220例）和猩红热（31例），占甲乙类传染病报告总数的94.59%（1329/1405）。全市完成查螺面积162.69万平方米，查螺投工4301工，查到复现钉螺面积9745平方米，其中佐村镇有螺面积260平方米、巍山镇8830平方米、横店镇400平方米，湖溪镇255平方米。累计药物灭螺面积22.551万平方米，实际药物灭螺面积7780平方米，消灭钉螺面积3810平方米，灭螺投工1360工。解剖捕获的钉螺3264只，未发现感染性钉螺。对2048人进行血吸虫病抗体血清采集(其中流动人口1506人)，血清抗体阳性7人，粪检7人，粪检阳性0人，血清阳性者粪检率100%。

【结核病防治】 2019年，东阳市非结防机构网络应转诊患者1183例，到位患者1178例，总体到位率99.58%，诊断肺结核患者466例(其中东阳市户籍肺结核患者325例、外地户籍肺结核患者141例)，比上年同期(517例)下降9.86%。在登记治疗466例肺结核病患者中，涂片阳性197例，仅培阳44例，仅分子生物学阳性145例，仅病理学阳性2例，病原学检查阴性肺结核患者29例，单纯结核性胸膜炎49例，病原学阳性率83.26%。登记满1年的普通肺结核患者517例，其中治愈和完成治疗的活动性肺结核患者数472例，诊断变更患者13例，转入耐药治疗6例，成功治疗率94.78%。

【艾滋病综合防治】 2019年，各镇乡街道卫生院(社区卫生服务中心)开展性工作者、吸毒人群、男男性接触者等高危人群的艾滋病行为干预工作。新报告艾滋病感染者和病人102例，累计656例(死亡70例)。按现住址管理469例，在治病人426人，治疗覆盖率90.8%。

【预防接种】 2019年，东阳市继续实施扩大免疫规划，提供11种疫苗免费接种，可相应预防12种传染病，通过常规免疫、查漏补种、儿童入托入学查验证、应急接种等手段接种免疫规划疫苗29.02万针次(本地14.89万针次，流动14.13万针次)，建卡率与各苗单苗接种率均保持在95%以上。市政府将65岁以上老年人免费接种流感疫苗项目列为全市十大民生实事项目，至12月8日，全市累计接种72434针次，接种率54.58%。

【慢性病综合防控】 2019年，东阳市开展慢性病监测工作，继续巩固国家级慢性病综合防控示范区成果。至年末，全市高血压患者登记建档10.15万例，发现率11.94%；管理患者8.8万例，管理率46.72%；规范管理患者6.54万人，规范管理率74.35%；血压控制患者6.55万人，血压控制率74.45%；糖尿病患者登记2.73万人，发现率3.20%；管理患者2.25万人，管理率43.19%；规范管理1.63万人，规范管理率为72.77%；血糖控制1.36万人，血糖控制率60.74%。

【蚊虫监测】 2019年4月至11月，市疾控中心每月1次对4个乡镇(其中固定点和流动点各2个)开展布雷图指数(指平均每100户，有白纹伊蚊幼虫孳生的积水容器总数，用以评价一个地区蚊媒传染病传播风险)监测。8个月检查13个镇乡街道18个村1600户，查到水体986处，发现白纹伊蚊阳性326处，白纹伊蚊阳性户数250户，从监测结果反映出东阳市处于蚊传疾病风险较高的状态。疾控中心通过广播、电视、报纸、微信、讲座、入户等多种形式向居民宣传蚊虫孳生地及整治环境、如何清理积水容器等蚊传疾病防控知识，动员市民主动自觉参与清理蚊虫孳生地的活动。

(吴振华)

妇幼保健

【概况】 2019年，东阳市完成妇幼健康服务管理任务指标。全市产妇总数7468人，活产数7548人，系统管理数7435人，系统管理率98.50%，产后访视率98.69%，住院分娩率100%，高危产妇发生率60.89%，管理率100 %，剖宫产率38.87%，未发生户籍孕产妇死亡，流动孕产妇产前保健率99.89%，住院分娩率100%，7岁以下儿童数52372人，管理率99.26%；3岁以下儿童数23788人，管理率99.24 %，系统管理率98.66 %；5岁以下儿童数39145人，低体重患病率0.76%，生长迟缓患病率0.39%，消瘦患病率0.17%，超重患病率8.16%，肥胖患病率2.21%，贫血患病率3.93%，中重度贫血患病率0.13%。婴儿死亡率1.46‰，5岁以下儿童死亡率2.91‰，新生儿死亡率0.93‰；流动儿童保健管理率98.21%，0至3岁儿童发育监测和筛查、户籍地孕产妇免费产前筛查工作进展顺利。妇幼重大公共卫生项目、免费避孕药具、孕前优生检查与计生技术服务工作顺利完成，未发生因计划生育手术死亡或伤残病例。全市11家接产医院推出出生证、户口本、医保卡、社保卡(市民卡)、预防接种证、领取母子健康手册等“多证联办”服务，5929个新生儿家庭享受到服务便利。落实孕产妇管理“六大机制”，较高风险及高风险孕产妇进行“一对一”管理。建立健全产科主任例会、危重孕产妇点评制度和孕产妇死亡、新生儿死亡评审工作；加强医院产科急救能力培训，组织全市产科急救技能演练竞赛，开展魅力新产科特色服务和人流产后关爱项目。开展中医文化进校园活动。

【“东阳模式”县级妇幼保健院院长EMBA培训班开学】 2019年3月29日，市卫健局、市妇幼保健院主办的“东阳模式”县级妇幼保健院院长EMBA培训班开学，江西省妇幼系统的近200名市县妇幼保健院院长分两批参加学习培训，培训班为期两天。与会人员实地参观市妇幼保健院，学习《中医药发展战略》《中医药+妇幼健康“东阳模式”经验与启示》《新形势下妇幼保健院的经营管理与发展战略》《融媒体下“东阳模式”品牌发展初探》等多个课程。

【中西医结合儿科入选国家级重点专科】 2019年8月17日，由中国妇幼保健学会、广东省妇幼保健学会主办，中国妇幼保健协会中医和中西医结合专业委员会、深圳市妇幼保健院承办的第二届中国妇幼健康中医和中西医结合大会在深圳市召开。大会公布全国妇幼健康中医(中西医结合)重点专科名单并进行授牌，市妇女儿童医院中西医结合儿科入选首批全国妇幼健康中医(中西医结合)重点专科，为仅有的4家重点专科

(中西医结合儿科方向)之一,且为唯一上榜的县级医院。该次入选是市妇女儿童医院中西医结合儿科在成为金华市重点专科、浙江省医学龙头学科、浙江省"十三五"中医药重点专科后又一次在学科建设上取得的重大成果。

(吴振华)

健康东阳建设

【概况】 2019年10月30日,东阳市召开健康东阳建设领导小组(领导小组成立于2017年,领导小组组长楼琅坚,领导小组下设办公室,办公室设在市卫健局,楼杰华兼任办公室主任)会议,明确各成员单位工作职责。市健康办召开9次联络员会议,对照健康东阳标准推动工作落实。分别邀请杭州师范大学医学院健康服务管理教研室副主任赵发林、浙江大学医学院附属邵逸夫医院知名专家张培到东阳市开展健康东阳专题文化大讲堂。11月16日,在市民广场举办健康东阳行动启动仪式,500余人参加;12月26日,联系26个机关部门开展2018年度的健康浙江建设发展状况试评价。开展现场健康咨询和服务活动173场、各类讲座95场,受惠人数20余万人次;东阳电视台、《东阳日报》、东阳城市广播、"东阳发布"微信公众号、市区大型电子显示屏、城市公交等普及健康知识10万余条,宣传健康东阳建设158次。在2018年度健康浙江建设试考核中,东阳市按考核得分排名第一,被列为优秀等次。东阳生物医药产业基地和金华东阳市恒森中医药养生园被列入省级健康产业示范基地清单的健康特色产业园区。

【健康服务】 2019年,东阳市强化国家慢性病综合防控示范区建设,东阳居民平均期望寿命80.37岁。全市未报告本地登革热病例。启动新一轮预防接种门诊信息化建设,实现疫苗的全程可追溯。自10月8日起,在金华市范围内首推"65周岁以上老年人免费接种流感疫苗"民生实事项目,累计接种72434针次,累计经费支出335万元。

【健康保障】 2019年3月18日,东阳市推出"户口簿、出生医学证明、社保卡·市民卡、预防接种证、母子健康手册"五证通办新模式,方便市民看病,实现证件办理"零"跑腿。基本医疗保险户籍参保率99.89%,大病保险政策范围内医疗费用最低支付比例不低于60%。

【健康环境建设】 2019年,东阳市开展健康细胞创建工作,创建浙江省健康促进学校(铜牌)40家,浙江省健康促进医院2家(二级以上医疗单位浙江省健康促进医院全覆盖),健康家庭户267户。市外国语小学通过健康促进学校(金牌)省级复审,健康促进学校覆盖率70.71%。新建设健康步道2条,健康社区2个。开展控烟履约工作,创建无烟单位3家,处罚控烟不力单位5家。在全省控烟暗访中综合得分82.29分,列全省第13位。南马等6个乡镇成功创建国家卫生乡镇;全市小城镇环境综合整治达标通过,获省级表彰;建成江北街道王峰小区、吴宁街道培新小区2个垃圾分类主题公园;配套提升改造公厕16座;开展校园食品安全守护行动,学校食堂量化等级B级以上98.3%,未发生学校公共卫生事件。化解医患纠纷,未发生涉医违法事件。道路交通万车死亡率逐年下降。开展依法执业守护健康、打击"两非"、危险化学品生产企业职业卫生专项检查、重点职业病危害行业领域专项治理、校园卫生安全健康等系列行动。农村饮用水达标率从上年的80%提高至96.51%。

(周瑶新)

2019年10月30日,东阳市召开健康东阳领导小组会议 (蒋 雯/摄)

爱国卫生

【概况】 2019年,东阳市继续组织开展六个街道星级小区评定工作,评出一星级卫生文明小区163个、二星级37个、三星级25个。开展"扫雷填坑"行动,对城区破损人行道、路面、积水点等全方位开展修缮工作;开展城区空闲地排查和整治工作,全城区有各类大小空闲地499宗,通过绿化、硬化等方式予以整治,整治完成大小空闲地324宗;开展居民楼道粉白美化工程,完成1300个居民楼道粉白美化工作。推进卫生乡镇创建工作,组织开展卫生乡镇创建工作培训班,对各乡镇创建工作进行两次专项督查,配合小城镇整治办每月对全市12个乡镇进行考核评比。成功创建国家卫生乡镇6个。

【病媒生物防制工作】 2019年,东阳市开展城区"四害"孳生地调查和分类处置工作;建造室外灭鼠毒饵站

2000座,对城区室外大型灭蚊灯进行整修;委托金华市疾控中心对城区蚊虫抗药性进行监测。迎接省爱卫办病媒生物密度控制水平等级评审和复核,其中蜚蠊达国标B级,鼠、蝇、蚊达国标C级。开展布雷图指数监测现场培训会,开展4次以宣传防蚊灭蚊知识、清理积水容器为主要内容的社区共建活动,对各社区"六清"行动成果进行考核并排名通报;规范处置登革热疫情,成功应对11起输入性登革热疫情。开展"健康东阳 灭蟑行动",为4个试点社区申请的1097户居民户提供上门免费灭蟑服务。

【农村改水改厕工作】 2019年,东阳市开展全市农村生活饮用水水质卫生监测工作,监测水样76份,水质合格率88.2%,比上年提高约9个百分点。改造提升农村卫生户厕4744户,农村卫生厕所普及率99.98%,无害化卫生户厕普及率99.63%。

(曹剑锋)

卫生应急管理

【概况】 2019年,东阳市建立"分类管理、分级负责、条块结合、属地为主"的卫生应急管理体制,把公共卫生和卫生应急工作经费纳入市、镇两级财政预算,保障医疗设备、应急物资、装备等卫生应急硬件建设,逐步建立起与全市经济社会相适应的卫生应急投入保障机制。全市建有由28名专家组成的卫生应急专家咨询委员会,80余名业务骨干组成的卫生应急处置和医疗救援机动队,通过规范开展应急知识培训和卫生应急演练,提升应急处置能力。

【卫生应急演练】 2019年5月,市卫健局根据东阳市防汛防旱指挥部的统一安排,参与2019年东阳市防汛抢险应急演练,组建救灾防病处置领导小组、病媒生物和传染病疫情监测、消杀、检测、健康教育、疫情信息报道和后勤保障7个应急工作小分队。根据职责分工,在演练中着重模拟洪涝灾害发生后环境污染区域的消杀、饮用水卫生检测、生活垃圾的处理以及饮食卫生健康宣教等工作。12月3日,在江北中心小学,与市教育局联合组织开展东阳市学校胃肠道传染病应急演练,采用情景模拟演练的方式,从事件的发现与报告、应急响应、现场调查、样品采集、提出控制措施等方面进行演练。

【卫生应急处置】 2019年,东阳市报告3起突发公共卫生事件,分别为"东阳市吴宁五校一起诺如病毒感染性胃肠炎疫情""东阳市利民中学一起诺如病毒感染性胃肠炎疫情"和"东阳市佐村镇一例疑似预防接种异常反应"。疾控中心接到疫情报告后,及时组织业务人员奔赴现场开展调查、采样及处置等工作,落实各项防控措施,严防疫情扩散蔓延。受全球登革热疫情的影响,全市发现输入性登革热病例13例,市卫健局与当地街道镇乡对疫点进行杀灭成蚊、整治环境、清理蚊子孳生地、蚊密度监测、健康教育等工作,未出现二代病例。

(吴振华)

计划生育

【概况】 2019年,市卫健局推进生育服务群众办事项目"最多跑一次"改革,开展全国计划生育监测点的出生人口信息统计上报工作。全市上报出生8000人,比上年减少470人,下降5.55%,二孩及以上出生4393人,比上年减少433人,下降8.97%,二孩率51.76%。免费婚前医学检查率96.96%,免费孕前优生健康检测率100%,免费避孕药具获得率90%,妇女生殖健康服务检查78813人,检查建档率100%;审核各类先进单位、个人3661家(人),否决134家(人)。开展各类知识讲座105期,发放宣传资料10万余份、避孕药具5000份、宣传抽纸9600余盒,悬挂宣传标语168条。为育龄家庭投入四项手术险、独生子女家庭意外险和计生特殊家庭疾病意外险45.79万元,理赔83件,理赔额18.75万元。开展关爱行动,发放公益金44.2万元,计生困难户239户。

【计划生育家庭奖扶特扶工作】 2019年,市卫健局开展农村部分计划生育家庭奖扶特扶工作。8476人享受独生子女奖励扶助,奖励扶助金998.06万元;496人享受特别扶助,特别扶助金420.48万元;双农二女户6772人,奖励扶助金487.58万元。走访独生子女失独家庭19户,发放慰问金8.2万元;失独家庭依法收养子女家庭4户,一次性补助20万元;补助计划生育手术并发症23人,发放慰问金13.71万元。

(陆建贞　刘晓玲)

医疗机构选介

·东阳市人民医院·

【概况】 2019年,东阳市人民医院完成门急诊186.77万人次,比上年增加10.47万人次,增长5.94%;出院总人数80943人次,比上年增加4287人次,增长5.59%;平均住院日7.24天,比上年减少0.57天;床位使用率92.14%;手术量(按DRG统计办法)完成3.03万台,其中DRG三四级手术7036台,三四级手术占比26.7%。建立完善"脑肿瘤""肺结节""椎间盘突出""前列腺疾病""甲状腺、乳腺肿瘤""子宫肌瘤"等重点病种、常见病种的医疗信息整合管理平台。上下联动实施精准、微创、无痛等重点技术突破,提升专科疾病诊疗水平。获批国家自然科学基金1项、浙江省科技厅基础公益类项目2项、省卫健委科研项目3项、金华市科研项目9项、浙江省医院协会项目1项、东阳市科技计划项目10项。发表SCI论文45篇。申报专利成功授权24项。2019年度规培医师考核通过率92.06%;执业医师资格考试通过率91.11%。完成各类继教项目31项,3234人次参加培训。

【医院业务建设】 2019年,据浙江省三级医院质量分析报告,市人民医院有18个术种数量居全省重点关注手术的前20位。心脏外科的冠状动脉旁路移植术31例居前8位,心瓣膜病手术、房室间隔缺损修补术两项各居前11位,眼科白内障+人工晶体植入术2324例居前7位,骨科、神经外科各有3项手术排名前20位。临床医生完成持续改进CQI项目(continuous quality improvement 持续质量改进)128项。手术室《基于QFD和BPR集成的手术病理标本闭环管理》、肿瘤内科《基于QFD的360管理模式在癌症患者疼痛控制中的应用》参加亚洲质量功能展开大赛获两个二等奖。建立全院RRT(Rapidresponse teams 快速反应团队)提高院内急救成功率。结合DRG(Diagnosis Related Group 诊断相关分组)管理要求改进临床路径管理和技术监管,建立目标病种辅助检查科室与临床专科信息共享路径。提高工作效率,缩短各项等待时间。胃(肠)镜检查平均预约时间从上年的5.1天下降至2.3天,急诊脑梗死溶栓DNT60分钟达标率改善明显,从上年的66%上升至82.82%,中位DNT从58分钟下降至43.4分钟。急性心肌梗死DtoB时间90分钟达标率从上年的66%上升至76.8%。心血管内科、神经内科、乳腺外科、重症医学科4个学科获新一轮金华市医学重点学科建设计划项目。42个专科126个亚专科落实标杆医院或标杆科室。完成国家级胸痛中心申报初审,启动高级脑卒中中心申报。培育肿瘤化疗、盆底功能修复、运动医学康复、胎儿疾病筛查、近视激光治疗、高尿酸血症治疗等技术团队。通过人类辅助生殖技术体外受精胚胎移植及其延伸技术的正式运行评审。通过国家药物临床试验机构(GCP)资格认定评审。开启与北京阜外医院、安贞医院心脏外科等国家级学科平台合作共建之路。11月3日,国家心血管病临床研究中心浙中分中心、浙中大血管心脏中心在市人民医院成立,大血管救治技术覆盖到周边县市区。

【三级甲等综合医院评审】 2019年,市人民医院作为全省第一家县市级医院完成三级甲等综合医院评审。5月13日—16日,省卫健委评审组对照新一轮501个评审条款,对市人民医院及医共体成员单位进行现场检查,访谈人员1480人次。医院领导应邀在省医院管理年会以及省卫健委组织的医院评审培训班上作专题讲座。医院接待70余家900余人次有关等级评审的交流,提升医院在行业内的知名度和影响力。

【试管婴儿项目通过国家评审考核】 2019年8月22日,市人民医院生殖中心试管婴儿项目通过国家评审专家组的严格考核,拿到正式牌照。市人民医院生殖中心设候诊区、护士站、不孕不育诊室、B超室、男科实验室、取精室、取卵室、胚胎移植室、男科手术室、精液处理室、人工授精手术室、人工授精实验室、体外授精/胚胎培养实验室、胚胎冷冻室、资料档案室、清洗室、缓冲区、休息室、培训教室等生殖医学科各类场所,占用面积1114平方米。5月,首例体外受精胚胎移植(试管婴儿)诞生,至年末,有21名试管婴儿出生,80名成功受孕,成功率50%。

(姜孝波)

·东阳市中医院·

【概况】 2019年,东阳市中医院门诊服务人次74.62万人次,比上年增长2.47%;住院服务人次1.44万人次,比上年增长18.71%,平均住院日9.75天,比上年减少2.22天,住院病人均次费用8740.9元,比上年下降10.64%。业务收入3.22亿元,比上年增长7.48%;医疗收入占64.56%,药品占35.44%。市中医院推进中医药文化进乡村礼堂活动,形成"一堂课、一义诊、一展示、一体验"模式,开展活动16场,受益群众2000余人。

4月,蔡媛珍入选2019年全国中药特色技术传承人才项目。市中医院有李小霞、蔡媛珍2名中药"国字号"人才。2019年浙江省"十三五"中医药重点专科建设项目公布,市中医院针灸推拿科、护理学入选。

【学术科研】 2019年1月22日,市中医院通过温州医科大学实习基地评估,成为温州医科大学实习基地。1月25日,通过金华职业技术学院实习就业基地评估,挂牌金华职业技术学院实习就业基地。入选浙江省中医药科技计划项目1项,金华市科技项目立项3项,东阳市科技项目立项7项,举办金华市继教项目11项。

【特色膏方】 2019年11月26日,市中医院九味头膏通过浙江省药品监督管理局备案,成为全省近5年来首个获批的中药制剂。熬制九味头膏3793份,比上年增加1299份,增长52.09%;黄芪膏1764份;川贝雪梨膏701份,桑椹膏534份。

【医院建设】 2019年,市中医院艺海路院区住院部改造工程、门诊楼三楼加盖工程以及新院迁建工程稳步推进。8月,艺海路院区住院部完成装修改造。11月27日,艺海路院区门诊楼三楼启用,健康管理中心、治未病中心、针灸推拿中心、检验科等科室入驻。12月,新中医院迁建工程住院部、门诊医技楼、行政楼结顶,完成投资1.56亿元。

(段闪闪)

体　育

综　述

【概况】　2019年，市文广旅体局开展省十七届运动会筹备、群众休闲健身场所增加、重大赛事活动组织等工作。举办横店马拉松、“8·8”全民健身日主题活动、2019东阳市机关运动会等各类各级体育活动百余次。推广普及太极拳活动，开展创建“全国老年太极拳之乡”活动。体育指导中心开展2019年公民体质监测指导工作，为大众提供科学健身指导。

【体育设施建设】　2019年，市文广旅体局建成健身场馆16个，其中社区多功能运动场4个、小康体育村提升工程10个、村级全民健身广场1个、体育休闲公园1个。增加体育活动场地面积68万平方米，人均公共体育场地面积2.84平方米，列金华市各县市区第1位，“15分钟健身圈”更加便捷，完成全市十大民生实事之“增加群众休闲健身场所”目标。

【体育产业】　2019年，市文广旅体局创建省级运动休闲旅游示范基地1处（浙江横店体育发展有限公司），省级品牌赛事1个（横店马拉松），金华市品牌赛事1个（江滨4小时接力赛），金华市级“体育+”特色村（居）2家（江北街道东丰小区和荣跃小区）。9月，市政府常务会议同意体育馆采用第三方运营服务商模式。11月，发布招投标公告，12月23日，通过公开招投标，浙江横店体育有限公司中标成为东阳市体育馆第三方运营采购项目服务单位。

（金胜男）

群众体育

【概况】　2019年，市文广旅体局组织开展和指导全民健身系列活动，承办全国性赛事7次、省级赛事11次、金华市级赛事5次，举办东阳市级赛事10次、职工赛事7次、学校赛事11次，镇乡街道体育活动3次。全市举办各类培训活动12次，举办各类体育协会活动10次。

【“全国老年太极拳之乡”创建】　2019年，市文广旅体局启动“全国太极拳之乡”创建活动。5月至7月，组织简化24式太极拳公益培训80期，受训人数7000余人次，覆盖17个镇乡街道、300余个行政村（社区）。组织开展机关、社区、企业的太极拳推广培训。承办全国杨式太极拳教练员提高班、浙江省老年人太极拳（剑）骨干培训班等。至年末，全市有70处市老年体协认定和挂牌的太极拳健身活动场所。

【体育协会管理】　2019年，市文广旅体局根据《东阳市体育社团管理运行评估办法（试行）》，加强社团内部建设，有5个体育社团通过县市级体育社团等级评估。市乒乓球协会获2018年度省乒乓球协会颁发的先进

2019年5月19日，东阳市举办千人太极拳展演活动　（市文广旅体局提供）

集体称号;市太极拳协会组织八段锦健身气功进机关、学校;市长跑协会举办第五届4小时江滨接力赛;市足球协会开展五人制足球比赛;市跆拳道协会举办全国大众跆拳道精英大奖赛。市文广旅体局发挥体育社团的桥梁和纽带作用,扩大群众参与面,推动全民健身活动开展。12月19日,市体育舞蹈协会第二次会员代表大会举行;12月22日,市长跑协会举行2019年会暨第二届理事会换届大会。

【2019年东阳市机关运动会】 2019年11月1日,东阳市机关运动会在市体育馆举行。运动会设篮球、乒乓球、羽毛球、拔河、田径等10大项、32个小项,各镇乡街道、机关部门的71个代表团、3000余名运动员参加。比赛历时2个月,江北街道、虎鹿镇、南马镇,东阳市金融工会工作委员会、市公安局、市教育局分获镇乡街道、机关单位团体总分前三名;市人民政府办公室等8个代表团被评为体育道德风尚奖,市委办公室等8个代表团被评为优秀组织奖。

2019年11月1日,市机关运动会在市体育馆举行　(市文广旅体局提供)

【"全民健身日"主题活动】 2019年8月7日,由市政府、市全民健身领导小组、健康东阳建设领导小组主办的东阳市2019"全民健身日"主题活动启动仪式暨第四届"万步有约"实地健走活动在市民广场举行,市机关各部门干部职工以及部分市民代表1500余人参加。活动组织参加人员沿东阳江健走5千米。

(金胜男)

2019年8月7日,2019"全民健身日"主题活动启动仪式暨第四届"万步有约"实地健走活动举行　(市文广旅体局提供)

竞技体育

【概况】 2019年,市文广旅体局开展少体校招生工作,制定《东阳市少体校2019年招生方案》,扩大招生项目,从原来3个单项增加至5个项目(田径、乒乓球、足球、篮球、击剑),公开招生28人。组织少体校学生参加浙江省阳光体育运动会、全国中学生田径运动会、浙江省儿童冠军赛、金华市中小学生田径运动会和浙江省中小学生田径运动会等比赛,获省级以上金牌10枚(国家级1枚)、银牌7枚、铜牌5枚(国家级1枚)。少体校向上级输送运动员5人。任梦茜在2019年第十九届全国大学生田径锦标赛、2019年全国田径冠军赛暨大奖赛总决赛中获女子撑竿跳高第一。怀鲁小学学生孔德希在2019全国青少年网球积分排名系列赛·YONEX郑洁杯青少年网球比赛中获全国10岁男子组亚军。在全国第十届残疾人运动会暨第七届特殊奥林匹克运动会上,东阳市运动员获5金3银。南市街道大联小学被评为2019年全国青少年校园足球特色学校。南马镇南湖小学、虎鹿镇初级中学被评为2019年浙江省青少年校园足球特色学校。

【省运会筹备工作】 2019年,为完成金华市委、市政府下达给东阳市的27金目标,完成承办浙江省第十七届运动会男子足球丙组、女子篮球乙组、射箭、艺术体操等比赛项目的任务,市文广旅体局到浙江省湖州市、山西省太原市、吉林省长春市、辽宁省大连市等地交流学习、协调人才引进,与省、金华市体育局对接沟通，完成40%场地建设改造、35%金牌任务分解、2个优秀省队退役运动员安置等工作。

【横店马拉松】 2019年3月31日，由中国田径协会、东阳市人民政府、横店集团共同主办，浙江省马拉松及路跑协会、东阳市文广旅体局、浙江横店影视城有限公司、浙江横店体育发展有限公司承办的2019“中行杯”横店马拉松在横店镇举行，比赛吸引来自10个国家的2.5万人参加。其中，参加全程和半程项目的有1.5万余名选手，参加8千米穿越跑、6千米欢乐跑、2千米亲子/宠物跑等项目的选手近1万人。全程马拉松男子冠军为肯尼亚的Ndiso Dennis Musembi，成绩为2小时22分05秒，女子冠军为肯尼亚的Flavious Teresa Kwamboka，成绩为2小时42分29秒。

2019年东阳市级体育赛事一览表

表49

时　间	赛事名称	规　模
3月9日	2019横店圆明园·女子精英跑	5000人
5月18日	木雕小镇第二届毅行活动	1000人
6月16日	“跑亲子迷你马拉松”	—
6月16日	“农商银行”杯东阳市2019年乒乓球精英赛	28支队伍、121人
6月29日	2019东阳江·第二届龙舟文化节暨龙舟竞演活动	7支队伍
7月22日	“通江柒号院”杯2019浙中夏季三人篮球赛	108支队伍
8月1日	东阳市DBA“广厦学院杯”夏季篮球联赛	17支队伍
8月7日	东阳市2019“全民健身”主题活动启动仪式暨第四届“万步有约”实地健走活动	1500人
9月8日	2019年东阳市青少年(儿童)游泳比赛	—
11月1日	2019年东阳市机关运动会	2000余人

2019年东阳市体育协会比赛一览表

表50

时　间	赛事名称	规　模
1月5日	市气排球协会阳光俱乐部年度总决赛	—
4月27日	东阳市首届少年射艺大赛	—
5月8日	“桂语江南”第四届五人制足球赛	—
5月11日	首届“古韵官桥”杯2019年乒乓球俱乐部邀请赛	20支队伍
6月15日	2019“新光·恒太杯”东阳市首届大众跆拳道竞技比赛	100人
6月16日	第五届江滨4小时接力赛	74支队伍
8月3日	“庆建国70周年”东阳市全民健身系列活动暨“金科服饰杯”东阳市网球双打邀请赛	—
8月12—21日	2019年“东阳中国木雕城杯”五人制足球赛	33支队伍
8月20日	2019全国大众跆拳道精英大奖赛	800人
10月13日至11月14日	第五届花园杯三关幼鸽鸽王争霸赛	80人

2019年东阳市承办国家级、省级、金华市级赛事活动一览表

表51

时 间	赛事名称	规 模	级 别
3月31日	2019“中行杯”横店马拉松	25000人	国家级
4月27—28日	中国横店首届健力马国际汽摩极限体育嘉年华		国家级
7月7日	2019全国篮球传统项目学校联赛男子组预赛(横店站)	16支队伍、300人	国家级
7月15—23日	2018—2019年全国啦啦操联赛总决赛	8000人	国家级
9月21日	2019年中国横店华人羽毛球国际邀请赛		国家级
10月24日	2019第二十一届中国商学院高尔夫联盟总决赛	16支队伍、200人	国家级
12月29日	2019年首届东白山国际越野行走大会	—	国家级
4月11日	2019年浙江省老年健身球操交流展示活动	10支球队	省 级
5月19日	“歌山上周杯”沪、浙乡村残疾人飞镖邀请赛	150人	省 级
6月15日	2019年浙江省“晨都物业”协会杯气排球比赛	64支队伍	省 级
7月25日	2019年浙江省少年儿童田径冠军赛	67支队伍、600余人	省 级
8月12—14日	浙江省青少年足球锦标赛	—	省 级
8月23—25日	2019浙江省青少年(儿童)乒乓球积分排名赛(第三站)	1700人	省 级
9月20日	2019年浙江省桥牌等级竞赛规程	—	省 级
9月25—27日	2019年浙江省老年太极拳(剑)交流展示活动	13支队伍	省 级
10月26日	2019太极拳(横店)邀请赛	500余人	省 级
11月15日	浙江省全民健身片区联动(东阳·横店)	—	省 级
11月30日	2019年浙江省气排球锦标赛总决赛	500人	省 级
5月12日	中国体育彩票全国象棋业余棋王赛浙江赛区金华市少儿预选赛暨金华市小儿象棋登记赛	458名学生	金华市级
5月18日	2019年金华市气排球超级联赛东阳站	47支队伍、340人	金华市级
6月22日	金华市第六届青少年(儿童)轮滑锦标赛暨第二届“许飞剧场”杯roll-ercross轮滑联赛—东阳站	—	金华市级
8月20—24日	金华市青少年足球锦标赛(甲组)	—	金华市级
9月25—27日	金华市第二届军休干部趣味运动会	—	金华市级

(金胜男)

社会事务

人力资源与社会保障

·综述·

【概况】 2019年，市人力资源和社会保障局（简称市人力社保局）推进“最多跑一次”改革，退休、社会保险关系转移、简易工伤等“一件事”改革成效显著。落实“无证明城市”要求，取消证明材料20项。推进人才增量提质，在市内及北京、上海、杭州、武汉、西安等人才集聚地举办人才招聘活动。深化职称制度改革，制定多项人才激励政策。完善就业创业政策，加大技能培训力度。推进惠企惠民措施落地，实行社保费率应降尽降，减轻企业、单位及个人负担。狠抓根治欠薪、规范劳动用工、基层调解组织建设，推进和谐劳动关系建设。

市人力社保局被人社部办公厅评为2018—2019年度《中国劳动保障报》新闻宣传工作做得好的单位。市人力社保局被省人社厅评为第五轮创建和谐劳动关系暨双爱活动先进集体。市人力社保局被评为2019年度落实党风廉政建设主体责任考核优秀机关部门、在全市经济建设工作中作出突出贡献的集体、在全市平安创建工作中作出突出贡献的集体、2019年度全市调研工作先进集体和2019年度机关部门工作目标责任制考核优秀单位。东阳市劳动监察大队获东阳市“拼争抢创好团队”称号。

【机构改革】 2019年3月，市委办公室、市政府办公室公布《东阳市人力资源和社会保障局职能配置、内设机构和人员编制规定》，原由市人力社保局承担的公务员录用调配、考核奖惩、培训和工资福利等公务员管理职责划入市委组织部，军官转业安置职责划入市退役军人事务局，城镇职工和城乡居民基本医疗保险、生育保险职责划入市医疗保障局，引进国外智力和外国专家管理职责划入市科学技术局，行政编制28人，设8个科室。

（司松松）

·事业单位人事管理·

【人员管理】 2019年，东阳市事业单位公开招聘411人，其中卫健系统招聘109人，教育系统招聘234人，其他事业单位公开招聘68人。事业单位自主招聘261人，其中教育系统98人，卫健系统161人。事业单位引进高层次人才36人。审批事业单位人员流动399人。参与事业单位改革55家，完成建制转隶事业人员565人，部分转隶8人。9月，东阳市事业单位综合服务中心成立，负责经营类事业单位安置人员与报备员额人员的人事管理、社保服务等工作。建设人事考试试卷保密库房。

【工资福利】 2019年，市人力社保局审核良种场、鱼种场、交通设计所、汽车检测站等7家单位的在职退休人员经费提留，涉及389人。规范岗位聘任管理，建立常态化岗位管理工作机制。聘任正高级专家51人次。完成教育系统事业单位岗位设置，64名工作人员入岗并调整岗位工资。对在县以下基层单位工作的农林水科技人员继续实行薪级工资浮动。完善事业单位年终考核奖政策。实施女专家退休年龄确认制度，制定事业单位高学历人才待遇激励措施。

（司松松）

·就业创业·

【概况】 2019年，东阳市城镇增加就业26638人，失业人员实现再就业6533人，帮扶就业困难人员再就业1717人，城镇登记失业率1.61%。培育“青创之星”20人，发放创业担保贷款2708万元。开展各类培训22298人，其中大中专学生创业培训873人。开展农民素质提升培训，完成县级实用人才培训2019人，转移就业培训516人，职业农民培训280人，市级实用人才培训50人，省级实用人才培训45人。

【就业创业援助】 2019年，市人力社保局组织“春风行动”公益性招聘会、残疾人专场招聘会、东西部劳务扶贫招聘会和28场乡镇就业集市。完善就业创业政策，制定《东阳市做好当前和今后一段时期就业创业工作相关政策实施细则》《东阳市就业创业培训补贴实施办法》和《东阳市就业创业培训管理办法》。制定《东阳市技能提升行动实施方案（2019—2021年）》，完成2019年技能提升行动13000人的目标任务。举办第四届青年创业大赛、创业论坛3场、创业沙龙2场。创建省级高质量就业社区（村）5个，建成创业孵化基地7家，其

2019年6月19日,由市人力社保局、市商务局、团市委共同举办的东阳市第四届青年创业创新大赛在广厦学院举行　(胡扬辉/摄)

中老酒厂梅客邦创业园被认定为金华市创业孵化示范基地。

【东西部对口扶贫劳务协作】 2019年,东阳市帮助贫困地区(中西部22个省份)到市内稳定就业8078人,帮助对口帮扶的4个省份到市内就业4421人,开展对口帮扶的4个省份贫困人口就业培训377人次。5月22日,承办浙江省"工伤保险走进就业扶贫基地"普法宣传活动启动仪式。6月20—21日,承办金华市建档立卡贫困人员技能提升示范培训班。横店集团东磁股份有限公司被评为浙江省就业扶贫基地。

(司松松)

·人才交流·

【概况】 2019年,东阳市举办人才交流大会56场,2658家次用人单位参加招聘,推出岗位68292个,进场应聘27942人次,登记15987人,达成就业意向9951人。到北京、上海、杭州、武汉、西安等人才集聚地组织人才招聘活动51场,引进各类人才1943人。与长安大学、西安科技大学、河南工程学院、河南工业大学、郑州大学5所高校开展人才智力项目合作,合作高校增至30所。发放人才购房券18张,金额880万元。发放人才生活津贴和安家津贴310.3万元,受益450人次。发放普通高校在校生实习生活补贴168.2万元。发放赴外引才补贴,补贴引才企业378家次40余万元。引进大学生12139人,其中硕士研究生283人、博士研究生40人,增加省级以上博士后科研工作站1家。

【人才招聘大会】 2019年2月14日、7月13日,东阳市召开春季、夏季人才交流大会,279家单位参加招聘,提供岗位7893个,入场人数3248人,达成意向人数991人。9月,举办网上秋季人才交流大会,221家用人单位推出工作岗位1686个。

2月11—16日,配合东阳三建、中天集团、浙江城建、花园集团、横店集团连续举办5场企业专场人才招聘会,109家单位参加招聘,提供岗位3938个,入场人数9660人次,收到简历3640份,达成意向人数1291人,当场录用281人。

2月15—19日,安排5场新春系列人才招聘会。该系列招聘会首次细分行业门类,涵盖建筑、园林、餐饮、财会、教育、医药、电子等各行业,特别举办木雕红木家具及技能人才招聘会。141家用人单位参加,推出岗位5175个,接待1622人次,登记1079人次,达成初步意向483人,录用95人。

协助市内高校举办毕业生双选会。5月11日,浙江、上海、江苏等地近800家参展单位到广厦学院设展招聘,为2800余名毕业生与实习生推出建筑业、制造业、室内设计、建筑经济管理、外贸3万余个岗位。6月1日,浙江横店影视职业学院2019年毕业生校园招聘会用人单位数量近300家,提供就业或实习岗位5000余个,参会学生3000余人,用人单位对招聘会服务工作满意度93%。

【高技能人才队伍建设】 2019年,东阳市增加智能门(锁)、光电、新能源汽车等八大重点行业和数字经济、生命健康两个专项为321专业技术人才培养选拔范围。深化职称制度改革,突出东阳市建筑、工艺美术和影视文化三大重点产业,改革人才评价办法和评审模式,首次采用现场面试直评、驻外企业视频面试直评、电话视频面试直评等模式开展现场直评工程师和职称初定活动。入选省"百千万"高技能领军人才第二层次3人、第三层次25人,入选金华市首席技师3人,25人被评为金华市技能之星。全年发证11557人,其中技师144人、高级工1236人、中级工2421人。增加高技能人才3327人、副高级职称458人。

【"优秀学子家乡行"活动】 2019年7月15日,市人力资源和社会保障服务中心组织34名优秀学子(包含1名博士、3名硕士、1名常春藤系海外学子及8名"双一流"高校本科生)参加"2019年度金华市学子家乡行"活动。学子们参观金华城展馆,考察特色产业优质企业等。7月31日,组织开展"第二届优秀东阳籍大学生家乡行"活动,浙江大学、复旦大学、上海交大等66所知名高校的101名东阳籍优秀大学生报名参加。学子们参观花园村史馆、花园外国语学校、党群服务中心、中国农村博物馆和浙江花园铜业有限公司。

(司松松)

·社会保障·

【政策调整】 2019年,市人力社保局联合税务部门印发《关于阶段性降低社会保险缴费和降低社会保险费率有关问题的通知》,减征制造业、交通运输业、建筑业等行业企业两个月单位缴费，全市养老保险降费惠及8124家企业，减征5308万元；工伤险降费惠及5190家企业，减征389万元；失业险降费惠及10788家企业，减征540万元。实施失业保险费率单位缴费比例下调政策，为全市6681家企业减负约2471万元。落实失业保险稳就业社保费返还政策，返还3399家企业社保费1.63亿元，涉及8万余名职工。落实企业社保补贴政策和稳岗补贴政策，发放企业社保补贴118万元，发放稳岗补贴249万元。落实职业技工等学校学生在实习期间和超过法定退休年龄人员在继续就业期间参加工伤保险政策。

2019年10月22日，市人力社保局工作人员在市行政服务中心门口开展“东阳无欠薪”政策法规宣传活动 （包康轩/摄）

【社会保险】 至2019年年末，东阳市参加职工基本养老保险350623人，比上年增加19536人，其中参保缴费242751人，离退休107872人；城乡居民基本养老保险314987人，其中参保缴费207858人，领取养老金107129人；工伤保险参保253580人，比上年增加71589人，其中建筑工伤参保64986人；机关事业单位养老保险参保19183人，机关事业单位退休人员9345人；被征地农民养老保障24056人，其中待遇享受5831人。

（司松松）

·劳动关系·

【劳动用工管理】 2019年，东阳市开展规模以上企业工资集体协商要约行动，推动红木家具和钢带行业规范用工行为。加强劳动法律法规指导，把好集体合同、工资等专项合同审查关，为企业和职工提供指导服务。加强国有企业劳动用工管理，按程序实行统一公开招聘，组织公开招聘8次。开发完成机关事业单位编外用工管理数据库，机关事业单位编外用工管理纳入信息化管理。

【“东阳无欠薪”建设】 2019年，市人力社保局通过督查调研、在建工程大检查、学习交流、召开培训会、制定在建工程项目“一项目一档案”管理制度等方式推进“东阳无欠薪”建设。依托社保平台，开展联合预警，应用“互联网+监管”，开展“双随机”执法检查。落实在建工程项目六项制度，开展夏季和冬季“根治欠薪”行动。

【劳动争议仲裁】 2019年，东阳市受理劳动人事争议案件1962起，其中乡镇调处案件724起，企业调处案件876起，占总案数的81.5%；仲裁院受理案件362起，调解成功率91%，结案率92%。全市18个镇乡街道、经济开发区和10家企业建立劳动争议多元化解中心。东阳市召开劳动争议多元化解推进会，下发多元化解机制建设工作方案和工作指标，整合镇乡街道人民调解、行政调解、司法调解力量，推进劳动争议多元化解机制建设。总结提升江北街道和白云街道多元化解机制建设经验，根据人社部对基层多元化解机制建设的验收评估要求，对场地建设、制度规范、工作台账、案件上线等方面进行完善。11月13日，国家人社部调解仲裁管理司司长张文淼到东阳市调研东阳市劳动人事争议仲裁院实体化建设、仲裁文化建设及联调中心、网上调解等工作，要求推广东阳市基层调解仲裁工作经验。举办劳动争议多元化解工作会议暨劳动人事法律法规知识培训。会议表彰2019年度东阳市劳动争议调解组织先进单位和金牌调解员。会后开展2019年劳动人事法律法规培训，全市350余名基层调解工作人员参加培训。

（司松松）

医疗保障

【概况】 2019年，全市基本医疗保险参保人员85.48万人，其中职工医保参保22.75万人，城乡居民医保参保62.73万人，基本医疗保险户籍人员参保率99.9%；全市生育保险参保14.43万人。

1月22日，根据《东阳市机构改革方案》，东阳市医疗保障局（简称市医保局）在吴宁街道振兴路609号挂牌成立，3月25日搬迁至市行政中心大楼16楼办公。市医保局内设办公室、综合业务科和基金监管科3个科室，下设东阳市医疗保障中心。市医保局核定行政编制8人，实有人数8人；市医疗保障中心核定事业编制20人，实有人数20人。

【医保金华市级统筹】 自2019年1月1日起，东阳市开始执行金华市统一的基本医疗保险及大病保险政策，医疗保险结算年度统一调整为自然年度，全市范围内统一缴费标准、统一政策待遇、统一医保管理，金华市域内就医报销无差别。6月9日，市医保局完成新医保信息系统的上线切换工作，接入全市统一的医保结算平台，基本医保、大病保险、医疗救助和工会互助等实现"3+N"一站式结算。推进医保支付方式改革,在全市住院医疗机构中推行金华市统一的住院医疗服务按DRGs点数法付费,疾病分组635组。

【慢性病门诊保障】 2019年,市医保局执行全省统一的慢性病门诊保障制度,将高血压、糖尿病等12种常见病纳入慢性病门诊保障范围,将保障人群范围从城乡居民扩大至所有参加基本医保人员,慢性病门诊基层报销比例不低于60%。加强慢性病配药管理,参保人可凭市内定点医疗机构外配处方到40家指定药店刷卡购药。慢性病就诊人数89746人,就诊260242人次,总费用2736.89万元,统筹支付1343.13万元。

【生育保险政策调整】 2019年,东阳市开展生育保险与职工医疗保险合并实施工作,完善生育保险待遇支付政策,实现生育医疗费用在定点医疗机构直接结算,相关津贴待遇支付实现无感智办;将生育津贴发放至个人,根据单位属性,分类指导机关事业单位、企业等开展津贴待遇发放工作,避免基金重复发放。

【新生儿出生"一件事"办理】 2019年3月,市医保局牵头联系市卫健局、市公安局,搭建"钉钉"审批平台,实现新生儿出生"一件事"在医院一站式办理,即在医院同时完成出生医学证明办理、出生户口申报、基本医疗保险参保、社会保障市民卡申领。至年末,新生儿出生"一件事"办理5048人次。该做法在《浙江日报》刊发,得到副省长成岳冲的批示。

【医保移动支付】 2019年,东阳市进入"扫码就医"时代,通过电子社保卡的应用拓展,市人民医院、市中医院、市妇女儿童医院、34家定点零售药店及医务室开通无卡全流程就诊就医医保结算。群众通过在浙里办APP领取电子社保卡,就诊时无需携带实体社保卡,只需出示手机上的二维码,将手机放入"扫码区"即可完成查询、自助机挂号、诊间就诊、医保支付结算等服务。该工作经验在《金华日报》进行刊登宣传。

【意外伤害监管机制】 2019年,市医保局引入第三方保险公司对意外伤害医疗费用进行全覆盖调查,防止意外伤害医保支付领域的欺诈骗保行为,确定"以追回基金作基数,以限定最高费率为服务费率支付调查服务费"的工作方案,其中最高费率通过招标确定,每年按5%进行递增。经过公开招投标,中国人寿保险东阳支公司以第一年0%的最低价中标,协助市医保局开展医保意外伤害监管工作。建立意外伤害监管复核机制,对外伤待遇病案信息进行稽核、重点调查、及时处理。

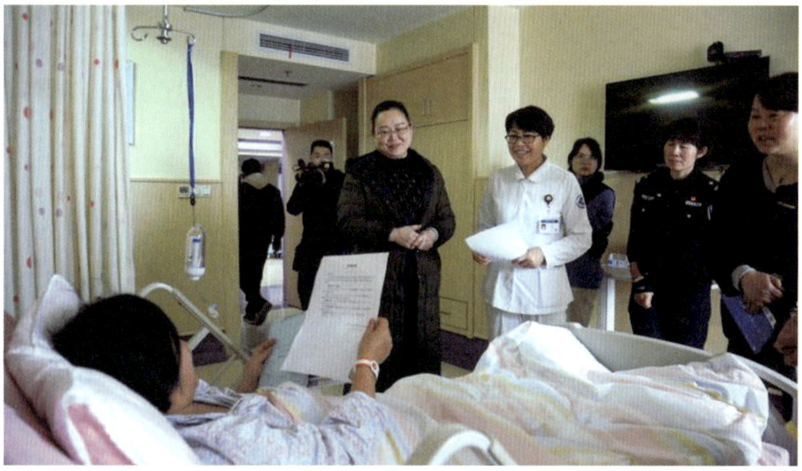

2019年3月4日,市医保局、市公安局工作人员到市人民医院为新生儿办理出生"一件事" (市医保局提供)

【规定病种政策完善】 2019年,市医保局调整规定病种政策,统一特殊病种和慢性病种的病种范围、数量、评审标准、支付范围,将规定病种的评审和登记备案延伸到医疗机构办理,实现规定病种"一件事"。组织规定病种专家开展复审工作,对19个规定病种846份评审登记备案的档案资料进行再审查,落实整改审查中发现的问题。6月4日,市医保局在市人民医院学术报告厅召开东阳市规定病种管理工作业务培训会议,培训会邀请金华市医疗保障中心书记丁巧兰讲解《金华市规定病种鉴定标准》,市医保局工作人员解读《东阳市基本医疗保险规定病种管理实施方案》。

【医保经办服务效率提升】 2019年,市医保局推动医保服务事项从"网上办"向"掌上办"升级,在浙里办APP开通医疗保障专区,统一接入29个金华医保服务事项,实现所有医保服务事项"掌上办"。开展"联合办"工作,实现新生儿出生、退役军人、社保转移、企业开办、助残、转外就医、规定病种备案、退休等多个事项"一件事"联办。7月22日,市医保局将医保经办服务窗口搬迁至市行政服务中心4楼大厅,设立医保综合服务专区,实施医保业务"一窗综合受理"。实施医保经办服务"延伸办",将参保登记、大病选缴、信息变更等医保征缴业务延伸到全市18个乡镇365便民服务中心、有能力承接医保业务的社区及9家银行的132个网点办理;将市外医疗费用报销申请受理延伸到25家基层医疗机构代办。实施经办窗口"提速办",将原来需要20个工作日办结的医保零星报销业务,缩减至7个工作日内完成,东阳市医疗费用报销量占比从2018年的34%降低到15%以下,医保报销受理总量比上年下降14%。实施医保经办"无证明",通过直接取消、个人承诺、部门核验及数据查询等方式取消涉及7个医保业务经办中的4种证明材料,方便群众办事8800余人次。

【定点医药机构协议管理】 2019年,市医保局组织实施医保定点机构协议管理申请登记工作，有27家医药机构提出申请，通过资料审核、现场勘验、综合评估、公示和协议签订等环节，增加21家机构为东阳市医保定点医药机构，其中医疗机构3家、零售药店18家。全市有定点医疗机构133家、定点零售药店47家。全年便民服务941人、2217人次，总费用127958元，报销金额114087元。

【上山进岛使用服务点建设】 2019年，市医保局联合市市场监管局推动省民生实事之一的“设立送药上山进岛便民服务点”在东阳市落地，确定东阳江镇延寿堂药店和马宅镇塘里村卫生室2家单位为送药上山进岛便民服务点，优先纳入医保定点协议管理单位。全年便民服务941人、2217人次，总费用127958元，报销金额114087元。

【跨省异地就医直接结算】 2019年，东阳市开通东阳与上海之间双向门诊费用直接结算功能，实现长三角门诊直接结算互联互通，东阳市参保人备案后可在上海市600余家联网医院门诊刷卡直接结算，市人民医院、市中医院、市妇女儿童医院、横店文荣医院、横店医院等13家医院实现长三角异地就医门诊直接刷卡结算。扩大异地就医结算范围，增加画水中心卫生院、南马中心卫生院和六石社区卫生服务中心3家医疗机构开通异地就医直接结算功能，全市有14家医院实现异地就医直接结算。东阳市跨省异地就医住院直接结算1448人次，总费用3497.52万元，医保基金支出1899.27万元；长三角异地门诊直接结算799人次，总费用14.38万元，医保基金支出5.62万元；省内市外异地就医105693人次，总费用26668.94万元，医保基金支出16116.86万元；在金华市其他县市直接刷卡结算64452人次，统筹基金支出4093.63万元。

【医保基金安全专项治理】 2019年，市医保局开展医保基金安全专项治理行动，和杭州市、义乌市联合开展定点零售药店异地交叉专项检查。至年末，东阳市现场检查定点医药机构93家，现场检查覆盖率54.3%，其中47家定点药店检查实现全覆盖，查处违规定点医药机构53家，其中定点医疗机构7家，暂停1家定点医疗机构的医保结算服务；暂停6家定点药店的医保服务协议，追回医保基金172.1万元，协议扣款13.41万元；查处医保执业医师9人，约谈2人，扣除积分29分。

2019年4月20日，市医保局举办“打击欺诈骗保 维护基金安全”现场宣传活动 （市医保局提供）

【宣传活动】 2019年，市医保局开展“打击欺诈骗保 维护基金安全”集中宣传月活动，在定点药店、定点医院张贴宣传海报，利用各单位电子显示屏，滚动播放动漫宣传片和宣传标语。4月20日，在鬯门广场举办东阳市“打击欺诈骗保 维护基金安全”现场宣传活动，通过《东阳日报》《金报东阳》、东阳电视台、“东阳发布”微信公众号等媒体宣传欺诈骗保的违法违规行为、典型案例、举报奖励和举报渠道。

（王倩雅）

民政管理

·综述·

【概况】 2019年，东阳市民政局向民政部、省民政厅、金华市民政局争取资金4317.3万元，民政事业费支出12971.9万元。建成居家养老服务照料中心406家，其中示范型居家养老服务照料中心6家，现有各类养老机构27家，总床位数7265张，审批低保对象7438人。发放低保救助金3364.9万元、特困供养金382.6万元、春节慰问金182.4万元、省部级无固定收入劳模补助3.6万元、困难群众物价补贴298.1万元。

【全国农村社区治理实验区创建】 2019年12月18日，东阳市通过全国农村社区治理实验区创建工作中期评估。市民政局指导各镇乡街道择优申报2019年度星级田园社区，全年创建五星级田园社区15个、三星级田园社区50个。创建省级引领型农村社区5个、金华市级完善型农村社区15个、金华市城乡精品社区3个。城东街道单良村党支部书记单章新、南市街道大联村党支部书记张卫勇、歌山镇王村光村党支部书记王利杨、湖溪镇镇西村党支部书记张立明被选为金华市农村社区工作领军人才。制定《关于分类推进田园社区建设的指导意见》，实施分类指导、分类推进。开展“四进社区”（文教服务、医疗服务、社会服务、信息服务进社区）服务群众活动，整合社会化服务资源，将相关服务延伸至城乡社区。

【首届全国农村社区治理讲习班开班】 2019年12月9—12日，由民政

2019年东阳市社区创建一览表

表52

分 类	名 称
五星级田园社区	吴宁街道东街社区、江北街道茗田社区、六石街道北后周村、城东街道寀卢村、南市街道梨枫村、横店镇联盟村、南马镇南新村、巍山镇甲坵村、歌山镇大里村、千祥镇云头村、湖溪镇郭一村、画水镇陆宅村、虎鹿镇三星村、东阳江镇下街头村、马宅镇雅坑村
引领型农村社区	六石街道湖心塘村、南马镇联合村、歌山镇王村光村、画水镇许宅村、虎鹿镇葛宅村
金华市级完善型农村社区	六石街道北后周村、城东街道寀卢村、南市街道大联村、横店镇联盟村、南马镇南新村、巍山镇金鑫村、歌山镇大里村、千祥镇云头村、湖溪镇郭一村、画水镇陆宅村、虎鹿镇蔡宅村、东阳江镇横锦村、马宅镇塘里村、佐村镇上村、三单乡三单村
金华市城乡精品社区	吴宁街道东街社区、江北街道茗田社区、横店镇联盟村

部主办的首届全国农村社区治理讲习班在东阳市举行。农业农村部政策与改革司工作人员、全国基层政权建设和社区治理专家委员会有关专家做专题授课。江苏省南京市高淳区、福建省福鼎市、河南省汝州市、贵州省贵定县、东阳市介绍典型经验做法。学员围绕学习贯彻党的十九届四中全会精神、加强全国农村社区治理实验区工作进行分组讨论，到城东街道单良村、南马镇花园村进行现场教学。全国各有关省(自治区、直辖市)民政厅(局)基层政权建设和社区治理处负责人、全国农村社区治理实验区民政局主要负责人等100余人参加培训。

2019年12月9—12日，由民政部主办的首届全国农村社区治理讲习班在东阳市举行 (市民政局提供)

【社会工作管理】 2019年，市民政局修订《东阳市专职社区工作者管理办法》，加强专职社区工作者队伍建设。该办法明确专职社区工作者岗位职责、薪酬待遇、培训管理等内容，动员各镇乡街道、机关部门、社会组织等相关工作人员954人报考全国社会工作者职业水平考试，159人通过考试并领取社工证书，其中初级126人、中级33人。

(潘 婷)

·社会福利·

【养老机构建设】 2019年，市民政局指导省重大产业项目——红枫林养老中心建设，2月该中心投入运行。加快花园老年公寓扩建项目和福特颐养院新建项目建设。向南市养老中心等7家养老机构发放专项奖励82万元，下拨民办养老机构床位建设补助49.2万元，喜洋洋康乐中心等8家养老机构护理型床位补助69.6万元，各相关养老机构政策性机构责任险补助18.38万元。6月，市民政局开展安全生产月活动，指导养老机构进行消防演练，制订全市养老机构安全托管计划，委托保安排摸全市养老机构消防情况。完成市社会福利院和6家镇敬老院消防改造工作，全市拨付养老机构消防安全改造补助资金389万元。

【居家养老工作】 2019年，市民政局指导创建星级居家养老照料中心，创建星级居家养老照料中心36家。实施家庭签约医生定期上门服务制，引入杭州菲尔德经济信息咨询有限公司督查指导居家养老照料中心运行。完成画水镇许宅村、江北街道石宅村、佐村镇上村村、南市街道横城村洗马塘村、千祥镇岭脚村5家居家养老照料中心的改扩建工作，完成湖溪镇、画水镇、六石街道、马宅镇4家乡镇示范型居家养老服务中心创建工作。居家养老照料中心运行率80%以上。开展居家养老照料中心评估核查工作，下拨照料中心建设补助10万元，星级奖励补助76万元，运行补助、统筹补助和服务补助1508.18万元，示范型居家养老服务中心建设和奖励资金184.19万元。

【孤儿及困境儿童保障】 2019年11月15日，东阳市未成年人救助保护中心在社会福利院挂牌成立。市民政局落实困境儿童政策，提高机构供养孤儿和社会散居孤儿养育标准，机构供养孤儿养育标准从每月2060元提高至2187元，社会散居孤儿养育标准从每月1648元提高至1750元。审批困境儿童18人，取消49人。全市有机构供养孤儿14人，社会散居孤儿16人，其他困境儿童对象159人，下拨困境儿童福利资金126.52万元，孤儿救助金15.91万元。开展农村留守儿童保护工作，指导各镇乡街道摸底排查农村留守儿童，全市有农村留守儿童724人。

【福利企业管理】 2019年，东阳市有福利企业35家，实现销售收入近21.6亿元，年均安置职工2521人，其中残疾职工892人，占35%。各福利企业支付残疾职工劳动报酬3440余万元，为残疾职工交纳五项社会保险金额1111余万元，残疾职工参保率100%。

【慈善事业发展】 2019年，第三届慈善总会完成换届选举工作，张卫伟当选执行会长，郭立成当选常务副会长。9月5日，市民政局联合市慈善总会举办以“人人慈善 大爱东阳”为主题的中华慈善日专题文艺晚会。整合社会资源，在三单乡中心学校建立“关爱儿童之家”，以慈善基地为阵地，开展慈善公益活动，完成2019年度东西部扶贫协作任务220万元扶贫资金。

【福彩事业发展】 2019年，东阳市销售福利彩票4748.49万元，中出25万元全国累积奖7个。中福在线东阳红椿巷销售厅、中福在线横店销售厅强化管理，巩固星级评定成果，实施“阳光福彩”工程建设，制作公益墙，公布2018年度福利彩票公益金筹集、使用情况。

【老龄工作】 2019年，市民政局完成老年电大春季课本征订工作，征订课本15392本，比上年同期增长27.23%；秋季课本征订工作移交给市卫健局完成。投入经费93.74万元，为全市3.75万80周岁及以上高龄老人和60周岁及以上低保、特困等6种对象全额补贴购买老年人意外伤害保险。开展“老年优待证”办理工作，制发“老年优待证”17325张，有百岁老人39人。加强老年体育工作，在老年活动中心开展乒乓球、门球、气排球等活动，日均参加活动近400人次。

2019年9月5日，市民政局联合市慈善总会举办以“人人慈善 大爱东阳”为主题的中华慈善日专题文艺晚会（市民政局提供）

【福利院工作】 2019年，市福利院在院老人230人，孤残儿童弃婴17人，办理涉外收养1人，收留困境儿童寄养5人。接受社会捐赠钱物115403元，其中现金500元，物品价值114903元。开展消火栓和灭火器实际操作培训4次、应急消防演练1次。定期开展护理技能培训，上门评估入住老人50人次。开展为老活动，成立“老年互助组”，组建“夕阳红合唱团”，邀请专业老师到市福利院教学，组织健康知识、防诈骗知识讲座，举办老年春季趣味运动会、联欢会等，开展文艺演出12次，播放电影40余部。加强儿童养育、教育、康复工作，落实“添翼计划”（由浙江省民政厅组织实施，将贫困家庭残疾儿童收入到儿童福利机构进行阶段性集中养育康复的项目，主要内容包括：集中养育、免费康复、家长康复技能培训、回访服务），2名职高生在东阳技校学习，3名儿童在校接受教育。

（潘　婷）

·社会救助·

【概况】 2019年，市民政局制定《关于进一步加强社会救助工作的实施意见》，梳理低保、低保边缘、特困供养、临时救助等各项社会救助工作标准和申请流程，落实“社会救助一件事”，缩减办理时限，实现一证通办，全年为1809户家庭快速办理社会救助。城乡低保标准由每月720元提高至750元，特困供养标准由每月1120元提高至1282元，生活完全不能自理对象补助由每月750元提高至950元。加强社会救助政策宣传，制作分发海报2000份、宣传折页34万份。

【低保对象动态监管】 2019年，市民政局核对新申请低保对象、临时救助对象、低保边缘对象2276人次，原享受低保对象、低保边缘对象26816人次。增加低保对象1026人、低保边缘对象471人，退出低保对象885人、低保边缘对象828人。至年末，全市有低保对象7431人，低保边缘对象2380人。

【低保专项治理】 2019年，市民政局通过政府购买服务，委托东阳市博捷统计事务所抽查全市低保家庭实际生活状态1600余户。指导各镇乡街道规范低保救助申请审批、动态管理、准入门槛、监督管理等工作，各镇乡街道入户调查5363户，清退低保对象448人，增加低保对象569人。

【流浪乞讨人员救助】 2019年，市救助管理站依法救助流浪乞讨人员1210人，护送精神病人返乡15人。安排专人加大对城区主干道和桥梁、涵洞、人员密集的公共场所生活无着人员的巡查力度，确保流浪乞讨人员的人身安全。开展“夏季送清凉”活动，救助流浪乞讨人员115人次，发放方便面35箱、矿泉水50箱、药瓶若干。开展“寒冬送温暖”活动，救助87人次，发放棉衣被52床、方便面31箱。

（潘　婷）

·社会事务管理·

【地名管理】 2019年，市民政局开展6561条地名普查成果归档工作，清理整治不规范地名7条。《东阳市地名志》初稿通过二次评审。完成“绍金线”界线联检和日常界桩检查工作。编排门牌5206户，核发“门牌证”1385本，安装门牌1202块，安装道路指示牌275块，修整污浊、破损道路示牌55块。

【村(社区)挂牌整治】 2019年，市民政局开展村(社区)“职责、牌子、制度”专项整治工作，摘除对外挂牌(竖牌)2块、室外服务标识牌149块、室内功能室指示牌278块，下墙制度793块，清理涉村(社区)事项24项，整合宣传阵地345处。

【水库移民后扶】 2019年，市民政局核减2018年度移民143人，核定2019年直补人口20741人，发放直补资金1247.63万元。完善项目申报入库、项目实施管理、工程完工验收、项目资金拨付等流程，全年安排移民项目69个、移民资金1889万元。开展“入千访万”活动，走访移民村68个、移民123户，排摸困难移民等重点帮扶对象基本信息，实施分类建档，精准帮扶。

【民政行政审批】 2019年，市民政局落实“无证明”城市、“最多跑一次”相关工作，启动婚育户、收养“一件事”联办工作，办理婚育户联办事项633项。推进婚姻登记规范化建设，开展婚姻家庭辅导工作，为1958对夫妻提供情感和婚姻辅导，其中467对夫妻愿意修复家庭关系，劝和率23.8%。5月20日，市民政局婚姻登记处举办东阳市首届结婚登记集体颁证仪式，市民政局局长为10对新人颁发结婚证。全年办理结婚登记5247对、离婚登记1739对，补领结婚证1667件、离婚证120件。办理收养登记19件，异地人员遗体运回火化13件，社会团体名称预登记、成立许可、登记注册、变更登记、注销登记61件，民办非企业单位名称预登记、成立登记、变更登记、注销登记464件，基金会名称预登记、成立登记、变更登记4件。

【殡葬管理】 2019年，市民政局开展殡葬领域突出问题专项摸排工作，协助镇乡街道处理殡葬违规违法事件4起。指导50个生态墓地开展星级创建，抓好骨灰跟踪管理，抽查生态墓地108处，核查死亡人员骨灰安放情况，以入葬生态墓地或寄存殡仪馆为主。倡导绿色殡葬，组织参加海葬2次，实施海葬10例、树葬5例。东阳市西甑山公墓有限公司全年销售墓穴228穴，实现销售收入432.24万元。通过数据联动，实现逝者身后事“码”上联办，从“群众跑腿”向“数据共享”转变，至年末，东阳市“逝者部门联办平台”受理百姓身后事3949例。市殡仪馆完善基础设施建设，购置冷藏柜2组、骨灰存放架200格、殡仪车5辆，安装高档火化炉2台。全年安全行车40万余千米，火化遗体5869具、整容282次、冰尸3906具、骨灰寄存1930盒，举办追悼会39场、遗体告别246场，拒收现金4600元，退回红包42个。落实殡葬惠民政策，全年减免殡葬惠民421.3万元，为84名五保、低保等对象减免骨灰盒26600元，处理陈尸2具。

（潘　婷）

·社会组织管理·

【概况】 2019年，市民政局办理社会团体、民办非企业单位、基金会成立登记220个，变更登记62个，注销登记15个。至年末，全市有各类社会团体202个，民办非企业单位555个，基金会4个。完成2018年度社会组织年检工作，参加年检的社会组织有518个，其中419个合格、16个基本合格、68个不合格、13个已注销、2个正在办理注销。完成2018年度社会组织等级评估工作，11个社会组织被评为AAA级及以上，其中AAAAA级1个，AAAA级4个，AAA级6个。

2019年东阳市第五届社会组织公益创投项目一览表

表53

序号	项目名称	项目机构
1	太极文化进社区	东阳市太极拳协会
2	“三社联动 共筑平安”组建社区救援队项目	东阳市红十字救援队
3	“公益大巴”——便民服务进田园社区	东阳市义务工作者协会
4	晨夕相伴 不在孤寂中老去	东阳市晨夕相伴社会工作服务中心
5	助矫修心行动	东阳市社区矫正协会

续表53

序号	项目名称	项目机构
6	关爱老人——走进美丽乡村	东阳市一米公益协会
7	文艺娱乐助残服务活动	东阳市湖溪镇社会组织服务中心
8	温暖老人心 相约在礼堂	东阳市柽溪公益志愿者协会
9	活力常青树——筑爱空巢老人	东阳市乐义社会工作服务中心
10	关爱空巢老人,托起七彩夕阳	东阳市南翔社会工作服务中心

【公益创投项目】 2019年,市民政局完成第四届公益创投项目的末期评估工作,投入资金60万元,资助项目10个,开展活动600余场次,惠及群众近4万人次。启动第五届公益创投项目,立项资助公益创投项目11个。实施项目培训5次、项目督导7次。孵化培育社会组织,6个社会组织入驻孵化培育基地(基地地址:培新路1号),开展活动近200场次,受益人数逾万人次。7月10日,举办东阳市第五届社会组织公益创投项目签约暨"公益大巴"便民服务进田园社区启动仪式,有11个公益创投项目入选。

【东阳市社会团体年度检查】 2019年,市民政局对2018年6月30日前经市民政局核准登记的社会团体实施年度检查。

合格社会团体(168个)

东阳市白云街道老年人协会
东阳市画水镇农民合作经济组织联合会
东阳市乒乓球协会
东阳市针织行业协会
东阳市历史文化研究会
东阳市横店影视城演员公会
东阳市一米公益协会
东阳市东阳江镇老年人协会
东阳市磁性材料行业协会
东阳市卢宅历史文化研究会
东阳市台胞台属联谊会
东阳市巍山镇农民合作经济组织联合会
东阳市机动车驾驶员协会
东阳市音乐舞蹈家协会
东阳市虎鹿镇农民合作经济组织联合会
东阳市保安技术防范行业协会
东阳市人民调解协会
东阳市佐村镇农民合作经济组织联合会
东阳市三单乡农民合作经济组织联合会
东阳市香榧产业协会
东阳市农民合作经济组织联合会
东阳市诗词楹联学会
东阳市花卉协会
东阳市环境卫生协会
东阳市政协书画社
东阳市社区矫正工作协会
东阳市婺剧促进会
东阳市文化经营行业协会
东阳市民爆狩猎协会
东阳市易制毒化学品行业协会
东阳市佐村镇老年人协会
东阳市画水商会
东阳市佛教协会
东阳市汽车流通行业协会
东阳市东阳江镇农民合作经济组织联合会
东阳市企业家协会
东阳华夏复薪国学会
东阳市总商会
东阳市长跑协会
东阳市武术协会
东阳市六石街道农民合作经济组织联合会
东阳市汽车维修行业协会
东阳市三单乡老年人协会
东阳市现代物流行业协会
东阳市农产品经纪人协会
东阳市农民专业合作社联合会
横店影视产业协会
东阳市广东从业商会(广东东阳商会)
东阳市房地产业协会
东阳市太极拳协会
东阳市教育学会
东阳市食品工业协会
东阳市退离休教育工作者协会
东阳市虎鹿镇老年人协会
东阳市商贸流通行业协会
东阳市电子商务协会
东阳市冬泳协会
东阳市影视旅游促进会
横店社团经济企业联合会
东阳市来料加工经纪人协会
东阳市木雕·红木家具行业诚信促进会
东阳市老年人体育协会
横店经济发展促进会
东阳市畜牧行业协会
东阳市义务工作者协会
东阳市信息产业协会
东阳市气排球协会
东阳市兰花协会
东阳市民营企业发展联合会
东阳市个体劳动者协会
东阳横店收藏家协会
东阳市广告协会
东阳市横店三农促进会
东阳市柽溪公益志愿者协会
东阳市木材行业协会
东阳市歌山镇老年人协会
东阳市信息网络安全协会
东阳市福舆公益协会
东阳市新生代创业创新人士联谊会
东阳市茶叶行业协会
东阳市吴宁商会
东阳市红木家具行业协会
东阳市横店人家民宿协会
东阳市旧货流通行业管理协会
东阳市工艺美术行业协会
东阳市南马仿古门窗协会
东阳市城东街道义务工作者协会
东阳市千祥镇老年人协会
东阳市衢州商会
东阳市梦想公益志愿者协会
东阳市皮革行业协会
东阳市磐安商会
东阳市谱牒文化研究会

东阳市建材工业协会
东阳市风景旅游业协会
东阳市白云商会
东阳市同心商家联合会
东阳市阳光公益志愿者协会
东阳市党外知识分子联谊会
东阳市茶文化研究会
东阳市老年书画研究会
东阳市射箭协会
东阳市马宅商会
东阳市天主教爱国会
东阳市横店镇老年人协会
东阳市集邮协会
东阳市南马镇老年人协会
东阳教授博士联谊会
东阳市摄影家协会
东阳市政协之友联谊会
东阳市慈善总会
东阳市服装行业协会
东阳市老年人协会
东阳市书法家协会
东阳市巍山镇老年人协会
东阳市渣土运输协会
东阳市志愿者协会
东阳市钓鱼协会
东阳市横店马拉松协会
东阳市横店武术协会
东阳市基督教三自爱国运动委员会
东阳市横店足球协会
东阳市反邪教协会
东阳市会计学会
东阳市社会福利企业协会
东阳市吴宁街道老年人协会
东阳市家庭装修行业协会
东阳市美术家协会
东阳市观赏石协会
东阳市水产行业协会
东阳市登山协会
东阳市农业生产资料流通协会
东阳市网络文化协会
东阳市劳动模范协会
东阳人联谊总会
东阳市古琴协会
东阳市与爱同行志愿者协会
东阳市医学会
东阳市职工技术协会
东阳市中医学会
东阳市湖溪镇老年人协会
东阳市黄埔军校同学会
东阳市席草行业协会
东阳市人民陪审员协会
东阳市水果行业协会
东阳市江北街道老年人协会
东阳市网球协会
东阳市网络界人士联谊会
东阳市光彩事业促进会
东阳市萧山商会
东阳市上海商会(上海市东阳商会)
东阳市南市街道老年人协会
东阳市护理学会
东阳市福建闽北商会
东阳市杂技魔术协会
东阳市足球协会
东阳市海外联谊会
东阳市留学人员和家属联谊会
东阳市作家协会
东阳市思想文化研究会
东阳市自行车运动协会
东阳市画水镇老年人协会
东阳市抗癌协会
东阳市道教协会
东阳市美发美容行业协会
东阳市城东街道老年人协会
东阳市六石街道老年人协会
东阳温州商会

基本合格社会团体(5个)

东阳市建筑业协会
东阳市新的社会阶层人士联谊会
东阳市缝制机械协会
东阳市农学会
东阳市药学会

不合格社会团体(17个)

东阳市机电行业协会
东阳市化工制药行业协会
东阳市节能协会
东阳市个体卫生工作者协会
东阳市农机协会
东阳市化工学会
东阳市企业联合会
东阳市质量协会
东阳市千祥中药材种植协会
中国国际商会东阳市商会
东阳市城北工业新区商会
东阳市马宅镇老年人协会
东阳市科技创新协会
东阳市仙游商会
东阳市汽车摩托车运动协会
东阳市体育舞蹈协会
东阳市丽水商会

已注销社会团体(1个)

东阳市价格协会

已申请注销清算审计社会团体(3个)

东阳市职工互助保障会
东阳市电工协会
东阳市家政服务行业协会

【东阳市民办非企业单位年度检查】 2019年,市民政局对2018年6月30日前经市民政局核准登记的民办非企业单位实施年度检查。

合格民办非企业单位(248个)

东阳市白云街道社会组织服务中心
东阳市红十字志愿服务总队
东阳市红十字救援队
东阳市磁性材料科技创新服务中心
东阳市南林木材科技服务中心
东阳市艺海木雕竹编研究所
东阳市木雕研究设计院
东阳市东式红木家具研究所
浙江省东阳市楼艺木雕研究所
浙江省东阳市黄派木雕研究所
东阳市老年电视大学
东阳市快乐老年旅游俱乐部
东阳市花园老年公寓
东阳市湖溪老年公寓
东阳市城东街道养老中心
东阳市歌山镇王村光长寿爱心院
东阳市喜洋洋康乐中心
东阳市夕阳红乐园
东阳市亲乐管家服务中心
东阳市南市养老中心
东阳市爱盟社会工作服务中心
东阳市画水养老中心
东阳市乐义社会工作服务中心
东阳市白云街道好孝心敬老院
东阳市横店共创共有共富共享工作中心(委员会)
中福在线东阳横店福彩销售中心
中福在线东阳福彩销售中心
东阳市马宅镇敬老院
东阳市社会组织服务中心
东阳市东阳江镇养老中心
东阳市巍山镇仙香敬老院
东阳市东阳江茜畴老年公寓
东阳市曜地残疾人托安养所
东阳市千祥镇养老中心
东阳市横店镇养老中心

东阳市南市街道敬老院
东阳市吴宁街道迎晖社区社会组织服务中心
东阳市吴宁街道朝阳社区社会组织服务中心
东阳市吴宁街道社会组织服务中心
东阳市南马镇中心敬老院
东阳市湖溪镇养老中心
东阳市郭宅康乐院
东阳市白云街道十里头社区社会组织服务中心
东阳市白云街道接官亭社区社会组织服务中心
东阳市六石街道社会组织服务中心
东阳市江北街道社会组织服务中心
东阳市精神残疾人托养所
东阳市巍山镇养老中心
东阳市天宝书院
东阳市红木家具职业技能培训学校
东阳市东磁技能培训学校
东阳市工美木雕职业技能培训学校
东阳市普洛康裕职业技能培训学校
东阳市交通职业技能培训学校
东阳市李宅技能培训学校
东阳市普洛家园药业职业技能培训学校
东阳市金象科技职业技能培训学校
东阳市横店技能培训学校
东阳市东峰制冷职业技能培训学校
东阳市联宜电机职业技能培训学校
东阳市中汽汽车摩托车运动俱乐部
东阳市纵横棋院
东阳市群德聚足球俱乐部
东阳市喜洋洋医院
东阳广福医院
东阳市癌症康复俱乐部
横店文荣医院
东阳市花园田氏医院
东阳亲和医院
东阳市昀辉堂中医门诊部
东阳医药门诊部
东阳市明星书画院
东阳市朝阳社区海鸥文艺演出队
东阳市古艺家具木雕博物馆
东阳横店万花园
东阳市望燕楼书院
东阳市紫檀博物馆
东阳市吴宁街道卢宅社区艺海之声合唱团
东阳市白云街道望江社区微笑文艺演出队
东阳市张国维纪念馆
东阳市白云开发区中山社区辉哥演出队
东阳市吴宁街道城南社区百合文艺演出队
东阳市婺州窑陶瓷文化研究所
东阳市聆越越剧艺术中心
东阳市黄小明木雕博物馆
东阳市吴宁街道黉宏民乐戏曲队
东阳市吴宁街道江滨社区越韵文艺演出队
东阳市岘南书画院
东阳市横店之声合唱团
东阳市横店镇禹山社区梦园演出队
东阳市西街社区群乐文艺演出队
东阳市欢乐舞动夕阳红文艺演出队
东阳市南风书画院
东阳市海纳书画研究院
东阳市横店华夏文化园
东阳市千祥镇启明星文宣队
东阳市金石传拓文化研究院
东阳市民革书画院
东阳爱心中医门诊部
东阳市青少年综合服务中心
东阳市吴宁街道城南社区社会组织服务中心
东阳市吴宁街道西园社区社会组织服务中心
东阳市吴宁街道东岘社区社会组织服务中心
东阳市吴宁街道西街社区社会组织服务中心
东阳市江北街道月亮湾社区社会组织服务中心
东阳市城东街道单良村文化礼堂发展中心
东阳市南市大田头幼儿园
东阳市画水镇吴宅1+1幼儿园
东阳市启迪教育文化培训部
东阳市画水棒棒糖幼儿园
东阳市横店镇育才幼儿园
东阳市横店下里市幼儿园
东阳市横店童星幼儿园
东阳市西庄幼儿园
东阳市春蕾学校
东阳市横店镇博士帽幼儿园
东阳市横店镇爱心学校
东阳市晨阳学校
东阳市永远小学
东阳市时代花园幼儿园
东阳市横店镇花朵幼儿园
东阳市横店小太阳幼儿园
东阳市海峡艺术学校
东阳市横店镇琴堂艺童幼儿园
东阳市正天文化补习学校
东阳市花园幼儿园
东阳市建工新村幼儿园
东阳市横店镇太阳城幼儿园
东阳市千祥镇蓝天幼儿园
东阳市吴宁江滨幼儿园
东阳市歌山镇野风幼儿园
东阳市吴宁健康成长幼儿园
东阳市白云街道新起点幼儿园
东阳市江北贝贝佳音幼儿园
东阳市西门幼儿园
东阳市解放幼儿园
东阳市红果果幼儿园
东阳市南马镇富国学校
东阳市绿贝儿幼儿园
东阳市贝贝佳音幼儿园
东阳市博大幼儿园
东阳市吴宁望江幼儿园
东阳市中天国际初级中学
东阳市中天国际小学
东阳市外国语培训学校
东阳市中天高级中学
东阳市尚学传麒学校
东阳市中天国际世纪花城幼儿园
东阳市南市上陈宅幼儿园
东阳市育英文化补习学校
东阳市花园职业技术学校
东阳市中天国际幼儿园
东阳市横店镇星光幼儿园
东阳市横店镇七色花幼儿园
东阳市南马清塘幼儿园
东阳市前程文化补习学校
东阳市三木校外辅导站

东阳市大风车幼儿园
东阳市江北西范幼儿园
东阳市江北蓝精灵幼儿园
东阳市南马金贝贝幼儿园
东阳市横店镇荆江幼儿园
东阳市防军柽溪幼儿园
东阳市南马防军大拇指幼儿园
东阳市爱科思幼儿园
东阳市南马星星幼儿园
东阳市野毛墩幼儿园
东阳市龙鼎幼儿园
东阳市画水镇新苗幼儿园
东阳市南市大联新星幼儿园
东阳市南马博才幼儿园
东阳市江北山口幼儿园
东阳市虎鹿镇小博士幼儿园
东阳市横店高级中学
东阳市红黄蓝幼儿园
东阳市画水凯乐幼儿园
东阳市银河文化艺术培训学校
东阳市吴宁苗苗幼儿园
东阳市万禾腾飞幼儿园
东阳市千祥镇阳光幼儿园
东阳市兰亭书画艺术培训学校
东阳市智慧树幼儿园
东阳市横店集团幼儿园
东阳市湖溪镇炉庄幼儿园
东阳市腾达文化培训中心
东阳市翰林写作培训部
东阳市贝思德文化培训部
东阳市吴宁童乐幼儿园
东阳市吴宁杨家幼儿园
东阳市开开教育辅导站
东阳市六石吴良幼儿园
东阳市阳光文化辅导站
东阳市幼学林幼儿园
东阳市文博教育培训中心
东阳市吴宁蓝天幼儿园
东阳市六石街道智慧星幼儿园
东阳市城东湖店幼儿园
东阳市画水镇明焕幼儿园
东阳市嘉依宝贝幼儿园
东阳市东方之星幼儿园
东阳市东方红教育辅导站
东阳市蒋桥头兴圆幼儿园
东阳市建澜小学
东阳市江北湖塘幼儿园
东阳市巍山镇幼儿园
东阳市京都明珠幼儿园
东阳市京都东方幼儿园
东阳市春晓幼儿园
东阳市巍山镇白坦二村幼儿园
东阳市巍山镇七彩阳光幼儿园
东阳市吴宁蓓蕾幼儿园
东阳市江南名邸幼儿园
东阳市横店镇小精灵幼儿园
东阳市纯正教育培训中心
东阳市赫博英语培训部
东阳市快乐大巴幼儿园
东阳市城东街道李宅社区群英幼儿园
东阳市响亮幼儿园
东阳市江北中心幼儿园
浙江省横店航空体育运动培训学校
东阳市南市昕梦幼儿园
东阳市南市智慧岛幼儿园
东阳市巍山镇怀鲁幼儿园
东阳市南市童彩幼儿园
东阳市名博幼儿园
东阳市七彩泡泡幼儿园
东阳市东岘阳光幼儿园
东阳市雨露幼儿园
东阳市煊乐幼儿园
东阳市奋进校外辅导站
东阳市横店镇后明幼儿园
东阳市喜洋洋幼儿园
东阳市顺风高级中学
东阳市黎明文化补习学校
东阳市白云新庄幼儿园
东阳市学灵思教育培训中心
东阳市金翅膀米奇幼儿园
东阳市五马塘幼儿园
东阳市书画艺术培训学校
东阳市文潭写作培训部
东阳市成长幼儿园
东阳市经典宝贝幼儿园
东阳市画水小脚丫幼儿园
东阳市黎明幼儿园
东阳市圣德堡幼儿园
东阳市画水镇画溪天天乐幼儿园
东阳市青芒果幼儿园
浙江省东阳市金盾保安培训学校

基本合格民办非企业单位(11个)

东阳市横店疗养院
东阳市康乐山庄
东阳市营造职业技能培训学校
东阳市农商银行应急救援队
东阳市江南美术馆
东阳求是特色英语培训部
东阳市利民高级中学
东阳市腾飞校外辅导站
东阳市吴宁上大路幼儿园
东阳市横店文荣实验学校
东阳市奋进外语培训学校

不合格民办非企业单位(51个)

东阳市东新青少年体育俱乐部
东阳市八华书画院
东阳市横店书画院
东阳市画人书画院
东阳市东白书院
东阳市雨花传统文化公益活动中心
东阳市复兴木文化展览馆
东阳市晨光文艺活动队
东阳市三峰书画院
东阳市同心书院
东阳市南山文艺演出队
东阳市百工园文艺演出队
东阳市虎鹿镇蔡宅村文化礼堂发展中心
东阳市江北街道猴塘社区甘东文化礼堂发展中心
东阳市木雕技术研究开发中心
东阳市日升昌生物技术研究所
东阳市海峰艺术服装学校
东阳市蒋菊兰服装培训班
东阳市通达电脑职业培训学校
东阳市军民电脑职业培训学校
东阳市伟峰服装职业培训学校
东阳市前程按摩职业培训学校
东阳市虎鹿镇敬老院
东阳市六石街道敬老院
东阳市横店街道天天青少年服务中心
东阳市维多利英语培训学校
横店集团职工培训中心
东阳市海燕舞蹈艺术培训学校
东阳市金桥文化补习学校
东阳市吴宁金星幼儿园
东阳市吴宁群乐幼儿园
东阳市江北幼儿园
东阳市木雕技术学校
东阳市迎晖学生校外辅导站
东阳市青少年假日活动中心
东阳市人民高级中学
东阳横店工业技术学校
东阳市康桥英语培训部
东阳市韦斯特外语培训部
东阳市东景阳光幼儿园

东阳市横店镇桥头园幼儿园
东阳市创才幼儿园
东阳市横店镇方家幼儿园
东阳市新蓝天文化补习学校
东阳市顶呱呱校外培训部
东阳市万博教育培训部
东阳市花园教育培训中心
东阳市横店地平线影视培训中心
东阳市画水镇许宅幼儿园
东阳市勤俭幼儿园
东阳市南市街道乐智幼儿园

已注销民办非企业单位(10个)

东阳医药百草园门诊部
东阳市歌山镇金色年华艺术表演队
东阳市香榧研究所
东阳市阳光职业技能培训学校
横店圆明新园
东阳市金灿文化补习学校
东阳市江北新联育蕾幼儿园
东阳市江北格林童话幼儿园
东阳市江北佳佳幼儿园
东阳市文化艺术服务中心

正在办理注销民办非企业单位(1个)

东阳玄草汇中医门诊部

【东阳市基金会年度检查】 2019年,市民政局对2018年6月30日前经市民政局核准登记的基金会实施年度检查。

合格基金会(3个)

东阳市和贵教育基金会
东阳市三宝慈善基金会
东阳市和丰公益基金会

(潘　婷)

退役军人事务管理

【概况】 2019年,东阳市开展机构改革工作,整合市民政局的退役军人优抚安置职责和市人力社保局的军官转业安置职责,组建东阳市退役军人事务局,作为市政府工作部门。1月21日,市退役军人事务局挂牌运行,设办公室、移交安置和权益维护科、拥军优抚科,下设市退役军人服务中心、市军队离休退休干部休养所、市革命烈士陵园管理所3个公益一类事业单位。东阳市成立中共东阳市委退役军人事务工作领导小组,建立退役军人工作议事协调机制,研究部署和推进落实市退役军人事务工作。开展信息采集工作,全年完成信息采集31183人。开展退役军人光荣牌悬挂工作,悬挂光荣牌30209户。市退役军人服务中心接待来访群众956人次,来电476次。

挖掘选树先进典型,南马镇专职消防队副中队长马雷等16名退役军人获金华市首届"最美退役军人"称号,雷锋生前连长、东阳汽车运输公司离休干部虞仁昌获浙江省"最美退役军人"、金华市"十大优秀退役军人"称号。在《金报东阳》专刊宣传优秀退役军人的先进典型事迹。

【服务体系建设】 2019年4月28日,市退役军人服务中心挂牌成立。5月,18个镇乡街道和388个村(小区)的退役军人服务站建成并挂牌运行,形成横向到边、纵向到底、覆盖全员的服务保障体系。8月20日,关爱退役军人协会成立。全市有关爱退役军人协会等4个协会,烈焰救援、国家电网东阳"红船"等5支志愿者服务队为退役军人服务。

【移交安置】 2019年,市退役军人事务局落实年度接收安置任务,全市接收军转干部21人,100%公务员岗位;接收符合政府安排工作条件的退役士兵20人,5%央企岗位、40%国企岗位、55%事业岗位。接收秋季退役军人285人。

【就业创业】 2019年,市退役军人事务局组织开展2场退役军人及随军家属专场招聘会,横店集团、花园集团、巡特警大队等20家用人单位提供300余个岗位,达成就业意向166人。开展素质提升需求调查和退役士兵职业技能培训。与中国银行联合推出拥军专属卡,就业创业授信20亿元,抵押贷款利率比同期市场利率低10%~15%。联合市税务局推出退役军人自主就业创业税收优惠政策。

【军人退役"一件事"受理】 2019年,市退役军人事务局推行军人退役"一件事",在市行政服务中心设置退役"一件事"综合窗口,把涉及军人退役的12项办事事项合为"一件事"办理,实现一表申请、专窗受理、上门送件。开展部分退役士兵社保接续工作,受理1314人。

【优待褒扬】 2019年,市退役军人事务局组织为符合条件的退役军人佩戴中华人民共和国成立70周年纪念章。联系多家商铺推出"八一"建军节退役军人8.1折优惠活动。完成2019年优抚经费发放7675.01万元,全市享受定期补助8178人,其中"三属"(烈士遗属、因公牺牲军人遗属、病故军人遗属)61人、残疾军人431人、复员军人296人、参战参试退役人员450人、带病回乡退伍军人516人、部分烈士子女17人,享受60周岁以上农村籍退役士兵老年补助6407人。开展"清明祭英烈"和"9·30"向烈士献花篮活动。组织吕挺烈士回乡仪式和安葬仪式,全市近十万群众自发迎接,全媒覆盖过亿人次。建立烈士纪念设施管护机制,开展烈士纪念设施专项巡查工作。

【双拥工作】 2019年7月25日,东阳市首次被命名为浙江省双拥模范城。开展双拥工作,某部队公交车停靠站工程完工,落实9名部队官兵子女人园入学和3名部队官兵家属的安置问题,协调落实东阳武警中队新建大楼文化阵地建设资金。4月,举办第五届军地青年联谊会。8月,开展"送政策进军营"活动。八一建军节、春节期间走访慰问驻地部队官兵。开展送立功喜报活动。

(马旭丽)

民族宗教

【概况】 2019年,东阳市民宗局开展以"微组织、微窗口、微热线、微平台"为内容的少数民族流动人口服务管理工作,配合金华市县两级专班对宗教领域"无证明城市"工作的要求,开展"六进"(进机关、进企业、进社区、进乡镇、进学校、进宗教场所)工作,提升民族团结进步示范点。对民族宗教领域涉及“无证明城市”改革事项开展查漏补缺，梳理出3项并做好事项颗粒化、清单标准化工作。在开斋节和古尔邦节前夕，到穆斯林临时聚会点走访慰问穆斯林代表人士，会同公安等部门维持现场秩序，开展在东穆斯林开斋节、古尔邦节的安保工作。

【民族团结进步示范点创建工作】 2019年，市民宗局贯彻落实《关于加强和改进少数民族流动人口服务管理工作的实施办法》，开展民族团结进步的宣传教育工作，做好江北文化站、六石街道吴良小学、巍山镇第一小学教育集团白溪江校区3个民族团结进步示范点的提升工作。指导六石街道吴良小学做好少数民族团结进步示范点创建提升工作。

2019年12月10日，东阳市宗教界部分代表人士12人参观西安张学良故居
（市民宗局提供）

【宗教活动场所安全管理】 2019年，市民宗局细化“1+9”指标，通过微信、QQ、钉钉等平台，政策法规宣传窗、反邪教宣传栏等宣传“5+1”（社会主义核心价值观进场所、国旗国歌进场所、宪法和法律法规进场所、平安创建进场所、联系交友进场所、优秀传统文化进场所）进宗教活动场所创建的重要意义，召开全市“5+1”进宗教活动场所工作推进会，完成南马镇玉佛禅院“5+1”进宗教活动场所示范点建设。11月4日，会同市司法局组织开展“宪法进宗教场所暨消防安全培训”，各宗教团体、场所负责人、安全人员140余人参加。组织130余名信众在江北街道灵应禅寺参加消防演练观摩活动。与各乡镇签订安全责任书，从制度管理、排查整治、安全教育、化解矛盾、应急预案五个方面开展宗教领域工作，各乡镇与辖区内宗教活动场所签订安全责任书，建立完善工作台账。

【宗教活动】 2019年6月12日，天宝禅寺与杭州灵隐寺共同承办的中国佛协梵呗培训班开班仪式在湖溪镇天宝禅寺举行。8月8日，市民宗局组织市政协宗教界委员开展“走亲联心，聚力同行”活动。8月17日，组织宗教团体学习市委十五届六次全会精神并开展座谈讨论。9月7日，东阳市佛教协会举办庆祝中华人民共和国成立70周年“讲经交流法会”，300余名法师、信众以及道教、伊斯兰教、基督教、天主教的骨干代表参加。9月30日，东阳市佛教协会举办庆祝中华人民共和国成立70周年“书画展”，展出130余幅由东阳市佛教界人士撰写的优秀书画作品。12月9—13日，组织宗教界代表人士到陕西省西安市、延安市开展红色教育活动。

【《浙江省宗教事务条例》宣传】 2019年8月1日，《浙江省宗教事务条例》由省十三届人大常委会第十三次会议完成第二次修订，于2019年11月1日实施。市民宗局开展《浙江省宗教事务条例》宣传活动。健全完善宗教活动场所“3+2”（“3”指镇乡街道班子成员、联村干部和村主要干部，“2”指片区民警和网格员）五人联系小组工作机制，85个宗教场所的五人联系小组工作牌和修订版《浙江省宗教事务条例》更新上墙。组织宗教界骨干学习《浙江省宗教事务条例》。在东街基督教堂组织开展“宪法进宗教场所”活动，普及宣传《中华人民共和国宪法》等法律法规，130余人参加培训，发放法律法规宣传手册100余份，现场答疑8人次。

【《东阳宗教图志》印刷】 2019年10月，《东阳宗教图志》完成印刷工作，印刷2000册。《东阳宗教图志》由东阳市宗教文化项目小组、东阳市历史文化研究会编写，挖掘整理东阳市合法宗教活动场所、宗教建筑、宗教人文历史，介绍现存的寺观庙宇。

（陈　杰）

关心下一代工作

【概况】 2019年，东阳市关工委开展家庭教育宣讲进校园活动，至11月末，全市举办家庭教育讲座8场次。与市委政法委联合组建政法讲师团，到各学校开展法治巡讲活动，巡讲30余场次。市关工委“五老”（老干部、老战士、老专家、老教师、老模范）制作“学雷锋，争做文明好学生”“弘扬长征精神传承红色基因”“7起未成年人犯罪案例敲响警钟”“弘扬红船精神争做时代新人”等宣讲课件，供镇乡街道关工委参考使用。5月23日，省关工委副主任江坪一行到东阳市调研青少年教育基地建设工作，走访横店红军长征博览城（国防科技园）、全国（浙江）禁毒基地和东阳市木雕家训馆。推进建设横店红军长征博览城（国防科技园）、木雕小镇、虎鹿镇蔡宅村聚奎堂和蔡希陶故居等关心下一代教育基地建设。

【基层组织建设】 2019年2月，市关工委下发《东阳市2019年关心下一代工作委员会工作要点》《2019年度东阳市镇乡（街道）关工委工作考核细则》。3月，召开全市关心下一代工作会议，表彰关心下一代工作先进集体与个人。制定《关于开展部门系统“五好”关工委创建试点工作的意见》。6月18日，专门召开镇乡街道企业关工委工作会议。全市除生态型乡镇外的其他镇乡街道均成立乡镇街道企业关工委。

【主题活动】 2019年1月，市关工委转发金华市关工委《关于开展“关心下一代暖冬行动”的通知》，开展关爱下一代暖冬行动。市关工委到市春蕾学校开展关爱帮扶活动，赠送图书300余册、普法宣传册500份、体育用品60件。邀请“五老”在市实验小学开展寻访年味活动，与青少年一起剪窗花、写春联。3月，开展“学雷锋、创文明”主题教育活动；3月3日，邀请金华雷锋文化馆馆长曹荣安做主题演讲。5月，与市教育局、市司法局联合开展“关爱明天普法先行”活动，制作展出普法宣传图板48块，开展宣讲活动42场，受教青少年1.5万余人，发放普法资料册10000余份、普法安全类图书200余本。6月，与市人民检察院共同举办“未检开放日”活动，邀请近百名学生和家长参加。7月30日至8月3日，市关工委开展为期5天的“2019年东阳市城乡少年手拉手 不忘初心 争做时代好少年”长征精神主题夏令营活动，招募营员近400人。9月，与虎鹿镇关工委联合开展“带着家训去参军、带着家训上大学”活动。10月4日，与湖溪镇关工委联合举办象田古道游学公益活动，全市500余户家庭参加活动。12月4日，与市司法局等单位联合开展“宪法宣传日”活动。继续做好志愿者参与未成年违法犯罪嫌疑人合法权益保护工作。

【爱心助学】 2019年6—8月，东阳市开展中天爱心助学工作。全年资助东阳贫困大学生100人，资助金额6000元/人；该项工作累计资助贫困家庭大学生1298人次，资助金额662.9万元。与市民政局联合开展“福彩暖万家·祝圆大学梦”工作，资助困难大学生10人，资助金额8000元/人。

【第八届“希望之星”评选】 2019年12月，市关工委与市教育局联合举办第八届“希望之星”评选活动，评选出97名“希望之星”，其中“文明之星”50人、“智慧之星”8人、“科技之星”11人、“技能之星”7人、“艺术之星”11人、“体育之星”10人。

（李　妍）

2019年7月30日，东阳市城乡少年手拉手夏令营开营仪式在横店圆明新园夏苑举行　（市关工委提供）

慈善工作

【概况】 2019年，东阳市慈善总会募集慈善资金1002.73万元。救助支出970.37万元，受助困难群众3万人次。慈善基金投资利息收入241.76万元，医疗救助基金收入45.19万元，其他捐赠1.65万元。开展2019年度“慈善一日捐”活动，募集善款147.20万元。全年支出49.49万元，对因患大病和因灾害造成家庭经济困难的群众和对机关企事业单位困难干部职工给予1000～2000元不等的救助。10月20日，市领导带队到四川省理县开展对口帮扶考察互访，市慈善总会向理县捐赠320万元。市慈善总会出资80万元，捐助吉林省双辽市红旗希望小学。

【慈善总会第三次会员大会】 2019年11月28日，东阳市慈善总会第三次会员大会暨三届一次理事会在市行政中心召开，大会听取并审议通过市慈善总会第二届理事会会长康益民做的《东阳市慈善总会第二届理事会工作报告》和市民政局党组书记郭立成做的《东阳市慈善总会第二届理事会财务报告和第三届理事会资金预算安排》，审议通过《东阳市慈善总会选举办法》草案、《东阳市慈善总会章程（修正案）》《东阳市慈善总会资金管理办法（修正案）》《东阳市慈善总会冠名基金管理办法（修正案）》《东阳市慈善总会救助办法（修正案）》《东阳市慈善总会关于申请认定为慈善组织的建议》《东阳市慈善总会关于申请公开募捐资格的建议》。会议选举产生东阳市慈善总会第三届理事会执行会长、常务副会长、副会长、秘书长、常务理事、理事，监事会监事长、监事。张卫伟当选东阳市慈善总会第三届理事会执行会长，康益民被聘请为东阳市慈善总会第三届理事会荣誉会长。

【定向捐赠】 2019年1月14日，陆德根向市慈善总会捐赠8万元，定向用于南市街道西雅村雅门公益事业。12月3日，中国移动通信集团浙江有限公司向市慈善总会捐赠4.8万元，定向用于南市街道官清岭新农村建设。12月12日，东阳市工业品有限公司向市慈善总会捐赠4万元，定向用于东阳市烈焰救援队救援服务。12月13日，横店集团东磁股份有限公司向市慈善总会捐赠20万元，定向用于佐村镇俞家村新农村建设。12月16日，金华市烟草公司东阳分公司向市慈善总会捐赠13.5万元，定向用于助学、新农村建设和扶贫事业。

【慈善冠名基金捐赠】 2019年，东阳市增加慈善冠名基金4只。4月28日，镇江忠正房地产开发有限公司董事长王国成向市慈善总会捐款50万元，定向用于佐村镇上村村的居家养老建设和老年人的生活福利。4月29日，虎鹿镇葛宅村下溪头自然村程国华出资200万元设立“东阳市慈善总会志成教育基金”，该基金专项用于支持虎鹿镇中教育事业发展，奖励虎鹿镇中优秀教职员工和学生。王海眉捐资400万元设立“东阳市慈善总会华能奖教奖学基金”，每年的20万元基金收益用于奖励六石学生和教师，31名教师和82名学生获奖励。9月3日，巍山镇联合市慈善总会在巍山高中举行东阳市慈善总会巍山教育发展基金成立大会暨首届颁奖典礼，巍山镇12家企业和7名爱心人士集体向市慈善总会捐赠6800万元，建立“东阳市慈善总会巍山教育发展冠名基金”，大会对首批获奖师生进行颁奖，奖励幼儿园教师7万元，幼儿1万元；小学段教师获奖134人，奖金45万元，学生获奖170人，奖金14万元；初中段获奖师生192人，奖金73万元；巍山高中获奖师生262人，奖金100万元。

【冠名基金救助】 2019年，冠名基金定向支出90万元。1月28日，2018年“慈善年夜饭”活动在东阳宾馆举行，浙江华东暖通设备有限公司出资25万元，专项用于“慈善年夜饭”活动，给困难群众每人2000元过年红包。4月22日，市慈善总会从“东阳市慈善总会虎鹿镇华洋教育冠名基金”中出资15万元，在虎鹿镇中心校举行第二次发放仪式，表彰40名“优秀校长”“优秀中层”“优秀班主任”“优秀教师”。11月15日，市慈善总会从“东阳市慈善总会吴苏伦教育基金”中出资20万元，奖励南马高中213名优秀师生。

【慈善助学】 2019年1月11日，市慈善总会出资14.65万元，联合市教育局开展精准扶贫助学活动，为202名贫困学生发放助学金。8月29日，市慈善总会开展“困难学子圆梦”活动，出资28万元给56名困难大学生每人5000元的资助。9月30日，市慈善总会出资9.92万元联合团市委开展助学活动，为高中段32名、义务教育段76名贫困学生发放助学金。

【慈善助老】 2019年10月7日，市慈善总会联合市老龄办开展慈善助老济困送温暖行动，市慈善总会拨出28.4万元救助款，为特困老人和100虚岁老人总计499名每人发放救助金500元，36名100周岁及以上老人每人发放慰问金1000元。

【慈善助医】 2019年，市慈善总会拨出90.81万元，用于救助市人民医院、市中医院和横店文荣医院家庭困难的血透病人，市人民医院的无主病人及市抗癌协会的病人。

【困难儿童救助】 2019年7月30日，市慈善总会出资10万元，联合市关心下一代工作委员会在横店教育大营地为东阳市100余名困难留守儿童举办为期5天的“2019东阳市留守儿童手拉手 不忘初心 争做时代好少年”长征精神主题夏令营活动。市慈善总会出资4万元，在三单乡中心校建立“关爱儿童之家”，为孩子们提供绘本阅读、心灵关怀、亲情连线、学业辅导等服务，动员义工开展帮扶活动。

（王海英）

公益组织选介

·东阳市义工协会·

【概况】 2019年，东阳市义工协会注册义工1978人，开展公益大巴、导医驿站、关爱老兵、助力全国文明城市创建等活动750场，参加义工3970人次，服务时长25287小时。义工厉小红被评为金华市优秀志愿者，义工詹威安被评为东阳市优秀志愿者。端午节期间，市义工协会巍山区域的20名义工自筹资金为环卫工人送粽子400余只。10月30日，义工协助市公安局在节庆广场开展防诈骗、退赃、禁毒宣传活动，发放宣传资料500余份。农历腊月初八，义工在东阳区域内组织开展腊八奉粥活动，分发腊八粥2500碗。

【关爱退伍老兵】 2019年，市义工协会联合市乐义社会工作服务中心为吴宁街道退伍老兵提供社会化服务，上门慰问行动不便的高龄老兵。组织老兵重返军营、文艺演出、美丽乡村游、趣味钓鱼赛、包粽子、植树绿化等活动，全年服务退伍老兵500余人次。

【“公益大巴”便民服务进社区】 2019年，市义工协会联合市乐义社会工作服务中心开展“公益大巴”便民服务进社区活动，助推五星级田园社区建设，到32个社区为居民提供免费理发、缝补衣服、修理小家电、磨菜刀等服务。举办垃圾分类环保宣传活动和预防艾滋病、禁毒、消防宣传和文艺演出，为居民提供金融保险咨询、健康体检等服务，受益人数8000余人次。

【导医驿站】 2019年，市义工协会在市人民医院、市人民医院巍山分院、市中医院、横店医院开设导医驿站，义工为患者提供就诊挂号指导、科室指引、帮助取药、协助行动不便人员就诊等服务，4家医院服务时长13317小时。

【助老助幼活动】 2019年，市义工协会联合市乐义社会工作服务中心为吴宁街道城南社区百家巷60岁以上空巢老人提供生活日间照料、精神慰藉等服务。开展集体祝寿、文艺表演、户外休闲、美丽乡村游等活动10余次，受益人数300余人次。开展“焕新乐园”项目，完成改造7户家庭的儿童学习和生活环境，为7名小朋友提供为期一年的陪伴关爱服务。

【助力环境保护】 2019年5—11月，每周三、周六晚上义工在东阳江边开展夜护江滨环保活动，参加活动1000余人次。在横店镇万盛街进行交通文明劝导、垃圾分类宣传及步行街“你丢我捡”等环保活动，参加活动义工500人次。12月1日，市义工协会联合市乐义社会工作服务中心、东阳中国木雕城、白云街道以及白云中心小学，在东阳中国木雕城一期、二期开展垃圾分类宣传活动。白云中心小学100余组学生及家长参与垃圾分类知识、迷宫挑战等活动。学生和家长在国风生活馆体验垃圾木艺DIY活动，制作木艺鲁班锁和书签等。

（周志伟）

2019年8月7日，东阳爱盟组织志愿者在黉门广场开展垃圾分类宣传活动

（东阳爱盟提供）

·东阳市爱盟社会工作服务中心·

【概况】 2019年，东阳市爱盟社会工作服务中心（简称东阳爱盟）组织开展雷锋岗亭、春运送温暖、关爱青少年心理、农村生活垃圾志愿督查、“五水共治”志愿督查、生态环境志愿督查等志愿服务活动。全年开展公益项目14个，组织活动570场，参与人数11409人，青少年个案帮扶85人。获“美丽东阳 我是行动者”金华市第四届“志愿八婺 文明金华”志愿服务项目大赛铜奖，东阳市优秀志愿服务组织，在《让青春重新起航》在2019年金华市第二届“我的社工故事”比赛中获优秀奖。

12月10日，东阳爱盟承接由市劳动监察大队开展的“根治欠薪”项目，组织志愿者走访18个镇乡街道（包括一个开发区），95家企业。12月，东阳爱盟在市政府设立“帮帮姐”辅导室，开展东阳市“帮帮姐”项目，至年末，为17个家庭提供辅导服务。东阳爱盟开设暑期托管班，包括课业辅导、阅读、绘画、防拐骗、暑期夏令营、安全教育等课程，举办暑期托管班3期，孩子参与人数55人次。东阳爱盟为东阳市青少年提供法律维权、心理咨询等服务，帮扶青少年85人，其中涉罪未成年人21人、东阳市中学生40人、嘉兴市嘉善县中小学生24人。

【生态环境公益活动】 2019年，东阳爱盟建立微信群，固定30名环保志愿者，定期进行专业培训，每周开展1次关于生态环境的公益活动，每月安排人员对医药化工、红木家具、家庭养殖等重点企业区域排污情况进行暗访，以微信或书面的形式将发现的环境问题报送环保部门。项目自2019年4月起，在全市范围内针对偷排、乱排污水，露天焚烧秸秆、生活垃圾等污染环境违法行为开展生态环境公益巡查活动31次，参与志愿者806人次，发现问题433个，以电子文档方式保存问题资料。

【东阳市农村垃圾生活分类处理第三方巡查指导服务】 2019年8月，东阳爱盟完成东阳市农村垃圾生活分类处理第三方巡查指导服务。2018年9月至2019年8月，东阳爱盟承接市农村和农业办公室的环境卫生督查事务，开展东阳市农村垃圾生活分类处理第三方巡查指导工作项目，督查与指导全市村镇垃圾分类工作。其间开展垃圾分类培训6场，下乡进农村宣传6场，进农村垃圾分类指导12场，分发宣传册3000份，每月对全市349个行政村的农村生活垃圾处理巡查1次，每季度对全市1083个自然村的生活垃圾处理巡查1次，参与志愿者683人次，受益人数608530人次。

【低保家庭走访调查】 2019年11月20日，东阳爱盟承接市民政局开展的“东阳市低保家庭调查”项目，走访9个镇乡街道，对836户低保家庭生活情况进行入户抽样调查。检查抽样调查的相关村、镇的低保公示情况；镇乡街道低保台账资料的检查以及低保知识的普及等。12月，东阳爱盟志愿者向群众派发低保知识宣传册。

【婚姻辅导服务】 2019年2月，东阳市婚姻登记处成立婚姻家庭辅导室，由东阳爱盟入驻承接服务，为有需求的家庭进行现场纠纷调解和心理咨询。2月18日至12月20日，东阳爱盟为1899个家庭提供婚姻辅导服务，其中挽回444个家庭，双方和平离婚1455对，个案辅导15例，劝和比例23.5%。

【“大手拉小手”主题活动】 2019年，东阳爱盟开展“大手拉小手”主题活动，包括垃圾分类宣传、禁毒宣传、防溺水安全培训、读书分享会、普法宣传、亲子创意手工坊等内容。至年末，开展东阳爱盟亲子公益课堂14期，参与人数750人次。

（白小琴）

吴宁街道

【概况】 2019年,吴宁街道行政区域面积31平方千米,辖卢宅、江滨、东街、西街、东岘、迎晖、朝阳、城南、西园、荷塘、兴平11个社区31个经济合作社,下设65个居民小区。4月4日,街道办事处由青春路11号搬迁至东街1号。辖区总户数32120户,总人口84895人,人口出生率8.82‰,出生人口902人,出生人口性别比109(女为100),人口自然增长率3.87‰。完成税收5.56亿元。城镇居民人均可支配收入56245元,农村居民人均纯收入31727元。

【工业和商贸服务业】 2019年,吴宁街道有规模以上工业企业10家,限额以上批零企业26家,限额以上住宿餐饮企业10家,限额以上服务业企业15家。10家规模以上工业企业完成工业总产值34.37亿元,比上年增长5.8%;26家限额以上批发零售企业完成销售总额26.9亿元,比上年增长76.6%;10家限额以上住宿餐饮企业完成营业总额0.9亿元,比上年下降20%。完成外贸出口销售额2.1亿元;培育产值2000万元以上企业1家(浙江东科机械制造有限公司);增加限额以上商贸服务业单位7家(东阳市今明后实业有限公司、浙江睿升物资有限公司、东阳市中泰建材有限公司、东阳市益速发进出口有限公司、东阳市富嘟宾馆有限公司、东阳市吴宁蕾之初饭店、东阳市吴宁大吉祥饭店)。通过"飓风整治"行动,整治低小散乱及"四无"企业176家;开展旧厂房改造企业1家,投资3300万元。

2019年4月4日,吴宁街道举办办公大楼搬迁仪式 (吴宁街道提供)

【农业】 2019年,吴宁街道农业总产值3946万元,常用耕地面积148.9公顷,山林面积1368公顷,农作物播种面积284公顷,其中粮食作物播种面积80.5公顷。开展成家里和西岘蔬菜基地建设,对农产品实行质量安全监督;防治松材线条病虫;完成前山坞和大山口水库建设。完成63台拖拉机和74名驾驶员的年度检审验工作。

【村镇建设】 2019年,吴宁街道开展环境卫生整治工作。清理绿化面积31万平方米,清理公共楼道1.3万余条,清除卫生死角、积水容器1000个,清理房前屋后垃圾2.3万吨。创建一星级文明小区55个,二星级文明小区12个,三星级文明小区7个。3月,城南社区被评为首批五星级田园社区,东街社区被评为首批三星级田园社区。开展春秋两季房前屋后苗木补种工作,种植灌木53.33万株,麦冬1.55吨。落实城区垃圾分类全覆盖,发放垃圾桶5.8万组,开展培训100次,发放垃圾分类宣传资料6万册,增加停车位9774个,清理僵尸车228辆。

吴宁街道完成37个小区截污纳管建设任务,实现城区截污纳管全覆盖；推进“污水零直排”创建工作，完成100%创建任务；继续推进重点支流整治工作，确保全域河道水质稳定在Ⅳ类水以上标准。

吴宁街道推进“三改一拆”工作，拆除违章建筑187宗、面积14.01万平方米；改造城中村951户、面积9.7万平方米；完成旧住宅改造227户、面积3.16万平方米；完成麻车埠区块整体拆违，拆违占地面积5.07公顷。创建完成“无违建”小区61个，“基本无违建”小区4个。整治孙村老区周边乱搭乱建，卢二环城北路段乱堆乱放、乱搭乱建，卢一树德路两侧楼顶违建等问题。

【重点工程项目建设】 2019年，吴宁街道开展西岘棚户区改造工作，安置区内的房屋征收和安置协议签约率100%。卢宅皮鞋厂宿舍完成征收，孙村天然气门站完成建设；和平、河头等果蔬批发市场实施改造提升；推进金义东轨道交通、义东高速、39省道、351国道兴平路口平改立、市中医院迁建、市妇保院扩建等市重点项目。

【文教卫生】 2019年，吴宁街道有幼儿园26所，小学10所，初中4所，高中2所；图书馆、文化站2个；剧场、影剧院4个；各级各类医疗卫生机构74家、医疗卫生机构床位920张、执业(助理)医师600人。增加公办幼儿园规划布点10处。街道文化活动中心完成提升改造，通过省“十百千”工程验收，新建文化礼堂、文化家园各1家，有街道级文艺团队15支，社区级文体团队45支，发放创建全国文明城市调查问卷3万份，放置灭火器300余组。

11月29日，吴宁街道选送的作品《守住底线，守住幸福》获全国首届“玉琮杯”清廉微电影大赛优秀奖。

【社会保障】 2019年，吴宁街道办理申报灵活就业“4050”人员社保补贴1231人；办理“创业失业登记证”354人；办理企业退休认证16397人、异地退休认证32人、居民养老保险和失地农民养老保险认证1587人。为192名低保、五保户发放补助91.43万元；发放临时救济款17.68万元，医疗救助金3.84万元，慈善助困金3.5万元；办理重度残疾人护理补贴687人，困难残疾人生活补贴157人；帮扶自谋职业转业士官18人，采集退伍军人信息494人；受理劳动纠纷45件，涉及金额83万余元，对750家用人单位进行劳动年检。

2019年吴宁街道社区基本信息情况一览表

表54

社区名称	小区(个)	社区支部书记	社区主任
卢宅社区	7	何快快	郭江明
江滨社区	6	胡筱阳	卢希梁
东街社区	6	毛志群	马瑛瑛
西街社区	5	楼赵龙	张鹏丽
东岘社区	7	马振华	邢方浩
迎晖社区	7	卢胜华	马百胜
朝阳社区	6	周英华	孙云才
城南社区	4	斯响亮	杜　宁
西园社区	7	吴赟鹏	王国兆
荷塘社区	6	赵镇洋	金德龙
兴平社区	4	陈含明	王建宾

【社会管理】 2019年，吴宁街道构建社会治安防控体系，完成街道综治中心及11个社区综治中心建设，司法所迁建项目启动建设。发放各类平安宣传资料4.15万张，开展各类法制宣传14次，调解各类矛盾纠纷79件，其中疑难复杂纠纷16件，涉及金额979万余元。受理劳动保障监察举报投诉工资案件45件，结案45件，涉及金额83万元；处理劳资纠纷群体性突发事件1起，工伤类案件2起、涉及金额14.92万元。组织消防应急演练35次，参演1250人次，投入资金0.9万余元。推进红木木雕家具行业环保整治、电气火灾治理、安全生产综合治理三年行动、隐患排查治理等专项活动。检查各类场所6236家次，排查消防安全隐患1073处；开展推广使用消防远程监控系统、联网型智能火灾探测器、智慧用电应用工作。加强食品安全质量监管，对食品药品安全隐患进行排查，开展农村家宴放心厨房建设，加强“家宴厨师”管理。

【组织建设】 2019年，吴宁街道开展“不忘初心、牢记使命”主题教育，学习“两书一章”，开展调研，形成调研文章14篇，到社区上党课35次，解决实际问题55个。开展巡察整改工作，针对市委第六巡察组巡察反馈的54个问题，街道党工委完成整改50个，整改率92.6%，制定完善相关制度52项。推进“村干部整治立规创优年”行动，结合重点工作推进及历史遗留问题解决，加大不合格干部处置力度，歇职经济合作社干部2人，诫勉处理小区干部15人，分类处置历史遗留问题65个。

【“残疾人之家”成立】 2019年11月7日，吴宁街道“残疾人之家”正式启用。“残疾人之家”于10月8日筹备，

2019年11月7日，吴宁街道“残疾人之家”启用　　（吴宁街道提供）

10月29日试营业，占地1059平方米，配备康复区、休闲区、男女休息室、工作区、餐厅等硬件设施。有员工7人，负责照顾残疾人的饮食起居，不定期招揽一些手工活，为残疾人解决就业问题。

（许　延）

白云街道

【概况】 2019年，白云街道行政区域面积57平方千米，辖8个社区、40个小区。街道办事处驻白云街道中山社区望江北路2号。辖区本地户数17333户。总人口189943人，其中本地人口44502人。出生人口643人，出生人口性别比116(女为100)。完成税收13.95亿元，比上年增长0.62%。有工业企业1426家。

【工业】 2019年，白云街道51家规模以上工业企业完成工业总产值32.01亿元，比上年增长10.99%；工业增加值6.88亿元，比上年增长9%；实现外贸出口27.5亿元，浙商回归引进资金1131万元，培育“小升规”企业(小规模企业转成规模以上企业)8家，国家高新企业6家(浙江好视佳反光材料有限公司、东阳市甘特电气有限公司、东阳市天力磁电有限公司、浙江省东阳市荣盛橡塑制品有限公司、东阳市飞诺工贸有限公司、浙江省水电建筑机械有限公司)，申报省科技型企业10家。

白云商贸园区内运行的商贸服务业重点项目59个，开业专业市场7个。白云商贸园区重点商贸服务业项目11个，其中前期项目5个，新建项目1个，续建项目5个，完成投资2.6亿元。浙兴电商创业园项目与浩男汽车城(4家)建成开业；华泰商业中心进场施工，汽车城二期与车管所项目举行奠基仪式；远疆天域项目二期方案设计进一步完善；浙中名品港奥特莱斯广场项目工程通过综合验收，进入资料备案及产证办理阶段。推进建筑业招商工作，招引劳务公司3家、建筑企业1家。6家企业“双证”(企业资质证书和安全生产许可证书)落地，意向企业3家。

【农业】 2019年，白云街道农业户数11879户，农业人口24820人，耕地面积49.53公顷，山林面积579.67公顷。农村集体收入18807.6万元，固定资产在建工程(除设备的土建部分)71954万元，现金存款55272万元。

【村镇建设】 2019年，白云街道拆除各类违法建筑16.41万平方米，完成年度目标的113.16%；旧住宅区改造52户、1.35万平方米，完成年度目标的100%；旧厂区改造5户、5.52万平方米，完成年度目标的110.33%。常态化开展40个“无违建小区”创建“回头看”工作。

白云街道投入资金1.2亿元对老旧小区实施截污纳管工程，推进城市小区截污纳管全覆盖。14个区块涉及续建工程6个、新建工程8个。其中接官亭、江亭、陇新、建工小区4个续建工程完工；关山、焕山2个续建工程完成施工图纸变更设计。望江路管道改造和泉塘小区2个新建工程进场施工，西山、外托(环城北路南)、西门菜场周边、银田、天宫寺、笠里6个新建工程完成施工图审。对28个小区开展生活污水零直排区建设，12个小区完成生活污水零直排区建设，其余16个小区完成工程招投

2019年9月30日，中国木雕文化博览城二次开业　　（白云街道提供）

标。完成雨污合流整治157家，隔油池整改141家。

白云街道开展创建全国文明城市工作，发放文明城市宣传资料5000余份，发放入户调查问卷1万余份，制作未成年人思想道德建设、社会主义核心价值观等宣传公益广告牌1200块，宣传展板70块、条幅400条。补种人行道香樟、桂花、法桐3000株，绿植补种红花继木2万株，金森女贞2万株，红花继木球94棵，海桐球84棵。设立希宝小区、河山小区2个垃圾分类试点小区，8个社区及楼盘发放垃圾分类宣传手册4万本。宣传健康教育知识，张贴8期健康教育宣传栏480份。结合爱国卫生月活动，发放宣传资料4100余份。调查孳生地43126.5平方米，投放灭鼠毒饵560千克，喷洒灭成蚊药物323千克。

2019年白云街道社区基本信息情况一览表

表55

社区名称	小区(个)	社区支部书记	社区主任
中山社区	5	叶　敬	蔡珊妮
接官厅社区	5	楼炬华	王青青
望江社区	4	厉艳艳	赵明君
白云社区	5	陶甄洋	韦建阳
十里头社区	4	卢竹山	王丰平
蓝天社区	7	赵美弟	厉杭江
昆溪社区	6	叶华锋	张　健
莲花山社区	4	蔡国盛	郑　峰

【文教卫生】 2019年，白云街道设街道综合文化站、广播电视站各1处，农民工文化活动中心2个，农家书屋9个。设幼儿园36所(其中幼儿园31所，教学点5个)，在园幼儿7646人，专任教师435人；小学6所，在校生7226人，专任教师415人；初中3所，在校生3218人，专任教师258人，九年义务教育覆盖率100%。

白云街道设社区卫生服务中心1家，专业卫生人员46人，其中执业医师20人，含执业助理医师3人，注册护士14人。卫生院医疗机构完成门诊诊疗70555人次，不含体检人次。农村安全饮用水普及率100%，农村卫生厕所普及率100%。

【社会保障】 2019年，白云街道城镇最低生活保障户118户、142人，支出57.79万元，月人均406元。国家抚恤、补助各类优抚对象300余人。有社区服务中心8个，社区服务站8个。走访计生困难家庭户12户，享受计划生育奖励扶助和特别扶助的有104人。贫困残疾人安居工程2户；贫困残疾人助学(低保家庭残疾人子女、残疾人学生)7人；残疾人护理补贴上报297人，困难生活补贴(低保)上报109人。完成退役军人信息采集及录入。居家养老照料中心建设8家。临时救助64人，共计6.6万元。低保核查132户161人、慈善救助17人，共计3.4万元；完成老年协会规范化建设工作，35个老协分会完成资金归并工作。

【社会管理】 2019年，白云街道办理上级转交的信访件1652件(其中来电663件、来访79件、网上信访882件、来信28件)。每月15日信访接待日接待群众来访198批、277人次，做到登记接访100%，向上级反馈100%，向信访人答复意见书100%，未发生非正常上访。成功调处各类矛盾纠纷449起，其中非正常死亡6起，纠纷标的额421.75万元；开展重要节假日安保工作8次；在册社区矫正人员36人，办理入矫34人，办理解矫41人，走访社区重点矫正人员58人次；社区戒毒(康复)人员6人；开展普法、禁毒宣传活动17次，发放法制禁毒宣传挂图510余份、图册2000余份，开展法律服务讲座8次。受理"8890"便民服务平台事项1312项，办结1312项，退办20项。网格员上报事件11594条、办结11594条，重点人员走访次数15826次，重点场所走访次数45654次；邀请市委政法委、市人力社保局、市食品安全监督管理局、市消防大队、市气象局、市安监局、白云派出所等单位部门组织参与专职网格员专题培训16次；网格员美篇上报1258篇，被各级媒体报道采用18篇；采集基础信息82518条。

【组织建设】 2019年，白云街道推行社区大党委(党建联盟)工作机制，对接官亭社区、望江社区党群服务中心进行提升，启动中山社区、蓝天社区党群服务中心易地建造工作，完成方案设计论证和招投标工作，其中中山社区党群服务中心计划搬迁至白云街道汉宁西路151号业务用房，蓝天社区党群服务中心计划搬迁至世贸大道与昌盛路交叉路口往西北约100米(城西客运站)。开展"不忘初心、牢记使命"主题教育，各党支部组织认领实事好事1800余条。开展"村干部整治立规创优年"行动，对3名履职不力的小区干部进行歇职处理，对5名受过刑事处罚或有酒驾等行为的小区干部进行免职处理。完成农村发展党员违规违纪问题专项整治，排查出13名发展入党过程中存在问题的党员，根据市委组织部有关处理意见进行处置。

【基础设施建设】 2019年，白云街道江滨体育公园一期项目完成95%，绿化部分种植土回填完成1.5万立方米，绿化平整4.5万平方米，足球场景观项目完工。江滨南街断头路基本打通，西庄小学完成主体工程建设，完成白云实验小学及幼儿园围墙建设，白云中心小学投入使用；完成麻车小区拆迁安置配套工程；陶村街心公园工程通过竣工验收；河东文化礼堂完成整体硬件设施建设；甘井小区道路硬化和白云执法中队装修改造两项工程完成预算审核；上进小区市政配套工程完成图审。望江路排水工程完成工程的20%，望江路风貌提升工程完成图纸交底等工作。汉宁路风貌提升工程完成工程量的30%，笠里小区市政配套工程完成图纸交底等施工前的准备工作，华泰皮革城箱涵工程完成工程量的50%。

（黄阳阳）

江北街道

【概况】 2019年，江北街道行政区域面积89平方千米，辖10个社区，3个行政村，77个小区。辖区总户数27808户，户籍总人口65570人，出生人口800人，出生人口性别比112(女为100)。完成税收11.15亿元，比上年增长61.1%，有工业企业528家，其中规模以上企业54家，各类金融机构6家。2月，江北街道甘溪村西楼入选省林业局公布的2018年度“浙江省‘一村万树’示范村”名单。9月，江北街道办事处劳动人事争议调解中心被省人力资源和社会保障厅评为先进基层调解组织。12月，江北街道王户口村成功创建省AAA级景区村。

【工业】 2019年，江北街道54家规模以上企业总产值27.74亿元，比上年增长5.56%，完成工业增加值5.97亿元，规模以上工业用地电量8443万千瓦时，比上年增长7.2%。固定资产总投资20.78亿元，其中完成工业项目投资3.08亿元；外贸出口总额10亿元，比上年增长13.8%。江北企业培育中心入驻企业22家，其中2000万以上规模以上企业5家，省中小型、金华市科技企业5家。培育中心在金华市小微园绩效综合评价中名列第一。引进内资项目15个，总投资10.5亿元，其中浙商回归项目5个，浙商回归到位资金1.8亿元。建筑业完成招引企业纳税超1亿元，完成建筑业总税收2.75亿元，完成年度目标任务的172%。

【园区建设】 巨和众创小微园成立于2018年4月，是一个针织服装行业为主导产业的小微园，园区位于锦坊小区巨和路。项目一期占地6.93公顷，建筑面积23.5万平方米，2019年10月开工建设，签约入驻企业56家，其中规模以上企业7家。拥有研发、生产、办公、产品展示、公共服务等基础设施。

创业创新孵化园成立于2018年10月，运营面积5000平方米，携手启迪之星、国贸数字、中信学院等培育培训龙头，利用创新网络孵化星导团资源，以孵化服务+创业培训+金融服务+开放平台的方式，致力于构架桥梁纽带，给予企业全方位扶持和帮助，至2019年年末，基地举办活动60余场次，辐射人数超6000人次。

跨境电商产业园启动于2019年初，园区建筑面积5万平方米，由产品集中展示中心、产业众创空间、多媒体直播基地、产业交流培训中心等组成，集物流、仓储、培训、直播综合服务于一体，完成90%招商工作，签约入驻企业42家，其中跨境电子商务企业26家。

【农业】 2019年，江北街道农作物播种面积2090公顷，稻谷548.2公顷，玉米159.1公顷，小麦96.7公顷，其他谷物41.2公顷，豆类197.4公顷，薯类271公顷，油料157.5公顷，棉花7.7公顷，蔬菜406.5公顷，西瓜65.8公顷，花卉苗木41.6公顷，其他作物37.7公顷。粮食总产量7578.2吨，豆类593.8吨，茶园2.7公顷，总产茶叶3.1吨，果园面积96.2公顷，产柑橘、果用瓜5805吨。生猪存栏156头，生猪出栏330头，家禽存栏12465只，出栏活鸡21050只、活鸭5939只、活鹅524只。完成甘溪、华店、东山楼、三角塘沿4个小区(村)41公顷的高标准农田设计、预算和招投标工作，启动高标准农田的建设，发挥示范作用。

【重点工程建设】 2019年，江北街道完成金甬铁路建设涉及25个小区(村)的征迁政策处理、规划试排和房屋丈量评估工作。金甬铁路东阳段制梁场建设启动。完成义东高速八华路电力迁改项目招标工作，施工单位进场施工。化解广厦学院20余年征地历史遗留问题，完成温州医科大学东阳校区涉及金店小区30余公顷土地征地工作。

【村镇建设】 2019年，江北街道推进金店小区棚户区改造工作，总投资7亿元，用地9.51公顷，建筑面积6.05万平方米，拆迁安置600余户，拆迁安置率97%。投资7000万元启动上

2019年1月16日，推进绿化建设后的江北街道西楼村　（包康轩/摄）

卢小城镇的综合治理，优化上卢小区道路交通系统，开展湖莲东街、河沿路、大观路沿线风貌整治工程，改造疏通锦溪，修建古建筑群，提升区域的风貌，建设农贸市场及集市点。完成光耀、周店等31个小区（村）规划报批，完成甘溪、社姆新村等5个小区（村）规划公示。完成楼下、李婆塘、西兆庄等33个小区（村）932户定桩放样。完成农村第二轮危旧房省级任务数33户和市级任务数138户改造。棣坊、山口等村旧住宅区改造16.38万平方米，旧厂区改造18.88万平方米，拆违15.66万平方米。

【文教卫生】 2019年，江北街道有高中1所，初中2所，公办小学7所，民办小学2所，幼儿园21所。有中小学教师466人，其中中学教师139人，小学教师327人，幼儿园教师249人，在编正式幼儿教师65人。初中生2024人，公办小学学生6591人，民办小学学生840人，在园幼儿4385人。

江北街道卫生服务中心有编内工作人员66人，其中卫技人员53人，执业医师36人。高级职称6人，中级职称19人。建有省级"三优"指导中心五星级标准建设儿童保健和预防接种门诊，省级标准建设中医馆。引入新HIS系统（行心医院信息管理系统），切换原公共系统，上线新体检系统，药房扫码付药，自助缴费、自助测血压等信息化升级。增加医用冰箱、水平离心机、五官科超短波、中医定向治疗仪等设备。对辖区居民开展常年的免费全面体检和妇科检查，健全个人档案建设，幼儿园幼儿体检5115人次，入托儿童体检2055人次，妇女"两癌"筛查12629人次，妇女病普查3800人，居民健康体检7556人，中小学生体检10119人，建立档案57319份。总收入2653.4万元，其中医疗业务收入1707.66万元，比上年增长19.16%，门诊就诊148537人次，比上年增长19.1%。

【社会保障】 2019年，江北街道3.75万人参加职工退休养老保险，每人每月最低发放保险金1700元。制定《江北街道低保专项治理工作实施方案》，社会救助站享受低保289户、406人，发放救助金171327元。发挥临时性救助急救功能，发放救济金5.95万元。城乡居民享受医疗保险。上王、石宅、潭沿、许村、山口、王户口、东山楼、下宅口等小区（村）及月亮湾花园开设居家养老照料中心。

【社会管理】 2019年，江北街道成立"扫黑除恶"专项斗争工作领导小组，开展涉纪信访"百日攻坚"专项行动。收到扫黑线索54个，办结50个。接待群众来访103批次、238人，规范化办理信访件158件。各小区建立网格员队伍，对农户、企业生产安全，排水排污、治安等全方位的监管。筹集240万元筹建甘溪路消防站，落实地基。输送优秀青年入伍，整合基干民兵队伍，开展小区（村）民兵连规范建设，推进退役军人服务保障体系建设。浙江省人力社保厅副厅长葛平安带队到江北街道调研劳动纠纷调解组织建设工作。

【组织建设】 2019年，江北街道有党总支13个、党支部112个、党员3589人，其中农村党支部84个、各小区（村）党员2864人。围绕街道重点工作，推进监督检查机制，对违纪党员干部，采取谈话告诫、教育纠错、纪律处分等措施。办理报结重点信访18件，党纪立案12件。

【基础设施建设】 2019年，江北街道投资1.49亿元建设休闲健身公园、江北康体公园、广电公园、猴塘公园、浪坑溪公园、总部公园、东埠头公园7大公园，完成江滨（学士路—迎宾大道）江堤绿道、绿化、路灯安装，铺设游步道，打造"十里樱花"景观带。

【环境保护】 2019年，江北街道完成金家、下宅口25个小区（村）和136家企业的污水零直排建设工作；完成湖田、棣坊、山口3个小区的污水网管安装工作；完成84个小区（村）范围内所有水体排查摸底及部分黑臭水

2019年江北街道社区（村）基本信息情况一览表

表56

社区（村）名称	小区（自然村）（个）	社区（村）支部书记	社区（村委）主任
茗田社区	5	任俊华	朱伟东
猴塘社区	10	杜志赛	王琴安
月亮湾社区	10	蒋国剑	蒋洪伟
永久村	3	金国洪	金章文
亭塘社区	5	徐锋平	郑挺钢
凤凰社区	5	斯宏晓	蒋丽艳
临江社区	5	刘战辉	厉小军
甘溪村	5	李章兴	王德福
湖沧社区	8	蔡旭东	杜培生
夏渠社区	8	程锦锦	金向向
社姆新村	7	吴薛祥	何济明
华店社区	7	杜　峰	马玲玲
上卢社区	14	张国正	李铁军

整改工作。浪坑溪成功创建金华市级“美丽河湖”。制定《江北街道“五城同创”(创文、巩卫)分类考核办法》,组成考评组,每月开展创文红黄旗评比。通过组织垃圾分类培训,推广使用考垃APP软件,积分兑换等活动,打造王峰、世纪花城(北区)等6个垃圾分类示范小区,建成垃圾分类岗亭11座,西兆庄小区成功创建金华市农村垃圾分类最好村。

(许庆首)

六石街道

【概况】 2019年,六石街道行政区域面积65平方千米,辖1个社区(7个小区)、22个行政村(62个自然村)。街道办事处驻六石街道湖心塘综合楼。辖区总户数18026户,总人口40819人。出生人口424人,出生人口性别比107(女为100)。六石街道获市委、市政府目标责任制考核优秀单位、全省“五水共治”工作考核优秀乡镇,成功创建首批省AAA级景区镇。

【工业】 2019年,六石街道(东阳经济开发区核心区块)68家规模以上工业企业完成总产值44.19亿元,比上年增长10.21%;完成固定资产投资19.49亿元;完成税收5亿元,比上年增长22.15%。外贸出口总额11亿元。产值亿元以上工业企业9家。完成浙商回归6.36亿元,完成内资7.85亿元,利用外资1583万美元;增加规模以上工业企业12家,增加限额以上批发业企业3家,限额以上服务业企业1家。增加国家级高新技术企业7家。

【农业】 2019年,六石街道稳定发展粮食生产,承包流转耕地343.4公顷;开展改革性粮食保险工作,保险面积711.33公顷,大户参保率100%。完成晨光畈粮食功能区提标升级,硬化机耕路面10425平方米,建设排水渠589米,修建排水渠1914米。抓好树桃坞22.67公顷冬种绿肥示范畈进度、紫岩山新品种展示范监督(单晚平均亩产超过750千克)。开展农产品质量检测管理工作,检测农产品蔬菜433批次。完成王村粮食功能区补建标农提升工程的前期准备工作。

【新农村建设】 2019年,六石街道推进拆后重建工作。44个自然村完成规划公示,1788户完成农户宅基地定桩放样,申报创建拆后重建示范村6个。张麻车小区成功创建市垃圾分类“最好村”;完成33个自然村“污水零直排区”整治提升,香潭村做法成为全市样板;农村饮用水“一户一表”安装工程完成年度任务的135%。投入资金1200余万元,增加绿化面积2.1万平方米,创建美丽庭院、精品庭院300余个,增加节点景观49个,方会等6个村(小区)成功创建市级“十美村”,枫树下村成为全省“美丽乡村”特色精品村。

【基础设施建设】 2019年,六石街道修改完善《六石全域旅游规划》,设计和制作省AAA景区镇标识系统,完善景区镇LOGO、导览图、停车场等各类标识60余件(套),增加六石街道张麻车游客中心各类器材16件,修建生态停车场,提升部分景点风貌,11月成功创建省AAA级景区镇。完成“世”字形游步道、黄雾西路“美食一条街”、现代数字农业、影视外景拍摄基地连片提升等9大项目21项创建内容整体谋划。建立部门共建等10项小城镇长效机制,重点整治环境卫生、集镇秩序、镇容镇貌。开展针织路夜市的“定点、定时、定品种”规范化管理;整治南北菜场管理乱象,南菜场获评“省放心市场”;调整镇区垃圾分类的收集处理方式,定时上门分类收集。

【重点工程建设】 2019年,六石街道推进土地全域整治,紫光村被列入全市8个试点村之一。推进低效工业用地清理,腾出建设用地复垦指标约3公顷,完成年均3万元亩产税收以下企业出清任务,综合考评全市第四。推进建筑业科技产业园平台拓展,完成樟村土地征收13.3公顷。启动青塘安村拆迁工作,一周完成62户农户签约,签约率95.3%。推进六石实验幼儿园项目建设。推进生态廊道建设,投资5800余万元,打造9.5千米的生态廊道,被评为省“最美绿道”,白溪江(六石段)被评为省“美丽河湖”,得到副省长彭佳学的批示肯定。

【组织建设】 2019年,六石街道推进“村干部整治立规创优年”行动,集中梳理11方面、36条权力清单,规范村干部权力运行,村干部免职2人,诫勉谈话12人次。开展村干部集中培训6次,村级组织规范运行专项督查8次,查摆问题26条,下达限期整改通知书12份。开展“不忘初心、牢记使命”主题教育,收集矛盾、困难和问题1263条,处理1198条;代办农户事项1966件,办结1960件;排查矛盾纠纷35起,解决28起,化解信访积案5起。组织广大基层普通党员参与争做实事好事活动,完成实事好事820余件。

【文教卫生】 2019年,六石街道有文化站、广播电视站各1个,设高中1所、初中1所、小学3所、幼儿园5所。有各级各类医疗卫生机构22家,社区服务中心1个,医务人员105人,卫生服务站5个。创建7个文化礼堂,湖心塘村创建浙江省五星级文化礼堂,樟村、吴良村创建金华市四星级文化礼堂,组织举办各类大型文体活动8次。枫树下村王丽丽在第十届全国残运会上获PR1级女子单人双桨2000米和1000米两项冠军;六石小区许宽田在听障组男子3000米障碍决赛中打破全国纪录,获得冠军。开展新时代文明实践活动,完成1个街道级新时代文明实践所和2个示范型新时代文明实践站建设,开展志愿服务活动200余次。

【社会保障】 2019年,六石街道有低保户237户268人,最低生活保障金支出110万余元;特困供养9人,供养资金支出8万余元;社会临时救助和慈善临时救助18人次,支出3.05万元;慈善助学5人次,支出2.5万元;计生困难家庭补助8户,支出2.5万元。23家村居家养老照料中心运行

2019年六石街道社区(村)基本信息情况一览表

表57

社区(村)名称	小区(自然村)(个)	社区(村)支部(总支)书记	社区(村委)主任
樟　村	3	赵劲松	韦朝阳
鹤　峰	3	周伟强	—
王　村	1	王运良	王晓良
康　厦	2	韦建春	—
石塔山	3	陈仲浩	陈晓浩
石　马	4	王国良	王国良
金　鸡	4	陈宝生	陈明星
横　塘	7	陈晓浩	陈曙晖
裘家岭	2	潘茂荣	潘明土
吴　良	1	吴永良	吴子红
夏溪潭	3	吴友尧	吴新才
蟠　松	3	蒋世良	吴维杨
里宝塘	3	吴寿福	吴祝红
枫树下	3	王新华	徐元华
后　里	3	厉新勇	吕晓阳
紫　光	2	金朝生	周丽利
岩　口	1	吴其永	吴宝金
湖心塘	3	吴子祥	吴维平
徐　庄	4	王海水	金惠良
新　建	5	吴益良	徐洪亮
桐　坑	1	楼胡林	楼小欢
北后周	1	卢红星(党务负责人)	卢红星(村务负责人)
六石社区	7	吴鹰飞	—

率86%,张麻车村完成五星级居家养老照料中心建设,王村村、吴良村、湖心塘村完成三星级居家养老照料中心建设。完成张麻车村居家养老示范点和“残疾人之家”建设。

【产业植入】 2019年,六石街道完善5个影视外景基地配套设施,对基地原有的战壕区、树林区、古村落区、军营区等进行布景固化;增加木栈桥、吊桥、桃花林等6个布景,满足剧组多元化拍摄需求。接待剧组152个,完成年度目标的126%。制定研学路线及方案,举办百人以上研学活动40余次。推进蔬果采摘农耕体验游,联合报社、电视等媒体,举办蔬果采摘节,吸引采摘游团队20余个。接待旅游团队上百个,旅游人次超13万人次,营业收入超千万元。

(张媛媛)

城东街道

【概况】 2019年,城东街道行政区域面积61平方千米,辖李宅、塘西、罗屏3个驻村分中心,下辖1个社区、18个行政村。办事处驻吴宁街道工人路90号。总户数17930户,总人口42357人。出生人口405人,出生人口性别比103(女为100),人口出生率9.54‰。规模以上工业企业完成工业总产值83681万元;完成国地税收入16272万元,比上年增长11.57%。城东街道以“产业新城,花灯小镇”为特色,逐步划分成三大领域,即以李宅、寀卢磁性行业为中心的工业发展领域,以斯村集散中心为核心的农副产品加工和商贸服务领域,以李宅花灯展、影视基地等为代表的文旅发展领域。东宅、岙里坑成功创建市级“十美村”,岙里坑被评为年度最美村;获评市垃圾分类最好村2个,单良村被浙江省“千村示范万村整治”工作协调小组办公室评为省级垃圾分类示范村;完成3个森林村庄和5个A级旅游村庄的创建;泗渡溪被省水利厅评为省级最美河道。

【工业】 2019年,城东街道19家规模以上工业企业完成工业总产值8.37亿元;完成固定资产投资3亿元,完成浙商回归4122万元,引进内资1.81亿元;限额以上批零销售额1.12亿元,比上年增长209%。规模以上企业培育任务3家,在库培育4家,完成3家(东阳市联辉电气设备有限公司、浙江泰尔塑业有限公司、东阳市星吉年工贸有限公司);完成国家高新技术企业评审3家,省级高新技术企业评审5家。

城东街道开展低效工业用地清理飓风整治工作，盘活优化闲置低效存量资源。初步达成收储意向签订资产收储意向书企业5家，涉及土地面积5.21公顷。亩均税收3万元以下企业完成出清任务，收储低效工业用地13.4公顷，收储3.33公顷以上区块2个。

【农业】 2019年，城东街道耕地面积1387.71公顷。粮食总产量9521.8吨、谷物8337.4吨，油料235.4吨、棉花12.8吨、甘蔗1771吨、中草药材609吨、蔬菜23711.1吨、瓜果1004.7吨，鱼类315吨，畜牧生猪42335头，活禽类41645只，种植花卉苗木61.33公顷；农林牧渔服务业产值775万元；果园面积133.46公顷，水果产量3266.6吨；茶园总面积19.66公顷，茶叶总产量3.3吨；封山育林面积2747.8公顷，造林面积14.20公顷，育苗面积增加3.46公顷，零星植树3.14万株。

城东街道通过金华市级果蔬特色农业强镇验收，为东阳市首个获得该荣誉的乡镇街道。

【重点工程建设】 2019年，城东街道完成生活垃圾综合利用项目9.63公顷土地的征收签约和19个点的二次环评工作，完成“三通一平”(通水、通电、通路、平整土地)和进场道路的土地征用，主体工程进场施工；完成西气东输东磐天然气管线政策处理1.9千米，完成2个隧道口、1个定向钻所需的借地面积；完成镇乡分支管网与污水处理二厂污水总管连接工程，街道、工业总管以及连接歌山、巍山分支管完工；完成爱奇艺创意文娱综合中心5.67公顷用地的征地工作。

【新农村建设】 2019年，城东街道深化“河长制”的全面巡查通报机制，巡查整治问题33处。通过33个自然村生活小区类、81家工业园区类、112家其他类的“污水零直排区”市级验收，完成“污水零直排区”创建。拆除违建6.58万平方米，完成率109%；定桩1236户；幸福、荷庄两个拆后重建示范村项目进展顺利，奎吾堂土地全域整治项目完成立项。以“名家李宅·花灯小镇”为目标定位，推进小城镇项目8个，“美丽城镇”创建项目11个，小城镇长效管理考核持续排名全市前三。

2019年城东街道社区(村)基本信息情况一览表

表58

社区(村)名称	小区(自然村)(个)	社区(村)支部(总支)书记	社区(村委)主任
李宅社区	7	李长春	李康红
徐　田	3	徐守强	徐天伟
冞　卢	1	卢阳春	卢阳春
奎吾堂	2	张才金	李惠彪
堂　鹤	3	李茂良	李成斌
东　安	2	王志其	黄新平
五　四	1	李财洪	王振伟
单　良	1	单章新	单南平
东　光	4	单国忠	单志荣
塘　西	6	王志龙	王志龙
湖　店	3	徐立强(负责人)	华兆伟
东　锋	4	郑承阳	洪国良
东　兴	2	李世亮	李世跃
斯　村	5	吕锡宏(第一书记)	蒋国洪
东　升	4	胡凤鸣	王万成
和　堂	3	楼一品	楼标云
东　联	3	楼松林	徐德军
雅　溪	2	应金平(第一书记)	楼福华
东　屏	3	卢志高	卢志高

【文教卫生】 2019年，城东街道设初级中学2所，25个班，学生1144人，教师77人；小学8所，82个班，学生3437人，教师169人；幼儿园10所，幼儿1187人，教师98人。适龄儿童入学率和小学升初中升学率均100%。

城东街道设卫生服务中心1家，保障医疗用房2000平方米，下辖单良、塘西、罗屏3个社区卫生服务站及14家村卫生室，打造20分钟医疗服务圈。有在职职工55人，其中卫技人员45人。

推进9个村文化礼堂创建项目，举办中国好声音走进城东暨全国文明城市创建文艺晚会、“壮丽七十年奋斗新时代”庆祝新中国成立70周年文艺会演等大型晚会。

【社会保障】 2019年，城东街道低收入农户524户，其中享受低保427户，增加31户51人，发放资金16万元；低保边缘户67户105人，增加1户5人；临时救助66户，救助资金9.8万元；特困老人30人，救助资金32.3万元；困难助学7人，救助资金3.1万元。居家养老照料中心正常运行13家，照料服务老年人365人，其中60周岁低保人员10人，80周岁以上老人240人。单良、宲卢、和堂3家创建星级居家养老照料中心。城东街道残疾人990人，享受人数571人，其中生活困难补助280人，补助资金6.3万元；护理补助503人，补助资金9.9万元，医疗康复补助5人；残疾人贫困学生34人，补助4.1万元。10月，在东阳红枫林养生中心成立“残疾人之家”，10余名残疾人入驻。

【组织建设】 2019年9月12日，城东街道完成2轮基层党组织书记轮训，收集汇总意见和建议89条，完成实事清单119件。推进“村干部整治立规创优年”行动，完成16个党员发展指标、整转帮扶党员8人。城东街道全年开拓落实民生实事12件，完成10件，各村创业承诺践诺率90%左右。

【“全国农村社区治理讲习班”开班】 2019年12月9—12日，首届“全国农村社区治理讲习班”在城东街道单良村开班，民政部相关司、全国各省民政厅（局）基层政权建设和社区治理处负责人、全国农村社区治理实验区民政局主要负责人等100余人参与活动，以经验发言、专家授课、现场教学、分组讨论和总结交流等多路径结合的方式，学习该村在农村治理方面的先进经验，交流推广全国农村社区治理实验区建设的做法。

（吴平凡）

2019年12月9日，全国农村社区治理讲习班开班　　（城东街道提供）

南市街道

【概况】 2019年，南市街道行政区域面积83平方千米，辖大联、槐堂、南溪3个驻村分中心，25个行政村，81个自然村。办事处驻吴宁街道朝龙路8号。辖区总户数19993户，总人口44586人。出生460人，出生人口性别比113（女为100）。基层党组织53个，党员总数2388人，其中农村支部25个、农村党员2121人。完成工业总产值28亿元。完成财政总收入1.4亿元。

81个自然村通过市“无违建”创建验收，官清村、杜庄村、富民村被评为市“十美村”。梨枫村成功创建无蚊村。8月，人民网以《南市街道全域创建“十美村”，助力乡村振兴》为题，以雅门村为点，报道南市街道推进“美丽乡村”建设所取得的成果。后赵村周春阳、西坞村丁优优入选“东阳好人”。西雅村西塔自然村王立岗被评为东阳市第六届道德模范，后赵村周春阳被评为东阳市第六届道德模范提名奖。大联、梨枫两个村建设新时代文明实践站示范点。走访2900户农户，收集群众反映问题600余条，当场解决问题400余条，召开座谈会22次，梳理问题58条，提出解决的对策措施68项，形成13篇调研报告，征求意见112条。

【工业】 2019年，南市街道有工业企业186家，产值超亿元企业7家，规模以上企业31家。规模以上工业产值193566万元，比上年增长3.55%；规模以上工业增加值36664万元，比上年增长3.7%；固定资产投资39603万元，比上年增长104.46%；完成税收14267万元，比上年增长0.81%；完成限额以上批发业商品销售额29581万元，比上年增长47.11%；外贸出口额14369万元，比上年下降7.8%。

南市街道协同行政执法、环保、消防等相关部门对红木企业开展联合执法，通过日常巡查、“双随机”抽查等方式，推进红木企业环保整治。出动巡查1500余人次，巡查企业1116家，查处企业30家，罚金208万元，移交公安机关1家。推进红木长廊南市街道段建设，在南午岭至南马花园路段，打造具有浓厚文化底蕴和产业特色的园林式红木文化长廊，为“买红木到东阳”提供平台支撑。东阳红木创业园17栋主体工程完成，引入新注册企业24家。

南市街道有建筑企业3家，建筑劳务公司20家。营改增完成税收总收入3511.5万元，占任务数的100.33%，比上年增长27.27%。完成增值税3065.44万元，占年度任务的139.34%，比上年增长21.87%。建筑业招引纳税2641.8万元，比上年下降4.2%。

南市街道排查89家低效工业用地企业，推进低效工业用地清理整治。腾出用地空间3.95公顷，亩产税收3万以下企业出清率100%。

【农业】 2019年，南市街道常用耕地面积20565.59公顷，其中水田面积17256.81公顷。农业以种植粮食作物和经济作物为主，有家庭农场28

家，南乡农机等农民专业合作社12家，特色农产品有南枣、蜜枣、元胡、草莓、西瓜等作物。农作物播种总面积1874.4公顷，其中粮食播种面积1194.3公顷，粮食总产量8058.5吨，粮食作物以水稻为主。主要经济作物播种面积680.2公顷，总产量11456.7吨。青枣种植面积700公顷，以南溪片区为主，多数加工成蜜枣和南枣。南枣年产量170余吨，产值2300万元；蜜枣年产量300吨，产值500万元。南枣加工户7家，蜜枣加工户约50家，以家庭作坊式加工，未形成规模化生产。

【环境整治】 2019年，南市街道拆除违章建筑92宗、19.25万平方米，旧住宅改造134户3.1万平方米。岭下、岭下街、西路3个村创建垃圾分类省级示范村，大田头、沧江、紫溪、陈宅4个村通过金华市级示范村考核验收，南市街道被评为东阳市级垃圾分类先进街道、全市环卫工作先进镇乡街道。沧江、月塘2个村完成金华市级森林村庄创建，杜庄、雅成、槐溪、前西张、深塘下、西坞、岭下街7个村完成市级森林村庄创建，雅成村创建省级"一村万树"示范村。

【文教卫生】 2019年，南市街道设省级综合文化站1个，金华市级文化达标村3个，东阳市级文化达标村11个，区域文化活动中心3个，文化广场25个，农民公园3个，篮球场47个，排球场35个，露天舞池30个。群众文体队伍50支，室内文体活动面积1.4万平方米。设幼儿园14所，在园幼儿1120人，专任教师84人；小学5所，在校学生2987人，专任教师147人；初中3所，在校学生1831人，专任教师124人，九年义务教育覆盖率100%。推进教育体制改革，加大学校基础设施建设，成立"槐堂初中金向华教育基金"。创建广丰、山联、南峰、石盆、上朱、后塘、贾宅7个农村文化礼堂，梨枫村创建浙江省五星级文化礼堂。各级各类医疗卫生机构21个，其中街道卫生院1所，病床5张。专业卫生人员50人，其中执业医师19人，执业助理医师4人，注册护士16人。

2019年南市街道行政村基本信息情况一览表

表59

行政村名称	自然村(个)	村支部(总支)书记	村委主任
官清岭	3	葛立辉	董太红
官　清	6	—	卢建达
广　丰	4	吕仕康	—
大　联	7	张卫勇	张惠强
沧　江	2	—	乔大寨
西　雅	3	厉朝平	陆德根
陈　宅	2	陈孝春	陈有明
紫　溪	1	邵立宏	邵　栋
山　联	3	陈贺龙	胡明喜
高　潮	4	吴能民	—
南　峰	3	胡志金	胡军民
五　一	5	孙俊杰	吴小进
槐　堂	6	厉世棠 (副书记主持工作)	厉志强 (副主任主持工作)
廿里牌	3	葛德平	葛天财
后　赵	1	—	周君勇
岘　峰	3	吴成信	厉剑传
南　溪	2	杜加祝	贾天申
安　儒	5	蒋贤民	蒋顺鑫
梨　枫	2	刘瑞千	刘成义
石　盆	1	吴永清 (副书记主持工作)	吴忠明
横　城	6	胡承土	蒋　俊
西　坞	3	潘有星	吴全洪
上　朱	1	朱贡跃	朱正相
后　塘	3	—	陈伟信
贾　宅	1	贾志勇	贾志忠

【社会保障】 2019年，南市街道增加低保对象18人，低保边缘户122人。廿里牌等8个水库移民后扶项目建设通过验收。21家居家养老中心正常运行，运行率83%。强化殡葬管理及骨灰跟踪管理，骨灰安葬100%进入公墓。6个村级便民服务中心通过市委全面深化改革委员会办公室验收。

2019年10月17日，姚山渡槽定向爆破拆除现场 （孙振华/摄）

【交通建设】 2019年，南市街道完成土地征用142.41公顷。完成39省道改建工程与稠岭线交叉“平改立”土地征用、大潮姚山渡槽拆除、全线线杆迁移等工作；完成315省道施工场地表面清理22.88公顷，完成率80%；完成金义东轻轨21户拆迁农户屋基安置，体东、东明隧道爆破理赔等工作；完成杭温高铁沿线42户拆迁农户、3家企业房屋调查和评估等工作。

（徐正英）

横店镇

【概况】 2019年，横店镇行政区域面积121平方千米。下辖10个社区（95个小区）、17个行政村。总户数38017户，户籍人口93646人、常住人口18万人。出生人口970人，出生人口性别比113（女为100）。建成区面积13.7平方千米，建成区常住人口18.01人。建成区绿化覆盖率33%。完成税收40.9亿元。综合实力位列全国千强镇第27位、全省第3位，旅游人数超1900万，接待剧组310个。横店镇先后被评为小城市试点镇、中小城市综合改革试点镇、中国特色小镇，是中国首个国家级影视产业试验区、国家级文化和科技融合示范基地，省级影视文化产业集聚区和电子产业实验区，被誉为“世界磁都”“中国好莱坞”。在2019年全国综合实力千强镇排名中列27位。12月，横店镇尚伦庄村办创建AAA级景区村。

【工业】 2019年，横店镇拥有各类工业企业632家，其中产值2000万元以上规模以上企业81家，亿元以上企业26家，规模以上工业总产值197亿元，完成固定资产投资50.6亿元，工业税收10.3亿元。20个市重点技改项目完成投资6.5亿元，33个市“两化”融合项目完成投资4300万元，旧厂房改造完成9.9万平方米。横店集团与世界500强企业巴斯夫（中国）有限公司签订战略合作协议，横店东磁联合浙江大学等单位共同完成的软磁科研项目获2019年度国家科技进步奖二等奖。6个市重点商贸服务业项目完成投资5.3亿元，限额以上批发业商品销售额80.4亿元、限额以上零售业商品销售额10.4亿元，横店缤纷城商贸综合体建成营业。

【农业】 2019年，美丽田园和休闲观光农业发展良好，完成南江生态廊道上东、城头、五官塘、联盟40余公顷油菜、紫云英种植，开展屋基丘、洪塘头百亩荷花基地管理。培育金华市示范性家庭农场1家，创建东阳市级森林村庄3个，完成高标准农田建设78.33公顷。有效应对“利奇马”等暴雨台风极端天气，未发生险情和人员伤亡事故。

【林业】 2019年，横店镇完成护林员的改革工作，从14个护林员减少至2个护林员，开展护林员节假日的巡查；开展森林病虫害防治工作，及时清理枯死松树，全年完成清理2000余吨；开展绿化造林工作，创建下莲塘、马山前和荆浦3个东阳市级森林村庄；完成珍贵造林13.33公顷任务；开展森林消防安全宣传防范工作，森林防火巡查较到位，本年度未发生森林火灾；开展森林资源的保护工作，配合市林业局森林派出所处理卫片执法，坚持木材凭证砍伐，做好野生动物的保护工作。

【影视文化产业】 2019年，横店镇继续实施《全域影视旅游发展战略三年行动计划》方案，依托横店丰富的影视旅游资源，逐步实现影视旅游文化和村庄特色相融合、村庄风貌与景区风貌相协调，实现横店旅游业从以景区观光游向体验休闲游转变，成为国内旅游的主要目的地。第一批10个全域影视村（小区）在建或完工项目62个，完成投资900余万元，吸引30余个剧组入村拍摄。

3月，省政府正式批复同意设立横店影视文化产业集聚区，横店影视文化产业创新服务综合体列入省级创建培育名单，影视产业园等一批重点工程顺利推进，爱奇艺创意文娱中心等一批重大项目签约落地，开心麻花、复星影视等一批优质企业签约入区。举办2019年中国（横店）影视文化产业发展大会、2019年横店影视节和第五届横店国际马拉松比赛。增加入区企业162家，入区影视企业（工作室）共1800家。

【基础设施建设】 2019年，横店通用机场改扩建项目成功获批，列入首批国家民航领域民间资本投资项目和通用机场建设项目清单；完成金义东轻轨、杭温高铁等项目政策处理；横店天然气综合功能服务总站投入运营；农房集聚区一期14幢楼结顶，农房集聚区二期完成地勘设计。横店镇新综合便民服务中心于10月正式启用，有29个部门单位、2个镇本级科室，61个窗口进驻，在保留原镇级服务职能的基础上，还负责承办可在市行政服务中心大厅办理的除婚姻登记以外的行政审批和公共服务事项。各职能部门利用政务大数据系统后台，推行行政审批和公共服务事项网上办理，最大限度简化办事程序，压缩办理时限，确保群众办事方便快捷。主要部门站所单位集中入驻，实行“一门受理集成服务”。完成道路“白改黑”1.36万平方米、人行道铺设0.5万平方米，新建污水管网1千米，绿化改造提升1.8万平方米。推进治危拆违、“五水共治”工作，拆除违法建筑14.7万平方米，实现宅基地安置3496户，完成农村宅基地及住房确权登记12260宗。开展“污水零直排”工作，创建南江壹号等8个省级污水零直排小区。

【“美丽乡村”建设】 2019年，横店镇入选2019年度全省“美丽乡村”示范镇，尚伦庄村获评省AAA级景区村庄，杨树蓬、屋基丘、北面山、良渡石水吉4个村（小区）获评全市“十美村”，金马、北面山、忠信堂3个村获评市级垃圾分类“最好村”。全镇10个参评“十美村十差村”的村（小区）有49个建设项目，总投资额1714万元，创建美丽庭院280个，其中精品庭院105个，占37.5%。

【文教卫生】 2019年，横店镇有高职院校1所，普高在校生1203人，义务教育在校生14425人，幼儿园29家，在园幼儿6149人；有二级以上综合性医院3家，医护人员1281人，医院、卫生院床位960张。基本养老保险参保率99%，每千名老人拥有养老机构床位数比例25.05%；有电影院1家，实体书店（屋）27家，公共图书馆（室）38家。横店四中新建项目完成工程量的60%，启动文荣小学与南江名郡幼儿园建设，完成南上湖幼儿园新建招投标前期工作，完成横店高中新建的征地工作。创建3家文化礼堂，官桥村创建五星级文化礼堂，23家文化礼堂常态化运行开放，举办各类文艺会演100余场。建立镇村两级新时代文明实践场所5个，开展各类志愿服务170余场、参与人数5000余人次。创建横店镇残疾人之家，32家村级居家养老照料中心实现规范化运行。

2019年横店镇社区（村）基本信息情况一览表

表60

社区（村）名称	小区（自然村）（个）	社区（村）支部（总支）书记	社区（村委）主任
横店社区	10	王　男	王　男
桥下社区	10	李　华	李　华
禹阳社区	11	蒋国彪	陈广金
禹山社区	11	胡　帅	何国春
屏岩社区	12	方　翔	郭小俊
荆溪社区	13	许锦阳	蔡美伟
南上湖社区	8	蒋远飞	蒋阳程
禹东社区	4	吕永苗	张孝波
米塘社区	8	包洪其	申屠德明
维风社区	8	张承明	马利进
七　一	3	金根龙	卢正天
八　一	7	陈正华	吴天根
绕　溪	2	李光明	李贵娟
金　马	2	贾钦寿	贾镇君
烈光坞	1	董国庆	董军强
湖　口	1	楼跃群	周钢洪
六　联	6	朱加帅	单松寿
马山前	3	张丰年	胡庆豹
富贤塘	2	何坚强	张能松
五官塘	4	何一华	金大干
联　盟	3	包君进	包建伟
中兴联	4	舒旺盛	舒旺盛
荷栖泽	4	张　鸽	吕勇钢
柏　塔	1	陈洪范	陈梓年
官　桥	1	陈晓华	陈国平
仁　棠	1	陈志伟	陈志伟
路　西	1	胡全威	胡加明

【组织建设】 2019年，横店镇党委辖217个基层党组织，有党员5234人。在编镇干部159人，其中公务员94人、事业干部65人。推进基层党建规范化建设，改建村级党群服务中心3个，推进万盛步行街区域“党建联盟”建设。实施年轻干部能力“倍增”培养计划，推行“组团式”联村，经验做法受金华市委常委、组织部部长郑敏强批示肯定。举办“我的联村联党建故事”等座谈会10余次，年轻干部牵头举办蟠桃游园会、乡村音乐节等活动8次。推进村干部“整治立规创优年”行动，深化党员干部积分管理和“1+X”党员干部联系农户制度，对4名后进党员进行公开除名。严肃查处党员干部违法违纪案件，受理重要群众信访46件(次)，8名党员干部受到党纪处理，提醒和诫勉谈话5人次。9月25日，中央第二巡回督导组组长陈际瓦到官桥村调研，肯定横店镇“不忘初心、牢记使命”主题教育工作。

【社会保障】 2019年，横店镇开展扶贫救助工作，发放各类救助金21.72万元，救助困难群众243人。开展残疾人帮扶工作，创建横店镇残疾人之家，发放残疾人各类补贴296万元，落实贫困残疾人安居工程3户。开展低保专项清理行动，全镇低保、低保重残、五保、重度残疾人基本生活保障、重度残疾人托安养对象实现应保尽保、应退则退。开展殡葬领域专项整治，做好日常规范管理。居家养老照料中心正常化运行32家。水库移民后扶项目完工4个，实施3个。

【社会管理】 2019年，横店镇开展“街(路)长制”巡查和联合执法行动，参与文明大劝导2687人次、劝导不文明出行8084人次、整治占道经营1657起、流动摊贩1040起、“乱停车”8000余车次。推进“六小”服务行业排水污染整治和渣土车运输管理，完成隔油池安装472家，查处渣土车不规范运输行为246车次。整改消防安全隐患问题3780处，推广安装智慧消防设施686个。

(周　睿)

南马镇

【概况】 2019年，南马镇行政区域面积103平方千米，下设镇中、镇西、防军、花园4个工作片，辖30个行政村，97个自然村。镇政府设在泉府村。辖区总户数26460户，总人口63568人，出生人口750人，出生人口性别比107(女为100)。全镇税收4.38亿元.城镇居民人均收入6.8万元，农村居民人均收入5.4万元。

1月22日，人民日报社人民网以及中国科技产业化促进会小康村创新战略联盟联合主办的2018全国乡村振兴示范推介活动颁奖典礼暨首届乡村振兴发展论坛在北京市举行，南马镇花园村被授予“全国乡村振兴示范村”称号。3月13日，浙江省副省长彭佳学到花园村，对花园乡村振兴战略实施“最多跑一次”改革以及农村就地城镇化等进行调研。南马镇通过国家卫生乡镇创建省级考核。

【工业】 2019年，南马镇固定资产投资额16.48亿元，规模以上工业企业49家，规模以上工业产值51.52亿元。引进内资2.99亿元，完成浙商回归资金6410万元，完成洽谈项目6个。排查低效用地275宗、269.27公顷；完成16宗、26.73公顷收储工作，亩产3万元以下低效企业基本出清。关停淘汰环保不合规红木企业340家，通过环保验收红木企业523家。

8月18日，花园新能源有限公司年产5万吨高性能铜箔项目一期投产。12月，南马万洋众创城项目一期46家企业入驻，二期项目进场施工。

【农业】 2019年，南马镇申报规模种粮户34户，种粮面积549.6公顷，占全镇总耕地面积55%，按规定参保农业政策性保险。创建蔬菜基地1处(花园农业发展有限公司)，蔬菜示范户1户(马志明)，上报渔业推广示范户3户(吴兴华、金天松、葛志兵)。完成大仁村、大厦村面积45.27公顷土地流转“标准地”(村集体土地承包流转给农户的土地)建设。南湖村、二头塘村的100.93公顷高标准农田项目区通过论证、财政审计，12月进场施工。二头塘村、周塘村的旱改水项目列入财政审价。增加建设用地复垦，南湖村(1.15公顷)投入复垦建设。11月，市林业局对周塘村苗木基地申报补助项目进行考核。对辖区内各类种苗、花卉生产基地进行产地检疫检查。上安恬村、下格村进行松材虫病防治，沙城头村、花园福山景区进行林木病虫害药物喷洒防治。泽树坞山塘和山坞山塘整治完工并通过验收。1月，花园农发公司成为金华市首家国家级新型农民培育示范基地。

【村镇建设】 2019年，南马镇上报省治危办治危拆违35户，并完成治理，完成率列全市第1位。上报市治危办治危拆违112户，完成治理107户，拆除违章建筑22.61万平方米，塔山

2019年8月23日，东阳市“最美村”——后山村　(南马镇提供)

2019年南马镇行政村基本信息情况一览表

表61

行政村名称	自然村(个)	村支部(总支)书记	村委主任
泉　府	2	金　胜	葛秀花
下　格	1	何　健	何　健
和　庄	2	吴立青	吴汉升
联　合	2	蔡险峰	张永进
葛　府	2	陆祖贤	邵国军
双溪口	2	包正健	金建军
华　西	6	金志滨	徐芳卿
长　畈	1	赵洪仪	楼顺德
南　新	5	张德明	张福全
南　马	4	吴惠胜	吴军波
前　宅	1	吴春生	吴桂龙
花　园	19	邵钦祥	邵君伟
上安恬	2	马顺淼	马长华
下安恬	2	马淳平	马军江
龙　山	2	杜文德	杜林海
西山脚	2	马进明	马立云
新五联	5	吴寒冰（片长任第一书记主持工作）	—
绕　川	3	许志平	许志平
防　军	4	—	包俊进
夏　厝	2	申屠忠良	申屠华帅
石舍塘	1	厉园卿	厉园卿
雅　村	2	骆寅福	骆寅福
东　湖	5	胡德富	—
南　湖	4	胡天清(副书记)	胡冠军
双　溪	5	方向正	方锋明
双　峰	5	厉瑞锋	—
和　平	3	蔡志法	徐得富
大　厦	1	马必成	朱红阳
大　仁	1	包金彬	包民富
溪　西	1	厉大庆	厉世亮

下、长畈、横溪3个村列入全市拆后重建示范村创建，完成拆后重建招投标。10个村参加市级“最美村”评选，后山村被评为市“最美村”。和庄、长畈、前宅、双溪、石舍塘、雅村、下安恬7个村被金华市农业农村局评为金华市级垃圾分类优秀村，联合村被省农业农村厅评为省级垃圾分类示范村。创建和庄、南马2个金华市级森林村庄，创建防二、丹瑞塘、泉府、下湖头、桃村5个东阳市级森林村庄，完成“大宋官窑·千年瑶仪”东阳市精品村建设。10月，省农业农村厅、省文化和旅游厅公布2019年浙江省100个“最美田园”名单，花园村渼陂下田园成为东阳市唯一入选的“最美田园”。对镇区主要道路试行夜间保洁、垃圾定时清运，密闭储存清运率100%。定期开展城镇道路维修养护和园林绿化修剪补种和污水管专业化养护管理工作。

【文教卫生】 2019年，南马镇设幼儿园16所，班级104个，在园幼儿3049人，教师184人。小学6所，班级130个，在校学生5866人，教师288人。初中2所，班级52个，在校学生2343人，教师151人。高中1所，班级30个，在校学生1344人，教师114人。花园外国语学校招收高中2个班、初中6个班、小学8个班、幼儿14个班，在校学生1483人，教职工314人。南马镇中心幼儿园新建工程和南马实验小学扩建工程完工。12月20日，在花园会展中心召开花园大学成立大会。

南马镇设各类医疗卫生机构1个，社区服务站5个，专业卫生人员101人，其中执业助理医师19人，注册护士28人。完成病房、眼科、妇产科门诊改建工程，急诊、输液厅改造工程在12月末完工。花园田氏医院设22个科室，专业卫生人员248人，注册医生84人，注册护士99人。

南马镇设综合文化站1处，编制人员3人，村级文化中心30处，建有文化礼堂27个，创建文化礼堂10个。

11月24日，浙江省农村文化礼堂“村晚”优秀节目编导培训在花园剧院举行，从60支队伍的节目中选出17个进行汇报演出。南马镇获东阳市2019年农村文化礼堂“我们的村晚”文艺会演金奖、东阳市“壮丽70年,奋斗新时代”红歌大合唱二等奖。

【社会保障】 2019年,南马镇参加农村合作医疗40029人,参保率99.92%,大病保险参保人数28747人。农村最低生活保障422户559人。残疾人1636人,其中享受护理补贴对象820人,发放资金177812.5元,享受生活补贴对象407人,发放资金91575元,其中纳入低保310人,纳入低保边缘户97人。临时救助87人,救助资金13.05万元。在东一村宏邦皮具厂内建成残疾人之家,12月开始运行,近20名残疾人签订入住意向书。

南马镇建成居家养老照料中心29家,其中夏居、南湖、双溪、龙山4个村创建星级居家养老照料中心。有敬老院2家,南马镇中心敬老院入住五保户25人,智力残疾4人,社会寄养老人70人。花园敬老院入住五保户14人,智力残疾50人,社会寄养老人51人。

【社会管理】 2019年,南马镇实现30个行政村便民服务中心建设全覆盖,其中花园、下格、夏居3个村建成示范村级便民服务中心建设村。开展“无证明城市”改革,举办各类学习培训8次,参加人数300人次,参加市级培训3次。专职网格员通过手机APP上报事件5329条,日均上报量30件左右。开展矛盾纠纷、信访积案化解工作,调处各类矛盾纠纷36件,涉及总金额832.9万元,其中重大疑难纠纷8起,涉及金额611.4万元,受理普通信访案件196件,办结190件,受理“8890”便民服务平台转办件177件,办结172件。每月定时开展市镇两级领导信访接待活动。召开涉及扫黑除恶会议31次,其中专题会议23次,办理涉黑恶势力案件4起,起诉5人,刑事拘留8人,行政处罚26人。

【组织建设】 2019年,南马镇召开中心组学习4次,召开全镇主题教育集中学习会3次,强化党员党性教育。完成夏居村等4个党群服务中心规范化建设,建立“两新”组织园区联合党支部,完成创业新建党支部。对软弱涣散党组织开展专项整顿,派驻工作组,由镇主要班子成员任组长,因村施策制定整顿提升方案。实施村与村之间“对标比拼勇赶超”活动,将全镇97个自然村纳入比拼范围,每季度开展一次综合排名。举办3期专题业务培训班,组织20余名村干部参加“农村干部上大学”学历提升。加强党风廉政建设,对全镇履职不力的6名村干部免职处理,对多名镇村干部告诫约谈。对6名不合格党员被迁入后进支部进行教育帮扶,26名干部因不遵守会风会纪被通报批评。对违法违纪党员立案审查6人,开除党籍2人。

【基础设施建设】 2019年,南马镇西区污水处理厂二期投入试运行,南江以北配套立管工程完成60%,南江以南配套管网建设工程完成40%,完成南下线镇区段道路和横黄线上安恬路段“白改黑”工程,完成南马实验小学北侧道路绿化工程和镇区背街小巷综合整治,镇区路灯安装完工。

【南马镇首届乡村夏令休闲节举行】 2019年8月23—25日,为期三天的南马镇首届乡村夏令休闲节在浙江省AAA级景区村瑶仪村举行。开幕式上,花园村代表与瑶仪代表签署乡村振兴村村共建协议。花园村党委书记、花园集团董事长兼总裁邵钦祥代表花园村,现场向瑶仪村捐赠“美丽乡村”建设基金50万元。南马镇乡村夏令休闲节有17支文艺会演队参加,有要大刀、叠罗汉等民俗表演,设置泼水节、喝啤酒大赛、拔河比赛等节目以及村庄湿地公园里的网红桥、皮划艇、水上滚筒等项目,休闲节举办期间,接待游客10万余人次。

【南湖仿古电商产业园项目开工】 2019年10月9日,南湖仿古电商产业园项目开工。该产业园项目位于南湖村北侧,规划面积8公顷,其中一期占地面积3861平方米,建筑面积23600平方米,投资2700万元,二期工程占地面积7000平方米,建筑面积42000平方米。南湖村有从事仿古门窗生产销售的实体企业186家,从事仿古电子商务的400余家,从业人员3300余人,年产值约3.2亿元,南湖村连续四年入围中国淘宝村。

【央视新闻点赞花园“厕所革命”】 2019年,南马镇新建公共厕所13座,改造提升生态公厕71座,创建AAA级公共厕所3处,AA级公共厕所5处。11月19日“世界厕所日”,中央电视台新闻频道9点档《新闻直播间》栏目,播出央视记者高伟强采编的《小厕所 大民生》记者观察新闻专题,其中“开展厕所革命,让农民获得幸福感”部分以两分钟的时长介绍花园村“厕所革命”的特色和亮点。

【南马农房集聚区结顶】 2019年12月,位于南马实验小学以南、长山路

2019年12月,南马镇农房集聚区结顶 (胡 江/摄)

以东的南马镇农房集聚区12幢高层建筑结顶。其中，4号、5号、7号、8号、9号楼为16层；1号、2号、3号、10号、11号、12号楼为17层；6号楼为11层。总征地面积35352平方米，建设用地33878平方米，总建筑面积127474.65平方米，安置房708套。

（吴海有）

巍山镇

【概况】 2019年，巍山镇行政区域面积178平方千米，设胡村、象岗、中心、古光、怀鲁、罗山6个工作片，辖巍山、巍屏2个社区、28个村民委员会（金鑫行政村合并到巍屏社区）、119个自然村。镇政府驻巍山社区工人南路1号。辖区总户数29027户，总人口70639人，出生人口554人，计划生育率97%，出生人口性别比107（女为100）。征收往年计划外出生社会抚养费24.31万元。完成税收4.2亿元。各类金融机构6家。有邮政网点6个，营业收入1299万元，电信服务网点8个，营业收入1295万元。新店、燥塘、学士宅、下林口、中甲、施家田6个村庄获评市级“十美村”。巍山镇通过国家卫生乡镇创建省级考核。

【工业】 2019年，巍山镇有44家规模以上企业，完成工业产值26.15亿元，比上年下降8%；销售产值25.69亿元，比上年下降8.3%，规模以上工业增加值比上年下降5.5%；完成固定资产投资6.51亿元；其中工业投资额2.2亿元。引进内资2.67亿元；外贸出口总额13.62亿元，比上年增长7.3%。限额以上批零住餐完成额11704万元，比上年下降1.78%；其中批发业销售总额11704万元，比上年增长1.78%。引进浙商回归资金2.4亿元。

巍山镇完成东阳市众驰建筑劳务有限公司、浙江成果建筑劳务有限公司、浙江瑞通建筑劳务有限公司、浙江均兴建筑劳务有限公司4家建筑劳务企业工商注册。完成建筑业税收1.66亿元；纳税超千万元的企业5家。市建筑科技产业园完成征地20公顷，狮山小微园一期主体工程结顶，平安小微园（13.67公顷）工程开工建设，投资5000万元的巍华UHPC超高性能混凝土项目一期投入生产，清华大学大塘湾试验基地项目完成土地征用。完成合法土地收储、集体土地复垦和征收再利用19宗涉及面积22.23公顷；完成亩均税收3万元以下低效工业用地出清工作。

【农业】 2019年，巍山镇有常用耕地面积2441.9公顷，其中水田1937.1公顷。有效灌溉面积2295.13公顷。农业总产值53605万元，其中粮食作物产值9336万元。作物种植多样化，有水稻、麦、玉米、豆类、油菜、花生等近20个种类。粮食总产量25626吨，其中水稻18327吨、小麦1360吨、玉米2079吨、豆类901吨、其他2959吨。经济作物产量：油料648吨、棉花21吨、甘蔗3356吨、中草药材425吨、果用瓜5192吨；茶叶155吨。增加规模流转土地81.1公顷，流转期限在5年以上的有登夏4.93公顷、前光11.23公顷、联群22.07公顷、下甲21.67公顷、巍山三村12.2公顷、中甲9.0公顷。

8月，农村集体“三资”代理服务中心进行改革试点，农村集体“三资”管理会计业务以政府购买服务的形式委托东阳农商银行代理，由东阳农商银行负责会计代理业务，会计代理工作人员由东阳农商银行负责聘用和派遣。

【林业】 2019年，巍山镇有森林面积7866.6公顷；镇区园林绿地面积8.5公顷，林木绿化覆盖率11%，人均绿地8.4平方米。造林面积34.06公顷，封山育林面积68.6公顷，低产林改造面积14.3公顷，零星种植树木16.8万株；生产木材277立方米，毛竹10.5万根，杂竹86.4吨，坚果42吨，油茶籽1.8吨，笋干11.7吨。鹭鸶岭下、乌竹岭下、联群、茶场、下沧塘5个自然村成功创建东阳市级森林村庄，麻家、上卜宅两个行政村成功创建为金华市级森林村庄。

【组织建设】 2019年，巍山镇有党总支及支部139个，党员3930人。镇评选优秀共产党员71人；收到党员关爱基金捐款2.04万元，慰问困难党员90人，离任干部关爱27人。培训入党积极分子61人，发展预备党员21人，按期转正19人。

【村镇建设】 2019年，东粮广场是集商业住宅为一体的综合体项目，总用地面积14134平方米，建筑占地面积4814平方米，总建筑面积56986平方米，项目总投资2.1亿元。完成1号楼31层、2号楼23层、3号楼23层的商品住宅楼建设主体工程。巍山商贸综合体项目占地面积33333平方米，完成办理国土出让手续、用地规划许可证、建设工程规划许可证，12月开工建设。

巍山镇开展小城镇环境综合整治，完成渼沙南路道路改造、中横街延伸工程，白溪东路项目和理和堂、九如堂修缮工程，新店小区道路新建工程，第二菜市场建设工程，申报补助资金1640余万元。完成芦塘、学士宅、排塘拆后重建示范村项目施工；完成茶场、中甲、西湾、尚誉、程店、山头金等拆后重建示范村招投标工作。岭典岭腰自然村完成总投资93万元的便民服务中心建设工程，沈良村完成总投资95万元的居家养老中心建设工程，甲丘村湘湖自然村完成总投资91万元的池塘整治建设工程，王宅村下林口自然村完成总投资92万元的村内道路建设工程，光里湖自然村完成总投资96.3万元的村民文化活动场所建设工程，巍山社区巍五小区完成总投资186万元的社台门口龙身文化长廊建设工程。

巍山镇完成象岗东晟制砂厂、胡村制砂厂的环境专项整治工作，尚武宅废弃矿治理项目方案调整后进场施工。完成放样定桩252户，完成放样定桩1936户。完成旧住宅区改造3万平方米、旧厂区改造60000平方米，拆除违法建筑74516平方米。

巍山镇完成“白改黑”道路4千米（巍山至象岗、光里湖至联群），光里湖公路服务站通过东阳市、金华市考核验收，完成总投资200万元的（古渊头至仙芝岭）山口桥建设工程、（巍东线）大福井桥改造工程、（老怀万线）古渊头渠道桥的加宽工程。完成金甬铁路建设前期工作，施工方中铁北京局进驻怀鲁岢山。4月，巍山镇获评金华市首批“四好农村路”示范乡镇。

【文教卫生】 2019年，巍山镇有幼儿园7所，教学点4所；公办5所，民办2所；公办教学点1所，民办教学点3所。班级56个，其中公办班级数18个，民办班级数38个。教职工165人，其中专任教师104人；入园幼儿1691人，其中公办入园幼儿475人，民办入园幼儿1216人。小学4所88个班，在校学生3602人，毕业生599人，专任教师175人，其中大学本科学历141人、专科学历34人。九年制义务教育覆盖率100%。初中2所41个班，在校学生1896人，毕业生592人，专任教师130人，其中大学本科学历124人，专科6人，九年制义务教育覆盖率100%。巍山高级中学42个班，在校学生1892人，毕业生625人，教职工总数152人，其中专职教师151人，高级教师51人。利民高中22个班，在校学生968人，教职工总数73人，专职教师54人。年初，巍山镇发动乡贤筹集教育基金1.08亿元，每年用于奖励的金额近500万元，用于奖教奖学。9月，巍山教育发展基金成立大会举行。

巍山镇设镇文化站、广播电视站各1个，数字电视用户数16556户，双向互动电视用户2353户，广电云宽带用户1906户。成功申报国家级文物保护单位两家（东阳白坦民宅、史家庄花厅）；甲坵村通过浙江省文化示范村验收；白坦、莘北、史家庄、岭典、市前、沈良、茶场、上卜宅、胡村、楼下畈、尚誉11个村完成农村文化礼堂创建工作，巍屏社区山头金小区创建浙江省五星级文化礼堂。甲坵村获2019年度东阳市“春泥计划”实施工作先进村。

巍山镇有医疗卫生院（室）31家，其中市属医院1家，中心卫生院1家，社区卫生服务站9家，村卫生室15家，

2019年巍山镇社区（村）基本信息情况一览表

表62

社区（村）名称	小区（自然村）（个）	社区（村）支部（总支）书记	社区（村委）主任
尚　誉	1	何文锦	金海阳
胡　村	3	胡海彬	胡文明
楼下畈	2	王品余	邢忠良
麻　家	2	麻洪仁	楼世明
象　岗	5	吕小华	周潮森
环　峰	3	吴式青	应明强
上卜宅	6	赵再杨	卜东来
王　宅	5	—	楼登财
沈　良	2	金孝英	沈远春
曙　光	4	吴忠良	赵庚余
茶　场	4	王保华	朱国华
金　鑫	3	属巍屏社区管理	
白　坦	2	吴正发	—
巍山社区	7	赵闻樵（—2019.3） 由镇干部裘康忠兼任	—
巍屏社区	10	冯跃进	应大成
古渊头	3	李惠康	李晓强
光里湖	5	叶桂芳	徐亚玲
雅　联	3	斯晓初	陈纲伟
尚武宅	4	赵柏仁	赵玉成
清　溪	2	王高良	胡新良
市　前	2	楼桂阳	—
怀　鲁	6	陈继华	马朝阳
八字墙	4	王国忠	—
同　乐	3	李荣贵	徐晓安
东方红	4	朱益群	叶国栋
东莘桥	3	李文良	方建新
仙学塘	4	吴跃华	吕跃生
罗　店	5	戚美忠	刘国强
甲　坵	5	虞忠林	虞建新
大　山	4	楼荷光	楼　坚
岭　典	3	王有金	王国杰

个体诊所5家。专业卫生人员444人，其中执业医师160人，执业助理医师27人，注册护士185人。平均每千人拥有卫生技术人员6.6人，平均每千人拥有执业医师2.67人，平均每千人拥有注册护士2.46人。市人民医院巍山分院被评为2019年度“农工党浙江省社会服务工作先进集体”称号。

【社会保障】 2019年，巍山镇参加城乡居民医疗保险42396人，参保率95%，医疗报销金额2936万元。巍山镇优抚对象：伤残人员31人，“三属”（烈士遗属、因公牺牲军人遗属、病故军人遗属）5人，在乡复员33人，带病回乡51人，参战涉核26人；60周岁以上农村籍退役人员675人，60周岁以上烈士子女1人。开展困难群众大病医疗等救助工作，救助145人，发放救助金299492元。农村低保808人，每月发放最低生活保障245697元，共计2948364元。城镇低保7人，每人每月526元，特困人员26人，集中供养24人。社会救助65人、6.9万元；优抚147人、308.7万元，低保边缘户204人。建立重点优抚对象沟通平台制度，开展全镇2名重点优抚对象慰问工作。

【综合治理】 2019年，巍山镇完善全科网格及网格员队伍建设，有115个网格，网格员配备率100%。网格员制作美篇1308篇，通过“平安通”上报信息5461件，办理5461件，通过基层治理平台报送信息271099条，其中有效信息270210条。完成人民调解各类矛盾纠纷270起，其中重大疑难矛盾纠纷18起，调解经济金额3445.72万元，调处率100%。处理信访件356件，“8890”便民服务平台投诉咨询件335件，来访43批次，约访接待93批、168人次。联合巍山派出所推出“平安巍山义警联盟”，调解矛盾纠纷100余起，其中涉及非正常死亡类案件、涉访案件等重大矛盾30余起。

2019年12月29日，“可津·广宏杯”2019东白山国际越野行走大会举行（巍山镇提供）

【乡村旅游】 2019年，巍山镇成功创建湘湖、平安2个省AA级景区村庄，创建史家庄、凤仪、罗店、中甲、黄西塘、燥塘、新店7个省A级景区村庄，打造山洪村、吕潘村民宿试点。3月29—31日，举办第二届黄西塘桃花文化旅游节，参加活动人数2万余人。

12月29日，“可津·广宏杯”2019东白山国际越野行走大会暨大爽古山道越野赛在浙西古村落——巍山镇大爽村开幕。国内外600余名选手参加比赛。比赛分30千米越野比赛和10千米体验行走。行走路线为：大爽村（原北麓中学起终点）—北麓古道—山洪—大立崖坪—鹭鸶岭古道—大爽村。

2019年9月6日，金华市公安局考察“平安巍山义警联盟” （巍山镇提供）

【集聚区建设】 2019年，巍山镇集聚区位于长安路以西，金源大道以东，金钩村以北。农房集聚区用地面积32716平方米，总建筑面积118883平方米。项目总投资4.5亿元。集聚区一期完成1～9号楼的结顶、装饰及配套建设。集聚区548户，缴款1.1亿元。组织巍山集聚区第二轮次选房活动。

【白溪江绿道建设】 2019年，白溪江绿道完成巍山镇段绿道建设。白溪江发源于东阳、诸暨、嵊州三市交界处的东白山，途经虎鹿镇、巍山镇、六石街道、歌山镇、城东街道，是东阳境内东阳江的最大支流。生态廊道白溪江绿道总投资约14611万元，全长约64千米，巍山镇境域内约12千米，从2018年3月开始动工建设。2019年11月，白溪江绿道代表东阳市入围第三届“浙江最美绿道”的评选。

（楼伏初）

歌山镇

【概况】 2019年，歌山镇行政区域面积64平方千米，辖21个行政村，75个自然村。镇政府驻楼西宅1号。辖区总户数17650户，总人口41951人。出生人口387人，出生人口性别比110（女为100）。完成税收3.87亿元，比上年增长28.75%。获镇乡街道工作目标责任制考核良好单位、“三改一拆”考评三等奖、工业经济工作目标责任制考核优胜单位、人大工作先进集体、全市第四次经济普查先进集体等荣誉。歌山镇凤山村俞黄村获评浙江省“一村万树”示范村。歌山镇上宅村入选2020年度省级美丽宜居示范村创建名单。

【工业】 2019年，歌山镇规模以上企业完成工业总产值17.32亿元，比上年增长12.20%，固定资产投资2.8亿元。规模以下样本企业主营业务收入1836.6万元，比上年增长58%。

歌山镇开展低效用地排查工作，关停企业32家，拆除厂房9宗、5.07公顷，亩产税收3万元以下出清企业100%；完成集体土地征地手续6.47公顷、收储23.63公顷、复垦立项1.83公顷。增加规模以上企业7家；立项技改项目7个，2个5000万元以上项目开工建设；申报省高新技术企业6家，国家高新技术企业4家。招引二级资质建筑公司1家，办理建筑劳务公司5家，完成建筑业营改增招引企业税收1.6亿元。

【农业】 2019年，歌山镇有规模化水产养殖基地9个，规范化生猪养殖场4个，粮食生产功能区23个、815.67公顷，种粮大户31户，农民专业合作社20家（其中省级示范社1家，东阳市级示范社3家），销售各类农产品约1850万元，家庭农场28家（其中省级示范农场3家，东阳市级示范农场3家），农田作业收入910万元。完成淑玉村、大里村整村规范化土地流转67.13公顷，完成乔宅村规范化土地流转8.57公顷。东阳市皇野生态农业有限公司获“浙江省农业科技企业”称号，浙江雪舫工贸有限公司的雪舫蒋牌火腿获浙江农业博览会“优质产品金奖”。

【村镇建设】 2019年，歌山镇开展“美丽歌山”整治行动，排查整改乱堆乱放、环境卫生等问题466处。组织16个自然村参加全市“最美村”评选，成功创建市级“十美村”6个（西宅、王家、湖潭、塘下、余店、百担头），“最美村”1个（湖潭）。举办垃圾分类巡回演出，考垃APP覆盖率97.3%，创建4个省级垃圾分类试点村。完成大里

2019年歌山镇行政村基本信息情况一览表

表63

行政村名称	自然村（个）	村支部（总支）书记	村委主任
乾　兴	3	何忠明	陈兴仙
四　汇	4	厉荣桂	厉荣桂
楼村头	2	郭炳洪	—
林　头	5	—	—
尚　侃	3	金长法	金桂良
象塘夏楼	2	楼航峰	楼航峰
歌　山	1	郭乔良	郭阳伟
王村光	3	王利杨	王福跃
畈　干	6	金光明	金美强
陈塘沿	1	吴巧芳	吴海忠
五　祥	6	吴星强	吴洪亮
大　里	1	俞大明	蒋少华
石　潭	2	俞国尧	俞　敏
凤　山	10	楼国荣	楼永久
塘　下	4	吴红良	吴红良
泮　田	3	吴品火	吴正葵
上　蒋	5	金桂法	林韵蔚
安　溪	4	陈德新	蒋生荣
西　宅	7	卢淑华	胡耀良
双　村	2	何正林	胡伟钢
淑　玉	1	金晓红	金晓红

村五星级田园社区创建。完成森林村庄建设4个,“一事一议”项目3个,完成农村自来水“一户一表”改造2200户。开展农房确权登记工作,发证4016本。11个小城镇项目开工,完工6个。与交警、公路局、路政等部门对接整治道路交通安全隐患。

【文教卫生】 2019年,歌山镇创建文化礼堂6个,行政村覆盖率86%,在文化礼堂开展活动20余场次。建立志愿者服务队22支,成立合唱团、艺术团、民乐团、摄影社、书画社、文学社等团体组织,常态化开展演出、展览、培训。规范公共卫生服务工作,开展65周岁以上老年人免费接种流感疫苗工作,动员爱心人士无偿献血190人。开展健康教育活动10次,健康教育知识讲座71次,组织从业人员健康体检800余人次。办理生育登记310人,再生育审批10人,独生子女证50人,流动人口婚育证明8人,办理奖励扶助98人,组织妇女病检查和“两癌”筛查1604人。歌山镇卫生院作为乙等乡镇卫生院,下辖10个社区卫生服务站,有职工60人,其中卫技人员52人。有幼儿园7家、小学7家、初中1家,在校教师学生4000余人。

6月3日,由省人大常委会副主任李学忠率领的省检查组到东阳市歌山中心幼儿园检查《浙江省学前教育条例》实施情况,召开座谈会。7月23日,由市委、市政府主办,市委统战部、市人民政府台湾事务办公室、市人民政府侨务办公室、市归国华侨联合会承办,市留联会、东阳日报社、市外国语学校协办的2019东阳籍海外华裔及港澳台地区青少年“中国·东阳寻根之旅”夏令营开营仪式在歌山镇举行。

【社会保障】 2019年,歌山镇发放低保金约160万元,临时救助92户。创办残疾人之家,为残疾人提供电商就业培训。强化居家养老照料中心运行管理,运行率91%。重阳节组织走访90岁以上老人268人,百岁以上老人2人,办理老年证996本。开展“最多跑一次”“无证明城市”改革,推进5个行政村便民服务中心标准化建设。

【社会管理】 2019年,歌山镇推进全科网格建设,组织网格员培训23次,配备专业巡查记录仪78个,处理省平台下派件473条,“8890”平台事件220条,选取优秀网格故事汇编成《歌山镇网格员风采》。推进“扫黑除恶”专项斗争,答复“扫黑除恶”信访件50件,处理有关涉黑人员8人。坚持每月15日领导信访接待制度,接待来访群众35批次,答复处置信访78件。聘请2名调解员进行专职矛盾调处工作,排查矛盾纠纷77件。

【组织建设】 2019年,歌山镇发展党员18人,汇编《歌山镇初心文集》。成立“三农”干部学校作为学习平台,组织培训25余次,培训人数近千人。组织29名村干部、“红领青年”参加“千名农村干部上大学”活动。将9个行政村纳入村(居)巡察,发放180余本《村干部整治立规创优学习读本》,签订260余份“九不三远离”承诺书。违纪违法的村干部约谈7人次,歇职处理2人,主职干部免职2人。成立钢带行业党建联盟,增强村企联动,各企业党支部开展助力集镇建设、治危拆违、“五水共治”等中心工作党员志愿服务活动30余次。

【文旅产业】 2019年,歌山镇组织美村游、采摘游、影视游、亲子游、观赏游、骑行游、垂钓游等活动,吸引游客体验歌山山水人文。推进王村光村产业植入精品村项目建设,8月25日,举办第三届“歌山之约”青枣休闲体育节,吸引游客近万人。开发3个影视基地,其中乾王影视基地占地约130公顷,近60个剧组前往采景,为村民创造收入350万元。总用地1733.33公顷的大龙山旅游观光休闲体拓康养园投入资金3000余万元,项目总体规划基本成形;大里村田园综合体项目完成初步方案规划和土地流转程序;柴坞民宿项目完成初步方案规划。成功创建王村光、俞黄2个省AA级景区村,上宅、积塘湖、淑玉、呷干、湖潭、尚侃6个省A级景区村。

(张雅雯)

千祥镇

【概况】 2019年,千祥镇辖区总面积104平方千米,辖88个自然村,33个行政村。镇政府驻千祥南路127号。辖区总户数20080户,总人口45444人。出生人口394人,出生人口性别比95(女为100),计生率97.35%。完成税收总收入1.15亿元,比上年增长33.46%。亩产税收14.56万元,在全市排名第一。有乡镇企业357家,各类金融机构5家。

【工业】 2019年,千祥镇规模以上工业产值3.09亿元,比上年增长6.4%;

2019年8月25日,歌山镇举办第三届“歌山之约”青枣休闲体育节(歌山镇提供)

完成税收总收入1.15亿元，比上年增长33.46%。固定资产投资完成额1.5亿元。增加规模以上企业1家。各类箱包企业及加工点866家，从业人员1.5万余人。

千祥镇完善田心工业功能区建设，平整土地32.67公顷，总投资2800万元。推动旧厂房、技术改造企业5家，投资金额7905万元，11家企业申报外观、发明等专利，通过“中国箱包产业基地”复评，完成26.67公顷箱包微创园第一期征地工作。与中铁六局签订劳务合作框架协议，推进实质性劳务合作。完成“双证”落地9家、增加开票企业5家、建筑业招商引资19家，完成建筑业税收总收入3253万元，比上年增长1441.7%，超额完成五项指标考核任务。完善中国影视后期制作小镇项目、秀溪村生态旅游项目、现代中药产业基地等项目。引进内资7743万元，浙商回归5743万元。开展“飓风整治”行动，完成401家“四无”企业排摸工作，整治企业136家，其中完成技术改造3家、关停37家，采取限电措施55家，拆除37家企业违章建筑3.72万平方米。

【农业】 2019年，千祥镇农村经济总收入68588万元，农民人均所得15064元，比上年增长7.3%。农林牧渔业总产值15486万元，其中粮食作物产值3259万元。粮食播种面积1741.27公顷，粮食总产量10508吨。粮食作物以水稻为主，主要经济作物有元胡、浙贝母、杭白芍、席草、蓝莓等。垦造耕地19.31公顷、旱改水0.95公顷、高标准基本农田建设203.79公顷、农村土地综合整治项目0.94公顷。

千祥镇建成浙贝母无公害标准化生产基地146.67公顷、省级生态循环种植模式示范基地21.67公顷、省级旱粮示范基地30公顷，其中晚稻高产示范田13.33公顷；标准化中药材示范区206.67公顷，其中省级中药材示范区提升项目15.33公顷，元胡品种试验、繁育1公顷。示范区良种覆盖率90.3%。甘棠村3.33公顷的水果观光采摘生产基地对外开放，完成镇级农业产业化项目6个。培育各类产业特色村11个。完成柽溪村静庄1.33公顷的改田造地项目，甘棠村56.33公顷的土地整理项目破土动工。完成土地确权，总确权颁证农户数11839户，确权面积1.37万公顷；完成垦造耕地14.9公顷、“旱改水”8.63公顷、高标准基本农田建设172.93公顷。全镇33个行政村完成消除经济薄弱村任务，村总收入均10万元以上，经营性收入5万元以上。完成131.87公顷的高标准农田项目招投标工作。市级元胡品种试验基地和上甘棠省级水果生产基地通过验收。促进畜牧业转型升级，建设美丽牧场2家。全镇33个行政村完成农业水价综合改革工作。

【重点工程建设】 2019年，千祥箱包微创园项目完成相关征用手续，确定东阳市城投集团有限公司为建设主体，启动土地招拍挂；镇中心小学迁建工程完成临时围墙砌筑和表土剥离，主体工程开工建设；牛琅谷森林公园项目基本完成基础设施和游客中心主体建设；基本完成龙丽工贸生产线项目主体工程；推进五鼎山旅游开发、岩托湾千泓影视基地等固定资产投资项目。

4月15日，千祥镇上东陈村举行柽溪一桥暨聚贤阁长廊竣工仪式。该村投资400余万元，重建长50米、宽11.6米的柽溪一桥，新建140余米的长廊。

【新农村建设】 2019年，千祥镇拆除违法建筑5.4万平方米，拆后利用3.3万平方米，完成4.1万平方米的旧住宅改造，完成第二轮农村危旧房治理改造任务。开展“两路两侧”整改工作，整治市级问题点位9宗。拆除违法“大棚房”4处，通过金华市“无违建乡镇”验收。对后周地质灾害点进行施工，拆除支百坑地质灾害点框定范围内受威胁建筑，落实岭脚地质灾害点0.19公顷避让搬迁用地指标，推进相关农户的农房报批工作。完成上东陈垦造耕地项目实地踏勘工作，甘棠村千亩土地整理项目一期工程完成40%，二期工程完成80%。开展农房确权登记发证工作，完成入库数量10881宗，首次登记公告数量8724宗，发证2578本。上东陈、隔塘等4个村成功创建东阳市级森林村庄，九峰一、东一、万祥3个村成功创建金华市级森林村庄。

东王、粉岭、楼门等7个村通过市级“秀美村”创建考核验收，东王村被评为“十美村”。胡山、千二2个村成功创建新时代“美丽乡村”达标村，后周、云头2个村成功创建新时代“美丽乡村”精品村。

前马、南王坑等4个金华市垃圾分类优秀村通过第二季度县市交叉考核，胡前庄、马井塘、红庄、张宅、王坑5个村先后被评为东阳市垃圾分类月度“最好村”。

千祥镇下新线路面拓宽工程完成95%；画南下线“白改黑”工程设计基本完成；214省道、秀溪隧道通过线位论证，列入市政府2020年实施项目；完成光千线“白改黑”工作，防千线—龙泉、双徐线—大庄建设完成80%。投资2800余万元，完成柽溪江综合治理工程；投资500余万元的镇区休闲广场完成项目建设。完成高宅龙塘寺山塘整治工程；实施绿网工程，推进金村至柽溪至南下线连接口等公路沿线的绿化升级改造；完成火烧迹地造林和油茶经济林13.33公顷。

【文教卫生】 2019年，千祥镇设镇综合文化站、广播电视站各1处，浙江省级文化示范村3个，金华市级文化示范村5个，区域文化中心6个，文化达标村12个，文化礼堂18个，各类图书室33个，藏书6.6万册。群众文体团队68支，东阳市级文物保护单位3处，文物保护点7处。幼儿园4所，幼儿教学点4个，在园幼儿980人，专任教师45人；小学4所，在校学生2485人，专任教师135人；初中2所，在校学生1163人，专任教师102人。九年义务教育覆盖率100%。各级各类医疗卫生机构22家，其中镇中心卫生院1家，病床30张。专业卫生人员102人，其中执业医师29人，执业助理医师12人，注册护士21人。

千祥镇指导龙泉、光前等8个村

2019年千祥镇行政村基本信息情况一览表

表64

行政村名称	自然村（个）	村支部（总支）书记	村委主任
金　村	3	马世东	马旭平
柽　溪	3	马为民	马永军
云　头	2	陈永胜	陈永胜
万　祥	3	马华强	王冬菊
千　南	2	—	—
千　二	2	吕荣刚	吕荣刚
千　一	2	叶长华	叶秉春
东　一	3	黄亚民	黄亚民
甘　棠	4	马旭标	马旭标
后　马	3	陈国水	陈志秀
上东陈	2	—	陈力华
下东陈	2	—	—
胡　山	2	胡志康	胡义东
升　楼	3	楼文献	楼阳春
秀　溪	3	楼跃进	楼联军
新　民	3	黄雁南	黄秀才
九峰一	3	黄小燕	黄永华
九峰二	3	包向锋	包淳兴
三　联	3	—	—
四　友	4	蔡　进	卢为民
前　马	3	胡文正	马鸿亮
高　宅	2	李丁寿	李丁寿
南王坑	2	陈柏兴	陈伟忠
石门张宅	2	张新忠	—
三　宝	5	王忠保	王仕华
光　周	2	陈增财	陈成立
后　周	2	李跃光	李跃光
隔　塘	1	黄万育	黄万泉
林　甘	1	马新华	马海军
民　宅	1	叶汝龙	陈文龙
麻　田	3	陈香菊	马卫春
大　路	6	史德刚	史永安
岭　脚	3	陈拥军	黄大放

创建文化礼堂，共创建文化礼堂26个；通过省级文化礼堂建设示范镇考核验收，后马村通过省“十百千”文化提升工程的实地查考验收，后周村文化礼堂获“浙江省五星级文化礼堂”称号，完成镇级新时代文明实践所和后周、后马2个示范型新时代文明实践站建设工作。组织开展文化走亲等各类活动，举办跨区域文艺晚会和文艺会演等大型文化活动20余次。完成《东阳市志·千祥镇卷》资料长编评审工作。

【社会保障】 2019年，千祥镇城镇最低生活保障户5户、5人，支出25476元，月人均424.6元；农村最低生活保障户370户、463人，支出1791949元，月人均322.5元；五保供养19人，临时救助54人次，支出79600元。敬老院1所，床位54张。完成低收入农户调查818户、1145人。开展城乡居民医疗保险工作，全镇参保人数27009人，参保率99.7%。开展城乡居民基本医疗保险和大病保险参保缴费工作，实际缴费比例99.97%。城乡居民社会养老保险参保人数12439人，其中城乡居民养老保险享受待遇9039人。

【社会管理】 2019年，千祥镇开展平安宣传工作，定期开展禁毒防毒和反邪教警示教育活动。完成信访事项受理及答复工作，信访件按期办结率100%。构建立体化信息化社会治安防控体系，完成镇综治中心规范化建设，指导大路、四友等7个村建设村级示范型综治中心。办理“8890”平台各类诉求201件，群众最终满意度99.04%。

【组织建设】 2019年，千祥镇建立党建工作体系，深化“立体精准考评”，将考评结果扩延至村书记、主任的年终考核，确定村主职干部优秀9人、称职28人、不称职3人。依托“三农”干部学校对全体村两委干部开展分批轮训，歇职9名村干部(其中免职2人、劝退2人)，5名党员迁入镇后进整转帮教支部，核处发展党员过程中的违规违纪问题22人；对12个村开展三轮巡察，发现问题23个；开展提醒谈话、批评教育47人次，集体约谈2个批次37人次。构建“1名班子+1个党支部”帮扶体系，开展党支部党建工作。

【基础设施建设】 2019年，千祥镇利用空心空地，综合广场、房前屋后等地块，设置临时停车场和临时车位；改善提升停车场11座、施划停车泊位663个。建造入城口公园、千二公园等6处休闲场所。定期开展沈岭坑水库饮用水源清洁行动，清理生活垃圾和烂枝烂叶30余吨；完成胡山、柽溪、麻田、上东陈4个村的清水河道项目，建设修复河道和灌渠2.3千米，建设标准化河道1.9千米，柽溪江金村段堤防标准化建设通过验收。推进生态廊道建设，柽溪江生态廊道千祥段主体工程基本完工，金村—千祥镇区段生态廊道实现单边贯通，推进沿线亮化、绿化、清水步道建设等工作。完善公共服务设施，三联小学操场项目对接土地用途调整事项，镇卫生院病房和停车场改造项目完成招投标，建造镇区港湾式停靠站10个，成功创建秀溪、岭脚两个金华市气象示范村。

（王　蕾）

湖溪镇

【概况】 2019年，湖溪镇辖区总面积98平方千米。设镇东、镇西、镇北3个工作片，辖28个行政村，镇政府驻镇西村炉庄自然村通新路10号。辖区总户数17542户，总人口41932人。出生人口387人，出生人口性别比96（女为100）。完成税收2.21亿元，比上年增长17.55%。有企业276家，其中工业企业225家，规模以上工业企业27家，各类金融机构4家，保险公司2家。湖溪镇通过国家卫生乡镇创建省级考核，成功创建首批省AAA级景区镇。

【工业】 2019年，湖溪镇完成规模以上工业产值9.72亿元，比上年增长3.1%。建筑业企业17家，建筑业总产值20.60亿元，建筑业税收回归1.39亿元。外贸出口总额3.13亿元，比上年增长79.23%。固定资产投资额2.40亿元，比上年增长80.41%。完成浙商回归6658万元，引进内资1.15亿元。工业性投入6527万元。全年新办企业17家。

湖溪镇对全镇133宗88.53公顷工业用地块进行清理排查，重点整治永禄工业区块、郭宅老工业区块等5个区块。完成镇政府收储2.75公顷，完成复垦立项征地手续9.01公顷。亩产税收3万元以下地块出清。完成企业“小升规”4家，股改1家，申报国家高新技术企业2家，省科技型中小企业4家。回归建筑企业12家，回归税收8819万元，比上年增长30.9%。

【农业】 2019年，湖溪镇常用耕地面积1474.95公顷，农作物播种面积1366.33公顷。经济作物面积1829.33公顷：其中油料面积190.3公顷、中草药材278.73公顷、蔬菜413.60公顷、果用瓜181.00公顷。有农业技术服务机构1个，农民合作社16个。种植大户38户，畜禽养殖大户14户，家庭农场25个。八里湾蔬菜常年供应市场需求。

湖溪镇开展农村土地承包经营权流转制度改革试点，增加规模化土地流转66.66公顷。何氏鸽业成功创建省级美丽牧场；东百塘“姚老师”红肉猕猴桃被中国绿色食品发展中心评定为绿色食品A级产品，许可使用绿色食品标志。

湖溪镇投资4000万元的中小河流治理湖溪段工程开工建设，夏黄村陈塘水库除险加固工程完工。清潭村鱼溪坑、前山村安山水库、大连村姚坞山塘整治工程开工建设。康庄村、郭上坞村133.33公顷高标准农田改造项目开工建设。

【乡村旅游】 2019年，湖溪镇推进农文旅融合产业发展，完成省AAA级景区镇创建。天宝生态文化园项目进展顺利，投资1.4亿元完成寺庙区块主体工程75%，计划投资1200万元的湖溪文化公园项目进场施工。天宝禅寺承办中国佛教协会梵呗培训班、杭州灵隐寺“禅行天下”夏令营等系列培训活动。郭一村象田自然村连续第四年承办东阳市春季乡村休闲旅游节，举办2019年中国农民丰收节系列活动暨东阳市秋季乡村旅游体育节，接待游客30余万人次。总投资1.5亿元的八里湾影视外景基地项目实施建设。

【村镇建设】 2019年，湖溪镇成功创建黄大户、石洞口、乔南、红山、南湖田5个“十美村”。推进里歌线、南徐线、清莘线精品线建设。投资300万元的南江湖溪段生态廊道全线贯通，增加护栏、标识牌、彩色路面等安全设施。投资500万元增加西堆、清潭、天一桥、污水处理厂等景观节点。创建市级森林村庄3个，金华市森林村庄1个，浙江省“一村万树”示范村2个。7月，被省美丽办评为“美丽浙江”魅力示范镇，被市委、市政府列为“两江两镇”全域美丽产业引领示范区，推出“醉美湖溪 修心小镇”建设战略目标，重点打造八里湾共享田园建设、上田影视外景基地、象田农业综和体、西堆产业特色精品村等项目。

湖溪镇投入5000万元的76个小城镇建设项目完工。湖溪农贸市场、镇365便民服务中心投入使用。完成南湖路、复兴路立面改造。国家级文保单位马上桥花厅、国家非遗传承基地湖溪酒厂，以及以酒文化和木雕文化为特色的商业街成为湖溪旅游亮点。创新实施“五星文明户”争创活动和镇区零星工程快速处置机制，受到金华小城镇整治办通报表扬。

【环境整治】 2019年，湖溪镇完成自然村规划报批，宅基地安置率98%以上。集聚安置930户，创建拆后重建示范村2个，第二轮危旧房改造基本完成。157家企业、3个生活小区完成“污水零直排”创建，17条支流河道水质保持三类水以上。推进农民饮用水达标提标，湖溪第二水厂建成投入使用，解决南江、清潭、十八坞等11个自然村饮用水问题。完成9个村2800户用水“一户一表”改造。创建国家级卫生镇,10月通过省级考核验收。

【垃圾分类模式推广】 2019年,湖溪镇创新垃圾分类处置工作,全镇28个行政村全部推行考垃APP管理,农村生活垃圾实现"全过程监管、大数据分析",建立再生资源回收兑换点20个、上门回收员4人。做到再收资源回收到村全覆盖。建立"户集村收镇运"的垃圾收集长效保洁制度。提倡垃圾减量,其中清潭、南江、十八坞、东雅4个村垃圾减量率95%以上,实行本村垃圾不出村就地处理。为垃圾分类提供智力和技术支持,与浙江树人大学建立产、学、研合作。垃圾分类率95%以上,分类考核全市第一,垃圾分类模式在全市推广,湖溪镇作为全省唯一代表参加垃圾分类国际学术研讨会作典型发言。

【文教卫生】 2019年,湖溪镇有幼儿园5所,在园幼儿600人,专任幼师57人;小学5所,在校学生1647人,专任教师102人;初中1所,在校学生910人,专任教师66人。九年制义务教育覆盖率100%。高中1所,在校学生900人,专任教师68人。湖溪高中航模队获2019年全国青少年锦标赛一等奖1项、二等奖1项、三等奖2项,队员杜阳凯获火箭打靶项目冠军,教练何俊杰获全国优秀辅导员称号。成人文化技术学校1所。教育经费5241.3万元,其中镇政府投入80万元。学校重大工程2项(湖溪中心幼儿园新建工程、湖溪中心小学改扩建工程)。全镇有医疗卫生机构13家,其中镇中心卫生院1所,社区卫生服务站6家;每千人拥有医疗床位1.5张;专业卫生人员64人,其中执业医师22人、执业助理医师13人、执业护士16人,其他卫生技术人员(药剂、检验、麻醉)13人。

微电影"爷爷的勋章"获全国总工会职工微影视大赛金奖。创建村文化礼堂4家,举办镇第八届文化艺术周活动,专场演出6场,参演2500余人,观演3万人次。2月获批"中国民间文化艺术之乡"。2月18日,《浙

2019年湖溪镇镇行政村基本信息情况一览表

表65

行政村名称	自然村(个)	村支部(总支)书记	村委主任
南　塘	3	张永兴	张鼎华
湖　溪	1	张　耕	张永新
大　连	5	严长春	姚军民
溪　南	4	王春芳	叶大新
上红湖	3	宣克明	葛红旗
东　雅	2	郭炳良	张航平
清　潭	2	李国栋	李昔阳
南　江	4	吕中明	卢志新
十八坞	5	卢德花	叶德忠
楼　店	3	楼锦祥	吕向阳
后　西	4	杜天章	杜徽东
后　东	3	杜培基	杜锦群
罗　青	1	杜永生	申屠华民
罗青郭	2	郭振金	郭立新
八里湾	4	严智时	张海阳
镇　西	3	张立明	吕向阳
郭　一	2	郭栋梁	郭兵权
郭　二	2	郭跃良	郭培龙
郭　三	2	郭庆元	郭向东
三甲村	2	杜金民	周新田
新　塘	3	何云潭	金红强
夏　黄	1	黄　刚	黄江能
前山何	2	何济亚	何林华
金　宅	3	金利平	王　阳
白水口	2	蔡希新	蔡省城
郭上坞	3	蔡红军	郭　杰
康　庄	3	程珍仙	胡向阳
蛟　塘	1	蔡喜庆	李带全

2019年10月27日，湖溪镇第八届文化艺术周开幕式举行 （湖溪镇提供）

江日报》头版头条报道湖溪镇“中国民间文化艺术之乡”揭榜。

【社会保障】 2019年，湖溪镇有农村低保户275户、348人，城镇低保户7户21人。五保户18户、18人。低保户发放救助金125万元，五保户救助金发放24万元。残疾人护理补贴1041人，补贴金151万元。残疾人生活补贴226人，发放补贴金61万元。国家退役军人抚恤补助类对象100人。敬老院3所，居家养老中心正常运行30家，三星级照料中心10家，居家养老补助金120万元。

湖溪镇居家养老中心行政村全覆盖，运营率100%。在全市率先完成乡镇示范型居家养老服务中心建设。3月，成立首家镇级居家养老服务社会组织“久久敬老服务社”。11月1日，全市田园社区创建和居家养老服务工作推进会在湖溪镇召开。

【社会治理】 2019年，湖溪镇建立定时接访、主动下访，分析研判的信访工作机制，领导联系包案制度，化解17宗疑难复杂陈年信访难题。建成信息化、电子化的镇综治中心，推进以监控系统、报警系统、处置系统为主，融合预警系统的“雪亮工程”，用高科技、智能化助力社会治理。重视网格员队伍素质提升，培训网格员74名共计16轮次。安全生产网格化管理，无重大安全事故发生，无信访群体性事件。

【组织建设】 2019年，湖溪镇完成镇机关中层干部调整，新提拔中层干部12人。修订机关干部绩效考核办法，开展“村干部整治立规创优年”活动和“扫黑除恶”专项斗争，全面落实村干部“九不三远离”承诺。执行党员干部积分制管理，提升村干部规矩意识、干事能力。建立入党申请人个人事项报告制度，实现入党积极分子进村入户考察，源头把控党员发展质量。制订重点工作党员农户捆绑考核机制。完善《村级组织运行十项制度》，以常态化督查抓好各项工作落实。

（黄有福）

画水镇

【概况】 2019年，画水镇行政区域面积120平方千米，下辖18个行政村、74个自然村，444个村民小组。镇政府驻黄田畈村旭光自然村画宁路20号。辖区总户数23454户，总人口55559人。出生人口516人，出生人口性别比107（女为100）。完成税收收入1.41亿元，比上年增长11.72%。

【工业】 2019年，画水镇32家规模以上工业企业完成产值10.37亿元，比上年增长0.8%；规模以上工业增加值比上年增长6.5%；完成固定资产投资1.88亿元，工业性投入1.15亿元。建筑业招引企业税收6273.85万元，完成任务的156.85%，比上年增长73.02%；建筑业税收总收入5643.04万元，完成任务的125.4%，比上年增长137.17%，其中增值税5087.11万元，完成任务的195.66%，比上年增长140.24%。

画水镇开展低效工业用地清理工作，对全镇182宗（115.67公顷）低效用地发放低效认定通知书，明确每宗地块的整治方案，完成亩产税收3万元以下80宗工业用地地块的整治警示牌悬挂。通过政府收储与倒逼相结合，7家企业签订收储协议，1家企业启动复垦程序，面积13.83公顷。

【农业】 2019年，画水镇常用耕地面积1789.2公顷，其中水田面积1657.6公顷。农林牧渔业总产值1.9亿元。完成粮食复种面积1771公顷，粮食总产量21220吨。水稻机械化插秧面积915公顷。主要经济作物蔬菜的播种面积280公顷，总产量约5000吨。实施垦造耕地项目13公顷，高标准基本农田建设137公顷，“旱改水”耕地质量提升7公顷。

【重点工程建设】 2019年，315省道画水段项目（陆宅至梨枫）概算投资4.1亿元，开展基本路基清表及路基填筑工作，完成总工程量的20%；南江流域画水段综合治理工程概算8570万元，开展护岸建设加固工作，完成工程量的45%。

【村镇建设】 2019年，画水镇拆除违章建筑84宗、22.6万平方米，完成年度任务数的102.7%。完成旧厂区改造9.3万平方米，推进旧住宅改造8.6

万平方米，分别完成年度任务数的103.8%和100%。以“两路两侧”为整治重点，清除乱堆乱放1000余宗。拆除C、D类危旧房59户，完成30个自然村的村庄规划调整工作，定桩放样253户。申报省AA级景区村庄2个和A级景区村庄9个；创建市级“十美村”3个，森林村庄7个；垃圾分类工作实现全覆盖。

【社会管理】 2019年，画水镇推进“最多跑一次”改革，全面提升镇级365便民服务中心软硬件设施，迁建村级便民服务中心2个，改建5个，投入近300万元。全镇18个村级便民服务中心实现“一窗式受理、一站式办公”，网格员接受业务培训37次，发放平安创建和“扫黑除恶”等宣传单7万余份，受理各类网格事件12482件，按时办结率100%。

【社会保障】 2019年，画水镇有五保户26人，低保户527人；开展各类救助120余次，发放救助补助金13万余元，完成年度低保复核工作；村级社会组织198家，组织各类活动100余次，服务群众1000余人；规范19家居家养老中心正常运行，解决全镇357名老人就餐住宿问题；实施集体经济薄弱村消除工程，林村成功摘帽；镇村两级19个退役军人服务站挂牌投入使用，完成全镇1830名退役军人及三属的光荣牌悬挂工作。

【文教卫生】 2019年，画水镇设综合文化站1个、文化休闲广场28个、村级文化活动室18个，文化示范村6个，各类群众文体队伍50余支，拥有东阳市“十佳优秀民间艺术节目”称号3个。文化礼堂总数15家，年内建成5家。图书室19个，设立东阳市图书馆画水分馆，有各类藏书6.58万册。紫薇山民居成功创评国家级文物保护单位，洪塘村创评省级历史文化重点村落；市级文物保护单位11处，市级文物保护点42处。有幼儿园12所，专任教师130人，在园幼儿2400人；小学4所，教职工170人，在校生3647人；初中2所，教职工100人，在校生1381人。九年制义务教育覆盖率100%。

2019年画水镇行政村基本信息情况一览表

表66

行政村名称	自然村（个）	村支部（总支）书记	村委主任
莪　溪	4	朱明山	朱胡海
联　丰	3	王会进	王国良
画　溪	6	王会山	王国强
西　山	1	许利燕	王国安
画　塔	4	李宝明	钟宇军
明　焕	6	蒋　斌	钱军民
月　峰	5	陆枝富	陆洪全
陆　秀	4	陆国兴	—
吴　宅	2	吴国洪	—
画　南	4	卢　伟	蒋军峰
黄田畈	10	蒋正伟	蒋云进
陆　宅	6	陆枝高	—
四　和	4	叶芹辉	方德宝
王　凡	4	胡森财	胡国献
紫　薇	1	许明清	许国有
许　宅	5	许基平	许锡富
洪　塘	4	—	郭良君
林　村	1	金红武	金提飞

2019年7月19日，画水镇“红木杯”企事业单位职工篮球赛暨第十二届“无兄弟·不篮球”联赛开幕　　（画水镇提供）

有中心卫生院1所，社区医院4个，医护人员86人。推进医共体建设，市级医院专家下沉300余人次，实施责任医生签约服务16887人。

3月，画水镇妇联、文化站举办一场"快闪"活动，为"70周年"献礼。画水版《我和我的祖国》转发观看次数2万余次，获评东阳市"壮丽70年"网络宣传优秀作品。7月至8月，举办画水镇"红木杯"企事业单位职工篮球赛暨第十二届"无兄弟·不篮球"联赛。

【基础设施建设】 2019年，画水镇第一批35个自来水达标提标自然村启动改造工程，7个村完成施工，7个村进场施工。完成镇区道路宁画段、稠岭线镇区至王凡路段的"白改黑"、环镇路网及画溪环村南路等部分联网公路建设11千米，"白改黑"面积近7万平方米，增加公交停靠站24个。铺设竹溪、上坞两大工业园区雨污管网配套工程8.7千米，完成村级雨污管网建设9.8千米，六小行业类污水零直排工作整改工作全面铺开，集镇区污水零直排工作完成招投标。

【画水镇水果节】 2019年5月11日，画水镇水果节在画水镇洪塘村广场开幕。水果节以"画里乡愁·水果盛宴"为主题，集创意集市、亲子趣味活动、欢乐采摘游戏等为一体，230余名画水乡村演员，表演15个节目。现场设置古屋寻宝、亲子运动会、钓龙虾、捉泥鳅等趣味游戏以及创意集市、古街踩街等活动，参与人数5万余人次。水果节首次采用线上直播"云旅游"方式，收看直播7万余人次。

（何钱波）

2019年5月11日，画水镇水果节开幕式表演　　（画水镇提供）

虎鹿镇

【概况】 2019年，虎鹿镇行政区域面积97平方千米，辖18个行政村，下设溪东、溪西、溪口、白溪4个工作片。虎鹿镇政府驻厦程里村。辖区内总户数12726户，总人口30541人。出生人口231人，出生人口性别比120（女为100）。网上办理生育登记198人次。完成税收9468万元，比上年增长59.6%。虎鹿镇成功创建首批省AAA级景区镇、省级香榧小镇，被列入第三批金华市非物质文化遗产旅游景区名录。葛宅村被列入第五批中国传统村落名录，成功创建省AAA级景区村；厦程里村被列入第四批金华市非物质文化遗产旅游景区民俗文化村。

【工业】 2019年，虎鹿镇外贸出口总额18119.8万元，比上年增长35%；规模以上工业企业产值9300万元，比上年增长16%；完成固定资产投资1.4亿元，比上年增长35%，引进内资4320万元；建筑业招商新招引进劳务公司18家，招引企业纳税总额4269.65万元，建筑业税收总收入5039.14万元，其中增值税4503.34万元；缝配城商户340家实现销售收入20亿元。扶持商贸企业限下升限上1家（东阳市永航服装机械有限公司）；落地招商项目4个（东阳市婺越茶叶有限公司、东阳市拉素科技有限公司、浙江金测科技有限公司、浙江安可信工贸有限公司）；完成影视拍摄基地建设2家（蔡宅外景基地、东白山外景基地）；签订多宗低效工业用地收储意向书、资产收购协议及集体土地复垦立项；亩产税收3万元以下企业清出。企业增加技改项目总投资近2亿元。

【农业】 2019年，虎鹿镇茶叶总产量124吨；蔬菜播种面积394.47公顷，总产量9319吨。实施标准农田质量提升工程土壤培肥181.33公顷，高标准农田建设43.8公顷；先后举办水果、香榧栽培技术培训班，收益200人次，组织20余人次种植业大户外出考察。创建森林村庄3个，其中孙宅村成功创建国家级森林村庄；创建示范家庭农场2家；申报实施山区村集体建设项目4个；白溪村蔬菜大棚获评省级放心菜基地。举办两届东白系列农特产品展销会，参展品牌30余个。在2019浙江农业博览会暨东西部协作消费扶贫农产品展销会和第12届中国义乌国际森林产品博览会中，东阳市西垣玉山香榧专业合作社、东阳市东白山土特产开发有限公司、东阳市圣山农林开发有限公司等多个虎鹿品牌获中国义乌国际森林产品博览会优质奖。对接好乐多超市，实现高山蔬菜入驻超市。开展古香榧树溢价拍卖活动，创新活动被中新网、中农网、浙江新闻网等媒体报道。4月7日 以"东白茶香，虎鹿物语"为主题的"三月三"虎鹿茶叶开采节在虎鹿镇溪口村开幕。

【新农村建设】 2019年，虎鹿镇开展每月15日党员共建日和每周镇干部"周三服务日"活动，对集镇范围内环境进行整治。城镇长效管理工作获评金华市样板镇。考垃APP自然村覆盖率100%，燕山、虎峰、新周、尚周4个村创建2019年金华市垃圾分类优秀示范村。生活小区类、工业企业类、机关企事业单位等完成"污水零直排”创建。推行水体保洁行动，防止“劣Ⅴ类水”反弹，发放“五水共治”倡议书1万余份，悬挂横幅150余块，短信推送8000余条。开展河长通多通融合试点，巡河2200余次。完成田园社区创建申报工作，其中蔡宅村成功创建五星级田园社区，三星等7个村创建三星级田园社区，东山等3个村创建一星级田园社区。加快农村道路建设，完成多个路段的边沟清理和路段绿化。建立无违建长效管理机制，完善镇村巡查监管体系，发放违建限改通知书101份，拆除违法建筑9278平方米；拆除影响消防安全建筑920平方米，拆除影响缝配城消防通道各类建筑物23处。上报省危房改造任务63户、金华市危房改造任务127户，并整改完成。开展农村宅基地及住房确权登记发证工作，完成宗地测量6021处，经初审符合登记2642宗，完成系统登簿入库2581宗。推进溪口、西垣、群力等村拆后重建示范村建设。

【乡村旅游】 2019年，虎鹿镇推动各项文旅产业发展，设计完成“魅力古建·寻访古韵”“魅力田园·水果采摘”“魅力山水·圣山圣果”“魅力缝配·世界之都”4条旅游线路。完善景区配套建设，新建游客中心和生态停车场；举办“三月三”开茶节、“五月五”蔡宅端午旅游节、“七月七”东白山七夕节、“九月九”孝亲文化节等系列活动。6月7日，由市政府主办，市农业农村局、市商务局、市文广旅体局、市供销总社、横店影管委、东白山管委会、虎鹿镇政府承办，东阳市职业教育中心学校协办的“虎鹿物语·寻味古村”第五届蔡宅端午旅游节在虎鹿镇蔡宅村举行，展示东白系列农特产品，组织淘宝直播，近100万人次观看旅游节活动并选购东白土特产，客流量2万人次，东白系列农产品销售额超10万元。旅游节开展包粽子比赛、蔡宅高跷、水龙表演等蔡宅传统民俗活动，与东阳市职业教育中心学校合作增加汉服快闪、木雕体验、剪纸、古装形象设计等项目10余个。东白山省级旅游度假区入选浙江省气象部门公布的百个避暑胜地。

2019年虎鹿镇行政村基本信息情况一览表

表67

行政村名称	自然村(个)	村支部(总支)书记	村委主任
蔡　宅	1	蔡淑贞	蔡倡东
葛　宅	3	葛忠兰	葛煊炜
虎　峰	3	张文华	吕荣孝
合　力	4	黄金良	张飞高
燕　山	1	徐孝礼	徐忠明
孙　宅	2	曹德其	孙俊极
东　山	1	孙正良	沈康康
白　峰	2	张宏斌	张忠孝
厦程里	4	程增尧	程生泉
溪　口	6	刘华田	刘世良
新周村	4	蒋红英	周益山
三　星	4	斯民乐	蒋禄林
尚　周	1	刘国荣	刘顺初
西　垣	3	刘晓锋	刘旭平
白　溪	4	朱位高	蔡烈飞
夏　岩	2	郑海熔	吴华洪
潦　溪	2	王顺杨	朱茂良
仙芝陵	1	裘明仙	张友唐

【文教卫生】 2019年，虎鹿镇设文化站、广播电视站各1个；村级文化活动中心18个；初中1所，在校教职员工42人，在校学生530人；小学5所，在校教师71人，学生933人；幼儿园4所，教职员工47人，在园幼儿410人；设立3处童学馆，18处农家书屋；建设虎峰、仙芝陵、西垣、尚周4个村级文化礼堂，葛宅村创建浙江省五星级文化礼堂；举办大型文化活动、文化走亲、公益培训及各类文体活动20余场；镇卫生院门诊就诊7.96万人次，比上年增长11.66%，推进中医中药业务发展，落实各项公共卫生服务；“带着家训去参军(上大学)”活动获金华军分区领导批示。

【社会保障】 2019年，虎鹿镇开展城乡居民医疗保险征缴工作，参保人数19583人，参保率99%，大病参保人数16121人次；办理60岁以上人员新农保一次性补缴69人，对外地退休人员资格认证62人，死亡人员丧葬补助52人，办理城乡养老保险参保人员39人，城乡养老变更档次168人，个体养老保险新参保8人，个体养老保险档次变更65人；完成2项大中型水库移民后扶项目申报工作，完成8个村的公益性生态墓地星级创建工作，完成9968户政策性农村住房保险，3年参保率100%；对所有城乡低保对象每年进行年度收入家庭经济状况调查复查，注销因病故和生活条件好转等享有保障金户81户、150人，增加低保、低保边缘、特困人员生活保障救助23户、36人。

【社会管理】 2019年，虎鹿镇便民服务中心设10个服务窗口，涉及服务项目26大项、52小项，当场即办件6440件，每月办结率100%，投诉率零。推进村级便民服务中心建设，开展“无证明城市”建设。创建“老娘舅”调解员队伍，领办重点信访积案19件，调解各类重大纠纷24起。推行“信访五级管理制度”，分层级处理民情民访事件，基本实现小事不出村、大事不出镇。实施“雪亮工程”，在24个非联网村增加监控探头480个。推行“一村一警”，选派优秀责任区民警进村“两委”，实现农村警力全覆盖。搭建外商服务站，推出“即时登记”“便民服务”“文化交流”三大举措，登记外商8000人次，提供便民服务100余人次。公益服务队开展服务1600人次，该服务队在全国品质公益峰会工作小组、浙江大学社会治理研究院、杭州青年公益社会组织服务中心、志愿中国联合发起的首届全国“品质公益奖”评选中获生态文明奖。

【组织建设】 2019年，虎鹿镇完成重点工程20项，回复群众来电56起、解决群众信访58件，组织党员志愿活动百余次，慰问高龄老人154人，举办各类文艺活动30余场，开展“初心之旅”1600余人次。实施村干部整治立规行动，常态化提醒教育，相关做法在金华组工内刊刊发。强化制度管理，落实《党员积分制管理办法》，加强整转党员管理，对软弱后进村进行整改。推进农村发展党员违规违纪问题试点工作，发现违规违纪发展党员案件15起，列为不合格党员限期整转4人，预备党员延长预备期2人，诫勉谈话5人，教育提醒谈话8人，通报批评党支部9个。发展党员18人，完成党员分流44人，完善组建“红领青年”队伍43人。

【基础设施建设】 2019年，虎鹿镇总投资5100万元的虎鹿镇小建设工程

2019年6月7日，东阳市职业教育中心学校学生在虎鹿镇蔡宅村身着汉服与游客合影
（许红槒/摄）

基本完工；总投资4000万元的缝配电商楼建造6层；总投资1000万元的白溪至西垣道路扩宽工程、1300万元的大潦连接线工程路基完工；总投资860万元万古香榧公园第一期500万元项目进场施工；总投资2300万元的镇幼儿园前期工程完成；增加储备项目4个，总投资2350万元的重点村保护利用项目开工实施；总投资2610万元的东方红水库大坝至骆店点综合治理工程（虎鹿镇段）完成河道堤防加固5千米，东阳白溪江绿道获第三届“浙江最美绿道”；大坞口山塘、桃坞山塘完成整治并通过验收；农村饮用水“一户一表”工程筹资2848户，完成设计2400户，完成施工1418户，超额完成任务数；完成4个村的农村饮用水单村供水工程提升改造；加大农村公路养护力度，升级改造路面和绿化。

【校地合作交流】 2019年6月12日，与东阳市职业教育中心学校签署《校地合作框架协议》，设立师生研学基地，重点在项目共建、社会培训、送教下乡、招生宣传、校企合作等领域开展合作。该校旅游、电商、木作、形象与设计、烹饪等专业129名学生参与创新第五届蔡宅端午旅游节活动，开展农产品线上直播售卖、汉服快闪、集章送大礼、各类手作体验等活动。优化研学游，内容涵盖葛巾制作、竹编、包粽子、锡艺等传统技艺项目，厦程里村获评第四批金华市民俗文化村，蔡宅村获评2019年金华市学习型社区，葛宅村研学基地入选首批金华市中小学生研学实践教育基地，接待中小学生近6000人次。

【虎鹿古香榧树青果溢价拍卖】 2019年11月15日，虎鹿镇西垣村10棵500年以上的古香榧树青果溢价率（三年）拍卖会在东阳日报社二楼会议室举行。该次拍卖会由虎鹿镇政府委托市光大拍卖有限公司执行，参加该次拍卖会的买家有代表个人、企业、商会的15个名额。拍卖会上，10棵古香榧树青果被各买主“收入囊中”，其中一号“香榧王”以300%溢价率被市岭顶农林开发有限公司拍得，二号古香榧树以220%溢价率被市荣轩工艺品有限公司拍得。

（许红槒）

东阳江镇

【概况】 2019年，东阳江镇行政区域面积140平方千米，辖镇中、镇西、八达3个工作片，27个行政村，镇政府驻东阳江镇茜畴村。辖区总户数8439户、总人口22323人。出生人口178人，出生人口性别比114（女为100）。完成税收8066万元，比上年增长31.28%。

东阳江镇通过国家卫生乡镇创建省级考核，成功创建浙江省"美丽乡村"示范镇。庆泉村获评浙江省"美丽乡村"特色精品村，西畴村、三甲院村、上陈村、横锦村获评浙江省善治示范村。

【工业】 2019年，东阳江镇完成固定资产投资6300万元(仙门溪河道整治工程、小城镇环境综合整治项目、"秀美村""拆后重建示范村"创建项目、天山村摄影基地项目)，比上年增长31%;引进内资2000万元。推进建筑业招商工作，新注册企业4家，其中建筑公司1家(浙江伟峰建设有限公司)、劳务公司3家(浙江宏瑞建筑劳务有限公司、东阳市广衢建筑劳务有限公司、东阳市欣乐建筑劳务有限公司)。

【农业】 2019年，东阳江镇建有13个、421.5公顷粮食功能区，东阳市农业龙头企业4家。投资299万元，开展高标准农田建设项目66.7公顷。保障农业用地，开展大棚房整治行动，因村制宜发展农业特色产业，按照镇西片以蜜桃、布朗李、蓝莓等水果为主，镇中片以果蔬、桑葚为主，八达片以香榧、茶叶为主的农业产业格局，培育本地特色农产品。

【旅游业】 2019年，东阳江镇发展文化旅游产业，成功创建省AA级旅游景区村庄1个(横锦村)、A级旅游景区村庄5个(紫阳村、王毛弄村、三甲院村、西家山村、湖沿村)。天山村明末清初风格的徽派四合院——云海客栈成功创建浙江省"银宿级"民宿。

【村镇建设】 2019年，东阳江镇改造提升镇区基础设施，完成中兴街等道路"白改黑"、节点公园、水系连通等项目，完成农贸市场基础工程。制定今后三年美丽城镇项目20项。落实小城镇长效管理机制，创新破解管理难题，解决垃圾清运多头实施弊病，实现镇区保洁、垃圾清运、绿化管护"一体化"运行。小城镇长效管理考核列生态型乡镇第一位。开展"最美

2019年东阳江镇行政村基本信息情况一览表

表68

行政村名称	自然村(个)	村支部(总支)书记	村委主任
五　星	5	郭跃群	张兆平
紫　阳	2	胡海滨	许峰峰
下街头	2	杜文辉	张庆华
召塘里	3	吕安东	吕安东
上　陈	5	陈恩林	冯先锋
三甲院	2	李云明	李成良
西　畴	2	叶光荣	叶光荣
枫树头	1	卢跃明	卢跃明
横　锦	1	叶天生	王洪良
三　兴	3	施海明	施淑军
双　合	2	厉洪良	厉进生
天　山	1	厉福强	厉忠平
锦　源	3	厉巍良	黄承彬
东　门	1	王松林	周晓平
上　柴	2	陈炉明	陈彬红
新　东	2	吴洵行	周正强
八　达	2	任国平	任国平
黄　铺	3	叶琼文	叶琼文
学　陶	1	张康康	郭立军(村务负责人)
东　风	2	徐明文	徐国强
岭下施	1	施剑锋	施金民
岭　下	1	徐忠明	徐国阳
金　浦	3	徐明孝	徐拥军
庆　泉	2	何正龙	吕　强
尚　锦	1	吕财灯	徐洪明
尚　舒	3	郭志刚	吕天亮
天　秀	3	金光生	袁相平

村”“十美村”“田园社区”创建，西家山村获东阳市“最美村”称号，湖沿村、曹塘村被评为东阳市“十美村”，下街头村成功创建五星级田园社区。开展村级组织“干事创业大比拼”，完成创业承诺事项81项。全面消除集体经济薄弱村，达到各村集体经济收入超12万元，经营性收入超7万元。推进拆后重建工作，加强村级设施配套，完善村地下管网、路面硬化、绿化等建设，创建4个“拆后重建示范村”，其中2个通过市级验收；完成拆违1.5万平方米，完成率192%，列全市第一位。推进垃圾分类工作，成功创建金华市垃圾分类优秀村5个、东阳市垃圾分类“最好村”4个。完成污水零直排区创建并通过东阳市验收。完成投资200万元的水毁道路修复工程，完成投资2928万元的仙门溪河道整治工程。完成八达水厂选址和征地相关工作，完成水厂总管网设计，启动8个自然村单村供水建设，解决库区群众饮水难题。

【文教卫生】 2019年，东阳江镇有幼儿园1所，小学1所，初中1所，九年一贯制学校1所，民办学校1所；有镇卫生院1所，社区卫生服务站3个。东阳江镇发展教育事业，完善学校基础设施建设，完成投资500万元的中心校体艺楼工程。加强师风师德建设，举办第三届“千树”教育基金颁奖典礼。发展医疗卫生事业，组织医共体专家下乡400余人次，组建家庭医生专家团，建立百姓健康电子档案，合格率98.6%。发展文化事业，开展庆祝新中国成立70周年、“文化走亲”“文化漂流”等文化活动22场次，创建农村文化礼堂4个。

2019年7月25—26日，浙江省文化礼堂村运会第二站活动举行

（东阳江镇提供）

【社会治理】 2019年，东阳江镇加强社会治理工作，完成镇综治中心和10个村级便民服务中心建设。落实领导干部下访接访，民情民访代办制度。开展信访矛盾和历史遗留问题攻坚行动，市级信访积案、初信初访化解率100%。加强社会治理网格和专职网格员队伍建设。完成新中国成立70周年大庆等安保任务。全年未发生重特大安全事故。

2019年7月26日，生活垃圾二次四分（独轮车）村运会项目在东阳江镇上陈村举行

（东阳江镇提供）

【社会保障】 2019年，东阳江镇享受农村低保267户、388人，人均救助金额437.5元；五保户24户、26人，人均救助金额1669.7元，发放特困供养金33332元。完成镇残疾人之家建设，创建居家养老星级照料中心3家。城乡居民基本医疗保险、养老保险参保率98%。

【浙江省文化礼堂村运会第二站活动承办】 2019年7月25—26日，由浙江省体育局、浙江日报报业集团主办，东阳市委宣传部、东阳市文化和广电旅游体育局、东阳江镇人民政府、钱江晚报浙数文化承办的浙江省文化礼堂村运会第二站活动在东阳江镇上陈村举行，全省数百名选手参加。村运会设置二次四分（独轮车）、努力搬砖建设美丽乡村、齐心协力精准投放、分类运球入筐、肩负使命奔向幸福接力5个趣味项目。村运会期间，杭州的运动健康专家和武术教练在现场进行科学健康讲座授课和武术切磋表演。

（叶　桉）

马宅镇

【概况】 2019年，马宅镇行政区域面积112平方千米，辖17个行政村，68

个自然村。镇政府驻马宅村。分设中心、青联、徐山3个工作片。辖区总户数10340户，总人口25510人。出生人口221人，出生人口性别比109(女为100)。有企业75家，其中规模以上企业6家，完成税收2109万元，比上年增长85%。

【工业】 2019年，马宅镇实现规模以上工业总产值5.3亿元，比上年增长89.99%；完成固定资产投入6008万元；引进内资3960万元，引进浙商回归资金2960万元。对上年度45家先进企业进行表彰奖励，兑现奖励补助资金47万元，培育国家级高新科技型企业1家(东阳市银海磁业有限公司)。开展建筑业招商和营改增工作，招引施工类建筑企业7家(其中二级建筑企业1家)，劳务类建筑企业6家，“双证”落地建筑企业9家，建筑业总税收9654万元。开展低效用地清理整治工作，排查出低效工业企业21家，占地面积11.87公顷，签订国有土地《工业资产收购意向书》3家、1.6公顷，签订《工业资产收购协议》1家、0.53公顷。完成集体土地复垦立项4宗、1.87公顷。推进中央环保督查、木雕红木行业环保整治等工作，整治企业7家，其中关停2家，改造提升4家，搬迁入马宅工业园区1家。

【农业】 2019年，马宅镇粮食生产功能区866.67公顷，省级中药材精品园373.33公顷，茶叶基地173.33公顷。推进农业产业化进程，对全镇16家农业专业合作社开展“空壳社”清理工作，清理8家“空壳社”。加大新型农民素质培训力度，培养新型“农二代”，注册家庭农场15家，提升东阳市示范型家庭农场1家。重视农业基础设施建设，投入涉农资金656余万元开展高标准农田建设(161公顷)。推进“一事一议”项目3个，推进垦造耕地13.33公顷、“旱改水”建设6.67公顷，对5.25公顷土地进行复垦。

【重点工程建设】 2019年，马宅镇辖区内东磐天然气管道铺设完成年度任务，推进杭温高铁临时线路、10千伏供电线路架设。农村饮用水达标提标项目完成10个自然村、1200余户建设。投资近3000万元的中心幼儿园新建工程完成0.87公顷土地的征用，于9月动工建设。

【新农村建设】 2019年，马宅镇推进全域环境整治工作，完成楼塘、钟山、塘里、端头、后阳5个自然村秀美村建设，其中楼塘村被评为市级“十美村”；下瑶、楼塘、后阳、钟山、坞坤5个自然村被评为市级垃圾分类最好村；创建森林村庄5个，绿化面积提升1.5万余平方米。拆除违章面积13208平方米，拆后利用率97.75%。完成马宅镇区“污水零直排”创建工作，整治农户178户，餐饮业12家，其他类型企业98家，受益群众1500余人。

2019年9月24日，市级“十美村”——楼塘村 (马宅镇提供)

【社会保障】 2019年，马宅镇18家居家养老服务中心、4家居家养老中心服务站规范化运行，镇级居家养老中心完成建设并投入使用，246名80岁以上老人享受居家养老服务。推进残疾人之家建设，向461名残疾人发放补贴近16万元，开展电商、蔬菜种植等残疾人就业培训。完成城乡居民医疗保险收缴工作，参保人数16016人，参保率99.97%。受理医疗救助51例，发放救助金113808元；慈善救助10例，临时救助12例。加强低保及低保边缘动态管理，核减注销低保及低保边缘户26户，增加29户，全镇低保户265户、357人。

【文教卫生】 2019年，马宅镇有幼儿园1所，在园幼儿199人，专任教师21人；小学1所，在校学生506人，专任教师31人，小学适龄儿童入学率100%；初中1所，在校学生368人，专任教师33人，初中适龄人口入学率100%，小升初升学率100%，九年制义务教育覆盖率100%。发放马宅教育基金奖教奖学资金25万元。

马宅镇有医疗卫生机构15家，其中镇卫生院1家，社区卫生服务站4家，村卫生室10家，专业卫生人员54人。参加无偿献血人数为127人。

马宅镇创建祥旺村、瑶昌桥村、岭山村3个文化礼堂。

【社会管理】 2019年，马宅镇化解矛盾纠纷34起，办结上级交办各类信访件220件。推进“扫黑除恶”专项斗争，办理处置扫黑线索件19件，诫勉谈话8人次，处分3人次。创建标准型村便民服务中心10家，村级综治中心4家。开展交通安全大会战，联合交警、路政、网格员开展集中劝导及联合执法，确保辖区内不发生重大交通事故。开展安全生产大检查行动，排查各类隐患202起，当场整改172起，限时整改13起。

【组织建设】 2019年，马宅镇组织开展“不忘初心、牢记使命”主题教育，发放“不忘初心、牢记使命”意见和建议征求表，征集党委政府意见和建议。镇班子成员开展调研并形成调

2019年马宅镇行政村基本信息情况一览表

表69

行政村名称	自然村（个）	村支部（总支）书记	村委主任
下　陈	3	陈阿娜	陈更东
和　协	5	沈德海	沈德海
张　塘	2	张旭刚	张昕波
三　和	3	张添强	杨常伟
马　宅	7	马正东	马正东
祥　旺	3	徐涵周	叶　土
七秩塘	3	葛中伟	陈世忠
杨　岩	4	杨伟强	杨水龙
王　楼	2	王国平（王潭支部） 郭良丰（北楼支部）	徐有军
屠　梁	3	申屠荣平	申屠新伟
瑶昌桥	3	申屠跃军	申屠阳军
白岩坞	3	王新爱	王航峰
雅　坑	5	张　伟	张宝阳
塘　里	2	马宝其	许新德
徐　宅	10	徐　来	徐路红
岭　山	5	陈为海	陈为海
宅　溪	5	厉公民	陈锡龙

2019年11月12日，柽溪江游步道建设　（马宅镇提供）

研报告11份，对照党章党规检视问题16个，对标主题教育“初心四问四检”问题30个。发放《马宅镇党员党性存折》1600余本，各类学习书目6500余份。执行不守规矩村干部约谈制，有3名村干部歇职，1名村干部免职，1名村干部辞去职务，提醒谈话党员干部19人，党纪处分8人，其中开除党籍2人。综合运用监督执纪“四种形态”，开展提醒谈话12人，批评教育3人，诫勉6人。全镇党员参加各村义务劳动3000人次以上。

【基础设施建设】　2019年，马宅镇投资800余万元，启动柽溪江游步道、文山公园等集镇基础设施建设。投资400余万元建造马宅综合农贸市场，该市场占地1039平方米，建筑面积2383平方米，于6月交付使用。马宅村农房改造完成农户屋基审核120余户，完成安置区块0.27公顷土地征用。柽溪江、木衢溪中小河流综合整治工程完成工程量的95%。启动山塘水库治理6座，其中3座完成建设并通过验收。马宅自来水厂完成移交。完成3千米以上“四好农村路”创建。

（施　昕）

佐村镇

【概况】　2019年，佐村镇行政区域面积154平方千米，下设佐村、罗峰、宅口、上村、西营5个分中心，辖25个村民委员会、220个村民小组。镇政府驻佐村村。辖区总户数10120户，总人口25281人。出生人口213人，出生人口性别比88（女为100），计划生育率95.28%。财政预算收入6077.22万元。完成工农业总产值6.13亿元，比上年增长5.1%；农村集体经济总收入2792万元；农村常住居民人均可支配收入23898元；有乡镇工业企业17家，规模以上工业企业5家。佐村镇通过国家卫生乡镇创建省级考核。

【工业】　2019年，佐村镇完成工业总产值3.2亿元，5家规模以上企业完成生产总值2.8亿元。固定资产投资

4500万元,引进内资1300万元,浙商回归资金1500万元。完成建筑类企业相关工商注册23家,4家建筑劳务公司取得资质及安全许可证,完成建筑业营改增税收7746.18万元,其中增值税6570.26万元。

【农业】 2019年,佐村镇常用耕地面积1410公顷,其中耕地流转面积565公顷,耕地灌溉面积828公顷。推进茶叶、毛竹、香榧、油茶、高山蔬菜、银杏、金银花七大产业的建设。开展休闲观光农业建设,全镇有耕地1380公顷、旱地513.33公顷、林地11600公顷,茶叶800公顷,毛竹533.33公顷,香榧466.67公顷,高山蔬菜16.67公顷,树莓106.67公顷、蓝莓13.33公顷,培育一个省级香榧园——“梦的”香榧园,创立“龙盘玉叶”等品牌茶叶。完成高标准农田改造23.33公顷,垦造耕地34.93公顷,“旱改水”25.56公顷;山合千亩土地整治项目通过省级验收。举办第五届乡村休闲旅游节,组织烂漫山花节、挖笋节、水果采摘节、市第一届“奔跑吧佐村”云顶山地马拉松大赛暨双莓节等活动,吸引近万名游客游玩。

【村镇建设】 2019年,佐村镇推进“美丽乡村”建设,投资770.5万元实施43个项目。打造7个“十美村”,其中东乐村、里高岗村、二头门村被评为市“十美村”,东乐村被评为年度“最美村”,岱溪村成功创建省级美丽宜居示范村。开展拆后重建工作,拆违6591.5平方米,完成率109.86%。完成怀万线应急避险车道建设,完成老怀万线和上岭线“白改黑”大中修工程。推进农村饮用水三年达标提标工程,佐村片9个自然村实现全面通水,厦城水厂建设项目完成前期政策处理。完成上马坑、悬岩坑、赵楼山塘、平坑高塘等山塘整治工作,完成厦城水库、游鱼水库标准化创建。上村村成功创建五星级田园社区。

【文教卫生】 2019年,佐村镇镇级成人技校创建为省级标准化技校,下设佐村、宅口、上村、珊门教学点。佐村

2019年佐村镇行政村基本信息情况一览表

表70

行政村名称	自然村(个)	村支部(总支)书记	村委主任
佐　村	3	斯佩华	周瑞旦
桑　梓	4	王荣良	王红兰
上林口	1	吴正其	应敏飞
谷　岱	5	马利荣	马利荣
斯　光	2	郭秩云	郭满堂
前　塘	2	金锡仁	赵云峰
罗　峰	7	应维尧	马荣辉
友　谊	3	王龙华	钱飞鹏
厦　城	3	金章伟 2019年10月止	张银塘
宅　口	4	金小兰	金福元
山　合	5	金尧龙 2019年9月止	金尧龙 2019年9月止
珊　门	1	金和忠	王德文
流贵塘	1	张美龙	张美龙
香　溪	2	楼雪花	蔡桂跃
大塘光	3	应鸣龙	王毅峰
上　村	3	王维龙	张宝兰
石　桥	3	吴国良	张友谊
白牛畈	2	许响彬	王巧萍
五　联	5	徐顺福 2019年11月止	杜成桂 2019年11月止
五　丰	5	陈德孝	陈伟强 2019年9月止
西　营	3	郭忠孝	楼晓辉 2019年8月止
赵　楼	2	赵生伟 2019年9月止	金爱良 2019年9月止
石井坑	3	王康来	楼召兰
俞　家	2	俞云标	俞华法
平　坑	3	徐林刚	楼齐平

中心幼儿园创建为省二级幼儿园，下设宅口教学点，有专任教师10人，在园幼儿92人；小学2所，在校学生318人，专任教师27人；初中1所，在校学生249人，专任教师23人，九年义务教育覆盖率100%。设广播电视站1处。有各级各类医疗卫生机构11家，其中镇中心卫生院1家、社区卫生服务站8个、村级卫生室2家。有专业卫生人员36人，其中执业医师和助理25人、注册护士8人、药师1人、检验师2人。开展第九轮农民健康体检，60岁以上体检3621人，学生554人。0~6岁儿童数1086人。农村安全饮用水普及率100%，新型农村合作医疗参保人数17297人。11月30日，市美术家协会创作基地在佐村镇斯光村里高岗自然村揭牌成立。

2019年3月23日，佐村镇第五届乡村休闲旅游节暨斯光趣味运动会举行（佐村镇提供）

【社会保障】 2019年，佐村镇增加低保户36户、63人；增加低保边缘户6户、16人；增加特困户6人，注销41户低保对象，注销10户低保边缘对象，注销8户死亡特困户，对59名困难群众提供临时性救助8.5万元。完成8个标准型村级便民服务中心建设。创建友谊、香溪、大塘光、五丰、五联、石井坑、赵楼、平坑8个文化礼堂，开展活动30余次，建设星级农村居家养老服务中心3家。完成下畈池塘整治、木杓湾驳坎等5个山区村村级建设项目。25个行政村完成削薄任务，经营性收入10万元以上，其中11个村完成集体经营性收入超12万元。

【社会管理】 2019年，佐村镇划分70个网格，配备73名专职网格员，采集信息45890条，镇职能部门事件流转办理120件，村级流转办理31988件，处理综治事项3253件，排除安全隐患1568件，提供民生服务7659件。开展“扫黑除恶”“五水共治”“反通信网络诈骗”“七五普法”“平安东阳”建设等工作，发放4万余份宣传资料。完善佐村镇综合信息指挥室工作流程职责制度，整合平安浙江信息系统平台、“12345”政务咨询投诉举报统一服务热线（“8890”便民服务热线）和政务服务网等平台形成信息平台工作合力，办理535件流转事项。全镇60个自然村主要出入口安装600个视频监控，接入镇综合指挥室，实行动态信息共享。建设基层法律服务站点25个，行政村签订法律顾问合同，年内法律顾问参与人民调解14次，免费为村民提供法律援助4件。

【组织建设】 2019年，佐村镇有党员1336人，其中农村党员1217人；党组织40个，其中行政村党支部25个。开展“不忘初心、牢记使命”主题教育活动，形成调研成果11篇。修订镇村干部考核办法，制定《佐村镇“村干部整治立规创优年”行动实施方案》《佐村镇损害群众利益突出问题专项治理行动实施方案》《佐村镇“四不”专项整治行动实施方案》等。加强年轻干部“三个一”培养制度（每周一学习、每月一重点、每季度一交流）。培育“红领青年”后备力量，全镇有“红领青年”70人。加强村干部队伍建设，通过“党建+五大主题”活动，深化红黄旗管理制度。提升25个行政村的党建活动阵地建设，沿上岭线、老怀万线、怀万线创建10个党建示范村，辐射沿线周边15个基层党组织。

【乡村旅游】 2019年3月23日，佐村镇第五届乡村休闲旅游节暨斯光趣味运动会在斯光村开幕。开幕式上设置“幸福满满”“精准脱贫”“绿水青山”“迎难而上”“勇挑重担”等趣味游戏，吸引万余人参加。4月7日，东阳斯光首届集体婚礼在佐村镇斯光村的山顶花田举行。4月13日，第三届新立挖笋节开幕，以“浪漫樱花，笋趣佐村”为主题，吸引游客参加挖笋、烧烤、垂钓、自制竹筒饭等活动，活动中开设笋王拍卖环节，将拍卖获得的钱款用于捐助村里的困难户。5月25日，佐村镇第一届云顶山地马拉松大赛暨佐村镇第五届双莓节在九峰山庄开幕，举办花样跑、趣味小游戏、树莓采摘、体验农家美食等活动，吸引上千游客游玩。

【山合村全域土地综合整治与生态修复项目完成】 2019年，佐村镇实施山合村全域土地综合整治与生态修复项目，该项目总面积98.6公顷，总投入8500万元，垦造水田35.33公顷、旱地1.2公顷、高标准农田22.87公顷，旱田改水田30.4公顷，建成道路20.3千米、渠道35.2千米，完成整理的60余公顷土地全面播种油菜。围绕“自然生态”和“休闲体验”主题，结合佐村镇生态旅游规划，通过土地整治、生态修复和配套设施等建设,打造集农耕观光旅游度假为一体的玄武岩田园综合体。

(余　雯)

三单乡

【概况】 2019年,三单乡辖区总面积89平方千米,下设3个工作片,14个行政村,26个自然村。乡政府驻三单村底吉1号。辖区总户数4311户,总人口11495人。出生人口106人,出生人口性别比93(女为100)。完成税收2567万元,比上年增长64.87%,完成固定资产投资3106万元,引进浙商回归资金1522万元,无规模以上企业,人均收入11557元。全乡地形以山地为主,绿化覆盖率90%以上,气温比东阳城区低3度到5度。三单乡通过国家卫生乡镇创建省级考核。

【农业】 2019年,三单乡茶叶种植面积1092.33公顷,总产值6051万元;香榧种植面积775.67公顷,总产值1903万元;高山蔬菜种植面积344.93公顷,总产值1325万元;小京生花生种植面积70.07公顷,总产值630万元。有各类农业专业合作社23家,农业企业11家,形成浙江榧哥、三单小京生、海明白茶等农产品品牌。推进林业产业化发展,建设三单村5.33公顷香榧(实生苗)基地1个,玉溪村13.33公顷香榧(嫁接)基地1个。完成乡属旱地土地流转12.25公顷,农产品质量安全检测415批次,动物、家禽防疫3068只次。成功创建玉溪象马自然村、华孙村2个东阳市森林村庄,玉溪村、前田村2个金华市森林村庄。种植彩色林13.33公顷,种植榉树0.8万株、木榧1万株。

【重点项目建设】 2019年,三单乡有亿元以上重大项目2个。星空小镇项目总用地45余公顷,总投资额3.6亿元,是国家1000个特色小镇项目之一、国家首个台地天文主题乐园,第一期完成投资6400余万元,完工部分建筑,实施沿线风貌提升3500米。飞尔静心园项目总用地17.33公顷,总投资额1.5亿元,是集康养、休闲、娱乐、住宿于一体的乡村休闲旅游项目,两幢主体建筑结顶,完成投资1300余万元。

2019年三单乡行政村基本信息情况一览表

表71

行政村名称	自然村(个)	村支部书记	村委主任
三　单	3	单立良	单国朝
前　田	1	陈俊孝	单惠东
搭　钩	1	单涨跃	单立荣
中　村	1	单明良	单炉明
华　阳	3	金法龙	金春龙
青　溪	2	黄锦荣	楼国权
金　航	1	楼善良	吴国芳
钱　溪	2	曹兴良	曹法明
下西楼	3	曹生良	曹明亮
玉　溪	3	张卫良	张国炎
阁　溪	3	张富良	张向良
大蟠溪	1	陈宏良	何永干
华　孙	1	潘有钱	何黎明

【美丽乡村建设】 2019年,三单乡开展"六比六争"(比党建引领、争先进,比宜居环境、争靓丽,比产业增效、争特色,比社会事务、争标杆,比国土新政、争作为,比社会治理、争和谐)考核评比活动。小城镇环境综合整治完成项目建设69个,投资3430.85万元动工建设乡农特产品展示中心,完善"4+2"长效管理机制,制定《三单乡小城镇乡村共治实施办法》,通过国家级卫生乡镇创建省级暗访。开展"十美村"创建,整治乱堆乱放700余处,拆除乱搭乱建190处,整治"赤膊墙"1.5万平方米,阁溪村成功创建年度"最美村",中村村被评为市级"十美村"。被评定市级垃圾分类"最好村"4个。完成鹤溪产业特色精品村项目建设,第二批产业特色精品村金航村建设项目进入招投标程序。实施山背、中村、青石渡3个村生态公厕、庙后村环村游步道建设等山区发展项目4个。拆除违章建筑5641.94平方米,实施楼基拆后重建示范村创建。完成水王坑地质灾害和山背道路应急治理,完成中村、金航地质灾害治理工程招投标。推进农村宅基地及住房确权登记。推进"污水零直排区"创建,完成生活小区类农户截污纳管问题整改171处,完成其他类创建单位整治17家。开展"比学赶超"治水督查竞赛活动,对标自查发现问题14处,对标检查被检单位发现问题10处。完成阁溪、玉溪、钱溪村清溪河道整治工程5.5千米。

【文教卫生】 2019年,三单乡完成中小学综合教学楼建设,改善山区义务教育办学条件。开设暑期课堂,举办未成年人免费武术培训,未成年人参与学习培训200余人次。三单村文化礼堂成功创建金华市五星级文化礼堂。开展"翻九楼""舞狮""兴案"等民俗活动。组建"三团三社"(艺术团、合唱团、民乐团、书画社、摄影社和文学社),成员170余人。开展国家级卫生乡镇创建工作，通过省级暗访。开展11户计生特殊家庭关怀帮扶行动。设卫生院1所，下设5个社区卫生服务站和2家一体化村卫生室，有职工21人，其中卫技人员16人、财务1人、后勤4人。卫生院有放射DR、彩超、十二道心电图机、生化仪、血尿分析仪等检验设备。与市人民医院巍山分院联合送医下乡义诊二次。开展健康宣传教育活动，印刷16种宣传手册3000余份，播放影像资料24种，开展健康讲座115次。完善居民电子健康档案9712人。

【村镇建设】 2019年，三单乡推进联村供水项目，启动自来水厂项目建设，完成6个自然村的中小水源地建设，实施三单、前田等6个村的“一户一表”饮用水达标提标工程，推进实施华孙、阁溪、大蟠溪3个村的单村供水工程。投资409.6万元完成钱溪蒙坑、前田焦坑、阁溪当坑山塘整治工程。完成东阳市农村公路乡级管理站规范化创建金华验收。推进全域土地整理项目，搭钩村1.33公顷垦造耕地和楼基自然村2.22公顷宅基地复垦开工建设，大蟠溪村40余公顷全域土地和黄塘溪村0.73公顷宅基地复垦立项。开展汛期安全防范工作，转移人口139人，消除安全隐患46处，开展“利奇马”台风灾后农村公路塌方清理和水毁修复18处。

【社会保障】 2019年，三单乡开展低保户复核工作，注销不符条件44人，低保户258人，低保边缘户69人。发放临时救助资金9.15万元，惠及46人。创建一星级生态公墓9个，覆盖率64.3%。一星级田园社区实现全覆盖。完成三单乡残疾人之家建设，服务重度残疾人6人，轻度残疾人3人。完成乡、村退役军人服务站建设，信息采集和录入355人。

2019年8月17日，三单乡第二届高山西瓜节在金航村举行　（王金良/摄）

【组织建设】 2019年，三单乡召开纪念中国共产党成立98周年大会暨“七一”大党课。开展环境卫生整治413人次，提供便民利民事项26件次。举办“村干部整治立规创优年”动员部署会暨三单乡“三农”干部学校开班仪式，发挥市委村居巡查工作机制作用，开展“讲规矩、守纪律、比奉献”教育整治活动。制定年轻干部“三行动一比拼”成长培养计划，对全乡85后年轻干部开展能力培养锻炼。

【乡村旅游】 2019年7月20日，三单乡举办“歌山画水 梦归田园”2019东阳市夏季乡村休闲旅游体育节开幕式和第二届高山西瓜节，活动包括美食节、烧烤、嬉水、水中投篮、水上拔河等项目，吸引近万名游客参加。推进旅游项目招商，有多名投资商到鱼井峡、常乐寺、星月理想庄园实地考察。组织人员到磐安县玉山镇、贵门乡和方前镇考察学习乡村旅游发展的先进经验和做法。开展全乡旅游资源排摸工作，完成三单“四宝十景”特色农旅资源宣传册。建立三单、山背、阁溪3个村影视剧外景拍摄基地，完成金航村寺岭脚研学旅行基地徽派民宿工程建设。创建省A级景区村庄5个，省AA级景区村庄1个。

（徐　艳）

人物简介

·2019年全国五一劳动奖章获得者·

【陈　雯】　女,1989年1月出生,六石街道社区卫生服务中心主任助理、金华团市委常委(兼职)、浙江省青联常委(兼职),2006年毕业于海宁卫校东阳教学点,同年7月参加工作,从事基层护理工作十余年。她用爱心和责任,赢得患者和同事的一片赞许。她用勤学和钻研,提升护理水平。在麻疹流行期间主动请缨前去市传染病区工作,圆满完成工作。2015年和2016年参加基层岗位练兵和技能竞赛并获得东阳市、金华市、浙江省社区护理组第一名,2016年12月在全国大赛中摘得社区护理桂冠。获浙江省优秀基层护士、浙江省青年岗位能手、浙江省基层卫生技能标兵、全国基层卫生技能标兵、浙江省青年五四奖章、2018年最美浙江人·最美天使等称号,2019年4月获全国五一劳动奖章。

(杜娅玲)

·2019年浙江省劳动模范·

【付　涛】　男,1969年2月出生,浙江海森药业股份有限公司制剂研究室主任。自2004年进入公司,为公司成功研发多个品种,经济效益与社会效益十分明显,为公司的不断发展确定坚实基础;在研究所担任所长期间,他以实验室为家,经常加班到凌晨1、2点钟,从小试到批量生产,研发样品仅用了一个月的时间,完成公司交给的任务。国外检测结果显示样品质量远远高于国际质量标准。2018年完成某主要原料药韩国客户定制产品(BK项目)、酶法制备某丁酸酯原料,某丁酸盐合成、帕瑞昔布钠原料车间中试。进行利奈唑胺中试。完成阿托原料L1实验室制备。2018年公司设立了制剂研究室,他被任命为制剂研究室主任。从原料药、中间体的研发到制剂研发的转型,是企业发展的趋势。他在从合成研发到制剂研发的转型工作中不断学习相关专业知识,不断增强质量分析、法律法规、注册认证及自我学习、与人沟通能力。获金华市劳动模范荣誉,2019年4月被省总工会授予浙江省劳动模范称号。

【胡天高】　男,1965年9月出生,横店集团控股有限公司董事、副总裁。他重信誉强风控,完善企业资金管理。以零逾期、零欠息开创诚信经营典范,横店集团连续十多年获评金华市百佳守信用企业,企业信用AA+。统筹兼顾,为集团资产重组、产业转型升级提供资金保障。根据集团产业布局,先后组织40余亿元助力收购青岛东方、太原刚玉和影视基地建设。带领完成浙江"凤凰行动"计划的成功缩影——横店影视上市。他主导资金调度扶持横店院线壮大。开创民企债券融资新河,推进金融创新。使横店集团2005年全国首家发行短融,2007年全国首家发行企业债,与银行互通互惠推进金融创新,建立多层次融资体系。金牛小贷主要面向小微企业、三农经济,精准扶贫,对退役军人转业、贫困残疾人予以扶持,助推地方就业创业;兼任市政协常委,关注地方经济社会发展,参与地方五水共治。获2012年、2013年、2014年东阳市经济建设杰出人才;2015年东阳市功勋企业家;横店集团发展40周年杰出贡献奖(共三人);2016年金华市劳动模范荣誉;2017年东阳市优秀政协委员。2019年4月被省总工会授予浙江省劳动模范称号。

【邵君芳】　女,1978年8月出生,浙江花园生物高科股份有限公司董事长。2002年入职公司以来,以"打造全球维生素D3全产业链"和"振兴民族工业为己任"的目标宗旨,主动适应,努力学习,无私奉献扎实工作,勇于创新大胆改革。在邵君芳带领下,花园生物高科公司产值、利润连年大幅度增长。花园生物维生素D3项目获"国家高科技产业化示范工程项目"及"国家'双高一优'项目",羊毛脂综合利用列入国家循环经济和资源节约重大示范项目及浙江省发展循环经济"991行动计划"重点项目。获2016年金华市劳动模范、浙江省中小企业优秀企业家、金华市两富巾帼带头人、金华市新一代优秀创业者、金华市优秀企业家、金华市三八红旗手荣誉,是东阳市十三、十四届人大代表,金华市第七届人大代表,金华市第六次党代会代表。2019年4月被省总工会授予浙江省劳动模范称号。

【张永平】 男，1970年2月出生，东阳市将军殿农庄餐饮部主管。张永平求异创新，带领厨师们在餐饮领域开拓进取，力求在“色、香、味”上展现东阳地方菜肴特色，12年来成功开发手工玉米饼、荞麦饼、菜卤土豆腐、金腿长寿花、甜酒酿等富有浓郁地方特色菜肴和小吃，多次获金华市“十大菜点”系列乡土菜、杭州市东坡肉厨艺大赛、省农家乐特色菜大赛金奖和银奖。他动员当地菜农种植15.87公顷无公害时蔬，常年供应农庄，保证食材的质量和食品安全，每年为当地农户创收230万元。他购买1262只“两头乌”小猪让当地农户饲养，出栏后高价回收，给当地农户带来180余万元经济收益和社会效益。

获2016年金华市劳动模范、东阳市第七批拔尖人才、东阳市优秀乡土人才、东阳市创业创新优秀青年荣誉，是东阳市第十四届人大代表、金华市第七届人大代表。2019年4月被省总工会授予浙江省劳动模范称号。

（杜娅玲）

·2019年“中国好人”·

【吕　挺】 男，1990年5月出生，中共党员，籍贯浙江东阳，生前系湖州市消防救援支队安吉中队中队长，参与灭火救援营救被困群众200余人。2019年8月14日，接警参与安吉县西苕溪落水群众救援；救起1人后让体力不支的战友上岸，说“有我在”；搜救另一名落水群众时被大水冲走，英勇牺牲。前往安吉县殡仪馆吊唁的群众超过10万人次；魂归东阳故里，上万群众不顾烈日高温，自发迎接英雄归来。应急管理部批准吕挺为烈士、追记个人一等功。入选2019年11月“中国好人榜”。

（蒋　亮）

·2019年“浙江好人”·

【厉栋良】 男，1972年12月出生，白云街道人。2018年12月2日早上，正在跑步的厉栋良听到江边有人呼救，发现江中有两名女青年在水中挣扎。他迅速脱掉外衣，跳进江中，“没想到水那么深，跳下去根本踩不到底。”厉栋良一边游一边抓住女青年，3人一点点挪到了岸边，在众人的帮助下上岸。对于救人一事，厉栋良回家后没跟人提起，直到在微信朋友圈看到自己的救人照片和视频。别人夸他是救人英雄，厉栋良却说：“我从小就在江边长大，会游泳，看到有人落水，没想太多，就想着要救她们，这是我应该做的。”入选2019年2月“浙江好人榜”。

【斯国仙】 女，1964年2月出生，六石街道人。2013年，斯国仙的公公许生其中风卧床，于是她关了自己的小店，在家照顾公公。2017年，斯国仙的婆婆也中风了，她肩上的担子更重了，每天忙得没几个小时休息。数年的操劳和压力，导致斯国仙出现失眠等症状，2018年，斯国仙被确诊为胰腺癌。病床上的斯国仙依然牵挂着公公婆婆，经常让丈夫回家跟保姆沟通老人的饮食习惯等。家人和邻居都说，斯国仙的心里只有家人，没有自己。入选2019年2月“浙江好人榜”。

【程光亮】 男，1990年12月出生，籍贯江西，市妇女儿童医院医生。2019年2月28日，他在列车上听到寻找医生的广播后赶到事发车厢，看到有旅客昏迷；他表明身份后进行了应急救治，并建议列车长将列车紧急停靠，将昏迷旅客交接给救护人员；列车乘警用镜头记录了整个过程。后来得知该旅客转危为安。中央电视台新闻频道《共同关注》栏目以《旅客突然晕倒 众人合力抢救》为题进行了报道。被评为东阳市第六届道德模范。入选2019年3月“浙江好人榜”。

【潘贵民】 男，1967年2月出生，中共党员，横店镇人，市税务局主任科员。2012年创办“一米阳光爱心群”，2017年正式成立“东阳市一米公益协会”并任会长。在他的带领下，爱心群和协会通过助学、敬老、济困等积极持续开展公益活动，规模从100余人扩大到400人，集体筹集奉献爱心款50余万元，慰问贫困学生200余人次、贫困户20户，走访服务敬老院45个，资助白血病等重病人5人。2015年12月获评“金华好人”，2017年10月获评金华市道德模范提名奖。入选2019年11月“浙江好人榜”。

【虞向红】 男，1970年12月出生，中共党员，江北街道人，国网东阳市供电公司红船党员服务队队长，吴宁供电所所长、党支部副书记。从业20年，从电力工人到供电所所长，他一心为老百姓提供“满意电”而努力。20年来，他没休过年假。2008年东阳山区遭遇历史罕见冰雪灾害，电力线路遭受重创，冰雪中，他不惧危险爬杆抢修。作为国网、省电力公司两级人才专家，他累计授课530余课时，培养八婺工匠1人、省公司劳模2人、东阳市技术能手2人；作为配网建设专家，他解决了20余项配电技术和生产难题，主持50余个技术攻关和革新项目，获得5项国家专利。他热心公益，带领红船共产党员服务队完成13期“幸福蜗居”项目，开展“幸福芯灯”等系列爱心活动，累计参加志愿服务600余次，时长近1200小时。曾获2018年10月“东阳好人”、2019年5月“金华好人”等称号。入选2019年12月“浙江好人榜”。

（蒋　亮）

·第六届金华市道德模范·

【姚永生】 见《东阳年鉴（2019）》“人物和荣誉”类目“浙江好人”简介分目。

【虞向红】 见本书2019年“浙江好人”。

（蒋　亮）

荣　誉

【东阳市市长质量奖】 2019年1月25日，东阳市人民政府表彰2018年度东阳市市长质量奖：

2018年度东阳市市长质量奖（组织）

歌山建设集团有限公司

浙江花园铜业有限公司

东阳市双洋红木家具有限公司

东阳富仕特磁业有限公司

2018年度东阳市市长质量奖贡献奖（团队）

浙江普洛家园药业有限公司质量部

2018年度东阳市市长质量奖贡献奖(个人)

陈一中(东阳市陈一中木雕创作有限公司)

2018年度东阳市市长质量奖(组织)提名奖

浙江中科磁业有限公司

浙江石金玄武岩纤维股份有限公司

浙江新东阳建设集团有限公司

【东阳市中小企业市长科技创新奖】 2019年2月27日,东阳市人民政府表彰2018年度东阳市中小企业市长科技创新奖:

浙江中科磁业股份有限公司

浙江野风药业股份有限公司

东阳市东政电机有限公司

浙江石金玄武岩纤维股份有限公司

东阳市万利电子有限公司

浙江永尔佳环保科技有限公司

浙江微度医疗器械有限公司

浙江通达塑业有限公司

东阳富仕特磁业有限公司

东阳市荣轩工艺品有限公司

【东阳市劳动模范】 2019年6月19日,东阳市人民政府表彰2019年东阳市劳动模范:

卜茶芳(女) 东阳市巍山镇上卜宅行政村程店自然村村务负责人

马利亚(女) 东阳市画水中心幼儿园园长

方妹妹(女) 东阳市三单乡人民政府计生办主任、总工会主席、关工委常务副主任

毛丰华(女) 东阳市湖溪镇人民政府总工会主席

王 刚 国网浙江东阳市供电有限公司党委副书记、副总经理

王淑婷(女) 浙江炜晟包装有限公司董事长

王 强 浙江广厦东金投资有限公司董事长、总经理

叶为燕(女) 东阳市江北中心小学校长

华 川 东阳市家用电器有限公司部门经理

吕 忠 东阳市人民医院副院长

严 旭(女) 东阳市花园红木家具城董事长兼总经理

严 鹃(女) 中国人寿保险股份有限公司东阳市支公司党支部书记

吴 兴 横店集团控股有限公司总裁助理

吴晓峰 浙江联宜电机有限公司工程师

李 群 东阳市联辉电气成套设备有限公司业务经理

陈晓华 东阳市横店镇官桥村党支部书记

单涨跃 东阳市三单乡搭钩村党支部书记

周卫国 浙江野风药业股份有限公司高级工程师

郑 对(女) 东阳市文旅投资发展有限公司党支部书记

金 胜 浙江浪人工艺品股份有限公司董事长

徐天福 横店影视股份有限公司董事长

徐宏凯 东阳市综合行政执法局中队长

郭兰中 东阳市妇幼保健院院长

郭良荣 海天建设集团有限公司上海分公司经理

葛敏辉 东阳市吴宁第五小学书记、校长

楼巧云(女) 中国工商银行股份有限公司东阳支行行长

【东阳市模范集体】 2019年6月19日,东阳市人民政府表彰2019年东阳市模范集体:

东阳市公安局南市派出所

东阳市吉荣塑料实业有限公司

东阳市江北街道西范小区

东阳市财政局

东阳市环境监察大队

东阳市南山交通技术培训中心有限公司

东阳市康恩贝印刷包装有限公司

浙江东阳农村商业银行股份有限公司

浙江省东阳市圣华工艺品有限公司

(东 鉴)

【市内晋升高级专业技术职务人员名单】 2019年,市内晋升高级专业技术职务知识分子458人。

高级工程师(140人)

杜幼民 浙江省东阳市江南建设有限公司

葛玲玲 浙江东阳建工集团有限公司

周扬宇 浙江省东阳第三建筑工程有限公司

王彦理 浙江省东阳第三建筑工程有限公司

赵欣旺 浙江省东阳第三建筑工程有限公司

卢向忠 浙江省东阳第三建筑工程有限公司

韦 峰 浙江省东阳第三建筑工程有限公司

单磊磊 浙江省东阳第三建筑工程有限公司

胡国华 浙江省东阳第三建筑工程有限公司

吕骁聪 浙江省东阳第三建筑工程有限公司

骆鸿锦 浙江东阳广业建设有限公司

徐远景 浙江省东阳市南方建筑工程有限公司

何培玉 浙江省东阳木雕古建园林工程有限公司

徐伟峰 浙江省东阳木雕古建园林工程有限公司

陈飞明 浙江省东阳木雕古建园林工程有限公司

葛英霄 浙江省东阳市华新建筑工程有限公司

虞俊杰 浙江省东阳市市政环境工程有限公司

黄利军 浙江新东阳建设集团有限公司

方 榛 浙江新东阳建设集团有限公司

林旭燕 浙江新东阳建设集团有限公司

曹 亮 浙江新东阳建设集团有限公司

应莉莎 浙江新东阳建设集团有限公司

黄 惠 浙江新东阳建设集团有限公司

陈正君　浙江新东阳建设集团有限公司
金浙明　浙江横店建筑工程有限公司
杨　进　东阳市名晨园林建设工程有限公司
楼航波　东阳市名晨园林建设工程有限公司
陈韩珍　东阳市名晨园林建设工程有限公司
刘方磊　东阳市中驰生态建设有限公司
陈雷芳　东阳市中驰生态建设有限公司
段玉平　东阳市中驰生态建设有限公司
蒋锡成　东阳市文物建筑修缮有限公司
葛惠民　东阳市天元建设有限公司
吕韶洪　浙江中艺建设有限公司
郭挺旭　浙江中艺建设有限公司
赵魏科　浙江宏成建设集团有限公司
葛燕华　浙江中篧建设有限公司
卢江波　浙江森威监理有限公司
王锦锋　浙江佳和建设有限公司
卢丹丹　浙江佳和建设有限公司
金晓彬　浙江利越市政园林有限公司
朱园英　广厦东阳古建园林工程有限公司
韦　晗　广厦建设集团有限责任公司
卢新民　广厦建设集团有限责任公司
张立新　广厦建设集团有限责任公司
蔡德军　广厦建设集团有限责任公司
吴旭东　广厦建设集团有限责任公司
单奋权　广厦建设集团有限责任公司
姚金芳　广厦建设集团有限责任公司
朱园英　中凌建设有限公司
许一帆　海天建设集团有限公司
蒋冀勇　海天建设集团有限公司
张　喜　海天建设集团有限公司
董孟波　海天建设集团有限公司
蔡媛媛　海天建设集团有限公司
蒋礼进　海天建设集团有限公司
符献君　海天建设集团有限公司
吕　杨　海天建设集团有限公司
蔡炳华　海天建设集团有限公司
叶小真　海天建设集团有限公司
胡江平　海天建设集团有限公司金华分公司
杨利剑　中天建设集团有限公司
郭英芳　中天建设集团有限公司
陈卫强　中天建设集团有限公司
王　挺　中天建设集团有限公司
周亚美　中天建设集团有限公司
雷旭耀　中天建设集团有限公司
安　鹏　中天建设集团有限公司
李俊改　中天建设集团有限公司
单春良　中天建设集团有限公司
张群红　中天建设集团有限公司
陈进阳　中天建设集团有限公司
陈龙明　中天建设集团有限公司
周　俊　中天建设集团有限公司
楼军辉　中天建设集团有限公司
蒋增炜　中天建设集团有限公司
王锡强　中天建设集团有限公司
贾黎明　中天建设集团有限公司
蒋钦潭　中天建设集团有限公司
宫禄尧　中天建设集团有限公司
赵正晓　中天建设集团有限公司
蒋卫岗　中天建设集团有限公司
吕　丹　中天建设集团有限公司
吴刚健　中天建设集团有限公司
谢永章　中天建设集团有限公司
贾小倩　中天建设集团有限公司
楼军进　中天建设集团有限公司
廖新贵　中天建设集团有限公司
厉霞君　中天建设集团有限公司
张梅香　中天建设集团有限公司
王小兵　中天建设集团有限公司
袁秀德　中天建设集团有限公司
陈稳德　中天建设集团有限公司
陈　宇　中天建设集团有限公司
李海洋　中天建设集团有限公司
杜　晓　中天建设集团有限公司
李小玥　中天建设集团有限公司
王一丹　中天建设集团有限公司
杨志钢　中天建设集团有限公司
陈乐斌　中天建设集团有限公司
赵军华　中天建设集团有限公司
李晗阔　中天建设集团有限公司
张　男　中天建设集团有限公司
周志友　中天建设集团有限公司
郭鑫萍　中天建设集团有限公司
高大忠　中天建设集团有限公司
张新跃　中天建设集团有限公司
尹伟贤　中天建设集团有限公司
郭杭燕　中天建设集团有限公司
包纯南　中天建设集团有限公司
吕国伟　宇华装饰集团有限公司
方　莉　长庚环境建设有限公司
李旦旦　歌山建设集团有限公司
张雪辉　歌山建设集团有限公司
杨少伟　歌山建设集团有限公司
徐仙元　歌山建设集团有限公司
金晓华　歌山建设集团有限公司
项向庭　歌山建设集团有限公司
黄健康　歌山建设集团有限公司
杨立群　歌山建设集团有限公司
吴先进　歌山建设集团有限公司
刘　勇　歌山建设集团有限公司
卞　浩　歌山建设集团有限公司
饶贤帮　歌山建设集团有限公司
俞懂萍　歌山建设集团有限公司
马敏贞　歌山建设集团有限公司
吕康康　歌山建设集团有限公司
张胜贤　歌山建设集团有限公司
何俏俊　浙江华厦建设集团有限公司
石新平　浙江华厦建设集团有限公司
郭欣欣　浙江小九天建设集团有限公司
陈欣平　横店集团得邦照明股份有限公司
叶永姣　浙江英洛华装备制造有限公司
金益民　浙江恒成硬质合金有限公司
詹　敏　浙江联宜电机有限公司
包淳德　东阳市尚德电器机械有限公司
王平进　浙江新纳陶瓷新材有限公司
黄有山　浙江新纳陶瓷新材有限公司
厉云阳　浙江埃森化学有限公司
吴欣欣　浙江英洛华装备制造有限公司

高级教师（79人）

楼江明　东阳市技术学校

沈群英　东阳市实验幼儿园
蒋月飞　浙江省东阳市中天高级中学
张晓玲　浙江省东阳市中天高级中学
黄　华　浙江省东阳市中天高级中学
张元玲　浙江省东阳市巍山高级中学
洪永高　浙江省东阳市巍山高级中学
申屠娟　浙江省东阳市南马高级中学
王晓燕　浙江省东阳市南马高级中学
罗春平　浙江省东阳市技术学校
卢丽华　浙江省东阳市技术学校
杨文斌　浙江省东阳市技术学校
陈淑青　浙江省东阳市技术学校
卢晓庆　浙江省东阳市技术学校
胡向英　浙江省东阳市技术学校
吴写山　浙江省东阳市湖溪高级中学
刘玉良　浙江省东阳市湖溪高级中学
杜建飞　浙江省东阳市第三高级中学
王尧亮　金华职工中等卫生学校
贾双燕　金华职工中等卫生学校
卢晗君　东阳市吴宁第一小学
马　俊　东阳市吴宁第一初级中学
吴丹英　东阳市吴宁第三初级中学
吴晓霞　东阳市巍山中心幼儿园
朱玉光　东阳市巍山镇中学
徐丹英　东阳市巍山镇中心小学
任新萍　东阳市巍山镇中心小学
叶　斌　东阳市外国语学校
吕佳佳　东阳市外国语学校
王宇燕　东阳市外国语小学
杨　群　东阳市外国语小学
郭娇娇　东阳市特殊教育学校
徐月娟　东阳市特殊教育学校
蔡曼倩　东阳市实验幼儿园
吴江丽　东阳市千祥镇中心小学
郭俊华　东阳市千祥镇三联小学
蒋颖瑾　东阳市南市街道南溪初级中学
冯惠亮　东阳市南市街道槐堂小学
张芳倩　东阳市南市街道槐堂小学
严　丽　东阳市南市街道槐堂初级中学
卢加政　东阳市南马初级中学
吴爱燕　东阳市南马镇安恬小学
吕红阳　东阳市六石街道中心小学
金　阳　东阳市教育局教研室
金丽霞　东阳市江北第二小学
康彩萍　东阳市江北贝贝佳音幼儿园
朱燕红　东阳市技术学校
马利亚　东阳市画水中心幼儿园
于洪瑞　东阳市画水镇中心小学
厉连萍　东阳市画水镇初级中学
毛水娟　东阳市虎鹿镇初级中学
何峰华　东阳市横店镇后岭山小学
郭佳婷　东阳市横店镇第三初级中学
张为利　东阳市横店镇第二初级中学
申屠庆　东阳市横店镇第二初级中学
徐江娇　东阳市歌山镇西宅小学
金伟卫　东阳市歌山镇第一初级中学
黄科弟　东阳市东阳江镇中心小学
陈素萍　东阳市第二职业技术学校
曹靓娴　东阳市第二实验小学
徐步斌　东阳市第二高级中学
赵维霞　东阳市第二高级中学
王旭东　东阳市第二高级中学
李倩倩　东阳市第二高级中学
李吉田　东阳市城东街道新东小学
施海俊　东阳市城东街道塘西初级中学
单飞燕　东阳市城东街道斯村小学
夏　君　东阳市城东街道李宅小学
金江美　东阳市白云中心小学
楼世俊　东阳市白云昆溪小学
何柳君　东阳市白云初级中学
徐亚飞　东阳市白云初级中学
刘祖国　浙江省东阳中学
吴晓娟　浙江省东阳中学
朱秋莲　浙江省东阳中学
赵雄华　浙江省东阳中学
周招群　浙江省东阳中学
张佳美　浙江省东阳中学
张雨时　浙江省东阳中学

信息系统项目管理师(1人)

黄余丽　东阳市财政局

系统架构设计师(1人)

王　耀　浙江东阳农村商业银行股份有限

教　授(3人)

吕淑珍　浙江广厦建设职业技术学院
王　兴　浙江广厦建设职业技术学院
崇秀全　浙江横店影视职业学院

副教授(29人)

周晓红　浙江横店影视职业学院
盛　乐　浙江横店影视职业学院
王春福　浙江广厦建设职业技术学院
钱科洋　浙江广厦建设职业技术学院
孙清梅　浙江广厦建设职业技术学院
方　倩　浙江广厦建设职业技术学院
王　军　浙江广厦建设职业技术学院
陆杭高　浙江广厦建设职业技术学院
张飞燕　浙江广厦建设职业技术学院
金剑青　浙江广厦建设职业技术学院
冯改荣　浙江广厦建设职业技术学院
杨玉君　浙江广厦建设职业技术学院
潘　宇　浙江广厦建设职业技术学院
刘　曌　浙江广厦建设职业技术学院
周鑫蓉　浙江广厦建设职业技术学院
邢　娟　浙江广厦建设职业技术学院

段晓凯　浙江广厦建设职业技术学院
詹国芳　浙江广厦建设职业技术学院
滕婷婷　浙江广厦建设职业技术学院
吴婷婷　浙江广厦建设职业技术学院
路永华　浙江广厦建设职业技术学院
华国新　浙江广厦建设职业技术学院
洪晓峰　浙江广厦建设职业技术学院
楼　丹　浙江广厦建设职业技术学院
黄庆华　浙江广厦建设职业技术学院
吴　叶　浙江广厦建设职业技术学院
楼莉萍　浙江广厦建设职业技术学院
华创立　浙江广厦建设职业技术学院
楼海华　浙江广厦建设职业技术学院

副研究员(4人)

卢倩倩　浙江广厦建设职业技术学院
张　琳　浙江广厦建设职业技术学院
吴珊珊　浙江广厦建设职业技术学院
沈　坤　浙江广厦建设职业技术学院

高级会计师(9人)

刘桂平　横店集团控服有限公司
陈晶英　浙江金象科技有限公司
周瑜彪　花园新材料股份有限公司
王再新　东阳日报有限公司
李红红　横店集团东磁股份有限公司
胡婷玲　横店集团控股有限公司
孙　训　中天建设集团有限公司
吕　芸　东阳市中医院
吴保东　东阳市第七人民医院

二级演员(2人)

闫华东　浙江横店影视职业学院
张　蕾　浙江横店影视职业学院

主任医师(35人)

蒋军生　东阳市第七人民医院
金国栋　东阳市红十字会医院
楼小英　东阳市花园田氏医院
蒋惠娟　东阳市皮肤病(性病)医院
斯海燕　横店文荣医院
方俊梅　东阳市妇幼保健院
陆国建　东阳市妇幼保健院
董　波　东阳市妇幼保健院
金英兰　东阳市人民医院
何菊萍　东阳市人民医院
方小燕　东阳市人民医院
王仙玉　东阳市人民医院
张　玲　东阳市人民医院
吕　蕾　东阳市人民医院
吕政纲　东阳市人民医院
张为强　东阳市人民医院
吴备子　东阳市人民医院
徐辽杭　东阳市人民医院
周尚军　东阳市人民医院
陆献大　东阳市人民医院
朱浩刚　东阳市人民医院
赵红花　东阳市人民医院
施玖龙　东阳市人民医院
王望晓　东阳市人民医院
金卫萍　东阳市人民医院
陈国良　东阳市人民医院
赵菊萍　东阳市人民医院
陈　斌　东阳市中医院
叶烜伟　东阳市中医院
曹远志　东阳市中医院
陈利英　东阳市中医院
申屠敏　东阳市中医院
周翔英　东阳市中医院
蒋向红　东阳市中医院
陈　康　东阳市中医院

副主任医师(87人)

陈华华　东阳市横店医院
俞海萍　东阳市横店医院
斯　毅　东阳市红十字会医院
舒军荣　东阳市花园田氏医院
张科社　东阳市花园田氏医院
张天元　横店文荣医院
孙振涛　横店文荣医院
赵彬泉　横店文荣医院
朱　翀　横店文荣医院
王永航　横店文荣医院
周航亮　横店文荣医院
吕国天　横店文荣医院
方　红　东阳市妇幼保健院
卢婷婷　东阳市妇幼保健院
张时倩　东阳市妇幼保健院
金巧君　东阳市妇幼保健院
蔡军荣　东阳市妇幼保健院
董凤良　东阳市人民医院
王运来　东阳市人民医院
应俊辉　东阳市人民医院
厉芸芸　东阳市人民医院
王　诚　东阳市人民医院
陈新新　东阳市人民医院
吕云霄　东阳市人民医院
陈腾高　东阳市人民医院
徐丽丽　东阳市人民医院
卢华君　东阳市人民医院
戚小杨　东阳市人民医院
赵伟丰　东阳市人民医院
陈旭红　东阳市人民医院
韦云婷　东阳市人民医院
郭江莉　东阳市人民医院
韦育斌　东阳市人民医院
汪　江　东阳市人民医院
葛丽芳　东阳市人民医院
陈婷甜　东阳市人民医院
陈　亮　东阳市人民医院
卢益芳　东阳市人民医院
许阳峰　东阳市人民医院
徐卫平　东阳市人民医院
王　斌　东阳市人民医院
张小伟　东阳市人民医院
张　凯　东阳市人民医院
金　凯　东阳市人民医院
王凌燕　东阳市人民医院
楼华妃　东阳市人民医院
王　晓　东阳市人民医院
韦潋滟　东阳市人民医院
杨明烽　东阳市人民医院
杜振武　东阳市人民医院
洪　俐　东阳市人民医院
王伟昌　东阳市人民医院
包　娇　东阳市人民医院
应晓瑾　东阳市人民医院
潘丽翔　东阳市人民医院
徐江南　东阳市人民医院
赵　樱　东阳市人民医院
丁之玮　东阳市人民医院
沈苹苹　东阳市人民医院
应响华　东阳市人民医院
郭锡军　东阳市人民医院
杜双芳　东阳市人民医院

吕　华　东阳市人民医院
杨丽萍　东阳市人民医院
卢彩虹　东阳市人民医院
傅晓华　东阳市人民医院
吴晓丹　东阳市人民医院
张永进　东阳市人民医院
斯桂闽　东阳市人民医院
楼鸣岐　东阳市人民医院
吕周婵　东阳市人民医院
吴惠燕　东阳市人民医院
卢飞兰　东阳市人民医院
吴俊强　东阳市人民医院
金理锋　东阳市人民医院
吕　芬　东阳市人民医院
吴丰平　东阳市人民医院
楼新民　东阳市中医院
王鹃鹃　东阳市中医院
徐欣欣　东阳市中医院
陈　莎　东阳市中医院
葛凌云　东阳市中医院
黄长珍　东阳市中医院
金宇兰　东阳市中医院
胡杨飞　东阳市中医院
吴　剑　东阳市中医院
钱春天　东阳市中医院

主任护师(7人)

金　艳　横店文荣医院
潘丽娟　东阳市妇幼保健院
卢晓莉　东阳市人民医院
何晓英　东阳市人民医院
杨松萍　东阳市人民医院
金杨杨　东阳市人民医院
占倍利　东阳市人民医院

副主任护师(27人)

严涌珍　东阳市横店医院
陶益丽　东阳市花园田氏医院
韦雪丽　横店文荣医院
申屠杭　横店文荣医院
马玉秀　横店文荣医院
王俏玲　东阳市妇幼保健院
陈慧香　东阳市人民医院
胡巧丹　东阳市人民医院
朱小花　东阳市人民医院
任菁南　东阳市人民医院
吕晓燕　东阳市人民医院
胡碧蓉　东阳市人民医院
蔡丹艳　东阳市人民医院
卢彩萍　东阳市人民医院
孔淑珍　东阳市人民医院
包灿丽　东阳市人民医院
徐晓玲　东阳市人民医院
石　亭　东阳市人民医院
吴晶晶　东阳市人民医院
胡巧英　东阳市人民医院
吕红光　东阳市人民医院
许琴英　东阳市人民医院
俞美萍　东阳市人民医院
蒋雪芬　东阳市人民医院
陈利锋　东阳市人民医院
方海燕　东阳市中医院
王　卿　东阳市中医院

主任中医师(5人)

陈娟燕　东阳市人民医院
卢阳珍　东阳市人民医院
许毅强　东阳市中医院
楼国平　东阳市中医院
王　超　东阳市中医院

副主任中医师(7人)

胡华刚　横店文荣医院
蒋　丽　东阳市人民医院
王　勇　东阳市中医院
卢勇攀　东阳市中医院
王美兰　东阳市中医院
胡引闹　东阳市中医院
金永刚　东阳市中医院

主任药师(1人)

李　巧　东阳市人民医院

副主任药师(5人)

王丽萍　横店文荣医院
陈玲萍　东阳市妇幼保健院
陈华栋　东阳市人民医院
吴解敏　东阳市人民医院
杜艳珍　东阳市中医院

主任技师(2人)

张巧红　东阳市人民医院
徐婉萍　东阳市人民医院

副主任技师(3人)

陆延安　东阳市人民医院
张　超　东阳市人民医院
金晓燕　东阳市中医院

副主任中药师(1人)

蔡玉英　东阳市人民医院

正高级经济师(1人)

何时金　横店集团东磁股份有限公司

高级经济师(9人)

厉国平　横店集团控股有限公司
王国虎　东阳市华数广电网络有限公司
胡江彬　东阳市燃气有限公司
聂文彬　浙江普洛得邦制药有限公司
张正华　浙江东阳农村商业银行股份有限公司
徐天录　东阳市横店商砼有限公司
卢肖东　浙江横店热电有限公司
金杨军　东阳横店建材有限公司
严　旭　东阳市花园红木家具开发有限公司

（司松松）

东阳市2019年度纳税超千万企业一览表

表72

序号	纳税人名称	法人代表
1	中天建设集团有限公司	庄　严
2	横店集团东磁股份有限公司	何时金
3	东阳正午阳光影视有限公司	侯鸿亮
4	浙江东阳农村商业银行股份有限公司	方益洪

续表 72

序号	纳税人名称	法人代表
5	普洛药业股份有限公司	祝方猛
6	东阳欢娱影视文化有限公司	马金萍
7	浙江联宜电机有限公司	许晓华
8	海天建设集团有限公司	应培新
9	浙江横店影视城有限公司	桑小庆
10	横店集团得邦照明股份有限公司	倪　强
11	国网浙江东阳市供电有限公司	姜　勇
12	金华市烟草公司东阳分公司	王世平
13	浙江花园生物高科股份有限公司	邵君芳
14	东阳市中天房地产开发有限公司	张益堂
15	歌山建设集团有限公司	何向全
16	华谊兄弟传媒股份有限公司	王忠军
17	东阳市三阳银泰置业有限公司	张永平
18	新丽电视文化投资有限公司	曹华益
19	金华锦海置业有限公司	王　凯
20	浙江省东阳第三建筑工程有限公司	张浙红
21	横店影视股份有限公司	徐天福
22	广宏建设集团有限公司	叶新荣
23	东阳市蓝天白云置业有限公司	李　君
24	金华璟坤置业有限公司	陈　舟
25	浙江巍华化工有限公司	吴顺华
26	东阳市中梁泰和置业有限公司	王望京
27	浙江新东阳建设集团有限公司	卢大根
28	东阳雅筑房地产开发有限公司	吴　华
29	浙江同力服装有限公司	龚松林
30	东阳市横店共荣置业有限公司	周建伟
31	浙江中垚建设有限公司	韦余春

续表72

序号	纳税人名称	法人代表
32	东阳万洋众创城开发有限公司	梅　伟
33	东阳欢瑞世纪艺人经纪有限公司	姜　磊
34	金华新城亿宏房地产开发有限公司	唐云龙
35	东阳市东铭房地产开发有限公司	唐佩文
36	横店集团房地产开发有限公司	徐飞宇
37	浙江花园建设集团有限公司	张有明
38	东阳市国置房地产开发有限责任公司	朱一帆
39	浙江海森药业股份有限公司	王式跃
40	浙江中元磁业股份有限公司	任元月
41	中国农业银行股份有限公司东阳市支行	虞浩然
42	浙江野风药业股份有限公司	周卫国
43	东阳坤宇置业有限公司	陈　舟
44	浙江赛邦建筑劳务有限公司	葛红军
45	浙江孚诺医药股份有限公司	傅龙云
46	东阳市众人建筑劳务有限公司	朱康伟
47	中国银行股份有限公司东阳支行	罗亚捷
48	东阳市丰收建筑劳务有限公司	韦　丰
49	东阳华夏视听影视文化有限公司	蒲树林
50	天祥建设集团股份有限公司	胡刚锋
51	浙江凯文控股集团有限公司	卢楷文
52	中国工商银行股份有限公司东阳支行	虞锦林
53	冀发集团有限公司	王　骥
54	强视传媒有限公司	游建鸣
55	浙江新亚实业有限公司	金常青
56	新丽传媒集团有限公司	曹华益
57	中国建设银行股份有限公司东阳支行	陈航军
58	浙江中腾置业有限公司	李大彬

续表 72

序 号	纳 税 人 名 称	法人代表
59	欢瑞世纪(东阳)影视传媒有限公司	陈 援
60	浙江金立建设有限公司	赵 狄
61	东阳市特安建筑劳务有限公司	程 璐
62	东阳市泰安建筑劳务有限公司	蔡军伟
63	东阳市新工匠建筑劳务有限公司	胡帅民
64	浙江省东阳市医药药材有限公司	韦晓声
65	东阳市齐力置业有限公司	张朝阳
66	东阳市兴东建筑劳务有限公司	王 群
67	东阳市胡杨林建筑劳务有限公司	孙友民
68	浙江省东阳市新兴房地产开发有限公司	李德尧
69	东阳市津东建筑劳务有限公司	李跃军
70	东阳鸿信房地产开发有限公司	吴 华
71	东阳市晨辉建筑劳务有限公司	张尚华
72	浙江北生药业汉生制药有限公司	王国林
73	浙江英洛华磁业有限公司	魏中华
74	浙江东阳市辉腾建筑劳务有限公司	王 珲
75	浙江东阳市创弘建筑劳务有限公司	张 晓
76	东阳市天和工程咨询有限公司	楼群玲
77	东阳市市场开发有限公司	王文伟
78	东阳市荣峰建筑劳务有限公司	缪险峰
79	浙江东阳天娱影视文化有限公司	肖 宁
80	浙江省东阳市江南建设有限公司	张正天
81	东阳市家源建筑劳务有限公司	许东东
82	东阳市工智建筑劳务有限公司	姚冬林
83	东阳市乐视花儿影视文化有限公司	曹 勇
84	浙江思科制冷股份有限公司	陈俊健
85	浙江横店建设有限公司	杜一心
86	浙江康峰化工有限公司	吴永良
87	东阳市凤凰通宝小额贷款股份有限公司	韦 斌

续表72

序 号	纳 税 人 名 称	法人代表
88	东阳锐禄建筑劳务有限公司	施应龙
89	东阳市横店商砼有限公司	徐天录
90	浙江东阳市爱薪建筑劳务有限公司	厉豪杰
91	东阳当代时光文化传媒有限公司	魏　巍
92	浙江东阳国文影业有限公司	殷幕强
93	浙江金华甬金高速公路有限公司东阳分公司	申屠峰
94	浙江好乐多商贸有限公司	马剑胜
95	东阳步阳置业有限公司	朱伟荣
96	浙江利星汽车有限公司	Dr.Conrad,Till Henrik
97	东阳浙荣远嘉置业有限公司	葛泽来
98	浙江歌山汇隆工程管理有限公司	骆卫群
99	东阳市文滚建筑劳务有限公司	吴振翔
100	东阳市浩荣建筑劳务有限公司	周雪尔
101	浙江东阳中国木雕城有限公司	陈　义
102	东阳市明都房地产开发有限公司	姚卫民
103	浙江金象科技有限公司	王继新
104	花园集团有限公司	邵钦祥
105	浙江绿宇制冷配件有限公司	葛富民
106	浙江省东阳市一帆建筑劳务有限公司	厉莉丽
107	浙江东阳新媒诚品文化传媒有限公司	曾茂军
108	浙江微度医疗器械有限公司	吴　兴
109	浙江东大房地产开发有限公司	李云初
110	东阳瀚海建筑劳务有限公司	沈红岗
111	东阳市美臣废旧金属回收有限公司	金光宇
112	浙江东匠建设有限公司	张向阳
113	东阳市华阳建材有限公司	杜秀峰
114	浙江东阳市中旭华展建筑劳务有限公司	赵孝华
115	东阳市光明电力建设有限公司	沈哲民
116	广厦传媒有限公司	卢英英

续表72

序号	纳税人名称	法人代表
117	浙江天意影视有限公司	吴　毅
118	东阳市明德建筑劳务有限公司	厉兰新
119	东阳江城建设集团有限公司	王　备
120	浙江东阳富民村镇银行股份有限公司	陈建锋
121	东阳启蒙影业有限公司	孙　澎
122	浙江中科磁业股份有限公司	吴中平
123	金华华英成秀建设有限公司	卢丹倩
124	东阳市国耀置业投资有限公司	张　斌
125	东阳市中慧建筑劳务有限公司	王　忡
126	浙江东峰制冷配件有限公司	陈尚进
127	东阳绿地黉门置业有限公司	孙　铮
128	东阳市水务投资集团有限公司	郭凯平
129	浙江海纳建设有限公司	胡敏杰
130	利越集团有限公司	葛岸丽
131	东阳留白影视文化有限公司	徐　康
132	浙江东越建设有限公司	金伟明
133	浙江君傲建设有限公司	李巧巧
134	浙江筑工科技有限公司	杜德韩
135	东阳市港安建筑劳务有限公司	应晓甸
136	浙江省东阳市华侨制衣有限公司	邵福贵
137	蒙晟建设有限公司	吴立国
138	东阳仙林影业有限公司	魏　巍
139	金华银行股份有限公司东阳支行	董钱军
140	东阳市捷濠建筑劳务有限公司	吴振翔
141	东阳市毅龙制衣有限公司	汤光强
142	东阳市开衢建筑劳务有限公司	郭不凡
143	东阳市志源建筑劳务有限公司	金　莎
144	浙江远疆置业投资有限公司	葛通华
145	东阳亿城建筑劳务有限公司	斯向红
146	东阳市华驰建筑劳务有限公司	卢新建

续表 72

序 号	纳 税 人 名 称	法人代表
147	中国人寿保险股份有限公司东阳市支公司	严 鹃
148	浙江同凯建设有限公司	张忠忠
149	浙江横店热电有限公司	金庆伟
150	东阳市横店巨樟中石化加油有限公司	蒋立红
151	东阳市万华恒建筑劳务有限公司	董玉仓
152	东阳市宗泽建筑劳务有限公司	陈 路
153	东阳市国有资产投资有限公司	王 筠
154	东阳市花园建材有限公司	龚锦青
155	浙江东阳市弘峰建筑劳务有限公司	许玲玲
156	东阳市花园红木家具开发有限公司	严 旭
157	浙江省东阳市定达皮具有限公司	吕大军
158	浙江东阳建工集团有限公司	何颂伟
159	东阳市宏安和建筑劳务有限公司	任君富
160	浙江南磁实业股份有限公司	金德月
161	浙商银行股份有限公司金华东阳支行	楼允群
162	中信证券股份有限公司东阳吴宁西路证券营业部	王 菁
163	东阳市万基袜业有限公司	吕仙忠
164	中信银行股份有限公司金华东阳支行	张凡华
165	浙江东阳市万鸿建筑劳务有限公司	李晓媛
166	东阳市长庚置业有限公司	吕剑剑
167	浙江小九天建设集团有限公司	汤上庆
168	东阳市正量建筑劳务有限公司	郭晓虹
169	东阳市新悦房产开发有限公司	卢加华
170	东阳市长河塑胶有限公司	陈正刚
171	东阳金智盛置业有限公司	朱 红
172	浙江中艺建设有限公司	吕仙龙
173	东阳市博雅置业有限公司	徐忠全
174	东阳市康恩贝印刷包装有限公司	胡金亮
175	东阳市金牛小额贷款有限公司	胡天高
176	浙江全方音响科技有限公司	薛 峰

2019年度东阳市获党委、政府表彰的先进集体

表73

序号	获表彰单位	荣誉名称	表彰单位/表彰文号	表彰时间
		一、省　级		
1	东阳市	2018年度平安市、平安县(市、区)	浙委发〔2019〕4号	2019年3月
2	东阳市	推进县域医共体建设工作成效明显的县(市、区)	浙政办发〔2019〕32号	2019年5月
3	东阳市	财政预算执行、政府性债务风险管理、盘活财政存量资金、国库库款管理等财政管理工作完成情况较好的市、县(市)	浙政办发〔2019〕32号	2019年5月
4	东阳市	浙江省双拥模范城	省委 省政府	2019年7月
5	东阳市	无偿献血先进县(市、区)	省政府	2019年11月
6	市政府办公室	2018年度政务信息工作考核二等奖	浙政办发函〔2019〕6号	2019年2月
7	公安局	2018年度全省扫黑除恶专项斗争先进集体	浙委发〔2019〕3号	2019年2月
8	东阳市外国语小学	2019年浙江省模范集体	浙委发〔2019〕7号	2019年4月
9	吴宁街道城南社区	全省城乡社区治理和服务成绩突出集体	省委 省政府	2019年5月
10	城东街道单良村			
11	横店镇官桥社区社会组织服务中心			
12	林业局	浙江省公益林建设成绩突出集体	省政府	2019年10月
13	林业总场	全省国土绿化美化工作成绩突出集体	省政府	2019年12月
14	金华市生态环境局东阳分局	2018年度美丽浙江建设工作成绩突出集体	省委 省政府	2019年12月
15	南马派出所	全省"枫桥式公安派出所"	省委办公厅 省政府办公厅	2019年12月
16	城东街道办事处	全省小城镇环境综合整治行动突出贡献集体	省委办公厅 省政府办公厅	2019年12月
		二、金华市级		
17	东阳市	乡村振兴优秀市	金委发〔2019〕15号	2019年3月
18	东阳市	2018年度粮食安全责任制考核优秀单位	金政发〔2019〕19号	2019年5月
19	东阳市	2018年度法治政府建设(依法行政)考评一类单位	金政办发〔2019〕45号	2019年5月
20	东阳市人民政府	外贸工作先进单位二等奖	金政发〔2019〕14号	2019年3月
21	白云街道	2018年度"无违建乡镇(街道)"	金政发〔2019〕4号	2019年1月
22	千祥镇			
23	东阳江镇			

续表73

序号	获表彰单位	荣誉名称	表彰单位/表彰文号	表彰时间
24	经信局	2018年度“三改一拆”行动突出贡献集体	金政发〔2019〕4号	2019年1月
25	行政执法局			
26	南市街道办事处			
27	城东街道办事处	2018年度“四边三化”工作突出贡献集体	金政发〔2019〕4号	2019年1月
28	横店镇政府			
29	公安局	成绩突出公安局	金政发〔2019〕10号	2019年2月
30	公安局刑事侦查中心刑事科学技术室	成绩突出公安基层所队	金政发〔2019〕10号	2019年2月
31	吴宁派出所			
32	横店镇	十强工业强镇	金政发〔2019〕11号	2019年2月
33	白云街道			
34	应急管理局	突出贡献集体	金华市委 金华市政府	2019年5月
35	财政局	2018年度美丽金华建设突出贡献集体	金华市委 金华市政府	2019年8月
36	金华市生态环境局东阳分局			
37	水务局			
38	农业农村局			
39	东阳中学			
40	东阳市城市建设投资集团有限公司			
41	东阳市水务投资集团有限公司			

2019年度东阳市获党委、政府表彰的先进个人

表74

序号	姓名	工作单位	荣誉称号	表彰单位/表彰文号	表彰时间
一、省　级					
1	楼红霞	商务局	成绩突出个人	浙政发〔2019〕3号	2019年1月
2	郭　珊	市政府办公室	2018年度政务信息工作考核优秀个人	浙政办发函〔2019〕6号	2019年2月
3	吕剑平	马宅派出所	2018年度全省扫黑除恶专项斗争先进个人	浙委发〔2019〕3号	2019年2月

续表74

序号	姓名	工作单位	荣誉称号	表彰单位/表彰文号	表彰时间
4	张永平	东阳市将军殿农林开发有限公司	2019年浙江省劳动模范	浙委发〔2019〕7号	2019年4月
5	胡天高	横店集团控股有限公司			
6	邵君芳	浙江花园生物高科股份有限公司			
7	付　涛	浙江海森药业股份有限公司			
8	张鹏丽	吴宁街道西街社区	全省城乡社区治理和服务成绩突出个人	省委 省政府	2019年5月
9	单章新	城东街道单良村			
10	邵钦祥	南马镇花园村			
11	郭进武	南马镇花园村			
12	王利杨	歌山镇王村光村			
13	张立明	湖溪镇镇西村			
14	戚小慧	东阳市戚小慧盲人医疗按摩所	浙江省自强模范	浙政发〔2019〕14号	2019年5月
15	徐　愿	公安局	安保工作突出贡献个人	省政府	2019年6月
16	王　刚	纪委派驻东阳江镇天秀村	浙江省突出贡献农村工作指导员	省委 省政府	2019年6月
17	杜欢庆	原环保局派驻歌山镇上蒋村，东阳江镇尚舒村、双合村、岭下村			
18	单含笑	市委办公室	第十批省优秀农村工作指导员	省委 省政府	2019年7月
19	叶　帅	市委组织部			
20	卢文旭	东阳市人民检察院			
21	方飞飞	东阳市人民检察院			
22	葛巧霞	农办			
23	王晓文	教育局			
24	蔡旭东	司法局			
25	钟柏青	财政局			
26	司松松	人力社保局			
27	杜欢庆	环保局			
28	李敢峰	交通运输局			
29	张　浩	综合行政执法局			

续表74

序号	姓名	工作单位	荣誉称号	表彰单位/表彰文号	表彰时间
30	徐光品	残联	第十批省优秀农村工作指导员	省委 省政府	2019年7月
31	张光明	湖溪镇政府			
32	骆向菲	歌山镇政府			
33	陈小勇	南市街道办事处			
34	蒋　波	编办	机构改革成绩突出个人	省委办公厅 省政府办公厅	2019年8月
35	胡祥林	林业局	浙江省公益林建设成绩突出个人	省政府	2019年10月
36	黄佩鑫	东阳江镇政府			
37	王巧智	林业局	全省国土绿化美化工作成绩突出个人	省政府	2019年12月
38	毛志群	吴宁街道办事处	2018年度“五水共治”工作成绩突出个人	省委 省政府	2019年12月
39	赵　锋	歌山镇政府	全省小城镇环境综合整治行动突出贡献个人	省委办公厅 省政府办公厅	2019年12月
40	单凯权	虎鹿镇政府			
			二、金华市级		
41	胡海荣	行政执法局江北大队	2018年度“三改一拆”行动突出贡献个人	金政发〔2019〕4号	2019年1月
42	刘战辉	南市街道办事处			
43	朱向前	南马镇政府			
44	许为富	画水镇政府			
45	厉炼锦	六石街道办事处	2018年度“四边三化”行动突出贡献个人	金政发〔2019〕4号	2019年1月
46	苏海阳	歌山镇政府			
47	蔡跃权	公安局治安管理中心	成绩突出人民警察	金政发〔2019〕10号	2019年2月
48	徐晓荣	公安局刑事侦查中心			
49	楼启航	交警大队			
50	楼国庆	公安局横店分局			
51	吴燕江	白云派出所			
52	胡艳成	南市派出所			
53	蔡　甜	共青团东阳市委	2018年度金华市平安建设和社会治理突出贡献个人	金华市委 金华市政府	2019年5月

续表74

序号	姓名	工作单位	荣誉称号	表彰单位/表彰文号	表彰时间
54	傅坚坚	应急管理局	突出贡献个人	金华市委 金华市政府	2019年5月
55	方雪飞	中共东阳市委	2018年度美丽金华建设突出贡献个人	金华市委 金华市政府	2019年8月
56	张英俊	市委办公室			
57	蔡静峰	发改局			
58	张　毅	经信局			
59	何旭晖	自然资源局			
60	吴　滨	金华市生态环境局东阳分局			
61	叶跃新	金华市生态环境局东阳分局			
62	滕恩良	水务局			
63	王业雄	水务局			
64	楼杰华	卫生健康局			
65	金　靓	行政执法局			
66	马小瑛	行政执法局			
67	金剑虹	环境监察大队			
68	金　玉	水库管理局			
69	胡懿君	南马镇政府			
70	吕惠勇	千祥镇政府			
71	陈江炜	佐村镇政府			

2019年度东阳市获条线表彰的先进集体

表75

序号	获表彰单位	荣誉名称	表彰单位/表彰文号	表彰时间
一、国家级				
1	东阳市	2018年网络学习空间应用普及活动优秀区域	教育部办公厅	2019年3月
2	东阳市	国家森林城市	全绿字〔2019〕12号	2019年11月
3	南马镇花园村	全国乡村振兴示范村	《人民日报》 人民网 中国科技产业化促进会	2019年1月
4	横店影视城秦王宫景区服务有限公司导游部	巾帼文明岗	中华全国妇女联合会	2019年3月

续表75

序号	获表彰单位	荣誉名称	表彰单位/表彰文号	表彰时间
5	巍山镇中心小学	2018年网络学习空间应用普及活动优秀学校	教育部办公厅	2019年3月
6	横店集团控股有限公司妇联	全国三八红旗集体	妇字〔2019〕16号	2019年3月
7	江北初中	全国新教育实验优秀实验学校	新教育研究院 中国陶行知研究会新教育分会	2019年7月
8	东阳市人民法院	2019年度在司法宣传工作中表现突出的人民法院	法政〔2019〕318号	2019年8月
9	工商联	2019年度民营经济新闻宣传工作先进单位	中华工商时报	2019年9月
10	东阳市供销合作总社	2018年度百强县级社	供销合字〔2019〕35号	2019年9月
11	吴宁供销合作社	2018年度基层社标杆社	供销合字〔2019〕35号	2019年9月
12	东阳市人民检察院	2019年度全国检察宣传先进单位	检报发〔2019〕5号	2019年9月
13	工商联	2018—2019年度全国"五好"县级工商联	中华全国工商业联合会	2019年12月
14	统计局	第四次全国经济普查先进集体	国经普字〔2019〕1号	2019年12月
		二、省　级		
15	东阳市	2018年度全省先进县(市、区)老龄办	浙江省老龄工作委员会	2019年1月
16	东阳市	2018年度水库移民工作优秀县(市、区)	浙移综〔2019〕2号	2019年1月
17	东阳市	2018年度全省小城镇环境综合整治工作优秀县(市、区)	浙城乡环治〔2019〕1号	2019年1月
18	东阳市	在农村危房治理改造绩效评价中被评为优秀	浙建村发〔2019〕33号	2019年1月
19	东阳市	2018年度优秀县(市、区)	浙民办〔2019〕40号	2019年3月
20	东阳市	2018年度健康浙江建设试考核优秀等次名单	健康浙江办〔2019〕5号	2019年5月
21	东阳市	2018年度森林浙江建设目标责任制考核优秀单位	浙绿湿委〔2019〕5号	2019年6月
22	东阳市	2018年度重大农业植物疫情防控工作评价优秀单位	浙农防指办〔2019〕4号	2019年6月
23	东阳市	2018年度森林浙江建设目标责任制考核优秀单位	浙绿湿委〔2019〕5号	2019年6月
24	东阳市	2018年度全省万里美丽经济交通走廊达标县	浙综交改办〔2019〕17号	2019年12月

续表 75

序号	获表彰单位	荣誉名称	表彰单位/表彰文号	表彰时间
25	六石街道	2018年度小城镇环境综合整治省级样板	浙城乡环治〔2019〕1号	2019年1月
26	歌山镇			
27	巍山镇			
28	南马镇			
29	东阳市林业总场	浙江省现代国有林场	浙林造〔2019〕1号	2019年1月
30	林业局	2018年度全省林业好信息三等奖	林便〔2019〕36号	2019年1月
31	东阳市社会组织党群服务中心	社会组织党群服务中心示范点	浙社综委〔2019〕18号	2019年1月
32	湖溪镇镇西村	首批浙江省农村引领型社区	浙民基〔2019〕8号	2019年1月
33	城东街道单良村			
34	横店镇官桥村			
35	东阳市人民武装部	2018年度战备训练先进单位	浙江省军区	2019年1月
36	司法局	全省司法行政系统先进集体	浙人社发〔2019〕3号	2019年1月
37	司法局	档案目标管理省一级单位	浙司〔2019〕4号	2019年2月
38	东阳市人民检察院	2018年度检察工作成绩突出检察院	浙检发改字〔2019〕6号	2019年2月
39	环境监察大队	2018年度全省环境监察执法工作优胜大队	浙江省环境执法稽查总队	2019年2月
40	南马镇专职消防队	2018年度多种形式消防队伍建设先进单位	浙消〔2019〕38号	2019年3月
41	东阳市惠民公共交通有限公司	2019年度浙江省公交行业春运先进工作单位	浙公交协〔2019〕9号	2019年4月
42	财政局	2018年度全省财政管理绩效考评优秀单位	浙财办〔2019〕5号	2019年5月
43	花园田氏医院妇委会	浙江省三八红旗手(集体)	浙江省妇女联合会	2019年5月
44	国网浙江东阳市供电有限公司	"互联网+智慧监督"主题竞赛创新团队金奖	国网浙江省电力有限公司	2019年5月
45	国网浙江东阳市供电有限公司	浙江省青年志愿服务项目大赛银奖	共青团浙江省委 浙江省志愿者协会	2019年6月
46	交警大队横店中队	全省公安交警中队正规化建设二级公安交警中队	浙公发〔2019〕1号	2019年6月
47	湖溪镇	美丽浙江魅力示范点	浙江省美丽办	2019年7月
48	经信局	2018年度中小微企业培育工作成绩突出集体	浙江省经信厅	2019年7月

续表75

序号	获表彰单位	荣誉名称	表彰单位/表彰文号	表彰时间
49	花园田氏医院	浙江省三八红旗手	浙江省妇女联合会	2019年7月
50	财政局	2018年度振兴实体经济(传统产业改造)财政专项激励政策考核合格县	浙经信投资〔2019〕129号	2019年7月
51	民政局	浙江省爱国拥军模范单位	浙拥〔2019〕40号	2019年7月
52	东阳市人民医院	全省红十字会系统首届十佳“红十字人道公益品牌项目”	浙江省红十字会	2019年9月
53	江北街道办事处劳动人事争议调解中心	先进基层调解组织	浙江省人力资源和社会保障厅	2019年9月
54	东阳市红椿巷销售厅	四星级销售厅	浙福彩〔2019〕65号	2019年10月
55	司法局	大庆安保维稳工作集体三等功	浙司〔2019〕116号	2019年11月
56	城东街道单良村	省级民主法治村	浙司〔2019〕9号	2019年11月
57	东阳江镇召塘里村			
58	横店镇官桥村			
59	千祥镇胡山村			
60	湖溪镇镇西村			
61	东阳市烟草专卖局	第九届优秀质量管理小组成果发布会二等奖	浙烟综〔2019〕39号	2019年11月
62	民进东阳市基层委员会	民进全省基层组织建设优秀创新案例“银点子”奖	民进浙江省委会	2019年11月
63	横店镇中心小学	省级空间应用典型学校	浙江省教育技术中心	2019年11月
64	南市街道槐堂初级中学			
65	东阳市实验小学			
66	巍山镇中心小学			
67	东阳市第二实验小学			
68	画水镇画溪小学			
69	虎鹿镇关工委	浙江省关心下一代工作先进集体	浙关工委联〔2019〕4号	2019年11月
70	横店镇	2018年小城市培育考核良好单位	浙江省中心镇发展改革和小城市培育试点领导小组办公室	2019年11月
71	国网浙江东阳市供电有限公司	“安全隐患排查治理典型经验发布会”三等奖	国网浙江省电力有限公司	2019年12月
72	东阳农商银行	2019年度“平安单位”	浙江省公安厅	2019年12月
73	民盟东阳市基层委员会	2019年民盟浙江省十佳示范基层组织	民盟浙江省委会	2019年12月
74	东阳市六石东美青创农场	2019年浙江省省级示范性青创农场	团浙〔2019〕28号	2019年12月
75	农工党东阳市委会	2019年度社会服务工作先进单位	农工浙〔2019〕68号	2019年12月

续表75

序号	获表彰单位	荣誉名称	表彰单位/表彰文号	表彰时间
76	东阳市人民医院三支部	2019年度社会服务工作先进集体	农工浙〔2019〕68号	2019年12月
77	经济科技支部	2018—2019年度先进基层组织	农工浙〔2019〕68号	2019年12月
78	东阳市香榧研究所	浙江省林业技术推广突出贡献集体	浙林科〔2019〕96号	2019年12月
79	东阳市基督教东街教堂	2019年省级宗教法治宣传教育基地	浙民宗发〔2019〕52号	2019年12月
80	财政局	2019年度财政信息工作考核先进单位	浙江省财政厅 浙财办发〔2019〕47号	2019年12月
81	审计局	2019年度考核先进单位	浙审干〔2019〕104号	2019年12月
82	南马派出所	集体二等功	浙公令〔2019〕70号	2019年12月
83	综合行政执法局	2019年度浙江省智慧城管工作绩效评价优秀单位	浙建城函〔2019〕742号	2019年12月
84	江北街道办事处	浙江省第四次经济普查省级成绩突出的集体	浙经普组〔2019〕1号	2019年12月
85	财政局	《浙江财政年鉴》(2019卷)组稿工作先进单位	浙江省财政厅办公室	2019年12月

2019年度东阳市获条线表彰的先进个人

表76

序号	姓名	工作单位	荣誉称号	表彰单位/表彰文号	表彰时间
			一、国家级		
1	叶文明	民政局	全国民政系统先进工作者	人力资源社会保障部 民政部	2019年3月
2	金剑虹	环境监察大队	2018年环境执法大练兵表现突出个人	环执法函〔2019〕42号	2019年3月
3	严君美	佐村镇政府	中国计划生育家庭发展追踪调查工作优秀个人	国家卫生健康委员会办公厅	2019年4月
4	胡文翠	东阳市香榧研究所	首届“扎根基层工作，献身林草事业”优秀毕业生	国家林业和草原局办公室	2019年7月
5	金海强	江北初中	全国新教育实验先进个人	新教育研究院中国陶行知研究会新教育分会	2019年7月
6	蒋跃君	横店小学教育集团南上湖校区	全国模范教师	人力资源和社会保障部 教育部	2019年9月
7	楼红霞	民进东阳市基层委	民进全国组织建设先进个人	中国民主促进会中央委员会	2019年10月
8	陆剑锋	市场监管局	全国个私协会系统先进工作者	国市监办〔2019〕243号	2019年12月
9	李海燕	横店医院	医院人文专委会先进个人	中国生命关怀协会	2019年12月

续表76

序号	姓名	工作单位	荣誉称号	表彰单位/表彰文号	表彰时间
二、省　级					
10	方军伟	司法局	全省打造“最佳商法法律服务环境”活动通报表扬个人	浙司〔2019〕2号	2019年1月
11	郭兰中	东阳市妇幼保健院	浙江省名中医	浙江省卫健委 浙江省人社局 浙江省中医药管理局	2019年1月
12	金剑虹	环境监察大队	2018年度全省环境监察执法工作先进个人	浙环执法发〔2019〕1号	2019年2月
13	赵　辉				
14	单倩倩	司法局	全省“七五”普法中期成绩突出个人	浙普〔2019〕1号	2019年3月
15	楼雄鹰	歌山镇政府专职消防队	2018年度多种形式消防队伍建设先进个人	浙消〔2019〕38号	2019年3月
16	金剑虹	环境监察大队	2018年度蓝天保卫战重点区域强化督查“每周一榜”通报表扬	浙环办函〔2019〕23号	2019年3月
17	方政威	南江流域环保分局			
18	徐朝阳	东阳市烟草专卖局（分公司）	全省系统优秀精实志愿者	浙烟团〔2019〕1号	2019年4月
19	郭竹仁	吴宁街道	2018年度浙江“最美家庭”	中共浙江省委宣传部 浙江省妇女联合会	2019年4月
20	胡中成	林业局	浙江省科技兴林奖一等奖	浙林会〔2019〕6号	2019年5月
21	胡文翠	东阳市香榧研究所	浙江省科技兴林奖三等奖	浙林会〔2019〕6号	2019年5月
22	何　秧	东阳市人民法院	2019年第二季度浙江“最美家庭”	浙江省妇女联合会	2019年7月
23	应志登	消防救援大队江北站	优秀党务工作者	浙江省消防救援总队	2019年7月
24	毛剑波	经信局	2018年度中小微企业培育工作成绩突出个人	浙经信企业〔2019〕124号	2019年7月
25	黄旭亮	南马镇人民政府			
26	蒋　波	江北街道办事处			
27	蔡理洪	经济开发区管委会			
28	陆正阳	横店镇人民政府			
29	张节平	东阳市张节平木雕工作室	浙江工匠	浙总工发〔2019〕73号	2019年9月
30	朱国津	公安局	新中国成立70周年大庆安保工作表现突出个人	省公安厅	2019年9月

续表76

序号	姓名	工作单位	荣誉称号	表彰单位/表彰文号	表彰时间
31	任倩妮	公安局	新中国成立70周年大庆安保工作表现突出个人	省公安厅	2019年9月
32	赵建宾				
33	孙俊杰	公安局	第四届全省“人民满意的公务员”	省委组织部 省委宣传部 省人力资源和社会保障厅	2019年9月
34	朱　琳	横店小学教育集团横店校区	2019年浙江省中小学教坛新秀	浙江省人民教育基金会 浙江省特级教师协会	2019年9月
35	斯　婷	东阳市第二实验幼儿园	浙江省第六届师德先进个人	浙江省第六届师德标兵师德先进个人选树工作委员会	2019年9月
36	陈　彪	公安局	新中国成立70周年大庆安保工作表现突出个人	省公安厅	2019年10月
37	许　峰	东阳市环境卫生处	2019年度浙江省“优秀城市美容师”	浙江省住房和城乡建设厅 浙江省总工会	2019年10月
38	蔡红光	蔡红光工作室	2019年度浙江省妇女创业创新大赛特别传承奖	浙江省妇女联合会	2019年10月
39	蔡红光	蔡红光工作室	浙江省百名“女红巧手”	浙江省妇女联合会 浙江丝绸博物馆	2019年10月
40	葛丽云	东阳市伊号民宿	省级最美民宿女主人	浙江省妇女联合会	2019年11月
41	马伟大	东阳市供销合作总社	全省“三位一体”改革成绩突出个人	浙供合发〔2019〕39号	2019年11月
42	李倩倩	公安局	全省公安机关70周年大庆安保维稳工作成绩突出的警务辅助人员	省公安厅	2019年11月
43	王立锋				
44	杨晓斌				
45	丁苏活				
46	吴志伟				
47	孔海仙				
48	张旭钢				
49	周国群				
50	郭贤君	公安局	个人二等功	省公安厅	2019年11月
51	吴继飞	东阳市消防救援大队江北站	十佳训练标兵	浙消办〔2019〕143号	2019年12月
52	刘　烽	市场监管局	2019年度重大活动食品安全保障监管成绩突出个人	浙市监餐〔2019〕7号	2019年12月

续表76

序号	姓名	工作单位	荣誉称号	表彰单位/表彰文号	表彰时间
53	陈丽娟	经信局	浙江省第四次经济普查省级成绩突出的个人	浙经普组〔2019〕1号	2019年12月
54	袁　丹	统计局			
55	卢萍萍	统计局			
56	蒋　磊	统计局			
57	王　晴	吴宁街道办事处			
58	周慧慧	白云街道办事处			
59	黄燕明	横店镇政府			
60	胡文翠	东阳市香榧研究所	全省林业技术推广突出贡献个人	浙林科〔2019〕96号	2019年12月
61	杜敏红	东阳市林业总场			
62	厉杏花	佐村镇事业综合服务中心			
63	楼惠君	歌山镇	2019年第四季度浙江“最美家庭”	中共浙江省委宣传部 浙江省妇女联合会	2019年12月
64	王正平	农工党东阳市委会	2018—2019年度农工党浙江省优秀党员	农工浙〔2019〕68号	2019年12月
65	蒋君霞	农工党东阳市委会	2018—2019年度农工党浙江省优秀党务工作者	农工浙〔2019〕68号	2019年12月
66	傅龙云	农工党东阳市委会	2019年度农工党浙江省社会服务工作先进个人	农工浙〔2019〕68号	2019年12月

（东　鉴）

2019年东阳市组织机构及其负责人

中共东阳市委员会

书　记　黄　敏（—2019.05）
　　　　傅显明（2019.05— ）
副书记　姚激扬（—2019.09）
　　　　楼琅坚（2019.09— ）
　　　　李宝春（—2019.05）
　　　　胡勇春（2019.05— ）
常　委　黄　敏（—2019.05）
　　　　傅显明（2019.05— ）
　　　　姚激扬（—2019.09）
　　　　楼琅坚（2019.09— ）
　　　　李宝春（—2019.05）
　　　　胡勇春（2019.05— ）
　　　　王忠源（—2019.07）
　　　　王天仁（—2019.12）
　　　　李　强（—2019.01）
　　　　孙富庆（—2019.12）
　　　　赵耀亮
　　　　刘伟霞（女）
　　　　叶文卫（2019.05— ）
　　　　方雪飞（女）
　　　　蒋令树（—2019.12）
　　　　左红卫（—2019.10）
　　　　陈　洪（2019.12— ）
　　　　陈小华（2019.12— ）
　　　　何浩亮（2019.12— ）
　　　　郭锦明（2019.12— ）

中共东阳市纪律检查委员会

书　记　胡勇春（—2019.05）
　　　　叶文卫（2019.05— ）
常务副书记　杜晓旺（—2019.02）
副书记　俞益钟
　　　　胡利群（2019.05— ）

东阳市监察委员会

主　任　胡勇春（—2019.06）
代主任　叶文卫（2019.06— ）
副主任　杜晓旺（—2019.02）
　　　　俞益钟
　　　　胡利群（2019.06— ）

市委工作（派出）机构及直属单位

办公室
主　任　许克宁
档案局
局　长　程国伟（—2019.01）
　　　　张忠鸣（2019.09— ）
组织部
部　长　刘伟霞（女）
常务副部长　李爱忠（—2019.01）
　　　　　　张伟钢（2019.03— ）
新经济与新社会组织工作委员会
书　记　楼尚潭
直属机关工作委员会
书　记　吴月兰（女）（—2019.01）
　　　　刘伟霞（女）（2019.09— ）
老干部局
局　长　张跃民（—2019.01）
　　　　张伟钢（2019.03— ）
公务员局
局　长　王　晖（2019.04— ）
宣传部
部　长　蒋令树（—2019.12）
　　　　陈小华（2019.12— ）
常务副部长　陈远京
市政府新闻办公室
主　任　陈远京（2019.09— ）
新闻出版局
局　长　陈远京（2019.09— ）
互联网信息办公室
主　任　陈汝宏（—2019.03）
　　　　陆康乐（2019.03— ）
精神文明建设委员会办公室
主　任
　　　郭瑜（女）（—2019.04，2019.09—）
统战部
部　长　李宝春（—2019.07）
　　　　赵耀亮（2019.12— ）
常务副部长　张伟钢（—2019.03）
　　　　　　陈其宪（2019.03— ）
民族宗教事务局
局　长　张伟钢（—2019.04）
　　　　周　云（2019.09— ）
政府侨务办公室
主　任　厉建党（—2019.04）
　　　　周　云（2019.09— ）
政法委员会
书　记　李宝春（—2019.07）
　　　　胡勇春（2019.07— ）
常务副书记　吴正明
社会治安综合治理中心
主　任　朱新康
机构编制委员会办公室
主　任　马旭升（—2019.01）
　　　　徐海青（2019.01— ）
台湾工作办公室
主　任　金承锦（—2019.01）
　　　　张鑫阳（2019.01— ）
巡察工作领导小组办公室
主　任　王　灿（女）
信访局
副局长（主持工作）

徐超群(—2019.01)
局　长　费　航(2019.01—)
党　校
校　长　刘伟霞(女)
常务副校长
徐文金(—2019.01)
副校长(主持工作)
徐文学(2019.01—)
党史研究室
主　任　张忠鸣

东阳市人民代表大会常务委员会

主　任　施侍伟(—2019.09)
党组书记　朱志杰(2019.10—)
副主任　陈　军
虞乐生(女)
蒋银生
陈绍龙
徐立刚
楼美姣(女)
办公室
主　任　胡旭升
法制和监察司法工作委员会
主　任　单健中
财政经济工作委员会
主　任　陆彩霞(女)
科教文卫工作委员会
主　任　张　宇
城乡建设与环境资源保护工作委员会
主　任　潘锡林
代表与选举任免工作委员会
主　任　吴荣斌
农业农村工作委员会
主　任　邵文京
社会建设工作委员会
主　任　单俨彬

东阳市人民政府

市　长　姚激扬(—2019.09)
楼琅坚(2019.09—)
副市长　王天仁
左红卫(—2019.12)
蒋震雷(—2019.06)
胡宏立(—2019.01)
黄阳明
陈德良(2019.01—)
楼国民
陈巧锦(女)
李传煌(—2019.09)
吴伟成(2019.04—)

市政府工作(派出)机构及直属单位

办公室
主　任　郭锦明(—2019.12)
李敢峰(2019.12—)
机关事务管理服务中心
主　任　赵丽娅(女)(2019.11—)
大数据发展中心
主　任　邵章善(2019.11—)
发展和改革局(物价局)
局　长　葛一军
经济和信息化局
局　长　韦朝阳(—2019.01)
胡易安(女)(2019.01—)
教育局
局　长　顾在响
科学技术局
局　长　郭丽君(女)(—2019.01)
徐生银(2019.01—)
公安局
局　长　李　强(—2019.01)
陈德良(2019.01—)
政　委　陈华胜(—2019.01)
郭利群(2019.03—)
常务副局长　厉国强
民政局
局　长　叶文明(—2019.01)
徐春雷(2019.01—2019.10)
郭立成(2019.12—)
司法局
局　长　徐春雷(—2019.01)
陈建强(2019.01—)
财政局
局　长　吕良勇(—2019.01)
徐育阳(2019.01—)
人力资源和社会保障局
局　长　黄正明
自然资源和规划局
局　长　吕良勇(2019.01—)
国土资源局(—2019.01)
局　长　张龙明(—2019.01)
规划局(人民防空办公室)(—2019.01)
局　长　徐生银(—2019.01)
人民防空办公室主任
徐生银(—2019.01)
林业局
局　长
金国祥(—2019.01)(2019.04—)
住房和城乡建设局
局　长　陈建强(—2019.01)
葛德中(2019.01—)
建筑业发展服务中心
主　任　葛德中(2019.11—)
交通运输局
局　长　李敢峰
水务局
局　长　楼杰华(—2019.01)
滕恩良(2019.01—)
农业农村局
局　长　李爱忠(2019.01—)
农业和农村工作办公室(城乡一体化办公室)(—2019.01)
主　任　胡锡炎(—2019.01)
农业局(—2019.01)
局　长　邢方锦(—2019.01)
商务局
局　长　楼红霞(女)(—2019.01)
王鹤群(女)(2019.01—2019.10)
朱王件(2019.12—)
党组书记　赵利进(—2019.01)
经济合作交流办公室(招商局)(—2019.01)
主　任　空缺(—2019.01)
粮食局(—2019.01)
局　长　叶雪芳(女)(—2019.01)
文化和广电旅游体育局
局　长　马景斌(2019.01—)
文化旅游发展委员会办公室(—2019.01)
主　任　马景斌(—2019.01)
体育局(—2019.01)
局　长　葛　剑(女)(—2019.01)
卫生健康局
局　长　楼杰华(2019.01—)
卫生和计划生育局(—2019.01)
局　长　杜卫良(—2019.01)
退役军人事务局
局　长　单玲琳(女)(2019.01—)
应急管理局
局　长　陈其宪(2019.01—2019.04)
史南京(2019.04—)
安全生产监督管理局(—2019.01)
局　长　陈其宪(—2019.01)
审计局
局　长　卢一峰(—2019.02)
韦朝阳(2019.02—)
国有资产监督管理办公室
主　任　马宗强(2019.01—)
市场监督管理局
局　长　傅为民

统计局
局　长　葛一军（ —2019.01）
　　　　郭　炜（2019.01— ）
医疗保障局
局　长　楼红霞（女）（2019.01— ）
党组书记　胡小骏（2019.09— ）
综合行政执法局
局　长　叶文明（2019.01— ）
城市管理行政执法局（ —2019.01）
局　长　黄黎建（ —2019.01）
金华市生态环境局东阳分局
局　长　吴　滨（2019.01— ）
环境保护局（ —2019.01）
局　长　吴　滨（ —2019.01）
供销合作总社
主　任　许基法（ —2019.01）
　　　　马伟大（2019.01— ）
广播电视台
台　长　贾志光（女）（ —2019.01）
　　　　马红斌（2019.01— ）
行政服务中心管委会
主　任　王显耀（ —2019.01）
　　　　吴盛龙（2019.01— ）
东阳东白山省级旅游度假区管委会
主　任　朱王件（ —2019.11）
浙江省东阳经济开发区管委会
党工委书记　钱喜讯（ —2019.03）
　　　　　　黄文明（2019.03— ）
管委会主任　钱喜讯（ —2019.03）
　　　　　　黄文明（2019.03— ）
浙江省横店影视文化产业实验区管委会
主　任　赵耀亮（ —2019.05）
　　　　赵小仙（女）（2019.05— ）
浙江省横店影视文化产业实验区
党工委书记　黄阳明
浙江横店影视产业实验区管委会
办公室主任　王　燕（女）
东阳日报社
总　编　赵志强

省、金华市驻东阳市（共管）工作机构

东阳玉米研究所
所　长　王桂跃
书　记　何英军
国税局
局　长　严剑平（ —2019.07）
　　　　陈　勇（2019.07— ）
气象局
局　长　金　培
金华海关东阳办事处
主　任　蒋立新
国网东阳供电公司
总经理　徐爱良（2019.03— ）
党委书记　姜　勇
中国电信东阳分公司
总经理　黄益刚
中国邮政东阳分公司
总经理　王　军
烟草专卖局
局　长　王世平

东阳市人民法院

院　长　鲍大兵

东阳市人民检察院

检察长　胡宇翔

中国人民政治协商会议东阳市委员会

主　席　卜亚男（女）
副主席　王玉才
　　　　蔡捷飞（ —2019.06）
　　　　华伟跃
　　　　张卫伟（ —2019.02）
　　　　金德良（2019.03— ）
　　　　张望峰
　　　　赵晓珍（女）
秘书处
秘书长　沈银福
办公室
主　任　张　艳（女）
提案和委员工作委员会
主　任　傅蔚蔚（女）
经济委员会
主　任　徐卫东
农业和农村委员会
主　任　赵云跃
社会和法制委员会
主　任　吕晓燕（女）
教科卫体和文化文史委员会
主　任　胡　心

东阳市人民武装部

部　长　何浩亮
政　委　孙富庆（ —2019.08）
　　　　孙　杰（2019.08— ）

群众团体

总工会
主　席　华伟跃
党组书记、常务副主席　吴高强
共青团东阳市委员会
书　记　赵　炜（ —2019.11）
妇女联合会
主　席　何芳萍（女）（2019.01— ）
工商业联合会
主　席　楼永良
党组书记、常务副主席
　　　　李荣跃（ —2019.01）
　　　　张巧玲（女）（2019.01— ）
科学技术协会
主　席　赵忠明（ —2019.01）
　　　　徐巧英（女）（2019.11— ）
党组书记　程国伟（2019.01— ）
残疾人联合会
理事长　戚贤群
文学艺术界联合会
主　席　厉建党（2019.04— ）
红十字会
专职副会长　胡德良（ —2019.04）
专职副会长提名人选
　　　　赵国忠（2019.04— ）

镇乡街道党政组织

吴宁街道
党工委书记 施晓强（ —2019.11）
　　　　　王松明（2019.11— ）
人大工委主任 包振波（ —2019.04）
　　　　　赵镇洋（2019.06— ）
办事处主任
　　　　　郭旭军（女）（ —2019.03）
　　　　　吴启晓（2019.03— ）
白云街道
党工委书记　马　刚
人大工委主任　陈国康（ —2019.06）
　　　　　厉艳艳（女）（2019.06— ）
办事处主任　赵军刚（ —2019.11）
　　　　　赵　炜（2019.11— ）
江北街道
党工委书记 黄文明（ —2019.03）
　　　　　葛　剑（女）（2019.03— ）
人大工委主任　杜志赛
办事处主任　马宗强（ —2019.01）
　　　　　王赛锋（2019.03— ）
六石街道
党工委书记 滕恩良（ —2019.01）
　　　　　葛伟英（女）（2019.03— ）
人大工委主任 许希明（ —2019.06）
　　　　　包日进（2019.06— ）
办事处主任

葛伟英(女)(—2019.03)
厉炼锦(2019.03—)

城东街道

党工委书记　徐育阳(—2019.01)
郭金刚(2019.03—)
人大工委主任　徐晓乐
办事处主任　郭金刚(—2019.03)
赵　健(2019.03—)

南市街道

党工委书记　杨竹山(—2019.03)
胡洪仁(2019.03—)
人大工委主任　周晓沸(—2019.06)
杜运才(2019.06—)
办事处主任　胡洪仁(—2019.03)
王开开(2019.03—)

横店镇

党委书记　赵耀亮(—2019.12)
郭锦明(2019.12—)
人大主席　朱跃军(—2019.04)
人大主席提名人选
许希明(2019.04—2019.05)
人大主席　许希明(2019.05—)
镇　长　赵小仙(女)

南马镇

党委书记 郭利群(—2019.03)
钱喜讯(2019.03—2019.09)
施晓强(2019.11—)
人大主席　郭孝杰(—2019.03)
人大主席提名人选
周向忠(2019.04—2019.06)
人大主席　周向忠(2019.06—)
镇　长　单玲琳(女)(—2019.01)
镇长提名人选
郭孝杰(2019.03—2019.06)
镇　长　郭孝杰(2019.06—)

巍山镇

党委书记　申屠顺达
人大主席　周　云(—2019.04)
人大主席提名人选
包闪闪(2019.04—2019.06)
人大主席　包闪闪(2019.06—)
镇　长　吴启晓(—2019.03)
镇长提名人选
许永健(2019.03—2019.06)
镇　长　许永健(2019.06—)

歌山镇

党委书记　赵　锋(—2019.12)
唐献力(2019.12—)
人大主席　赵镇洋(—2019.04)
人大主席提名人选
韦钱军(2019.04—2019.06)
人大主席　韦钱军(2019.06—)
镇　长　张巧玲(女)(—2019.01)
镇长提名人选
许俊峰(2019.03—2019.06)
镇　长　许俊峰(2019.06—)

千祥镇

党委书记 王鹤群(女)(—2019.01)
吕惠勇(2019.07—)
人大主席　葛颖强(—2019.04)
人大主席提名人选
马江丰(2019.04—2019.07)
人大主席　马江丰(2019.07—)
镇　长　吕惠勇(—2019.07)
镇长提名人选
陈杭生(2019.07—2019.08)
镇　长　陈杭生(2019.08—)

湖溪镇

党委书记　王松明(—2019.11)
赵军刚(2019.11—)
人大主席　王　征(—2019.03)
人大主席提名人选
方军平(2019.04—2019.05)
人大主席　方军平(2019.05—)
镇　长　杨松强(—2019.03)
镇长提名人选
王　征(2019.03—2019.05)
镇　长　王　征(2019.05—)

画水镇

党委书记　何芳萍(女)(—2019.01)
程亚军(2019.03—)
人大主席　杜培根
镇　长　程亚军(—2019.03)
镇长提名人选
周正跃(2019.03—2019.05)
镇　长　周正跃(2019.05—)

虎鹿镇

党委书记　马红斌(—2019.01)
单凯权(2019.03—)
人大主席　黄跃龙(—2019.04)
人大主席提名人选
方颖潇(女)(2019.04—2019.05)
人大主席 方颖潇(女)(2019.05—)
镇　长　单凯权(—2019.03)
镇长提名人选
包振波(2019.03—2019.05)
镇　长　包振波(2019.05—)

东阳江镇

党委书记　胡利群(—2019.03)
杨松强(2019.03—)
人大主席　吴朝红(—2019.04)
人大主席提名人选
张希忠(2019.04—2019.06)
人大主席　张希忠(2019.06—)
镇　长　许俊峰(—2019.03)

马宅镇

党委书记　韦　健(—2019.01)
应定国(2019.03—)
人大主席　骆向荣(—2019.01)
人大主席提名人选
吕一兵(2019.04—2019.05)
人大主席　吕一兵(2019.05—)
镇　长　应定国(—2019.03)
镇长提名人选
吕　凯(2019.03—2019.05)
镇　长　吕　凯(2019.05—)

佐村镇

党委书记　陈江炜(2019.03—)
人大主席　俞建红(女)(—2019.03)
人大主席提名人选
郭晟梅(女)(2019.04—2019.06)
人大主席　郭晟梅(女)(2019.06—)
镇　长　陈江炜(—2019.03)
镇长提名人选
俞建红(女)(2019.03—2019.06)
镇　长　俞建红(女)(2019.06—)

三单乡

党委书记　郭立成(—2019.03)
郭旭军(女)(2019.03—)
人大主席　李　阳(—2019.04)
人大主席提名人选
张　凯(2019.04—2019.05)
人大主席　张　凯(2019.05—)
乡　长　虞富强(—2019.03)
乡长提名人选
杜建强(2019.03—2019.05)
乡　长　杜建强 (2019.05—)

(王航波)

重要文件目录

2019年中共东阳市委文件目录一览表

表77

发文字号	文件标题	发文日期
东委发〔2019〕1号	关于实施乡村振兴战略 推进2018年农业农村工作的意见	2019年2月3日
东委发〔2019〕2号	关于转发《东阳市机构改革方案》的通知	2019年1月14日
东委发〔2019〕3号	关于印发《关于深化专项街道机构改革的实施意见》的通知	2019年1月14日
东委发〔2019〕4号	关于设立和撤销有关党组织的决定	2019年1月17日
东委发〔2019〕5号	关于命名2018年度东阳市文明镇、文明村、文明单位的通报	2019年1月25日
东委发〔2019〕6号	关于市委机构编制委员会组成人员任职的通知	2019年2月2日
东委发〔2019〕7号	关于印发2019年度全市政府投资、国企投资项目的通知	2019年2月2日
东委发〔2019〕8号	关于2018年度东阳市生态廊道和五水共治工作考核结果的通报	2019年2月3日
东委发〔2019〕9号	关于2018年度市功勋企业家、市经济建设杰出人物的通报	2019年2月3日
东委发〔2019〕10号	关于表扬在2018年度东阳市经济建设工作中作出突出贡献集体和个人的通报	2019年2月12日
东委发〔2019〕11号	关于表扬在2018年度东阳市乡村振兴工作中作出突出贡献集体和个人的通报	2019年2月12日
东委发〔2019〕12号	关于表扬在2018年度东阳市平安创建工作中作出突出贡献集体和个人的通报	2019年2月12日
东委发〔2019〕13号	关于表彰2018年度东阳市综合工作先进集体和先进个人的通报	2019年2月12日
东委发〔2019〕14号	关于2018年度镇乡街道和市级机关部门工作目标责任制考核结果的通报	2019年2月12日
东委发〔2019〕15号	关于2018年度抓基层党建优秀镇乡街道党(工)委书记的通报	2019年2月13日
东委发〔2019〕16号	关于2018年度镇乡街道和市机构部门单位党政正职考核优秀等次的通报	2019年2月18日
东委发〔2019〕17号	关于2018年度落实党风廉政建设主体责任考核结果的通报	2019年2月19日
东委发〔2019〕18号	关于印发《东阳市贯彻落实省环境保护督察反馈意见整改实施方案》的通知	2019年2月22日
东委发〔2019〕19号	关于印发《中共东阳市委关于加强和改进新形势下党校工作的实施意见》的通知	2019年3月29日
东委发〔2019〕20号	关于开展民情民访代办工作推动信访“最多跑一次”的实施意见	2019年4月10日
东委发〔2019〕21号	关于印发《金华市委对东阳市委履行党风廉政建设主体责任情况反馈意见的整改工作方案》的通知	2019年4月4日

续表77

发文字号	文件标题	发文日期
东委发〔2019〕22号	关于实施2019年度市领导“三包四联”工作考核的意见	2019年4月19日
东委发〔2019〕23号	关于印发《2019年度东阳市全面深化改革工作要点》的通知	2019年4月24日
东委发〔2019〕24号	关于2018年度工业强市突出贡献单位的通报	2019年6月15日
东委发〔2019〕25号	关于建立市人民政府向市人大常委会报告国有资产管理情况制定的意见	2019年7月4日
东委发〔2019〕26号	关于重新明确干部管理职务名称表的通知	2019年7月8日
东委发〔2019〕27号	2019年度镇乡街道、机关部门工作目标责任制考核意见	2019年7月9日
东委发〔2019〕28号	关于印发《东阳市贯彻落实〈2018—2022年浙江省干部教育培训规划〉的实施意见》的通知	2019年7月10日
东委发〔2019〕29号	关于全面推进预算绩效管理的实施意见	2019年7月16日
东委发〔2019〕30号	关于市委全面深化改革委员会等组成人员任职的通知	2019年7月22日
东委发〔2019〕31号	关于印发《东阳市融媒体中心建设实施方案》的通知	2019年7月25日
东委发〔2019〕32号	关于印发《东阳市关于进一步健全干部容错纠错机制的实施细则(试行)》的通知	2019年8月10日
东委发〔2019〕33号	关于加强新时代东阳公安工作的实施意见	2019年11月25日
东委发〔2019〕34号	关于进一步加强国防动员和后备力量建设的实施意见	2019年12月30日

（赵秀丽）

2019年东阳市人民政府文件目录一览表

表78

发文字号	文件标题	发文日期
东政发〔2019〕7号	关于徐德胜免职的通知	2019年1月21日
东政发〔2019〕8号	关于2018年度东阳市市长质量奖评审结果的通报	2019年1月24日
东政发〔2019〕12号	关于命名2018年度东阳市“纳税十强企业”“纳税超亿元企业”“纳税超五千万元企业”“纳税超千万元企业”“纳税超五百万元企业”的通报	2019年1月28日
东政发〔2019〕15号	关于命名2018年度“建企航母”等各类先进单位的决定	2019年2月11日
东政发〔2019〕16号	关于公布2018年度东阳市建筑业发展功臣等先进个人的通报	2019年2月11日
东政发〔2019〕18号	关于印发《东阳市2018-2022年义务教育学校布局调整规划方案》的通知	2019年2月23日
东政发〔2019〕19号	关于公布2018年度东阳市中小企业市长科技创新奖的通报	2019年2月27日

续表78

发文字号	文件标题	发文日期
东政发〔2019〕20号	关于2018年度全市工业经济工作考核评价结果的通报	2019年3月11日
东政发〔2019〕24号	关于部署2019年度国防动员和后备力量建设任务的通知	2019年3月15日
东政发〔2019〕25号	关于组建东阳市资源开发集团有限公司的通知	2019年3月15日
东政发〔2019〕26号	关于做好2019年度民兵预备役部队组织整顿工作的通知	2019年3月15日
东政发〔2019〕27号	关于公布2018年度东阳市十佳商贸服务企业和十佳商贸服务企业优秀经营者的通报	2019年3月20日
东政发〔2019〕28号	关于市政府领导班子分工的通知	2019年3月27日
东政发〔2019〕29号	关于老旧工业区块改造提升的指导意见	2019年4月2日
东政发〔2019〕30号	关于金国祥等任职的通知	2019年4月5日
东政发〔2019〕31号	关于聘任张仲风为中国东阳家具研究院副院长的通知	2019年4月10日
东政发〔2019〕32号	关于印发《东阳市打赢蓝天保卫战三年行动计划》的通知	2019年4月12日
东政发〔2019〕33号	关于公布实施东阳市2019年度国有建设用地供应计划的通知	2019年4月18日
东政发〔2019〕34号	关于印发《关于规定我市陆生野生动物禁猎期、禁猎区及禁猎工具和方法的通告》的通知	2019年4月20日
东政发〔2019〕35号	关于楼响亮等任职的通知	2019年5月6日
东政发〔2019〕36号	关于印发《东阳市殿下坑、玉溪划界方案》的通知	2019年6月3日
东政发〔2019〕37号	关于2018年度东阳市商贸服务业优秀企业的通报	2019年6月13日
东政发〔2019〕38号	关于表彰东阳市劳动模范和模范集体的决定	2019年6月18日
东政发〔2019〕39号	关于妇保院扩建工程二期项目房屋征收的决定	2019年9月9日
东政发〔2019〕40号	关于进一步改革和加强公共投资项目审计监督工作的意见	2019年9月20日
东政发〔2019〕41号	关于印发《东阳市低效工业用地清理整治工作实施意见》的通知	2019年10月11日
东政发〔2019〕42号	关于对原浙江省东阳市鞋业公司宿舍旧3号楼项目房屋实施征收的决定	2019年11月18日

（张虎臣）

统计资料

2019年东阳市地理位置、人口和自然资源情况一览表

表79

指标名称	2019年
一、地理位置	
东经	120°04′17″—120°44′3″
北纬	28°58′8″—29°29′55″
南北跨度	58.7千米
东西跨度	64.5千米
二、人 口	
年末总人口	850620
人口密度	487人/平方千米
三、土 地	
土地总面积	1746.81平方千米
四、气 候	
年平均气温	18.6摄氏度
年极端最高气温	38.8摄氏度
年极端最低气温	-0.3摄氏度
年降水量	1930.8毫米
年降水日数	166天
年日照时数	1530.5小时
灰霾日数	49天
无霜期	356天
五、水文水利	
东阳江年径流量	12.25亿立方米
水资源总量	21.6249亿立方米
六、森 林	
森林面积	108602.9公顷
森林覆盖率	62.17%
森林蓄积量	577.6万立方米
七、矿产资源	
萤石保有储量	35.82万吨
钾长石储量	768万吨

东阳市经济社会主要指标(2017—2019年)统计表

表80

指标名称	计量单位	2017年	2018年	2019年
一、综 合				
常住人口	万人	83.89	84.39	85.04
户籍人口	万人	84.50	84.78	85.06
地区生产总值	亿元	543.16	585.00	638.45
#第一产业	亿元	18.47	16.79	17.54
第二产业	亿元	255.65	276.48	283.10
第三产业	亿元	269.04	291.73	337.81
人均生产总值(按常住人口计算)	元	64955	69527	75364
二、财政、金融、保险				
财政预算总收入	亿元	100.88	112.41	118.44
#一般公共财政预算收入	亿元	58.58	65.75	69.90
#税收收入	亿元	50.45	57.73	62.40
一般公共财政预算支出	亿元	82.70	92.52	98.97
年末金融机构各项存款余额(本外币)	亿元	1110.68	1231.17	1358.47
#住户存款	亿元	623.18	695.89	795.38
年末金融机构各项贷款余额(本外币)	亿元	756.13	838.48	937.51
保费收入	亿元	25.86	29.09	31.80
赔款、给付	亿元	8.00	10.52	10.37
三、农 业				
耕地面积	公顷	31425	31417	31427
粮食作物播种面积	公顷	19473	15650	16559
粮食总产量	吨	117607	87743	94115
肉类总产量	吨	12362	12347	12546
水产品产量	吨	7676	10193	10473
四、工 业				
规模以上工业企业单位数	家	523	460	492

续表80

指标名称	计量单位	2017年	2018年	2019年
规模以上工业总产值	亿元	530.71	462.31	490.82
规模以上工业企业主营业务收入	亿元	499.24	451.96	490.22
规模以上工业企业利润总额	亿元	25.78	30.63	32.71
五、建筑业、投资、房地产				
建筑业企业单位数	家	182	197	213
建筑业企业总产值	亿元	2572.99	2600.32	1728.09
固定资产投资额	亿元	335.97	166.23	175.44
#工业投资	亿元	136.00	32.06	34.99
服务业投资	亿元	196.51	51.41	62.40
房地产开发投资额	亿元	52.03	82.26	78.02
商品房销售面积	万平方米	80.28	104.43	113.07
#住宅	万平方米	70.25	92.02	105.40
六、交通、邮电、电力				
公路里程	千米	2413	2431	2460
民用汽车拥有量	辆	243594	274019	300260
年末公交车路数	路	83	83	83
年末实有公共汽(电)车营运车辆数	辆	303	324	348
年末实有出租汽车数	辆	456	456	476
邮政业务收入	亿元	2.18	2.57	3.14
电信业务收入	亿元	10.00	9.55	10.62
全社会用电量	万千瓦时	458338	504104	540509
#工业用电	万千瓦时	302093	326716	347197
居民生活用电量	万千瓦时	80699	89119	95269
七、内外贸易、旅游				
社会消费品零售总额	亿元	276.74	280.18	302.17
出口总额	亿美元	182.85	190.17	197.78
进口总额	亿美元	17.83	17.15	18.50

续表80

指标名称	计量单位	2017年	2018年	2019年
当年实际使用外资金额	万美元	3620	3481	2613
星级饭店客房总数	间	2508	2450	1961
国内外游客人数	万人次	2226.00	2565.02	2953.65
旅游总收入	亿元	192.68	230.87	274.73
八、教育、科技、文化、卫生				
普通高等学校数	所	2	2	2
中等职业教育学校数	所	5	5	5
普通中学学校数	所	47	38	38
小学学校数	所	86	79	77
普通高等学校学生数	人	14228	15220	13906
中等职业教育学校在校学生数	人	6803	6603	6862
普通中学在校学生数	人	46198	36812	37007
小学在校学生数	人	68164	61366	62369
全年专利申请受理量	项	2436	4433	4628
全年专利授权数	项	1477	2483	2679
#发明	项	158	334	428
公共图书馆图书总藏量	千册	402	516	519
剧场、影剧院个数	个	8	8	8
体育场馆个数	个	141	141	144
医疗卫生机构数	个	539	523	535
#医院	个	14	14	14
医疗卫生机构床位数	张	5025	5248	5123
医疗卫生机构技术人员	人	6949	7235	7292
#医生（执业医师+执业助理医师）	人	2677	2799	2878
九、人民生活				
全体居民人均可支配收入	元	39963	43500	46634
全体居民人均消费支出	元	28878	30777	33271

续表80

指标名称	计量单位	2017年	2018年	2019年
城镇常住居民人均可支配收入	元	48645	52688	56245
城镇常住居民人均消费支出	元	35317	37495	40398
农村常住居民人均可支配收入	元	26939	29544	31727
农村常住居民人均消费支出	元	19220	20572	22218
十、社会保障				
各种社会福利收养性单位数	个	29	27	27
各种社会福利收养性单位床位数	张	7015	6815	7265
城镇职工基本养老保险参保人数	人	306820	331087	379151
城镇居民社会养老保险参保人数	人	274544	273754	314987
城镇职工基本医疗保险参保人数	人	200581	215411	227469
城镇居民基本医疗保险参保人数	人	642436	648279	627330
失业保险参保人数	人	122172	125672	131712
城镇居民最低生活保障人数	人	194	188	203
农村居民最低生活保障人数	人	7595	7107	7228
十一、资源与环境				
森林面积	公顷	107132	108633	108603
工业废水排放量	万吨	945	905	985
工业二氧化硫排放量	吨	1765	1349	701
工业氮氧化物排放量	吨	943	836	612
工业烟(粉)尘排放量	吨	1647	1000	550
污水处理厂集中处理率	%	96.0	96.0	96.1
城区空气质量优良以上天数	天	335	324	338

说明:1.2016年开始进出口计量单位为亿元;
2.医疗卫生机构数为全社会口径

东阳市农林牧渔业总产值(2017—2019年)统计表
(按现行价格计算)

表81 单位:万元

指标名称	2017年	2018年	2019年
农林牧渔业总产值	259892	258206	271138
一、农业产值	197031	196744	200695
其中:副产品产值	1491	1440	1481
1.粮食作物	30811	28813	28952
2.油 类	2516	2307	2448
3.棉 花	87	91	88
4.生 麻	—	—	—
5.甘 蔗	2121	2204	2297
6.烟 草	55	54	54
7.中草药材	22570	21799	20996
8.蔬 菜	78125	80736	84677
9.食用菌	166	117	55
10.花卉园艺	9394	9847	10191
11.茶、桑、水果、坚果	47695	47272	48306
12.其他农作物	3491	3504	2631
二、林业产值	12495	12283	12251
1.人造林木生长	4401	4412	4481
2.林产品	883	902	961
3.竹木采运	3707	3381	3156
4.采集野生植物	3504	3588	3653
三、牧业产值	26956	25502	32591
1.牲 畜	13425	12058	17781
2.家禽饲养	1924	1886	2020
3.活的畜禽产品	4851	5475	5760
4.捕猎野兽野禽	280	293	265
5.其他动物饲养	6476	5790	6765
四、渔业产值	11958	12098	12398
五、农林牧渔服务业	11452	11579	13203

东阳市规模以上工业企业主要指标(2016—2019年)一览表

表82　　　　单位:万元

指标名称	2016年	2017年	2018年	2019年
企业单位数(个)	529	523	460	492
亏损企业	68	86	84	79
工业总产值(当年价格)	5497643	5307058	4623096	4908201
新产品产值	1862443	1651437	1659472	1721438
资产总计	5007614	5051608	4838107	5433606
应收账款	788647	758900	784650	879364
存货	617581	581451	581014	591048
产成品	263334	260990	272862	267294
流动资产合计	2794309	2983856	2881468	3300267
本年折旧	137354	138863	143599	168623
负债合计	2753087	2746109	2573058	2978179
主营业务收入	4985547	4992447	4519566	4902199
主营业务成本	4199440	4228442	3722985	4951905
主营业务税金及附加	27181	29217	27198	28075
管理费用	317891	316729	331750	234093
财务费用	72158	67843	48851	46844
利息支出	77147	67614	56952	60793
利润总额	283988	257779	306326	327061
亏损企业亏损总额	24359	25030	18870	28615
利税总额	459023	407758	456448	476206
本年应付职工薪酬	398816	396786	417515	482989
本年应交增值税	146454	120372	122602	121070
全部从业人员年平均人数(人)	82758	78789	74739	70770
银行贷款余额	1095584	1066011	906140	943477

说明:从2019年起,“主营业务成本”改为“营业成本”,“主营业务税金及附加”改为“税金及附加”,“利息支出”改为“利息费用”

东阳市财政收入(2016—2019年)统计表

表83　　　　　　单位:万元

指标名称	2016年	2017年	2018年	2019年
财政总收入	924018	1008807	1124080	1184441
一、一般公共预算收入	562569	585778	657548	699007
(一)税收收入	502999	504527	577266	623984
其中:增值税(50%部分)	82200	110547	89443	80985
改增增值税(50%部分)	63040	95176	150090	174467
企业所得税(40%部分)	86671	87280	97583	90283
个人所得税(40%部分)	49208	56254	53292	62770
资源税	303	683	637	2286
城建税	24093	25501	35403	35247
房产税	12768	24667	19865	14752
印花税	12074	10224	11692	14291
土地使用税	15132	15311	14317	8356
土地增值税	20661	28380	53725	73503
车船使用税	6645	7739	8506	8550
耕地占用税	2182	15823	13566	10661
契税	36682	25245	28454	46852
环境保护税	—	—	—	488
其他税收收入	—	—	—	493
(二)非税收入	59570	81251	80282	75023
其中:专项收入	27951	25736	33835	38948
行政性收费收入	11972	17345	19518	13078
罚没收入	20229	36139	26320	22630
国有资产经营收入	-2000	-2000	-2000	-2000
国有资源有偿使用收入	1284	3962	2509	2177
政府住房基金收入	134	69	100	190
二、中央收入合计	361449	423029	466532	485434
上划增值税、消费税	109675	110855	89846	81387
上划“两项”所得税	203817	215301	226313	229580
上划改征增值税	39698	95176	150090	174467
上划营业税	8259	1697	283	—

东阳市地方财政支出(2016—2019年)统计表

表84 单位:万元

指标名称	2016年	2017年	2018年	2019年
一般公共预算支出	714162	826984	925198	989680
一、一般公共服务支出	46391	60493	66268	143948
二、国防支出	393	405	397	420
三、公共安全支出	43018	51652	52690	59756
四、教育支出	145024	157754	175131	199298
五、科学技术支出	27696	30447	33537	36863
六、文化旅游体育与传媒支出	10478	10244	9532	11941
七、社会保障和就业支出	80848	99901	111852	118939
八、卫生健康支出	57401	67414	89573	89903
九、节能环保支出	25471	26328	14008	16729
十、城乡社区支出	92201	119004	162914	169694
十一、农林水支出	63196	57741	59251	51470
十二、交通运输支出	21487	32635	21344	20840
十三、资源勘探信息等支出	5429	15202	14717	5713
十四、商业服务业等支出	51817	53212	52800	2048
十五、金融支出	897	1368	5445	311
十六、援助其他地区支出	1298	1401	1513	1634
十七、自然资源海洋气象等支出	16996	5620	7228	5972
十八、住房保障支出	14235	18267	22625	23241
十九、粮油物资储备支出	540	517	408	339
二十、灾害防治及应急管理支出	—	—	—	3753
二十、债务付息支出	8945	17223	23816	26778
二十一、债务发行费用支出	401	106	133	54
二十二、其他支出	0	50	16	36

东阳市旅游业基本情况（2016—2019年）一览表

表85

指标名称	计量单位	2016年	2017年	2018年	2019年
国内外旅游者人次	万人次	2055	2226	2565	2954
国内旅游接待人次	万人次	2051	2222	2565	2953
国际旅游者人次合计	人次	40272	44628	4163	5456
外国人	人次	21410	19290	1571	2086
港、澳、台同胞	人次	18862	25338	2592	3370
国际旅游者人天数	人天	102760	114755	5055	6516
外国人	人天	54932	49957	3067	3601
港、澳、台同胞	人天	47828	64798	1988	2915
旅游总收入	亿元	165.41	192.68	230.87	274.73
旅游创汇收入合计	万美元	2098	2336	103	133
国内旅游收入	亿元	164.11	191.11	230.81	274.64
星级饭店个数	个	12	12	12	10
星级饭店客房总数	间	2841	2508	2450	1961
星级饭店床位数	张	5075	4434	4468	3600
旅行社个数	个	16	15	16	18
名胜风景区个数	个	2	2	2	2

说明：2012年开始为省级以上名胜风景区

东阳市城市建设事业基本情况(2016—2019年)一览表

表86

指标名称	计量单位	2016年	2017年	2018年	2019年
城市面积					
建成区面积	平方千米	40.06	42.57	43.31	44.33
城市建设用地面积	平方千米	39.7	41.67	43.26	44.32
其中:居住用地面积	平方千米	10.89	12.5	12.78	12.90
公共设施用地面积	平方千米	1.29	1.37	1.42	1.37
工业用地面积	平方千米	12.78	12.82	0.7	13.35
城市人口	万人	83.95	83.97	83.97	83.99
基础设施					
城市维护建设资金支出	万元	24093	—	—	—
年末实有城市道路面积	万平方米	870	873	876	904
年末铺装道路长度	千米	436	437.35	441.92	449.02
排水管道长度	千米	831.69	865.13	957.55	1018.19
供水					
供水综合生产能力(包括自备水源)	万立方米/日	10.24	19.5	22.5	22.65
供水总量	万吨	3474.8	5056.17	5226.76	5014.27
售水总量	万吨	3038.56	3666.52	3977.75	4257.61
其中:居民生活用水量	万吨	1316.39	2058.4	2286.52	2390.24
用水人口	万人	38.47	38.47	38.69	43.34
用水普及率	%	100	100	100	100
生产用水量	万吨	833.48	1025.76	1108.38	1191.13
供水管道长度	公里	1134.55	1514.62	1581.42	1614.98
供气					
液化石油气供气总量	吨	17067	21739	17641.19	18937.77
其中:家庭用量	吨	14977	19076	14960	16665
用液化气人口	万人	41.45	41.46	41.47	42.51
公共交通					
年末实有公共汽(电)车营运车辆数	辆	309	303	324	348

续表86

指标名称	计量单位	2016年	2017年	2018年	2019年
全年公共汽(电)车客运总量	万人次	1148.36	2185.60	1966.00	2077.40
年末实有出租汽车数	辆	456	456	456	476
绿地					
绿地面积	公顷	1433.97	1518	1553	1595
绿化覆盖面积	公顷	1645.71	1708.33	1746	1802
园林绿地面积	公顷	1431.97	—	—	—
其中:公园绿地面积	公顷	455.74	534	560	577
人均公园绿地面积	平方米	10.99	12.73	13.28	13.3
全年生活垃圾清运量	万吨	36.92	27.25	203718.52	21.7
生活垃圾无害化处理率	%	100.0	100.0	100.0	100.0
污水集中处理率	%	95.4	96.0	96.0	96.1
垃圾处理站数	个	1	29	30	30

东阳市环境保护基本情况(2017—2019年)一览表

表87

指标名称	计量单位	2017年	2018年	2019年
水环境				
废水排放总量	万吨	4610.50	5038.74	5188.19
工业废水排放量	万吨	945.06	905.01	984.57
#直接排入环境	万吨	259.75	205.73	115.12
#排入污水处理厂	万吨	685.29	699.28	869.45
工业废水处理量	万吨	1071.76	1069.37	1121.67
工业用水总量	万吨	1740.88	2136.56	1842.87
污水处理厂数	座	12	12	12
污水处理厂集中处理率	%	96.0	96.0	96.1
大气环境				
工业废气治理设施	套	292	354	583

续表 87

指标名称	计量单位	2017年	2018年	2019年
工业废气排放量	万立方米	657910	1177907	789485
工业二氧化硫产生量	吨	3662	3040	1974
工业二氧化硫排放量	吨	1765	1349	701
工业氮氧化物产生量	吨	1389	1138	1462
工业氮氧化物排放量	吨	943	836	612
工业烟(粉)尘去除量	吨	20331	6985	26137
工业烟(粉)尘排放量	吨	1647	1000	550
固体废物				
工业重金属产生量	吨	0.00	0.00	0.00
工业重金属排放量	吨	0.00	0.00	0.00
工业固体废物综合利用处置率	%	89.7	87.2	99.1
其中:一般工业固体废物综合利用率	%	92.0	90.8	99.0
声环境				
环境噪声达标区个数	个	1	1	1
环境噪声达标区总面积	平方千米	25	25	68.37
生态环境				
城区空气质量优良以上天数	天	335	324	338

(市统计局提供)

索 引

索引说明:

一、本索引分数字索引、主题词索引、表格索引三部分。

二、数字索引按首位数字大小顺序排列;主题词索引按汉语拼音顺序排列,同音字按声调排列,同音同调字按下一字的音序排列;表格索引按表格顺序排列。

三、索引词条后的阿拉伯数字表示内容所在的页码。

四、本年鉴的"特载""专文""大事记""附录"未作索引。

数字索引

主题词索引

A

B

C

D

E

F

G

H

J

K

L

M

N

O

P

Q

R

S

T

V

W

X

Y

Z

表格索引